黑龙江省精品图书出版工程专项资金资助

马克思主义
三化十二论

Makesi Zhuyi Sanhua Shierlun

朱妙宽 ◎ 著

黑龙江人民出版社

图书在版编目（CIP）数据

马克思主义三化十二论／朱妙宽著. — 哈尔滨：
黑龙江人民出版社，2019.5（2021.3重印）
ISBN 978-7-207-11775-5

Ⅰ.①马… Ⅱ.①朱… Ⅲ.①马克思主义—发展—研究—中国 Ⅳ.①D61

中国版本图书馆 CIP 数据核字（2019）第 031978 号

责任编辑：魏杰恒　崔　冉
封面设计：欣鲲鹏

马克思主义三化十二论
朱妙宽　著

出版发行	黑龙江人民出版社
地　址	哈尔滨市南岗区宣庆小区 1 号楼（150008）
网　址	www.hljrmcbs.com
印　刷	三河市华东印刷有限公司
开　本	787×1092　1/16
印　张	35.75
字　数	530 千字
版次印次	2019 年 5 月第 1 版　2021 年 3 月第 2 次印刷
书　号	ISBN 978-7-207-11775-5
定　价	98.00 元

版权所有　侵权必究　　　　举报电话：（0451）82308054
法律顾问：北京市大成律师事务所哈尔滨分所律师赵学利、赵景波

内容提要

本书以马克思主义基本原理和习近平新时代中国特色社会主义思想为指导，联系实际，研究马克思主义中国化时代化大众化的十二个理论，分为三卷：上卷是顺应世界历史巨变的马克思主义时代化研究，包括马克思主义与时俱进论、广义剩余价值论、社会主义科学体系论；中卷是立足中国社会现实的马克思主义中国化研究，包括中国特色社会主义论、改革开放论、民主法治论、文化繁荣论、教育改革论、生态文明论；下卷是围绕大众日常生活的马克思主义大众化研究：包括人生科学论、人生价值论、人生幸福论。

序 言 一

任玉岭

这部著作,是朱妙宽先生经过60多年的社会观察、人生思考和理论探讨,遵循马克思主义基本原理和习近平新时代中国特色社会主义思想,对马克思主义与时俱进、剩余价值学说、社会主义科学体系、中国特色社会主义、改革开放、民主法治、文化繁荣、教育改革、生态文明、人生科学、人生价值、人生幸福等十二个社会和人生热点问题提出的新理论和新观点。因此,这是一部研究马克思主义中国化时代化大众化的著作,是一部研究马克思主义世界观人生观价值观的著作,也是一部研究社会和人生热点问题的著作。

本书上卷是顺应世界历史巨变的马克思主义时代化研究,是从理论上探讨马克思主义哲学、政治经济学、科学社会主义学说的发展创新,提出了马克思主义与时俱进论、广义剩余价值论、社会主义科学体系论等三个理论,并对每个理论都提出了一些创新性的观点。

本书中卷是立足中国社会现实的马克思主义中国化研究,是从宏观上探讨中国社会现实问题,提出了中国特色社会主义论、改革开放论、民主法治论、文化繁荣论、教育改革论、生态文明论等六个理论。这些理论和实际问题都是举国上下十分关注的社会热点问题,对这些问题,作者都在搜集大量资料基础上,经过独立思考,提出了持之有故、言之成理、利国利民、值得参考的理论观点。

本书下卷是围绕大众日常生活的马克思主义大众化研究,是从微观上、从个人生活上探讨人生重大问题,包括人生观价值观幸福观,提出了人生科学论、人生价值论、人生幸福论等三个理论,提出了大众日常生活的许多新理论和新观点。

朱妙宽先生今年已78岁,他之所以能够在这个时候写下这部富有新意的理论著作,既与他一生的丰富经历和直接感受有关系,也与他长期的刻苦学习和用心攻读马列著作分不开。据我对朱妙宽先生的了解,他不足15岁时,就购买并阅读过华岗编著的《辩证唯物论大纲》,开始有志于学习哲学社会科学。60多年来,无论经历怎样坎坷,生活怎样艰辛,他始终矢志不移,自强不息,刻苦自学马列著作和哲学经济学著作,并且联系实际,上下求索,求真务实,探索创新。上世纪60年代"文化大革命"之前他就写出了《人生代数学——从剩余价值学说看人的一生》的书稿。上世纪70年代又写出了《社会解剖学——从唯物史观看社会现实》的书稿。近20多年来他又结合世纪之交的所见所闻、所思所想,经过深入思考、融合提炼,发表论文100多篇。在此基础上又经过深入研究和充实提高,形成了这部著作。因此,本书实际上是朱妙宽先生长期理论探讨、社会观察和人生思考的结晶,凝聚了他60多年刻苦钻研的心血和体验。本书运用辩证唯物论和历史唯物论写他的社会观察、人生感悟和理论探索,探讨了社会和人生中一系列重大问题,提出了他在上下求索的坎坷人生中形成的一系列新思想新观点,其中有不少是已经被历史和实践证明了的真知灼见,还有不少是富有启迪意义、值得深入研究的人生经验和思想观点。

  作者对社会问题的研究,立足于建设一种富裕、民主、文明、和谐、自由、平等、公正、法治的社会,一种尊重人、满足人、善待人、造福人的社会。他对人生问题的研究,则是立足于造就一种爱国、敬业、诚信、友善的人生,一种有理想、有道德、有贡献、有价值的人生,一种好学、上进、健康、幸福的人生。归根到底,本书研究的都是社会现实和人生中最根本最重大的热点难点问题。这些理论和观点是否正确,固然需要实践和时间去检验,但作者能够在本书中敏锐地发现问题、大胆地提出问题、认真地研究问题,无疑是有利于诸多问题的解决和有益于推进社会的前进的。

  本书不是脱离实际的空洞说教,也不是人云亦云的"普遍真理",而是以我国改革开放和现代化建设的实际问题和我们正在做的事情为中心,着眼于马克思主义理论的运用,着眼于对实际问题的理论思考,着眼于新的实践和新的发展;同时坚持独立思考,上下求索,锐意创新。作者对家事国事天下事事事关心,对关系到国计民生的社会热点难点问题尤其关注。他始终以"天下兴亡,匹夫有责"的社会责任感,关心国家大事,关注民间疾苦;同时又坚持以马克思主义基本原理和习近平新时代中国特色社会主义思想为指导,认真总结自己在60多年亲身经历中的经验教训,提出自己的理论和见解,对人们有重要的参考价值。

  总之,本书的成稿既是作者在特定的条件下人生经历与体验的结晶,也是作者过早的爱上哲学和马列主义并几十年一以贯之的刻苦学习和笔耕不辍的结果。本书是富有新意、利国利民的,是有益于推进马克思主义中国化时代化大众化、有益于推进中国特色社会主义建设事业、有益于提升人生价值和人生幸福的。从这个意义上讲,本书具有可贵的阅读价值和研究价值。

应作者之邀,特书此文,是为序言。

作者简介:任玉岭,现任国家教育咨询委员会委员,曾任国务院参事,第八、九、十届全国政协委员(其中第九、十届为全国政协常委),兼任中华海峡两岸书画艺术家协会主席、30多个杂志社编委和13所大学兼职教授,著名经济学家、三农问题专家、城市管理专家、民生问题专家,新闻媒体评选的九位"总理高参"之一、人民美术出版社圈定的全国十大当代书画名家之一。出版、主编、参编各类著作40多部,发表各类论文300多篇,出访30多个国家,把2/3时间用在跑基层,每年至少要跑20个省(市、区)。

序 言 二

李炳炎

我从1982年执教中共江苏省委党校。1985年我的学生顾庭祥(时任中共兴化市委党校副校长)转来他的同事朱妙宽同志的论文《试论不同层次的价值决定》,我觉得有深度有新意,推荐给《唯实》杂志,编辑先答应采用,后又因稿件太多,未能采用。直到2001年此文才在《经济评论》第5期发表,发表后,人大复印资料《理论经济学》2002年第1期全文转载,随后郭京龙、李翠玲主编《聚焦——劳动价值论在中国理论界》《社会科学报》等书报刊物摘要转载。在2002年全省党校系统第四届科研成果评奖中,此文与《把劳动价值论研究引向深入》(载《青海社会科学》1999年第1期,中央党校函授学院教学参考资料列为参考书刊目录)、《论新的历史条件下深化认识马克思的价值构成理论》(载《毛泽东邓小平理论研究》2001年第5期,人大复印资料《马克思列宁主义研究》2002年第3期全文转载)一起,作为系列论文被评为二等奖。事实证明,一种新观点,一位新人,要在一定范围内被社会发现、承认是不容易的。因此,我们应该审慎对待、善于发现、倍加爱护哲学社会科学上的每一位新人、每一种新观点。

本书第二章是"广义剩余价值论",对马克思的劳动价值学说和剩余价值学说从广度上做了拓展,从深度上做了深化细化量化,明确提出了广义劳动价值论和广义剩余价值论。对这种新理论新观点,可以通过实践来检验,通过百家争鸣来讨论。作者起草的书稿《人生代数学——从剩余价值学说看人的一生》,写于上世纪60年代"文化大革命"之前。当时,他就把剩余价值学说推广和应用到社会主义社会中来,并用唯物史观和广义剩余价值学说来分析人的一生,分析人生价值以及个人生活问题。他不是学习经济学的科班出身,而是社会现实和亲身经历使他形成了自己的理论观点,即每个人的劳动贡献和劳动报酬、创造的价值和消费的价值都是两个不同的量,因而每个人都有自己的生产价值量、消费价值量和剩余价值量。在一定条件下,人的剩余价值量反映着人的社会关系的总和,是人的本质的数量表现,是人生价值的社会尺度。过去很长一段时期,人们对社会主义商品经济有无剩余价值范畴,一直噤若寒蝉。我的恩师卓炯教授,1962年就提出,资本和《资本论》范畴体系经过改造完全适用于社会主义经济。他向来认为,社会主义一定有剩余价值。上世纪80年代初,卓炯教授明确提出社会主义剩余价值观点,连续发表了三篇论剩余价值的论文。当时引起理论界一场广泛争论;目前大部分同志已同意他的观点。卓炯教授通过理论研究,朱妙宽同志通过实践体验,不谋而合,殊途同归,都认为社会主义社会仍然存在剩余价值。这里既有偶然性,也有必然性。一种客观存在的重要事实或迟或早都必然地会通过某种偶然性反映到人们的思想和理论上来。朱妙宽同志深有体会地说,有些养尊处优、不知民间疾苦的学者对劳动价值学说和剩余价值学说不以为然,视之为谬误,弃之如敝屣。但是受过压迫剥削的人,经历过各种歧视、生活磨难、多劳少获、劳而不获的人对劳动价值学说和剩余价值学说有深厚的感情,有坚强的党性,坚决继承、捍卫和发展马克思的劳动价值学说和剩余价值学说。

经过长期努力,中国特色社会主义进入了新时代,这是我国发展新的历史方位。新时代需要新的思想武装。习近平新时代中国特色社会主义思想,正是在中国特色社会主义伟大实践中产生的伟大理论成果,是中国共产党的指导思想,同样是马克思主义理论工作的指导思想。在习近平新时代中国特色社会主义思想指引下,本书对国计民生的一系列重大问题、对社会和人生的一系列热点问题、对马克思主义三个组成部分,包括唯物主义学说、剩余价值学说、社会主义学说,进行了有重点的理论探索,提出了一系列新理论新观点,为推进马克思主义中国化时代化大众化进行了有益尝试。无论具体理论观点正确与否,至少可以引起人们进一步的思考和研究,这对马克思主义的发展创新无疑是大有裨益的。

我在2000年出版的《卓炯:经济学的革命》一书导言中就说过:在当代世界各国,各种学派林立,各种新学说层出不穷。但是我们中国却至今无学派,尤其没有经济学派,这是不正常的。中国无学派,就会使学术鸦雀无声、死气沉沉,谈何繁荣学术?中国无学派是有百害而无一利。我注意到,朱妙宽同志2002年在泰州市委党校科研工作会议的讲话中,就提出"创立新世纪新学派的构想",提出"振奋大无畏的创造精神,创立新世纪的新学派。"他十分赞赏程恩富教授倡导创立海派经济学的勇气,并参加了海派经济学南京研究所的工作。虽然由于年龄、地域等等原因,他不能多参加研究所的会议,但是他都尽可能向会议提交论文,参加笔谈和交流。在本书中,他又提出了创立海派马克思主义的初步构想,主张把海派经济学加以发展,在区域范围上,把以上海为主的"海派"发展为五湖四海的"海派",在研究范围上,把研究经济学为主的学派发展为研究整个马克思主义的学派。无论创立新学说新学派的构想能否实现,这至少可以引导人们向这个方向努力,为马克思主义中国化时代化大众化的新学派的诞生提供一种可能。但愿有更多专家学者认真思考创立新学派的问题,并付诸实际行动。这种科学梦、学说梦、学派梦无疑是中国梦的重要组成部分。我们殷切期待有更多的专家学者为实现科学梦、学说梦、学派梦,进而实现中国梦而作出自己的努力和贡献。

作者简介:李炳炎,1945年生,江苏无锡人。卓炯学派的忠诚继承人,经济学博士,中共江苏省委党校、江苏省行政学院特岗教授、研究生导师,经济社会发展研究所原所长,中央财经大学博士生导师。曾任南京理工大学经济管理学院院长,海派经济学南京研究所所长。现任中国政治经济学学会副会长,世界政治经济学学会常务理事,中国社科院世界社会主义研究中心常务理事,中国特色分享经济理论的创立者,著名工人阶级经济学家,"21世纪世界政治经济学杰出成果奖"获得者。出版著作33部,发表论文500余篇。2003年第四届全国五好文明家庭十佳之一,航天员杨利伟家庭列第一位,"四口之家三博士"的李炳炎家庭列第二位。

自 序

一

本书以马克思主义基本原理和习近平新时代中国特色社会主义思想为指导,联系实际,研究马克思主义中国化时代化大众化的十二个新理论,分为三卷:上卷是顺应世界历史巨变的马克思主义时代化研究,包括马克思主义与时俱进论、广义剩余价值论、社会主义科学体系论;中卷是立足中国社会现实的马克思主义中国化研究,包括中国特色社会主义论、改革开放论、民主法治论、文化繁荣论、教育改革论、生态文明论;下卷是围绕大众日常生活的马克思主义大众化研究,包括人生科学论、人生价值论、人生幸福论。

本书根据时代特征、中国实际和生活实践,研究马克思主义理论问题、社会现实问题和人生重大问题,力求推进马克思主义中国化时代化大众化,推进世界观人生观价值观的系统化理论化科学化,推进马克思主义三个组成部分,主要是三大学说即唯物主义学说、剩余价值学说、社会主义学说的发展创新;其中包括:唯物主义学说从宏观到微观、从研究社会到研究人生的发展,剩余价值学说从狭义到广义、从研究商品价值到研究人生价值的发展,社会主义学说从科学社会主义到社会主义科学体系、从社会发展一般规律到中国特色社会主义理论的发展。

习近平指出:"马克思主义中国化取得了重大成果,但还远未结束。我国哲学社会科学的一项重要任务就是继续推进马克思主义中国化、时代化、大众化,继续发展 21 世纪马克思主义、当代中国马克思主义。"① 理论界对马克思主义中国化、时代化、大众化作了许多研究和阐释。有一种观点认为,中国化是核心,时代化是关键,大众化是基础。另一种观点认为,中国化是解决内容问题,时代化是解决现

---

① 《习近平关于社会主义文化建设论述摘编》,中央文献出版社 2017 年版第 75 页。

实问题,大众化是解决表现形式问题。高放教授认为,时代化是总体,中国化是本体,大众化是主体。① 其实,"三化"都可以说是核心、关键和基础,都要解决内容问题、现实问题、表现形式问题,大众化决不仅仅是解决形式问题,更重要的是研究和解决大众实际生活问题。比较而言,高放教授的观点更为确切。笔者认为,时代化的根本是要符合时代特征,中国化的根本是要结合中国实际,大众化的根本是要研究大众生活。因此,本书对"三化"的研究,是顺应世界历史巨变的马克思主义时代化研究,立足中国社会现实的马克思主义中国化研究,围绕大众日常生活的马克思主义大众化研究。

本书十二论是对古今中外先贤圣哲人生理想和社会学说的继承和发展,特别是对马克思两大发现和三大学说的继承和发展。中国是一个文明古国,在古代文明中就形成了丰富的哲学思想,特别是积累了丰富的人伦价值思想。以孔子和墨子为主要代表的中国传统文化的人生观和价值观,对于包括日本和欧美国家在内的世界各国产生过重大影响。英国大哲学家罗素有句名言:"中国文化的长处在于合理的人生观"。1988 年全世界诺贝尔奖得奖人在法国巴黎开会时发表宣言说:"如果人类要在 21 世纪生存下去,必须回头 2500 年,去吸取孔子的智慧。"②早在 2000 多年前,中国儒家就提出"大道之行,天下为公,选贤与能,讲信修睦"的"世界大同"的社会理想;并提出"格物、致知、诚意、正心、修身、齐家、治国、平天下"的人生理想。古今中外许多先贤圣哲都怀有创立一套完整的社会和人生学说的理想抱负。但由于历史的局限性,他们均未能实现自己的理想。马克思恩格斯继承并发展了前人的理论成果,创立了一套有史以来最为完整、最为科学的哲学、经济学体系,特别是创立了唯物史观和剩余价值学说。马克思的唯物史观和剩余价值学说,是前无古人、彪炳史册的,同时又是需要与时俱进、不断发展的。马克思说过:他研究的只是精髓、基础,至于其他问题,别人可以在已经打好的基础上去探讨。③ 恩格斯也说过:"这两个伟大的发现——唯物主义历史观和通过剩余价值揭开资本主义生产的秘密,都应当归功于马克思。由于这些发现,社会主义变成了科学,现在首先要做的是对这门科学的一切细节和联系作进一步的探讨。"④由此可见,对马

---

① 高放:《马克思主义与社会主义新论》,黑龙江人民出版社 2012 年版第 492 - 494 页。
② 廖盖隆:《全球走势、社会主义和中国传统文化》,载《新华文摘》,1995 年第 10 期第 4 页。
③ 马克思恩格斯:《资本论》书信集,人民出版社 1976 年版第 179 页。
④ 《马克思恩格斯选集》第 3 卷,人民出版社 1995 年版第 366 页。

克思的学说是可以而且需要做进一步探讨的。本书正是在新的历史条件下尝试对马克思的学说做进一步探讨。

习近平指出:"历史表明,社会大变革的时代,一定是哲学社会科学大发展的时代。当代中国正经历着我国历史上最为广泛而深刻的社会变革,也正在进行着人类历史上最为宏大而独特的实践创新。这种前无古人的伟大实践,必将给理论创造、学术繁荣提供强大动力和广阔空间。这是一个需要理论而且一定能够产生理论的时代,这是一个需要思想而且一定能够产生思想的时代。我们不能辜负了这个时代。"①习近平新时代中国特色社会主义思想正是适应时代需要应运而生的。本书提出的思想和理论正是在中国几十年的社会大变革中形成的,正是在习近平新时代中国特色社会主义思想指导下诞生的。从个人心路历程来说,这些思想和理论绝不是凭空产生、偶然汇成,而是自己七十多年坎坷人生中的千虑一得。笔者也曾经怀有创立一套完整的社会和人生学说的理想抱负,但是由于任务本身的艰巨和个人生活的坎坷,这不是自己所能完成的任务;尽管如此,笔者仍然知难而进,上下求索,做一点力所能及的工作,以期对解决社会问题、推动社会进步,对人们提升人生价值、追求人生幸福略有裨益。

二

本书的研究内容和方法力求做到四个结合:

一是继承与创新相结合。这部著作首先要继承马克思的学说,坚持马克思主义的基本原理,与马克思主义的精神实质一脉相承;同时,在许多基本原理上都有新思考、新观点、新表述。例如,在哲学上提出"一个总论、四个分论"的新体系,提出人生辩证唯物论和人生历史唯物论,提出人生对社会和社会对人生的价值理论,初步探讨了决定人生社会价值、社会人生价值、人生幸福指数的各种变量。在经济学上提出广义劳动价值论和广义剩余价值论,提出创新社会主义分配理论。在社会主义学说上,提出实现从科学社会主义到社会主义科学的发展,提出世界社会主义是共同本质和多种特色的统一、共同趋势和不同道路的统一。在改革开放、民主法治、文化繁荣、教育改革、生态文明等各方面都提出了一系列新思想新观点新建

---

① 《习近平关于社会主义文化建设论述摘编》,中央文献出版社2017年版第72—73页。

议。总之，本书每一章都有许多持之有故、言之成理的独到见解和创新之处。

二是宏观与微观相结合，即社会生活与个人生活相结合。任何理论问题和现实问题的最初来源都是个人生活，解决问题的最终目的也都在于个人生活。以往的马克思主义理论，主要是从宏观上研究人们的社会生活，很少从微观上研究个人生活。因此，从微观上研究个人生活，创立一套探讨人生科学、人生价值和人生幸福的学说是完全必要的。

三是定量研究与定性研究相结合。例如，在社会主义本质理论、人的本质理论、阶级本质理论、价值本质理论上，都力求找出这些本质的量的规定性，力求找出能够反映相关本质的数量指标乃至数学模型。这种方法，能够极大地提高研究的科学性和精确性。

四是基础研究与应用研究相结合，理论与实践相结合。也可以说是虚实结合，上下结合。上接马列，下接地气，"顶天立地"。十二个新理论既是基础研究、理论研究，探讨了一系列基础理论问题，是"顶天"；又是应用研究、实践研究，探讨了一系列社会现实问题和人生重大问题，是"立地"。

三

实践发展永无止境，马克思主义的发展创新永无止境。恩格斯说过："像唯心主义一样，唯物主义也经历了一系列的发展阶段。甚至随着自然科学领域中每一个划时代的发现，唯物主义也必然要改变自己的形式；而自从历史也得到唯物主义的解释以后，一条新的发展道路也在这里开辟出来了。"①今天我们同样可以说，像历史得到唯物主义的解释、由此创立历史唯物主义一样，人生也能得到唯物主义的解释、由此创立人生唯物主义。同样，像唯物主义一样，剩余价值学说也有一系列的发展阶段，甚至随着科学技术和社会制度每一次划时代的发展变化，剩余价值学说也必然要改变自己的形式；而自从人生价值理论和社会主义理论也用剩余价值学说解释以后，一条新的发展道路也在这里开辟出来了。同唯物主义学说、剩余价值学说一样，社会主义学说也必然要经历一系列的发展阶段。目前，社会主义实践处于初级阶段，社会主义理论也同样处于初级阶段，还需要经过十几代人、几十代

---

① 《马克思恩格斯选集》第4卷，人民出版社1995年版第228页。

人的实践探索和理论创新,经过十几次、几十次的思想解放和理论飞跃。因此,马克思的唯物主义学说、剩余价值学说和社会主义学说必然要随着时代、实践和科学的发展而不断发展,不可能一成不变。

马克思主义的发展并不是深不可测、高不可攀的事,也不是轻而易举、一蹴而就的事。正如恩格斯所说:"即使只是在一个单独的历史事例上发展唯物主义的观点,也是一项要求多年冷静钻研的科学工作。"[①]要应用马克思主义理论研究当代中国面临的重大理论问题和社会现实问题,研究千差万别、千变万化的人生问题,要创立一套系统精密的人生学说和社会学说,无疑是一项极其艰巨复杂、极其光荣重大、极富挑战性、极需创造性的科学工作,无疑需要众多锐意创新的马克思主义理论工作者的艰苦探索和共同努力。但愿本书能在这一方面起一点抛砖引玉的作用。

文章千古事,得失寸心知。正如恩格斯所说:每一个人的认识都不可能具有至上意义,"这些认识所包含的需要改善的东西,无例外地总是要比不需要改善的或正确的东西多得多"。[②] 所以毫不奇怪,本书中需要改善的东西会比正确的东西多得多。我热切期待专家学者和广大读者通过进一步研究和完善,不断推动理论的发展和创新,以利于促进马克思主义的中国化时代化大众化,促进社会的和谐和民族的振兴,促进人们提升人生价值,创造幸福生活。正是:"无才可去续马列,枉入红尘若许年。此系身前身后事,倩谁记去创新篇?"

2018年5月5日

[①] 《马克思恩格斯选集》第2卷,人民出版社1995年版第39页。
[②] 《马克思恩格斯选集》第4卷,人民出版社1995年版第427页。

目 录

序言一

序言二

自　序

上卷　顺应世界历史巨变的马克思主义时代化研究

第一章　马克思主义与时俱进论 …………………………………（4）

　　第一节　马克思主义与时俱进的必要性 ………………………（5）

　　第二节　马克思主义与时俱进的基本思路 ……………………（16）

　　第三节　马克思主义与时俱进的主客观条件 …………………（23）

第二章　广义剩余价值论 …………………………………………（30）

　　第一节　马克思主义经济学亟待发展创新 ……………………（33）

　　第二节　劳动价值论从狭义向广义的发展 ……………………（44）

　　第三节　剩余价值论从狭义向广义的发展 ……………………（64）

　　第四节　发展创新社会主义分配理论 …………………………（81）

第三章　社会主义科学体系论 ……………………………………（94）

　　第一节　社会主义思想的科学体系 ……………………………（96）

　　第二节　社会主义道路的百年探索 ……………………………（116）

　　第三节　社会主义发展的三大规律 ……………………………（125）

— 1 —

中卷　立足中国社会现实的马克思主义中国化研究

第四章　中国特色社会主义论 (146)
第一节　中国特色社会主义理论的形成背景和主要内容 (147)
第二节　中国特色社会主义建设的巨大成就和艰巨任务 (154)
第三节　中国特色社会主义事业的根本宗旨和实现途径 (159)

第五章　改革开放论 (165)
第一节　改革开放是决定当代中国命运的关键抉择 (166)
第二节　我国所有制变革的历史回顾和辩证思考 (174)
第三节　我国收入分配的存在问题和对策建议 (183)

第六章　民主法治论 (212)
第一节　建立健全民主选举制度 (214)
第二节　建立健全民主决策制度 (220)
第三节　建立健全民主管理和民主监督制度 (227)
第四节　腐败现象的表现、成因和治理 (234)

第七章　文化繁荣论 (256)
第一节　加强哲学社会科学研究工作 (258)
第二节　加强社会主义核心价值体系建设 (279)
第三节　加强社会主义地域文化建设 (289)

第八章　教育改革论 (298)
第一节　把教育改革和发展的工作方针落到实处 (299)
第二节　为中学生"减负"刻不容缓 (315)
第三节　从提高教师待遇入手提高师资质量和教育质量 (322)

第九章　生态文明论 (339)
第一节　遵循自然规律　改善自然环境 (340)
第二节　调整人口政策　优化人口结构 (347)
第三节　创新假日制度　用好时空资源 (351)

下卷　围绕大众日常生活的马克思主义大众化研究

第十章　人生科学论 (363)
第一节　加强对人生科学和人生哲学的研究 (363)
第二节　人生辩证唯物论和人生历史唯物论 (370)

第十一章　人生价值论 (383)
第一节　创立人生社会价值论的思考 (386)
第二节　决定人生社会价值的变量 (405)
第三节　创立社会人生价值论的思考 (425)
第四节　决定社会人生价值的变量 (438)

第十二章　人生幸福论 (458)
第一节　树立正确的幸福观 (459)
第二节　决定人生幸福指数的变量 (464)
第三节　决定人生幸福的几件大事 (468)

附　录

一个甲子的思想火花 (511)

后　记 (549)

上 卷

顺应世界历史巨变的马克思主义时代化研究

恩格斯说过:"我们的理论是发展着的理论,而不是必须背得烂熟并机械地加以重复的教条。"①邓小平说过:"多年来存在一个对马克思主义、社会主义的理解问题。……马克思去世以后一百多年,究竟发生了什么变化,在变化的条件下,如何认识和发展马克思主义,没有搞清楚。……世界形势日新月异,特别是现代科学技术发展很快。现在的一年抵得上过去古老社会几十年、上百年甚至更长的时间。不以新的思想、观点去继承、发展马克思主义,不是真正的马克思主义者。"②这就是说,马克思主义与时俱进,实现时代化,具有极大必要性和紧迫性。

马克思主义时代化,就是把马克思主义基本原理同时代特征相结合,不断吸收新的时代内容,使马克思主义紧跟时代发展步伐,不断与时俱进。马克思主义时代化的根本要求是要反映时代精神、回答时代课题、引领时代潮流,不断发展创新。

马克思主义与时俱进的必要性在于马克思主义诞生170年来世界发生了历史性的巨大变化,马克思主义作为时代精神的精华必须紧跟时代步伐,实现时代化。马克思主义与时俱进的基本思路是推进马克思主义三个组成部分的全面发展创新,也就是要实现马克思主义哲学、政治经济学和科学社会主义三个组成部分的全面发展创新。马克思主义与时俱进的主客观条件,最主要的是要有一批研究马克思主义的杰出人才,也就是富有献身精神、学习精神、创新精神的马克思主义理论家。

本卷首先探讨马克思主义与时俱进的必要性、基本思路和主客观条件,接着探讨马克思主义劳动价值论和剩余价值论从狭义到广义的发展,然后探讨从科学社会主义到社会主义科学体系的发展。

---

① 《马克思恩格斯选集》第4卷,人民出版社1995年版第681页。
② 《邓小平文选》第3卷,人民出版社1993年版第291-292页。

第一章　马克思主义与时俱进论

从1848年《共产党宣言》发表至今已经170年。170年来世界上发生了翻天覆地的巨大变化。系统反映170年来世界上发生的历史巨变，需要世界近代史、现代史专家进行专门研究，写出一系列大部头著作，不是本章的任务。本章只能简略探讨一下马克思主义与时俱进的必要性、基本思路和主客观条件，初步提出一套马克思主义与时俱进的理论。

本章的创新点主要有：

一、马克思主义与时俱进的时代背景是世界百年巨变。坚持马克思主义与时俱进，首先要了解马克思主义诞生的时代背景和历史条件，准确理解马克思主义；继而要了解马克思主义诞生以来100多年的世界历史巨变，从而顺应历史巨变不断发展创新马克思主义。

二、马克思主义与时俱进的基本思路是全面推进马克思主义三个组成部分的发展创新。其中包括：在哲学上，马克思主义哲学应该是以人为本的哲学，应该是研究自然、社会、思维和人生发展的一般规律的科学。人生哲学应该是马克思主义哲学的核心部分。在经济学上，劳动价值学说和剩余价值学说迫切需要发展创新，在广度上需要从狭义向广义发展，在深度上需要从定性研究向定量研究发展。从而把传统的狭义劳动价值论和剩余价值论发展为现代的广义劳动价值论和剩余价值论。在社会主义学说上，社会主义从理论到实践的发展是人类历史上一次更加伟大的飞跃，应该把科学社会主义发展为社会主义科学体系。

三、马克思主义与时俱进需要具备多方面的主客观条件，关键是要有一批献身于马克思主义研究的杰出人才。这些人才应该具有马克思恩格斯那样的学习精神、创新精神、献身精神，掌握广博的哲学、社会科学、自然科学知识，深刻了解世情、国情、民情，善于运用矛盾分析法、定量分析法、辩证否定法和各种现代科学研究方法，从哲学、政治经济学、社会主义科学各方面把马克思主义推向前进。

第一节　马克思主义与时俱进的必要性

马克思主义是发展着的理论，具有与时俱进的理论品格，必须随着实践的发展而发展，随着时代的前进而前进。马克思主义诞生 100 多年来世界上发生了巨大的历史性变化，与马克思恩格斯所处的社会历史条件已经不可同日而语。实践发展永无止境，认识真理永无止境，理论创新永无止境。这是马克思主义与时俱进的立论基础。邓小平在 1989 年高瞻远瞩地指出："多年来存在一个对马克思主义、社会主义的理解问题。……马克思去世以后一百多年，究竟发生了什么变化，在变化的条件下，如何认识和发展马克思主义，没有搞清楚。"[1] 为了正确理解马克思主义和社会主义，搞清楚 100 多年来世界上究竟发生了什么变化，在变化的条件下如何认识和发展马克思主义，回顾一下十九世纪西欧的社会历史条件、特别是工人阶级状况，了解一下 100 多年来世界历史巨变，是完全必要的。

一、马克思主义诞生的社会历史条件

高放教授的《马克思主义人的解放科学第一次应运诞生》一文[2]，对马克思主义诞生的主客观条件已经做了全面论述。这里仅简略回顾一下十九世纪西欧的社会历史条件、特别是工人阶级状况，以便我们从马克思主义和科学社会主义产生的社会历史条件正确理解马克思主义和科学社会主义。

马克思主义是一个博大精深的科学体系，又是一种发展着的理论。马克思主义诞生于十九世纪中叶西欧发达国家。马克思主义作为一种社会意识是对当时当地社会存在的反映。恩格斯指出："现代社会主义，就其内容来说，首先是对现代社会中普遍存在的有财产者和无财产者之间、资本家和雇佣工人之间的阶级对立以及生产中普遍存在的无政府状态这两个方面进行考察的结果。"[3] 因此，只有了解当时西欧首先是英国社会生产力状况、科学技术状况、阶级对立状况、工人阶级状况，才能理解马克思主义诞生的历史必然性。

19 世纪是近代科学技术全面发展的时期。19 世纪中叶，英国基本上完成了近

---

[1] 《邓小平文选》第 3 卷，人民出版社 1993 年版第 291 页。
[2] 高放：《马克思主义人的解放科学第一次应运诞生》，载《中国延安干部学院学报》，2013 年第 3 期。
[3] 《马克思恩格斯选集》第 3 卷，人民出版社 1995 年版第 355 页。

代第一次技术革命,即蒸汽技术革命。这一次技术革命大大提高了社会生产力和劳动生产率。据统计,从1790年到1850年英国生铁产量从7万吨增长到229万吨;从1800年到1850年英国煤产量从1180万吨增长到5000万吨。① 英国科学技术造成的生产率和手工生产率的比例,1770年是4∶1,1840年是108∶1,70年间增长了27倍。② 正如《共产党宣言》所说:"资产阶级在它的不到一百年的阶级统治中所创造的生产力,比过去一切时代创造的全部生产力还要多,还要大。"③

但是,生产力的巨大发展,并没有给劳动者带来富裕和幸福。相反,由于资本主义的基本经济规律和资本主义积累的一般规律,其结果,"在一极是财富的积累,同时在另一极,即在把自己的产品作为资本来生产的阶级方面,是贫困、劳动折磨、受奴役、无知、粗野和道德堕落的积累。"④恩格斯在1844—1845年写的《英国工人阶级状况》和马克思在此后所写的《资本论》中,对当时英国工人阶级悲惨状况做了最鲜明逼真的描述,对资本主义和资产阶级提出了极严厉的控诉。

恩格斯在《英国工人阶级状况》一书中写道:

"工人阶级的状况也就是绝大多数英国人民的状况。这几百万穷困不堪的人,他们昨天挣得的今天就吃光。""这些工人根本没有什么财产,全靠工资过活,工资几乎总是只够勉强糊口。这个一盘散沙的社会根本不关心他们,让他们自己去养家活口,但是又不给他们能够长期维持正常生活的手段。……住户住得拥挤不堪,在大多数场合下是一间屋子至少住一整家人。……工人的衣服一般也是很糟糕的,在很多情况下只是一些破衣褴衫。食物一般都很坏,往往是几乎不能入口的,在许多场合下,至少是有时候,在量方面也不足,而在最坏的情况下就会饿死人。""工人的身体普遍衰弱。……他们老得快,死得早。""1840年,利物浦上等阶级……的平均寿命是三十五岁,商人和光景较好的手工业者是二十二岁,工人、短工和一般雇佣劳动者只有十五岁。""英国工人几乎都不会读,更不会写。""妇女不能生育,孩子畸形发育,男人虚弱无力,四肢残缺不全,整代整代的人都毁灭了,他们疲惫而且衰弱,——而所有

---

① 宋则行、樊亢主编:《世界经济史》上卷,经济科学出版社1993年版第652页。
② 《马克思恩格斯全集》第4卷,人民出版社1958年版135页。
③ 《马克思恩格斯选集》第1卷,人民出版社1995年版277页。
④ 马克思:《资本论》第1卷,人民出版社1975年版708页。

这些都不过是为了要填满资产阶级的钱袋！""工人阶级的状况是当代一切社会运动的真正基础和出发点，因为它是我们目前社会一切灾难的最尖锐最露骨的表现。法国和德国的工人共产主义是它的直接产物，而傅立叶主义和英国社会主义……则是它的间接产物。所以，为了给社会主义理论……提供坚实的基础，……研究无产阶级的境况是十分必要的。"①

今天，要真正理解马克思主义，就必须了解马克思主义诞生的历史背景，了解19世纪40年代英国工人阶级状况和社会发展状况，了解社会主义产生的真正基础和出发点。要讲理论联系实际，首先就必须把马克思主义理论同产生它的社会历史条件、社会阶级状况这个最重要的实际联系起来。脱离这个实际，马克思主义就成了无源之水、无本之木，就无从理解、无法理解。正如马克思所说："一个不了解社会现状的人，更不会了解力求推翻这种社会现状的运动和这个革命运动在文献上的表现。"②

二、一百多年来发生的世界历史巨变

唯物史观认为，社会存在决定社会意识，社会发展决定社会科学的发展，而人类社会总是不断发展的，因此马克思主义理论也必须不断发展。马克思主义诞生170多年来，世界上发生了剧烈而深刻的变化。全面反映和分析这种变化，需要靠这170多年的整个世界近代现代史。"根据唯物史观，历史过程中的决定性因素归根到底是现实生活的生产和再生产。"③因此，这里只从科学技术、社会生产和人民生活等方面概述一下这种巨大历史性变化。

（一）一百多年来发生了四次科学技术革命

1. 19世纪70年代以前发生了第一次科学革命、技术革命和产业革命，使人类进入工业化时代。这次科学技术革命以牛顿力学为基础，以纺织技术的机械化为开端，以蒸汽机的改进和广泛应用为主要标志，促进了机械代替手工劳动的根本变革，实现了人类社会由农业社会向工业社会的跨越，奠定了资本主义制度的物质技

---

① 《马克思恩格斯全集》第2卷，人民出版社1957年版第297、357、390、392、398、453、278页。
② 《马克思恩格斯选集》第4卷，人民出版社1995年版第541页。
③ 《马克思恩格斯选集》第4卷，人民出版社1995年版第695页。

术基础。从1733年至1830年,英国用了不到100年的时间,基本完成了第一次工业革命,生产力获得巨大发展。英国铁产量从1740年1.7万吨达到1834年70万吨;煤产量从1700年260万吨达到1795年1000万吨;铁路总长从1836年251公里猛增至1848年8203公里。①

2. 19世纪70年代至20世纪30年代,发生了第二次科学技术革命,使人类进入电气化时代。这次科学技术革命以电磁学理论为基础,以电力技术为主要标志。1884年莫尔发明了有线电报;1887年贝尔发明了电话;1879年,爱迪生发明了电灯;1895年马可尼和波波夫应用麦克斯韦的理论,实现了无线电通讯。随后导致汽车制造业、钢铁工业、冶金工业、化学工业的产生,促进了交通运输业的进一步发展,形成了以重工业为主的工业化国家。美国完成和完善了欧洲的钢铁、化工和电力三大技术,实现了生产文明;又完成和发展了汽车、飞机、无线电三大技术,实现了生活文明。1860——1890年,美国通过工业技术革命,使产值上升9倍;到1890年跃居世界第一经济大国。

3. 20世纪30年代至70年代末,发生了第三次科学技术革命,使人类进入信息化时代。这次科学技术革命以相对论、量子力学、原子物理学、基本粒子学、电子学等一系列新学科为理论基础,以原子能技术、电子计算机技术、空间技术、生物技术、新能源、新材料技术为标志。从此,科技发现、发明呈指数性增长,极大地促进了社会生产力的发展,提高了劳动生产率,科技因素在国民经济发展中的贡献率急剧增加,甚至上升到经济发展的主导地位,成为第一生产力。

4. 20世纪80年代至今,发生了第四次科学技术革命,使人类进入互联网信息化时代。这次科学技术革命以信息论和控制论为理论基础,以微电子、通信、电子计算机与人工智能、自动化、光导和光电子等一系列高新技术为标志。第四次科技革命具有以下特点:一是科技知识呈爆炸增长的态势,全世界每年发表的科技论文高达220万——290万篇,批准的专利数量达120万件,产生的信息790亿条。据粗略统计,人类的科技知识,在19世纪是每50年增加1倍,20世纪中叶是每10年增加1倍,当前则是每3——5年增加1倍。科技知识的剧增,导致新的学科不断涌现。当今,学科总数已达6000多门。二是当代科学技术发展的主流是科学整体化、科学技术一体化和自然科学与社会科学交融互动。三是科学技术日趋社会化、

---

① 中国社会科学院研究室:《世界沧桑150年》,社会科学文献出版社,2002年版第32-33页。

规模化和全球化。四是科学、技术与经济的关系日趋密紧密。五是科技创新对社会各领域的影响更加广泛、更加深刻。六是科学技术对当代经济生活的作用特别巨大。七是信息产业和信息经济异军突起。①

(二)世界经济的增长方式发生了巨大变化,主要是十大变化

1. 工业革命的完成和资本主义生产方式的确立使人类历史进入一个以国际分工为基础、以世界市场和世界经济体系为纽带的新时期。这也是今日经济全球化的发端。

2. 工业革命和工业化使人类由农业社会向工业社会迈出了关键性的一步,目前又正在酝酿新的社会转型。有人称之为"后工业社会",也有人称之为"网络社会"、"信息社会"、"知识社会"、"智能社会"等等。

3. 社会生产力的巨大增长为大众消费时期的到来提供了物质保障。目前人类的生产特别是制造能力几乎达到了无限大的程度,许多产品的生产仅仅受自然资源和市场需求的制约。1820 年,世界 GDP 还只有 6950 亿美元,而 1992 年高达 279950 亿美元,增长近 40 倍,年均增长 2.2%。同期,在世界总人口增长 4 倍的情况下,世界人均 GDP 由 651 美元增至 5145 美元(以上均按 1990 年美元计算),增长 7 倍,年均增长 1.2%。今天已经广泛普及的自行车、汽车、电灯、电话、电报、传真、电扇、空调、收音机、电视机、洗衣机、计算机、各种人造材料等等,在工业革命以前甚至 150 年前还根本不存在。即使在中国这样一个发展中国家的居民耐用消费品中,150 年前所没有的也高达 70%。仅就消费品的享受范围和舒适程度而言,今天的普通人超过几百年前的皇帝。②

4. 资本主义经历了从自由资本主义向垄断资本主义、国家垄断资本主义、国际垄断资本主义的转变。国际垄断资本已成为经济全球化的深厚基础。至于是否已经向社会资本主义转变也可以研究。

5. 社会主义制度的建立、发展和进步力量的壮大使世界经济体系架构发生历史巨变。

6. 国际经济协调机制逐步建立进来并发挥着越来越重要的作用。人们认识、

---

① 中国社会科学院研究室:《世界沧桑 150 年》,社会科学文献出版社,2002 年版第 41、43 - 46 页。
② 中国社会科学院研究室:《世界沧桑 150 年》,社会科学文献出版社,2002 年版第 55 页。

把握和驾驭世界市场和世界经济的能力有了相当的增强,世界市场和世界经济的风险也进一步加大。世界经济危机出现了新的特点。

7.制度化的经济合作越来越成为不可逆转的潮流。各个层次、各种形式的国际经济合作组织在全球遍地开花,把各国间的经济关系推向了更高的层次。

8.主导产业更替,产业结构升级,就业大军日趋知识化。近160年来,在各国产业结构和就业结构中,第一产业比重不断下降,第二产业比重先升后降,第三产业比重不断上升。如英美日三国三次产业的劳动力构成变化如下:

表1　英美日三国劳动力构成变化表

国家	年份	农业	工业	服务业	年份	第一产业	第二产业	第三产业
英国	1841	23	43	34	2000	1.5	25.1	73.0
美国	1870	51	30	19	2000	2.6	23.2	74.3
日本	1872	85	6	9	2000	5.1	31.2	63.1

资料来源:宋则行等:《世界经济史》上卷,第288页。国际统计数据2011年。

9.大国俱乐部组成保持基本稳定,但内部排序和组合屡有变迁。现在正在更大范围内酝酿新一轮的排序,绘制新的大国版图,出现新的多极均衡。但对于右翼势力猖獗带来的危险也必须倍加防范。社会主义中国和平崛起,从2010年起,经济总量已经稳居世界第二位,使世界经济格局发生了历史性变化。1999年开始形成的世界20国集团成员涵盖面广,代表性强,该集团的GDP占全球经济的90%,贸易额占全球的80%,因此已成为全球经济合作的主要成员。

10.如何处理社会主义和资本主义之间的关系一直是对世界经济具有全局性影响的主题。虽然道路曲折,但总的趋势是两种不同制度的国家在国际分工的基础上日益走向对话和合作。① 中国提出的建立互利共赢关系、"新型大国关系"、"人类命运共同体"等重大战略思想正在得到越来越多国家的响应和支持,主导着世界经济的发展。

(三)世界政治舞台风云变幻,发生了巨大变化,主要是四大变化

1.没落的封建主义统治先是在西欧北美,而后逐步在全世界被驱逐出历史舞台。

---

① 中国社会科学院研究室:《世界沧桑150年》,社会科学文献出版社,2002年版第50–69页。

2. 两次帝国主义大战引起的世界革命,使社会主义从科学理论发展为部分国家的制度实践。社会主义打破了资本主义一统天下的世界格局,在取得了具有划时代意义的伟大胜利和遭受了空前严重的挫折之后,目前正在探索继续前进和振兴、发展的新道路。

3. 资本主义的世界殖民体系在第二次世界大战后土崩瓦解。但广大发展中国家仍在为摆脱贫穷、落后和民族屈辱,同西方大国的新殖民主义统治进行艰难的斗争。

4. 苏东剧变后,以美国为首的西方发达资本主义国家恢复了在国际社会中曾经失去的占有绝对优势的统治地位。他们正在变本加厉地推行霸权主义和强权政治,但遇到了反对美国单极称霸和西方一元主宰国际事务的多极趋势和多元政治力量的抗衡和抵制。①

（四）社会结构发生了巨大变化,主要是四大变化

1. 社会结构特征发生变化。18世纪中后期发生的工业革命使人类社会从农业社会进入工业社会,工业社会的特征是出现了资本主义生产方式。20世纪的科学技术革命使人类社会从工业社会进入"后工业社会"、"信息社会"、"知识社会"。我国现代化研究专家何传启认为,在知识社会里,将呈现出知识科学化、权力知识化、创新社会化、经济国际化、生活网络化、消费知识化、意识自然化、文化多样化。他归纳了知识社会的八个主要特征:(1)知识成为社会的轴心;(2)工作和生活的两空间(物理空间和虚拟空间);(3)创新成为社会的基本观念;(4)人工智能得到普及;(5)知识管理逐步流行;(6)社区和家庭的变化;(7)知识劳动者占多数;(8)多元文化和自然意识。他还指出:从18世纪至21世纪末,世界现代化进程可分为两大阶段:第一次现代化是经典现代化,即从农业经济向工业经济、从农业社会向工业社会转变,其主要特点是工业化、城市化、民主化、重视社会福利和经济增长等;第二次现代化是新型现代化,即从工业经济向知识经济、从工业社会向知识社会转变,其主要特点是知识化、信息化、绿色化、创新驱动和提高生活质量等。没有完成第一次现代化的国家和地区可推动两次现代化协调发展,这种模式被称为"综合现代化",即从半工业经济向知识经济、从半工业社会向知识社会转变,其主要特

---

① 中国社会科学院研究室:《世界沧桑150年》,社会科学文献出版社,2002年版第75-76页。

点是工业化、城市化、民主化、知识化、信息化、绿色化的协同推进。①

2. 西方国家阶级阶层结构发生变迁。在1820——1990年这170年间,人均年收入的增长在英国翻了10倍,德国翻了15倍,美国翻了18倍,日本翻了25倍。当代资本主义国家实现了收入分配兼顾"公平",出现了分享经济理论,产生了利润分享法、劳动生产率分享法等等新的分配方法,形成了新中产阶级、新中间阶层。据日本1975年的"社会分层与社会流动全国调查",大多数人在平衡之后,把自己的社会地位评价为中等水平,形成了日本人的"中间阶层"的归属意识,即在1.2亿人口中"1亿总中流",出现了国民对日本社会是"一个平等化程度很高"的社会的认同。② 北欧、西欧国家的收入分配公平程度也很高,基尼系数普遍在0.3以下或0.3左右。

3. 社会组织结构发生变迁,出现多样化、多层化和民间化趋势。集中表现为大量非营利组织的出现,以致出现了与政府组织和企业组织不同的第三部门。在西欧,有三分之二的雇员集中于教育、医疗和社会服务领域;在中欧和东欧,这三大行业的NPO雇员比例为40%左右;在拉美,第三部门的雇员集中于教育领域。③

4. 产业结构、就业结构、企业结构、产品结构、能源结构、交通结构、城乡结构也发生了相应的变化。就城乡结构来说,城市人口比重在不断增长。见表2:

表2 世界总人口和城市人口比重变化表、

		1800	1900	1950	2000	2010
世界总人口	亿人	9.52	16.56	25.01	60.80	68.41
城市人口比重	%	3.0	13.6	28.2	46.7	50.9

资料来源:[苏]乌尔拉尼斯:《世界各国人口手册》第6、47、584页,国际统计数据2011年。

(五)人类劳动方式和劳动时间发生了巨大变化,劳动者的工资福利和物质文化生活水平有了极大提高

1. 历次技术革命大大减轻了人的体力劳动,智能技术革命还辅助和减轻了人的脑力劳动,并改变着体力劳动与脑力劳动在社会总劳动中的比例。有人测算,在机械化初级阶段,两者比例为9:1,在中等机械化条件下,两者比例为6:4,在全自

---

① 何传启:《从世界历史发展进程看现代化》,载《人民日报》,2016年1月17日。
② 中国社会科学院研究室:《世界沧桑150年》,社会科学文献出版社,2002年版第110、113页。
③ 中国社会科学院研究室:《世界沧桑150年》,社会科学文献出版社,2002年版第114、117页。

动化条件下,两者比例为1:9。1977年美国脑力劳动者占总劳动者的比重已达到50.1%,至90年代初美国物质生产部门中脑力劳动者的比重已占到69%。现在,"数字化信息革命极大地推动了制造业进入集成制造阶段,并使制造过程非物质化,生产车间无人化。越来越多的人从事信息工作,越来越多的人凭着一台计算机或多媒体在家里上班。美国现在已有1000万人在家里上班。据美国《纽约时报》1994年9月29日报导,部分在家办公的已达4320万人,约占美国劳力的1/3"。[1]

2. 在劳动时间上,1994年在世界上175个国家中,有144个国家已实行了每周5天工作制。我国从1995年5月1日开始实行每周5天工作制,城镇职工每年劳动约2000小时。美国、日本年劳动约1800—1900小时,德国、法国约1600—1700小时。而借助多媒体年劳动时间可缩短到1000小时。比我国城镇职工目前劳动时间再缩短一半。恩格斯早在1845年就说过:在合理的组织下,"每个人的一般工作时间就会比现在缩短一半。"[2]马克思也赞许过一个精彩的命题:"一个国家只有在劳动6小时而不是12小时的时候,才是真正富裕的。财富就是可以自由支配的时间,如此而已。"[3]现在,这些科学的预言和精彩的命题正在世界上大多数国家变为现实。

3. 劳动者的工资福利水平有了极大提高。据统计,2010年英国制造业每小时人工成本为29.4美元。而据《英国工人阶级状况》和《资本论》所载,19世纪40年代前后,英国工人周工资一般不足1英镑,最多不足1.5英镑。另据统计,2015年,全球70多亿人口中已有一半左右成为网络人口。

4. 社会保障制度得到巨大发展。社会福利制度是社会主义的重要制度,是当代世界各国普遍建立的制度,是资本主义国家出现的重要社会主义因素。英国是倡导社会保障制度最早的国家,也是战后带头建立所谓"从摇篮到坟墓"的福利制度的国家。据统计,英国社会福利的项目不下60种,而美国达90余种之多。[4] 现在,不仅欧美日本等发达国家建立起较为完善的社会保障制度,包括亚洲非洲拉丁美洲在内,世界上大多数国家都建立起覆盖所有国民的社会保障制度。

5. 人民生活水平得到极大提高

随着经济科技的发展,工资福利水平和社会保障水平的提高,人民生活水平得

---

[1] 袁正光:《"信息富裕时代"来临了》,载《新华文摘》,1996年第8期第180页。
[2] 《马克思恩格斯全集》第2卷,人民出版社1957年版第612页。
[3] 《马克思恩格斯全集》第26卷第3册,人民出版社1974年片第281页。
[4] 宋则行、樊亢主编:《世界经济史》下卷,经济科学出版社1993年版第100-101页。

到极大提高,人类的健康水平和预期寿命大幅度提高。上世纪20年代,医生对细菌性疾病束手无策。那时脑膜炎球菌感染病死率几乎是100%,链球菌感染病死率高达75%。这种惨景随着1932年磺胺类药物的发现而被打破。1943年青霉素第一次成功地用于治病,许多致死人命的传染病被制服。人类平均年龄,1300年15岁;1700年20岁;1900年33岁;1950年60岁;1975年67岁。据说,我国夏商时代人的平均寿命只有18岁;秦汉时代只有20岁;唐代27岁;宋代30岁;清代33岁。新中国成立前35岁。1957年57岁;1981年67.77岁;1988年68岁;1990年70.06岁;2001年71.8岁。① 2017年,中国人均预期寿命76.7岁。② 据预测,到21世纪后期,人类的平均寿命将达到120岁到150岁左右,将能够尽其天年。

人文发展指数是衡量人民生活水平的综合指标。2011年各类国家人文发展指数如表3所示:

表3 2011年各类国家人文发展指数表

国家	人文发展指数	出生时预期寿命	平均受教育年限	教育指数	收入指数	健康指数
超高发展国家	0.889	80.0	11.3	0.894	0.832	0.946
高发展国家	0.741	73.1	8.5	0.715	0.681	0.838
中发展国家	0.630	69.7	6.3	0.561	0.568	0.784
低发展国家	0.456	58.7	4.2	0.392	0.396	0.611
中国	0.687	73.5	7.5	0.623	0.618	0.843

资料来源:国家统计局.国际统计年鉴(2012年)。

三、马克思主义必须顺应世界历史巨变不断与时俱进

一百多年来的历史事实表明,当今世界,包括资本主义世界,生产力、生产关系、上层建筑、人民生活都发生了巨大历史性变化,与马克思恩格斯所处的19世纪已经不可同日而语。马克思主义具有与时俱进、不断发展的理论品格,鉴于一百多年来的世界历史巨变,马克思主义必须与时俱进。马克思恩格斯一致认为,他们的理论是发展着的理论,而不是一成不变的教条。恩格斯指出:"很可能我们还差不多处在人类历史的开端,而将来会纠正我们的错误的后代,大概比我们有可能经常

---

① 宋希仁:《人生哲学导论》,山西教育出版社2004年版第5—6页。
② 李克强:《政府工作报告》,见《十三届全国人大一次会议<政府工作报告>辅导读本2018》,人民出版社2018年版第3页。

以十分轻蔑的态度纠正其认识错误的前代要多得多。"每一个人的认识都不可能具有至上意义,"这些认识所包含的需要改善的东西,无例外地总是要比不需要改善的东西多得多。"①因此,马克思恩格斯对自己的著作始终采取极严谨的科学态度,始终把自己的理论看作是可以发展也需要发展的理论。恩格斯在《英国工人阶级状况》1892年序言中指出:"本书所描写的情况,至少就英国而言,现在在很多方面都已经成为过去。""本书在哲学、经济和政治方面的总的理论观点,和我现在的观点决不是完全一致的。"②正因为如此,邓小平指出:"世界形势日新月异,特别是现代科学技术发展很快。现在的一年抵得上过去古老社会几十年、上百年甚至更长的时间。不以新的思想、观点去继承、发展马克思主义,不是真正的马克思主义者。"③因此应该顺应历史巨变不断发展创新马克思主义。

马克思主义作为发展着的理论,诞生170年来已经经历了一系列发展阶段,今后还要经历一系列新的发展阶段。为了区分马克思恩格斯创立的马克思主义与包含一系列发展阶段的马克思主义,可以把前者称为创始人的马克思主义,把后者称为发展了的马克思主义。现在看来在理论上做这种区分是必要的。这样可以准确理解人们所说的马克思主义究竟是指什么样的马克思主义。马克思主义理论来自于实践,服务于实践,由实践来检验,在实践中发展。迄今为止,社会主义实践尚处于初级阶段,社会主义理论也处于初级阶段。由初级阶段到高级阶段,由必然王国到自由王国,要走很长的历史路程和认识路程,要经过十几代人甚至几十代人的努力奋斗,要经过十几次甚至几十次的思想解放和理论飞跃。站在这样的世界历史高度来认识马克思主义,有助于我们坚持解放思想、实事求是、与时俱进,在新的实践基础上继承前人又突破陈规,不断开拓马克思主义的新境界,实现马克思主义的新发展。这样,到任何时候,党章中只要写"中国共产党以发展着的马克思主义作为自己的行动指南"即可,而不必写上一长串的发展阶段。同时,必须正确区分作为党和国家指导思想的马克思主义和作为学术探讨中的马克思主义,也可以分别叫政界马克思主义和学界马克思主义,或者说官方马克思主义和民间马克思主义。前者应该只包括发展着的马克思主义中经实践证明的正确的东西,应该作为党和国家的指导思想和行动指南,应该具有严肃性、稳定性、权威性、统一性。后者则是

---

① 《马克思恩格斯选集》第3卷,人民出版社1995年版第426、427页。
② 《马克思恩格斯选集》第4卷,人民出版社1995年版第419、423页。
③ 《邓小平文选》第3卷,人民出版社1993年版第291-292页。

学术界探讨中、发展中的马克思主义,不一定是经实践证明的正确的东西,应该允许不同观点的探索与争鸣,应该具有学术性、开放性、创造性、多样性。这样的区分有利于保证党和国家指导思想的明确和统一,又可以保证学术界充分的思想解放和学术自由,保证马克思主义理论的不断发展创新,使马克思主义的理论之树万古长青。

第二节 马克思主义与时俱进的基本思路

中国是当代世界最主要的社会主义国家,正在坚持马克思主义的指导地位,建设中国特色社会主义。党和国家十分重视马克思主义理论的坚持和发展,马克思主义理论研究和建设工程已经在中国实施10多年,在马克思主义哲学、政治经济学和中国特色社会主义理论各方面取得了许多重大成果,特别是形成了习近平新时代中国特色社会主义思想。然而,实践发展永无止境,马克思主义的发展创新永无止境。我国马克思主义理论界必须全面追踪国内外马克思主义研究的最新进展和前沿动态,全面推进马克思主义理论的发展创新。下面围绕马克思主义三个组成部分探讨一下发展创新马克思主义的基本思路。

一、发展创新马克思主义的人生哲学

中国学者历来重视对人生哲学的研究。著名学者胡适先生说过:"要晓得哲学的起点是由于人生切要的问题,哲学的结果,是对于人生的适用。人生离了哲学,是无意义的人生;哲学离了人生,是想入非非的哲学。现在哲学家多凭空臆说,离得人生问题太远,真是上穷碧落,愈闹愈糟!"[①]哲学家崔自铎教授说:"生活哲学,来自生活,属于生活,指导生活,美化生活。""生活哲学就在你的言行、哭笑、喜怒、得失、福祸、生死之中。哪里有生活,哪里便有生活哲学。"[②]辩证唯物主义和历史唯物主义哲学无疑要走进生活,哪里有人,有人的生活,哪里也必须有人生唯物主义哲学,有人生辩证唯物论和人生历史唯物论。

长期以来,人们认为,马克思主义哲学是自然科学和社会科学的概括和总结,或者说,是自然科学、社会科学和思维科学的概括和总结。因而马克思主义哲学一

---

① 胡适:《不受人惑:胡适谈人生问题》,当代中国出版社2013年版第14页。
② 崔自铎:《生活哲学》,中共中央党校出版社2003年版第30-32页。

般只讲辩证唯物主义和历史唯物主义两大块，或者讲唯物论、辩证法、认识论、历史观四大块。但是这样的哲学体系是不完整的，主要是缺乏人生观和价值观的内容。哲学应该是世界观人生观价值观的理论体系，是自然科学、社会科学、思维科学和人生科学的概括和总结；应该把马克思主义哲学从关于自然、社会和思维的一般规律的科学发展为关于自然、社会、思维和人生的一般规律的科学，应该包括一个总论、四个分论，如下表所示：

总论	辩证唯物主义哲学	唯物论	辩证法	价值论
分论一	自然哲学	自然唯物论	自然辩证法	自然价值论
分论二	历史（社会）哲学	历史唯物论	历史辩证法	历史价值论
分论三	思维（认识）哲学	思维唯物论	思维辩证法	思维价值论
分论四	人生哲学	人生唯物论	人生辩证法	人生价值论

按这种划分方法，哲学就不只是两大块或四大块，而是有十五块，增加了人生哲学、价值哲学的内容，增加了人生观、价值观的内容。一切哲学社会科学和自然科学都是为人服务的，人生哲学应该是马克思主义哲学的重要组成部分，而且是核心部分。

人生无疑是人的生活，首先是广大群众日常平凡的生活。马克思主义哲学要能系统化、科学化、大众化，要能为广大群众通俗易懂、喜闻乐见、理解运用，就必须贴近实际、贴近生活、贴近群众，就必须关注群众生活、研究群众生活，必须研究人生的主要方面和主要过程，创立人生辩证唯物论和人生历史唯物论，丰富和发展人生科学和人生哲学。马克思主义哲学关注和研究群众生活，群众才会关注马克思主义、关注哲学。

因此，从事马克思主义研究，必须关注人民生活，关注国内外马克思主义理论对人民生活问题的研究。造福人民是马克思主义的根本宗旨，也是中国特色社会主义的根本宗旨。习近平在就任总书记之初就说："人民对美好生活的向往，就是我们的奋斗目标。"①他在党的十九大报告中强调："中国共产党人的初心和使命就是为中国人民谋幸福，为中华民族谋复兴。"②由此可见，中国特色社会主义理论就是为中国人民谋幸福的社会主义理论。应用马克思主义理论研究人民生活、改善

---

① 《习近平谈治国理政》第1卷，外文出版社2014年版第4页。
② 《党的十九大报告辅导读本》，人民出版社2017年版第1-2页。

人民生活、增进人民幸福,是马克思主义研究的根本目的和根本任务。

我们看到,国内外马克思主义理论界都对人民生活进行愈来愈深入广泛的研究。不论是西方马克思主义还是东欧马克思主义,当他们面临重要的理论转型时,都将视线转向了日常生活,这显然不能看作是马克思主义哲学史上的巧合。作为西方马克思主义的创始人,卢卡奇和葛兰西都有着理论上的日常生活转向;作为东欧马克思主义的重要代表人物之一,阿格妮丝·赫勒(Agnes Heller)也有着日常生活转向。对他们的日常生活理论进行分析,有助于我们理解日常生活理论对于中国社会的意义。马克思主义的日常生活新范式开始于20世纪初,从卢卡奇对日常生活的研究、葛兰西转向市民社会,到列菲伏尔的日常生活理论等,都说明经典马克思主义的激进政治革命已经让位于日常生活的渐进改革。西方马克思主义的创始人卢卡奇和葛兰西在批判第二国际经济决定论的同时将研究视角转向了日常生活,实现了马克思主义的重大转向,这一转向一直延续到今天。西方马克思主义和东欧马克思主义的日常生活转向提示我们,日常生活对于马克思主义的建设与发展来说是一个非常重要的领域。① 同样,东方马克思主义者也对人的生活的研究十分重视。日本学者岩佐茂写出《马克思的"生活者"思想》一文,他认为,马克思思想的根基是活着的生活者的思想。虽然马克思并没有明确"生活者"的范畴,但是他从年轻时起就一直重视"生活"、"生活活动"、"生活过程"、"生活关系"等概念。这些概念的主体即活着的人、生活者。因此,与生活相关的一系列概念成为马克思思想的要素,如果重视这一点的话,将马克思的思想视为生活者的思想就所言非虚了。②

二、发展创新劳动价值学说和剩余价值学说

在经济学上,剩余价值学说是马克思主义经济学的基石。"剩余价值"概念是马克思主义政治经济学的核心概念,认为资本主义生产的实质就是剩余价值的生产,剩余价值规律是资本主义的基本经济规律,它决定着资本主义的一切主要方面和矛盾发展的全部过程;决定着资本主义生产的高涨和危机;决定着资本主义的发展和灭亡。大家知道,《资本论》是马克思的主要著作。《资本论》第一卷研究资本

---

① 赵司空:《国外马克思主义的日常生活转向及启示——以卢卡奇、葛兰西和赫勒的日常生活理论为例》,载《哲学分析》,2013年第3期。
② [日]岩佐茂:《马克思的"生活者"思想》,载《国外理论动态》,2014年第7期。

的生产过程,也就是剩余价值的生产过程;《资本论》第二卷研究资本的流通过程,也就是剩余价值的实现过程;《资本论》第三卷研究资本主义生产总过程,主要是剩余价值的分配过程;如果说有第四卷,那也是研究剩余价值学说史(或者称为剩余价值理论)。由此可见,一部《资本论》就是一部剩余价值学说。

恩格斯指出:"马克思的剩余价值理论,好像晴天霹雳震动了一切文明国家"。[①] 正因为劳动价值论和剩余价值论揭示了资本主义剥削关系的本质,打中了资本主义制度的要害,自从马克思的劳动价值论和剩余价值论问世以来,就长期受到西方经济学家的责难和攻击。近年来,美国和欧洲相继深陷资本主义市场经济系统性危机。在当前危机中,西方一些学者重新肯定马克思的劳动价值论和剩余价值论。德国学者埃尔玛·阿尔特法特对马克思经济学方法论中的二重性分析,包括商品二重性、劳动二重性、生产过程二重性的分析作了肯定的评价,这实际上就肯定了马克思分析和论证劳动价值论和剩余价值论的科学方法。他说:"马克思找到了批判分析的'跳跃点':商品使用价值与交换价值的双重属性、具体劳动与抽象劳动的双重属性、原材料和能源转移与价值转移的同时性。"俄罗斯科学院研究员亚历山大·韦贝尔高度评价马克思的剥削理论,认为"马克思十分准确地描述了他那个时代可怕的经济状况,他对资本主义无法无天的地狱表示不满,这是完全正确的。"英国学者特里·伊格尔顿用马克思的剩余价值论来解释阶级斗争,提出了一个颇有特色的新论点:"阶级斗争从本质上来说将是争夺剩余价值的斗争"。伊格尔顿的这一提法以通俗易懂的形式启发西方社会的工人群众和广大劳动者认识、践行和对待阶级斗争和剩余价值的关系。[②]

多年来,在我国经济学教学与研究中西方经济学的影响持续上升、马克思主义经济学的指导地位被严重削弱和边缘化。由此,剩余价值学说在经济学体系中的地位也必然被削弱和边缘化。即使在马克思主义经济学教学与研究中,也只有在资本主义部分讲剩余价值学说,在社会主义部分则不讲剩余价值学说;或者只讲在私营经济中存在剩余价值,在公有制经济、主要是国有经济中不存在剩余价值。这样,剩余价值概念、范畴和学说,在我国经济学体系中自然也就被边缘化。改革开放以来,由于价值理论的缺失或偏差,导致了分配理论、分配制度和分配秩序的混

[①] 马克思:《资本论》第2卷,人民出版社1975年版序言第20页。
[②] 吴易风:《西方学者"重新发现"了马克思的哪些理论?》,载《.红旗文稿》,2014年第5期。

乱,导致了严重的社会分配不公乃至两极分化,许多人都认为自己是弱势群体,严重挫伤了人们的劳动积极性主动性创造性,严重影响乃至危害了社会的公平正义与和谐稳定。

对劳动价值论,新世纪之初,在中共中央倡导下,我国经济理论界进行了深入研究,取得了不少成果,其中不乏真知灼见和创新之处,但还有不足之处。第一,劳动价值论需要进一步拓展和深化细化量化,但几年来的研究在这一方面进展不大。第二,一百多年来,实践的发展对劳动价值论提出了许多新问题,国内外学者对劳动价值论提出了许多质疑和严峻挑战,有些问题至今没有得到科学回答和真正解决。第三,中央提出深化劳动价值论研究的主要目的之一,是为社会主义分配制度提供理论基础,但十几年来的研究并没有真正解决这个问题。第四,无论从经济学发展趋势来看,还是从劳动价值论内在逻辑来看,现代劳动价值论完全可以突破经济学领域,升华和拓展到人生哲学、社会哲学、价值哲学和社会科学的广阔领域,这里还有一大片未开垦的处女地。第五,劳动价值论不仅是基础理论,而且是应用理论,但目前的应用研究还很少。

对剩余价值论,我国学者的研究还很少,基本上还停留在100多年前马克思的理论上。我国著名经济学家卓炯教授,1962年就提出,资本和《资本论》范畴体系经过改造完全适用于社会主义经济。他向来认为,社会主义一定有剩余价值。上世纪80年代初,卓炯教授明确提出社会主义剩余价值观点,连续发表了三篇论剩余价值的论文。当时引起理论界一场广泛争论;目前大部分同志已同意他的观点。① 近年学术界就剩余价值理论进行了较深入的研究,主要就剩余价值范畴的界定、剩余价值与剥削的关系、社会主义社会是否存在剩余价值、剩余价值的来源和分配展开。关于剩余价值范畴的界定,有特殊范畴论、一般范畴论和统一范畴论;关于剩余价值与剥削的关系,有等同论与不同论;关于社会主义社会是否存在剩余价值,有否定论和肯定论;关于剩余价值的来源,有一源论、多源论和结合论;关于剩余价值的分配,主要有分享论。

我们要遵循马克思劳动价值论和剩余价值论的基本原理,结合社会主义市场经济实践,深入研究和发展劳动价值论和剩余价值论,把传统的狭义的劳动价值论和剩余价值论发展为现代的广义的劳动价值论和剩余价值论,极大地拓展马克思主义经

---

① 李炳炎:《卓炯:经济学的革命》,广东经济出版社2000年版第38、161页。

济学的研究领域,使之像美国经济学家、诺贝尔经济学奖获得者贝克尔(Gary. S. Becker)那样,让经济学研究的领域囊括人类的全部行为及与之有关的全部决定。①

三、实现从科学社会主义到社会主义科学的发展

恩格斯说过:"社会主义自从成为科学以来,就要求人们把它当作科学看待,就是说,要求人们去研究它。"②高放教授正是把社会主义作为一门科学来研究的资深专家。他认为,应该把科学社会主义进一步发展为包罗广泛的社会主义科学。他指出:"在百科新兴科学中,首要的一门科学是科学社会主义,因为它是从总体上指导我国实现社会主义现代化的科学,又是指引全世界改变资本主义并走向社会主义、实现全人类解放和世界大同的科学。""'社会主义科学'和'科学社会主义'二者既有密切联系,又有很大区别。科学社会主义只是一门科学,而社会主义科学却是一门首要的大科学,它除了包括科学社会主义这门基本理论科学外,还包括社会主义历史学、社会主义现状学、社会主义未来学等等。"③毋庸置疑,科学社会主义与整个马克思主义一样,是发展着的理论,经过100多年来的发展,正在从科学社会主义发展为社会主义科学。发展创新马克思主义的重要任务之一是把科学社会主义进一步发展为社会主义科学。为此,必须全面研究科学社会主义和社会主义科学,首先要建立和研究它的一门基础性综合性科学——社会主义学,然后要研究社会主义历史学、社会主义现状学、社会主义未来学等一系列科学。

在社会主义科学上,最基本的问题是:什么是社会主义、怎样建设社会主义?这正是邓小平同志在领导改革开放和现代化建设过程中,不断提出和反复思考的首要的理论问题。1980年,邓小平指出:"社会主义是一个很好的名词,但是如果搞不好,不能正确理解,不能采取正确的政策,那就体现不出社会主义的本质。""根据我们自己的经验,讲社会主义,首先就要使生产力发展,这是主要的。只有这样,才能表明社会主义的优越性。社会主义经济政策对不对,归根到底要看生产力是否发展,人民收入是否增加。这是压倒一切的标准。空讲社会主义不行,人民不

---

① [美]贝克尔:《人类行为的经济分析》,王业宇、陈琪译,上海三联书店、上海人民出版社1995年版第3页。
② 《马克思恩格斯选集》第2卷,人民出版社1995年版第636页。
③ 高放:《马克思主义与社会主义新论》,黑龙江人民出版社2012年版第96、102页。

相信。"①他深刻地揭示了社会主义本质是解放生产力,发展生产力,消灭剥削,消除两极分化,最终达到共同富裕。② 经过实践探索和反复思考,形成了邓小平理论,即中国特色社会主义理论。邓小平理论第一次比较系统地初步回答了中国社会主义的发展道路、发展阶段、根本任务、发展动力、外部条件、政治保证、战略步骤、党的领导和依靠力量以及祖国统一等一系列基本问题,指导我们党制定了在社会主义初级阶段的基本路线。它是贯通哲学、政治经济学、科学社会主义等领域,涵盖经济、政治、科技、教育、文化、民族、军事、外交、统一战线、党的建设等方面比较完备的科学体系,又是需要从各方面进一步丰富发展的科学体系。

从全世界来看,各国的发展道路有所不同,但是总的历史趋势将是相同的,这就是世界各国终究要殊途同归,终究要通过各自不同的发展道路走向社会主义和共产主义。近百年来,人类的生产力和生产关系,科学技术和人民生活都发生了巨大而深刻的变化,既有量变也有质变。从过去的历史巨变中,我们可以看出世界各国的发展有一个共同的历史趋势,有两条不同的发展道路。一个共同的历史趋势是:人类的科学技术水平、社会生产水平、物质生活水平和文化生活水平必然会向前发展,不断提高,决不会停止在一个水平上,更不会长期倒退。从这里我们可以看出世界历史发展的总方向总趋势,这就是:世界各国终究要解放和发展生产力,终究要消灭剥削、消除两极分化,最终达到共同富裕,一句话,终究要走向社会主义,最终达到共产主义。无论人们自觉不自觉,社会主义终究是不可抗拒的强大历史潮流。随着人类经济从工业经济时代走向知识经济时代,人类社会也必将从资本主义时代走向社会主义时代。两条不同的发展道路是:一条是自觉的革命的社会主义道路,一条是自发的渐进的社会主义道路。从世界历史来看,社会主义发展的自然历史过程将是共同趋势和不同道路的统一,共同本质和不同特色的统一,共性和个性的统一。因此,现在我们既要看到世界各国终将殊途同归,走向社会主义,又要看到,前途是光明的,道路是曲折的。目前社会主义国家经济科技总体水平还比较落后,经济、政治、文化教育制度还需要改革和完善,民主和法制还有待健全,消极腐败现象还需要标本兼治,综合治理;资本主义国家还未发生根本质变,霸权主义、强权政治还在世界横行,天下并不太平,各国走向社会主义的道路还漫长

---

① 《邓小平文选》第2卷,人民出版社1994年版第313、314页。
② 《邓小平文选》第2卷,人民出版社1994年版第373页。

而曲折。但是,各国广大人民都是要和平,要发展,要进步,要富裕,要民主,要文明的,社会主义的历史趋势是不可改变的。英特耐雄奈尔一定要实现!

总之,在当代中国和世界,马克思主义理论都面临着诸多新情况和新问题,国内外学者都在进行着新探索,提出了不少新观点和新理论。我们要全面追踪国内外马克思主义研究的最新进展和前沿动态,博采众长,为我所用,大力推进马克思主义理论研究和建设工程,全面推进马克思主义三个组成部分的发展创新,全面推进中国特色社会主义理论的发展创新。

第三节 马克思主义与时俱进的主客观条件

马克思主义与时俱进需要具备一系列主客观条件。高放教授的《马克思主义人的解放科学第一次应运诞生》一文,全面而精辟地论述了马克思主义科学应运诞生的诸多主客观条件。他指出,马克思主义科学的形成需要十分完备的社会条件,包括客观条件和主观条件;并把马克思主义诞生的客观条件概括为五个"三":"科学三大发现惊人,技术三大发明震世,资本主义三大矛盾凸显,工人运动三大浪潮叠起,思想理论三大成果凝聚";同时又把马克思主义诞生的主观条件也概括为五个"三";这就是马克思、恩格斯两位亲密战友参加三种社会实践,实现三个根本转变,批判三个思想来源,进行三场思想斗争,构建科学三大组成部分。① 这一概括匠心独运、全面深刻、新颖独到、令人叹服。总结历史是为了开辟未来。研究马克思主义诞生的历史,是为了借鉴历史经验,实现马克思主义的发展创新、与时俱进。下面我们借鉴马克思主义诞生的历史经验,学习高放老师的归纳方法,把发展创新马克思主义的必要条件归纳为三个要点,也就是三个"三":必须吃透三个情况,发扬三种精神,运用三种方法。在各种主客观条件中,关键是人,是要有一批马克思恩格斯那样的富有献身精神、学习精神、创新精神的杰出人才。

一、吃透三个情况,就是吃透世情、国情、民情,弄清马克思主义必须发展创新、也能够发展创新的客观条件和社会需求

马克思恩格斯正是通过参加工人运动的实践,走与工人结合的道路,经常到狭

---

① 高放:《马克思主义人的解放科学第一次应运诞生》,载《中国延安干部学院学报》,2013年第3期。

窄、弯曲的工人集中居住的小巷访贫问苦,深入了解他们的劳动、生活和思想情况,了解资本家的残忍和工人的悲惨境遇,思想感情才发生了本质的变化,才写出《英国工人阶级状况》《共产党宣言》《资本论》等等经典著作,创立马克思主义理论。今天,吃透世情、国情、民情,是发展创新马克思主义的根本条件和途径。世情、国情、民情涉及家事国事天下事方方面面,包罗万象,复杂多变,不可穷尽;下面只能略述世情、国情、民情的几个侧面和要点。

(一)吃透世情

马克思主义诞生100多年来世界上发生了巨大历史性变化。我们今天只有真正了解100多年来的世界历史巨变,才能与时俱进地发展马克思主义,使之跟上时代步伐,符合时代特征,适应时代需要,实现马克思主义时代化。100多年来,世界上发生的巨大变化,"主要是三大变化,即科学技术的进步、资本主义的新发展、社会主义制度与社会主义市场经济的出现。"①

(二)吃透国情

我国是一个国土辽阔、人口众多的社会主义国家,国情极其复杂,最基本的国情是,我国仍然处于并将长期处于社会主义初级阶段。只有吃透国情,才能使马克思主义符合中国实际,适应中国需要,解决中国问题,实现马克思主义中国化。改革开放以来,我们用了40年时间,使中国经济总量跃居世界第二,13亿多人摆脱了物质短缺,总体达到小康水平。同时,正如习近平2015年在美国所说:"我们也清醒认识到,中国仍然是世界上最大的发展中国家。中国的人均国内生产总值仅相当于全球平均水平的三分之二、美国的七分之一,排在世界80位左右。按照我们自己的标准,中国还有7000多万贫困人口。如果按照世界银行的标准,中国则还有两亿多人生活在贫困线以下。中国城乡有7000多万低保人口,还有8500多万残疾人。这两年,我去了中国很多贫困地区,看望了很多贫困家庭,他们渴望幸福生活的眼神深深印在我的脑海里。这些情况表明,中国人民要过上美好生活,还要继续付出艰苦努力。发展依然是当代中国的第一要务,中国执政者的首要使命就

---

① 李铁映:《关于劳动价值论的读书笔记》,见何秉孟:《劳动价值理论新论》,社会科学文献出版社2003年版第9页。

是集中力量提高人民生活水平,逐步实现共同富裕。"①

(三)吃透民情

马克思恩格斯正是在工人中进行深入细致的调查研究,才完成了自己阶级立场、世界观和政治观的根本转变,决心为人类的自由解放和幸福生活而献身。我们只有深入基层、深入群众,才能吃透民情、深知民心,才能使马克思主义贴近人民群众,反映人民心声,符合人民需要,让人民喜闻乐见,易于学习、理解和运用,实现马克思主义大众化。中国有近14亿人口,分布在不同地区、不同阶层,有不同的学习、工作、生活、思想状况。吃透民情,关注民生无疑要比任何国家都复杂。

二、发扬三种精神,就是发扬马克思恩格斯的学习精神、创造精神、献身精神,从而为马克思主义的发展创新创造主观条件

(一)最起码的是学习精神

习近平说:"党的十八大提出了建设学习型、服务型、创新型马克思主义执政党的重大任务。把学习型放在第一位,是因为学习是前提,学习好才能服务好,学习好才有可能进行创新。""中国共产党人依靠学习走到今天,也必然要依靠学习走向未来。"②马克思主义者历来十分重视学习。伦敦大英博物馆的图书馆每天迎接来的第一位读者是马克思,图书馆送走的最后一位客人也是马克思。在这里,他构建着马克思主义学说,为世界上受苦受难的人们探索一条走向光明和幸福的道路。威廉.李卜克内西回忆马克思说:"学习!学习!就是他经常向我们大声疾呼的无上命令。他自己就是这方面的榜样,你只要一见这位伟大的智者永不停息的顽强的学习精神,也会有这样的感觉。"③恩格斯长期刻苦自学,知识非常渊博。马克思曾赞誉恩格斯:"他是一部地地道道的百科全书。不分昼夜,不论饥饱,他都能写作,写得飞快,机灵得出奇。"④只要读过他的《反杜林论》《自然辩证法》等等重要著

---

① 《习近平在华盛顿州当地政府和美国友好团体联合欢迎宴会上的演讲》,载《人民日报》,2015年9月24日。
② 《习近平谈治国理政》第1卷,外文出版社2014年版第403、407页。
③ [法]拉法格等:《回忆马克思恩格斯》,马集译,人民出版社1973年版第41页。
④ [德]梅林:《马克思传》,樊集译,人民出版社1972年版第296页。

作的读者都会为他知识的渊博所折服。列宁也说过:"共产主义青年团及其他一切组织的任务,可以用一句话来表达:就是要学习。""只有了解人类创造的一切财富以丰富自己的头脑,才能成为共产主义者。"①在信息爆炸、知识爆炸的新时代,教育是终身教育,学习是终身学习。学无止境,无论是博士、硕士还是本科生、大专生、高中生,都要不断学习、终身学习。只有刻苦学习、学而不厌,才能有所创造、有所前进。因此,学习马克思主义是坚持和发展马克思主义的起码要求;必须克服不读书、空喊马克思主义甚至否定马克思主义的倾向。

(二)最宝贵的是创新精神

创新精神是发展创新马克思主义最需要、最宝贵的精神。马克思恩格斯是富有创造精神的伟大导师,马克思主义的三个组成部分都是马克思恩格斯彪炳史册的伟大创造。没有大无畏的革命精神、批判精神、创造精神,就不可能有辩证唯物主义和历史唯物主义,不可能有科学的劳动价值学说和剩余价值学说,不可能有科学社会主义和科学共产主义。习近平同志强调说:"创新是一个民族进步的灵魂,是一个国家兴旺发达的不竭动力,也是中华民族最深沉的民族禀赋。在激烈的国际竞争中,惟创新者进,惟创新者强,惟创新者胜。"②"回顾近代以来世界发展历程,可以清楚看到,一个国家和民族的创新能力,从根本上影响甚至决定国家和民族前途命运。……当今世界,经济社会发展越来越依赖于理论、制度、科技、文化等领域的创新,国际竞争优势也越来越体现在创新能力上。"③在第十三届全国人大第一次会议闭幕会上,习近平强调,"中国人民在长期奋斗中培育、继承、发展起来的伟大民族精神,为中国发展和人类文明进步提供了强大精神动力。中国人民是具有伟大创造精神的人民,只要13亿多中国人民始终发扬这种伟大创造精神,我们就一定能够创造出一个又一个人间奇迹。"④毫无疑问,发展创新马克思主义就必须学习和发扬马克思恩格斯的创新精神。

(三)最重要的是献身精神

发展创新马克思主义,必须自觉自愿地为解放全人类、造福全人类而献身,必

---

① 《列宁选集》第4卷,人民出版社1995年版第281、285页。
② 《习近平谈治国理政》,外文出版社2014年版第59页。
③ 《习近平谈治国理政》第2卷,外文出版社2017年版第202-203页。
④ 《十三届全国人大一次会议在京闭幕 习近平发表重要讲话》,载《人民日报》,2018年3月21日。

须有马克思恩格斯那种自我牺牲精神,艰苦奋斗精神。凭马克思的杰出才华和家庭背景,完全可以过上锦衣玉食、加官晋爵的生活。当年普鲁士政府就两次拉拢过马克思,邀请他为政府效力。但是马克思非常冷淡地拒绝了邀请。因为在马克思看来,那些地方根本不是他放飞梦想的地方,更不用说让他效命于此。他一生都在为穷人说话,为人民战斗,一生都在为事业战斗,绝不会因为自己的窘困而停止。①正如《马克思传》作者梅林所说:马克思对最高认识的不断追求,是发源于他内心的最深厚的情感的。"同那些为了个人身边琐事而忘掉世界的庸人的可怜命运相反,马克思能够为了'人类的伟大目的'而超然于最痛苦的不幸之上。"②"马克思是自愿地担负起他那长达数十年的殉道者的事业的。"他的铁的意志"像磁针一般毫不动摇地指向人类的最高目的。"③在统治者的驱逐中,在身无分文的困境中,在由于饥寒交迫痛失一个又一个子女的悲痛中,马克思都没有放弃对人类美好理想的追求。按照恩格斯的家庭出身和杰出才能,也完全可以成为声名显赫的富豪,能够有享不尽的荣华富贵。但他同样以解放人类为己任,同样是为了"人类的伟大目的"而不惜牺牲自己的个人利益。为了支持马克思的工作,他不得不去干那"该死的商务"。马克思逝世后,为了整理出版马克思的《资本论》第2、3卷,"他放弃了他那无比巨大的才能和优异的天赋可能使他在学术上达到的建树。"④发扬献身精神就是要把毕生心血和精力贡献给社会主义伟大事业,包括贡献给马克思主义理论研究事业。

三、运用三种方法,就是运用唯物辩证法的三大规律,运用矛盾分析法、定量分析法、辩证否定法研究三大学说

恩格斯指出:"马克思的整个世界观不是教义,而是方法,它提供的不是现成的教条,而是进一步研究的出发点和供这种研究使用的方法。"⑤马克思在《资本论》第1卷第2版跋文中,专门介绍了他的研究方法是严格的现实主义的,是唯物辩证法。我们研究马克思主义必须运用马克思恩格斯所强调的方法,即唯物辩证法,运

---

① 内蒙轩:《马克思靠谱》,东方出版社2016年版第22页。
② [德]梅林:《马克思传》,樊集译,人民出版社1972年版第73页。
③ [德]梅林:《马克思传》,樊集译,人民出版社1972年版第291页。
④ [德]梅林:《马克思传》,樊集译,人民出版社1972年版第298页。
⑤ 《马克思恩格斯选集》第4卷,人民出版社1995年版第742—743页。

用恩格斯归纳的唯物辩证法的三大规律,即对立统一规律、质量互变规律、否定之否定规律,运用矛盾分析法、定量分析和辩证否定法。

(一)运用对立统一规律和矛盾分析方法

马克思认为,对于世俗社会"应当在自身中,从它的矛盾中去理解,并在实践中使之革命化。"①实践证明,社会主义社会依然是充满矛盾的社会,中国现在有分配不公、腐败多发、道德滑坡、应试教育等等社会热点难点问题亟待解决,亟待进行理论创新和实践攻坚。我们的研究应该采取严格的现实主义态度,运用矛盾分析方法,直面社会现实、社会问题、社会矛盾;在观察问题、发现问题、分析问题、解决问题过程中推进我国的改革开放和发展进步,推进马克思主义的发展创新。我们在对立统一规律的理解和运用上曾经有过片面性,就是只讲对立,不讲统一,只讲斗争性,不讲同一性,把斗争性绝对化,导致了众所周知的不幸后果。

(二)运用质量互变规律和定量分析方法

质量互变规律是唯物辩证法的三大规律之一。在马克思恩格斯时代,由于历史和认识的局限性,在科学上的应用还是初步的。经过100多年科学(包括数学)的巨大发展,我们看到,数学已经得到了越来越广泛的应用,已经越来越渗透到各个研究领域、包括社会科学领域。社会主义作为一门科学,也只有在成功地运用数学时,才能成为一门真正完善的精密科学。但迄今为止,在社会主义理论研究上,数学方法、定量研究方法还远未得到充分运用。在我国社会主义理论和实践中,对定量研究方法也重视不够。现在,我们对社会主义本质理论、人的本质理论等等理论,都应该探究这些本质的数量表现,建立相应的指标体系和数学模型,加以定量分析和研究。

(三)运用否定之否定规律和辩证否定方法

马克思恩格斯对黑格尔的辩证法、费尔巴哈的唯物主义,对以亚当·斯密、李嘉图为代表的英国古典政治经济学,对以圣西门、傅立叶、欧文为代表的空想社会主义,都是运用辩证否定、批判继承的方法加以发展创新的。马克思主义同样必须

---

① 《马克思恩格斯选集》第1卷,人民出版社1995年版第55、131页。

在批判继承中、辩证否定中、否定之否定中、螺旋式上升中发展创新。只有在这种辩证否定中,才能解放思想、实事求是、与时俱进,真正坚持和发展马克思主义。在社会主义理论上,马克思恩格斯否定商品、货币关系,我们对这种否定又从实际出发进行了否定之否定,发展社会主义市场经济。没有辩证否定,就没有改革开放,没有社会主义市场经济,没有中国特色社会主义。

第二章　广义剩余价值论

价值问题可以说是与人类共始终的一个重要问题。哲学价值论的研究始于 19 世纪的洛采和尼采。经济学价值论的研究则要早得多，但直到 19 世纪中叶，才由马克思创立了科学的劳动价值论和剩余价值论。劳动价值论和剩余价值论是马克思经济理论的基石，从而也是马克思政治经济学、科学社会主义乃至整个马克思主义的理论基石。但是一百多年来，世界上科学技术和经济社会发生了巨大的历史性变化，而劳动价值论和剩余价值论没有与时俱进地发展创新，对许多新情况新问题缺乏解释力和说服力，以致当前西方经济学影响上升、马克思主义经济学指导地位下降，甚至使人们对马克思主义的怀疑增长了，信仰动摇了。而在大洋彼岸，美国经济学家加里·贝克尔认为，人类行为不能被条块分割，经济分析是一种统一的方法，适用于解释全部人类行为和人类相互关系，而不管问题是否具有商业性和物质性。他的研究取得成功，获得诺贝尔经济学奖。马克思经济学所研究的正是决定人类生存和发展的最重要的人类行为——人类劳动，是在商品经济条件下劳动创造的价值和剩余价值及其所体现的人与人的关系，因此，完全可以用来研究当代社会的全部人类劳动和人类相互关系；由此可以把狭义劳动价值论和剩余价值论发展为广义劳动价值论和剩余价值论。从广义劳动价值论和剩余价值论来看，每个人、每个社会部门、社会组织和社会群体都有自己的投入产出、生产消费、费用效用、贡献索取问题，都有自己的生产价值、消费价值和剩余价值。英国智库"新经济学基金会"的一项研究称，一个普通的医院清洁工在挣 1 英镑工资的时候平均创造 10 英镑的社会财富价值。而每个银行家每挣 1 英镑酬劳反而会消耗或抵消掉 7 英镑的社会财富——对社会的贡献是负值。现行工薪架构从根本上不能正确反映不同职业的真正社会价值。① 毋庸置疑，广义劳动价值论和广义剩余价值论完全

---

① 《银行家危害大于贡献，清洁工更有价值》，载《新快报》，2009 年 12 月 16 日。

可以广泛应用于研究当代资本主义社会和社会主义社会的生产关系和分配关系，应用于研究社会生活和个人生活。从个人生活来看，广义劳动价值论和广义剩余价值论就是人生劳动价值论和人生剩余价值论。由此可见，劳动价值论和剩余价值论存在着广阔的研究空间和发展余地，存在着发展创新的客观必要性和现实可能性。因此，应该把劳动价值论和剩余价值论研究进一步引向深入，使劳动价值论和剩余价值论在广度和深度上得到进一步发展，在宏观和微观上得到多方面应用，使之进入一个具有强大生命力和广泛解释力、充满生机和活力的新阶段。

本章所说的狭义劳动价值论，是指马克思创立的劳动价值论，是关于商品的价值由劳动创造和决定的理论。马克思从分析商品入手，论证了生产商品的劳动具有作为特定性质的具体劳动和作为人的脑、肌肉、神经、手等等生产耗费的抽象劳动的二重性，指出创造商品价值的是人类抽象劳动。商品价值只是无差别的人类劳动的单纯凝结，即不管以哪种形式进行的人类劳动力耗费的单纯凝结。价值只是劳动时间的凝结，只是物化的劳动。价值在本质上是一种社会生产关系。狭义剩余价值论，是关于剩余价值的起源和本质、生产和分配的理论。剩余价值是雇佣工人剩余劳动创造的并被资本家无偿占有的价值。剩余价值只是剩余劳动的凝结，只是物化的剩余劳动。剩余价值在本质上是一种资本家剥削雇佣工人的社会生产关系。

本章所说的广义劳动价值论，是适应社会生产力和生产关系发展的需要，在马克思劳动价值论基础上加以拓展了的劳动价值论，把创造价值的劳动由商品生产劳动和物化劳动拓展到一切社会必需的劳动，认为一切劳动都是或正或负或大或小的形成和创造价值的劳动，世界上没有无价值的劳动，也没有无劳动的价值。创造价值的劳动既包括物质生产劳动，也包括非物质生产劳动，既包括商品生产劳动，也包括非商品生产劳动，从而包括物质生产劳动、精神生产劳动、知识生产劳动、各种服务劳动、公务劳动、家务劳动、求学劳动、劳动力生产劳动。认为价值源泉具有人类劳动的一元性，价值决定具有劳动要素与包括自然条件、社会条件在内的各种生产要素共同决定的多元性，是价值源泉一元论的基本内核与价值决定多元论的合理内核的辩证统一。广义剩余价值论是适应社会生产力和生产关系发展的需要，在马克思剩余价值论基础上加以拓展了的剩余价值论。认为在现代社会条件下，剩余价值不仅是雇佣工人创造的，而是全社会劳动者乃至历代劳动者共同创造的，既有各个劳动者创造的个人剩余价值，也有全社会劳动者系统效应形成的社会剩余价值,还有历代科技劳动无偿服务形成的科技剩余价值。现代剩余价值也不是仅仅由资本家无偿占有的价值,而是各类人员和整个社会共同占有和分享的价值。因而剩余价值范畴和剩余价值学说既适用于现代资本主义社会,也适用于现代社会主义社会,是一切商品经济社会共有的经济范畴和经济理论。

恩格斯说:"马克思的剩余价值理论,好像晴天霹雳震动了一切文明国家。"①"科学社会主义就是以此为起点,以此为中心发展起来的。"②国家发改委宏观研究院前副院长刘福垣研究员认为:"社会主义就是将剩余价值的大部分收归社会,然后向全体居民提供社会保障,通过社会保障使剩余价值为社会所占有。所以说,社会主义就是社会保障主义,社会保障到多少度,社会主义就到多少度,和谐社会就到多少度。坚持社会主义就是坚持社会保障主义。发达国家的私有制已在逐步空壳化,大部分剩余价值已经归社会所有"。③ 因此,广义剩余价值学说同样是现代社会主义的起点和中心。不仅如此,广义剩余价值学说还是科学的人生价值学说的起点和中心。由此可见,本章研究的广义劳动价值论和广义剩余价值论决不是脱离社会生活和个人生活的空洞说教,而正是社会主义学说和人生价值学说的理论基础。

本章的创新点主要有:

一、面对西方经济学的影响上升、马克思主义经济学的指导地位下降的现实,探讨了历史、现实和理论的原因,指出了马克思主义经济学发展的必要性、可能性和发展方向。

二、从劳动、价值这两个基本范畴入手,论证了马克思劳动价值论的科学性和局限性,探讨了劳动价值论从狭义向广义发展的思路和前景。

三、论证了剩余价值范畴在社会主义经济理论中不仅是继续适用的范畴,而且是极其重要的范畴;探讨了现代剩余价值的多个来源和多种去向,以推进剩余价值论在广度和深度上的发展。

四、通过发展创新价值构成理论,发展创新社会主义分配理论;在按劳分配、按生产要素分配、按基本需要分配三结合的分配理论基础上,创立与此相应的三结合的社会主义分配制度。

---

① 马克思:《资本论》第2卷,人民出版社1975年版第20页。
② 《马克思恩格斯选集》第3卷,人民出版社1975年版第548页。
③ 杨长鑫:《和谐社会主义——中国特色社会主义创新模式研究》,红旗出版社2012年版第108页。

此外，笔者已发表20多篇论文，对劳动价值论和剩余价值论的各方面做了探讨，并探讨了在劳动价值论和剩余价值论基础上的收入分配问题，回答了一系列相关争论问题。有兴趣者可根据本书附录表3"在省级以上刊物发表部分论文一览表"查阅原文。

第一节 马克思主义经济学亟待发展创新

多年来，我国经济学教学与研究中西方经济学的影响上升、马克思主义经济学的指导地位被削弱和边缘化。2005年，刘国光教授尖锐指出我国经济学教学与研究中存在的这个问题，并从教学方针、教材、教师和教研部门领导权等方面分析了问题产生的原因。笔者认为，这个问题的产生还有更深层的历史、现实和理论的原因，根本原因是马克思主义经济学落后于现实生活，亟待发展创新。解决这个问题，必须进行理论和实践的双重探索，必须实现马克思主义经济学的重大突破和发展创新，从而增强马克思主义经济学的创造力、感召力、解释力、说服力、战斗力、吸引力，增强其在我国经济学教学与研究中的指导地位。

一、关于经济学教学与研究中存在的问题

2005年7月15日，我国著名经济学家刘国光教授尖锐指出，当前经济学教学与研究中西方经济学的影响上升、马克思主义经济学的指导地位被削弱和边缘化的状况令人堪忧。存在这种状况有内外两方面的原因。外因包括：第一，以美国为首的国际资产阶级亡我之心不死，不断地对我进行西化、分化；第二，社会主义阵营瓦解，世界社会主义转入低潮，人们误以为社会主义不行了，马克思主义不行了；第三，中国由计划经济转向市场经济，人们误以为马克思主义经济学不行了，只有西方经济学才行。内因包括：第一，高校经济学教育、教学方针不明确，忽略了马克思主义经济学教学，强化了西方经济学教学；第二，教材问题，马克思主义经济学教材缺乏，西方经济学教材泛滥；第三，教师、干部队伍问题，缺乏马克思主义教育；第四，有些高校及所属院、所的领导权和研究机构的领导权被坚持西化的人掌握了。针对这些问题，刘教授提出了解决问题的四点意见：第一，教学方针要明确。马克思主义政治经济学是惟一的经济学基础理论课程，西方经济学是作为吸收、借鉴的部分，但是不要突出它。第二，教材要坚持马克思主义，要鼓励多种马克思主义政

治经济学教材的写作和创新。第三,教师队伍,既要欢迎西方留学的"海归"派回来充实我们对西方经济学的知识,充实我们对市场经济一般的知识,又要对这些同志进行马克思主义的教育。党校的教员,特别是党校的中高级干部培训班的教员一定要慎重选择。第四,领导权一定要掌握在马克思主义者手里。①

刘国光教授提出上述问题后,引起了经济理论界的热烈讨论,见仁见智,各抒己见,有赞成者,有反对者,有基本赞成、又加以分析者。下面谈谈笔者的一孔之见。

二、关于经济学教学与研究中存在问题的根本原因

刘国光教授提出的问题是十分重要的,对存在问题原因的分析是正确的;但是还有更深层、更根本的历史的、现实的和理论的原因。只有深刻认识这些深层的根本的原因,才能真正解决好存在问题。

第一,从历史原因看,改革开放前20多年"左"的错误歪曲和糟蹋了马克思主义,导致马克思主义经济学的可信度、美誉度下降,创造力、感召力下降。

改革开放前,我国发生了持续20多年的"左"的错误。在那20多年中,以阶级斗争为纲,政治运动连续不断,冤假错案遍于国中。在这种情况下,除了照搬照抄"最高指示"外,谁还能去发展创新马克思主义、包括它的经济学呢?"左"的错误导致思想理论上形而上学猖獗、唯心主义盛行,马克思主义经济学被教条化、绝对化,远远落后于现实生活。20多年中所搞的"阶级斗争"、"政治运动"、冤假错案和许多坏事都是在马克思主义的旗号下干的,人们很难区分哪些东西是"左"的错误,哪些东西是马克思主义的真理。这就严重糟蹋了马克思主义,导致马克思主义信誉下降,也就是可信度和美誉度下降,创造力和感召力下降。改革开放后,国门大开,人们看到的世界,特别是西方发达国家,并不像原来宣传的那样,无产阶级处于水深火热之中,而是生活在"相对富裕"之中,生活在所谓"从摇篮到坟墓"的社会保障体系之中。于是,西学东渐了,人们思想混乱了,怀疑增长了,对马克思主义、社会主义的信仰动摇了。"左"的错误是暂时的,但是由此造成的人们心灵上的创伤是长期的,中华民族创造精神的恢复和发扬也是长期的。

第二,从理论原因看,在马克思主义理论死板僵化、停滞不前的同时,世界发生

---

① 刘国光:《对经济学教学和研究中一些问题的看法》,载《高校理论战线》,2005年第9期。

了巨大而深广的历史性变化,导致马克思主义经济学的时代性、现实性下降,对许多新情况新问题的解释力、说服力下降。

马克思主义诞生100多年来,世界科学技术革命和社会生产关系调整促进了社会生产力迅猛发展,人类开始进入信息时代、知识经济时代和"消费社会"。"1820——1992年世界GDP增长近40倍,在世界总人口增长4倍的情况下世界人均GDP增长7倍。制造新产品的创造力把人类的物质文明和精神文明不断推向新的高度。在经济发达国家,汽车、家电、移动电话、个人电脑等大众消费品已经普及。"①而马克思恩格斯对电灯、电话、汽车、飞机不仅没有享用过,甚至连见也没有见过。1841年世界上最发达的英国,第一、二、三次产业构成是23%、43%、34%②;2006年全世界三次产业构成是3%、28%、69%。西方国家的工人在劳动时间差不多缩短一半的同时,收入水平和社会福利大幅度提高,如英国工人的平均工资已经由1845年的每周不足1英镑提高到2007年的每小时14英镑。③ 今天的英国工人阶级状况与恩格斯1845年所写的《英国工人阶级状况》以及马克思1867年出版的《资本论》中所写的英国工人阶级状况已经不可同日而语。同时,随着知识结构、产业结构、就业结构、收入结构的变化,阶级结构也发生了历史性变化,发达国家已经不是日益分裂为无产阶级和资产阶级两大对立阶级,而是形成了一个人口比重越来越大的中产阶级。如果马克思恩格斯健在,相信他们也不会继续重复《英国工人阶级状况》和《资本论》中所说的一切,而会写出21世纪的《英国工人阶级状况》和21世纪的《资本论》。在数学自然科学社会科学得到近100多年的巨大发展之后,在数学已经被广泛应用到自然科学社会科学之中的今天,他们也一定会在经济学中广泛应用数学自然科学社会科学的研究方法,从而使马克思主义经济学不断发展创新、日臻完善。

由于马克思主义理论长期停滞,现实生活日新月异,灰色的理论之树在常青的生活之树面前越来越显得缺乏解释力、说服力。例如,中国人均GDP1978年为385元,2017年为59660元。④ 按不变价计算,2017年是1978年的24.3倍。⑤ 2017年

---

① 中国社会科学院研究室编:《世界沧桑150年》,社会科学文献出版社2002年第21页。
② 宋则行、樊亢主编:《世界经济史》上卷,经济科学出版社1993年版第288页。
③ 国家统计局:《国际统计年鉴》,中国统计出版社2009年版。
④ 国家统计局:《国际统计年鉴》,中国统计出版社2009年版。
⑤ 国家统计局:《2017年经济和社会发展统计公报》,载《人民日报》,2018年3月1日。

与 1978 年付出同样的劳动为什么创造的价值相差 24 倍以上？2017 年人均 GDP，中国是 9482 美元，日本是 34486 美元，美国是 60015 美元。① 同样的劳动时间，美国人、日本人创造的价值为什么是中国人的 6.33 倍和 3.66 倍？为什么活劳动减少而价值量增加？无人工厂几乎无人劳动，为什么也能创造大量价值？为什么商品房的价值中建筑工人劳动创造的价值不足 10%，而劳动含量很低的土地等等所占比重却占了一大部分？有人用价格与价值的差别、财富与价值的差别来回避这些问题。其实，按照马克思的观点，价格不过是价值的货币表现，在市场上商品的总价格应该等于商品的总价值，等量财富、等量商品应该有等量价值，因此，这些问题是回避不了的，是必须给予科学的令人信服的解释的，从而劳动价值论和整个政治经济学没有重大突破和发展创新是不行的。

第三，从现实原因看，有些政治经济学的理论成果和制度设计在实践中发生了惊人的变故，有许多现实经济问题迟迟得不到解决，导致马克思主义经济学的可行性、实用性下降，战斗力、吸引力下降。

我国在上世纪 90 年代就确立了公有制为主体、多种所有制经济共同发展的基本经济制度，和与之相适应的按劳分配为主体、多种分配方式并存的分配制度，明确了消灭剥削、消除两极分化、走向共同富裕的方向。但是，客观事实是，在改革开放前，国有企业发生了大面积亏损，国有资产大量流失，以致难以为继，不得不进行改革、改制。在改制过程中，也有人乘机化公为私，造成国有资产大量流失。现在大部分国有企业变成了私有企业和股份制企业，国有经济是不是还处于主体地位和主导地位，令人怀疑。在现有的国有企业中，无疑应该实行以按劳分配为主体的分配制度，但事实是付出同样的劳动，垄断行业人员的收入居然是其他行业人员的 5 倍左右，其中高管人员收入畸高。研究分配问题的专家苏海南认为，目前我国的收入差距正呈现全范围多层次的扩大趋势。在这样的现实面前，在课堂上讲坚持公有制和按劳分配的主体地位，恐怕老师自己也觉得是空洞说教。

马克思主义政治经济学是研究生产关系的科学。生产关系、所有制关系归根到底是人与人的关系，是人们之间的利益关系。所有权必须落实在分配权上，社会主义公有制必须落实在社会公平、按劳分配上。没有按劳分配，没有健全的劳动就

---

① 2017 年世界各国人均 GDP 排名，http://www.sohu.com/a/217201660_470098（访问时间：2018-01-17）。

业制度、人事管理制度、财务管理制度、收入分配制度，没有公开、公平、公正，社会主义公有制就会解体、改制，或者蜕化变质、名存实亡。现在重要的问题不是公有制好不好，而是公有制如何搞，搞得好就好，搞得不好就不好，空泛地议论公有制好不好没有意义，重要的问题在于实践，在于如何在实践上把公有制搞好，从而坚持公有制和按劳分配的主体地位；如何建立健全公有制经济中的劳动就业制度、人事管理制度、财务管理制度、收入分配制度。我们搞了60多年公有制，但是对于究竟什么是公有制、怎样实行公有制，什么是按劳分配、怎样实行按劳分配，到现在没有真正搞清楚。如果只是大讲公有制和按劳分配的优越性和必要性，而没有科学的制度设计、精密的经济核算、全民的计算监督、成功的实践经验，再好的经济制度和分配制度也只是一句空话。经济学应该是经世济民之学，应该给人民带来实实在在的利益。马克思主义经济学社会主义部分，应该能够科学回答和指导解决现实中的各种热点难点问题，应该包括一套经世济民、造福全民的社会主义生产关系和经济制度，包括一套实现和坚持社会主义公有制和按劳分配制度主体地位的制度设计和理论体系。我们至今还没有这样一套完善的制度设计、实践经验和理论体系，因此，我们的公有制是不够格的公有制，我们的按劳分配是不够格的按劳分配，我们的社会主义是不够格的社会主义，我们的马克思主义经济学（社会主义部分）是不够格的经济学。既然是不够格的经济学，又焉能保持它在经济学教学与研究中的指导地位。

总之，马克思主义经济学在教学与研究中指导地位的下降，原因不只是教学方针、教材、教师和教研部门领导权的问题，还有其更深层的历史、现实和理论上的原因，根本原因是马克思主义经济学落后于现实生活，亟待发展创新。解决这个问题，必须进行理论和实践的双重探索，从理论和实践上解决好社会主义公有制和按劳分配制度的主体地位问题，维护好广大人民的切身利益；必须实现马克思主义经济学的重大突破和发展创新，首先必须实现其理论基石——劳动价值论和剩余价值论的重大突破和发展创新，从而增强马克思主义经济学的创造力、感召力、解释力、说服力、战斗力、吸引力，增强其在我国经济学教学与研究中的指导地位。

三、发展创新马克思主义经济学大有可为

在我们指出马克思主义经济学被教条化的同时，也要看到，改革开放以来，我国迎来了科学的春天，马克思主义经济理论界的教学和科研工作也取得了许多创

造性成果。不少教学科研人员对马克思主义经济学潜心钻研、艰辛探索,也作出了自己独特的建树和贡献。我们当前正处于百花齐放、百家争鸣的科学的春天,各种研究新情况新问题的新思想、新观点、新理论、新论著层出不穷,万紫千红,每天都在涌现,马克思主义经济学的发展创新大有希望、大有可为。同时,这是一项需要靠集体智慧长期努力、艰苦探索的工作,探索中要允许犯错误,允许不成熟、不完善、不尽人意。创造性劳动(就其具体项目来说)是前人所未进行过的劳动,创造性成果也是有待实践检验的成果。这些成果也总要经历一个从不成熟到逐步成熟、从不完善到逐步完善的过程。人们不能操之过急、求全责备。要有宽容的态度、等待的时间。现在,有许多新思想、新观点、新理论、新论著即使发表,也仍然处于无人问津、无人关心、自言自语、自说自话、自娱自乐、自生自灭的状态;以致许多新理论需要人们反复创造、重复劳动,这种状况亟待改变。我们希望,经济学家们在潜心钻研、锐意创新的同时,也能多多关注其他经济学人的研究成果,不以人立言,不以人废言,热情地审慎地对待每一种新理论、新观点。对一切有新意、有创见的论文、著作都要予以重视,精心培育,适当激励,让真正持之有故、言之成理、有创造性、有生命力的研究成果茁壮成长、逐步完善。在我们高校和党校教学中,有的可列入教材,有的可列入参考资料,有的可向学生或学员做些介绍。这样对教学、科研,对理论的发展创新都有好处。经过马克思主义经济学家的艰辛探索和共同努力,马克思主义经济学的发展创新和繁荣兴盛就指日可待,马克思主义经济学在我国的主流地位和指导地位就不可动摇。

四、马克思主义经济学发展创新的基本思路

发展创新马克思主义政治经济学,必须与中国实际相结合,与时代特征相适应,与人民大众生活实际相贴近。为此,必须总结和概括中国特色社会主义建设的新经验、新思想、新理念、新成果,必须吸纳我国在理论和实践探索中形成的当代中国马克思主义政治经济学的许多重要理论成果,特别是习近平新时代中国特色社会主义思想。必须顺应150年来科学技术和经济社会的历史巨变,适应21世纪的新情况、新要求,从广度和深度上发展创新劳动价值论和剩余价值论,夯实政治经济学的理论基础。必须贴近实际、贴近生活、贴近群众,关注民生问题,反映群众诉求,符合群众利益,能够经世济民,改善人民生活,提高人民幸福指数。沿着这一思路,中国经济学新体系应该遵循马克思关于生产、交换、分配、消费四个环节的顺序,丰富和发展《资本论》第一、二、三卷,并增写第四卷,依次研究社会生产过程、社会流通过程、社会分配过程、社会消费过程。

(一)丰富和发展《资本论》第一卷

《资本论》第一卷研究的是资本的生产过程。我们现在对《资本论》第一卷既要继承,又要丰富和发展,新的《资本论》(或许叫《中国特色社会主义经济学》)第一卷大体包括四个理论:广义劳动价值论,广义剩余价值论,生产要素论,经济发展论。

1.广义劳动价值论。广义劳动价值论应该阐明以下基本范畴和理论:(1)商品二因素:使用价值和价值。(2)劳动二重性:具体劳动和抽象劳动。(3)价值实体——一般人类抽象劳动。(4)价值载体——广义的劳动产品。(5)价值本质。(6)价值形式。(7)价值决定和价值规律。(8)价值构成。

2.广义剩余价值论。广义剩余价值论需要阐明以下几个问题:(1)全面认识剩余价值范畴的适用范围。(2)全面认识剩余价值的生产和多个来源。(3)全面认识剩余价值的分配和多种去向。

劳动价值论和剩余价值论是马克思主义经济学的理论基础,发展创新马克思主义经济学首先要发展创新马克思的劳动价值论和剩余价值论(以下简称"两论")。"两论"的发展创新应该坚持以下几个方向:

(1)应该推进"两论"从狭义向广义的发展,使"两论"研究更具全面性和彻底性。人们历来认为,劳动价值论只是一种经济学理论,只是研究商品生产劳动和商品价值的理论。在现代社会中,大量劳动被排除在创造价值的劳动之外,大量价值又找不到它的劳动源泉。传统劳动价值论越来越显示出它的历史局限性。我们应该突破这种狭隘眼界,承认一切社会必要劳动都是互相依存、互相制约、互相联系、不可分割的有机整体,都是创造价值的劳动。同时,又应该区分三个互相联系又互相区别的价值范畴:一是产品价值(包括自然产品和劳动产品),二是劳动产品价值,三是商品价值;三者是一般、特殊、个别的关系。传统劳动价值论只是研究商品价值的狭义劳动价值论,现在可以而且应该发展为研究人类一切劳动产品价值的广义劳动价值论。

(2)应该推进"两论"研究从定性研究向定量研究发展,使"两论"研究更具精密性和科学性。在"两论"研究中,以往的研究基本上都停留在定性研究上,而很少进行定量研究。结果使"两论"停留在空泛议论上。我们对价值决定、价格决定、利息率决定、劳动力价值、产品成本、剩余价值、价值构成等问题都应该进行定量研究,并提出相应公式。这样就使"两论"研究从定性研究向定量研究发展,使"两论"更具精密性和科学性。

(3)应该推进劳动价值论与其他价值论从尖锐对立到综合创新发展,使"两论"研究更具开放性和包容性。人们历来认为,马克思的劳动价值论,与效用价值论、要素价值论、供求价值论等西方经济学价值论是两种尖锐对立、势不两立的理论;而很少有人认为它们能够兼容并包、综合创新,结果使"两论"与现实生活越来越脱节,越来越失去解释力和说服力。我们应该坚持价值源泉一元论与价值决定多元论的辩证统一,实现劳动价值论基本内核与西方经济学价值论合理内核的综合创新,从而使"两论"更具开放性和包容性。

(4)应该推进"两论"从经济学价值论向人生哲学和社会科学价值论的发展,使"两论"研究更具系统性和完备性。应该把发展创新了的"两论"应用到人生价值研究上,应该以广义劳动价值论和广义剩余价值论为基础,以人的本质与人的剩余价值量的统一为中心、以人生的剩余价值曲线为主线,创立一套科学人生价值论,从而开辟"两论"研究的新领域。

(5)应该推进"两论"从基础研究向应用研究发展,使"两论"研究更具实用性和实践性。人们历来都把"两论"看作只是一种经济学基础理论,对其一般只作基础性的规范研究,而很少做应用研究。"两论"应用研究的一个重要方面,是在"两论"基础上发展创新社会主义分配理论,阐明按生产要素分配的理论依据。应该在新的价值构成理论基础上发展创新社会主义分配理论,包括成本理论、工资理论、地租理论、利润理论、税收理论、利息理论、积累理论、剩余价值理论、社会保障理论等一系列新理论,并由此创立按劳分配、按生产要素分配和按基本需要分配三结合的分配理论和分配制度。应该以发展创新了的社会主义分配理论为基础,解决好实践中的分配问题,并从完善分配制度入手完善基本经济制度。

劳动价值学说和剩余价值学说是马克思主义经济学的理论基石和精华所在。同时,劳动价值论和剩余价值论在当代面临着多方面的挑战和难题,不能正视和应对这些挑战、破解和回答这些难题,不能发展创新劳动价值论和剩余价值论,就不能发展创新马克思主义经济学,并很容易受到怀疑和否定。因此,需要人们深刻理解它、发展创新它、正确运用它。如果说,经济学是社会科学的皇冠,那么,发展了的劳动价值学说和剩余价值学说就是这项皇冠上光彩夺目的明珠。可以相信,只要我国马克思主义经济学家发展创新劳动价值学说和剩余价值学说,马克思主义经济学就一定能有重大发展创新和无限光明前景。

3. 生产要素论

研究社会生产过程,离不开生产要素的构成、组合、配置和运用。马克思说:"劳动生产力是由多种情况决定的,其中包括:工人的平均熟练程度,科学的发展水平和它在工艺上应用的程度,生产过程的社会结合,生产资料的规模和效能,以及自然条件。"[①]在这多种情况中的每一种,都是一种或一类生产要素,每种要素又都包含着许多方面和因素。

马克思在《资本论》第一版序言中说:"我要在本书研究的,是资本主义生产方式以及和它相适应的生产关系和交换关系。……本书的最终目的是揭示现代社会的经济运动规律。"[②]生产方式包括生产力和生产关系两个方面,生产力是其中决定性的方面,是社会发展的最终决定力量。因此,无论是研究生产方式、生产关系和交换关系,还是研究社会的经济运动规律,都必须研究生产力,或者联系生产力加以研究。我国改革开放以来,实现了从以阶级斗争为纲到以经济建设为中心的伟大转折,并把解放和发展生产力列为首要的社会主义本质要求。由此,生产力经济学在我国应运而生。生产要素或生产力因素是生产力经济学的首要内容。因此,丰富和发展《资本论》第一卷理应研究生产要素,创立生产要素论。

4. 经济发展论

在经济发展论中,除了要扼要融入发展经济学主要理论之外,要概括我国改革开放以来形成的一系列新思想、新理念、新理论,例如,关于树立和落实创新、协调、绿色、开放、共享的发展理念的理论,关于发展社会主义市场经济、使市场在资源配置中起决定性作用和更好发挥政府作用的理论,关于我国经济发展进入新常态的理论,关于推动新型工业化、信息化、城镇化、农业现代化相互协调的理论,关于用好国际国内两个市场、两种资源的理论,关于创造力和创造性劳动理论,关于协调发展和按比例发展理论,关于生态文明和生态经济学理论,关于合作双赢、共建共享、建设人类命运共同体理论。

---

① 马克思:《资本论》第1卷,人民出版社1975年版第53页。
② 马克思:《资本论》第1卷,人民出版社1975年版第一版序言第8、11页。

(二)丰富和发展《资本论》第二卷

《资本论》第二卷包括资本循环、资本周转、社会总资本的再生产和流通三个理论。鉴于100多年来世界经济发展的事实和趋势,需要在原有理论基础上予以充实提高。这一卷首先要写一个导论——社会主义资本理论,然后论述四个理论:资本循环理论,资本周转理论,社会总资本的再生产和流通理论,社会主义市场经济理论。

导论——社会主义资本理论

长期以来,我国经济学界一直把资本看作是资本主义特有的经济范畴,实际上,资本是市场经济共有的经济范畴。①

1. 资本循环论

2. 资本周转论

在阐明资本循环和资本周转理论的同时,要研究和阐明人流、物流、资金流、信息流的流通及其相互关系。要研究和发展供求理论、价格理论、效用理论、金融理论、人才流通理论、知识经济理论。

3. 资本再生产论

再生产包括外延扩大再生产和内涵扩大再生产,要更加重视内涵扩大再生产。再生产不仅有物质产品的再生产,还有精神产品、服务产品、公共产品、劳动力产品的再生产,需要通盘研究。扩大再生产不仅是量的扩大,还有质的提高。要更加重视技术创新、产品创新、管理创新、制度创新。

4. 社会主义市场经济论

要研究和阐明一般市场经济理论和社会主义市场经济理论,研究和阐明市场经济与社会主义制度的结合、市场配置资源和政府宏观调控的结合。要总结提高我国发展社会主义市场经济以来的经验,以我国经济近40年来持续稳定高速或中高速发展的事实来论证社会主义制度的作用和优越性。

(三)丰富和发展《资本论》第三卷

《资本论》第三卷是资本主义生产总过程,主要是剩余价值分配过程。在社会

---

① 详见拙文《深化对社会主义资本属性的认识》,载《吉首大学学报》,2003年第2期。

主义条件下,马克思恩格斯提出了按劳分配理论。我国改革开放以来提出了按劳分配与按生产要素分配相结合的理论;但在理论和实践上怎样实行按劳分配和按生产要素分配,并未真正解决,因此在实践中长期存在分配不公问题。鉴于这一情况,必须发展创新社会主义分配理论,深化分配制度改革,促进社会公平和社会和谐,消灭剥削,消除两极分化,最终达到共同富裕。由此,丰富和发展《资本论》第三卷,主要是阐明以下四个理论:

1. 社会主义分配理论
2. 按资分配与消灭剥削理论
3. 公平与效率理论
4. 阶级理论

《资本论》第三卷最后一章是第五十二章阶级,但并未写完,全书最后就以"手稿到此中断"结束。① 然而,阶级理论是马克思主义理论中极其重要的部分,所以写完"阶级"一章是极其重要的。这一章主要论述以下问题。

(1)阶级的形成和定义

(2)阶级分析的科学方法

进行阶级分析,不能离开马克思主义的唯物史观和剩余价值学说,不能离开人剥削人的社会关系,不能离开剩余价值量与阶级本质的关系,必须坚持定量分析与定性分析的辩证统一。②

(3)"以阶级斗争为纲"的经验教训

(4)正确处理社会主义初级阶段的阶级和阶级斗争问题

(四)增写《资本论》第四卷社会消费过程

马克思的《资本论》主要是三卷,分别论述资本主义生产过程、流通过程、分配过程,并没有一卷专门论述消费过程,对消费过程是分散在三卷、特别是第一卷中论述的。马克思当时之所以没有用第四卷专门论述消费过程,主要是处于当时的经济发展阶段,英国工人阶级的状况也就是绝大多数英国人民的状况,当时英国工人阶级生活状况极其悲惨。在当时资本主义制度下,除了通过无产阶级革命寻求

---

① 马克思:《资本论》第3卷,人民出版社1975年版第1000—1001页。
② 详见拙文《列宁的阶级观国家观社会主义观及其当代价值》,载《党政研究》,2017年第4期。

无产阶级的解放之外,研究如何改善无产阶级生活状况是徒劳的。在100多年之后的今天,无论是资本主义国家还是社会主义国家,工人阶级和劳动人民生活状况都有了极大改善。今天,人们已经需要也可能研究如何进一步改善自己的生活了,在经济学上也就需要专门研究生活消费问题了。经济学作为经世济民之学,无疑必须重视研究人们的生活消费问题。因此,应该增写第四卷——社会消费过程。这一卷主要包括四个理论:

1. 消费环节论
2. 微观消费论
3. 宏观消费论
4. 民生福祉论

2017年,习近平在党的十九大报告中强调:"坚持在发展中保障和改善民生。增进民生福祉是发展的根本目的,必须多谋民生之利、多解民生之忧,在发展中补齐民生短板、促进社会公平正义,在幼有所育、学有所教、劳有所得、病有所医、老有所养、住有所居、弱有所扶上不断取得新进展,深入开展脱贫攻坚,保证全体人民在共建共享发展中有更多获得感,不断促进人的全面发展、全体人民共同富裕。建设平安中国,加强和创新社会治理,维护社会和谐稳定,确保国家长治久安、人民安居乐业。"①习近平治国理政思想博大精深,归根结底就是一句话,造福人民;造福人民工作千头万绪,最得人心的就是解决好七大民生问题,做到幼有所育、学有所教、劳有所得、病有所医、老有所养、住有所居、弱有所扶。

第二节 劳动价值论从狭义向广义的发展

多年以来,劳动价值论都面临着诸多难题和严峻挑战。在新的历史条件下,劳动价值论究竟要不要坚持和发展,能不能坚持和发展,又如何坚持和发展?这都是需要彻底反思和深入探讨的问题。正如刘伟教授所说:一个时期以来,理论界对价值、劳动、阶级、剥削这四大经济学乃至整个社会科学基本范畴的讨论空前热烈,其重要意义就是要从历史价值观来审视和回答改革的正义性问题。对这些问题加以

---

① 《党的十九大报告辅导读本》,人民出版社2017年版第23页。

讨论和明确,正是今后一个时期经济研究的重点之一。① 本文试从劳动、价值这两个基本范畴入手,探讨一下马克思劳动价值论的科学性、局限性、发展思路和广阔前景。

一、关于劳动

什么是劳动？我国不少词典、不少论著都是根据马克思的以下论述加以解释的:"劳动首先是人和自然之间的过程,是人以自身的活动来引起、调整和控制人和自然之间的物质变换的过程。"②劳动"是制造使用价值的有目的的活动,是为了人类的需要而占有自然物,是人和自然之间的物质变换的一般条件,是人类生活的永恒的自然条件"。③ 但是如果认为劳动仅仅是人和自然之间的过程,仅仅是物质生产活动,那就很不全面了。显然,马克思这里说的是"首先是",而不是"仅仅是",还可以有"其次是"、"再次是"等等。事实上,马克思还说过:"劳动力的使用就是劳动本身。"④"全部人的活动迄今都是劳动"⑤ 因此可以说,除了人的本能活动、消费活动、享乐活动和休闲活动之外,全部人的活动都是劳动。我国《简明社会科学辞典》把劳动定义为"人们使用劳动资料,改变劳动对象,使之适合自己需要的有目的的活动,是劳动力的表现和使用。"⑥这一定义是比较简明扼要的。实践表明,劳动具有以下重要特征:

(一)劳动是人的有目的的活动,具有目的性,以别于人和动物的本能活动。劳动的目的是直接或间接满足人的需要。人的需要是多方面、多层次的,可以分为物质需要和精神需要,也可分为生存需要、享受需要和发展需要,也可分为生理需要、安全需要、感情需要、尊重需要和自我实现需要。

(二)劳动是使用劳动资料、改变劳动对象、生产有用产品、创造使用价值的过程,具有生产性和创造性,以别于人的消费活动。劳动资料的使用和创造是人类劳动过程独有的特征。劳动对象可以是已经或者未曾加工过的自然物质。人本身也

---

① 孙明泉:《新时期经济学研究的历史重任——访北京大学教授刘伟》,载《光明日报》,2002年10月29日。
② 马克思:《资本论》第1卷,人民出版社1975年版第201-202页。
③ 马克思:《资本论》第1卷,人民出版社1975年版第208页。
④ 马克思:《资本论》第1卷,人民出版社1975年版第201页。
⑤ 《马克思恩格斯全集》第42卷,人民出版社1979年版第127页。
⑥ 《简明社会科学辞典》,上海辞书出版社1982年版443页。

是自然界的一部分,也可以是劳动对象。劳动产品可以是物质产品,也可以是精神产品、服务产品、公共产品、劳动力产品,总之是广义的产品。

(三)劳动是人的劳动力的表现和使用,是人的体力、脑力和生命时间的耗费,因而具有艰难性和辛苦性,以别于人的享乐活动。劳动中,除了从事劳动的那些器官紧张之外,劳动的内容及其方式和方法必须受客观条件的制约和客观规律的支配,总的说来,劳动至今还是谋生的手段而不是乐生的手段,是人的生命力的一种消耗、付出和辛劳。

(四)劳动具有永恒必要性和客观义务性,以别于人的休闲活动。劳动是人类生活的永恒的自然条件,是由人的生存发展需要所决定的必须要做的事情,而不是可做可不做的事情,这个领域是一个必然王国。

对人类劳动怎样分类?从不同角度可以对劳动作不同分类,下面只从社会分工的角度探讨一下劳动分类。人类劳动的分类是随着社会生产力和社会分工的发展由简单到复杂、由单一到多样、由低级到高级不断发展变化的。对社会劳动的分类,我国传统上有工农商学兵之分和360行之说,据劳动和社会保障部统计,我国现有4700多个工种。英国1965年出版的职业名称列出了21741种工作。美国劳工部1977年宣布全国已有2万个专业。目前国际上所通行的产业结构和劳动力结构的分类方法是三次产业划分法。这种划分法是英国经济学家费希尔在1935年提出来的,从50年代后期开始,为西方经济学界和资本主义各国的经济统计部门普遍接受和采用。从1985年开始也为我国接受和采用。在我国统计工作中,第一产业是农业,包括种植业、林业、牧业和渔业;第二产业是工业和建筑业;第三产业包括第一、二产业以外的各行各业。由于第三产业行业多,范围广,我国把第三产业区分为两个部门:流通部门和服务部门;又进一步区分为四个层次:第一层次是流通部门,包括交通运输业、邮电通讯业、商业饮食业等;第二层次是为生产和生活服务的部门,包括金融保险业、房地产业、公用事业、居民服务业等;第三层次是为提高科学文化水平和居民素质服务的部门,包括教育、文化、广播电视、科学研究、卫生、体育和社会福利事业等;第四层次是为社会公共需要服务的部门,包括党政机关、团体、军队、警察等。

由于第三产业过于庞杂,在产业结构和劳动力结构中所占比重越来越大,不少学者认为,对三次产业分类法应该进一步发展,对第三产业应该进一步细分。特别是第三产业第三层次的科技教育部门,在知识经济时代地位越来越重要,在社会总劳动中所占比重越来越大,在劳动条件、劳动方式、劳动产品上都有自己的特殊性,应该从第三产业中划分出来,列为第四产业。此外,党政军警法等公务劳动部门,是提供公共产品和公众服务的特殊部门,是明显区别于又服务于前四次产业的,也应该作为一个相对独立的产业或部门从第三产业中划分出来,列为第五产业。这样可以把三次产业划分法发展为五次产业划分法:第一产业是广义的农业,其产品是物质产品中的农产品;第二产业是广义的工业,其产品是物质产品中的工业品和建筑物;第三产业是广义的商业,其产品是商业服务产品;第四产业是广义的学业或知识产业,其产品是知识产品、精神产品和劳动力产品;第五产业是社会公共产业或政法产业,其产品是公共产品。这种五次产业划分法是三次产业划分法的继承和发展,更符合现代社会分工的客观现实和发展趋势。

以上五次产业的劳动,即农业劳动、工业劳动、商业劳动、知识劳动和公务劳动,都只是社会劳动和有酬劳动,只是人类劳动的一部分,甚至越来越成为人类劳动的一小部分,人类劳动还有另一部分,而且是越来越成为人类不可或缺、地位同样重要、比重越来越大的一个部分,这就是通常表现为纯粹私人劳动和无酬劳动的那一部分,主要是家务劳动和求学劳动。显然,没有家务劳动,婴儿甚至不能长大成人;没有求学劳动,个人甚至不能在现代社会中安身立命。据我国学者王琪延研究,中国城市男女居民在终生总时间中,有45%属于生活必需时间,29%属于闲暇时间,10.5%属于工作时间,8.5%属于家务劳动时间,7%属于学习时间。① 在工作、学习和家务劳动三项劳动时间中,工作时间占40.4%,学习时间占26.9%,家务劳动时间占32.7%。可见,学习时间加上家务劳动时间已经大大超过工作时间,而且随着社会的发展,学习时间有延长的趋势,工作时间有缩短的趋势。因此,在劳动分类上,我们可以把现代人类劳动划分为社会劳动和私人劳动、有酬劳动和无酬劳动两大类,又可以具体分为七类劳动,即农业劳动、工业劳动、商业劳动、知识劳动、公务劳动、家务劳动和求学劳动。

现在我们可以把各类劳动归纳为表1:

表1 劳动及其产品分类表

产业类型	劳动类型	劳动主体	劳动资料	劳动对象	劳动产品
第一产业	农业劳动	农民	土地农具	动植物	物质产品
第二产业	工业劳动	工人	机器工具	原材料	物质产品
第三产业	商业劳动	职工	经营设备	商品等	服务产品

---

① 王琪延:《中国城市居民生活时间分配分析》,载《社会学研究》,2000年第4期第93页。

续表

第四产业	科技文化劳动	专业人员	仪器设备	人文资源	精神产品
第四产业	教育卫生劳动	教师医师	仪器设备	学生患者	劳动力产品
第五产业	公务劳动	公务员	文具武器	制度环境	公共产品
其他	家务劳动	持家者等	家具设备	生活资料	劳动力产品
其他	求学劳动	学生等	文具用品	自身素质	劳动力产品

二、关于价值

什么是价值？价值既是经济范畴，又是哲学范畴。经济学家刘伟认为："价值这一概念，严格地说，首先并不是经济学意义上的一种抽象，不是作为经济学范畴存在的，而是一个哲学意义上的范畴。从一般哲学意义上来讲，价值表现的是作为主体的人与客观世界之间的某种关系。正如马克思所说,价值这个普遍概念是从人们对待满足他们需要的外界物的关系中产生。然而就是对这一普遍概念而言，也包含着极大的分歧。"①在价值哲学学者中，对什么是价值这个问题，至今仍争论不休，有的持关系说，有的持属性说。我们认为，对价值一般或哲学价值的理解，应该是关系说和属性说的综合与统一。价值是客体对主体合理需要的适应和满足，是对人和人类社会生存和发展的积极意义和作用。这一价值定义包含着3个互相联系的规定：(1)必须有价值主体,价值主体是人,包括个人、群体和人类社会。价值主体必须有某种需要,这种需要必须是合理的、正当的、进步的。(2)必须有价值客体,价值客体可以是自然界及其物质、能量、信息,也可以是人及其劳动和劳动产品。价值客体必须具有适应和满足主体需要的某种属性、功能和作用。(3)价值客体与价值主体必须能够发生某种联系和关系,客体对主体必须能够产生某种正面意义、作用和影响,对主体具有某种效用、效率和效应。没有这种正面意义和效应，就没有价值；如果产生负面意义和效应，就形成负价值。因此，价值具有人本性、历史性、方向性，而不是超人的、超历史的、中性的，是矢量而不是标量。正如王玉梁研究员所说："真正的价值要看客体对主体的各方面的作用和影响的总和，即要看客体对主体的效应如何。……真正的价值在于客体使主体特别是使社会主体

---

① 孙明泉：《新时期经济学研究的历史重任——访北京大学教授刘伟》，载《光明日报》，2002年10月29日。

更加美好。"①哲学价值是一个普遍的概念,是"种概念",而价值的其他一切形态则是这个概念的"属概念"。作为属概念价值有不同层次、不同类型。从不同角度可以对价值作不同分类。按客体对主体的效应分类,可以分为经济价值、文化价值(科学价值、艺术价值)、政治价值、社会价值(道德价值)等等。按价值客体分类,可以分为自然产品价值和劳动产品价值。自然产品价值是自然产品的某种属性能够满足人的需要而形成的使用价值,价值客体中不包含人的劳动。劳动产品价值一方面是劳动产品的某种属性能够满足人的需要而形成的使用价值;另一方面,劳动产品的这种使用价值只有经过人的劳动才能形成,因而劳动产品同时还具有由劳动形成的价值。

由于人的需要是多方面的,相对而言,人的劳动能力是单方面的。这样,在生产力发展的一定历史阶段上,人们之间就需要也可能交换自己的劳动产品,从而就有或多或少的一部分劳动产品成为用来交换的商品。交换双方都有自己独立的利益,都要求合理的交换比例,也就是都要求实行等价交换。那么这种交换比例、交换价值乃至商品的市场价格是怎样决定的呢?正如马克思所分析的那样,两种不同的商品之所以能交换,说明两者有一种等量的共同的东西,这种共同东西不可能是商品的自然属性即使用价值,而撇开使用价值,商品就只剩下一个属性,即劳动产品这个属性。这时,体现在劳动产品中的各种劳动的有用性质也消失了,因而这些劳动的各种具体形式也消失了。各种劳动不再有什么差别,全都化为相同的人类劳动,抽象人类劳动,正是这种抽象人类劳动形成商品价值,并由此决定商品交换价值和价格。② 因此,商品具有使用价值和价值二因素。商品二因素是由劳动二重性决定的。马克思指出:"一切劳动,从一方面看,是人类劳动力在生理学意义的耗费;作为相同的或抽象的人类劳动,它形成商品价值。一切劳动,从另一方面看,是人类劳动力在特殊的有一定目的的形式上的耗费;作为具体的有用劳动,它生产使用价值。"③在商品经济条件下,把商品改为劳动产品,这一段论述同样成立。事实上,有哪一种劳动不是人类劳动力在特殊的有一定目的的形式上的耗费?又有哪一种劳动不是人类劳动力在生理学意义上的耗费?可见,这种劳动二重性不仅是商品生产劳动所具有的,也是一切劳动所具有的,从而一切劳动产品也都具

---

① 王玉梁等主编:《中日价值哲学新论》,陕西人民教育出版社1994年版序第7页。
② 马克思:《资本论》第1卷,人民出版社1975年版第49-51页。
③ 马克思:《资本论》第1卷,人民出版社1975年版第60页。

有使用价值和价值二因素。商品与非商品的一般劳动产品的区别,不在于其中是否凝结着人类劳动,不在于这种劳动是否具有具体劳动和抽象劳动二重性,也不在于是否具有使用价值和价值二因素,而仅仅在于劳动产品是否用来交换,价值是否表现为交换价值和市场价格。

马克思说过:"商品交换是在共同体的尽头,在它们与别的共同体或其成员接触的地方开始的。但是物一旦对外成为商品,由于反作用,它们在共同体内部也成为商品。"①因此,商品与非商品没有不可逾越的鸿沟,两者可以互相转化、互相比较、互相通约。在商品交换初期是如此,在发达商品经济条件下,即在商品价值和价值规律成为"一种普照的光"的条件下,就更是如此。也就是在现代商品经济条件下,一切劳动产品都与商品一样,具有使用价值和价值二因素,一切劳动都具有具体劳动与抽象劳动二重性。劳动产品既然用来交换时能计量其价值,同样的劳动产品即使不用来交换,只要它是符合社会需要的而不是多余的,就应该认为它有同样的价值。一个保姆的劳动能够取得一定的报酬,从事同样劳动的家庭主妇都会知道,她的劳动也值得领取同样的报酬,也就是形成同样的价值。因此,在社会主义市场经济条件下,同样的劳动产品,无论是否用来交换,也无论是否具有物质形式,只要是符合社会需要的,都是社会总劳动的必要组成部分,都可以看作具有同样的价值,都可以用社会必要劳动时间这个统一的价值尺度来衡量。这样,我们就可以突破商品性和物质性的狭隘眼界,把一切劳动产品看作是具有价值的产品,把一切社会必要劳动看作是创造价值的劳动。美国经济学家贝克尔指出:"经济学已经进入第三阶段。在第一阶段,人们认为经济学仅限于研究物质资料的生产和消费结构,仅此而已(即传统市场学);到了第二阶段,经济理论的范围扩大到全面研究商品现象,即研究货币交换关系;今天,经济研究的领域业已囊括人类的全部行为及与之有关的全部决定。经济学的特点在于,它研究问题的本质,而不是该问题是否具有商业性或物质性。"②有学者指出:"20世纪西方经济学的演变中出现了一个十分引人注目的现象是,其研究领域与范围开始逐渐超出了传统经济学的分析范畴,经济分析的对象扩张到几乎所有人类行为,小至生育、婚姻、离婚、家庭、犯

---

① 马克思:《资本论》第1卷,人民出版社1975年版第106页。
② [美]贝克尔:《人类行为的经济分析》,王业宇、陈琪译,上海三联书店、上海人民出版社1995年版第3页。

罪等,大至国家政治、投票选举、制度分析等。"①如果我们仍然把经济学、包括劳动价值论研究范围局限于物质生产领域或商品交换领域,无异于作茧自缚,在理论上落后于时代,寸步难行,以致使自己的理论失去生命力和解释力。

经过以上分析,我们可以看到三个互相联系又互相区别的价值范畴:一是产品价值;二是劳动产品价值;三是商品价值。其中,前一个范畴都包含了后一个范畴,又比后一个范畴在外延上更广;后一个范畴都是前一个范畴的一部分,又都带有自己的特殊规定性,在内涵上更严格。产品价值包括自然产品价值和劳动产品价值,具有使用价值或效用价值是其共有的属性。劳动产品价值包括商品价值和非商品的一般劳动产品价值,除了具有使用价值这个属性之外,还具有劳动形成的价值这个属性。商品价值除了具有一般劳动产品的使用价值属性和价值属性之外,其价值还必须表现在具体形式、在现代主要是价格形式上。对这三个价值范畴可以概括为表2。

表2 各类产品及其价值属性区别简表

产品		使用价值	价值	价格
劳动产品	商品	有	有	有
	非商品	有	有	无
自然产品		有	无	无

三、关于创造价值的劳动

什么是创造价值的劳动? 从内涵上说,创造价值的劳动是撇开具体形式的抽象人类劳动。从外延上说,究竟哪些劳动是创造价值的劳动? 这是一个长期存在分歧、至今争论不休的问题。占主流地位的观点认为,生产劳动是创造价值的劳动,非生产劳动是不创造价值的劳动。那么,什么是生产劳动? 对此,马克思从多方面作过论述,特别是在《资本论》第4卷第1册中用了大部分篇幅述评关于生产劳动和非生产劳动的理论。我国学者蔡继明教授根据《资本论》的方法和有关论述,认为马克思的生产劳动范畴有以下三重规定:1.作为生产劳动一般,它是指能够生产满足人们某种需要的使用价值的劳动;2.作为生产劳动特殊,它是指生产商

---

① 郑秉文:《20世纪西方经济学发展历程回眸》,载《中国社会科学》,2001年第3期第89页。

品或生产价值的劳动;3. 作为生产劳动个别,只有生产剩余价值的劳动才是生产劳动。① 马克思所研究的是资本主义生产劳动。对社会主义生产劳动的研究,在我国40年来一直有宽派、中派、窄派之分。窄派认为,只有物质生产劳动才是生产劳动;宽派认为,一切符合生产目的的劳动或者一切计入GDP的三次产业劳动都是生产劳动;中派的观点则介乎其间。在我国最早研究生产劳动理论的何炼成教授1963年就认为,在社会主义社会,凡是能直接满足整个社会的物质和文化需要的劳动,就是生产劳动;只是间接有助于社会的物质文化需要的满足或不能满足社会需要的劳动,就是非生产劳动。生产劳动部门包括整个物质生产部门,整个服务性行业,文化教育卫生等业务部门,非生产劳动部门包括政府部门,纯粹商业部门等。当时他认为教科文卫劳动是生产性劳动,但不是创造价值的劳动。后来他进一步认为,教科文卫劳动同样创造价值,而且创造的价值更大得多;纯粹流通领域是否创造价值的问题也值得进一步研究;社会主义国家党政部门的劳动具有为人民服务的性质和经济职能,理应属于生产性劳动,不仅创造价值,而且创造高数倍的价值。那种认为"什么劳动都创造价值"的观点,是"泛价值论"的观点,超出了经济学研究的范围,因为正如恩格斯所说,经济学所知道的唯一的价值就是商品的价值。② 何教授对生产劳动和创造价值的劳动的认识是一步步深化和拓展的,这与许多学者的认识历程、与劳动价值论的发展历程是一致的。但在他的观点中还有一些值得推敲的问题:1. 既然经济学所知道的唯一的价值就是商品的价值,而教科文卫劳动的成果大部分不是商品,党政部门劳动的成果全部不是商品,这些劳动又怎能创造价值? 2. 教科文卫部门的劳动和党政部门的劳动与其他部门的劳动一样,都有简单劳动与复杂劳动、常规性劳动与创造性劳动之分,又怎能断言这些部门创造的价值"大得多"、"高数倍"? 3. 既然不是什么劳动都创造价值,又有什么劳动不创造价值?

对问题1,从商品劳动价值论来看,显然不能认为教科文卫劳动和党政劳动都是提供商品的劳动,从而也就不能认为这些劳动都是创造价值的劳动;而从产品劳动价值论来看,教科文卫劳动可以提供知识产品、精神产品和劳动力产品,党政劳动可以提供公共产品,从而应该认为这些劳动都是创造价值的劳动。因此,解决这

---

① 逄锦聚等主编:《社会主义劳动与劳动价值论研究》,南开大学出版社2002年版第202-204页。
② 何炼成:《深化对劳动和劳动价值论的研究和认识》,经济科学出版社2002年版第7、25、341-342、362页。

个问题的出路在于把商品劳动价值论发展为产品劳动价值论。

对问题2,不能简单地按部门划分劳动创造的价值大小、多少、高低,而要具体地分析具体的情况,要看社会实践及其结果。特别是对党政部门劳动更是如此。正如恩格斯所说:国家权力对于经济发展的反作用,可以沿着同一方向起作用,在这种情况下就会发展得比较快;也可以沿着相反方向起作用,在这种情况下,政治权力会给经济发展带来巨大的损害,并造成人力和物力的大量浪费。① 我国近50年来的实践经验从正反两方面充分证明了这一点。我国按可比价计算的GDP年均增长率,在1953—1960年为6.63%,在1961—1978年为3.31%(其中在60年代10年中有5年出现负增长),在1979—1999年为8.3%。② 由此可见,简单地认为党政部门的劳动创造高数倍的价值的论断是不准确、不严密、不成立的。

对问题3,长期以来许多学者都力图把劳动划分为生产劳动与非生产劳动、创造价值的劳动与不创造价值的劳动。但对如何划分又有多种不同的观点,这些不同观点在我国争论了40年,至今争论不清;可以预期,再争论40年也仍然争论不清。因为就社会主义社会的社会必要劳动来说,本来就是一个互相依存、互相制约、密切联系、不可分割的有机整体,去掉其中任何一类劳动,人类都不能生存发展,更不能创造价值。正如马克思所说:"任何生产者,不管是从事工业,还是从事农业,孤立地看,都不生产价值或商品。他的产品只有在一定的社会联系中才成为价值和商品。"③事实上,在发达商品经济条件下,价值是集体的产物,它只有通过社会许多成员的共同活动,而且归根到底只有通过社会全体成员的共同活动,才能创造出来。因此,客观上就不存在一条界限可以把社会必要劳动划分为创造价值的劳动与不创造价值的劳动。不过有些劳动产品可以用来交换,其价值可以表现在价格形式上,另一些劳动产品则不用来交换,其价值并不表现在价格形式上。但在社会主义市场经济条件下,这些产品不用来交换的劳动同样是社会必要劳动,同样是具体劳动与抽象劳动的统一,同样创造使用价值和价值,同样可以用社会必要劳动时间这个价值尺度来衡量,只是其价值并不显现在价格形式上,而作为一种潜在价值存在。所以劳动可以区分为商品生产劳动和非商品生产劳动,也可以区分

---

① 《马克思恩格斯选集》第4卷,人民出版社,1995年版第701页。
② 王小鲁:《中国经济增长的可持续性与制度变革》,载《经济研究》,2000年第7期第12页。刘洪主编:《中国统计年鉴》,中国统计出版社1998年版第57页。
③ 马克思:《资本论》第3卷,人民出版社1975年版第719-720页。

为创造商品价值的劳动与创造一般产品价值的劳动,劳动价值论可以区分为商品劳动价值论和产品劳动价值论,前者是后者的一部分,后者是前者的拓展。在商品劳动价值论视野内,只有物质生产部门的商品生产劳动才是创造价值的劳动,占现代人类总劳动一大半的劳动都不提供商品,也就都不是创造价值的劳动。而在产品劳动价值论视野内,一切有效而又有益的劳动,一切社会必要劳动,包括上述七类劳动,都是提供产品、创造价值的劳动。只有那些社会不必要的劳动,那些无效劳动和有害劳动才是不创造价值的劳动。但即使是这些劳动,也同样可以用社会必要劳动时间这个价值尺度来衡量,其结果,这些劳动形成的价值,或者是零价值,或者是负价值。例如,在"大跃进"年代和"文化大革命"年代,在重复建设项目和豆腐渣工程中,在制毒贩毒和走私贩私中,大量劳动都是无效劳动和有害劳动,只能形成零价值和负价值。

综上所述,在商品经济条件下,一切劳动都可以用价值尺度来衡量,都是创造或形成价值的劳动,只是所形成的价值有正负大小不同,具体情况不同。由此可见,在产品劳动价值论视野中,世界上没有什么劳动不能用价值尺度来衡量,也没有什么价值可以不包含劳动。因此,劳动与价值是密不可分的。正像世界上没有无物质的运动,也没有无运动的物质一样,世界上没有无价值的劳动,也没有无劳动的价值。与这种广义的产品劳动价值论相比,过去那种传统的劳动价值论只是狭义的商品劳动价值论。只有这种广义劳动价值论,才能研究人类全部劳动及其形成的全部价值,才是最全面、最彻底的劳动价值论。

从广义劳动价值论来看,一切社会必要劳动,包括上述七类劳动都是创造价值的劳动。由于社会生产力和社会分工的发展,各类劳动在劳动技能、劳动资料、劳动对象、劳动条件、劳动方式、劳动产品、产品使用价值特点、产品价值类型、价值形成特点、价值实现特点、价值量的决定、占社会总劳动的比重等各方面都有所不同,而且都处于动态变化之中。对此,这里不拟探讨。这里可以把创造价值的劳动和劳动创造的价值归纳为表3:

表3 创造价值的劳动与劳动创造的价值一览表

劳动类型	产品类型	价值类型	价值形式	价值实现
农业劳动	物质产品	商品价值	价格	商品交换
工业劳动	物质产品	商品价值	价格	商品交换

续表

劳动类型	产品类型	价值类型	价值形式	价值实现
商业劳动	服务产品	商业价值	价格	商业经营
知识劳动	精神产品	潜在价值	价格或非价格	间接实现
公务劳动	公共产品	潜在价值	非价格	间接实现
家务劳动	劳动力产品	潜在价值	非价格	间接实现
求学劳动	劳动力产品	潜在价值	非价格	间接实现

说明:表中"间接实现"是指劳动产品价值需通过最终产品或人的发展或社会进步而间接实现,是与通过商品交换或商业经营而直接实现相对而言的。

四、传统劳动价值论的局限性和科学性

劳动价值论究竟要不要坚持和发展?能不能坚持和发展?回答是肯定的。传统劳动价值论所研究的价值只是商品的价值,所研究的创造价值的劳动只是生产商品、生产物质产品的劳动,一切非商品生产劳动、非物质生产劳动一概被排斥在劳动价值论研究的视野之外。这种理论适用于物质生产劳动占人类总劳动很大比重的时代,但不适用于非物质生产劳动占人类总劳动比重越来越大的时代。如前所述,在中国城市居民总劳动时间中,工作时间、学习时间、家务劳动时间三者比例是40.4%:26.9%:32.7%。从发达国家和社会发展趋势来看,工作时间将趋于缩短,学习时间将趋于延长,三者比例将趋于1:1:1。而在工作时间中,当今世界第一、二产业劳动时间趋于减少,第三产业劳动时间趋于增加。据统计,1999年全世界第三产业产值占GDP的比重已高达63.8%,第一、二产业只占36.2%。[①]加上第三产业中的少量物质生产劳动,传统劳动价值论所研究的物质生产劳动只占三次产业劳动的40%左右,只占人类总劳动的20%左右。而且社会越向前发展,这一比重越下降,传统劳动价值论所研究的范围越狭窄,以致对许多问题越来越无法解释。在当代,传统劳动价值论显得越来越脱离实际,甚至会得出一个非常荒谬的结论:随着经济的发展,越来越多的人的劳动不是生产劳动,越来越多的人不创造价值,从而有越来越多的人要靠瓜分越来越少的人创造的剩余价值来生活。与传统劳动价值论适用范围越来越小的趋势相反,现代西方经济学出现了研究领域非

[①] 朱之鑫主编:《国际统计年鉴(2002)》,中国统计出版社2002年版第7页。

经济化、应用范围扩大化的趋势。在这种鲜明对照下,有学者认为:"中国传统经济学与当今主流经济学相比,显得幼稚、偏执、缺少科学精确性和脱离实际,与市场经济格格不入而成为昨日黄花。"① 有学者把"劳动价值学说新探"实际上写成了"劳动价值学说批判"或"劳动价值学说终结",并明确认为:"面对历史演变和当前社会经济改革和发展的现实,这种理论的先天性缺陷和根本性局限已经日益明显地暴露出来,在'深化和扩大'该理论上做文章是没有出路的,应当从劳动价值论转向包括劳动在内的各种生产要素价值论或财富论。"② 这不只是个别人的观点,有不少学者认为劳动价值论已经过时、无用、失败,已经成为多余的包袱,主张由劳动价值论走向要素价值论、效用价值论、供求价值论,乃至干脆从价值论走向价格论。这些新情况、新问题和新挑战表明:传统劳动价值论确实有很大局限性,必须加以丰富和发展,停滞不前、保守僵化是没有出路的。但是,是不是因为这种局限性就必须放弃和否定劳动价值论,而只能走向要素论、效用论、供求论、价格论呢?答案是否定的,其理由如下:

(一)要素价值论是不能成立的。第一,马克思尖锐批判过以要素价值论为基础的"三位一体公式",论证了要素价值论不能成立。③ 第二,我国学者白暴力教授论证了"三要素创造价值理论"在其原始形式和现代形式上都面临着理论困难而不能成立。④ 第三,从系统论观点来看,现代生产力是一个多层次、多要素、多变量的复杂系统,无论是总产品还是边际产品及其价值,都是整个系统的产物。正如无法精确计算人体中某个器官对人体的贡献份额一样,也无法精确计算各要素在价值形成中的贡献份额。要素价值论是不严密、不科学、不成立的。第四,在各种生产要素中,只有劳动(活劳动)才能创造价值,其余非劳动生产要素只能转移自身的价值,而不能创造新价值。在非劳动生产要素中,除了纯自然要素外都包含着人类劳动。资本并不是什么"非劳动"或"反劳动"要素,正如恩格斯所说,资本和劳动是一个东西,是积累起来的劳动,是劳动的结果。⑤ 土地通常既是劳动的条件,也是劳动的结果,是"土地资本"。经营管理过程就是劳动过程。科学技术,作为

---

① 孟庆琳:《生产力经济学需要现代化》,载《经济学动态》,2002年第6期第28页。
② 晏智杰:《劳动价值学说新探》,北京大学出版社2001年版序第12页。
③ 马克思:《资本论》第3卷,人民出版社1975年版第919—940页。
④ 逄锦聚等主编:《社会主义劳动与劳动价值论研究》,南开大学出版社2002年版第463—478页。
⑤ 《马克思恩格斯全集》第1卷,人民出版社1956年版第607、609页。

科学技术人员,本身就是劳动者,就从事劳动;作为科学技术设备和资料,也都是劳动的结果。正如马克思所说,自然界没有制造出任何机器,它们是人类劳动的产物。[①] 因此,一切生产要素最终都可以归结为自然物质和人类劳动两个因素。自然物质是无目的的被动因素,只有人类劳动才是有目的的能动因素,才是创造和形成价值的因素。许多非劳动生产要素中也包含着劳动,也具有价值,所以也会转移自身价值,也要参与价值形成和价值决定。因此,我们在研究价值形成和价值决定时,只看到活劳动形成价值和物化劳动转移价值是不够的,还要看到各种直接间接的生产要素中发生的劳动耗费和价值转移。这决不是以要素价值论否定和取代劳动价值论,而正是以要素价值论中的合理因素丰富和发展劳动价值论。要素价值论就其合理因素来说,也只是反映要素参与形成价值这个表层现象,劳动价值论才能揭示劳动形成价值这个深层本质。因此,应该由要素价值论走向劳动价值论,而不是相反。

（二）效用价值论是不能成立的。第一,一切劳动产品中都包含着产品效用和劳动费用、使用价值和价值两个因素,二者互相依存、互相制约、密切联系、不可分割。一方面,价值依存于使用价值,使用价值是价值不可或缺的物质承担者,任何没有效用、没有使用价值的东西都没有价值可言。另一方面,一切劳动产品的效用和使用价值都是由劳动形成和创造的,都必须依存于劳动及其形成和创造的价值。没有劳动就没有劳动产品,没有产品的特定效用。效用正是依靠劳动才会产生,劳动正是为了效用才去进行。可见,劳动是原因、是过程,效用是目的、是结果。劳动与效用是因果关系,不是并列关系,是同一事物的两个方面,不是两种不同的彼此可以独立存在的事物。在劳动和效用两个因素中,不同劳动产品的效用有质的区别,不可比,不可通约,不可计量,而不同产品耗费的劳动时间,作为相同的或抽象的人类劳动时间是同质的,是可比、可通约、可计量的。因此,商品和劳动产品的价值量只能用劳动时间来衡量,而不能用效用来衡量,经济学价值论只能是劳动价值论而不能是效用价值论。第二,效用与价值不一定成正比,效用大的价值不一定大。水比黄金的效用要大得多,人可一生无黄金而不可一日无水,但金价要比水价高得多,这只能用劳动差别来解释而不能用效用差别来解释。再则,具有同样效用的产品中可能包含着极不相同的劳动量和价值量。同量淡水在沙漠地区与在水网

---

① 《马克思恩格斯全集》第46卷下册,人民出版社1980年版第219页。

地区效用是相同的,但水价在沙漠地区要比在水网地区高得多,这也只能用劳动差别来解释,而不能用效用差别来解释。第三,效用会因人而异,受不同人的不同偏好和主观评价影响很大,从而效用价值论带有很大的主观差异性和不确定性,而劳动价值论带有很强的客观实在性和可确定性。因此,以效用价值论否定和取代劳动价值论是不合理、不科学的。

(三)供求价值论只是要素价值论与效用价值论的综合,其他许多新价值论也只是要素论、效用论、供求论的变种。所有这些价值论中的合理因素都可以用来丰富和发展劳动价值论,但都不能用来否定或取代劳动价值论。

(四)劳动价值论是否定不了的。我们不能因为它的暂时的局限性而否定它的深刻的科学性。事实上,劳动是人的有目的的活动,是人与动物的根本区别,是人的本质,是人类社会发展和延续的基础。只有劳动,才是每个人拥有的、真正的、活动的财产,而所有其他有价值的财产都不过是客体化的劳动。相对于人类不断发展的无穷欲望而言,能用于满足他们欲望的资源总是稀缺的。其中,人的劳动时间是最为稀缺的,因为人的寿命是非常有限的,能够用于劳动的时间就更是如此。① 从人的一生来看,由于物质不灭定律和能量守恒定律,人对物质、能量等等都是生不带来、死不带去,人所能给社会和别人带来的只是他的劳动和劳动成果,人所能从社会和别人那里获得的也只是他们的劳动和劳动成果。从劳动过程和价值形成过程来看,固然要消耗和占用多种生产要素和资源,但所有这些消耗和占用归根到底都是自然资源、人力资源和人的时间的消耗和占用。其中自然资源有的是可以再生的,有的是可以通过人的劳动再生或补偿的,人力资源作为构成劳动力的体力和脑力来说,通常经过休息和补充营养也是可以得到恢复和补偿的,唯独人的时间是不可逆、不可补偿的。正如郑志国教授所说:"由于时间的一维性,谁也无法使光阴倒转,谁也不能归还人们已经消耗的生命时光——这正是人们为生产各种商品或提供各种服务所付出的真正成本和代价。"②"一个人的生命时光是他最宝贵的财富和最稀缺的资源。"劳动中消耗的生命时光"是人们生产商品的终极成本"。③ 因此,马克思"把价值看作只是劳动时间的凝结,只是对象化的劳动"④的思

---

① 逄锦聚等主编:《社会主义劳动与劳动价值论研究》,南开大学出版社2002年版第380页。
② 郑志国:《价值增殖规律探究》,经济科学出版社2000年版第16页。
③ 郑志国:《劳动作为价值实体的一元性新论》,载《经济学家》,2002年第1期第6页。
④ 《马克思恩格斯选集》第2卷,人民出版社1995年版第194页。

想极其重要、正确、精辟而深刻。劳动价值论实际上也就是劳动时间价值论,是经济学最深刻、最彻底的价值论。经济学无论是作为研究社会生产关系的科学,还是作为研究稀缺资源合理配置的科学,都不能不研究人类劳动、劳动产品、劳动时间、劳动价值。作为经济学基础的价值论,只能是劳动价值论,而不能是别的价值论。既然劳动是人类生活的永恒的自然条件,劳动价值论也就是经济科学的永恒的理论基础。因此,劳动价值论永远不会过时。过时论、无用论、失败论、包袱论是不能成立的。我们要继续在深化和扩大该理论上做文章,要认真研究和借鉴各种不同的价值理论,认真研究和回答劳动价值论面临的各种质疑和难题,并由此使劳动价值论与时俱进、日臻完善。只有这样,才是劳动价值论的唯一出路。也只要这样,劳动价值论的局限性就可以克服,科学性就可以彰显。

五、从狭义劳动价值论到广义劳动价值论的发展思路

如何坚持和发展劳动价值论？劳动价值论只有在坚持中才能发展,也只有在发展中才能坚持,而关键问题在于如何发展。我国不少学者在这一方面作了许多艰苦的探索和努力,并提出了自己的新思路、新理论和新观点,即使有不成熟、不完善之处,也应该得到理解和支持,使之从不成熟走向成熟,从不完善走向完善。在各种新思路中,彻底反思劳动和价值范畴的内涵和外延,把创造价值的劳动从物质生产劳动扩展到非物质生产劳动,从第一、二产业劳动扩展到第三产业劳动(包括从中细分出的第四、五产业劳动),从三次产业劳动扩展到家务劳动和求学劳动,把形成价值的劳动从直接劳动扩展到间接劳动,从物化劳动和活劳动扩展到知识化劳动和人格化劳动,从个体劳动扩展到集体协作劳动和全社会全方位整体劳动,从当代劳动扩展到历代积累的劳动和未来需要追加的劳动,把商品劳动价值论发展为产品劳动价值论,把狭义劳动价值论发展为广义劳动价值论,是一条重要的发展思路。有些学者已经沿着这条思路前进,但还需要继续前进。许多学者都论证了非物质生产劳动、第三产业劳动是创造价值的劳动。李江帆教授认为:面对新挑战,劳动价值论必须加以发展才有出路。发展的路径主要有两条:一是扩大劳动外延,把创造价值的劳动从局部劳动扩展到总体劳动;二是把劳动价值论拓展到第三产业,以服务产品理论补充劳动价值论,应该承认三大产业的所有劳动,只要能创造用于交换的使用价值,就创造价值,而且应特别强调,劳动结果不体现为某种实

物的第三产业,如科、教、文、卫、体等,也同样创造价值。① 这种观点比传统劳动价值论前进了一大步,但也还有值得推敲的地方和继续前进的余地。

第一,如果以"创造用于交换的使用价值"来界定是否创造价值,那么,强调科教文卫体也同样创造价值,就不能成立。例如,相对论、量子论、基因论、信息论等等重大科研成果、义务教育的劳动成果、救死扶伤的医疗成果,都不能用来交换,按照上述界定,科教文卫体大部分劳动都不能创造价值,党政军警法的全部劳动就更不能创造价值。这样,把劳动价值论拓展到第三产业,也就行而不远,举步维艰。因此,只有既突破物质性,又突破商业性、商品性、交换性,把商品劳动价值论发展为产品劳动价值论,劳动价值论才能实现真正重大的突破和发展,才能应对新挑战,拓宽新视野。这种突破既有必要,也有可能。就劳动价值论的固有含义和根本规定而言,是强调只有劳动才能创造价值,强调价值"只是无差别的人类劳动的单纯凝结,即不管以哪种形式进行的人类劳动力耗费的单纯凝结"。② 从这个根本规定来看,劳动是否创造价值,既不以劳动形式为限,也不以劳动产品形式为限,也不以劳动产品是否用于交换为限。如果加上劳动形式或产品形式的限制,那就不是抽象劳动形成价值,而是具体劳动形成价值;如果加上用于交换的限制,那就不是劳动创造价值,而是交换创造价值,不交换就没有价值。因此,加上这些限制,只能是作茧自缚,画蛇添足,使劳动价值论的发展和应用寸步难行。

第二,要把创造价值的劳动从局部劳动扩展到总体劳动,就要完整地认识和把握总体劳动。事实上,即使把创造价值的劳动扩展到三大产业的所有劳动,也还只是从业劳动,只是占人类总劳动一小部分的局部劳动,而没有涵盖包括家务劳动和求学劳动在内的人类总劳动。从一般意义上来看,既然价值是客体对人的生存和发展的正当需要的满足,那么,家务劳动和求学劳动正是满足这种需要的劳动,显然是社会必要劳动,是创造价值的劳动。传统的劳动价值论一方面承认在发达商品经济条件下劳动力是商品或劳动产品,劳动力价值是由生产和再生产劳动力的社会必要劳动时间决定的,另一方面又无视家务劳动和求学劳动是形成劳动力价值的劳动。这在19世纪的历史条件下是可以理解的,但在21世纪的历史条件下是违背逻辑的。因此,发展劳动价值论,就必须把创造价值的劳动从局部劳动扩展

---

① 逄锦聚等主编:《社会主义劳动与劳动价值论研究》,南开大学出版社2002年版第341-344页。
② 《马克思恩格斯选集》第2卷,人民出版社1995年版第117页。

到总体劳动,把商品价值论发展为产品价值论,把狭义劳动价值论发展为广义劳动价值论。

六、广义劳动价值论的广阔视野和发展前景

劳动价值论的发展前景如何?把狭义劳动价值论发展为广义劳动价值论,不仅克服了劳动价值论的局限性,减少了关于劳动价值论的存在理由和适用范围的许多争论,而且为劳动价值论的发展开辟了广阔视野和光辉前景,也为广义剩余价值论和科学人生价值论的建立奠定了基础,并为研究人们的全部社会行为和全部社会关系,为许多人文社会科学、人生哲学、价值哲学的发展,提供了新的观点和方法,开辟了新的视野和前景。

我国学者胡义成在价值哲学上提出了"价值即时间"的"时间价值论",并认为马克思和贝克尔的经济学时间价值论值得再反思。[①] 马克思的经济学时间价值论,是生产商品的劳动时间价值论,认为价值决定于劳动时间,决定于具有社会平均性和社会必需性双重含义的社会必要劳动时间,其局限性是把这种价值论局限于商品生产劳动,而把大量非商品生产劳动排斥在理论视野之外。贝克尔将时间价值引入工作以外的活动的研究,仅仅通过时间价值上的差异,就使许多看来迥异的行为得到了统一的解释。他认为,时间是人生中日益昂贵的稀缺资源,经济是充分利用人生的艺术,经济分析方法适用于解释全部人类行为,从而把传统上属于社会学、人口学、教育学、政治学、法律学以及社会生物学等其他人文学科研究的课题统统纳入了经济学的研究领域,大大开拓了经济学的视野,丰富了经济学的内容。[②] 广义劳动价值论继承马克思狭义劳动价值论的基本内核,采纳贝克尔经济分析方法的合理内核,使劳动价值论适用于研究全部人类劳动,也就大大扩展了劳动价值论的研究领域,开拓了劳动价值论的视野,丰富了劳动价值论的内容,使之成为充分利用人生时间、极大提高人生价值的科学。

贝克尔认为,时间与产品在生命过程中主要分配于消费、人力资本投资和劳动

---

① 王玉梁等主编:《中日价值哲学新论》,陕西人民教育出版社1994年版第64、76页。
② [美]贝克尔:《人类行为的经济分析》,王业宇、陈琪译,上海三联书店、上海人民出版社1995年版第107—110页。

参与三个方面。① 我国学者王琪延的研究结果显示,中国城市居民终生生活的时间可区分为工作时间、学习时间、家务劳动时间、生活必需时间和闲暇时间等五类时间。前三类时间属于劳动时间,后两类时间属于生活消费、休闲娱乐和睡眠等生活需要时间。从广义劳动价值论视角来看,前三类劳动时间中的一切劳动都创造和形成一定量价值,后两类时间则要消费一定量价值。由此看来,人生在世的主要事务和主要过程可以概括为相反相成的两个方面:一方面是从事劳动,由此创造一定的使用价值和价值,形成自己的生产价值;另一方面是从事消费,由此消耗一定的使用价值和价值,形成自己的消费价值。而个人的生产价值和消费价值一般都不会正好相等,而会有一个差额,这就是个人自己的剩余价值。这种人生的剩余价值因人而异,有正有负,有大有小。这样,每人每时都会有自己的生产价值量、消费价值量和剩余价值量,这几个量都随着时间这个自变量的变化而变化,从而,在客观上每人每时都有自己的生产价值曲线、消费价值曲线和剩余价值曲线。在这个意义上,人生的道路就是一条剩余价值曲线。无论人们自觉不自觉,这条曲线都与人形影相随,并随着人的生产和消费、贡献和索取的每一行为而变化。一个人的剩余价值量就是他的全部生产价值量(一般为正值)与消费价值量(为负值)的总和(代数和)。这就是他与别人、与社会之间全部投入与产出、输入与输出、贡献和索取关系的总和;在一定条件下,在用不同客观条件的不同价值标准比照和衡量之后,也就是这个人生存的社会价值即人生价值的总和,并且从数量上和社会效果上反映这个人的一切社会关系的总和,反映这个人的本质。这样就能揭示出人的本质的数量表现。沿着这一思路,就能以广义劳动价值论和广义剩余价值论为基础,以人的本质与人的剩余价值量的统一为中心,以人生的剩余价值曲线为主线,以数学和经济学的精确性和模糊性的统一为视角,从个人的微观层次上,来研究人的劳动、生产、交换、分配、消费、积累行为,研究人的思想、素质、价值、本质,研究人的全部行为和全部社会关系,研究人生的各方面和全过程,从而创立一套客观、科学、系统、精密的人生价值理论。这一理论可以帮助人们树立科学的世界观、人生观、价值观,激励人们勇于创造,乐于奉献,使人间更加美好,人生更加辉煌。可以相信,只要把狭义劳动价值论发展为广义劳动价值论,劳动价值论就会进一步丰富发展、

---

① [美]贝克尔:《人类行为的经济分析》,王业宇、陈琪译,上海三联书店、上海人民出版社1995年版第141页。

发扬光大,永不失其人类智慧的光辉;广义劳动价值论、广义剩余价值论、科学人生价值论就能成为一种普照的光,不仅能照亮人类的商品交换和经济生活,而且能照亮社会和个人生活的一切主要方面和主要过程,就能成为名副其实的充分利用人生的艺术。

广义劳动价值论、广义剩余价值论和科学人生价值论的创立,不仅有助于人们解决世界观、人生观、价值观问题,也不仅有助于经济学拓展视野和丰富发展,而且为人文社会科学许多学科和哲学许多领域的发展奠定了基础,丰富了内容,拓展了空间。有学者指出:"价值哲学的研究,归根到底是要寻找正确的价值观。人们的价值观,不是由几条抽象的条文构成的。如何使人们的价值观念既崇高、又贴近社会生活?……如何使人们的价值观念既是一种强大的精神力量,又能创造巨大的物质财富?这些问题解决得较好了,正确的价值观才会确立,价值哲学的研究才会既有根基,又有价值。"① 有学者认为:"目前的价值观研究存在着缺少一定深度、缺少相关学科的联合、缺少与实证研究的有机结合、价值观的实证调查力度不够等缺陷。"② 还有学者认为:"可以说,'价值'是将所有人文科学从其目前悲哀的处境中解救出来的关键。"而"价值问题本质上是人类社会历史实践活动中的问题。"因此,应该在实践基础上重建价值哲学。③ 还有学者认为:21世纪中国哲学创新在内容上主要是发展人生哲学。④ 凡此种种观点表明,哲学社会科学的发展,包括马克思主义经济学的发展,在很大程度上都有待于价值论、特别是劳动价值论的发展创新。离开人类劳动,人类实践还剩下什么呢?离开人类实践,人文社会科学和人生哲学、价值哲学又能研究什么呢?反之,只要抓住了人类最重要的实践活动——劳动及其创造的价值的研究,并把狭义劳动价值论发展为广义劳动价值论,上述诸多问题就会迎刃而解,诸多人文社会科学就会扎根在人类最基本、最重要、最常见、最大量的实践活动——劳动之中,就会焕发出蓬勃生机和活力,展现出广阔的研究空间和发展前景。与此同时,受到诸多质疑和严峻挑战,被不少中外学者视为"昨天黄花",似乎已经山穷水尽、毫无出路的劳动价值论,就会达到一个"山重水复疑无路、柳暗花明又一村"的新境界,展现一个可以用以研究一切人类劳动和广泛社会

---

① 李连科:《价值哲学的背景与前景》,载《光明日报》,2000年8月15日。
② 寇东亮、郑伟:《"价值哲学与过程哲学国际学术研讨会"综述》,载《哲学动态》,2002年第8期。
③ 冯平:《重建价值哲学》,载《哲学研究》,2002年第5期。
④ 周可真等:《全国21世纪中国哲学创新思路学术研讨会综述》,载《哲学动态》,2002年第6期。

问题的新视野,实现一次从研究商品关系和商品价值为主到研究人类劳动和人生价值为主的新飞跃,进入一个具有强大生命力和解释力、充满无限生机和活力的新阶段。

劳动价值论的这一发展前景是十分诱人的,为了实现这一发展所要做的工作也是十分艰巨的,在发展过程中也会有种种艰难险阻,但劳动价值论的发展创新是大有可为的。正如贝克尔《人类行为的经济分析》一书的译者王业宇、陈琪所说:"像任何思想变革来临时遇到的情况一样,贝克尔的学说出现时遇到了极端的'歧视'。他的文章迟迟得不到发表,保守的学术同行在公开场合对他的观点讥笑嘲讽。然而,随着时间的推移,愈来愈多的人接受了贝克尔的主张,经济分析在解释许多'非经济现象'方面获得了空前的成功。但是,贝克尔指出,有些现象还有待经济分析做出同样深刻的解释,有些解释还不够完善,不过,诚如贝克尔所说,有限的成功出自有限的努力,经济分析的力量和它所展示的远大前景是毋庸置疑的。"① 无论还有多少不足之处和疑难问题,劳动价值论的理论力量和发展前景同样是毋庸置疑的。

第三节 剩余价值论从狭义向广义的发展

马克思耗费40年心血、并在恩格斯通力合作下完成的鸿篇巨著《资本论》,是马克思主义的百科全书,是"工人阶级的圣经"。《资本论》的主要内容是建立在劳动价值理论基础之上的剩余价值理论,它详尽地论述了当时资本主义剩余价值的生产过程、实现过程和分配过程。

自马克思《资本论》发表一百多年来,世界发生了巨大变化,其中主要是三大变化,即科学技术的进步、资本主义的新发展、社会主义制度与社会主义市场经济的出现。面对历史巨变,剩余价值理论包括剩余价值范畴对于社会主义市场经济是否还适用?剩余价值的生产和分配、来源和去向发生了什么变化?这些重大理论问题和实践问题需要当代马克思主义理论工作者进行艰苦的探索,作出科学的回答。

---

① [美]贝克尔:《人类行为的经济分析》,王业宇、陈琪译,上海三联书店、上海人民出版社1995年版译者的话第4、10—11页。

一百多年来的实践证明,马克思劳动价值理论和剩余价值理论的基本观点是科学的;同时马克思主义科学又是不断发展的,马克思的剩余价值理论也同样需要和可能不断丰富和发展。作为这种发展必不可少的关键一步,现在我们需要全面认识剩余价值范畴的适用范围,全面认识当代剩余价值的各种来源和去向,进而把马克思的剩余价值理论从各方面不断丰富发展,不断推向前进。

一、全面认识剩余价值范畴的适用范围

长期以来,我国多数经济学家认为,剩余价值范畴是资本主义经济特有的范畴,在社会主义经济理论中不再适用。改革开放以来,特别是近几年来,不少经济学家对劳动价值论和剩余价值论进行了深入研究,对于用什么概念来表示社会主义经济中剩余产品的价值或剩余劳动创造的价值,提出了许多见解。目前主要有两种不同见解:一种见解认为,剩余价值范畴不是资本主义经济的特有范畴,而是市场经济的普遍范畴,社会主义市场经济要理直气壮地引入剩余价值范畴,同时认为社会主义剩余价值与资本主义剩余价值有本质区别。① 另一种见解认为,剩余价值是揭示资本的剥削秘密,理解资本主义生产方式的钥匙,在社会主义经济理论体系中不宜再沿用剩余价值这个范畴,可以改用净增价值这个概念;净增价值在性质上与资本主义剩余价值有所不同,而且在构成上也不同;净增价值是作了必要扣除以后,仅按生产要素的所有权分配的部分;同时认为,这是一个重大理论问题和实践问题,学术界提出了多种方案,应继续研究,充分讨论。② 作为这种讨论的一孔之见,笔者认为,只要我们适应实践的发展,客观地认识剩余价值范畴,前一种见解就能够成立,剩余价值范畴在社会主义经济理论中不仅是继续适用的范畴,而且是极其重要的范畴,改用其他范畴缺乏必要性和合理性。其理由如下:

第一,从经典著作来看,剩余价值范畴不是资本主义经济的特有范畴,而是商品经济的共有范畴。

尽管马克思《资本论》重点研究的是资本主义经济的剩余价值问题,但他并没有把剩余价值看作是资本主义经济特有的范畴,而是把剩余价值看作是在一定劳动生产率基础上、在商品经济不同发展阶段上共有的范畴。他说:"重农学派正确

---

① 邹东涛:《也要深化对剩余价值理论的认识》,载《理论动态》,第1540期。
② 李铁映:《关于劳动价值论的读书笔记》,载《中国社会科学》,2003年第1期。

地认为,一切剩余价值的生产,从而一切资本的发展,按自然基础来说,实际上都是建立在农业劳动生产率的基础上的。如果人在一个工作日内,不能生产出比每个劳动者再生产自身所需的生活资料更多的生活资料,……那就根本谈不上剩余产品,也谈不上剩余价值。"①再则,"劳动产品只是在它们的交换中,才取得一种等同的价值对象性"。也就是说,只有存在商品交换,劳动才表现为价值,剩余劳动和剩余产品才表现为剩余价值。"把价值看作只是劳动时间的凝结,只是物化的劳动,这对于认识价值本身具有决定性的意义,同样,把剩余价值看作只是剩余劳动时间的凝结,只是物化的剩余劳动,这对于认识剩余价值也具有决定性的意义。使各种社会经济形态例如奴隶社会和雇佣劳动的社会区别开来的,只是从直接生产者身上,劳动者身上,榨取这种剩余劳动的形式。"②由此看来,剩余价值存在的必要条件和充分条件是:其一,要有一个自然基础,即一定的劳动生产率基础,亦即一定的生产力水平,只有具备了这个基础,才谈得上剩余劳动和剩余产品;其二,要有一种社会关系,即商品交换关系,只有存在商品交换,劳动和劳动产品才表现为价值,剩余劳动和剩余产品也才表现为剩余价值。而这两个条件并不只是资本主义商品经济才具备的,而是一切商品经济都具备的。因此,剩余价值范畴并不是资本主义经济的特有范畴,而是商品经济的共有范畴。

事实上,剩余价值并不是在近几百年的资本主义商品经济中才存在,而是早在几千年前的简单商品经济中就开始存在。尽管当时的商品、货币、资本、剩余价值还处于萌芽状态和原始形式,但毕竟是开始存在了。不少学者往往会忽略这一点。在这里有必要援引马克思本人的一系列有关论述。

马克思说:商人资本和生息资本是最古老的资本形式。在这些最古老的资本形式中,已经存在着"剩余价值的生产"。"在古代世界,商业的影响和商人资本的发展,总是以奴隶经济为其结果;不过由于出发点不同,有时只是使家长制的、以生产直接生活资料为目的的奴隶制度,转化为以生产剩余价值为目的的奴隶制度。"在奴隶制经济中,货币作为资本可以增殖,生出利息,"除了归国家所有的部分外,高利贷者的利息会占有全部剩余价值"。到封建社

---

① 马克思:《资本论》第3卷,人民出版社1975年版第885页。
② 马克思:《资本论》第1卷,人民出版社1975年版第90页。

会,地主对农民的剥削是通过地租形式进行的,地租先后有劳动地租、实物地租和货币地租形式。马克思说:"关于劳动地租这个最简单的和最原始的地租形式,有一点是非常明显的:在这里,地租是剩余价值的原始形式,并且和剩余价值是一致的。"劳动地租转化为产品地租,并没有改变地租的本质。"地租的本质就在于地租是剩余价值或剩余劳动的唯一的占统治地位的和正常的形式。"而"货币地租同时就是以上考察的那种显然同剩余价值和剩余劳动一致的地租,即作为剩余价值的正常形式和统治形式的地租的解体形式。"总之,"一切地租都是剩余价值,是剩余劳动的产物。地租在它的不发达的形式即实物地租的形式上,还直接是剩余产品。"到资本主义社会,"剩余价值的正常形式已经不是地租,而是利润"。①

由此可见,从马克思的一系列论述和原意来看,剩余价值不是资本主义经济特有的范畴,而是商品经济共有的范畴,是剩余产品的价值,是剩余劳动的社会形式。但在不同社会制度下,剩余价值具有不同特殊形式,反映不同社会生产关系。所以,马克思总是在一般与特殊、共性与个性、自然属性与社会属性、生产力属性与生产关系属性的辩证统一中来研究和论述剩余价值的。

第二,从经济事实来看,社会主义经济仍然是商品经济,剩余价值范畴仍然适用。

诚然,马克思恩格斯曾经设想,资本主义社会将是商品经济的最高也是最后阶段,未来的社会主义社会将实行直接的社会生产和直接的分配,将排除一切商品交换,因而也排除产品向商品、向价值的转化,人们可以非常简单地处理生产和分配问题,而不需要著名的"价值"插手其间。② 从而,商品、货币、价格、价值、资本、剩余价值等等经济范畴将不复存在。显然,他们只能在他们时代的条件下去认识,而且这些条件达到什么程度,他们才能认识到什么程度。因此,毫不奇怪,他们从来没有设想过、没有预见过、更没有经历过、没有研究过20世纪后期开始建设的中国特色的社会主义,而这种社会主义实践与他们当初对社会主义的设想有很大不同,不仅不能取消商品货币关系,而且要发展社会主义市场经济。因此,我们完全可以

---

① 马克思:《资本论》第3卷,人民出版社1975年版第688、371、672-673、892、895、899、715、901页。
② 《马克思恩格斯选集》第3卷,人民出版社1995年版第660-661页。

也完全应该突破前人的设想,根据新的时代特征和社会实践,对社会主义市场经济中的商品、货币、价格、价值、资本、剩余价值等等范畴进行独立思考和研究,作出新的判断和解释。现在,学术界已经对商品、货币、价格、价值、资本等范畴在社会主义经济中的适用性取得共识,唯独对剩余价值范畴在社会主义经济中的适用性分歧很大。其实,既然剩余价值范畴是商品经济共有的范畴,既然社会主义经济仍然是商品经济,而且是发达的商品经济,剩余价值范畴就完全可以适用。只要把剩余价值区分为剩余价值一般和剩余价值特殊,区分为资本主义剩余价值和社会主义剩余价值,就不会把两种剩余价值、两种生产关系、两种社会制度混为一谈。

在商品经济中,剩余价值范畴与商品、价值、资本等诸多范畴有着不可分割的内在联系。有商品就有价值,就有商品价值和成本价格,而"剩余价值首先是商品价值超过商品成本价格的余额。"①除了偶然情况,商品价值(w)与成本价格(k)都不会正好相等,从而都会有一个差额即余额(m),这样就有:$m = w - k, w = k + m$。也就是说,剩余价值始终是商品价值的构成部分,与价值会始终并存,共生共灭。同时,在商品经济中,剩余劳动和剩余产品也始终存在。如果说劳动形成价值,劳动产品具有价值,却又说剩余劳动不形成剩余价值,剩余产品不具有剩余价值,这在逻辑上是说不通的。剩余价值与资本也同样密不可分。资本是能够带来剩余价值的价值,是资本化的剩余价值;剩余价值则是预付资本的价值增殖额,是可变资本的产物。没有剩余价值,资本就不成其为资本;没有资本,剩余价值就无从产生。正如没有火车,铁路就不成其为铁路;没有铁路,火车就不成其为火车一样。由于这种密切关系,我们可以说,凡是认为社会主义经济理论体系中不宜再沿用剩余价值范畴的理由,也都是不宜再沿用资本范畴的理由;凡是认为资本范畴可以沿用的理由,也都是剩余价值范畴可以沿用的理由。这里用不着引证马克思的诸多论述,只要把有关同志关于资本问题的论述②套用到剩余价值问题上来,就可以说,剩余价值范畴与资本范畴同样适用。这就是说:

"剩余价值"是一个内涵很丰富的经济范畴,可以从不同角度考察和定义。剩余价值是产品价值超过它们的各种生产要素的价值而形成的余额,是预付资本的价值增殖额;同时,从不同社会经济形态来看,剩余价值又反映不同社会生产关系。

---

① 马克思:《资本论》第3卷,人民出版社1975年版第41页。
② 李铁映:《关于劳动价值论的读书笔记》,载《中国社会科学》,2003年第1期。

剩余价值既有自然属性,也有社会属性,是二者的辩证统一。

剩余价值是经济发展到一定历史阶段的产物,是商品经济的一个核心范畴。资本主义商品经济有剩余价值,社会主义商品经济也有剩余价值。问题不在于有没有剩余价值,而在于剩余价值的社会属性,在于剩余价值归谁所有,为谁服务。剩余价值将随着商品经济的发展而变化,也将随着商品经济的消亡而消亡。

从自然属性看,剩余价值是商品生产的产物,是财富,是人类劳动的积累。在这一点上,我们可以说,剩余价值是人类剩余劳动、剩余产品的一种特殊形式。它本身不仅无错、无过,而且是发展生产力和市场经济所必需的,是人类社会的生存和发展所必需的,是人类劳动的直接目的。

从社会属性看,可以分为两个层次:

一是从商品经济一般和价值运动一般的层次去分析,剩余价值首先是商品经济的创造物,始终是商品价值的构成部分。

二是从资本主义商品经济特殊和剩余价值特殊的层次去分析,剩余价值反映的是资本主义生产关系,具有鲜明的社会制度属性。在资本主义社会中,剩余价值是雇佣工人的剩余劳动创造的、被资本家无偿占有的价值,是资产阶级统治劳动的结果,是资本主义生产的直接目的。

马克思当年所设想的社会主义经济,是没有商品、货币的经济,自然也不会涉及社会主义经济中的剩余价值问题。实践表明,社会主义经济也必然是商品经济。如果抽象掉剩余价值是"被资本家无偿占有的剩余劳动和剩余产品"这个特定的资本主义社会制度属性,从剩余价值的自然属性和商品经济一般的角度去把握和予以规定,在社会主义市场经济条件下,剩余价值这个范畴是必不可少的、必须用的。我们要发扬其有利于扩大再生产,有利于解放和发展生产力的一面,促进社会主义市场经济的发展,促进社会财富的不断增加;同时要限制其有可能被剥削、被侵占、被流失、被挥霍浪费的一面,以体现社会主义生产关系和社会主义本质,体现社会主义剩余价值的特殊性。

毫无疑问,根据社会主义市场经济不断发展的伟大实践,不断深化对社会主义社会劳动、劳动价值论和剩余价值论的研究和认识,把劳动价值论和剩余价值论从各方面加以丰富和发展,并在此基础上,广纳一切现代经济学的科学成就,建立和发展社会主义经济理论,丰富和发展马克思主义经济学,是当代马克思主义理论工作者义不容辞、重大无比的理论任务。

第三,从理论与实践的对照来看,社会主义剩余价值应该比资本主义剩余价值有更大的文明面和进步性,因而在社会主义经济理论中,剩余价值不仅是继续适用的范畴,而且是特别重要的范畴。

马克思说过:"一般剩余劳动,作为超过一定的需要量的劳动,必须始终存在。只不过它在资本主义制度下,像在奴隶制度等等下一样,具有对抗的形式,并且是以社会上的一部分人完全游手好闲作为补充。……资本的文明面之一是,它榨取剩余劳动的方式和条件,同以前的奴隶制、农奴制等形式相比,都更有利于生产力的发展,有利于社会关系的发展,有利于更高级的新形态的各种要素的创造。"①而社会主义社会正是比资本主义社会更高级的新形态的社会,在这里,剩余价值应该不再具有对抗形式,社会上一部分人完全游手好闲的现象也应该不再存在。从而,社会主义剩余价值应该比资本主义剩余价值具有更大的文明面和进步性。因此,剩余价值在社会主义社会比在资本主义社会应该是更重要、更积极、更文明、更进步的范畴,应该得到加倍的重视。

可惜,在社会主义经济理论中,多数学者长期排斥和否定剩余价值范畴。在社会主义经济建设实践中,不少国有企业不计成本,不讲效益,亏损严重,成了影响企业生存和发展的老大难问题,对整个国有经济造成极大损失。有学者测算:从建国到"七五"末,国家固定资产投资累计达4万多亿元,其中"七五"期间投资1.9746万亿元,结果仅形成全部国有资产1.65万亿元。这意味着数以万亿计的投资不知"漏"到哪里去了。而按照市场一般的资金运行效益计,在这么长的周期里,如此之大的投入,是可以"滚"出数百万亿元巨额资产的。② 另据统计,从1950年至2000年51年中全国国有经济固定资产投资为17.1775万亿元,③而截至到2000年底在全国资本总额38.5万亿元中,国有资产只有9.9万亿元,仅占资本总额的26%,④仅占投资额的58%。这种无效益、负效益的经济,尽管其原因是多方面的,但无可否认的事实是:长期以来,我国或者批判利润挂帅,不讲经济效益;或者虽讲经济效益,但不善于提高经济效益,以至于许多国有企业明亏与潜亏并存,亏损与

---

① 马克思:《资本论》第3卷,人民出版社1975年版第925-926页。
② 《查查共和国的资产帐》,载《报刊文摘》,1993年11月25日。
③ 《中国统计年鉴》,中国统计出版社1983年版第323页。《中国统计摘要》,中国统计出版社2002年版第49页。
④ 专家组:《中国财富报告》,远东出版社2002年版第26页。

大发奖金、挥霍浪费并存;从总体上讲,始终没有抓紧抓好利润、即剩余价值这个"牛鼻子"。剩余价值的开源不足,产出不高,同时又节流不力,去向不明;以致尽管多年以来我国资本形成率都高达 GDP 的 37% 左右,远远高于世界 23% 左右的平均水平。① 但实际上资本积累不多,剩余价值漏洞百出,流失很大。其中有一部分是盲目投资、重复投资、无效投资,更有相当一部分流入了各种特权剥削者、垄断剥削者、寄生剥削者、非法经营者的口袋和肚皮。

照理,社会主义社会是比资本主义社会更高级的社会形态,有更先进的社会制度,剩余价值应该能够更多地涌流,资本应该能够更快地积累,但实践与理论存在着很大反差。面对这种反差,有些学者适应实践的发展,把思想认识从对马克思主义的错误的和教条式的理解中解放出来,始终保持与时俱进的精神状态,不断拓展新视野,做出新概括,努力把马克思的劳动价值论和剩余价值论从各方面推向前进。也有些学者继续抱住昨天的理论不放,始终把剩余价值理论排斥在社会主义经济理论之外。还有些学者陷入了种种理论误区和思想混乱。有的从劳动价值论走向了要素价值论、效用价值论、供求价值论,认为物化劳动、科学技术、自然资源等等生产要素都创造价值和剩余价值。有的分不清要素收入与剥削收入的界限,把合理的利息收入、创业劳动收入、风险收入视为剥削收入,而对真正的剥削收入都丢在一边,听之任之,泰然处之。更有甚者还为剥削评功摆好、歌功颂德,认为这样会有利于个体私营经济的发展。然而,难道私有制经济就一定有剥削,公有制经济就一定没有剥削吗?实践是最好的回答:无论是公有制还是私有制,在社会主义条件下,搞得好都可以消灭剥削,搞不好都可能存在剥削,甚至是严重的剥削。还有学者从理论上论证我国目前存在剥削的必然性、合理性、进步性等等,据说这还是马克思恩格斯的观点,还是历史辩证法的要求。确实,恩格斯甚至还论证过奴隶制度的历史进步性,但绝对不意味着它在当代社会中还有历史进步性。剥削制度在其上升时期也确实有历史进步性,但绝对不意味着剥削行为在 21 世纪的社会主义中国还有什么历史进步性。大家知道,消灭剥削是社会主义本质的要求和起码的常识。就连资本主义国家许多进步人士和普通群众都以劳动为荣、剥削为耻。联合国开发计划署在《2000 年人类发展报告》中也提倡要"体面工作,远离剥

---

① 历年中国统计年鉴和国际统计年鉴,中国统计出版社。

削"。① 如今在中国,包括在一些马克思主义理论工作者当中,在价值理论和剥削理论上的混乱和倒退,竟至于此,不能不令人警醒和深思。种种剥削现象的存在,大量剩余价值和国有资本的流失,更从实践上呼唤我们深化对社会主义剩余价值范畴和剩余价值理论的研究和认识。

显然,无论是从发扬和拓展社会主义剩余价值的文明面和进步性来说,还是从解决现实中的实际问题和理论问题来说,重新认识剩余价值范畴,丰富发展剩余价值理论,在当前都有极大必要性和特殊重要性。

第四,从不同范畴比较来看,沿用剩余价值范畴比改用净增价值范畴更具必要性和合理性,否则会有损于马克思主义经济学的统一性和稳定性。

其一,剩余劳动时间——剩余劳动——剩余产品——剩余价值,四个术语在语言上、语义上是完全对应、互相贯通、高度统一、易于理解的,具有明显的逻辑一致性和理论连贯性,既可以用以研究资本主义经济,也可以用以研究社会主义经济;既可以用以研究社会主义公有制经济,也可以用以研究社会主义私有制经济和混合经济。如果改成剩余劳动时间——剩余劳动——剩余产品——净增价值,显然在术语上、逻辑上很不一致,既没有必要,也不符合习惯。试问,能否把剩余劳动时间、剩余劳动改成净增劳动时间、净增劳动呢?显然既不必要,也不妥当。既然如此,又何必把剩余价值改成净增价值呢?难道剩余价值就等于剥削、等于资本主义吗?再说,这样一改,在研究社会主义经济与研究资本主义经济、研究社会主义公有制经济与研究私有制经济、混合经济时,就要应用两套术语、两套指标、两套公式、两套理论,徒增许多麻烦和语言障碍,而且在理论上难以互相贯通、互相统一、互相对照,有损于马克思主义经济学的连贯性、统一性和稳定性。事实证明,如果改用其他范畴,也同样缺乏必要性和合理性。正如有学者所说:"事实上,概念的继承、统一和稳定,作为人类知识积累的表现,正是一切科学发展的基础和前提。如果每一代人都要从头来过,现代文明是不可想象的。"②

其二,关于净增价值在性质上与资本主义的剩余价值有所不同,只要区分剩余价值的一般与特殊、自然属性与社会属性、生产力属性与生产关系属性,区分社会主义剩余价值与资本主义剩余价值,就完全可以从性质上把两种剩余价值区别开来,而不必改

---

① 何秉孟等:《劳动价值理论新论》,社会科学文献出版社2003年版第238页。
② 李扬:《变化着的世界,变化着的经济学人》,见张志雄主编:《中国经济学的寻根和发展》,学林出版社1996年版第28页。

变剩余价值这个与马克思经济学一脉相承、约定俗成的术语。

其三,关于净增价值与剩余价值在构成上的不同,主要是从剩余劳动形成的价值中做了两项扣除:第一项扣除是,劳动者除工资以外的应得部分,比如利润中用于保险、福利、公积金、公益基金等的那一种分,这部分也是劳动所得,即劳动者应直接获得的自己的剩余劳动的一部分;第二项扣除是,为国家、为社会做出的扣除,包括国防、教育、科研、卫生和环保等等。假设商品价值为 w,物化劳动转移价值为 c,劳动报酬为 v,剩余劳动形成的价值为 m,上述第一项扣除为 v_1,第二项扣除为 s,净增价值为 n,则有:

$$w = c + v + m = c + v + [(v_1 + s) + n], m = (v_1 + s) + n, n = m - (v_1 + s)。①$$

然而,其中第一项扣除 v_1 既然是劳动者直接获得的劳动所得,那本身就是 v 的一部分,而不是 m 的一部分,就这一点来说,净增价值与剩余价值在构成上并无不同。其中第二项扣除 s,在其维持社会简单再生产的范围内,实际上是一种社会成本、间接成本和隐性成本(成本中不包括这一部分是不完全的),s 本身就是产品成本的一部分,而不是 m 的一部分,就这一点来说,净增价值与剩余价值在构成上也并无不同。既无不同,也就没有必要改用不同的术语。

其四,把净增价值解释为仅按生产要素(包括劳动要素和资本、知识产权、专利、股权等非劳动生产要素)所有权分配的部分,也是值得推敲的。首先,劳动要素已获得了工资、保险、福利、公积金、公益基金等等,不知从净增价值中还能分配到什么。其次,凭资本、股权获得的利息和股息,在合理范围内,实质上是投资有形无形贬值、投资风险、投资费用和投资劳动耗费的合理补偿和回报,是间接成本的一部分,而不是剩余价值或净增价值的一部分。再次,知识产权和专利(其实专利也是一种知识产权)显然也是产品成本的一部分,而不是剩余价值或净增价值的一部分。因此,把净增价值解释为仅按生产要素所有权分配的部分是不恰当的。实际上,真正的剩余价值或净增价值,恰恰不是(至少不仅仅是)按生产要素所有权分配的部分,而是马克思所说的"用来扩大生产的追加部分","用来应付不幸事故、自然灾害等的后备基金或保险基金","为丧失劳动能力的人等等设立的基金"。②其中,用来扩大生产的追加部分是整个社会发展和人类文明进步的基础。这几部

---

① 李铁映:《关于劳动价值论的读书笔记》,载《中国社会科学》,2003 年第 1 期。
② 《马克思恩格斯选集》第 3 卷,人民出版社 1995 年第 302—303 页。

分在社会主义条件下,恰恰都不应按要素所有权来分配,而应由人民政府代表人民群众来分配、调控和利用。如果都按要素所有权分配了,这几部分基金又从何而来?

二、全面认识剩余价值的多个来源

传统理论认为,剩余价值只能来源于雇佣工人的活劳动,来源于活劳动中的剩余劳动,而且只能来源于物质生产部门生产工人的剩余劳动。然而,近一百多年来,科学技术和社会生产力有了巨大发展,社会的产业结构、就业结构、劳动力结构也发生了重大变化。马克思主义是开放的体系,发展的理论,马克思主义者对剩余价值来源的认识也要随着实践的发展而发展。物质生产部门生产工人活劳动中的剩余劳动,只是剩余价值多个来源中的一个来源,而不是唯一来源。剩余价值的来源至少有三个方面:

第一,剩余价值来源之一是全社会劳动者活劳动中的剩余劳动形成的价值。

马克思恩格斯在《共产党宣言》中就指出:"资本是集体的产物,它只有通过社会许多成员的共同活动,而且归根到底只有通过社会全体成员的共同活动,才能运动起来。因此,资本不是一种个人力量,而是一种社会力量。"①资本是能够带来剩余价值的价值,而资本只有在运动中才能带来剩余价值,才能成为资本。既然如此,剩余价值只能来源于资本的运动,只能来源于社会许多成员的共同活动,而且归根到底只能来源于社会全体成员的共同活动,只能来源于全社会劳动者活劳动中的剩余劳动。这就是说,能创造价值和剩余价值的不仅是物质生产部门,而是包括物质生产部门、精神生产部门、服务部门在内的社会各部门;不仅是第一、第二产业,而是包括三次产业在内的社会各产业;不仅是直接生产人员,而且包括科学技术人员和经营管理人员。创造价值的劳动的外延应该扩大,现在已成为多数学者的共识。因此,在社会主义市场经济条件下,全社会劳动者活劳动中的剩余劳动都能成为剩余价值的来源。

第二,剩余价值来源之二是过去劳动的无偿服务,主要是历代积累下来的科技劳动的无偿服务,是知识产品的潜在价值转化而来的价值。

现在全人类都享用着电灯、电话、电视、电脑、汽车、飞机等科技成果,但创造这

---

① 《马克思恩格斯选集》第 1 卷,人民出版社 1995 年版第 287 页。

些成果的科学家、发明家谁也没有向我们领取一分钱报酬。前人付出的科技劳动及其创造的知识产品的潜在价值是巨大的,但这种价值并没有要后人支付等价物来补偿,没有计算在后人的使用成本中,而后人却实实在在地得到了这笔遗产及其潜在价值,并可以通过自己的具体劳动把它转化在产品的现实价值中。这种价值可以叫知识剩余价值或技术溢出价值。大家知道,现代剩余价值的生产主要是靠相对剩余价值的生产。"相对剩余价值与劳动生产力成正比。"①而"已有的劳动生产率,不是自然的恩惠,而是几十万年历史的恩惠"②,特别是近几百年科学技术劳动的恩惠。而一切科学工作,一切发现,一切发明,"部分地以今人的协作为条件,部分地又以对前人劳动的利用为条件。"③因此,科学技术产品,知识产品的价值至少应包含三个部分:一是直接科技劳动者活劳动形成的价值,二是今人的协作劳动间接形成的价值,三是前人劳动的利用间接形成的价值。其中前两种价值中包含着工资、费用和剩余价值,第三种价值中不包含工资、费用,都是剩余价值。"被活劳动抓住并赋予生命的过去劳动的这种无偿服务,会随着积累规模的扩大而积累起来。"④由于科学技术是按几何级数发展的,所以现代科学技术的发展特别迅猛,在经济增长和价值形成中的作用越来越大。在发达国家的经济增长中,科学技术的贡献率,在 20 世纪初是 5%—20%,20 世纪中叶是 30%—50%,20 世纪末是 60%—80%。由于对科学技术在经济增长和价值形成中的作用估计不足,由于"对脑力劳动的产物——科学——的估价,总是比它的价值低得多,因为再生产科学所必要的劳动时间,同最初生产科学所需要的劳动时间是无法相比的"⑤,西方经济学家在研究经济增长时,一度遇到了"经济增长之谜"或叫"余数之谜";在研究知识经济时又遇到了"边际收益递减规律失灵之谜";我国经济学家在研究劳动价值论时也遇到了"活劳动减少而价值量增加之谜"或叫"价值总量之谜"。只要我们全面认识价值和剩余价值的来源,这些谜底就能揭开。这个谜底的重要内容之一就是马克思所说的"历史的恩惠","过去劳动的无偿服务",也就是哈耶克所说的"无偿赐予性知识","技术溢出的免费礼物",也就是知识产品的潜在价值转化而

---

① 马克思:《资本论》第 1 卷,人民出版社 1975 年版第 355 页。
② 马克思:《资本论》第 1 卷,人民出版社 1975 年版第 560 页。
③ 马克思:《资本论》第 3 卷,人民出版社 1975 年版第 120 页。
④ 马克思:《资本论》第 1 卷,人民出版社 1975 年版第 667 页。
⑤ 《马克思恩格斯全集》第 26 卷第 1 册,人民出版社 1972 年版第 377 页。

来的剩余价值。有学者指出："日本有两个数字曾经令世界许多国家感到惊叹：一是日本用15年左右的时间消化了人类半个世纪所创造的科学技术成果的总和，比其他国家节约了30年时间。二是为了消化这50年的科技成果，日本花费了101亿美元的代价，而人类为了取得这50年的成果，花了近2000亿美元的成本。"①这里的1900亿美元的差额，就是知识剩余价值或技术溢出价值。实践证明，知识产品的潜在价值是剩余价值的重要来源。恩格斯早就指出："劳动包括资本，此外还包括经济学家连想也想不到的第三要素，我指的是简单劳动这一肉体要素以外的发明和思想这一精神要素。"在合理的制度下，"精神要素当然就会列入生产要素中，并且会在政治经济学的生产费用项目中找到自己的地位。"②因此，对当代和历代的科技劳动都应该列入生产要素中，其创造和转化的价值都应该列入价值构成中。也许人们会提出质疑说：难道张衡、牛顿、爱迪生也会参与我们今天的价值创造吗？难道科学技术劳动可以反复地、乃至永远地创造价值吗？对这种质疑可以这样解释：首先，这里说的前人的科技劳动不只是任何个人的劳动，而是几千年来全人类的科技劳动，"是几十万年历史的恩惠"。其次，知识作为精致的信息，具有信息的可扩散性、可分享性等特征。有些知识产品有永久的使用价值，有些则像物质产品一样有它的寿命周期。它们的价值和使用价值具有潜在性和不确定性。因此，知识产品的巨大潜在价值，一方面是千秋万代集体智慧的结晶，另一方面又要分摊到千秋万代大量产品中去。可见知识产品价值的计量比物质产品更加复杂，很难用精确数学计算，只能用模糊数学把握，但不能因此而否认它的客观存在，正如不能否认大量电磁波及其中所含信息的客观存在一样。

第三，剩余价值的来源之三是生产力系统效应形成的价值。

现代生产力是一个复杂巨系统。这一系统存在着包括企业范围、社会范围、历史范围等不同范围、不同层次的联合劳动和分工协作。这种生产力复杂巨系统形成的产品价值，不是个人劳动形成的价值的简单总和，在这个总和之外，还会由系统效应形成一种提升了的新价值。生产的社会化程度越高，联合劳动和分工协作的范围越大，宏观管理和微观管理的水平越高，这种系统效应就越强。马克思指出："单个劳动者的力量的机械总和，与许多人手同时共同完成同一不可分割的操

---

① 彭坤明：《知识经济与教育》，南京师范大学出版社1998年版第93页。
② 《马克思恩格斯全集》第1卷，人民出版社1956年版第607页。

作……所发挥的社会力量有本质的差别。……这里的问题不仅是通过协作提高了个人生产力,而且是创造了一种生产力,这种生产力本身必然是集体力。"①这种"由协作和分工产生的生产力,不费资本分文。"②因此由这种系统效应形成的提升了的新价值,不增加产品成本,而形成剩余价值。这种剩余价值可以叫社会剩余价值或系统效应价值。

10多年前,西方物理学家发现,在城市生活中,人类的发明创造与人口的关系遵循正5/4指数缩放规则:如果一个城市的人口是另一个城市的10倍,那么,发明创造总量是后者的10的四分之五次方,即17.8倍。③ 这种由于指数规则高于比例规则形成的多余的价值,就是社会剩余价值或系统剩余价值。

正因为剩余价值有以上多个来源,而不只是生产工人活劳动一个来源,才能使活劳动相对减少而价值量不断增加成为可能和现实;才能使分工协作和规模经济取得更大效益;才能使许多互助合作关系取得双赢效果。显然,全面认识剩余价值的多个来源,对于坚持和发展劳动价值论和剩余价值论,对于破解许多理论难题和现实难题,对于充分开发一切剩余价值的源泉,实现剩余价值来源的最大化,都具有重大意义。

三、全面认识剩余价值的多种去向

传统理论把剩余价值看成是被资本家无偿占有的价值,是被各类资本家和土地所有者所瓜分的价值,剩余价值率就是剥削率。现在看来,即使在现代资本主义社会,剩余价值也不是完全被资本家无偿占有的,剩余价值率也不等于剥削率,在社会主义社会就更不是这样。因此,对剩余价值去向的认识也要随着实践的发展变化而发展创新。

第一,在现代资本主义国家,剩余价值主要归资产者所有,但劳动者也能分享一部分剩余价值。

从发达资本主义国家来看,剩余价值的分配早已开始突破马克思时代的分配制度,发生了一种分配革命。其一,从企业内部来看,从20世纪开始,发达国家的公司和企业日益考虑让劳动者参与剩余价值的分配,这种状况甚至已经成为现代

---

① 马克思:《资本论》第1卷,人民出版社1975年版第362页。
② 马克思:《资本论》第1卷,人民出版社1975年版第423页。
③ 《中国的科技与创新:成就与不足短板与突破》腾讯网,2018-08-10。

企业制度的新特点、新趋势与新动向。发达国家劳动者参与剩余价值分配的最主要方式有企业利润分享制、企业价值分享制、企业所有权分享制等等。当然,劳动者在参与剩余价值分配的过程中,实际获得的剩余价值份额尚非很大,普遍在15%以下。① 可见,大部分剩余价值仍归资产者所有,但劳动者也已能分享一部分剩余价值。其二,从社会范围来看,劳动者也能从政府的社会保障支出中分享一部分剩余价值。据经济合作和发展组织(OECD)1999 年的一项统计,近 40 年间经合组织国家政府开支及其中的社会保障转移支付占 GDP 总值的变化情况如下:

表1　政府总支出及其中的社会保障转移支付占 GDP 的百分比(%)

项　目	1960—1973		1974—1979		1980—1989	
	政府总支出	社会保障支付	政府总支出	社会保障支付	政府总支出	社会保障支付
所有经合组织国家	23	7.5	25	11.5	27.5	13.5
欧盟国家	24	12	28.5	15.5	31	17.5
美　国	22.5	6	23	10	24	10.5

统计表明,近 40 年间,西方国家的政府开支及其中的社会保障转移支付占 GDP 的百分比,总趋势是上升的。② 而政府支出的主要财源是税收,特别是来自资本主义企业交纳的累进所得税,社会保障转移支付的受益者主要是劳动者和贫困者。由此可见,当今世界,即使在资本主义国家,剩余价值也不是完全归资本家无偿占有的,广大劳动群众和贫困人口已在分享剩余价值。

第二,在社会主义国家,剩余价值主要归劳动者所有,但也有一部分会被剥削和流失。

从我国来看,有学者通过测算,认为 1987—1996 年 10 年间,我国剩余产品价值总量占 GDP 的比重保持在 31%—33% 之间,而有关研究也表明,1999 年我国剩余产品的价值量是 26530.94 亿元,占当年 GDP 的 32.4%。③ 如以固定资产折旧占GDP14% 测算,我国剩余价值率约为 60.4%。另据统计,1981——2000 年 20 年间

---

① 何传启:《分配革命——按贡献分配》,见陈光金:《论社会主义社会剩余价值的分配》,载《上海师范大学学报(哲学社会科学版)》,2003 年第 1 期。
② 庞卓恒:《西方资本主义社会正在发生自我扬弃》,载《中国党政干部论坛》,2002 年第 5 期。
③ 安体富、林鲁宁:《宏观税负实证分析与税收政策取向》,载《经济理论与经济管理》,2002 年第 5 期。

我国财政收入占 GDP 的比重年平均为 16.2%。① 由此测算,在此期间,我国剩余价值中约有一半作为税金上缴国家,形成国家财政收入,主要用于经济建设事业、文教科学卫生事业、社会福利事业、国防和行政管理费用;另一半作为税后利润留给企业,主要用于扩大再生产(如考虑各种收费,留给企业的部分将相应减少)。据统计,2001 年我国私营企业共创产值 12316.99 亿元,约占当年全国 GDP95933.3 亿元的 12.8%。② 私营企业加上港澳台商和外商投资单位共创产值约占全国 GDP20%。按同一比例测算,中外私营企业主所得剩余价值约占当年全国总剩余价值的 20%,减去税金、规费等约占当年全国总剩余价值的 10%。由此可见,我国剩余价值约有 90% 可以归劳动人民和作为其代表的国家所有,主要用于扩大再生产和发展各项事业。这显然有利于发展社会生产力,增强综合国力,提高人民生活水平。

社会主义剩余价值的分配去向,大部分符合社会主义本质要求和三个"有利于"要求,但也不排除有一部分会被流失、被剥削、被侵占。由于经济的、政治的、社会的、心理的复杂原因,一些消极腐败现象和剥削现象在我国依然存在,有些情况还相当严重。胡鞍钢博士认为:中国正处于建国以来腐败最严重的时期,也属于世界上腐败程度比较严重的国家之一。他将现阶段中国腐败分为四种类型:寻租性腐败,地下经济腐败,税收流失性腐败,公共投资和公共支出性腐败。他估计,在 90 年代后半期,这四种腐败所造成的经济损失和消费者福利损失平均每年在 9875 亿元——12570 亿元之间,占全国 GDP 总量比重在 13.2%——16.8% 之间。其中各种税金流失额在 5700 亿元——6800 亿元之间,国有经济投资和财政支出流失在 2575 亿元——3410 亿元之间,垄断行业租金在 1300 亿元——2020 亿元之间,走私等非法经济"黑色收入"在 300 亿元——340 亿元之间。而且这还是保守估计,实际经济损失远比这一估计大得多。③ 所有这些经济损失归根到底都是全国劳动者创造的剩余价值的损失,其中大部分流向了腐败官员、垄断行业人员和非法经营者,成了他们的剥削收入。目前我国的剥削现象大体可分为四种类型:特权剥削、垄断剥削、非法经营剥削和寄生剥削。特权剥削是指机关、公有制企事业单位掌权人物以权谋私而获得收入和享受,其收入主要包括贪污受贿收入,公款吃喝玩乐和

---

① 《中国统计摘要(2002)》,中国统计出版社 2002 年版第 65 页。
② 《中国统计摘要(2002)》,中国统计出版社 2002 年版第 14 页。
③ 胡鞍钢:《中国挑战腐败》,浙江人民出版社 2001 年版第 34、60 - 62 页。

各种超标准职务消费收益,部分官员亲属在各方面的特权级差收益(指高于普通群众的收益)。垄断剥削是指垄断行业通过垄断经营而获得超额利润和高额收入。非法经营剥削是指公有制企业负责人和私营企业主通过偷税漏税、走私贩私、压榨员工、欺诈顾客和其他非法经营手段,获取超额利润和非法收入。寄生剥削是指寄生于公有制单位中吃闲饭的人依仗某种权势或条件不劳而获、少劳多获。在私营企业中一般不允许这种人的存在,而在公有制单位中,由于产权不清、权责不明、政企不分、管理不严,却有可能寄生这样一批吃闲饭的人。在某些单位甚至存在着生之者寡、食之者众、用之者急、为之者疏的情况。40多年来的实践证明,这四种剥削现象在公有制经济中都有可能存在。在这里问题不在于公有制好不好,而在于公有制怎么搞,在什么条件下才能实行公有制,又怎样在具体实践中处处体现和维护公有制。事实证明,脱离具体实践,抽象地谈论公有制的优越性没有意义。这四类剥削现象互相交叉,互相渗透,与上述四类腐败现象既互相交叉又有所区别。腐败不仅仅是经济剥削,还有其他种种表现;剥削也不仅仅是靠权力剥削,还有其他种种手段。剥削收入与腐败造成的经济损失是两个互相交叉而又不尽相同的概念,又都是无法准确统计的模糊数字或"黑数"。如果将剥削收入与腐败造成的经济损失加在一起,那么在90年代后半期,对人民和国家所造成的经济损失,显然要大大超过单纯由腐败造成的经济损失,也就是要大大超过每年1万亿元,大大超过每年GDP的15%,从而大大超过每年剩余价值总额的45%。这就是说,全国劳动者创造的剩余价值至少有接近一半被少数人剥削和流失了。这种剥削和流失,有的侵占和减少了剩余价值,有的挤占和加大了投资和产品成本,有的剥夺和降低了劳动者正当收入。因此,并不都包含在上述剩余价值数额中。如果没有腐败和剥削现象的存在,上述剩余价值数额显然会大大增加。这种严重的腐败现象和剥削现象,导致了严重的社会分配不公和社会效益不高,构成了对人民利益和国家政权的极大危害。正如有学者所说,发展是硬道理,反腐败也是硬道理。同样,反剥削也是硬道理。现在,重要的问题不在于要不要反剥削,而在于要从理论上和实践上搞清楚,究竟什么是剥削?什么不是剥削?凡是按劳分配和按生产要素分配的合法收入,都不是剥削收入,必须坚决承认和保护(如果合法收入中有不合理的部分,则要设法认真解决);而上述四种类型的剥削都是危害性很大的剥削,必须坚决反对和消灭。因此,我们不要回避剥削问题,不要放任剥削现象,而要旗帜鲜明地反对剥削,最大限度地消灭剥削。这是社会主义本质的要求,也是广大人民群众的要求。应该看到,反腐败反剥削在我国仍然任重道远。作为第一步,只要我们把腐败现象和剥削现象消灭一半,就等于使我国 GDP 和纯收入每年多增长 7.5% 以上。这对于消灭贫困,加快各项事业发展,对于全面建设小康社会,加快实现民族振兴,都具有深远意义。

综上所述,社会主义经济理论不应忽视和排斥剩余价值范畴,而应重新认识、深入研究、充分利用剩余价值范畴,全面研究社会主义剩余价值的生产、实现、分配和利用问题,进一步丰富和发展剩余价值理论,并在劳动价值论和剩余价值论基础上,吸收一切现代经济学的优秀成果,建立和发展社会主义经济理论。同时在实践上要努力实现剩余价值生产和来源的最大化、剩余价值分配和去向的最优化,使社会主义资本和剩余价值的文明面和进步性充分展现,使之造福于全国人民,惠及于子孙后代。这是理论和实践的双重探索,是当代马克思主义者的神圣使命。

第四节 发展创新社会主义分配理论

一、社会主义分配理论亟待发展创新

社会主义分配理论是马克思在《哥达纲领批判》中首先提出的。他说:在刚刚从资本主义社会中产生出来的社会,即我们所说的社会主义社会中,"每一个生产者,在作了各项扣除以后,从社会领回的,正好是他给予社会的。他给予社会的,就是他个人的劳动量。……他以一种形式给予社会的劳动量,又以另一种形式领回来。"[①]由于马克思恩格斯都未经历过社会主义社会,他们只能对社会主义社会的分配指出一个大致的方向,而不能提出系统的理论。所以,恩格斯说:关于未来社会中的产品分配问题,是按照劳动量分配呢,还是用其他方式。分配方式本质上毕竟要取决于有多少产品可供分配,而这当然随着生产和社会组织的进步而改变,从而分配方式也应当改变。社会主义社会是不断改变、不断进步的社会,所以它没有一个一成不变的分配方式。合理的想法只能是:(1)设法发现将来由以开始的分配方式,(2)尽力找出进一步的发展将循以进行的总趋向。[②]

---

① 《马克思恩格斯选集》第3卷,人民出版社1995年版第304页。
② 《马克思恩格斯选集》第4卷,人民出版社1995年版第.691页。

新中国从建国之初就探寻新社会由以开始的分配方式及其发展方向。当时理论界也强调按劳分配，但是究竟是按流动形态的劳动（劳动时间和强度、劳动数量和质量）分配，还是按凝结形态劳动（劳动产品及其价值）分配，抑或是按潜在形态的劳动（劳动能力、劳动力价值）分配，并没有搞清楚。后来受到"左"的干扰，干脆把按劳分配看作是资产阶级法权加以批判和否定了。在实践上，有人说当时是平均分配，甚至说是公平分配。实际上平均主义是有一点，要说公平分配则根本谈不上。城乡居民有公平可言吗？被人为拒之于大学门外的人与靠"推荐"上大学的人有公平可言吗？国有单位、集体单位、镇办企业、上山下乡人员有公平可言吗？根本没有。所以，改革开放以前，我国并没有找到正确的分配制度和分配理论。

改革开放以来，经过多年探索，我国逐步确立了公有制为主体、多种所有制经济共同发展的基本经济制度和按劳分配为主体、多种分配方式并存的分配制度。这是一种在国内外都前所未有的新型经济制度，是一种具有中国特色的社会主义初级阶段的经济制度。在这种制度条件下的社会主义分配理论，是包括马克思在内的经济学家们所没有研究过的分配理论，是我国经济理论界面临的重大课题和严峻挑战，也给我们发展马克思主义经济理论提供了极好机遇和极大空间。多年来我国经济理论界对社会主义分配理论进行了多方面的探讨，取得了许多进展。但从总体上看还处于众说纷纭、莫衷一是的局面。现在新中国成立已经近70年，改革开放已经40年，现在需要也可能发展创新社会主义分配理论。特别是改革开放40年来，我国居民收入差距，包括城乡之间、地区之间、行业之间、不同单位、不同人员之间收入差距持续扩大，分配关系很不公平，分配秩序比较混乱，分配制度很不完善，其原因是多方面的，其中，分配理论很不完善无疑是一个重要原因。因此，社会主义分配理论亟待发展创新和逐步完善。

在本世纪初我国经济理论界对劳动价值论的大讨论中，有不少学者探讨了劳动价值论与分配理论的关系，主要是探讨劳动价值论是不是社会主义分配制度的理论基础，在社会主义制度下价值分配与价值创造是不是应该保持一致。有学者对此持肯定意见，认为资本主义的主要弊端就在于资本家无偿占有雇佣工人创造的剩余价值，在于价值分配与价值创造不一致；在社会主义制度下应该使价值分配与价值创造相一致，劳动价值论应该是分配制度的理论基础。有学者对此持否定意见，认为价值分配与价值创造是两个不同领域的问题，没有必然联系，劳动价值论不是社会主义分配制度的理论基础。这里的正反两方意见经过反复争论，并无结果,任何一方都说服不了另一方。其原因之一是,这里对问题的提法并不准确、并不全面。因为在市场经济条件下,进入分配领域的不只是活劳动创造的新价值,而是整个劳动产品、整个商品的全部价值。在这全部价值中,不仅包括活劳动创造的新价值,还包括物化劳动、知识化劳动、管理劳动、服务劳动等等直接或间接、有偿或无偿转移的价值,还包括"总体工人"联合劳动产生的系统效应形成的提升了的新价值。因此在分配理论上需要研究的不只是价值创造与价值分配的关系问题,而是价值构成与价值分配的关系问题。如果仅研究价值创造与价值分配的关系,无从解释非劳动生产要素按贡献参与分配的问题。如果把价值分配与价值创造、价值来源割裂开来,仅用所有权解释分配问题,就使分配理论失去了价值理论的基础,也使价值理论在很大程度上失去了存在的意义和必要。所以上述正反两方观点均有不足之处,正确的思路是:应该把社会主义分配理论建立在发展了的劳动价值论基础上,应该在发展创新价值构成理论的基础上发展创新社会主义分配理论。

二、发展创新价值构成理论

马克思从劳动仅仅是生产商品的物质生产劳动、劳动过程仅仅包括生产资料和生产劳动这两个简单要素出发,认为商品的价值(W)由物化劳动转移的价值(C)和活劳动创造的新价值(V+M)两部分构成,从而 $W = C + V + M$。

然而,经过一百多年来科学技术和社会生产力的巨大发展,现代化生产力已经不只是由两个或三个简单要素构成,而是一个由多层次、多因素、多变量有机结合而成的复杂巨系统。其中既包括劳动者、劳动资料、劳动对象等实体性因素,也包括科学技术、科学管理等非实体性因素。因此,我们现在可以把 C、V、M 每一部分分解为更小的部分,并把原来的价值构成公式展开和完善如下:

$$W = C + V + M + S = C_1 + C_2 + C_3 + V_1 + V_2 + V_3 + M_1 + M_2 + M_3 + S_1 + S_2 + S_3$$

现将这个公式中12项的含义分别解释如下:

1. C_1 是劳动资料转移到产品中去的价值。其价值按有形磨损和无形磨损程度作为折旧进入成本,转入产品价值。如2005年我国固定资产折旧占总产值的比重为5.12%。

2. C_2 是劳动对象转移到产品中去的价值。

3. C_3 是商业服务产品和知识产品有偿使用转入的价值。

4. V_1 是劳动力价值中生活资料价值、教育培训费用和医疗保健费用的补偿费,也就是马克思公式中的 V。

5. V_2 是劳动力价值中家务劳动的补偿费。

6. V_3 是劳动力价值中求学劳动的补偿费。

劳动力价值与其他商品价值一样,应该包括物化劳动转入的价值和活劳动创造的新价值。马克思所说的生活资料价值和教育费用,仅仅是物化劳动转入的价值 V_1,劳动力价值还应包括另一个更重要的部分,即由家务劳动和求学劳动这些活劳动创造的新价值 V_2 和 V_3。在形成劳动力价值的劳动中,我们不能见物不见人,只见物化劳动不见家务劳动和求学劳动。显然,仅有生活资料和教育费用还不足以生产再生产现代社会所需要的复杂劳动力。同样的生活资料和教育费用并不一定能生产出同样的劳动力。这些劳动力的素质、能力和价值可能有很大差距。其原因就在于个人付出的求学劳动往往有很大差别。这种差别正是 V_3 的差别。在形成劳动力价值的各种劳动中,求学劳动是别人不可替代的,是最具有能动性、创造性、决定性的部分。因此,劳动者活劳动中必要劳动时间创造的价值 = 劳动者收入 = 劳动力价值 = V = $V_1 + V_2 + V_3$。这里的劳动者既包括直接生产人员,也包括科学技术人员和经营管理人员。如 2005 年我国总产值中劳动者收入约占 14.2%。①

7. M_1 是劳动者活劳动中剩余劳动时间创造的剩余价值,是劳动力创造的价值与劳动力价值的差额。

8. M_2 是无偿利用的知识产品的潜在价值转化而来的剩余价值,也可以叫知识剩余价值或技术溢出价值。现在全人类都享受着电灯、电话、电视、电脑、汽车、飞机等科技成果,但创造这些成果的科学家发明家谁也没有向我们领取一分钱报酬。前人付出的科技劳动,从而创造的知识产品及其潜在价值是巨大的,但这种价值并没有要后人支付等价物来补偿,没有计算在后人的使用成本中,而后人却实实在在地得到了这笔遗产及其潜在价值,并可以通过自己的具体劳动把它转化和实现在产品价值中。马克思曾经指出:"对脑力劳动的产物——科学——的估价,总是比它的价值低得多,因为再生产科学所必要的劳动时间,同最初生产科学所需要的劳

---

① 国家统计局:《中国统计年鉴》,中国统计出版社 2008 年版。

动时间是无法相比的,例如学生在一小时内就能学会二项式定理。"①而人类探索这一定理也许经过了几千年。同样,再生产机器所必要的劳动时间,同最初发明机器所耗费的劳动时间也是无法相比的。英国经济学家哈耶克在1960年指出:"那些经由先发达国家花费大量经费、时间、精力等而形成的无偿赐予性知识,则使那些后发达国家能够在用远比此少得多的代价的境况下达到与西方国家同等的水平。"②后来经济学家把这种"无偿赐予性知识"称为哈耶克"免费礼物"或技术溢出的"免费礼物"。利用技术溢出来实现现代化是唯一的路径,今天的发达国家无一不是如此。由于在最普通的情况下,科学也是按几何级数发展的,在当今时代更呈现出加速度发展趋势。因此科技产品的数量和各种产品中的科技含量必将越来越大,从而 M_2 在价值总量中的比重也越来越大。

9. M_3 是生产力系统中系统效应形成的剩余价值,也可以叫社会剩余价值或系统效应价值。现代化生产力是一个复杂巨系统,这一系统中存在着包括企业范围、社会范围、历史范围等不同范围、不同层次的联合劳动和分工协作。生产的社会化程度越高,分工协作的范围越大,这种系统效应就越强。这种生产力复杂巨系统形成的产品价值,就不是个人劳动的简单相加,除此之外还会形成系统效应的新价值 M_3。马克思指出:"单个劳动者的力量的机械总和,与许多人手同时共同完成同一不可分割的操作……所发挥的社会力量有本质的差别。……这里的问题不仅是通过协作提高了个人生产力,而且是创造了一种生产力,这种生产力本身必然是集体力。"③他又指出:"由协作和分工产生的生产力,不费资本分文。"④因而由此形成的提升了的新价值不进入企业成本,而形成剩余价值 M_3。

10. S 是社会成本、间接成本和隐性成本。S_1 是宏观管理和公共产品分摊的费用。国家的宏观管理和各种公共产品、公共服务是企业生产和经营、存在和发展不可缺少的外部条件。宏观管理劳动和各种公务劳动,不是企业内部的直接劳动,而是企业外部的社会范围的间接劳动,所以它不是企业成本而是社会成本,不是直接成本而是间接成本,不是显性成本而是隐性成本,它通过税收等形式由企业和产品分摊。

---

① 《马克思恩格斯全集》第26卷第1册,人民出版社1972年版第377页。
② 胡靖:《哈耶克"免费礼物"与中国经济增长》,载《上海经济研究》,2001年第4期。
③ 马克思:《资本论》第1卷,人民出版社1975年版第362页。
④ 马克思:《资本论》第1卷,人民出版社1975年版第423页。

11. S_2 是投资利用的成本,是投资利息,是投资有形无形贬值、投资风险、投资费用的补偿费。投资是生产经营活动所需的全部预付资本,它不同于 $C+V$,也不同于 C_1+C_2。折旧金只能补偿固定资产有形无形贬值,不足以补偿投资有形无形贬值。首先,投资额都表现为一定的货币量,代表着投资者提供的积累下来的一定劳动量和价值量,但同一价值量随着时间的推移会表现为不同的货币量,通常是由于通货膨胀而发生货币贬值,这是投资的有形贬值。其次,"撇开一切偶然的干扰不说,现有资本的一大部分,会不断在再生产过程的进行中或多或少地贬值,因为商品的价值不是由生产商品原来所耗费的劳动时间决定,而是由再生产商品所耗费的劳动时间决定,并且这种时间由于劳动的社会生产力的发展而不断减少。"① 这是投资的无形贬值。而劳动的社会生产力的发展,主要是劳动生产率的提高,离不开必要的投资额,离不开作为过去劳动积累的资本的一份贡献;同时,不同的投资额也可能形成不同的生产规模、生产条件和劳动生产率。因此,资本的无形贬值可以而且需要在资本对提高劳动生产率所作贡献的限度内得到补偿,否则,投资热情就会降低,投资来源就会枯竭。再次,由于自然的和社会的、经济的和政治的种种原因和变故,投资会有部分乃至全部丧失的风险,股市有风险,银行贷款有风险,其他法人、自然人的投资也有风险。如我国银行贷款呆账、坏账损失率一度高达 20% 左右。最后,投资者在投资过程中都或多或少要付出劳动和费用,如银行需要支付工资和费用,股民需要关注股市行情。把自己长期劳动积累的资金投放到某个项目上,对谁都不是一件小事,都是一种极其重要极其复杂的劳动。资本的成功运用和运作所要求的知识、洞察力和判断力,以及为此需要付出的劳动和努力,决不比其他劳动来得差。② 由于这一切原因,合理的利息是投资有形无形贬值、投资风险、投资费用必要的补偿,归根到底是对过去积累的劳动和正在进行的投资劳动的必要的补偿。因而它是劳动耗费的一部分,是产品成本的一部分,而不是剩余价值的一部分,不过这种成本一般是社会成本、间接成本和隐性成本。此外,资本供求率始终是市场利息率的决定因素之一。这样,理论利息率的决定就有了客观依据,可以用公式表示如下:理论利息率 =(通货膨胀率 + 劳动生产率增长率 × 资本贡献率 + 投资风险率 + 投资费用率)× 资本供求率。据统计,我国利息在工业增加

---

① 马克思:《资本论》第 1 卷,人民出版社 1975 年版第 448 页。
② 晏智杰:《劳动价值学说新探》,北京大学出版社 2001 年版第 7 页。

值中的比重1990年为8.3%,1996年为15.2%。①

12. S_3是自然资源开发利用和环境保护成本,包括为了开发利用土地、水源、森林、矿藏、生物等自然资源,保护生态环境,实现可持续发展,在产前、产中和产后付出的或追加的劳动所形成的价值。自然资源和环境本身并非劳动产品,并无价值。但是要开发利用自然资源,保护生态环境,就需要付出劳动,否则就会造成资源枯竭,环境污染,生态失衡等诸多问题、损失和灾难。据统计,我国1992年由于环境污染造成的经济损失在1000亿元以上,约占GNP的6.75%。美国、日本等发达国家环境污染引起的经济损失约占GNP的3%—5%。② 以土地资源来说,传统理论认为,土地是自然资源,地租是剩余价值的一部分。实际上,开垦了的土地不只是自然资源,也有人类劳动凝结在其中,也有价值,合理的地租不是剩余价值的一部分,而是土地开发利用和环境保护劳动所形成的价值,是一种社会成本、间接成本、隐性成本,是S_3的一部分。配第曾经提出:"这使我遇到政治经济学上最重要的一个问题,就是,怎样建立土地和劳动之间的等同关系和等式,以便用这两个因素之一来表示任何东西的价值。"马克思就此指出:"实际上,作为提出这一问题的基础的只是把土地本身的价值归结为劳动。"③事实上,现有我们作为生产要素的已开垦的土地,既是自然资源,又是社会历史的产物,既是人类劳动的条件,又是人类劳动的结果,人们取得这些土地和土地所有权,付出了以下多方面的劳动:

第一,土地开发劳动。人们开发利用土地要进行山水田林路等各方面的基础设施和配套设施建设。我国从1952年到1988年新修堤防17万公里,水库8万多座,还有长江大堤等一大批工程,付出了大量劳动。此外,土地资源是很有限的,人们要获得新土地,就要向更难开发的土地、沙漠和边远地区进军,就要付出更多的劳动和代价。

第二,土地耕作和改良劳动。土地耕作中,要进行各种劳动和投资。马克思指出:"这种投资和一般单纯的耕作一样……会改良土地,增加土地产量,并使土地由单纯的物质变为土地资本。一块已耕土地,和一块具有同样自然性质的未耕土地相比,有较大的价值。"④

---

① 吴邦国谈国有企业经济效益,载《报刊文摘》,1997年7月3日。
② 王学源等:《新编现代科学技术教程》,中央党校出版社1996年版第75页。
③ 《马克思恩格斯全集》第26卷第1册,人民出版社1972年版第387页。
④ 《马克思恩格斯选集》第2卷,人民出版社1995年版第540页。

第三,环境保护劳动。为了治理污染,保护环境,维持生态平衡,需要付出大量劳动。如我国环境污染限期治理项目投资额,2005 年达 2388 亿元,2006 年达 2566 亿元。①

第四,土地管理劳动。这是指围绕土地制度和土地权益而进行的公务劳动,包括国土资源管理和公共事务管理等等。从一个较高级的社会经济形态的角度来看,土地所有权是十分荒谬的,但在这个较高级的社会形态到来之前,土地制度和土地权益的确定和划分,又有经济上和历史上的存在理由。

从以上种种劳动来看,"土地太太"不仅仅是"无机的自然界","粗糙的混沌一团的天然物",它与"资本先生"一样,也是劳动的产物,也有价值。其价值量也由两种含义的社会必要劳动时间共同决定。土地价值 = 土地平均必要劳动时间 × 供求系数。从这两个因素来看,土地价值,从而土地价格都有上升趋势。而合理的地租和土地收益则是投入土地的劳动的报酬,是土地资本的利息。

严格说来,由于现代生产力是一个复杂巨系统,产品价值并不是各个价值构成部分的简单相加。各个价值构成部分与产品价值也不都是线性关系。有这里,不仅要用加法,而且要用乘法,不仅要用算术,而且要用代数,不仅要用常量数学,而且要用变量数学,不仅要用精确数学,而且要用模糊数学、突变理论、非标准分析等现代数学和现代系统科学。其实上述价值构成公式也不是简单相加,其中 M_3 本身就是系统效应形成的价值,只能从理论上把握,很难从事实上计算。

上述价值构成公式中包括了 12 项,在马克思的价值构成公式 $W = C + V + M$ 中,实际上包括了这个公式中的 $C_1 + C_2 + V_1 + M_1$ 这 4 项,而未包括其余 8 项。对这 8 项,当时在马克思看来,或者不形成价值,或者微不足道,或者是 M_1 的一部分,或者是既定的劳动生产力。马克思说:"劳动生产力是由多种情况决定的,其中包括:工人的平均熟练程度,科学的发展水平和它在工艺上应用的程度,生产过程的社会结合,生产资料的规模和效能,以及自然条件。"②在这里,工人的平均熟练程度主要取决于求学劳动和教育费用,因而实际上是 V_3 和 V_1、V_2 的一部分,科学的发展水平和它在工艺上应用的程度主要是以 M_2 和 C_3 的一部分,生产的社会结合主要是 M_3 和 S_1,生产资料的规模和效能主要是 S_2,自然条件主要是 S_3。对由这些

---

① 国家统计局:《中国统计年鉴》,中国统计出版社 2008 年版。
② 《马克思恩格斯选集》第 2 卷,人民出版社 1995 年版第 118 页。

因素形成的劳动生产率和劳动生产力，马克思把它看作是一个长期发展过程的产物，是资本关系的基础和起点，是几十万年历史的恩惠，①是不费分文，无偿服务的。因此，马克思认为劳动生产力只与使用价值量有关，而与价值量无关，以致未将这些因素列入价值构成之中。然而现代劳动生产力比100多年前已有百倍增长，决定劳动生产力的多种情况在生产中所起的作用越来越大，在价值构成中所占的比重也越来越大。现在看来，这里所说的多种情况中的每一种情况，都是人类劳动长期积累和广泛协作的结果，甚至自然条件，包括土地，也要靠人类劳动去开发利用，改造改善和保卫保护，都要付出人类劳动和社会成本，因此都要计入价值。由此可见，把价值构成公式由马克思的4项展开和发展为12项是社会生产力发展的必然结果。马克思的价值构成公式反映了当时的生产力发展水平，现在的展开式符合现代生产力的发展水平。应用新的价值构成公式，有助于深化对劳动价值论的研究和认识，有助于推进和实现一系列理论创新，有助于探讨和回答一系列理论难题。

三、发展创新社会主义分配理论

在全新的价值构成理论的基础上，我们可以建立起全新的社会主义分配理论。在分配理论上，由于"分配关系本质上和生产关系是同一的，是生产关系的反面"，②"分配关系和分配方式只是表现为生产要素的背面。……分配的结构完全决定于生产的结构。"③所以价值的分配应该完全决定于价值的构成。既然劳动产品的价值构成中，包括物化劳动转移的价值、活劳动创造的价值、其他生产要素转移和形成的价值，所以在社会主义价值分配中，除了按生产资料即物化劳动转移的价值进行补偿外，还要按活劳动创造的价值和按其他生产要素转移的价值进行分配。从而应该把按劳分配与按生产要素分配结合起来。这种分配并不是基于中国国情、出于利益驱动、为了调动一切积极因素只能这么做等等被动的、局部的、暂时的原因决定的，也不是由任何人的主观愿望和政策设计决定的，而完全是由客观的内在的经济上的必然性决定的，是由按劳分配与按生产要素分配内在的同一性、可通约性决定的。一方面，按劳分配的"劳"，无论是作为劳动力的"劳"，还是作为劳

---

① 《马克思恩格斯选集》第2卷，人民出版社1995年版第219页。
② 《马克思恩格斯选集》第2卷，人民出版社1995年版第561页。
③ 《马克思恩格斯选集》第2卷，人民出版社1995年版第13页。

动的"劳",无疑是生产过程和价值形成过程中不可缺少的生产要素,所以按劳分配本身就是按生产要素分配的重要内容之一。另一方面,各种生产要素尽管形态各异,作用不同,但在多样性和特殊性中仍然有同一性,这就是其中都凝结着一般人类劳动,从而都具有一定价值,这些价值在生产过程和价值形成过程中都会直接或间接地、有形或无形地、显性或隐性地、全部或部分地、有偿或无偿地转移到劳动产品价值中,形成劳动产品新价值的各个有机组成部分。因此,劳动产品的价值本身就是由各种生产要素创造和转移的价值构成的,生产要素的贡献本质上就是对价值形成的贡献,就是在生产要素形成、运营和使用过程中的劳动贡献;按生产要素分配,或者说生产要素按贡献分配,本质上就是按劳分配,是按劳分配的固有内容、必然要求和实现形式。经济学意义上所讲的贡献都是专属于人的,纯自然物质,包括地球、太阳、月亮、天体等等无所谓贡献问题,也不参与分配。一切参与分配的非劳动生产要素实际上都是凝结着一般人类劳动的,也都是有主人、有主权人、产权人、所有权人的,归根到底,参与分配的是人而不是物,不是生产要素本身。可见,所谓生产要素按贡献分配,归根到底是按人的劳动贡献分配。从这个意义上可以说,按生产要素分配本质上也是按劳分配,是广义的按劳分配;与此相对应,过去所讲的按劳分配是按活劳动分配,是狭义的按劳分配。所以,按劳分配与按生产要素分配,在形式上可以统一于生产要素按贡献分配,在本质上可以统一于广义的按劳分配。

新的价值构成公式可以更全面地反映各种生产要素耗费的成本和各类劳动形成的价值。应用新的价值构成公式,可以推进社会主义分配理论创新和一系列理论创新,并由此建立起新的成本理论、工资理论、利息理论、地租理论、利润理论、税收理论、积累理论、剩余价值理论、社会保障理论。

在成本理论上,C 为生产资料耗费和外购商业服务产品、知识产品耗费的成本,C + V 为企业成本、直接成本和显性成本,$C + V + M_1$ 为直接劳动耗费成本,$M_2 + M_3 + S$ 为社会成本、间接成本、隐性成本,$C + V + M + S$ 为完全劳动耗费的成本。这样就把劳动耗费、生产成本、产品价值三者统一起来,体现出一切结果都是有原因的,一切原因都包括在结果中。

在工资理论上,工资是劳动力价值和价格的转化形式,劳动力价值不仅包括物化劳动价值,即生活资料价值和教育费用 V_1,而且包括活劳动即家务劳动和求学劳动形成的价值 V_2 和 V_3,也就是 $V = V_1 + V_2 + V_3$。按照传统的工资理论,工资 =

劳动力价格（价值）= 劳动力需要的生活资料价值 + 教育费用，这样工资劳动者不可能有积累和私有财产，而这不符合国内外的现实。至 2008 年，我国居民已有几十万亿元金融资产，其中居民储蓄就达 21.79 万亿元。这是传统工资理论无法解释，而新工资理论很容易解释的，因为仅有 V_1 将被个人全部消费，有了 V_2、V_3 就为个人积累提供了可能。

在利息理论上，合理的利息并不是剩余价值的一部分，更不是瓜分剩余价值的剥削收入，而是社会成本的一部分（S_2）。利息率的决定，不只是有一个平均利润率的界限，也不只是由供求关系决定，也不是纯粹偶然、纯粹经验、没有规律地决定的，而是由客观规律决定的，是由投资贬值、投资费用、投资风险、供求关系等客观因素共同决定的，因而在理论上是可以计算的。按照新的利息理论，等量投资获得等量利息（对经营者自有资本表现为部分利润，对土地资本表现为部分地租），就是完全合乎规律的现象，这样就不需要通过各种转化和转型，而使价格与价值保持一致和接近。

在地租理论上，合理的地租并不是剩余价值的一部分，也不是瓜分剩余价值的剥削收入，而是社会成本的一部分，是 S_3 的一部分，是土地投资费用的补偿，是土地资本的利息。之所以存在绝对地租，是因为包括劣等地在内的一切土地都需要有一定投资费用，都隐含着一定土地资本。之所以存在级差地租，是因为不同土地所需要的投资费用不同。

在利润理论上，就纯利润来说，也不完全是剩余价值，其中包含着一部分企业自有资本利息和一部分剩余价值。这里的剩余价值也不完全是企业劳动者活劳动创造的，包含着 M_1、M_2、M_3 三个部分。

在税收理论上，国家税收并不完全是剩余价值的一部分，税收中用于经济、社会、行政管理和国防的费用，用于科技教育卫生事业和环境保护的费用，并不是 M 的一部分，而是 S 的一部分，是 S_1 的部分和 S_3 的一部分，这只是回收社会成本，实现公共产品再生产。另一部分是 M 的一部分，用于国家投资和社会福利等等。

在积累理论上，资本积累并不能等同于剩余价值资本化，因为形成积累的部分不仅包括用于积累和投资的部分剩余价值 M，还要包括用于积累和投资的部分劳动力价值 V_2、V_3，主要是 V_3。按照传统理论，只有资本家获得的剩余价值才能成为积累的源泉，而雇佣工人和工资劳动者工资只能全部用于消费，而没有任何剩余和积累，这既不符合美英等发达国家的现实，也不符合中国等发展中国家的现实。现在，无论是发达国家还是发展中国家，居民都有相当可观的个人投资和个人财产，这是传统积累理论无法解释的。

在剩余价值理论上，新的价值构成公式可以把 M 与 S 区别开来，又把 M_1 与 M_2、M_3 区别开来，这样就把不属于 M 的社会成本 S 从 M 中剔除出去，又把 M 的来源从直接活劳动形成的 M_1 一个扩展到 M_1、M_2、M_3 三个，从而就能准确地计算 M 和 M'(剩余价值率)、M_1 和 M_1'(活劳动剩余价值率)而不致把 M、M'、M_1、M_1'估计过高。同时，M 始终是商品价值和产品价值的构成部分，因而剩余价值范畴与价值范畴是共生共灭、始终并存的历史范畴，它适用于一切存在商品经济的社会，普遍适用于资本主义社会(因为商品经济、市场经济已经普遍化)，尤其适用于社会主义社会(因为 M 为社会所有，具有更大的社会重要性和历史进步性)。这样在广义劳动价值论基础上就能建立起广义剩余价值论。社会主义与资本主义的原则区别并不在于是计划经济还是市场经济，也不在于有无国有经济，也不在于有无资本、剩余价值这些范畴的存在，而在于剩余价值归谁所有，归资本家私人所有则为资本主义，归社会公众所有则为社会主义。剩余价值只有通过社会许多成员的共同活动，而且归根到底只有通过社会全体成员的共同活动，才能被创造出来，因此不是一种个人力量的产物，而是一种社会力量的产物，理应归社会公众所有，为社会公众造福，为社会进步服务。这正是社会主义比资本主义更合理、更进步、更优越的真谛所在，也是社会主义必将取代资本主义的坚实理论基础。科学社会主义就是以此为起点，以此为中心发展起来的。

在社会保障理论上，由于剩余价值中不仅包含劳动者活劳动中剩余劳动时间创造的剩余价值 M_1，而且包含无偿利用的知识产品的潜在价值转化而来的剩余价值，也可以叫知识剩余价值或技术溢出价值 M_2，还包含生产力系统中系统效应形成的剩余价值，也可以叫社会剩余价值或系统效应价值 M_3。M_2 是由前人科技劳动的无偿利用形成的，M_3 是社会大系统的系统效应形成的，这两部分剩余价值理应由全体社会成员共享，这就形成了社会保障基金的价值源泉，也就形成了社会保障制度的理论基础；而且随着科技发展和社会进步，这两部分剩余价值在全部价值构成中所占比重越来越大，从而社会保障基金就越来越多，社会保障制度也就应该越来越完善，社会保障水平也应该越来越高。这样，我们就可以将社会保障理论纳入分配理论加以研究，将社会保障制度纳入分配制度加以研究。从而，社会主义分配理论应该是按劳分配、按生产要素分配、按基本需要分配三结合的分配理论，社会主义分配制度应该是按劳分配、按生产要素分配、按基本需要分配三结合的分配制度。

上述分析表明,按劳分配为主体、多种分配方式并存的分配制度,是具有劳动价值论的充分依据和坚实基础的。上述多种不同的收入分配形式是与多个不同的价值构成部分相对应的。其中,工资(以及各种劳动报酬)是按劳分配的具体形式;利息、利润、地租是按生产要素分配的具体形式,本质上也是间接的按劳分配和广义的按劳分配;税金、社会保障基金和积累基金则分别是按社会公共需要、个人基本生活需要、社会和企业发展需要分配的具体形式。简言之,是各种特定含义的按需分配形式,或者说是狭义的按需分配形式。由此可见,我国的乃至整个现代社会的分配制度,都是按劳分配、按生产要素分配、按基本需要分配三结合的分配制度,本质上则是广义按劳分配与狭义按需分配相结合的分配制度。社会主义与资本主义的区别,不在于有无多种分配形式,包括有无工资、利润、利息、地租、税金、社会保障基金、积累基金等等形式,而在于是以人为本还是以物为本,是以劳动为本还是以资本为本,剩余价值是主要归社会、归人民大众所有,还是主要归资本家、归少数人所有。

第三章 社会主义科学体系论

社会主义是一种旨在否定资本主义、实现高于资本主义的社会形态的理论思潮、社会运动和社会制度。作为一种理论思潮,从1516年莫尔著《乌托邦》一书算起,至今已有500年历史。500年风雨征程,500年奋勇前行,承载着理想和使命,社会主义一路走来,波澜壮阔、跌宕起伏,既有高歌猛进,又有坎坷曲折。世界社会主义发展的历史,是人类为摆脱不平等不公正不合理的剥削制度、实现更美好社会制度的探索进程,是无产阶级求得自身解放和全人类解放的奋斗进程。在这一进程中,社会主义从空想到科学,从理论到现实,从一国到多国,从初步探索到不断深化的发展,始终代表着人类的前进方向,不断推动着社会的伟大变革。

1848年,马克思恩格斯《共产党宣言》的发表标志着马克思主义和科学社会主义的诞生,至今已经170多年。自从社会主义从空想发展为科学以来,经过170多年理论和实践的探索,社会主义已经从理论变为实践,社会主义运动已经在世界各国出现,社会主义制度已经在10多个国家诞生,尽管由于历史的曲折,在苏联东欧等国夭折,但在中国等国不仅站住了脚,而且得到重大发展,并取得巨大成就。现在人们对社会主义的认识,已经从抽象变为具体,从模糊变为清晰,从肤浅变为深刻。经过170多年的历史发展,人们对什么是社会主义、怎样建设社会主义的认识,对社会主义理论、社会主义运动、社会主义建设、社会主义制度的认识,对社会主义本质、社会主义核心价值、社会主义历史趋势的认识,比170多年前要具体得多、丰富得多、深刻得多了。经过长期努力,中国特色社会主义已经进入新时代,已经形成习近平新时代中国特色社会主义思想。现在建立一个社会主义科学体系,既有可能性,也有必要性。

从历史发展看,社会主义思想和理论已经有了500多年的历史,社会主义从空想到科学、从理论到实践,已经有了170多年的历史,社会主义从运动到制度、从理论到现实已经有了100多年的历史。人们在社会主义理论和实践的双重探索中,已经积累了丰富的正反两方面的历史经验,现在总结这些历史经验,使之上升为科学理论,建立一门社会主义历史学,既是可能的,也是必要的。同时,中国特色社会主义正在走向成熟,走向辉煌,为世界所瞩目。其他社会主义国家也正在探索各具特色的社会主义。资本主义国家,无论是发达国家,还是发展中国家,都出现了不同特色的社会主义因素,都在或迟或早、自觉不自觉地走向社会资本主义,并最终走向社会主义。因此,全面认识现代社会主义,建立一门社会主义现状学,既是可能的,也是必要的。人类的前途是光明的,道路是曲折的。根据历史唯物主义,根据百年历史巨变,社会主义取代资本主义的历史发展趋势已经清晰可见,由此预测社会主义的未来发展,建立一门社会主义未来学,既是可能的,也是必要的。

从社会主义国家,首先是社会主义中国来看,社会主义经济建设、政治建设、文化建设、社会建设、生态文明建设、法制建设、政党建设、军队建设等各个方面都取得了重大成就和丰富经验,总结这些经验,上升为科学理论,建立社会主义经济学、社会主义政治学、社会主义法学、社会主义文化学、社会主义教育学、社会主义社会学、社会主义新闻学、社会主义文艺学、社会主义政党学、社会主义军事学,等等,都是可能和必要的。同时,对于世界各国在经济、政治、文化、社会、生态文明建设各方面的先进经验和各具特色的社会主义因素,我们也要博采众长,学习借鉴。这对丰富和发展社会主义科学体系,帮助人们树立社会主义的理想信念会大有裨益。总之,我们应该以开放的宽广的胸怀看到,社会主义正在不以人们意志为转移地在全世界发展着、前进着。当今世界,社会主义因素不是越来越少,而是越来越多,距离社会主义在全世界的实现不是越来越远,而是越来越近。当今世界不仅中国在建设中国特色社会主义,世界上许多国家在许多方面都出现了社会主义因素,这些社会主义因素正在给人民带来越来越美好的生活,显示出社会主义优越性。我们应该紧跟新时代,认识新情况,面对新事物,研究新问题,形成新理论,应该在建立和发展中国特色社会主义理论的同时,实现从科学社会主义到社会主义科学的发展,并使之成为一个内容丰富的科学体系。

为此,必须全面研究科学社会主义和社会主义科学,首先要建立和研究它的一门基础性综合性科学——社会主义学,然后要研究社会主义历史学、社会主义现状学、社会主义未来学等一系列科学,还要研究社会主义道路的百年探索历史,研究社会主义发展的客观规律。

本章的创新点主要有:

一、概述社会主义理论的科学体系,建立和研究社会主义学及其需要研究的内容;初步探索社会主义历史学、社会主义现状学、社会主义未来学的研究方向。

二、概述社会主义道路的百年探索,十月革命道路和井冈山道路是正确的,改革开放道路即中国特色社会主义道路是正确的。

三、探讨社会主义发展的一般规律,包括对立统一规律、量变质变规律、否定之否定规律。

第一节 社会主义思想的科学体系

马克思恩格斯通过唯物史观和剩余价值学说两大发现,实现了社会主义从空想到科学的发展,创立了科学社会主义。科学社会主义是发展着的理论。作为马克思主义和科学社会主义的继承者发展者,我们的任务之一是实现从科学社会主义到社会主义科学的发展,在科学社会主义基础上建立一个包罗广泛的社会主义科学体系。恩格斯说过:"社会主义自从成为科学以来,就要求人们把它当作科学看待,就是说,要求人们去研究它。"①高放教授正是把社会主义作为一门科学来研究的资深专家。他认为,应该把科学社会主义进一步发展为包罗广泛的社会主义科学。他指出:"在百科新兴科学中,首要的一门科学是科学社会主义,因为它是从总体上指导我国实现社会主义现代化的科学,又是指引全世界改变资本主义并走向社会主义、实现全人类解放和世界大同的科学。""'社会主义科学'和'科学社会主义'二者既有密切联系,又有很大区别。科学社会主义只是一门科学,而社会主义科学却是一门首要的大科学,它除了包括科学社会主义这门基本理论科学外,还包括社会主义历史学、社会主义现状学、社会主义未来学等等。'社会主义科学'一词,恩格斯早在1891年5月1-2日致倍倍尔的信中就已使用。当时主要还是指科学社会主义。不过,后来社会主义科学逐步发展为包罗广泛的大科学。社会主义历史学又可细分为社会主义思想史、社会主义运动史、社会主义制度史等等,既有综合性的(如世界的、地区的),又有国别性的。"近几年还兴起"比较社会主义"、"社会主义改革学"、"社会主义干部学"、"统一战线学"等学科的独立研究。社会主义经济学、社会主义政治学、社会主义法学、社会主义文化学、社会主义教育

---

① 《马克思恩格斯选集》第2卷,人民出版社1995年版第636页。

学、社会主义社会学、社会主义新闻学、社会主义文艺学等等,也可以列入社会主义科学这门大科学之内。看来,社会主义科学这门首要大科学,随着社会主义事业的发展会日益繁荣昌盛。①

由此可见,科学社会主义与整个马克思主义一样,是发展着的理论,经过100多年来的发展,正在从科学社会主义发展为社会主义科学。社会主义科学是一门首要的大科学,是一门包罗广泛的大科学,是在科学社会主义基础上发展起来的一个科学体系。发展创新马克思主义的重要任务之一是把科学社会主义进一步发展为社会主义科学。为此,必须全面研究科学社会主义和社会主义科学,首先要建立和研究它的一门基础性综合性科学——社会主义学,然后要研究社会主义历史学、社会主义现状学、社会主义未来学等一系列科学。此外,科学社会主义主要是强调马克思恩格斯的社会主义具有科学性,是建立在历史唯物主义和剩余价值学说科学基础上的;是相对于不够科学的社会主义思想而言的,是相对于封建社会主义、小资产阶级社会主义、资产阶级社会主义、空想社会主义和形形色色的社会主义而言。社会主义科学则是在科学社会主义理论基础上发展起来的一个科学体系;是相对于经济学、社会学、政治学、法学、文学、历史学等等社会科学学科而言的。因此,社会主义科学与科学社会主义是密切联系而又互相区别的两个概念。

一、建立和研究社会主义学

(一)社会主义学是一门综合性的基础学科,应该研究社会主义的基本问题

高放教授指出:"在社会主义这门大科学中,还应该建立一门基础学科——社会主义学。""这是研究如何建立和实现人类理想社会的一门综合性科学。""社会主义学就是要综合研究各派社会主义的过去、现在和未来,理论、政策和实践,明辨是非,总结经验,指出主流,扶正祛邪,促进世界社会主义的发展与实现。"②笔者以为,社会主义学作为实现人类理想社会的一门综合性科学,主要是研究社会主义的一些基本问题,例如,什么是社会主义,怎样建设社会主义?什么是社会主义本质?社会主义有哪些发展阶段,怎样划分社会主义发展阶段? 等等。社会主义学是丰

---

① 高放:《马克思主义与社会主义新论》,黑龙江人民出版社2012年版第96、102、106页。
② 高放:《马克思主义与社会主义新论》,黑龙江人民出版社2012年版第106、107页。

富、发展了的科学社会主义,是科学社会主义的系统化、学理化、学科化。

在什么是社会主义这个基本问题上,我国学术界许多专家学者在科学社会主义和中国特色社会主义理论指导下,经过独立思考,提出了不少富有创造性的理论观点。这里仅仅列举高放教授和刘福垣研究员的理论观点如下:

高放教授指出:社会主义是以社会化劳动为基础、由劳动人民掌权的社会形态;资本主义是以私人资本为基础、由资本家阶级统治的社会形态。社会主义顾名思义要以社会为主义,为社会而主义,由社会出主义,靠社会显主义。共产主义就是要造福公共大众。如果从公共主义来理解共产主义,这样就确切、贴切、亲切得多了,这样就能大为增强我们的共产主义信念、信仰和信心。① 按照这个定义,研究什么是社会主义,首先要研究什么是社会。社会是人们在一定历史条件下共同生活的集合体。个人是社会的细胞,社会是个人的集合体,也就是全体社会成员的总体。既然如此,以社会为主义,就是以全体社会成员为主体的一种主张。为社会而主义,就是为了全体社会成员的利益服务。由社会出主义,就是由社会全体成员当家做主。靠社会显主义,就是靠全体社会成员的利益共享来显示社会主义的优越性。归根到底,社会主义是一种解放全人类、造福全人类的社会理想和思想体系,目标就是要以人民大众为本,要尊重人、相信人、依靠人、组织人、提高人、关爱人、服务人、造福人、解放人、发展人。至于社会主义应该以社会化劳动为基础,目前在我国就业人口中,农业劳动者还占 1/3 左右,农业劳动还不是社会化劳动,社会主义基础还不够牢固。至于由劳动人民掌权,在总体上我国是劳动人民掌权,但是"权为民所赋、权为民所用"的社会主义民主制度还不够健全;在某些地区、部门、单位掌权的还可能是剥削分子、腐败分子,有的人是官员大家族、小家族成员,有的人是不是"劳动人民"也难以界定,有的原来是劳动人民,但掌权之后就蜕化变质,由"社会公仆"蜕变为"社会主人",归根到底还要看掌权者的实践及其结果。事实上,社会现象极其复杂,在许多国家和地区,都会同时存在社会主义因素、资本主义因素,有的还遗留有封建主义因素。显然,目前我国还只是不够格的初级阶段的社会主义,而且在相当长的一段历史时期内,社会主义社会都不可能纯而又纯。

对什么是社会主义的问题,有些学者已经做了多方面探索。国家发改委宏观研究院前副院长刘福垣研究员认为:"社会主义就是社会保障主义,他提出,分配是

---

① 高放:《马克思主义人的解放科学第一次应运诞生》,载《中国延安干部学院学报》,2013 年第 3 期。

所有制的实现,最大的剩余价值落到谁手中就是谁的所有制。公有、私有,关键看剩余价值归谁所有。生产资料名义是公有,而剩余价值实际为少数人占有,这就不是公有制,而是私有制。反之,生产资料名义是私有,而剩余价值实际为社会占有,这就不是私有制,而是公有制。社会主义是社会范畴,不是企业和市场范畴,社会主义不要到企业里去找。社会主义就是将剩余价值的大部分收归社会,然后向全体居民提供社会保障,通过社会保障使剩余价值为社会所占有。所以说,社会主义就是社会保障主义,社会保障到多少度,社会主义就到多少度,和谐社会就到多少度。坚持社会主义就是坚持社会保障主义。发达国家的私有制已在逐步空壳化,大部分剩余价值已经归社会所有"。①

这种认为社会主义就是社会保障主义,就是剩余价值归社会所有的观点,是简洁明了、富有新意的。马克思恩格斯的科学社会主义是建立在唯物史观和剩余价值学说基础上的,现代社会主义科学也同样必须建立在现代唯物史观和现代剩余价值学说基础之上。刘福垣研究员的社会主义也是建立在这一基础上的,因此应该说是言之有理的。但是,要使这一观点有扎实的理论基础,还需要研究现代社会剩余价值是从何而来的,为什么应该归社会所有这个根本问题,从而需要对马克思的剩余价值学说进行深入研究,有所发展创新。马克思所讲的剩余价值是雇佣工人创造的被资本家无偿占有的那一部分价值,马克思所讲的价值是商品的价值,是物质生产劳动创造的价值。现代社会随着科学技术的发展,产业结构、就业结构、劳动结构、产品结构、社会结构都发生了巨大变化,所以马克思的劳动价值学说和剩余价值学说都需要与时俱进,需要有重大突破和发展创新。正因为如此,笔者从1964年起草《生命的代数学——从剩余价值学说看人的一生》以来,对劳动价值学说和剩余价值学说已经做了50多年的思考和探讨,并已发表了一系列相关论文。也正因为如此,本书有一章是广义劳动价值论和广义剩余价值论。按照这种新价值论,一切社会必要劳动都是创造价值的劳动,剩余价值是商品经济社会的共有范畴,一切剩余价值都是社会的产物,包括当代劳动和历代劳动的产物,包括科技劳动、管理劳动和社会系统效应的产物,因此应该归社会所有,应该实行社会主义、包括社会保障主义。科技剩余价值和社会剩余价值是社会保障基金的价值源泉,是

---

① 杨长鑫:《和谐社会主义——中国特色社会主义创新模式研究》,红旗出版社2012年版第107-108页。

社会保障主义、社会幸福主义、社会主义的理论基础。任何脱离唯物史观和剩余价值学说的社会主义,都算不上科学社会主义。

根据从马克思到习近平的一系列基本理论,根据专家学者的一系列研究成果,根据广大人民的共同心愿,我们认为,不管社会主义的发展道路怎样千差万别、多姿多彩,社会主义应该是一种尊重人、满足人、造福人的主义,社会主义社会应该是一种尊重人、满足人、造福人的社会。这种尊重、满足、幸福当然是有条件的,是在一定历史条件下有限度的尊重、满足、幸福。但不管条件如何,应该在既定条件下最大限度地尊重人、满足人、造福人,而不是相反。因而,社会主义就是社会幸福主义,包括社会保障主义。社会主义学就是人的解放学、人的幸福学、人的保障学。全世界每个正常的人,谁不想得到自由解放,谁不想过上幸福生活,谁不想得到生活保障? 毫无疑问,社会主义既是中国人的共同理想,也是全人类的共同理想。社会主义是社会发展、社会生产力发展、科学技术发展的必然结果。至于什么是科学社会主义,什么不是科学社会主义,不能凭一个人、一个政党、一个国家自称是什么,而要看这种社会主义是不是符合社会主义本质、是不是符合人民群众利益;符合的就是科学社会主义或者至少带有科学社会主义成分,不符合的就根本不是什么科学社会主义。

社会主义必须符合人民利益,造福广大人民;从另一方面说,也就是要解决人民困难和疾苦,解决社会分配不公、部分领导干部腐败问题,解决教育、就业、社会保障、医疗、住房、生态环境、食品药品安全、安全生产、社会治安、执法司法等关系群众切身利益的问题。为此,必须十分重视、认真研究、切实解决各种社会现实问题,从理论上来说,就是要研究社会主义现状学和社会主义现实问题论,包括社会主义公平分配论、社会主义民主政治论、社会主义文化建设论、社会主义教育改革论、社会主义生态文明论等等理论问题。每个时代的人都要根据当时的时代特征和社会现实,与时俱进地研究社会主义的各种问题,研究社会主义学,研究社会主义的历史学、现状学和未来学。

(二)社会主义学有丰富的研究内容

社会主义学除了要研究什么是社会主义、怎样建设社会主义这个基本问题外,还有丰富的研究内容,其中包括:

1. 社会主义的本质特征和指标体系。社会主义的本质,是解放生产力,发展生产力,消灭剥削,消除两极分化,最终达到共同富裕。围绕这五句话,每句话都可以建立一系列指标,从而形成一套表征社会主义的指标体系。

2. 社会主义的实现渠道和实现形式。在马克思恩格斯时代,列宁斯大林时代,毛泽东时代,主要是走暴力革命的道路,虽然理论上也承认和平走向社会主义的道路,但实际上世界上并无这样的先例。当代世界,在发达资本主义国家人们看不到暴力革命的迹象,看到的是生产力水平、科学技术水平、人民生活水平、社会保障水平在总体上不断提高,社会主义因素在不断增长,和平走向社会主义是一种可以期待的历史发展趋势。

3. 社会主义的制度特征和制度体系。传统上认为,在政治制度上只能是无产阶级的革命专政和单一的国家制度,现在则出现了"一国两制"。在经济制度上只能是消灭私有制、建立公有制,在分配制度上只能是按劳分配,现在则实行了公有制为主体、多种经济形式共同发展的基本经济制度,实行了按劳分配为主体、多种分配方式并存的分配制度。在社会保障制度上,现在许多国家都建立了较为健全的、不同覆盖面、不同保障水平的社会保障制度。由此可见,社会主义学应该研究:什么是社会主义公有制、怎样实行社会主义公有制?什么是按劳分配、怎样实行按劳分配?怎样建立健全按劳分配、按生产要素分配、按基本需要分配(社会保障制度)三结合的社会主义分配制度?怎样建立健全民主选举、民主决策、民主管理、民主监督的一整套社会主义民主制度?怎样建立健全社会主义的教育制度、就业制度、社会保障制度、医疗卫生制度、住房制度、环境保护制度、各种安全制度、执法司法制度?等等。

4. 社会主义的历史地位和历史趋势。社会主义作为一种超越资本主义的先进思想、社会运动和社会制度,它所追求的解放生产力,发展生产力,消灭剥削,消除两极分化,最终达到共同富裕的社会理想,它所向往的社会全面协调可持续发展,每个人自由而全面的发展,人类彻底解放、共同富裕、普遍幸福,是全人类的共同心愿、共同理想、共同追求,这种美好的合理的心愿、理想、追求,随着社会生产力和科学技术的不断发展,必将在全世界实现;而且近100多年的历史发展进程也从实践上证明了世界是朝着这个方向前进的。社会主义社会作为人类社会历史上的一个重要历史阶段,是继承了资本主义社会优秀成果、同时又克服了资本主义社会各种弊端的社会,是比资本主义更高级的社会历史阶段,是资本主义发展的必然历史趋势。所谓"更高级",就是在生产力发展水平、科学技术发展水平、社会成员文化水平和文明程度、社会政治制度民主程度和完善程度、社会公正程度和法治水平、收入分配公平程度、社会保障水平等各方面都高于资本主义国家。不仅中国正在向着这个方向发展,世界各国也都必然自觉不自觉地要向这个方向发展。因此,社会主义取代资本主义的前景是历史必然的,是毋庸置疑的。同时,社会经济形态的发展是一种自然历史过程,无论资本主义的发展,还是社会主义的发展都是一种自然历史过程。一个社会即使探索到了本身运动的自然规律,它还是既不能跳过也不能用法令取消自然的发展阶段。但是它能缩短和减轻分娩的痛苦。① 我们创立和研究社会主义学正是为了让大家在建设中国特色社会主义的过程中减少盲目性,提高自觉性,减少失误和痛苦,更加顺利和成功,更快从必然王国走向自由王国,更快从一个既确立了社会主义方向、带有社会主义因素、又带有资本主义、封建主义因素的不合格的初级阶段的社会主义社会走向中级阶段、高级阶段的社会主义社会。

5. 社会主义的发展过程和发展阶段。我们既要看到实现社会主义的历史必然性,又要看到实现社会主义的长期性、艰巨性、复杂性、曲折性、阶段性。不要急于求成、盲目冒进,而要遵循规律、循序渐进。就解放和发展生产力来说,必须靠科学技术的发展,靠人们科学文化素质的提高;而科学技术的发展,人口素质的提高,教育事业的发展,都需要一个长期的渐进的过程。再从共同富裕来说,要实现十几亿人口的共同富裕,要经过一个从脱贫、温饱、小康到一部分人的富裕,直到十几亿人的共同富裕不能不是一个长期的过程。在这个过程中,发展中国家要走向社会主义,首先要达到中等发达国家水平,继而要达到发达国家水平,最后要超过世界上一切发达国家达到最发达国家的水平。这样,社会主义首先要经过社会主义初级阶段,继而要经过社会主义中级阶段,最后要经过社会主义高级阶段。我们可以提高在各个阶段前进的速度,但不能超越历史阶段,不能凭主观愿望"跑步进入共产主义"。事实上,社会主义社会是一个独立的社会形态,是一个长期的历史发展过程。人类社会极其复杂,当今世界,许多国家都既有资本主义因素,又有社会主义因素,甚至还有封建主义因素,任何社会的发展都不是纯而又纯的,都是多种因素兼而有之的,而且都处在此消彼长的动态发展变化之中,都是一个服从社会发展规律的自然历史过程。客观地认识社会主义的发展过程和发展阶段,是正确进行社

---

① 马克思:《资本论》第1卷,人民出版社1975年版第一版序言第11-12页。

会主义建设的前提。

社会主义学需要研究的内容还有许多,由于目前尚处于初创阶段,这里只是开一个头。万事开头难,每门科学都是如此。既然高放教授已经提出了建立这门科学,经过我国马克思主义理论界的共同努力,相信这门科学的建立是指日可待的。人们在创立和研究社会主义学的过程中无疑会不断丰富和发展其研究内容。

二、深入研究社会主义历史学

(一)深入研究世界社会主义五百年的历史进程

世界社会主义历史是一部鸿篇巨制,500年来,无数志士仁人写下了精彩篇章。为了反映世界社会主义500年的光辉历程,我国著名马克思主义和科学社会主义理论家高放教授1982年出版了专著《社会主义的过去、现在和未来》。从2013年起,他的新著《国际共产主义运动史纲(从19世纪中叶到21世纪初)》开始在《中国延安干部学院学报》连载。于幼军博士2011年出版了由高放教授定名的《社会主义五百年》,篇幅长达3卷140万字。2014年中共中央宣传部理论处组织马克思主义理论研究和建设工程专家编写了《世界社会主义五百年》;同年另一编写组也出版了同名著作。其他一些专家学者也出版了相关著作,或者在理论刊物发表了许多研究成果。这一切为今后进一步研究社会主义历史学、包括社会主义思想史、运动史、制度史积累了丰富资料。

社会主义思想史,又称社会主义学说史,是研究社会主义思想演进变化的历史进程和历史规律的学说。习近平认为,社会主义思想从提出到现在的历史过程,经历了六个时间段:"空想社会主义产生和发展,马克思、恩格斯创立科学社会主义理论体系,列宁领导十月革命胜利并实践社会主义,苏联模式的逐步形成,新中国成立后我们党对社会主义探索和实践,我们党作出进行改革开放的决策、开创和发展中国特色社会主义。"[①]在社会主义思想史上,人们对社会主义的认识经过了一次又一次的发展和深化。

社会主义运动史,主要内容是国际共产主义运动史,是研究以科学社会主义为

---

① 习近平在新进中央委员会的委员、候补委员学习贯彻党的十八大精神研讨班开班式上发表重要讲话,载《人民日报》,2013年1月6日。

指导的共产主义政党领导无产阶级和人民群众为在全世界实现社会主义、共产主义而斗争的历史进程和历史规律的科学。根据高放教授的研究，大体可分为四个时期：第一个时期，从1847年创建第一个共产党至1871年巴黎公社革命建立无产阶级政权的第一次尝试；第二个时期，从1871年到1917年第一个社会主义国家的诞生；第三个时期，从1917年到1945年世界人民反法西斯战争胜利；第四个时期，是1945年以来社会主义从一国到多国的发展。其间，从1917年到1991年经历了世界上第一个社会主义国家从诞生到灭亡的历史。

社会主义制度史，是研究各国社会主义制度产生和发展的历史进程和规律的科学。从1917年世界上第一个社会主义国家诞生至今一百多年中，经过了苏联、中国等多个国家的探索，在苏联以失败告终，在中国则初步形成了一套经济、政治、文化、教育和社会制度，但在许多方面还远未成熟，有待于进一步探索和完善。

（二）深入研究新中国七十多年的历史进程

新中国已经走过的70年，是中国共产党领导全国各族人民探索和建设中国特色社会主义的70年，是社会主义建设取得巨大成就的70年。但是建设中国特色社会主义的伟大事业是前无古人的事业，无前人经验可循，全靠中国人自己探索，所以毫不奇怪，探索的过程十分艰辛，前进的道路十分曲折。以史为鉴，可以知兴替。邓小平在1988年说过："我们建国三十九年，头八年好，后十年也好，当中那些年受到'左'的干扰，情况不大好。"①现在又过去了31年，已经建国70年，我们同样可以说，70年来，头8年（1949—1957）好，后41年（1978—2019）也好，中间21年（1957—1978）情况不大好。新中国70年来的历史进程表明，过去70年中经历了"好"、"不大好"、"也好"三个发展阶段。过去的70年可以说是前进、停滞、再前进的70年，是成功、受挫、更成功的70年。在这70年社会主义探索的历史进程中，中国共产党和中国人民积累了社会主义革命、建设和改革的极其丰富的正反两方面的历史经验，值得我们深入研究和总结。

三、系统研究社会主义现状学

社会主义现状学，是研究当代世界上各种自称社会主义的思潮、派别、运动和

---

① 《邓小平文选》第3卷，人民出版社1993年版第260页。

国家的现状及其发展变化的科学,需要分为当代社会主义国家、当代发达资本主义国家、亚非拉发展中国家来研究。由于中国是当今世界最主要的社会主义国家,应该重点研究中国特色社会主义社会的现状,同时要关注和研究世界各国出现的社会主义因素和流派。

(一)中国特色社会主义进入新时代

从中国现状来说,经过建国70年、特别是改革开放40多年的社会主义建设,各方面取得了举世瞩目的巨大成就。党的十九大报告指出:

> 改革开放之初,我们党发出了走自己的路、建设中国特色社会主义的伟大号召。从那时以来,我们党团结带领全国各族人民不懈奋斗,推动我国经济实力、科技实力、国防实力、综合国力进入世界前列,推动我国国际地位实现前所未有的提升,党的面貌、国家的面貌、人民的面貌、军队的面貌、中华民族的面貌发生了前所未有的变化,中华民族正以崭新姿态屹立于世界的东方。经过长期努力,中国特色社会主义进入了新时代,这是我国发展新的历史方位。中国特色社会主义进入新时代,意味着近代以来久经磨难的中华民族迎来了从站起来、富起来到强起来的伟大飞跃,迎来了实现中华民族伟大复兴的光明前景;意味着科学社会主义在二十一世纪的中国焕发出强大生机活力,在世界上高高举起了中国特色社会主义伟大旗帜;意味着中国特色社会主义道路、理论、制度、文化不断发展,拓展了发展中国家走向现代化的途径,给世界上那些既希望加快发展又希望保持自身独立性的国家和民族提供了全新选择,为解决人类问题贡献了中国智慧和中国方案。这个新时代,是承前启后、继往开来、在新的历史条件下继续夺取中国特色社会主义伟大胜利的时代,是决胜全面建成小康社会、进而全面建设社会主义现代化强国的时代,是全国各族人民团结奋斗、不断创造美好生活、逐步实现全体人民共同富裕的时代,是全体中华儿女勠力同心、奋力实现中华民族伟大复兴中国梦的时代,是我国日益走近世界舞台中央、不断为人类作出更大贡献的时代。中国特色社会主义进入新时代,我国社会主要矛盾已经转化为人民日益增长的美好生活需要和不平衡不充分的发展之间的矛盾。我国稳定解决了十几亿人的温饱问题,总体上实现小康,不久将全面建成小康社会,人民美好生活需要日益广泛,不仅对物质

文化生活提出了更高要求,而且在民主、法治、公平、正义、安全、环境等方面的要求日益增长。同时,我国社会生产力水平总体上显著提高,社会生产能力在很多方面进入世界前列,更加突出的问题是发展不平衡不充分,这已经成为满足人民日益增长的美好生活需要的主要制约因素。必须认识到,我国社会主要矛盾的变化是关系全局的历史性变化,对党和国家工作提出了许多新要求。我们要在继续推动发展的基础上,着力解决好发展不平衡不充分问题,大力提升发展质量和效益,更好满足人民在经济、政治、文化、社会、生态等方面日益增长的需要,更好推动人的全面发展、社会全面进步。①

(二)当代资本主义国家的发展趋势和社会主义因素的增长

再看当代发达资本主义国家和亚非拉发展中国家,由于社会主义是不以人们意志为转移的世界历史趋势,社会主义因素也正在持续增长。当今世界,除了中国特色社会主义之外,在发达资本主义国家和亚非拉发展中国家还出现了许多社会主义因素。

社会主义是资本主义发展的必然趋势和更高阶段。了解当代资本主义国家的社会主义因素,首先必须了解资本主义发展的几个历史阶段。高放教授认为,整个资本主义的发展大体分为四个阶段:第一阶段,16至18世纪,资本主义在封建社会内部孕育着还没有摆脱掉封建阶级的统治,可把它称作封建资本主义。第二阶段是自由资本主义,实际上是资本主义初级阶段。第三阶段是垄断资本主义,是资本主义中级阶段。第四阶段是当今的社会资本主义,是资本主义发展的最后、最高阶段。资本主义的这四个阶段是以蒸汽化、电气化、信息化这三次科技革命为界碑来划分的。这体现了生产力革命推进生产关系变革的原理,证明了马克思主义唯物史观的无比正确。② 高放教授还概括了社会资本主义有六个基本特征:第一,生产力水平发展到电子化、网络化、数字化的新高度,范围扩展到国际化、洲际化、世界化、全球化的新广度,层次深入到海洋底层和太空云层。第二,生产关系社会化程度也由私人资本发展为社会资本,大众股份公司、各种基金会和跨国公司获得大发

---

① 《党的十九大报告辅导读本》,人民出版社2017年版第10-11页。
② 高放:《马克思主义与社会主义新论》,黑龙江人民出版社2012年版第223-224页。

展。第三,资本主义社会结构发生大变化,产业结构、阶级结构、文化结构出现新面貌,城乡差别、工农差别、脑体差别大为缩小。第四,国家政府的社会职能大为增强,任何政党执政后都要想方设法加强经济与文化的发展,改善人民生活,推进社会进步,维护社会稳定,改善社会治理,缓解社会矛盾。第五,全球各国之间的竞争与协作大为增强。第六,更为重要的是当代资本主义国家在历史发展大势所趋地推动下多种社会主义因素在逐步增多。社会保障体制更趋完善,职工控股企业和合作经济日益发展,社会资本比之私人资本在社会发展中起的作用越来越大,广大民众在参政议政、政治决策与企业社会管理中起的作用越来越大,社会主义政党、团体、论坛、媒体越来越多,社会主义思潮在广大民众中的影响越来越大。简而言之,社会资本主义就是社会化程度更高,国家政府社会职能更强,社会主义因素逐步增多的资本主义。高、强、多是社会资本主义的三大特点。[①]

　　从上述各方面情况来看,马克思主义诞生以来的170年中,世界上确实发生了翻天覆地的历史巨变。总体说来,科学技术和社会生产力在突飞猛进,人民收入水平和社会福利水平有了大幅度提高。当今世界的工人阶级状况与恩格斯当年所写的《英国工人阶级状况》已经不可同日而语。假定马克思恩格斯再世,决不会简单重复他们原来写的《英国工人阶级状况》和《资本论》,必然会写出新的《英国工人阶级状况》和《资本论》。当代人类社会距离世界大同的理想,距离社会主义、共产主义的理想不是越来越远,而是越来越近了。当今世界,不仅中国在建设中国特色社会主义,许多国家都出现了越来越多的社会主义因素,都在自觉不自觉地实行社会主义的收入分配制度和社会福利制度,都在自觉不自觉地建设不同特色的社会主义。高放教授在1982年出版的《社会主义的过去、现在和未来》一书中指出:"社会主义在一百四十多年前还只是西欧报刊上出现的一个新词,可是如今已经成为激荡五洲的世界潮流。目前环球一百五十多个国家中,已有近六十个国家的执政党宣称自己的目标是建立社会主义社会制度;至于在野的社会主义政党和社会主义学术团体更有成千上万,遍布各国。""第二次世界大战后,亚非拉有七十九个国家先后取得民族独立,建立了民族独立国家。……竟有三十多个民族独立国家标榜自己是走社会主义道路。……判断一个国家的性质也不能光看它国家的名称。有的国家,叫社会主义的不一定是社会主义国家;国家名称上没有社会主义字

[①] 高放:《马克思主义与社会主义新论》,黑龙江人民出版社2012年版第247-248页。

眼的,倒真的是社会主义国家。世界上的事情就是这样复杂。"①现在世界上许多国家并没有自称是社会主义国家,但那里的许多实际做法可能是符合社会主义本质要求和精神实质的。

高放教授指出:"社会主义从登上世界舞台起一直就有众多派别,这是因为人们对资本主义和社会主义的认识是各式各样的。为了便于掌握和记忆,我把当代世界的各种社会主义政党和派别,按其实力大小分为大三家、中三家、小三家,一共是九家。大三家是共产党的科学社会主义、社会党的民主社会主义和民族主义政党的民族社会主义。中三家是绿党的生态社会主义、第四国际托洛斯基派的社会主义和极'左'派共产党的社会主义。小三家是无政府主义、西方学者的社会主义和空想社会主义。"②"总的看来,当代世界社会主义呈现出各自推进、兼程并进(发展中国家、前苏联东欧地区国家和发达国家这三类国家和共产党执政的五个社会主义国家都在探索社会主义)、和平渐进、携手共进的态势。我们应该以宽广的眼光来观察当代社会主义,还要善于团结、联合、借鉴、帮助其中大多数派别,不能唯我独社(社会主义),非我即资(资本主义)。科学社会主义要与时俱进,向前发展,不能教条式理解,墨守成规,一成不变;科学社会主义可以借鉴民主社会主义,但是不能倒向民主社会主义,不能并到民主社会主义。……总的看来,现在社会主义在世界上的威望增长了。……各国都建设各具本国特色的社会主义,中国特色的社会主义特别应该做出表率,发展社会主义民主是关键,只要中国特色社会主义全面建设好了,就会对促进世界社会主义发展起良好的作用。"③高放教授还指出:当今世界,是不纯粹的社会主义(或带有资本主义因素的社会主义)与不纯粹的资本主义(或带有社会主义因素的资本主义)相互竞争与合作的世界。世界是多元的,全球有众多国家、民族和社会集团,不可能强求一元化。世界一体,全球一村,未来的社会主义将是一元为主,多元互补,主调鲜明,异曲同工。从新科技革命的迅猛发展这个新视角来看未来的世界社会主义,我们就能拓展新视野,打开新思路,形成新观念,达到新境界。④

无论是从经典作家、领袖人物的观点来看,还是从专家学者的观点来看,当今

---

① 高放:《社会主义的过去、现在和未来》,北京出版社1982年版第1、248—249页。
② 高放:《马克思主义与社会主义新论》,黑龙江人民出版社2012年版第314页。
③ 高放:《马克思主义与社会主义新论》,黑龙江人民出版社2012年版第344、346、347—348页。
④ 高放:《马克思主义与社会主义新论》,黑龙江人民出版社2012年版第276—277、314页。

世界大部分国家都正在以不同道路、不同特色、不同模式走向社会主义。这证明，社会主义已经从理论走向实践，从一国走向多国。当今世界，除了中国特色社会主义之外，在发达资本主义国家和亚非拉发展中国家还出现了许多社会主义因素，出现了多种特色的社会主义。这里仅略举如下几例：

学者关山2004年赴芬兰、瑞典、丹麦、挪威学习考察。北欧的社会主义因素给他留下了深刻的印象。他认为，北欧的社会模式，可以为我们中国的政治经济文化改革发展提供有益的借鉴和启迪。他得到的印象是：1.共同富裕，社会公平；2.重视环保，环境优美；3.基础雄厚，资源丰富；4.重视教育，国民文化水平高，素质好；5.政治清明；6.尊重历史，保护文物。他得到几点重要启迪，启迪之一：世界是丰富多彩的，文明是多样的，社会主义模式也是多元的，我们的理论和实践都必须进一步解放思想、实事求是、与时俱进。从邓小平阐述的社会主义本质来看，北欧无疑是社会主义。启迪之二：中国必须坚持走循序渐进的改革道路，在改革过程中始终保持社会稳定，在大力发展生产力的同时不断完善社会福利保障制度，缩小贫富差距，实现共同富裕，建设和谐社会。北欧的基尼系数在0.25－0.26之间，是世界上最公平、公正的地区。启迪之三，要大胆学习借鉴人类创造的一切文明，学习民主社会主义好的东西。总之，我们要进一步解放思想，抛开那些不合时宜的政治成见，虚心学习借鉴他们那些先进的制度、思想和文化，只有这样，中国才能在全球化时代真正汇入人类文明的大潮。①

学者肖枫认为，

"社会主义"有广义和狭义之分。狭义的社会主义单指"科学社会主义"，而广义的社会主义应包括各种自称社会主义的流派。所以，在更广泛的意义上看，那种认为只有科学社会主义才是"真"社会主义，而将其他社会主义流派都视为"假"社会主义的观点，是不正确的、非常有害的。世界社会主义从来没有统一模式，即使就科学社会主义而言，也因国情不同而具有不同的民族特色。在和平与发展成为时代主题的今天，世界社会主义力量更是多彩纷呈，呈现出多元化和多样性的特点。共产党人认为必须坚持科学社会主义，那当然是对的、正确的，但决不能因此就否定其他社会主义力量按他们的方式对推

---

① 关山：《北欧四国社会模式的见闻与思考》，载《炎黄春秋》，2007年第7期。

动社会进步所起的作用。因此要重新认识和研究社会主义力量的多样性问题。

我个人认为,社会民主主义或民主社会主义是当代世界的社会主义流派之一,是值得我们参考借鉴的。对民主社会主义参考借鉴很必要,顶礼膜拜不值得,迷信照抄更有害。中国的前途不在什么特定的模式,而在于必须从本国的实际出发,广泛借鉴,走自己的路,继续开拓创新。所谓"走自己的路",也就是要高举中国特色社会主义的旗帜,继续走中国特色社会主义之路。

除了发达国家的社会民主主义之外,在发展中国家也有许多社会主义流派是值得我们重视的。譬如,今天拉美已经有多个左翼政党上台执政,其领导人有的原为游击队员,打过游击,坐过牢,读过马列。他们在新的历史条件下以新的方式搞社会主义,也是值得认真看待和研究的。

自资本主义诞生以来就有各式各样的社会主义。对此,马克思主义经典作家是采取具体问题具体分析态度的。法国资产阶级政治家乔治·克列孟梭(1841—1929)中年时期曾经一度接受社会主义的某些观点,马克思称之为"半社会主义"。孙中山说他的民生主义(节制资本、平均地权、振兴国家实业)就是社会主义,列宁虽然说他的"防止"资本主义的理论"从学理上讲是反动的",但并未因此就说是"假社会主义",而称其为"主观社会主义"。面对今日世界社会主义多样化的现实,建议采取广义社会主义的概念,以更加包容的心态,求同存异,承认有各种社会主义流派,这比只把"一大四小"(中国加越、朝、老、古)看成是"真"社会主义,更能提高人们对社会主义的信念和底气。①

多种特色社会主义既是客观事实的反映,也是人类社会必然走向社会主义的客观规律的体现。无论人们承认不承认,自觉不自觉,社会主义的实现都是人类社会发展的必然趋势。这样认识现实世界,认识社会主义,就能树立人们对社会主义的理想信念,并自觉为之实现而努力奋斗。反之,如果从马克思主义和科学社会主义诞生170年来,科学技术和社会生产力得到了如此长足的进步,人类的生活水平和社会保障水平得到了如此大幅度的提高,社会主义在世界范围内只在中国一个国家,或者加上朝鲜、越南、老挝、古巴等几个经济比较落后、民主法制不够健全的

---

① 肖枫:《我看社会主义与资本主义关系的新趋势》,载《北京日报》,2011年3月20日。

国家得到初步实现,那么马克思恩格斯当初设想的社会主义岂不是在全世界绝大部分国家都落空了吗?那还能成为人类社会发展的普遍规律吗?从正反两方面来看,承认世界上存在着多种特色社会主义都是完全必要的,也是持之有故、言之成理的。

从国际视野来看,中国特色社会主义理论应该遵循唯物辩证法,朝着博采众长、兼容并包、融合提炼、综合创新的方向发展。中国特色社会主义事业的成功实践和巨大成就,必然会成为世界各国学习借鉴的榜样。同样,中国也要学习借鉴世界各国的先进经验。马克思主义、社会主义是开放的理论。中国的对外开放不仅是经济的开放,而应该是全方位的开放,不仅要学习借鉴发达国家的科学技术,而且要学习借鉴发达国家的科学管理,特别是学习借鉴生产社会化、资本社会化、经济运行有序化、收入分配公平化、社会福利普遍化、企业管理民主化和政治的民主法制化等等方面的进步因素和先进经验。我们从来没有拒绝使用发达资本主义国家发明的电灯、电话、电视、电脑,同样也不能拒绝借鉴发达资本主义国家经过实践证明行之有效的政治、法律、文化、教育等等方面的具体制度。对一切国家和地区的社会主义因素和成功经验,我们都应该学习借鉴。这种学习借鉴当然不是照搬照抄,而是要结合实际,区别对待,取其精华,去其糟粕,择善而从,为我所用。

四、审慎研究社会主义未来学

高放教授认为:社会主义未来学,是研究各国和世界社会主义发展趋势和前景的科学,是涉及经济、政治、文化、教育、科学、技术等等领域的综合性科学。它既要研究资本主义国家未来的发展如何走向社会主义,又要研究社会主义国家未来的发展如何才能更充分地展示社会主义制度的优越性,并促进、推动全世界社会主义的大发展。[①]

(一)马克思主义创始人对未来社会的科学预测和科学态度

马克思主义创始人对未来社会主义、共产主义社会做过一些科学预测,譬如,认为未来社会科学技术将得到充分发展和利用,生产力将大大发展,劳动产品将极大丰富;劳动时间将大大缩短,劳动将成为一种享受;生产资料将消灭私有制,实行

---

① 高放:《马克思主义与社会主义新论》,黑龙江人民出版社2012年版第105页。

公有制;社会主义社会将实行按劳分配,共产主义社会将实行各尽所能、按需分配;工农差别、城乡差别、体力劳动与脑力劳动差别将趋于消失;每个人都能得到自由全面发展,思想道德水平将大大提高;商品货币关系将趋于消失;国家将自行消亡;等等。这些预测,有的已经实现,有的将来会实现,有的将随着实践的发展而发展。同时,马克思主义创始人对未来社会的预测采取了极其审慎的科学态度,完全建立在他们对旧世界的批判基础之上,总体上是科学的。在1843的《德法年鉴》中,马克思就宣称:"我们不想教条式地预料未来,而只是希望在批判旧世界中发现新世界。"①"我们对未来非资本主义社会区别于现代社会的特征的看法,是从历史事实和发展过程中得出的确切结论;脱离这些事实和过程,就没有任何理论价值和实际价值。"②"我们不打算把什么最终规律强加给人类。关于未来社会组织方面的详细情况的预定看法吗?您在我们这里连它们的影子也找不到。"③"在将来某个特定的时刻应该做些什么,应该马上做些什么,这当然完全取决于人们将不得不在其中活动的那个既定的历史环境。"④列宁也说过:"科学社会主义其实从未描述过任何未来的远景,它仅限于分析现代资产阶级制度和研究资本主义社会的发展趋势,如此而已。"⑤马克思主义创始人这种严谨的科学态度是完全正确的。他们没有想到也不可能想到20世纪走上社会主义道路的不是欧美发达资本主义国家,而是东方半殖民地半封建社会的中国。今天我们同样也不可能想到100年后世界社会主义究竟有怎样的发展。因此,今天我们对社会主义未来学的研究也应该采取审慎的科学态度,不需要也不可能怎样详细和具体。但是,弊端多多的资本主义社会肯定不是人类社会发展的最高阶段,而作为资本主义更高阶段的社会主义社会必将取代资本主义社会,给人类带来幸福美满的生活和光辉灿烂的前程。

(二)人们对未来社会的种种预测

杨长鑫教授指出:人类社会发展的趋势是什么?自古以来人们就有许多的预测,当今许多未来学家、社会学家、政治家、理论家、自然科学家,甚至包括一些占卜

---

① 《马克思恩格斯全集》第1卷,人民出版社1974年版第416页。
② 《马克思恩格斯全集》第36卷,人民出版社1974年版第419-420页。
③ 《马克思恩格斯全集》第22卷,人民出版社1965年版第628-629页。
④ 《马克思恩格斯文集》第10卷,人民出版社2009年版第458页。
⑤ 《列宁选集》第1卷,人民出版社1995年版第51页。

家,星象学家,一些宗教人士,对未来都有各种各样的预测。结论是仁者见仁,智者见智。归结起来大致是两种:一种是悲观的预测,一种是乐观的预测。悲观的预测认为,无节制的人类活动将导致人类自身的灭亡,人类自身的发展也会导致人类的灭亡;不可预测的自然灾害会导致人类的灭亡。乐观的预测认为,伴随科学技术的发展和人类文明的进步,人类可以向地外空间拓展,到地外星球寻找人类居住地;人类发展达到一定的阶段,自我调控逐渐由盲目到理性,由必然到自由,可以自觉做到与自然的协调、平等与和谐,从而由必然王国向自由王国飞跃。他认为:人类发展虽然有时会出现某种回归现象,但绝不会倒退,绝不会回到原来的起点,只会不断前进。虽然这个过程不是笔直向前,不是直线上升,不是一帆风顺,但总的趋势必然是不断地由低级阶段向高级阶段演进。人类的前途必然是向文明、和谐、美好的方向发展。①

高放教授认为:"就像第一次科技革命催生了马克思主义、第二次科技革命催生了列宁的社会主义理论和实践的创新一样,现在的第三次科技革命必将催生社会主义理论与实践的再一次创新,必将催生各具本国特色的社会主义。""两种制度在当代和平与发展成为世界主题、时代主题的新历史条件下,完全可能通过长期的和平共处、协作与竞争,达到共荣双赢,当然还会有一定的斗争才能磨合,但最终通过各自不同的道路,殊途同归,实现全球一体化、世界大同。看来,只有当今世界各国社会主义政党率领人民群众各自独立探索而又互相协作,坚持不懈、努力开拓具有本国特色通往社会主义之路,未来必将是多种模式异彩纷呈、彼此借鉴的社会主义新世界。劳动、自由、民主、平等、公正、繁荣、幸福、人道的社会理想,植根在亿万正直劳动者的心坎中。这深层的种子必然会萌芽、成长、开花、结果,这就是未来世界社会主义的希望所在。"②

(三)中国特色社会主义的宏伟蓝图

习近平在党的十九大报告中描绘了21世纪上半叶中国特色社会主义的宏伟蓝图,他指出:

---

① 杨长鑫:《和谐社会主义——中国特色社会主义创新模式研究》,红旗出版社2012年第198－212页。
② 高放:《马克思主义与社会主义新论》,黑龙江人民出版社2012年版第272、302页。

改革开放之后,我们党对我国社会主义现代化建设作出战略安排,提出"三步走"战略目标。解决人民温饱问题、人民生活总体上达到小康水平这两个目标已提前实现。在这个基础上,我们党提出,到建党一百年时建成经济更加发展、民主更加健全、科教更加进步、文化更加繁荣、社会更加和谐、人民生活更加殷实的小康社会,然后再奋斗三十年,到新中国成立一百年时,基本实现现代化,把我国建成社会主义现代化国家。

从现在到二○二○年,是全面建成小康社会决胜期。要按照十六大、十七大、十八大提出的全面建成小康社会各项要求,紧扣我国社会主要矛盾变化,统筹推进经济建设、政治建设、文化建设、社会建设、生态文明建设,坚定实施科教兴国战略、人才强国战略、创新驱动发展战略、乡村振兴战略、区域协调发展战略、可持续发展战略、军民融合发展战略,突出抓重点、补短板、强弱项,特别是要坚决打好防范化解重大风险、精准脱贫、污染防治的攻坚战,使全面建成小康社会得到人民认可、经得起历史检验。

从十九大到二十大,是"两个一百年"奋斗目标的历史交汇期。我们既要全面建成小康社会、实现第一个百年奋斗目标,又要乘势而上开启全面建设社会主义现代化国家新征程,向第二个百年奋斗目标进军。

综合分析国际国内形势和我国发展条件,从二○二○年到本世纪中叶可以分两个阶段来安排。

第一个阶段,从二○二○年到二○三五年,在全面建成小康社会的基础上,再奋斗十五年,基本实现社会主义现代化。到那时,我国经济实力、科技实力将大幅跃升,跻身创新型国家前列;人民平等参与、平等发展权利得到充分保障,法治国家、法治政府、法治社会基本建成,各方面制度更加完善,国家治理体系和治理能力现代化基本实现;社会文明程度达到新的高度,国家文化软实力显著增强,中华文化影响更加广泛深入;人民生活更为宽裕,中等收入群体比例明显提高,城乡区域发展差距和居民生活水平差距显著缩小,基本公共服务均等化基本实现,全体人民共同富裕迈出坚实步伐;现代社会治理格局基本形成,社会充满活力又和谐有序;生态环境根本好转,美丽中国目标基本实现。

第二个阶段,从二○三五年到本世纪中叶,在基本实现现代化的基础上,再奋斗十五年,把我国建成富强民主文明和谐美丽的社会主义现代化强国。到那时,我国物质文明、政治文明、精神文明、社会文明、生态文明将全面提升,实现国家治理体系和治理能力现代化,成为综合国力和国际影响力领先的国家,全体人民共同富裕基本实现,我国人民将享有更加幸福安康的生活,中华民族将以更加昂扬的姿态屹立于世界民族之林。

从全面建成小康社会到基本实现现代化,再到全面建成社会主义现代化强国,是新时代中国特色社会主义发展的战略安排。我们要坚忍不拔、锲而不舍,奋力谱写社会主义现代化新征程的壮丽篇章!①

(四)世界各国社会主义的光辉前景

从全世界来看,各国的发展道路有所不同,但是总的历史趋势将是相同的,这就是世界各国终究要殊途同归,终究要通过各自不同的发展道路走向社会主义和共产主义。从过去的历史巨变中,我们可以看出世界各国的发展有一个共同的历史趋势,有两条不同的发展道路。一个共同的历史趋势是:人类的科学技术水平、社会生产水平、物质生活水平和文化生活水平必然会向前发展,不断提高,决不会停止在一个水平上,更不会长期倒退。两条不同的发展道路是:一条是自觉的革命的社会主义道路,一条是自发的渐进的社会主义道路。从世界历史来看,社会主义发展的自然历史过程将是共同趋势和不同道路的统一,共同本质和不同特色的统一,共性和个性的统一。因此,现在我们既要看到世界各国终将殊途同归,走向社会主义,又要看到,前途是光明的,道路是曲折的。目前社会主义国家经济科技总体水平还比较落后,经济、政治、文化教育制度还需要改革和完善,民主和法制还有待健全,消极腐败现象、贫富分化现象还需要标本兼治,综合治理;资本主义国家还未发生根本质变,霸权主义、强权政治还在世界横行,天下并不太平,各国走向社会主义的道路还漫长而曲折。但是,各国广大人民都是要和平,要发展,要进步,要富裕,要民主,要文明的,社会主义的历史趋势是不可改变的。

从历史眼光来看,社会主义理论与实践都需要经过十几代人、几十代人的长期努力,需要经过十几次、几十次的思想解放和理论飞跃,必然要经历一系列发展阶段。正如马克思无法预料科学社会主义会在中国得到巨大成功和发展创新一样,我们今天也无法预料社会主义理论和实践在今后数百年内会有怎样的具体发展。

---

① 《党的十九大报告辅导读本》,人民出版社2017年版第26—29页。

社会主义不是什么固定不变的模式,也不是任何国家、任何政党、任何个人的专利。因此,每个时代的人都要根据当时的时代特征和社会现实,与时俱进地研究社会主义的各种问题。但是不管怎样,人类终究要解放生产力,发展生产力,消灭剥削,消除两极分化,最终达到共同富裕,终究要进入富裕民主文明和谐的社会主义社会。剥削的存在,阶级、阶级矛盾、阶级斗争的存在,城乡差别、工农差别、体力劳动与脑力劳动差别的存在,仅仅与生产力发展的一定历史阶段相联系,仅仅是历史的暂时的现象。一个没有阶级、没有压迫、没有剥削的社会,一个共同富裕、高度发达的社会主义社会终将到来。这一历史趋势,顺乎天理,应乎人情,适乎世界之潮流,合乎人群之需要,谁也改变不了。从过去两个世纪社会生产力、首先是科学技术这个第一生产力的发展趋势来看,当今世界距离社会主义在全世界的实现,不是越来越远,而是越来越近了。在未来几百年中,社会主义必将在全世界变成光辉的现实。毫无疑问,中国梦,美国梦,全人类的美好梦想,世界大同的理想,共产主义的理想,必将在全世界得到圆满的实现。

第二节 社会主义道路的百年探索

100年前,1917年列宁领导的俄国十月革命取得胜利,建立了世界上第一个社会主义国家,实现了科学社会主义从理论到实践的发展,也开启了人类对社会主义道路的百年探索历程。在十月革命胜利100周年之际,回顾一下近百年来人类对社会主义道路的探索历程,总结经验,继续前进,具有重大理论意义和实践意义。

一、社会主义革命道路的探索

(一) 十月革命道路

在马克思主义诞生半个世纪之后的列宁时代,自由资本主义发展到垄断资本主义即帝国主义阶段,通过无产阶级革命建立社会主义国家已经具备了现实可能性。处于末代沙皇封建统治下的俄国资本主义已经得到一定发展,工人阶级已经登上历史舞台。以列宁为代表的俄国工人阶级先进分子,为了寻求工人阶级的解放,开始了艰辛的探索历程。列宁写道:"布尔什维克是1903年在最坚固的马克思主义理论基础上产生的。而这个——也只有这个——革命理论的正确性,不仅为整个19世纪全世界的经验所证实,尤其为俄国革命思想界的徘徊和动摇、错误和失望的经验所证实。在将近半个世纪里,大约从上一世纪40年代至90年代,俄国进步的思想界在空前野蛮和反动的沙皇制度的压迫之下,曾如饥似渴地寻求正确的革命理论,专心致志地、密切地注视着欧美在这方面的每一种'最新成就'。俄国在半个世纪里,经受了闻所未闻的痛苦和牺牲,表现了空前未有的革命英雄气概,以难以置信的毅力和舍身忘我的精神去探索、学习和实验,经受了失望,进行了验证,参照了欧洲的经验,真是饱经苦难才找到了马克思主义这个唯一正确的革命理论。……在这个坚如磐石的理论基础上产生的布尔什维主义,有了15年(1903——1917年)实践的历史,这段历史的经验之丰富是举世无双的。"①在这种理论和实践的基础上,列宁继承并发展了马克思主义,形成了列宁主义。1915年,列宁在《论欧洲联邦口号》一文中指出:"经济和政治发展的不平衡是资本主义的绝对规律。由此就应得出结论:社会主义可能首先在少数甚至在单独一个资本主义国家内获得胜利。"②1916年列宁写出《帝国主义是资本主义的最高阶段》《国家与革命》等经典著作。1917年列宁领导俄国工人阶级在彼得格勒举行武装起义,取得了十月革命的胜利,建立了世界上第一个社会主义国家——俄罗斯苏维埃社会主义联邦共和国,也开创了十月革命道路。1922年又建立了苏维埃社会主义共和国联盟即苏联。虽然苏联已于1991年解体,但是对世界历史发生了深远影响,为探索社会主义道路积累了丰富经验。

(二)井冈山道路

中国是文明古国。1840年以后,封建的中国逐渐变成半殖民地、半封建的国家。中国人民为国家独立、民族解放和民主自由进行了前仆后继的英勇奋斗。1911年孙中山领导的辛亥革命,废除了封建帝制,创立了中华民国。但是,中国人民反对帝国主义和封建主义的历史任务还没有完成。辛亥革命的果实被袁世凯窃取,袁世凯上演了复辟帝制的闹剧死亡之后,国内出现了军阀混战、四分五裂的混乱局面,国家积贫积弱,中华民族四亿同胞被称为"东亚病夫"。正如毛泽东所说:"自从一八四〇年鸦片战争失败那时起,先进的中国人,经过千辛万苦,向西方国家

---

① 《列宁选集》第4卷,人民出版社1995年版第136-137页。
② 《列宁选集》第2卷,人民出版社1995年版第554页。

寻找真理。洪秀全、康有为、严复和孙中山，代表了在中国共产党出世以前向西方寻找真理的一派人物。那时，求进步的中国人，只要是西方的新道理，什么书也看。向日本、英国、美国、法国、德国派遣留学生之多，达到了惊人的程度。国内废科举，兴学校，好像雨后春笋，努力学习西方。……帝国主义的侵略打破了中国人学西方的美梦。很奇怪，为什么先生老是侵略学生呢？中国人向西方学得很不少，但是行不通，理想总是不能实现。……十月革命一声炮响，给我们送来了马克思列宁主义。十月革命帮助了全世界的也帮助了中国的先进分子，用无产阶级的宇宙观作为观察国家命运的工具，重新考虑自己的问题。走俄国人的路——这就是结论。一九一九年，中国发生了五四运动。一九二一年，中国共产党成立。孙中山在绝望里，遇到了十月革命和中国共产党。孙中山欢迎十月革命，欢迎俄国人对中国人的帮助，欢迎中国共产党同他合作。孙中山死了，蒋介石起来。在二十二年的长时间内，蒋介石把中国拖到了绝境。"[1]孙中山曾经提出"联苏联共扶助农工三大政策"，与中国共产党实现了第一次国共合作。由于共产党没有掌握领导权，没有掌握武装力量，1927年，蒋介石和汪精卫控制的国民党背叛了孙中山所决定的国共合作政策和反帝反封建政策，勾结帝国主义，残酷屠杀共产党人和革命人民。党当时还比较幼稚，又处在陈独秀右倾机会主义的领导下，致使革命在强大敌人的突然袭击下遭到惨重失败。在血的教训面前，中国共产党人认识到，至少在当时条件下，无产阶级革命只能是暴力革命，只能是武装夺取政权，战争解决问题。于是1927年中国共产党先后举行了"八一"南昌起义、秋收起义、广州起义。南昌起义和广州起义都是走的俄国城市武装起义的道路。但是在工业很不发达、农村人口占绝大多数、全国四分五裂、军阀混战的条件下，仅靠城市武装起义，革命是不能成功的。毛泽东、朱德领导建立了井冈山革命根据地，开展武装斗争，由此开辟了农村包围城市、武装夺取政权的井冈山道路。从此，经过22年的武装斗争，终于赢得了新民主主义革命的胜利，在1949年成立了中华人民共和国——一个工人阶级领导的以工农联盟为基础的人民民主专政的社会主义国家。

（三）议会道路

从理论上说，共产党人并不排斥通过议会道路建立社会主义政权。但是在实

---

[1]《毛泽东选集》第4卷，人民出版社1966年版第1406—1408页。

践上还没有通过议会道路和民主选举取得社会主义革命胜利的先例。例如,20世纪60年代,由于印尼共产党及其领导人艾地在反抗荷兰殖民者、争取民族独立的斗争中,与苏加诺建立了密切的关系,印尼共产党又采取了一条与民族资产阶级合作的政策,在短短的时间内,印尼共产党得到了飞速发展,到1960年,印尼共产党成为印尼全国最大的政党。1963年,印尼共产党拥有党员200多万人,1965年又上升到300多万人。成为当时仅次于中共和苏共的世界第三大共产党,也是社会主义阵营外最大的共产党。对于当时印尼政治局势,所有的印尼国内外舆论都认为,印尼共产党凭借自身的强大和与苏加诺总统的良好关系,和平夺取印尼国家政权只是时间问题。由于印尼共产党的壮大和苏加诺总统亲共,导致美国政府策动印尼亲美军人的政变。1965年9月30日,苏哈托发动军事政变,推翻了苏加诺总统,致使仅次于中共和苏共的世界上第三大共产党的覆灭,包括印尼共产党主席艾地在内的25万共产党人遇害。又如,智利于1970年举行的总统选举中,立场偏社会主义的左派政党人民联盟候选人阿连德当选。美国政府认为他是马克思主义者,要在智利搞社会主义,策动了对他的军事政变。1973年9月11日,一场军事政变就推翻了民选的阿连德政权,结果阿连德遇害,由皮诺契特继任,实行独裁统治至1990年。事实证明了列宁的论断:"各国人民生活中的重大问题,只有用强力才能解决。反动阶级通常都是自己首先使用暴力,发动内战,'把刺刀提到议事日程上来'。"①

二、社会主义建设道路的探索

社会主义革命的胜利,社会主义国家的建立,只是社会主义事业的第一步,只是"万里长征第一步"。革命胜利后社会主义建设的路程更长,任务更艰巨。特别是对于经济文化落后的国家,需要的时间更长,面临的任务更重。无论是俄国还是中国,经济文化都并不发达,在这样的国家里如何建设社会主义,都是需要经过长期探索的问题。在探索中既会取得成功,取得经验,也会遭遇失败,遭遇挫折。从过去100年来看,苏联虽然也曾取得过某些方面的成功,但是最后还是以失败告终;中国虽然经历过种种曲折,迄今为止还是比较成功的。

---

① 《列宁全集》第39卷,人民出版社1980年版第373页。

(一) 苏维埃俄国和苏联对社会主义建设道路的探索

1. 列宁的探索

十月革命胜利后,经过三年艰苦的国内战争,粉碎了14个帝国主义国家的武装干涉和地主资本家以及沙皇白军的残余势力的武装叛乱,保卫了苏维埃红色政权。在苏维埃俄国内忧外患,经济困难的情况下,列宁开始了对社会主义建设道路的探索。高放教授认为,列宁在最后岁月对社会主义进行了新探索,提出了新经济政策、新政治政策、新文化政策。新经济政策的内容大致包括六个要点:第一,要发挥社会主义国家领导、调控经济的职能,但是不能把经济统得过严、过紧,要充分发挥地方和企业的自主性。第二,在工业领域,鼓励中、小企业的发展。第三,在农业领域,用粮食税制取代粮食征集制。第四,在商业领域,开放农贸市场。第五,在分配领域,要把战时共产主义的平均分配改变为按劳分配与按生产要素分配相结合。第六,在劳动领域,要给予成绩优异的劳动者以物质和精神奖励。新政治政策的首要点是实现党的思想统一和组织统一。新文化政策首先是批判所谓"无产阶级文化派"的极左思潮;其次是减少东正教对国家和社会的影响;另一项是铲除文盲,提高人民文化水平。高放教授认为,列宁主政六年,其成功之道是四大法宝:第一,坚持为民执政,而不为己执政;第二,坚持科学执政,而不教条执政;第三,坚持民主执政,而不专制执政;第四,坚持依法执政,而不是仅以政策执政。列宁设计的俄国达到社会主义现代化的新蓝图主要是"十个化",包括政权工农化、私产国有化、国家工业化、全国电气化、经济计划化、机关革新化、居民合作化、民族联盟化、文化大众化、教育普及化。①

2. 苏联模式发展道路

1924年列宁逝世。斯大林开始领导苏联社会主义建设。他进行了社会主义建设的多方面探索,主要是开展了三大运动:即社会主义工业化运动、农业集体化运动和大清洗运动。三大运动密切联系、相互配合、相互促进,最终形成了以高度集中为基本特征的苏联模式。

所谓苏联模式,可以从经济、政治、外交等方面加以认识。

首先,从经济上看,苏联模式表现为一个高度集中的计划经济体制,它以国家

---

① 高放:《第一个社会主义国家苏联苦难奠基(下)》,载《中国延安干部学院学报》,2016年4期。

政权为核心,以党中央为领导者,以各级党组织为执行者,以国家工业发展为唯一目的,以行政命令为经济政策,以行政手段为运作方式。总之,这是一个有鲜明特点的经济体制,它限制商品货币关系,否定价值规律和市场机制的作用,用行政命令甚至暴力手段管理经济,把一切经济活动置于指令性计划之下。它片面发展重工业,用剥夺农民和限制居民改善生活的手段,达到高积累多投资的目的。

其次,从政治上看,苏联模式又表现为一个高度集权的行政命令体制。对内,它将权力高度集中于党中央,而党从中央到地方的各级组织,大多数情况下又是由个人意志所操纵。这就造成了党政不分,共产党领导一切,直接发布政令,管理国家事务,民主集中制有名无实,社会主义法制被忽视甚至遭到践踏。干部由上级委派,领导终身任职,基本上不受群众监督,最后形成个人高度集权,并由此衍生出个人崇拜、官僚主义和形形色色的特权现象,从而严重损害了党和国家的正常民主生活。

再次,从对外关系上看,苏联模式又是集中了严重的官僚主义、主观主义、沙文主义和专制主义即封建农奴主式的作风于一体的大国强权体制。它不顾别国的国情,以社会主义阵营的老大哥自居,到处指手画脚,发号施令,对违反其意志的国家则严惩不贷,从舆论声讨、经济制裁直到外交孤立,甚至实行军事干预或占领,无所不用其极。结果造成了社会主义阵营的分裂,削弱了国际共产主义运动的力量。

苏联模式可以分成两个时期,一个是斯大林时期,从 1924 年至 1953 年,约 29 年;一个是从赫鲁晓夫到戈尔巴乔夫当政的时期,从 1953 年至 1991 年,约 38 年。苏联模式出现于"斯大林时期",发展于赫鲁晓夫时期。以赫鲁晓夫"去斯大林化"为基础的赫鲁晓夫路线,是背离社会主义的路线。赫鲁晓夫进行的经济改革一改原来的社会主义制度,进行私有制改革,公有资产逐渐落到少数人手里,国家不是人民当家做主,而是形成了上层官僚权贵专政的局面,把斯大林时期的官僚主义扩大化,原来的无产阶级专政成了一句空话,政府失去了群众的监督。政府直接对于经济进行干预,民主集中制变成了扭曲的官僚独裁,所以这个时期的苏联已不是社会主义,而是由官僚权贵专政的社会帝国主义。赫鲁晓夫之后的领导人继续推行了赫鲁晓夫路线,由量变逐步实现了从社会主义到资本主义的质变。1985 年,戈尔巴乔夫担任苏共中央总书记后,对苏联进行了震惊世界的重大改革。以 1987 年《改革与新思维》一书的出版为标志,戈尔巴乔夫开始全面推行所谓"人道的、民主的社会主义",他鼓吹"民主化、公开性、多元化",取消苏共领导,将改革引上了歧途。1990年,立陶宛、爱沙尼亚和拉脱维亚先后宣布独立,苏联其他各加盟共和国的离心倾向也迅速增强,最终导致1991年苏联的解体。

(二)中国对社会主义建设道路的探索

1. 建国初期的新民主主义道路和社会主义改造道路

中华人民共和国成立之初,从1949年至1956年,我国基本上处于新民主主义社会,走的是新民主主义道路。我们党领导全国各族人民有步骤地实现从新民主主义到社会主义的转变。建国后的头三年,我们在各方面取得了辉煌成就。仅用三年时间恢复了在旧中国遭到严重破坏的国民经济,全国工农业生产1952年底已经达到历史的最高水平。

1952年,党中央提出了过渡时期的总路线:在一个相当长的时期内,逐步实现国家的社会主义工业化,并逐步实现国家对农业、手工业和资本主义工商业的社会主义改造。我们成功开辟了一条社会主义改造的道路,到1956年基本上完成了对生产资料私有制的社会主义改造。在这项工作中也有缺点和偏差。在1955年夏季以后,农业合作化以及对手工业和个体商业的改造要求过急,工作过粗,改变过快,形式也过于简单划一,以致在长期间遗留了一些问题。

从1953年开始,我国实施了第一个五年计划,开始了大规模经济建设,取得了重大成就。从1953年到1956年,全国工业总产值平均每年递增19.6%,农业总产值平均每年递增4.8%。① 经济发展比较快,经济效果比较好,重要经济部门之间的比例比较协调。市场繁荣,物价稳定。人民生活显著改善。1954年,召开了第一次全国人民代表大会,制定了中华人民共和国宪法。1956年,召开了党的第八次全国代表大会。大会指出:全国人民的主要任务是集中力量发展社会生产力,实现国家工业化,逐步满足人民日益增长的物质文化需要;虽然还有阶级斗争,还要加强人民民主专政,但是其根本任务是在新的生产关系下面保护和发展生产力。大会着重提出了执政党的建设问题,强调要坚持民主集中制和集体领导制度,反对个人崇拜,发展党内民主和人民民主,加强党和群众的联系。八大的路线是正确的,它为新时期社会主义事业的发展和党的建设指明了方向。

---

① 中国共产党中央委员会《关于建国以来党的若干历史问题的决议》,见《党员必读》,人民出版社1983年版第82页。

2. 20年在社会主义建设道路上的初步探索和曲折前进

社会主义改造基本完成以后,我们党领导全国各族人民开始转入全面的大规模的社会主义建设。在探索社会主义建设道路的前20年中,主要经历了"文化大革命"前的10年和"文化大革命"的10年。

在前10年中,社会主义建设取得了重大成就。以1966年同1956年相比,全国工业固定资产按原价计算,增长3倍。全国农业用拖拉机和化肥施用量都增长6倍以上,农村用电量增长70倍。高等学校的毕业生为前7年的4.9倍。[①] 这10年中,党的工作在指导方针上有过严重失误,经历了曲折的发展过程。1957年发生了反右派斗争被严重扩大化的错误,把一批知识分子、爱国人士和党内干部错划为"右派分子",造成了不幸的后果。1958年,党的八大二次会议通过的社会主义建设总路线及其基本点,其正确的一面是反映了人民群众迫切要求改变我国经济文化落后状况的普遍愿望,其缺点是忽视了客观的经济规律。在总路线提出后轻率地发动了"大跃进"运动和农村人民公社化运动,使得以高指标、瞎指挥、浮夸风和"共产风"为主要标志的"左"倾错误严重地泛滥开来。1959年庐山会议错误地发动了对彭德怀同志的批判,进而在全党错误地开展了"反右倾"斗争。主要由于"大跃进"和"反右倾"的错误,加上当时的自然灾害和苏联政府背信弃义地撕毁合同,我国国民经济在1959年到1961年发生严重困难,国家和人民遭到重大损失。

1966年5月至1976年10月,毛泽东发动了历时10年的"文化大革命"。他发动"文化大革命"的理论被概括成为所谓"无产阶级专政下继续革命的理论"。这种理论既不符合马克思列宁主义,也不符合中国实际。1966年对所谓"彭真、罗瑞卿、陆定一、杨尚昆反党集团"和对所谓"刘少奇、邓小平司令部"进行了错误的斗争。同时在全国开展了"破四旧、立四新"、斗争"走资本主义道路当权派"、批判"资产阶级反动学术权威"的群众运动。后来又发动了"清理阶级队伍","深挖五一六"、"一打三反"、批林批孔、评《水浒》、"批邓反击'右倾翻案风'"等等连续不断的运动和斗争。运动中,刘少奇、彭德怀、贺龙、陶铸等一批党和国家领导人、开国元勋、领导干部以及更多的无辜群众被迫害致死。叶剑英在一次讲话中沉痛地说:"文化大革命"整了一亿人,浪费了八千亿元人民币。[②] 历史已经判明,"文化大

---

① 中国共产党中央委员会《关于建国以来党的若干历史问题的决议》,见《党员必读》,人民出版社1983年版第84页。
② 马立诚、凌志军:《交锋》,今日中国出版社1998年版第9页。

革命"是一场由领导者错误发动,被反革命集团利用,给党、国家和各族人民带来严重灾难的内乱。

党和人民在"文化大革命"中同"左"倾错误和林彪、江青反革命集团的斗争是艰难曲折的,是一直没有停止的。正是由于全党全国人民的共同斗争,使"文化大革命"的破坏受到了一定程度的限制。我国国民经济虽然遭到巨大损失,仍然取得了进展。粮食生产保持了比较稳定的增长。工业交通、基本建设和科学技术方面取得了一批重要成就,其中包括一些新铁路和南京长江大桥的建成,一些技术先进的大型企业的投产,氢弹试验和人造卫星发射回收的成功,籼型杂交水稻的育成和推广,等等。在国家动乱的情况下,人民解放军仍然英勇地保卫着祖国的安全。对外工作也打开了新的局面。当然,这一切绝不是"文化大革命"的成果,如果没有"文化大革命",我们的事业会取得大得多的成就。"文化大革命"的深刻教训是要认真记取的。

3.40年的改革开放道路即中国特色社会主义道路

我国探索社会主义道路经历了曲折历程,特别是20年"左"的错误,引起了以邓小平为代表的中国共产党人的深刻思考。邓小平说:"问题是什么是社会主义,如何建设社会主义。我们的经验教训有许多条,最重要的一条,就是要搞清楚这个问题。……社会主义的首要任务是发展生产力,逐步提高人民的物质和文化生活水平。从一九五八年到一九七八年这二十年的经验告诉我们:贫穷不是社会主义,社会主义要消灭贫穷。不发展生产力,不提高人民的生活水平,不能说是符合社会主义要求的。"①"我是主张改革的,不改革就没有出路,旧的那一套经过几十年的实践证明是不成功的。……从一九五七年开始我们的主要错误是'左','文化大革命'是极左。中国社会从一九五八年到一九七八年二十年时间,实际上处于停滞和徘徊状态,国家的经济和人民的生活没有多大的发展和提高。这种情况不改革行吗?"②"'文化大革命'十年浩劫,中国吃了苦头。中国吃苦头不只这十年,这以前,从一九五七年下半年开始,我们就犯了'左'的错误。总的来说,就是对外封闭,对内以阶级斗争为纲,忽视发展生产力,制定的政策超越了社会主义初级阶段。一九七八年我们党的十一届三中全会对过去作了系统的总结,提出了一系列新的

---

① 《邓小平文选》第3卷,人民出版社1993年版第116页。
② 《邓小平文选》第3卷,人民出版社1993年版第237页。

方针政策。中心点是从以阶级斗争为纲转到以发展生产力为中心,从封闭转到开放,从固守成规转到各方面的改革。"①1992 年初,他强调说:"不坚持社会主义,不改革开放,不发展经济,不改善人民生活,只能是死路一条。……社会主义的本质,是解放生产力,发展生产力,消灭剥削,消除两极分化,最终达到共同富裕。"②

改革开放 40 年来,我们坚持以经济建设为中心,聚精会神搞建设,一心一意谋发展,我国社会生产力得到持续高速发展,综合国力迈上新台阶,人民生活达到前所未有的新水平。40 年来从城市到农村、从社会到家庭、从生产到生活、从经济到政治,都发生了巨大的历史性的变化。40 年来的辉煌成就是彪炳史册、光照千秋、举世瞩目的。

从 100 年来的历史回顾中,我们清楚地看到,社会主义事业经历了一条漫长而曲折的道路。在苏联,经历了从成功到失败的道路;在中国,经历了前进——曲折——再前进、成功——挫折——更成功的曲折道路。100 年来对社会主义建设道路探索的历史证明,只有改革开放,只有中国特色社会主义道路,才是建设社会主义唯一正确的道路。

在中国特色社会主义事业取得举世瞩目的辉煌成就的同时,不要忘记,我国还处于社会主义初级阶段,社会主义道路还有漫长的认识路程和历史路程。建成社会主义,需要经过漫长的道路,艰辛的努力;颠覆社会主义,则可能在顷刻之间。苏联顷刻解体就是前车之鉴。我们一定要增强忧患意识,如临深渊,如履薄冰,审慎探索,稳步前进。中国特色社会主义建设的全过程都需要在探索中前进、在前进中探索。"路漫漫其修远兮,吾将上下而求索。"

第三节 社会主义发展的三大规律

马克思恩格斯通过唯物史观和剩余价值学说两大发现,实现了社会主义从空想到科学的发展。从 1848 年《共产党宣言》发表算起,马克思主义即科学社会主义已经诞生近 170 年。近 170 年来,科学技术和社会生产力得到了突飞猛进的发展,资本主义国家的生产关系和上层建筑也相应发生了深刻变化,许多资本主义国家

---

① 《邓小平文选》第 3 卷,人民出版社 1993 年版第 268 页。
② 《邓小平文选》第 3 卷,人民出版社 1993 年版第 370、373 页。

都出现了较多社会主义因素。近 100 年来,世界上还出现了 10 多个社会主义国家,由于种种原因,包括世界上第一个社会主义国家苏联在内的一些社会主义国家夭折了,而以中国为主要代表的社会主义国家坚持社会主义道路,正在进行着各具特色的社会主义建设。由于历史和现实的原因,建设中的社会主义国家还无可避免地带有某些资本主义因素,还处于社会主义初级阶段。社会主义理论、运动和制度,经过近百年的实践探索,已经显示出社会主义发展的一系列客观规律。其中,唯物辩证法的三大规律——对立统一规律、质量互变规律、否定之否定规律在社会主义发展过程中都有明显表现。

一、社会主义发展的对立统一规律

马克思指出:黑格尔一向认为,"自然界的基本奥秘之一,就是他所说的对立统一规律。"①对立统一规律是事物发展的普遍规律,也是社会主义发展的普遍规律。社会主义发展的对立统一规律主要表现为以下四个具体规律:

(一)社会主义与资本主义对立统一、长期共存的规律

社会主义是在资本主义社会中批判资本主义的弊端而产生的,是作为资本主义的对立面出现的。社会主义与资本主义的对立是与生俱来的。同时社会主义是伴随资本主义的产生而产生,伴随资本主义的发展而发展的,二者必然共存共处于人类社会这个统一体中。社会主义代替资本主义是一个长期历史过程。在这个过程中,社会主义与资本主义必然要长期共存、和平共处。从全世界来看,社会主义社会是脱胎于资本主义社会甚至是前资本主义社会的。20 世纪的社会主义苏联,当代的社会主义中国,与众多资本主义国家同时存在于这个地球上,就只能与资本主义国家长期共存、和平共处,其间也可能发生冲突乃至战争,但在大多数时间里还是要和平共处。从过去 100 年的世界历史和可以预见的未来来看,社会主义与资本主义之间存在着对立统一、长期共存的规律。本世纪初,中国社会科学院研究室在分析了《共产党宣言》发表以来世界发生的主要变化后得出结论说:"150 年来,世界局势和人类社会发生了很大变化,但我们仍然处于由资本主义向社会主义过渡的时代。在未来相当长的历史时期内,我们仍将处于'一球两制',即资本主

---

① 《马克思恩格斯选集》第 2 卷,人民出版社 1972 年版第 1 页。

义和社会主义斗争、合作、相互影响的共处时期。"①

从社会主义国家内部来看,建立社会主义制度后,也还会继续存在或多或少的资本主义因素甚至存在或多或少的封建主义因素。中国在20世纪50年代到70年代,也曾尝试建立和发展单一的社会主义公有制经济,但是实践证明,那种一大二公的单一公有制并不适应中国生产力的发展。正因为如此,才在70年代末实行了改革,建立了以公有制经济为主体、多种所有制经济共同发展的基本经济制度。我国现阶段的社会主义不是纯粹的社会主义,而是带有资本主义因素的社会主义,是初级阶段的社会主义②。

再看资本主义国家,由于社会生产力的发展,生产关系和上层建筑都发生了相应变化,职工参与持股、参与管理、参与分红,社会保障制度逐步完善,两极分化和阶级矛盾趋于缓和,公民的基本权利更为广泛,现代民主政治结构基本成型,现代资本主义国家已经出现了日益增多的社会主义因素。高放教授认为,从20世纪80年代以来,资本主义已经进入了社会资本主义阶段。社会资本主义就是社会化程度更高、国家政府社会职能更强、社会主义因素逐步增多的资本主义。③

社会现象极其复杂,任何社会都不是纯而又纯的单一社会。正如列宁所说:"无论在自然界或社会中,'纯粹的'现象是没有而且也不可能有的,……世界上没有而且也不可能有'纯粹的'资本主义,而总是有封建主义的、小市民的或其他的东西掺杂其间。"④也正如高放教授所说:"当今的世界是多样化、多元化、多极化异彩纷呈的世界。把马克思主义与当今世界现实相联系,应该看到,资本主义、社会主义、共产主义这三种意识形态和社会制度,从总体和主体上看是有原则区别的,然而在现实生活中却是你中有我,我中有你,兼容并包,浑然一体,互相交错,彼此渗透,难以截然分开,无法断然割裂。……我们深信,资本主义,必然会逐步发展到社会主义、共产主义。"⑤

(二)社会主义共同历史趋势与不同发展道路相统一的规律

社会主义的本质是解放生产力,发展生产力,消灭剥削,消除两极分化,最终达

---

① 中国社会科学院研究室:《世界沧桑150年》,社会科学文献出版社2002年版第29页。
② 高放:《马克思主义与社会主义新论》,黑龙江人民出版社2012年版第276页。
③ 高放:《马克思主义与社会主义新论》,黑龙江人民出版社2012年版第195、247-248页。
④ 《列宁选集》第2卷,人民出版社1995年版第483页。
⑤ 高放:《马克思主义与社会主义新论》,黑龙江人民出版社2012年版第326-327页。

到共同富裕。由于生产力是要不断发展的,特别是科学技术这个第一生产力总是要不断发展乃至加速度发展的,而生产关系和上层建筑归根到底是由生产力决定的,是要随着生产力的发展而相适应地发展的,从而消灭阶级、消灭剥削、消除两极分化、最终达到共同富裕是必然要实现的。因而社会主义取代资本主义是世界各国共同的历史趋势。

同时由于各国国情不同,生产力发展水平和社会发展阶段不同,国际国内环境不同,所以各国走向社会主义的道路也会不同。站在新世纪,回眸过去两个世纪,展望未来人类前程,可以看出:世界各国走向社会主义这个历史趋势是共同的,但各国走向社会主义的道路是不同的。因此,各国社会主义的实现,将呈现出共同历史趋势与不同发展道路的统一。大体说来,可以通过以下两条不同的道路:

一条是自觉的革命的社会主义道路。其基本特点是先质变后量变,先进行上层建筑、生产关系的革命,后发展生产力,最终达到共同富裕。其基本过程是:由于历史原因,生产力落后——贫困普遍化,阶级矛盾尖锐化,出现革命形势——接受社会主义思想,进行社会主义革命——建立并逐步完善社会主义政权——建立并逐步完善社会主义生产关系——解放和发展生产力——消灭剥削,消除两极分化——最终达到共同富裕,建成社会主义,走向共产主义。中国基本上就是走的这一条道路。

一条是自发的渐进的社会主义道路。其基本特点是先量变后质变,先发展生产力,后进行生产关系和上层建筑的渐进的改革,最终达到共同富裕。其基本过程是:由于生产力状况和工人阶级状况,出现革命形势,产生社会主义思想——经过历次科技革命,大大解放和发展生产力——逐步进行社会改革,渐进调整生产关系和上层建筑,缓解社会矛盾和社会革命,增加社会主义因素——由量变到质变走向社会主义——消灭剥削,消除两极分化——最终达到共同富裕,建成社会主义,走向共产主义。不少国家有可能走这条道路。

陈文通教授指出:现代社会存在着两条并行的不同发展道路。"如果以后封建社会的结束作为起点,继续向前发展的道路有两条:一条是一般发展道路,即资本主义道路;另一条是特殊发展道路,即非资本主义道路或社会主义道路。中国就是如此。""传统社会主义道路力图以马克思主义创始人关于科学社会主义的设想为蓝图,建立以两种公有制、计划经济和按劳分配为主要架构的制度形式。"但是,这种制度形式同现阶段的生产力是不相适应的,变革这种制度形式和发展道路是历史必然。"对传统道路的变革是从改良开始的,但无济于事并归于失败,根本性的变革不可避免。但从根本上变革传统社会主义道路的方向和路径选择大不相同:中国毅然转向'第二次革命',但仍然坚持走社会主义道路;苏联和东欧等大多数社会主义国家则重新走上了资本主义道路。从此,中国由传统社会主义道路转向'中国特色社会主义道路'——一种新型的社会主义道路。""中国特色社会主义道路的特殊性,主要不在于它具有中国的民族特色和历史特色,也主要不在于它同传统社会主义道路的区别,而主要在于它产生于后发展国家,属于'后发展国家社会主义'。如果说传统社会主义以超阶段的形式开辟了社会主义道路,那么,中国特色社会主义则将自己正确地定位于后发展国家社会主义。"①

如果说,社会主义与资本主义将会双向融合或趋同,那将不是融合或趋同到资本主义,而是融合或趋同到社会主义。正如高放教授所说:社会主义和资本主义"两种制度在当代和平与发展成为世界主题、时代主题的新历史条件下,完全可能通过长期的和平共处、协作与竞争,达到共荣双赢,当然还会有一定的斗争才能磨合,但是最终各自通过不同的道路,殊途同归,实现全球一体化、世界大同。"②

(三)社会主义共同本质与不同特色相统一的规律

社会主义作为高于资本主义的一个历史发展阶段,必须有其高于资本主义的优越性,必须符合社会主义的本质规定,即更好地解放生产力,发展生产力,消灭剥削,消除两极分化,最终达到共同富裕。这是社会主义的共同本质。由于社会主义是不以人们意志为转移的历史发展规律,随着社会生产力、特别是科学技术的发展,无论是在主观上还是在客观上,各国都必然要逐步解放生产力,发展生产力,消灭剥削,消除两极分化,最终达到共同富裕,逐步走向社会主义。同时由于各国各种主客观条件的不同,各国走向社会主义的道路和具体过程不同,各国社会主义因素的产生和发展,又会呈现出多姿多彩的不同特色。因此,各国社会主义的实现,将呈现出共同本质与不同特色的统一。

列宁说过:马克思的理论"所提供的只是总的指导原理,而这些原理的应用具体地说,在英国不同于法国,在法国不同于德国,在德国又不同于俄国。"③列宁还

---

① 陈文通:《关于中国特色社会主义的几个理论问题》,载《中国延安干部学院学报》,2012年第1期。
② 高放:《马克思主义与社会主义新论》,黑龙江人民出版社2012年版第302页。
③ 《列宁选集》第1卷,人民出版社1995年版第274-275页。

说过:"共产主义者的任务,像在任何时候一样,也是要善于针对各个阶级和各政党相互关系的特点,针对共产主义客观发展的特点来运用共产主义普遍的和基本的原则;要看到这种特点每个国家各不相同,应该善于弄清、找到和揣摩出这种特点。"①邓小平强调指出:"我们的现代化建设,必须从中国的实际出发。无论是革命还是建设,都要学习和借鉴外国经验。但是,照搬照抄别国经验、别国模式,从来不能得到成功。这方面我们有过不少教训。把马克思主义的普遍真理同我国的具体实际结合起来,走自己的道路,建设有中国特色的社会主义,这就是我们总结长期历史经验得出的基本结论。"②习近平同志精辟指出:"中国特色社会主义特就特在其道路、理论体系、制度上,特就特在其实现途径、行动指南、根本保障的内存联系上,特就特在这三者统一于中国特色社会主义伟大实践上。在当代中国,坚持和发展中国特色社会主义,就是真正坚持社会主义。""中国特色社会主义,是科学社会主义理论逻辑和中国社会发展历史逻辑的辩证统一,是植根于中国大地、反映中国人民意愿、适应中国和时代发展进步要求的科学社会主义,是全面建成小康社会、加快推进社会主义现代化、实现中华民族伟大复兴的必由之路。"③

当今世界,不仅社会主义国家正在建设各具特色的社会主义,而且许多资本主义国家也出现了不同特色的社会主义因素。刘福垣研究员在《社会保障主义宣言》一书中,从政治经济学的生产力、生产关系、公有制、按劳分配、社会保障、现代化等基本范畴的正本清源入手,阐述了中国特色社会主义市场经济的科学内涵,提出了社会主义就是社会保障主义的科学社会主义的新概念。④ 无论是否赞成这种观点,应该说,社会保障制度是社会主义的重要制度,是当代世界各国普遍建立的制度,是资本主义国家出现的重要社会主义因素。现在,世界上大多数国家都建立起覆盖所有国民的社会保障制度。经济合作与发展组织现有的34个成员国,绝大多数是发达资本主义国家,普遍建立了"从摇篮到坟墓"的社会保障制度。中东一些国家的福利也比较优厚。就连我们不以为然的亚非拉许多国家也建立起各具特色的社会福利制度。许多社会主义国家的出现,许多资本主义国家社会主义因素的出现,充分证明,无论历史会发生怎样暂时的曲折,包括苏联解体、东欧剧变这样

---

① 《列宁选集》第4卷,人民出版社1995年版第197-198页。
② 《邓小平文选》第3卷,人民出版社1993年版第2-3页。
③ 《习近平谈治国理政》第1卷,外文出版社,2014年版第9、21页。
④ 刘福垣:《社会保障主义宣言》,社会科学文献出版社2006年版。

的曲折,随着资本主义的发展,终究会孕育出社会主义因素,资本主义充分发展之后,终究会发展到更高阶段、更为美好的社会主义社会。由此可见,社会主义发展过程必然是共同本质与不同特色相统一的过程。

(四)社会主义社会必然在矛盾运动中发展的规律

社会主义社会与其他社会一样,是充满矛盾的社会,必然在矛盾运动中发展。社会主义社会的基本矛盾依然是生产力与生产关系的矛盾、经济基础与上层建筑的矛盾。生产力的发展是人类社会发展的最终决定力量,也是社会主义社会发展的最终决定力量。在当代中国,经济建设仍然是兴国之要,发展仍然是解决一切矛盾和问题的关键。我们要牢牢扭住经济建设这个中心,坚持聚精会神搞建设,一心一意谋发展。发展中国特色社会主义是一项长期的艰巨的历史任务,总依据是社会主义初级阶段,总布局是经济建设、政治建设、文化建设、社会建设、生态文明建设五位一体,总任务是实现社会主义现代化和中华民族伟大复兴。在社会主义初级阶段,我们发展中国特色社会主义的战略目标是实现"两个一百年":在中国共产党成立一百周年时全面建成小康社会,在新中国成立一百周年时建成富强民主文明和谐的社会主义现代化强国。为了如期实现全面建成小康社会奋斗目标,推动经济社会持续健康发展,必须遵循以下原则:坚持人民主体地位,坚持科学发展,坚持深化改革,坚持依法治国,坚持统筹国内国际两个大局,坚持党的领导。在此基础上,习近平同志又提出了实施"四个全面"的战略布局:全面建成小康社会,全面深化改革,全面依法治国,全面从严治党。继而又提出了五大发展理念,即在现阶段,破解发展难题,厚植发展优势,必须牢固树立并切实贯彻创新、协调、绿色、开放、共享的发展理念。习近平同志指出,这五大发展理念不是凭空得来的,是我们在深刻总结国内外发展经验教训的基础上形成的,也是在深刻分析国内外发展大势的基础上形成的,集中反映了我们党对经济社会发展规律认识的深化,也是针对我国发展中的突出矛盾和问题提出来的。[1] 在党的十九大报告中,习近平又指出:

"中国特色社会主义进入新时代,我国社会主要矛盾已经转化为人民日益增长的美好生活需要和不平衡不充分的发展之间的矛盾。我国稳定解决了十几亿人的温饱问题,总体上实现小康,不久将全面建成小康社会,人民美好生活需要日益广

---

[1] 《习近平谈治国理政》第2卷,外文出版社2017年版第197页。

泛，不仅对物质文化生活提出了更高要求，而且在民主、法治、公平、正义、安全、环境等方面的要求日益增长。同时，我国社会生产力水平总体上显著提高，社会生产能力在很多方面进入世界前列，更加突出的问题是发展不平衡不充分，这已经成为满足人民日益增长的美好生活需要的主要制约因素。"

"必须认识到，我国社会主要矛盾的变化是关系全局的历史性变化，对党和国家工作提出了许多新要求。我们要在继续推动发展的基础上，着力解决好发展不平衡不充分问题，大力提升发展质量和效益，更好满足人民在经济、政治、文化、社会、生态等方面日益增长的需要，更好推动人的全面发展、社会全面进步。"①

显而易见，我们党总是在不断分析矛盾、解决矛盾中把中国特色社会主义事业不断推向前进的。

二、社会主义发展的质量互变规律

恩格斯指出：辩证法的规律是从自然界和人类社会的历史中抽象出来的，辩证法可归结为下面三个规律：量转化为质和质转化为量的规律；对立的相互渗透的规律；否定的否定的规律。② 他在《反杜林论》和《自然辩证法》中都专门论述了质量互变规律。在社会主义社会发展过程中，质量互变规律表现为经济社会发展的一系列数量指标与社会主义本质实现程度相统一的规律。

（一）质量互变规律是事物发展的普遍规律，也是社会主义发展的客观规律

全世界人民都期盼过上物质富裕、精神充实的幸福生活，都期盼解放生产力，发展生产力，消灭剥削，消除两极分化，最终达到共同富裕，一句话，都期盼实现社会主义。但是生产力的解放和发展，剥削的消灭，两极分化的消除，共同富裕的实现，都是长期的历史任务，都是极其艰巨复杂的社会系统工程，不可能一蹴而就。在这项工程中，必然要经过一个渐进量变——部分质变——总体质变的历史过程。因而由量变到质变、再由质变到量变，是社会主义发展的一条客观规律。历史证明，社会主义的实现不是任何人主观意志的产物，而是社会生产力发展的必然结果。阶级的存在，剥削的存在，两极分化的存在，与生产力发展的一定历史阶段相

---

① 《党的十九大报告辅导读本》，人民出版社2017年版第11—12页。
② 《马克思恩格斯选集》第4卷，人民出版社1995年版第310页。

联系,以生产力的不足为依据,而为生产力的高度发展所消灭。社会主义不可能通过不断变革生产关系、通过政治运动、通过"灵魂深处闹革命"来实现,而只能通过生产力的高度发展来实现。而生产力从落后到发达,再到高度发达,人民生活从贫困到富裕,再到共同富裕,只能是一个长期的渐进的量变过程。随着生产力的发展,生产关系和上层建筑或迟或早要发生变革,社会主义因素必然增长,共同富裕程度必然提高;当生产力的量变达到一定关节点就会实现质变或部分质变,量变和质变达到一定程度,共同富裕的社会主义社会就必然到来。

经过100多年科学的巨大发展,我们看到,数学已经得到了越来越广泛的应用,已经越来越渗透到各个研究领域、包括社会科学领域。社会主义作为一门科学,也只有在成功地运用数学时,才能成为一门真正完善的精密科学。但迄今为止,在社会主义理论研究上,数学方法、定量研究方法还远未得到充分运用。在我国社会主义理论和实践中,对唯物辩证法、包括定量研究方法也重视不够。实践是检验真理的唯一标准。大量统计资料是社会实践结果的集中反映,是检验理论是非的可靠尺度,是研究社会主义事业成败得失的重要依据。定量研究方法是研究和发展科学社会主义理论、包括中国特色社会主义理论的重要科学方法。

(二)邓小平揭示的社会主义本质是社会主义质的规定性的集中体现

建设社会主义,首先要搞清楚"什么是社会主义、怎样建设社会主义"这个根本问题。这是邓小平同志总结新中国成立以来的历史经验和改革开放以来的新鲜经验得出的科学结论。他强调指出:"我们的经验教训有许多条,最重要的一条,就是要搞清楚这个问题。"[①]我国社会主义在改革开放前经历的曲折,改革开放后在前进中遇到的一些困惑,归根到底都在于对这个问题没有完全搞清楚。20世纪80年代,一直站在改革开放和现代化建设最前沿的邓小平同志,坚持科学社会主义理论和实践的基本成果,紧紧抓住这个问题,总结了正反两个方面的经验,他指出,贫穷不是社会主义,发展太慢也不是社会主义;平均主义不是社会主义,两极分化也不是社会主义;计划经济不能表明社会主义,排斥市场经济不能发展社会主义;僵化封闭不能发展社会主义,照搬外国也不能发展社会主义;没有民主就没有社会主义,没有法制也没有社会主义;不重视物质文明搞不好社会主义,不重视精神文明

---

① 《邓小平文选》第3卷,人民出版社1993年版第116页。

也搞不好社会主义。在纠正过去错误认识的基础上，邓小平同志从时代特征和我国社会主义的发展阶段出发，根据新的实践和新的经验，回答了中国社会主义的发展道路、发展阶段、根本任务、发展动力、外部条件、政治保证、战略步骤、党的领导和依靠力量以及祖国统一等一系列基本问题，科学地揭示了"社会主义的本质，是解放生产力，发展生产力，消灭剥削，消除两极分化，最终达到共同富裕"，从而把对社会主义的认识和实践提高到一个崭新的水平。①邓小平对社会主义本质的科学概括，是科学社会主义理论的深化和发展，是邓小平理论的核心内容。社会主义本质是社会主义的根本属性，它最集中最突出地体现了社会主义的质。

（三）社会主义本质的实现过程是一个经济社会发展的长期的渐进的量变过程

现代社会，要解放生产力，发展生产力，首先必须解放和发展科学技术这个第一生产力。科学技术的发展必须依靠科学发现、技术发明。科学技术的发展依靠的不是体力，而是脑力，特别是创造力，是人的创造性、创新精神。因此，解放生产力，发展生产力，首先要解放创造力，发展创造力。这就需要有一大批创造性人才的培养，十年树木，百年树人，这不能不是一个长期的过程。当今世界，科学技术突飞猛进，国力竞争日趋激烈。当今时代是一个各方面创新不断加快的时代，比以往任何时代对人的创造能力都提出了更高的要求。这个时代最重要的资源不是自然资源，而是人力资源，不是人的一般体力和智力，而是人的创造力。这个时代的竞争主要是国家之间、企业之间、个人之间创造力的竞争。习近平同志强调指出："实施创新驱动发展战略决定着中华民族前途命运。没有强大的科技，'两个翻番'、'两个一百年'的奋斗目标难以顺利达成，中国梦这篇大文章难以顺利写下去，我们也难以从大国走向强国。全党全社会都要充分认识科技创新的巨大作用，把创新驱动发展作为面向未来的一项重大战略，常抓不懈。"②牢固树立并切实贯彻创新、协调、绿色、开放、共享的五大发展理念，首先要牢固树立并切实贯彻创新发展的理念。坚持创新发展，必须把创新摆在国家发展全局的核心位置，不断推进理论创新、制度创新、科技创新、文化创新等各方面创新，让创新贯穿党和国家一切工

---

① 孙英：《邓小平：科学总结历史经验的光辉典范》，载《人民日报》，2004年8月19日。
② 《习近平关于社会主义经济建设论述摘编》，中央文献出版社2017年版第128页。

作,让创新在全社会蔚然成风。

(四)坚持质与量的统一,丰富和发展社会主义本质理论

唯物辩证法认为,任何事物都同时具有质和量这两种规定性。那么,与社会主义本质密切联系的数量表现是什么呢?社会主义本质的数量表现就是经济社会发展的一系列指标。从邓小平概括社会主义本质的五句话来看,每句话都可以通过相应的经济和社会发展指标进行定量研究,从而丰富和发展社会主义本质理论。根据邓小平概括社会主义本质的五句话,下面分五个方面提出定量研究社会主义本质的部分主要指标。

第一,解放生产力方面的指标,可以着眼于生产关系是否适合生产力发展、上层建筑是否适合经济基础需要、经济制度和政治制度等等方面是否符合生产力发展和人的全面发展的需要,制定以下指标:人口数量和构成(主要分类构成),教育发展水平和公平程度,城乡就业率和失业率,劳动者才能利用率和工时利用率,生产要素的合理配置率和各种资源的开发利用率,政治民主和法制健全程度,公务员德才素质、行政效率和勤政廉政程度,公民自由程度、平等程度和权利保障程度,等等。

第二,发展生产力方面的指标,可以包括国民经济发展的一系列重要指标,如国民生产总值(GNP)和国内生产总值(GDP)及其人均数和增长率,社会劳动生产率,科技对经济增长贡献率,各产业在GDP和就业人口中的比重,城市人口占总人口比重,教育经费占GDP比重,研究与开发经费占GDP比重,经济环境质量(如通货膨胀率、公平交易率、合理税负率),自然环境质量(如自然资源数量和保护程度、环境绿化美化和保护程度),等等。

第三,消灭剥削方面的指标,可以包括私人资本剥削程度,权力资本化程度和权力资本剥削程度(如贪污受贿、违规公款消费和其他不当得利等),行业垄断和分配不公形成的剥削程度,等等。

第四,消除两极分化和不合理贫富差距方面的指标,可以包括:城乡之间、工农之间、地区之间收入差距,不同所有制、不同行业、不同单位、不同岗位人员收入差距,基尼系数,家庭财产贫富差距,贫困人口占总人口比重,富豪群体占总人口比重,贫富差距的不合理程度,等等。

第五，共同富裕程度和人民生活水平及生活质量方面的指标，可以包括：城乡人均纯收入，职工年平均工资，居民消费水平，恩格尔系数，人均居住面积，人均生活用电量，主要耐用消费品普及率，成人识字率，初等、中等和高等教育入学率，人口净增长率，平均预期寿命，婴儿死亡率，每千人拥有医生数，社会保障支出占 GDP 比重，社会保障覆盖率，刑事案件发案率，生产和交通事故死亡率，休闲娱乐时间，家庭生活质量（如婚姻和家庭关系满意度），社会生活质量（如社交满意度），精神生活质量（如理想抱负实现程度、心情轻松愉快程度），等等。

上述所列指标，虽然很不全面，挂一漏万，尚待专门研究；但至少可以说明，根据概括社会主义本质的五句话，可以制定出千百项经济和社会发展指标；构成一套比较完整的经济社会发展指标体系。其中可以列出几十项重要指标作为衡量社会主义本质实现程度的主要指标，并根据各项指标重要程度的不同配以不同的权数，用以进行综合评价。

有了这样一套社会指标体系和综合评价方法，检验世界上形形色色、真真假假的社会主义，检验成功的与失败的、够格的与不够格的社会主义，就有了客观标准。只有在生产力解放程度和发展速度上、在社会公平程度和人民致富速度上高于多数国家和世界平均水平，只有与发达国家的差距越来越小而不是越来越大，才符合社会主义本质的要求，才有可靠的根据证明社会主义优越于资本主义，才是成功的社会主义。这一标准是实践标准、生产力标准、"三个有利于"标准的深化、量化和具体化①，具有客观性、准确性和可操作性。高放教授指出："社会主义是有客观标准的，不一定由于自己宣布是社会主义就是真社会主义，……只有实践才是检验真假社会主义的唯一标准。"②因此，判断真假社会主义必须有客观标准。只有给人民带来富裕、民主、文明、和谐、自由、平等、公正、法治，带来幸福生活，才是科学社会主义。而这一切都必须看客观事实和统计数据，并要做统计分析，包括定量分析和定性分析，还要作历史对比和国际对比。在这里，任何假话、大话、空话都是有害无益的废话。

有了这样一套社会指标体系和综合评价方法，就可以从量变和质变的统一上

---

① "三个有利于"标准指的是邓小平所说的：判断姓"社"姓"资"的标准，"应该主要看是否有利于发展社会主义社会的生产力，是否有利于增强社会主义国家的综合国力，是否有利于提高人民的生活水平"（见《邓小平文选》第 3 卷，人民出版社 1993 年版第 372 页）。

② 高放：《社会主义的过去、现在和未来》，北京出版社 1982 年版第 257 页。

来研究社会主义因素的形成和发展、社会主义本质的实现程度、社会主义社会的发展道路和发展阶段,研究中国和世界社会主义事业发展的过去、现在和未来。从过去一两个世纪人类社会诸多方面诸多指标来看,社会生产力的解放和发展程度,社会的文明进步和公平程度,绝大多数人口的生活富裕程度,都在发生着量变和质变,都在历史长河中波浪式地前进。这种量变、质变和前进的总趋势是愈来愈符合社会主义本质的要求,愈来愈显示出社会主义在全世界实现的历史必然性。无论有怎样暂时的曲折和倒退,这种历史发展的总趋势,包括各种重要社会指标发展变化的总趋势,是不以人们意志为转移的,是任何人也改变不了的。这样,就不仅把社会关系归结于生产关系,把生产关系归结于生产力的水平,而且把生产力水平归结于人民生活水平和社会文明进步程度,并把这一切具体反映在一系列重要指标、数列、变量和图表上,从而就能以可靠的根据和数学的精确性把社会主义的发展看作是自然历史过程。不言而喻,没有这种观点,就不会有精密的社会主义科学。相反,有了这种观点,有了定量研究,社会主义就是不以人们意志为转移的自然历史过程和必然历史趋势。由此,也就有了社会主义科学,而且是一门极其重要的综合性科学。作为一种自然历史过程和必然历史趋势,社会主义在全世界必兴无疑,必成无疑。而从具体历史过程来说,有了社会主义科学,就能保证社会主义事业少走弯路,加快速度,兴而不衰,成而不败。从思想理论上来说,有了社会主义科学,就能帮助人们树立社会主义科学信仰,克服信仰危机,信心危机,保证社会主义运动走出低潮,胜利前进。

历年统计数据证明,新中国经济社会发展状况在不同历史时期有很大不同。建国后的头三年,我们迅速恢复了在旧中国遭到严重破坏的国民经济,全国工农业生产1952年底已经达到历史最高水平。1953—1957年我们完成了第一个五年计划,国民经济迅速发展,人民生活显著改善。但是从1957年下半年到1978年党的十一届三中全会的21年中,我们执行了一条以阶级斗争为纲的错误路线,由此导致了一系列严重后果。1978年召开的党的十一届三中全会,纠正了过去的"左"倾错误,实现了历史的伟大转折。改革开放40年来,我们坚持党的基本路线,建设中国特色的社会主义,取得了举世瞩目的辉煌成就。改革开放以来的40年,是我国历史上生产力发展最快、综合国力增强最快、人民生活水平提高最快的40年。40年来从城市到农村、从社会到家庭、从生产到生活、从经济到政治,都发生了巨大的历史性的变化。近70年来的大量统计数据充分反映了我国社会主义建设的历史轨迹和成败得失。大量统计数据以数学精确性无可争辩地证明,我国在第一个五年计划期间,特别是在改革开放以来的40年中实现了国民经济的高速增长和人民生活水平的迅速提高。而在1958—1978年21年中几乎所有主要经济和社会发展的可比指标比"一五"期间和改革开放时期都差得很远,而且与发达国家的差距也越来越大,显然不能体现社会主义的优越性和本质要求。实践证明,定量研究方法是判断社会主义本质实现程度和社会主义事业成败得失的科学方法,定量研究社会主义本质理论有助于树立社会主义理想信念,树立中国特色社会主义的道路自信、理论自信、制度自信和文化自信。

三、社会主义发展的否定之否定规律

20世纪是人类历史发生巨变的世纪。在它的前半期,社会主义制度以其在世界广大领域取得的伟大胜利而震惊了世界。在它的后半期,社会主义又因其遭受挫折,而又一次震惊了世界。这种沧桑巨变,向人们提出了如何认识社会主义发展历史进程的严肃课题。它对于我们科学把握社会发展规律,特别是社会主义社会发展规律,认清社会主义事业的长期性、艰巨性、复杂性、曲折性,坚定建设中国特色社会主义的信心和决心,具有重要的现实意义。

(一)否定之否定规律是事物发展的普遍规律,也是社会主义发展的客观规律

为什么社会主义的历程一波三折、如此曲折?列宁指出:"历史的发展是迂回曲折的。"①"历史通常都是循着曲折的道路发展的,马克思主义者必须善于重视历史的极其复杂奇特的曲折道路,这是无可争辩的。"②由于社会现象极其复杂,社会发展,包括社会主义发展不可能一帆风顺。否定之否定规律是事物发展的普遍规律,也是社会主义发展的客观规律。认识了历史发展的这种规律性,我们就不会在历史曲折面前惊慌失措。苏东剧变发生后,邓小平清醒地感到,社会主义仍然处于幼年时期,还需要在实践中进一步探索和奋斗。他说:"我们搞社会主义才几十年,

---

① 《列宁选集》第3卷,人民出版社1995年版第473页。
② 《列宁选集》第1卷,人民出版社1995年版第734页。

还处在初级阶段。巩固和发展社会主义制度,还需要一个很长的历史阶段,需要我们几代人、十几代人,甚至几十代人坚持不懈地努力奋斗,决不能掉以轻心。"①

尽管社会主义的目标是共同富裕、普遍幸福,但在不同国家、不同地区、不同领域,许多社会政策和措施对不同阶级、阶层、群体、利益集团会有不同的利害关系,会引起各种各样的冲突、斗争、曲折和意外。因此,社会主义的发展不是直线,而是螺旋式上升的曲线,是前进性和曲折性的统一,是否定之否定的过程。从世界来看,世界上第一个社会主义国家苏联,从1917年到1991年,搞了70多年社会主义,但最终以解体和失败告终。从中国来看,社会主义建设也走过十分曲折的道路,在经历了长期艰辛探索之后,正在中国特色社会主义道路上阔步前进。

(二)世界上第一个社会主义国家的兴衰成败

1917年,列宁领导俄国十月革命成功,建立了世界上第一个社会主义国家,实现了科学社会主义从理论到实践的飞跃。俄国十月革命的成功,不仅开创了人类社会主义实践的新纪元,而且给中国人民和世界人民以极大鼓舞,促进了中国共产党和许多国家共产党的诞生和发展,促进了国际共产主义运动的蓬勃发展。另一方面也引起了资本主义世界的极大恐惧,俄国社会主义革命刚刚成功,就遭到十六个资本主义国家的围攻。列宁领导的俄国共产党和俄国人民击退了资本主义国家的围攻,坚强屹立在资本主义国家包围之中。列宁逝世后,斯大林继续领导苏联人民建设社会主义,虽然在这个过程中犯了严重错误,但是仍然取得了社会主义建设的重大成就,取得了第二次世界大战反法西斯战争的伟大胜利,到20世纪中叶已经与美国一起成为世界两个超级大国。但由于斯大林及其几届继任者的错误,由于缺乏建设社会主义的经验,由于经济发展水平的落后和民主法制等等方面的缺陷,终于在与资本主义列强的竞争和冷战中遭到失败,最终在1991年解体。原来由苏联帮助建立起来的东欧社会主义国家也随着发生巨变,回到资本主义制度之下。十月革命的成功是对俄国资本主义的否定,苏联的解体则是对第一个社会主义国家的否定,是否定之否定。但是应该看到,苏联的解体并不是回到沙皇俄国,而是继续保留了社会主义建设的成就,保留了苏联时期建立起来的社会保障制度等等社会主义因素和成果。同时,苏联的解体也并不是马克思主义和科学社会主

---

① 《邓小平文选》第3卷,人民出版社1993年版第379-380页。

义的失败,而是苏联实行的一套违背马克思主义和科学社会主义的理论、制度和做法的失败。这也促使人们对马克思主义和科学社会主义进行进一步思考,促使人们进一步思考什么是社会主义、怎样建设社会主义的重大问题,这必将促进马克思主义和科学社会主义的进一步发展和完善,实现新的否定之否定,实现新的历史补偿和进步。世界上第一个社会主义国家的兴衰成败警示我们,社会主义事业的成功绝不是一帆风顺的,社会主义事业只能是前进性与曲折性的统一,是长期的曲折前行的漫长历史过程。毋庸置疑,苏联解体后独立的15个国家也绝不会从此就停滞不前,必然继续发展,无论会经历怎样的曲折,终究要继续解放生产力,发展生产力,终究要消灭剥削,消除两极分化,终究要走向共同富裕,走向社会主义。这是历史发展的必然规律、也是社会主义社会发展的否定之否定规律决定的。

苏联解体、东欧剧变,使社会主义的生死存亡,成为世界各国人民普遍关注的焦点,也使一些人的社会主义信念发生了动摇。列宁说过:"辩证法的特征和本质的东西并不是单纯的否定,并不是任意的否定,并不是怀疑的否定、动摇、疑惑(当然,辩证法自身包含着否定因素,并且这是它的最重要的因素),并不是这些,而是作为联系环节、作为发展环节的否定,是保持肯定的东西的,即没有动摇、没有任何折衷的否定。"①从这种辩证的否定观来看,苏联解体、东欧剧变,只是苏联模式的社会主义的失败,只是一种暂时的历史曲折,并不能改变社会主义终究要取代资本主义的历史规律。在这关键时刻,邓小平同志坚定指出:"我坚信,世界上赞成马克思主义的人会多起来的,因为马克思主义是科学。它运用历史唯物主义揭示了人类社会发展的规律。封建社会代替奴隶社会,资本主义代替封建主义,社会主义经历一个长过程发展后必然代替资本主义。这是社会历史发展不可逆转的总趋势,但道路是曲折的。资本主义代替封建主义的几百年间,发生过多少次王朝复辟?所以从一定意义上说,某种暂时复辟也是难以完全避免的规律性现象。一些国家出现严重曲折,社会主义好象被削弱了,但人民经受锻炼,从中吸收教训,将促使社会主义向着更加健康的方向发展。因此,不要惊慌失措,不要认为马克思主义就消失了,没用了,失败了,哪有这回事!"②

---

① 《列宁全集》第38卷,人民出版社1959年版第244页。
② 《邓小平文选》第3卷,人民出版社1993年版第382-383页。

(三)中国特色社会主义经过艰难曲折成为新世纪全球最亮丽的一道风景

肖德甫少将在《20世纪的政治遗产》一书中指出:"可以毫无愧色地说,如果20世纪世界社会主义的最大挫折是苏东剧变的话,那么,20世纪世界社会主义的最大成功则是中国的成功——有中国特色的社会主义在20世纪末成为全球最亮丽的一道风景。"①中国是当今世界最大最主要的社会主义国家。从1949年中华人民共和国成立以来60多年中,中国社会主义事业的发展并不是一帆风顺的,也走过了崎岖不平、坎坷曲折的道路。现在,我们虽然已经走上中国特色社会主义道路,并取得了举世瞩目的辉煌成就,但是前进的道路上仍然有各种各样的艰难险阻。新中国的60多年是前进、受挫折、再前进的60多年,是成功、失败、更成功的60多年,建国初期建立的制度和执行的政策是对解放前的制度和政策的否定,1957年至1978年建立的人民公社制度和以阶级斗争为纲的政策是对建国初期合理制度和正确政策的否定,改革开放是对左倾错误政策的否定,是否定之否定。历史证明,社会的发展,包括社会主义社会的发展,都是一个否定之否定的过程,都是前进性和曲折性的统一。同样,全世界走向社会主义的道路也不会平坦而笔直,也必然是一个否定之否定的过程,必然是前进性和曲折性的统一。

正如肖德甫少将所说:"到20世纪末、21世纪初,中国实现了中华民族历史上最深刻的社会经济转型,彻底结束了延续几千年的农业社会,阔步进入了工业化中后期阶段;实现了国家经济实力的最重大提升,彻底终结了长达一个多世纪的经济下降局面,重新成为驱动世界经济发展的强大引擎,为民族复兴奠定了雄厚的物质基础;实现了民生状况前所未有的巨大改善,使曾经贫穷落后的中国迅速逼近世界高中等收入国家行列,开始把中华民族几千年的'大同社会'梦想变为现实;对中国大地的自然地理面貌进行了最深刻最积极的改造,彻底打破了束缚发展的严重自然阻隔,使中国成为一个经济社会联系高度通达、极富活力与效率的有机整体。而更为重要的,是中国的社会主义制度得到了巩固和完善。""中国社会主义的极大成功,不但得到中国大陆民众的高度认同,而且受到海内外人士和世界各国越来越广泛的关注。普遍认为,中国的发展道路提供了一种新的启示,正在颠覆西方的传统理论和冷战结束以来的世界格局。"俄罗斯国际关系学院一名学者说:"中国

---

① 肖德甫:《20世纪的政治遗产》,中央文献出版社2011年版。

的改革很成功。中国官方把这一模式称做中国特色的社会主义,但实际上全世界都明白,一个新的超级大国诞生了。"(《环球时报》,2009年10月1日第6版。)美国一名旅游者在参观江苏华西村后发出感慨:"如果这是社会主义,我们也想要。"(《环球时报》,2009年10月1日第6版。)①毫无疑问,共同富裕的社会主义,全世界人民都想要;共同富裕、造福人民的社会主义必将受全人类拥护,必将在全世界实现。

---

① 肖德甫:《20世纪的政治遗产》,中央文献出版社2011年版。

中 卷

立足中国社会现实的马克思主义中国化研究

马克思主义中国化,就是把马克思主义基本原理同中国具体实际相结合,运用马克思主义的立场、观点、方法研究和解决中国革命、建设和改革不同历史时期的实际问题,形成具有中国特色、中国风格、中国气派的中国化的马克思主义理论。马克思主义中国化的根本要求是立足中国国情、研究中国问题、形成中国理论、指导中国实践。

马克思主义不是教条,而是行动指南。建设中国特色社会主义必须坚持马克思主义的理论指导。马克思不可能在100多年前未卜先知中国当代的实际情况。中国人民在现实生活中面临的各种问题不可能从马克思恩格斯100多年前的著作中找到现成的答案,认识和解决这些问题只能靠我们自己。中国共产党人把马克思主义与中国实际相结合,取得了丰富经验,在总结经验的基础上,形成了符合中国实际的中国特色社会主义理论,形成了习近平新时代中国特色社会主义思想。本卷首先从宏观上探讨一下中国特色社会主义理论形成的历史背景、主要内容、根本宗旨、实现途径,然后针对中国社会现实中存在的分配不公、官员腐败、道德滑坡、教育弊端、生态恶化等问题,探讨一下改革开放、民主法治、文化繁荣、教育改革、生态文明建设中的若干重大问题。

第四章　中国特色社会主义论

党的十八大报告指出：在中国这样一个经济文化十分落后的国家探索民族复兴道路，是极为艰巨的任务。九十多年来，我们党紧紧依靠人民，把马克思主义基本原理同中国实际和时代特征结合起来，独立自主走自己的路，历经千辛万苦，付出各种代价，取得革命建设改革伟大胜利，开创和发展了中国特色社会主义，从根本上改变了中国人民和中华民族的前途命运。在改革开放三十多年一以贯之的接力探索中，我们坚定不移高举中国特色社会主义伟大旗帜，既不走封闭僵化的老路、也不走改旗易帜的邪路。中国特色社会主义道路，中国特色社会主义理论体系，中国特色社会主义制度，是党和人民九十多年奋斗、创造、积累的根本成就，必须倍加珍惜、始终坚持、不断发展。[①] 党的十八大以来，以习近平同志为核心的党中央善于聆听时代声音，根据国际国内的深刻变化，在党的十九大系统提出了习近平新时代中国特色社会主义思想。

中国特色社会主义理论体系，是包括邓小平理论、"三个代表"重要思想、科学发展观、习近平新时代中国特色社会主义思想在内的科学理论体系。习近平新时代中国特色社会主义思想指明了当代中国发展进步的根本方向，是建设富强民主文明和谐美丽的社会主义现代化强国的根本保证，是马克思主义在当代世界最重大的发展。由于中国理论界对中国特色社会主义理论已经作了大量研究，本章只简略概括一下中国特色社会主义的历史背景、主要内容、巨大成就、艰巨任务、根本宗旨、实现途径。

本章的创新点主要有：

一、概括了中国特色社会主义理论的形成背景和主要内容。

二、概括了中国特色社会主义建设的巨大成就和艰巨任务。

---

① 《十八大报告辅导读本》，人民出版社2012年版第10、12页。

三、概括了中国特色社会主义事业的根本宗旨和实现途径。根本宗旨是造福人民,提高人民幸福指数,包括提高人民物质丰裕感、精神充实感、政治清明感、社会和谐感、生态舒适感。实现途径是按照经济建设、政治建设、文化建设、社会建设、生态文明建设五位一体总体布局,实现全面建成小康社会的五大目标,即:经济持续健康发展;人民民主不断扩大;文化软实力显著增强;人民生活水平全面提高;资源节约型、环境友好型社会建设取得重大进展。

第一节 中国特色社会主义理论的形成背景和主要内容

一、中国特色社会主义理论形成的历史背景

中国特色社会主义是与马克思主义、列宁主义、毛泽东思想一脉相承而又与时俱进的理论体系,是马克思主义在当代中国发展创新的最重大成果。

马克思恩格斯提出的社会主义社会的基本特征,一是在生产资料公有制基础上组织生产,满足全体社会成员的需要是社会主义生产的根本目的;二是对社会生产进行有计划的指导和调节,实行等量劳动领取等量产品的按劳分配原则;三是合乎自然规律地改造和利用自然;四是无产阶级革命是无产阶级进行斗争的最高形式,必须由无产阶级政党领导、以建立无产阶级专政的国家为目的;五是通过无产阶级专政和社会主义高度发展最终实现向消灭阶级、消灭剥削、实现人的全面而自由发展的共产主义社会的过渡。

列宁把科学社会主义从理论变为实践,并总结实践经验,发展了科学社会主义思想:一是社会主义必须创造出比资本主义更高的劳动生产率;二是无产阶级夺取政权以后要实现党和国家工作重心从革命到建设的转变;三是通过合作社引导农民走向社会主义;四是过渡时期必须利用商品货币关系;五是必须利用资本主义文明成果建设社会主义;六是社会主义必须高度重视文化建设;七是加强国家政权建设,有步骤地发展社会主义民主;八是必须加强执政党建设。

以毛泽东为主要代表的中国共产党人,在探索符合中国国情的社会主义建设道路过程中,十分注意总结经验,逐步形成了一些十分重要的成果:一是要把党和国家工作重点转到技术革命和社会主义建设上来;二是社会主义社会的基本矛盾

仍然是生产力和生产关系、经济基础和上层建筑之间的矛盾,人民对于经济文化迅速发展的需要同当前经济文化不能满足人民需要的状况之间的矛盾是我国国内的主要矛盾,发展生产力是根本任务;三是社会主义社会还有商品生产和商品交换,要发展商品生产,遵循价值规律和做好综合平衡;四是社会主义发展目标是建设现代工业、现代农业、现代科学技术、现代国防;五是注意发展手工业和农业多种经营,农村中要实行生产责任制,不能剥夺农民,不能超越阶段,反对平均主义;六是必须扩大社会主义民主,坚持民主集中制,加强社会主义法制建设,防止领导机关官僚化、特殊化;七是必须正确区分和处理敌我矛盾和人民内部矛盾;八是在文化领域实行"百花齐放,百家争鸣"的方针。但是由于种种原因,毛泽东违背了他自己的正确思想,从1957年到1976年逝世,发生了严重的"左"的错误,发动了反右派斗争、反右倾斗争,发动了大跃进、人民公社化运动、"文化大革命"运动,导致了不幸的后果。

正如邓小平所说:"我是主张改革的,不改革就没有出路,旧的那一套经过几十年的实践证明是不成功的。……从一九五七年开始我们的主要错误是'左','文化大革命'是极左。中国社会从一九五八年到一九七八年二十年时间,实际上处于停滞和徘徊状态,国家的经济和人民的生活没有多大的发展和提高。这种情况不改革行吗?""不坚持社会主义,不改革开放,不发展经济,不改善人民生活,只能是死路一条。"①对改革开放的历史背景,胡锦涛同志有一段经典论述。他说:我们党在上世纪70年代末作出实行改革开放的重大决策,主要有两方面的背景。一方面,从我国自身的情况看,"文化大革命"十年内乱,使党、国家和人民遭到严重挫折和损失。邓小平曾经说,"文化大革命"结束时,"就整个政治局面来说,是一个混乱状态;就整个经济情况来说,实际上是处于缓慢发展和停滞状态。"我们必须通过改革开放,增强我国社会主义的生机活力,解放和发展社会生产力,改善人民生活。另一方面,从外部环境看,20世纪70年代世界范围内蓬勃兴起的新科技革命推动世界经济以更快的速度向前发展,我国经济实力、科技实力与国际先进水平的差距明显拉大,面临着巨大的国际竞争压力。我们必须通过改革开放,带领人民追赶时代前进潮流。②

---

① 《邓小平文选》第3卷,人民出版社1993年版第237、269、370页。
② 胡锦涛:《继续把改革开放伟大事业推向前进》,见《坚持改革开放教育读本》,人民日报出版社2008年版第2页。

2008年9月29日中央党校曹普教授在《学习时报》刊文指出：

"文化大革命"历时10年之久，名义上是坚持和捍卫社会主义、坚持和捍卫马克思主义，实际上严重损害了党和社会主义，给党、国家和人民带来了史无前例的巨大灾难。"文革"结束时的中国，是一副怎样的图景呢？

政治上，"文化大革命"严重混淆敌我，严重践踏社会主义民主法制，造成冤假错案堆积如山。据统计，"文革"十年中，全国被立案审查的干部高达230万人，占"文革"前夕全国1200万干部的19.2%。中央和国家机关各部委被审查的干部有29885人，占干部总数的16.7%。其中，中央副部级和地方副省级以上的高级干部被立案审查的达75%。据最高人民法院1980年9月统计，仅因刘少奇问题而受株连的"案件"就有2.6万多件，被判刑的达2.8万多人。党和政府的各级机构、各级人民代表大会和政协组织，长期陷于瘫痪和不正常状态。公安、检察、司法等专政机关和维护社会秩序的机关都被搞乱了。

经济上，"文化大革命"造成我国国民经济的巨大损失。1977年12月，据李先念在全国计划会议上估计，"文革"十年在经济上仅国民收入就损失人民币5000亿元。这个数字相当于建国30年全部基本建设投资的80%，超过了建国30年全国固定资产的总和。"文革"期间，有5年经济增长不超过4%，其中1967、1968、1976年3年负增长。1978年2月，华国锋在《政府工作报告》中说：由于"文革"的破坏，仅1974年到1976年，全国就损失工业总产值1000亿元，钢产量2800万吨，财政收入400亿元，整个国民经济几乎到了崩溃的边缘。

文化上，这场由文化领域肇始的"大革命"，对教科文的摧残尤其严重。无数的中华民族优秀的文化遗产遭受浩劫，一大批学有专长的知识分子受到残酷迫害。到1968年底，中科院仅在北京的171位高级研究人员中，就有131位先后被列为打倒和审查对象。全院被迫害致死的达229名。上海科技界的一个特务案，株连了14个研究单位，1000多人。受逼供、拷打等残酷迫害的科技人员和干部达607人，活活打死2人，6人被迫自杀（《科技日报》2008年3月17日）。从1966年到1976年，十年没有组织过正式高考，交白卷也可以上大学。1982年人口普查统计表明，当年全国文盲半文盲多达2亿3千多万人。"文化大革命"还造成全民族空前的思想混乱，党的建设和社会风气受到严重破坏。①

错误常常是正确的先导。"文化大革命"结束后,中国共产党人深刻总结历史的经验教训,开辟了中国特色社会主义道路,创立了中国特色社会主义理论体系,发展和完善了中国特色社会主义制度,将社会主义推进到一个新的阶段。中国特色社会主义,既坚持了科学社会主义基本原则,又根据时代条件赋予其鲜明的中国特色,以全新的视野深化了共产党执政规律、社会主义建设规律、人类社会发展规律的认识,从理论和实践结合上系统回答了在中国这样人口多底子薄的东方大国建设什么样的社会主义、怎样建设社会主义这个根本问题,使我们国家快速发展起来,使我国人民生活水平快速提高起来。实践充分证明,中国特色社会主义是当代中国发展进步的根本方向,只有中国特色社会主义才能发展中国。发展中国特色社会主义是一项长期的艰巨的历史任务,必须准备进行具有许多新的历史特点的伟大斗争。我们一定要毫不动摇坚持、与时俱进发展中国特色社会主义,不断丰富中国特色社会主义的实践特色、理论特色、民族特色、时代特色。② 习近平指出:"中国特色社会主义,是科学社会主义理论逻辑和中国社会发展历史逻辑的辩证统一,是根植于中国大地、反映中国人民意愿、适应中国和时代发展进步要求的科学社会主义,是全面建成小康社会、加快推进社会主义现代化、实现中华民族伟大复兴的必由之路。"③"中国特色社会主义不是从天上掉下来的,是党和人民历尽千辛万苦、付出巨大代价取得的根本成就。"④

二、中国特色社会主义理论的主要内容

中国特色社会主义理论的主要内容包括:

(1)实事求是理论。实事求是是马克思主义的精髓。与时俱进是马克思主义的理论品质。求真务实是党的思想路线的核心。

(2)科学发展理论。和平和发展是当今世界两大主题;发展是硬道理;坚持经济社会发展与人的全面发展相统一;正确处理好改革发展稳定的关系;深入贯彻落

---

① 曹普:《中国改革开放的历史由来(上)》,载《学习时报》,2008年9月29日第3版。
② 《十八大报告辅导读本》,人民出版社2012年版第13-14页。
③ 《习近平关于实现中华民族伟大复兴的中国梦论述摘编》,中央文献出版社2013年版第26页。
④ 《习近平谈治国理政》第2卷,外文出版社2017年版第36页。

实以人为本、全面协调可持续的科学发展观;坚定贯彻创新、协调、绿色、开放、共享五大发展理念。

(3)以人为本理论。党的一切奋斗和工作都是为了造福人民;发展为了人民,发展依靠人民,发展成果由人民共享;树立实现国家富强、民族振兴、人民幸福的中国梦的伟大理想。

(4)社会主义初级阶段理论。我国仍处于并将长期处于社会主义初级阶段;一切从社会主义初级阶段的实际出发;始终不渝地坚持社会主义初级阶段的基本路线。

(5)社会主义本质理论。社会主义的本质,是解放生产力,发展生产力,消灭剥削,消除两级分化,最终达到共同富裕。

(6)社会主义根本任务理论。社会主义的根本任务是解放和发展社会生产力;坚持以经济建设为中心;提高自主创新能力,建设创新型国家。

(7)社会主义发展动力理论。改革开放是中国特色社会主义的发展动力;全面深化经济、政治、文化、社会各方面改革;拓展对外开放广度和深度。

(8)发展战略与总体布局理论。确立"三步走"的发展战略和"两个一百年"的战略目标;统筹推进经济建设、政治建设、文化建设、社会建设、生态文明建设"五位一体"总体布局;协调推进全面建成小康社会、全面深化改革、全面依法治国、全面从严治党"四个全面"战略布局。实施科教兴国、人才强国和可持续发展战略。

(9)经济建设理论。全面深化经济体制改革,确立公有制为主体、多种所有制经济共同发展的基本经济制度和按劳分配为主体、多种分配方式并存的分配制度;完善社会主义市场经济体制;让市场在资源配置中起决定性作用,更好发挥政府作用;实施创新驱动发展战略;推进经济结构战略性调整;推动城乡发展一体化;构建开放型经济新体制;推进"一带一路"建设。

(10)民主政治建设理论。发展社会主义民主,健全社会主义法制;坚持党的领导、人民当家做主、依法治国有机统一;深化政治体制改革;发展社会主义民主政治,发展社会主义协商民主;推进国家治理体系和治理能力现代化;建设中国特色社会主义法治体系。

(11)文化建设理论。推进马克思主义中国化时代化大众化;建设社会主义核心价值体系,培育和践行社会主义核心价值观;全面提高公民道德素质;丰富人民精神文化生活;增强文化实力和自信。

（12）社会建设理论。以改善民生为重点加快社会建设；努力办好人民满意的教育；推动实现更高质量的就业；千方百计增加人民收入；统筹推进城乡社会保障体系建设；提高人民健康水平，努力建设健康中国；加强和创新社会管理；努力做到幼有所育、学有所教、劳有所得、病有所医、老有所养、住有所居、弱有所扶，建设社会主义和谐社会。

（13）生态文明建设理论。大力推进生态文明建设，努力建设美丽中国，实现中华民族永续发展；为全球生态安全做出贡献。

（14）国防和军队建设理论。统筹经济建设与国防建设，加快推进国防和军队现代化。

（15）祖国统一理论。按照"一个国家，两种制度"的战略构想，推进和实现祖国和平统一。

（16）外交战略理论。坚持独立自主的和平外交政策，维护国家主权安全和发展利益，始终不渝走和平发展道路，推动建设持久和平、共同繁荣的和谐世界。实施总体国家安全观，建立新型大国关系，建设人类命运共同体。

（17）社会主义依靠力量理论。必须坚持人民主体地位，发挥人民主人翁精神，调动人民群众建设社会主义的积极性主动性创造性，推动社会主义各项建设事业的顺利发展。

（18）社会主义领导力量理论。中国共产党是中国特色社会主义事业的领导核心；不断加强和改善党的领导；切实加强党的思想建设、政治建设、组织建设、作风建设、制度建设、廉政建设、执政能力建设；深入开展反腐败斗争；全面提高党的建设科学化水平。

三、中国特色社会主义理论的最新成果——习近平新时代中国特色社会主义思想

党的十八大以来，国内外形势变化和我国各项事业发展都给我们提出了一个重大时代课题，这就是必须从理论和实践结合上系统回答新时代坚持和发展什么样的中国特色社会主义、怎样坚持和发展中国特色社会主义。围绕这个重大时代课题，以习近平同志为核心的党中央坚持以马克思列宁主义、毛泽东思想、邓小平理论、"三个代表"重要思想、科学发展观为指导，坚持解放思想、实事求是、与时俱进、求真务实，坚持辩证唯物主义和历史唯物主义，紧密结合新的时代条件和实践要求,以全新的视野深化对共产党执政规律、社会主义建设规律、人类社会发展规律的认识,进行艰辛理论探索,取得重大理论创新成果,形成了习近平新时代中国特色社会主义思想。

习近平新时代中国特色社会主义思想,明确坚持和发展中国特色社会主义,总任务是实现社会主义现代化和中华民族伟大复兴,在全面建成小康社会的基础上,分两步走在本世纪中叶建成富强民主文明和谐美丽的社会主义现代化强国;明确新时代我国社会主要矛盾是人民日益增长的美好生活需要和不平衡不充分的发展之间的矛盾,必须坚持以人民为中心的发展思想,不断促进人的全面发展、全体人民共同富裕;明确中国特色社会主义事业总体布局是"五位一体"、战略布局是"四个全面",强调坚定道路自信、理论自信、制度自信、文化自信;明确全面深化改革总目标是完善和发展中国特色社会主义制度、推进国家治理体系和治理能力现代化;明确全面推进依法治国总目标是建设中国特色社会主义法治体系、建设社会主义法治国家;明确党在新时代的强军目标是建设一支听党指挥、能打胜仗、作风优良的人民军队,把人民军队建设成为世界一流军队;明确中国特色大国外交要推动构建新型国际关系,推动构建人类命运共同体;明确中国特色社会主义最本质的特征是中国共产党领导,中国特色社会主义制度的最大优势是中国共产党领导,党是最高政治领导力量,提出新时代党的建设总要求,突出政治建设在党的建设中的重要地位。

习近平新时代中国特色社会主义思想,是对马克思列宁主义、毛泽东思想、邓小平理论、"三个代表"重要思想、科学发展观的继承和发展,是马克思主义中国化最新成果,是党和人民实践经验和集体智慧的结晶,是中国特色社会主义理论体系的重要组成部分,是全党全国人民为实现中华民族伟大复兴而奋斗的行动指南,必须长期坚持并不断发展。

全党要深刻领会习近平新时代中国特色社会主义思想的精神实质和丰富内涵,在各项工作中全面准确贯彻落实。(一)坚持党对一切工作的领导。(二)坚持以人民为中心。(三)坚持全面深化改革。(四)坚持新发展理念。(五)坚持人民当家做主。(六)坚持全面依法治国。(七)坚持社会主义核心价值体系。(八)坚持在发展中保障和改善民生。(九)坚持人与自然和谐共生。(十)坚持总体国家安全观。(十一)坚持党对人民军队的绝对领导。(十二)坚持"一国两制"和推进祖国统一。(十三)坚持推动构建人类命运共同体。(十四)坚持全面从严治党。以上十四条,构成新时代坚持和发展中国特色社会主义的基本方略。全党同志必须全面贯彻党的基本理论、基本路线、基本方略,更好引领党和人民事业发展。

实践没有止境,理论创新也没有止境。世界每时每刻都在发生变化,中国也每时每刻都在发生变化,我们必须在理论上跟上时代,不断认识规律,不断推进理论创新、实践创新、制度创新、文化创新以及其他各方面创新。①

第二节 中国特色社会主义建设的巨大成就和艰巨任务

一、中国特色社会主义建设的巨大成就

习近平在庆祝改革开放40周年大会的讲话中概括了40年来中国特色社会主义建设事业取得的巨大成就。在解放和发展社会生产力、保障和改善民生方面,他指出:

40年来,我们始终坚持以经济建设为中心,不断解放和发展社会生产力,我国国内生产总值由3679亿元增长到2017年的82.7万亿元,年均实际增长9.5%,远高于同期世界经济2.9%左右的年均增速。我国国内生产总值占世界生产总值的比重由改革开放之初的1.8%上升到15.2%,多年来对世界经济增长贡献率超过30%。我国货物进出口总额从206亿美元增长到超过4万亿美元,累计使用外商直接投资超过2万亿美元,对外投资总额达到1.9万亿美元。我国主要农产品产量跃居世界前列,建立了全世界最完整的现代工业体系,科技创新和重大工程捷报频传。我国基础设施建设成就显著,信息畅通,公路成网,铁路密布,高坝矗立,西气东输,南水北调,高铁飞驰,巨轮远航,飞机翱翔,天堑变通途。现在,我国是世界第二大经济体、制造业第一大国、货物贸易第一大国、商品消费第二大国、外资流入第二大国,我国外汇储备连续多年位居世界第一,中国人民在富起来、强起来的征程上迈出了决定性的步伐!

---

① 《党的十九大报告辅导读本》,人民出版社2017年版第18-26页。

40年来,我们始终坚持在发展中保障和改善民生,全面推进幼有所育、学有所教、劳有所得、病有所医、老有所养、住有所居、弱有所扶,不断改善人民生活、增进人民福祉。全国居民人均可支配收入由171元增加到2.6万元,中等收入群体持续扩大。我国贫困人口累计减少7.4亿人,贫困发生率下降94.4个百分点,谱写了人类反贫困史上的辉煌篇章。教育事业全面发展,九年义务教育巩固率达93.8%。我国建成了包括养老、医疗、低保、住房在内的世界最大的社会保障体系,基本养老保险覆盖超过9亿人,医疗保险覆盖超过13亿人。常住人口城镇化率达到58.52%,上升40.6个百分点。居民预期寿命由1981年的67.8岁提高到2017年的76.7岁。我国社会大局保持长期稳定,成为世界上最有安全感的国家之一。粮票、布票、肉票、鱼票、油票、豆腐票、副食本、工业券等百姓生活曾经离不开的票证已经进入了历史博物馆,忍饥挨饿、缺吃少穿、生活困顿这些几千年来困扰我国人民的问题总体上一去不复返了!

40年春风化雨、春华秋实,改革开放极大改变了中国的面貌、中华民族的面貌、中国人民的面貌、中国共产党的面貌。中华民族迎来了从站起来、富起来到强起来的伟大飞跃!中国特色社会主义迎来了从创立、发展到完善的伟大飞跃!中国人民迎来了从温饱不足到小康富裕的伟大飞跃!中华民族正以崭新姿态屹立于世界的东方!①

下面表1从我国经济和社会发展部分指标上反映了我国66年来社会主义建设的巨大成就和不同时期的不同增长率。

表1　1952-2018年我国部分主要经济社会发展指标统计表

指标	单位	1952①	1957①	1978①	2018②	57-78年增长率%	78-18年增长率%
人口	亿人	5.75	6.47	9.63	13.95	1.9	0.93
城镇人口比重	%	12.5	15.4	17.9	59.8	0.7	3.0
GDP	亿元	679	1068	3679	900309	4.63	9.5③
人均GDP	元	119	168	385	64644	2.8	8.5③

---

① 《习近平在庆祝改革开放40周年大会上的讲话》,载《人民日报》2018年12月19日。

续表

指标	单位	1952①	1957①	1978①	2018②	57-78年增长率%	78-18年增长率%
农村人均可支配收入	元		73	133.6	14617	1.8	7.3③
城镇人均可支配收入	元		254	343.4	39251	1.32	7.4③
农村人均消费水平	元	62	79	138	12124	1.59	6.7③
城镇人均消费水平	元	148	205	405	26112	2.13	5.9③
农村人均住房面积	m²			8.1	45.8		4.5
城市人均住房面积	m²			3.6	36.6		6.1
每万人口在校大学生数	人	3.3	6.8	8.9	222.5	1.3	8.4

资料来源：①1998年中国统计年鉴。②2018年中国统计公极。③按可比价计算。2018年消费价格指数是1978年的6.51倍。

二、在巨大成就面前必须正视八大忧患，加强八大建设

习近平同志在党的十九大报告中，在总结了党的十八大以来五年取得的巨大成就后指出："同时，必须清醒看到，我们的工作还存在许多不足，也面临不少困难和挑战。主要是：发展不平衡不充分的一些突出问题尚未解决，发展质量和效益还不高，创新能力不够强，实体经济水平有待提高，生态环境保护任重道远；民生领域还有不少短板，脱贫攻坚任务艰巨，城乡区域发展和收入分配差距依然较大，群众在就业、教育、医疗、居住、养老等方面面临不少难题；社会文明水平尚需提高；社会矛盾和问题交织叠加，全面依法治国任务依然繁重，国家治理体系和治理能力有待加强；意识形态领域斗争依然复杂，国家安全面临新情况；一些改革部署和重大政策措施需要进一步落实；党的建设方面还存在不少薄弱环节。这些问题，必须着力加以解决。"①

毫无疑问，正当我们沿着中国特色社会主义道路高歌猛进、建设成就捷报频传、国际威望空前提高、人民群众欢欣鼓舞的时候，也正是我们最需要保持清醒头脑、正视现实问题、增强忧患意识、审慎探索前进的时候。中华民族自古以来就有强烈的忧患意识，认识到"生于忧患，死于安乐"；"无敌国外患者，国恒亡"。"祸兮

---

① 《党的十九大报告辅导读本》，人民出版社2017年版第9页。

福之所倚,福兮祸之所伏。"任何事物的发展,都存在着相反相成、相生相克的规律性。忧患意识的可贵就在于,能够从承平中预见危机,从有利中发现不利,未雨绸缪,防患未然。古往今来,多有哀兵胜利之师,也不乏骄兵惨败之旅;多有负重奋起之邦,也不乏逸豫覆亡之国。历史的经验表明,越是形势好的时候、越是发展顺利的时候,越要增强忧患意识。"义勇军进行曲"诞生于"中华民族到了最危险的时候",传唱于中华大地烽火连天的抗日战争年代。抗日战争和解放战争胜利后,中华人民共和国成立时,我们仍然将其规定为代国歌;2004年改革开放和社会主义建设取得重大成就时,我们又将其正式规定为国歌。在2007年全国两会上,胡锦涛强调指出,各级干部特别是领导干部要进一步增强忧患意识,增强公仆意识,增强节俭意识。① 2015年9月,习近平在纪念抗日战争胜利70周年大会上的讲话中强调指出:"战争是一面镜子,能够让人更好认识和平的珍贵。今天,和平与发展已经成为时代主题,但世界仍很不太平,战争的'达摩克利斯之剑'依然悬在人类头上。我们要以史为鉴,坚定维护和平的决心。"②

今天,我们在改革开放取得巨大成就的同时,应该有冷静的辩证思考,应该增强忧患意识。不要忘记,当今世界仍很不太平,战争危险依然存在,我国周边形势依然十分严峻,国内发展也面临着诸多问题,中华民族依然处在最危险的时候!这种危险可以概括为八大内忧外患:

一是我国经济实力和军事实力还不是足够强大。现在虽然已经成为世界第二大经济体,但是总量除以14亿人口,人均国内生产总值仍然不高,至今尚未达到世界平均水平,在许多产品重要核心技术上,比发达国家有较大差距。与此相应的是军事实力还有待加强。

二是社会分配不公,导致贫富分化,危害到社会主义公平正义、共同富裕的基本价值和目标,危害到社会的和谐稳定。在继续做大"蛋糕"的同时,尤其需要分好"蛋糕"。

三是少数官员严重腐败。反腐败斗争的压倒性态势虽然正在形成,但是不要忘记,腐败基数仍然较大,现在的反腐败斗争还主要是治标,标本兼治的任务更加艰巨。

---

① 评论员:《增强忧患意识 锐意开拓进取》,载《人民日报》,2007年3月20日。
② 《习近平谈治国理政》第2卷,外文出版社2017年版第446页。

四是一部分社会成员，包括一部分党员干部理想信念动摇、信仰缺失、道德滑坡。

五是应试教育大行其道，素质教育难以推行。中学生课业负担过重，严重危害身心健康。

六是人口、资源、环境形势严峻，生态文明建设任重道远。

七是祖国统一大业尚未完成，"台独"活动仍然猖獗，严重危害祖国的安全和统一。

八是国际上霸权主义势力仍在兴风作浪，军国主义势力仍有可能复活；南海周边个别国家霸占我岛礁，掠夺我资源；恐怖主义、极端主义、分裂主义势力危害我国的安全和主权。

我国还有许多问题亟待解决，但主要是这八大内忧外患。从个人到国家乃至全人类都是忧患与生俱来，问题是要认识忧患、应对忧患、消除忧患。忧患并不可怕，可怕的是我们不去正视它、认识它、应对它、消除它。忧患是坏事，也是好事。忧患倒逼我们万众一心，自强不息，迫使我们振奋精神，奋发努力，无一人不努力，无一事不认真。对于外患，无论是霸权主义、扩张主义，都不可怕，关键是我们自己要自强不息。内忧与外患相比，内忧是主要的。正如孟子所说："人必自侮然后人侮之，家必自毁然后人毁之，国必自伐然后人伐之。"因此，对付一切内忧外患的根本办法是自强不息，不断发展自己、壮大自己。事实上，改革开放以来，我国正是在内忧外患中奋发图强，发展起来，强大起来，崛起于艰难险阻之中，自立于世界民族之林。否则就不会有全民族的振奋、全世界的瞩目。因此，在内忧外患面前，我们仍然要坚持道路自信、理论自信、制度自信、文化自信。

面对八大内忧外患，我们必须怀揣国家富强、民族振兴、人民幸福的"中国梦"，沿着中国特色社会主义道路探索前进。我们虽然已经找到了中国特色社会主义道路，但是，不要忘记，我国还处于社会主义初级阶段，社会主义道路还有漫长的认识路程和历史路程。从历史长河来看，社会主义实践处于初级阶段，社会主义理论同样处于初级阶段。社会主义实践还需要经过十几代人、几十代人的努力；社会主义理论同样需要经过十几代人、几十代人的探索，需要经过十几次、几十次的理论飞跃。建成社会主义，需要经过漫长的道路，艰辛的努力；颠覆社会主义，则可能在顷刻之间。苏联顷刻解体就是前车之鉴。我们一定要增强忧患意识，如临深渊，如履薄冰，审慎探索，稳步前进。现在需要探索的问题很多，主要是必须进行以下八个方面的探索,抓好八大建设,做好八个方面工作。这八大建设和八个方面工作包括:(一)经济建设和经济体制改革;(二)政治建设和政治体制改革;(三)文化建设和思想理论工作;(四)社会建设和教育等方面改革;(五)生态文明建设和人口资源环境问题;(六)国防建设和祖国统一问题;(七)外交建设和扩大开放问题;(八)党的建设和全面从严治党问题。对这八个方面建设和工作,习近平同志在党的十九大报告中都有最权威的论述,他强调指出:"今天,我们比历史上任何时候都更接近、更有信心和能力实现中华民族伟大复兴的目标。行百里者半九十。中华民族伟大复兴,绝不是轻轻松松、敲锣打鼓就能实现的。全党必须准备付出更为艰巨、更为艰苦的努力。"①全党全国人民需要认真学习、深刻领会、坚决贯彻落实。

第三节 中国特色社会主义事业的根本宗旨和实现途径

马克思主义和中国特色社会主义的根本宗旨是解放人民,造福人民,坚持一切为了人民、一切依靠人民,充分发挥广大人民群众积极性、主动性、创造性,不断把为人民造福事业推向前进。为了造福人民,必须全面提高国民幸福指数,全面落实"五位一体"总体布局和"四个全面"战略布局。

一、造福人民是马克思主义和中国特色社会主义的根本宗旨

马克思青年时代在《青年在选择职业时的考虑》一文中就写道:"在选择职业时,我们应该遵循的主要指针是人类的幸福和我们自身的完美。……历史承认那些为共同目标劳动因而自己变得高尚的人是伟大人物;经验赞美那些为大多数人带来幸福的人是最幸福的人。"②马克思主义的诞生就是从关心当时英国工人阶级状况开始的。恩格斯在1844—1845年写的《英国工人阶级状况》和马克思在此后所写的《资本论》中,对当时英国工人阶级悲惨状况做了最鲜明逼真的描述,对资本主义和资产阶级提出了极严厉的控诉。面对旧世界非人的现实,马克思主义的创始人一开始就庄严宣告:"必须推翻那些使人成为受屈辱、被奴役、被遗弃和被蔑

---

① 《党的十九大报告辅导读本》,人民出版社2017年版第15页。
② 《马克思恩格斯全集》第40卷,人民出版社1982年版第7页。

视的东西的一切关系",必须"实现人民的现实的幸福"。① 由此可见,马克思恩格斯极其珍视人和人的幸福。谋求人类解放和人的幸福,是马克思恩格斯毕生为之奋斗的事业,是马克思主义和科学社会主义的根本宗旨。

从李大钊开始的中国共产党人和无数革命先烈,不怕流血牺牲,投身革命斗争,显然决不是为了个人利益和发家致富,而是为了国家富强、民族振兴和人民幸福。胡锦涛在党的十七大报告中指出:科学发展观的核心是以人为本。必须坚持以人为本。全心全意为人民服务是党的根本宗旨,党的一切奋斗和工作都是为了造福人民。② 温家宝说:总理工作,"日理万机,这话不假。但是,这第一机就是百姓生活,第二机还是百姓生活,万机加在一块儿,全都是百姓生活。干部日理万机,就要从早到晚都想着百姓生活。"③由此可见,中国特色社会主义理论就是以改善人民生活、增进人民幸福为核心的社会主义理论。

习近平就任中共中央总书记以来,围绕实现"中国梦"、造福中国人民作了一系列重要论述。他满怀深情地说:"我们的人民热爱生活,期盼有更好的教育、更稳定的工作、更满意的收入、更可靠的社会保障、更高水平的医疗卫生服务、更舒适的居住条件、更优美的环境,期盼着孩子们能成长得更好、工作得更好、生活得更好。人民对美好生活的向往,就是我们的奋斗目标。人世间的一切幸福都是要靠辛勤的劳动来创造。"④"实现全面建成小康社会、建成富强民主文明和谐的社会主义现代化国家的奋斗目标,实现中华民族伟大复兴的中国梦,就是要实现国家富强、民族振兴、人民幸福,既深深体现了今天中国人的理想,也深深反映了我们先人们不懈奋斗追求进步的光荣传统。""中国梦归根到底是人民的梦,必须紧紧依靠人民来实现,必须不断为人民造福。"⑤"全党同志要把人民放在心中最高位置,坚持全心全意为人民服务的根本宗旨,实现好、维护好、发展好最广大人民根本利益,把人民拥护不拥护、赞成不赞成、高兴不高兴、答应不答应作为衡量一切工作得失的根本标准,使我们党始终拥有不竭的力量源泉。带领人民创造幸福生活,是我们党始终不渝的奋斗目标。我们要顺应人民群众对美好生活的向往,坚持以人民为中心

---

① 《马克思恩格斯全集》第 1 卷,人民出版社 1956 年版第 461、453 页。
② 《十七大报告辅导读本》,人民出版社 2007 年版第 14、15 页。
③ 汪金友:《日理万机都是为了百姓生活》,载《新华日报》,2007 年 7 月 3 日。
④ 《习近平谈治国理政》第 1 卷,外文出版社 2014 年版第 4 页。
⑤ 《习近平谈治国理政》第 1 卷,外文出版社 2014 年版第 39、40 页。

的发展思想,以保障和改善民生为重点,发展各项社会事业,加大收入分配调节力度,打赢脱贫攻坚战,保证人民平等参与、平等发展权利,使改革发展成果更多更公平惠及全体人民,朝着实现全体人民共同富裕的目标稳步迈进。"①习近平强调:"中国共产党人的初心和使命,就是为中国人民谋幸福,为中华民族谋复兴。"②"我们所做的一切都是为人民谋幸福,为民族谋复兴,为世界谋大同。"③习近平这一系列重要论述,集中体现了马克思主义的根本宗旨、中国共产党的根本宗旨,充分反映了全国各族人民的共同期待,也明确指出了实现国家富强、民族振兴、人民幸福的根本途径。

二、造福人民必须全面提高国民幸福指数

谋求生存和幸福是每个人的人生追求和终极目标。改善人民生活,增进人民幸福,有丰富的内容和众多的指标。目前,世界上越来越多的国家用国民幸福指数来衡量人民生活水平和幸福程度。国民幸福指数,是衡量人们对自身生存和发展状况的感受和体验,即人们的幸福感的一种指数。幸福感可以理解为满意感、快乐感和价值感的有机统一。目前国际上尚未有任何一种幸福感测量指标体系能得到普遍认同,许多指标体系仍处在不断改进之中。从我国学者研究情况看,归纳起来,幸福感大体由5个方面构成:1.物质丰裕感;2.精神充实感;3.政治清明感;4.社会和谐感;5.生态舒适感。物质丰裕感,包括物质生活富裕和收入分配公平等方面。政治清明感,包括民主法制健全、官员勤政廉政等方面。精神充实感,包括崇高的理想、高尚的道德、丰富多彩的文化娱乐活动、甜蜜温馨的亲情爱情友情等。社会和谐感,包括社会和谐稳定、公平正义、人民安居乐业、人际关系友善等。生态舒适感,包括自然资源合理开发利用、环境保护得力、生态系统良好等。它既包括就业、收入、保障、居住、安全、医疗、教育等可以量化的因素,也包含情感范畴、心态状况和情绪愉悦等精神因素,还包括人际关系和谐等状态。2005年全国两会期间,中国科学院院士程国栋向会议提交了一份题为《落实"以人为本",核算"国民幸福指数"》的提案,建议从国家层面上构造由政治自由、经济机会、社会机会、安

---

① 《习近平谈治国理政》第2卷,外文出版社2017年版第446页。
② 《党的十九大报告辅导读本》,人民出版社2017年版第2页。
③ 《习近平会见联合国秘书长古特雷斯》,载《人民日报》,2018年4月9日。

全保障、文化价值观、环境保护六类构成要素组成我国的国民幸福核算指标体系。① 因为国民幸福指数是多因素多指标决定的,仅有经济增长不一定能提升国民幸福指数,所以必须坚持以人为本、全面协调可持续的科学发展,坚持创新、协调、绿色、开放、共享五大发展理念,才能提升国民幸福指数,真正造福人民。

过去 100 多年,直到改革开放之前,我们这个民族多灾多难,国家经过许多波折,人民生活在总体上十分贫困,温饱问题一直没有解决,幸福指数极低。改革开放 40 年来,我国经济建设取得了辉煌成就,经济总量跃居世界第二位,广大人民生活水平和幸福指数有了显著提高。但是由于我国有 13 亿多人口,人均收入水平还不高,我国仍处于并将长期处于社会主义初级阶段的基本国情没有变。因此,目前我国人民的生活水平和幸福指数仍然不是很高。

调查表明,国民幸福指数与经济发展水平并不一定同步。即使经济持续快速增长也并不能保证国民幸福的持续增加。近 10 多年来,中国的 GDP 持续高速增长,然而,中国社会科学院的一项调查显示,2005 年,仅有 72.7% 的城乡居民感觉生活是幸福的,比上年下降了 5 个百分点。另有一项调查表明,中国人的幸福感在过去 10 年中先升后降,与一路向上的经济发展曲线并不同步。② 2010 年 3 月 31 日,一份"2009 中国人幸福指数调查报告"发布。报告显示,2009 年中国人幸福感指数得分 69.84,"比较幸福"。影响中国人幸福感最重要的三项是经济、社会环境和娱乐。③ 2013 年中国社会状况综合调查报告显示,城乡居民总体生活满意度为 6.81 分(以 10 分计),其中城镇居民为 6.90 分,农村居民为 6.74 分。④ 显然,目前我国人民的生活水平和幸福指数还不高,与全面建成小康社会的宏伟目标相比,与发达国家的发展水平相比,还有很大差距。毫无疑问,为了造福人民,就必须全面提高国民幸福指数。

三、造福人民必须坚决落实"五位一体"总体布局

党的十八大提出了经济建设、政治建设、文化建设、社会建设、生态文明建设"五位一体"总体布局,并提出了全面建成小康社会的五大目标,即:经济持续健康

---

① 《从 GDP 到 GNH:中国经济成长但是人民并不幸福》,载《新民周刊》,2005 年 12 月 16 日。
② 《中国人的幸福感与经济发展不同步》,载《中国经济导报》,2010 年 8 月 10 日。
③ 《2009 中国人幸福指数报告发布　公务员排名第一》,载《新京报》,2010 年 4 月 1 日。
④ 李培林等:《2014 年中国社会形势分析与预测》,社会科学文献出版社 2013 年版第 124 页。

发展;人民民主不断扩大;文化软实力显著增强;人民生活水平全面提高;资源节约型、环境友好型社会建设取得重大进展。党的十九大又系统提出了习近平新时代中国特色社会主义思想和基本方略,规划了我国到2020年、2035年、2050年各个发展阶段的宏伟蓝图。为了实现这些蓝图,必须坚忍不拔、锲而不舍,统筹推进"五位一体"总体布局、协调推进"四个全面"战略布局,必须坚持为人民谋幸福的根本宗旨,从各方面提高人民的幸福感。

(一)造福人民必须坚持以经济建设为中心,保持经济持续健康发展,提高人民物质丰裕感。只有推动经济持续健康发展,才能筑牢国家繁荣富强、人民幸福安康、社会和谐稳定的物质基础。发展经济就是要解放生产力、发展生产力,关键是要解放创造力、发展创造力。要调动亿万人民的积极性创造性,振奋亿万人民大无畏的创造精神。要采取强有力的激励措施,激励亿万人民从事理论创新、制度创新、技术创新、产品创新。在"做大蛋糕"的同时必须"分好蛋糕",既减少绝对贫困,也减少相对贫困,必须坚持走共同富裕道路,实现发展成果由人民共享。

(二)造福人民必须推进政治体制改革,扩大人民民主,提高人民政治清明感。必须深化政治体制改革,加强民主法制建设,真正把权力关进制度的笼子,深入开展反腐败斗争;必须加强民主政治建设,实行民主选举、民主决策、民主管理、民主监督。

(三)造福人民必须扎实推进社会主义文化强国建设,加强社会主义核心价值体系建设,丰富人民精神文化生活,提高人民精神充实感。必须通过社会主义文化强国建设,让每个人都提高精神境界,丰富精神生活,提高精神充实感。

(四)造福人民必须在改善民生和创新管理中加强社会建设,开创社会和谐人人有责、和谐社会人人共享的新局面,提高社会和谐感。必须坚持以科学发展观为指导,以公平正义、诚信友爱、充满活力、安定有序为目标,以保障和改善民生为重点,加强社会建设,构建社会主义和谐社会。必须多谋民生之利,多解民生之忧,解决好人民最关心最直接最现实的利益问题,在幼有所育、学有所教、劳有所得、病有所医、老有所养、住有所居、弱有所扶上持续取得新进展,努力让人民过上更好生活。

(五)造福人民必须大力推进生态文明建设,努力建设美丽中国,提高人民生态舒适感。必须树立尊重自然、顺应自然、保护自然的生态文明理念,把生态文明建设放在突出地位,融入经济建设、政治建设、文化建设、社会建设各方面和全过程,努力建设美丽中国,实现中华民族永续发展,并为全球生态安全做出贡献。

　　总之,造福人民,就是要团结带领全党全国各族人民,自己创造自己的幸福生活。习近平同志说得好:"人民是历史的创造者,群众是真正的英雄。人民群众是我们力量的源泉。我们深深知道,每个人的力量是有限的,但只要我们万众一心、众志成城,就没有克服不了的困难;每个人的工作时间是有限的,但全心全意为人民服务是无限的。责任重于泰山,事业任重道远。我们一定要始终与人民心心相印、与人民同甘共苦、与人民团结奋斗,夙夜在公,勤勉工作,努力向历史、向人民交出一份合格的答卷。"①

---

① 《习近平谈治国理政》第1卷,外文出版社2014年版第5页。

第五章 改革开放论

习近平在庆祝改革开放40周年大会上指出：

1978年12月18日，我们党召开十一届三中全会，实现新中国成立以来党的历史上具有深远意义的伟大转折，开启了改革开放和社会主义现代化的伟大征程。

党的十一届三中全会是在党和国家面临何去何从的重大历史关头召开的。当时，世界经济快速发展，科技进步日新月异，而"文化大革命"十年内乱导致我国经济濒临崩溃的边缘，人民温饱都成问题，国家建设百业待兴。党内外强烈要求纠正"文化大革命"的错误，使党和国家从危难中重新奋起。邓小平同志指出："如果现在再不实行改革，我们的现代化事业和社会主义事业就会被葬送。"

在邓小平同志领导下和老一辈革命家支持下，党的十一届三中全会冲破长期"左"的错误的严重束缚，批评"两个凡是"的错误方针，充分肯定必须完整、准确地掌握毛泽东思想的科学体系，高度评价关于真理标准问题的讨论，果断结束"以阶级斗争为纲"，重新确立马克思主义的思想路线、政治路线、组织路线。从此，我国改革开放拉开了大幕。

我们党作出实行改革开放的历史性决策，是基于对党和国家前途命运的深刻把握，是基于对社会主义革命和建设实践的深刻总结，是基于对时代潮流的深刻洞察，是基于对人民群众期盼和需要的深刻体悟。邓小平同志指出："贫穷不是社会主义"，"我们要赶上时代，这是改革要达到的目的"。

历史发展有其规律，但人在其中不是完全消极被动的。只要把握住历史发展大势，抓住历史变革时机，奋发有为，锐意进取，人类社会就能更好前进。

改革开放是我们党的一次伟大觉醒，正是这个伟大觉醒孕育了我们党从理论到实践的伟大创造。改革开放是中国人民和中华民族发展史上一次伟大革命,正是这个伟大革命推动了中国特色社会主义事业的伟大飞跃!①

本章首先以实践结果论证改革开放是决定当代中国命运的关键抉择,接着对我国所有制改革进行历史回顾和理论思考,然后探讨多年来收入分配中存在问题、原因和对策。

本章的主要创新点有:

一、以无可争辩的客观事实论证改革开放是决定当代中国命运的关键抉择。

二、对我国所有制改革进行历史回顾和理论思考,探寻消灭私有制的唯物辩证法。

三、论述我国分配制度亟待改革与完善。概括了我国收入分配中存在的十个主要问题。分析了导致收入分配存在问题的十个主要原因。围绕完善分配制度、解决收入分配存在问题提出了十项对策建议;其中包括完善劳动就业制度,建立国有经济单位相对统一、同工同酬的工资制度,建立最高工资制度,建立公款消费制度,实行企业所得税的累进制税率、提高过高收入者的个人所得税税率,征收社会资源税、财产调节税,完善社会保障制度,完善财务管理制度、廉政制度等等。

第一节 改革开放是决定当代中国命运的关键抉择

习近平说:"改革开放是当代中国最鲜明的特色,是我们党在新的历史时期最鲜明的旗帜。改革开放是决定当代中国命运的关键抉择,是党和人民事业大踏步赶上时代的重要法宝。"②"只有社会主义才能救中国,只有改革开放才能发展中国、发展社会主义、发展马克思主义。"③本节试从新中国 70 年的全部历史和人民生活的巨大变化来论证改革开放是决定当代中国命运的关键抉择。

一、新中国的全部历史证明改革开放是决定当代中国命运的关键抉择

邓小平在 1988 年说过:"我们建国三十九年,头八年好,后十年也好,当中那些

---

① 《习近平在庆祝改革开放 40 周年大会上的讲话》,载《人民日报》2018 年 12 月 19 日。
② 《习近平谈治国理政》第 2 卷,外文出版社 2017 年版第 39 页。
③ 《党的十九大报告辅导读本》,人民出版社 2017 年版第 21 页。

年受到'左'的干扰,情况不大好。"①"我为什么讲这个历史?因为我们现在的路线、方针、政策是在总结了成功时期的经验、失败时期的经验和遭受挫折时期的经验后制定的。历史上成功的经验是宝贵财富,错误的经验、失败的经验也是宝贵财富。"②现在已经建国70年,同样可以说,头8年(1949—1957)好,后41年(1978—2019)也好,中间21年(1957—1978)情况不大好。现在让我们看看新中国70年来经历的三个阶段。

第一阶段,1949年至1957年的头8年好。好就好在迅速恢复了在旧中国遭到严重破坏的国民经济,全国工农业生产到1952年就达到了历史的最高水平。1953年至1957年成功实施了第一个五年计划,GDP(国内生产总值)以年均9.2%的速度高速增长,人民生活水平得到相应提高,全国呈现出一派欣欣向荣的可喜景象。好就好在通过没收官僚资本,进行土地改革,初步建立起包括国家所有制、集体所有制和私有制等多种形式的所有制经济,从而初步建立起适应社会生产力发展的社会生产关系和经济制度。好就好在成功建立了工人阶级领导的、以工农联盟为基础的人民民主专政的社会主义国家,建立了人民代表大会制度和一整套国家机构,建立了有利于巩固我国经济基础的上层建筑。归根结底,好就好在我们坚持了马克思主义的历史唯物主义原理,并运用于中国的实际,实现了从理论到实践的伟大飞跃。

第二阶段,1957年下半年至1978年上半年的21年"不大好"。这种"不大好"主要表现在:(一)实行了"以阶级斗争为纲"的错误路线,把阶级斗争严重地扩大化、绝对化,结果伤害了一大批革命干部、知识分子、优秀人才和无辜群众,造成了巨大不幸。从1957年下半年起,"反右"斗争在全国公职人员中被划为"右派"的有552877人。③ 最后只有96人未予改正。经过这次运动,举国上下人缄其口,左倾思潮任意泛滥。(二)脱离我国尚处于社会主义初级阶段的客观现实,脱离生产力发展状况,不断变革生产关系,轻率发动"大跃进"运动和人民公社化运动。主要由于这一连串错误,导致了1959年到1961年的三年大饥荒和严重经济困难,使我国经济和人口遭受巨大损失。(三)错误发动了从1966年至1976年的十年"文化大革命",使党、国家和人民遭到建国以来最严重的挫折和损失。"文化大革命"

---

① 《邓小平文选》第3卷,人民出版社1993年版第260页。
② 《邓小平文选》第3卷,人民出版社1993年版第234-235页。
③ 晋夫:《"文革"前十年的中国》,中共党史出版社1998年版第47页。

中冤假错案遍于全国,被立案审查的国家干部占总数的 17.5%,其中副省级以上高级干部被立案审查的占同级干部总数的 75%,全国被迫害人数包括受牵连的家属占到人口总数的 1/9,约 1 亿人。① 粉碎"四人帮"后,叶剑英在一次讲话中沉痛地说:"文化大革命"整了一亿人,浪费了八千亿元人民币。② 由于这一系列严重错误和灾难,国民经济被推向崩溃的边缘,与发达国家的差距进一步拉大。在 60 年代 10 年中,就有 1960、1961、1962、1967、1968 这 5 年 GDP 出现负增长,而这一时期正是世界上许多国家经济高速增长期。据统计,60 年代按不变价计算的人均 GDP 年平均增长率,世界为 3.5%,发达资本主义国家为 4.0%,发展中国家为 2.6%,苏联和东欧国家为 5.5%,日本为 10.2%,而中国仅为 0.2%,远远低于上述所有国家。③ 有资料表明:"日本与中国同属东方民族。二次世界大战后,两国基本上处于同一起跑线上。1957 年日本国民收入只有 279 亿美元,而同期中国为 368.8 亿美元,日本比中国少 89 亿美元。到 1976 年,日本国民收入达到 4728 亿美元,中国为 985 亿美元,日本为中国的 4.8 倍;到了 1978 年,日本国内生产总值是中国的 6.9 倍。"④ 此外,十年"文革"、二十年"左倾"使文化教育事业受到极大破坏,大批宝贵人才受到极大摧残,而且少培养大中专毕业生 1000 多万,增加"上山下乡"知识青年 1600 万。归根结底,这一时期背离了历史唯物主义原理,实行了一套"左"的路线方针政策,导致了党、国家和人民的巨大不幸。在这样的历史背景下,邓小平反复强调:"如果现在再不实行改革,我们的现代化事业和社会主义事业就会被葬送。"⑤"我是主张改革的,不改革就没有出路,旧的那一套经过几十年的实践证明是不成功的。"⑥"坚持改革开放是决定中国命运的一招。"⑦"不坚持社会主义,不改革开放,不发展经济,不改善人民生活,只能是死路一条。"⑧ 邓小平这些振聋发聩的警世名言,集中反映了中国共产党人在总结历史经验教训之后的一个了不起的伟大觉醒。在以邓小平为代表的第二代中央领导集体正确领导下,1978 年召开的党的十一届三中全会,纠正了过去的"左"倾错误,实现了历史的伟大转折,提

---

① 冯林:《21 世纪中国大预测》,改革出版社 1996 年版第 9 页。
② 马立诚、凌志军:《交锋》,今日中国出版社 1998 年版第 9 页。
③ 《世界经济统计简编》,三联书店 1974 年版第 20 页。
④ 刘国平:《中国与世界经济发展的比较》,湖南出版社 1991 年版第 170 页。
⑤ 《邓小平文选》第 3 卷,人民出版社 1993 年版第 150 页。
⑥ 《邓小平文选》第 3 卷,人民出版社 1993 年版第 237 页。
⑦ 《邓小平文选》第 3 卷,人民出版社 1993 年版第 363 页。
⑧ 《邓小平文选》第 3 卷,人民出版社 1993 年版第 370 页。

出了一系列新的方针政策。中心点是从以阶级斗争为纲转到以发展生产力为中心,从封闭转到开放,从固守成规转到各方面的改革。开创了改革开放的历史新时期。由此可见,40年前,我们党做出的实行改革开放的重大决策不是偶然的,是在经历了20多年艰难曲折的道路、汲取了20多年"左"的错误的惨痛教训之后做出的。因此,改革开放的重大决策是历史的必然,是人民的心愿,是时代的需要。正如胡锦涛所说:"改革开放是决定当代中国命运的关键抉择,也是13亿中国人民的共同抉择。"①

第三阶段,1978年至2018年的41年也好,或者说更好。好就好在1978年12月党的十一届三中全会实现了新中国成立以来我们党历史上具有深远意义的伟大转折,果断停止使用"以阶级斗争为纲"的口号,做出了把党和国家工作中心转移到经济建设上来、实行改革开放的历史性决策。好就好在我们锐意推进各方面体制改革,使我国成功实现了从高度集中的计划经济体制到充满活力的社会主义市场经济体制的伟大历史转折。在不断深化经济体制改革的同时,不断深化政治体制、文化体制、社会体制以及其他各方面体制改革,不断形成和发展符合当代中国国情、充满生机活力的新的体制机制,为我国经济繁荣发展、社会和谐稳定提供了有力制度保障。好就好在我们坚持以经济建设为中心,我国综合国力迈上新台阶。我们着力保障和改善民生,人民生活总体上达到小康水平。这40年是我国城乡居民收入增长最快、得到实惠最多的时期。

仅从2012年——2017年五年来说,经济实力跃上新台阶。国内生产总值从54万亿元增加到82.7万亿元,年均增长7.1%,占世界经济比重从11.4%提高到15%左右,对世界经济增长贡献率超过30%。经济结构出现重大变革。消费贡献率由54.9%提高到58.8%,服务业比重从45.3%上升到51.6%,成为经济增长主动力。高技术制造业年均增长11.7%。粮食生产能力达到1.2万亿斤。城镇化率从52.6%提高到58.5%,8000多万农业转移人口成为城镇居民。创新驱动发展成果丰硕。全社会研发投入年均增长11%,规模跃居世界第二位。科技进步贡献率由52.2%提高到57.5%。人民生活持续改善。脱贫攻坚取得决定性进展,贫困人口减少6800多万,易地扶贫搬迁830万人,贫困发生率由10.2%下降到3.1%。出境旅游人次由8300万增加到1亿3千多万。社会养老保险覆盖9亿多人,基本

---

① 胡锦涛:《坚持改革开放,推进合作共赢》,载《人民日报》2008年4月13日。

医疗保险覆盖13.5亿人,织就了世界上最大的社会保障网。人均预期寿命达到76.7岁。棚户区住房改造2600多万套,农村危房改造1700多万户,上亿人喜迁新居。过去五年取得的全方位、开创性成就,发生的深层次、根本性变革,再次令世界瞩目,全国各族人民倍感振奋和自豪。①

改革开放40年来,在一个占世界人口1/5的发展中社会主义大国取得的摆脱贫困、加快现代化进程、巩固和发展社会主义的宝贵经验,闪耀着马克思主义的真理光芒,是辩证唯物主义和历史唯物主义的胜利。

二、人民生活的巨大变化证明改革开放是决定当代中国命运的关键抉择

改革开放40年来,中国共产党人和中国人民以一往无前的进取精神和波澜壮阔的创新实践,谱写了中华民族自强不息、顽强奋进新的壮丽史诗,中国人民的面貌、社会主义中国的面貌、中国共产党的面貌发生了历史性变化。40年来我国从城市到农村、从社会到家庭、从生产到生活、从经济到政治,都发生了巨大的历史性变化。改革开放40年来中国人民生活的巨大变化雄辩地证明,改革开放是决定当代中国命运的关键抉择。

中共中央党校曹普教授在《学习时报》撰文指出:

"文革"结束时,中国老百姓的生活状况如何呢?

先看市民生活。城市市民基本上靠工资生活。然而,从1957年到1976年,全国职工在长达20年的时间里几乎没涨过工资。1957年全国职工平均货币工资624元,1976年下降到575元,不进反退,还少了49元(曾培炎主编:《新中国经济50年》,第897-898页)。很多生活消费品供给不足,需凭票购买。粮票,更是流行了40年,被称作"第二货币"。"三转一响一咔嚓"(自行车,手表,缝纫机,收音机,照相机),五大件置备整齐不到600元,但对很多家庭来说,虽各个心向往之却只能敬而远之。服装从颜色到样式,单调划一,蓝、黑、绿、灰,是占绝对"统治地位"的主色调。住房相当困难。改革开放初期,上海180万住户中,按国家标准,有89.98万户为住房困难户,占了总户数的

---

① 李克强:《政府工作报告》。见《十三届全国人大一次会议〈政府工作报告〉辅导读本2018》,人民出版社2018年版第2-4页。

一半左右,其中三代同室的119499户;父母与12周岁以上子女同室的316079户;12周岁以上兄妹同室的85603户;两户同居一室的44332户;人均居住2平方米以下的268650户。住房大多没有客厅,进门就是卧室,厨房、卫生间很多是几家合用。

再看农民的生活。安徽农村最有代表性。1977年6月,中央任命万里担任安徽省委第一书记。到任以后,万里先后来到芜湖、徽州、肥东、定远、凤阳等地调研,所见所闻,使他大为震惊。他后来回忆说:"原来农民的生活水平这么低啊,吃不饱,穿不暖,住的房子不像个房子的样子。淮北、皖东有些穷村,门、窗都是泥土坯的,连桌子、凳子也是泥土坯的,找不到一件木器家具,真是家徒四壁呀。我真没料到,解放几十年了,不少农村还这么穷!"凤阳县有一个前王生产队,12户人家68口人的生产队,4户没有门,3户没有水缸,5户没有桌子。队长史成德是个复员军人,一家10口人只有一床被子、7个饭碗,筷子全是树条或秸秆做的。安徽农村的情况并非个别现象。据原农业部人民公社管理局统计的数字:1978年,全国农民每人年均从集体分配到的收入仅有74.67元,其中两亿农民的年均收入低于50元。有1.12亿人每天能挣到一角一分钱,1.9亿人每天能挣一角三分钱,有2.7亿人每天能挣一角四分钱。相当多的农民辛辛苦苦干一年不仅挣不到钱,还倒欠生产队的钱。

我们党从成立的第一天起,就把社会主义、共产主义作为我们的奋斗目标。但是,大家看,"文革"时期搞的这种社会主义,难道就是我们千百万共产党人流血牺牲所要追求的那个社会主义吗?社会主义的优越性就是如此体现的吗?按照这样的社会主义继续发展下去,社会主义还有吸引力、号召力、凝聚力吗?人民能答应吗?中国还有希望吗?每一个关心党和国家前途命运的人都会提出这样的问题。邓小平更是如此。从第三次复出伊始,他就对"文革"这样的社会主义、对社会主义的这种"优越性"打出了沉重的问号。1977年12月26日,他尖锐地提出:"怎样才能体现列宁讲的社会主义的优越性,什么叫优越性?不劳动、不读书叫优越性吗?人民生活水平不是改善而是后退叫优越性吗?如果这叫社会主义优越性,这样的社会主义我们也可以不要。"1978年3月10日,他又说:"什么叫社会主义?它比资本主义好在哪里?每个人平均六百几十斤粮食,好多人饭都不够吃,28年只搞了2300万吨钢,能叫社会主义优越性吗?"1978年9月,他说:"外国人议论中国人究竟能够忍耐多久,我们要注意这个话。我们要想一想,我们给人民究竟做了多少事情呢?""我们太穷了,太落后了,老实说对不起人民。""社会主义要表现出它的优越性,哪能像现在这样,搞了20多年还这么穷,那要社会主义干什么?"这一连串的"问号",实际上也是发出了重新探索"什么是社会主义、怎样建设社会主义"的强有力的信号。社会主义绝不能够再像"文革"这样搞下去了,中国再也不能像"文革"这样折腾下去了。①

再来看,改革开放40年后的今天,中国人民的生活水平又怎样呢?有人指出:

1. 人们的衣着从追求保暖到追求美观。

2. 中国人的饮食发生了根本变化,从半饥饿状态进入全面保障状态,数以亿计的人"天天过年"。三十多年来,已有六亿人脱贫,最后几千万人的脱贫攻坚战正在进行。人类有史以来,何曾有过政府组织人力物力,到深山老林荒漠旷野搞扶贫开发之事?一个政府自我设定全民消除贫困目标的期限,全世界只有中国政府。仅仅从这个窗口,可知那种将政府与人民对立起来的描述,是扭曲的,不能成立。

3. 数以亿计人的住房条件在二十年间发生了不可想象的变化,这真的是人间奇迹啊。他们的住房水平,是自己多年前梦里不敢想象的。全面的面向低收入阶层的保障房建设正在进行之中。

4. 私家车已经普及,中国汽车产销量世界第一。高铁、高速公路体系基本建成。以上四点是衣食住行。

5. 中国每年出国旅游人次上亿,居世界第一。这是一个几乎能说明所有问题的指标,如经济实力,生活水平,自由度,开放性,民众心态,等等。

6. 几千年来农业税第一次被免除,国家还下发农业补贴和养老补贴。

7. 大学教育在很大程度上普及,开天辟地第一次。

8. 面向全体国民的社保,医保体系正在建立中,开天辟地第一次。

9. 中国人的平均寿命大幅提高。这也是一个几乎能够说明所有问题的指标。

10. 中国的外汇存款世界第一,经济总量世界第二,并以历史的必然性向

---

① 曹普:《中国改革开放的历史由来(上)》,载《学习时报》2008年9月29日第3版。

世界第一攀升。

还有,全社会已建立起珍视生命的观念,民众的权利意识和权利保障有了极大提高,人道主义成为社会普遍的价值观,个人自由也基本实现……这些基本事实和真相,讨论中国问题的人要睁开眼睛看见,那些天天在追求"真相"的人也不能装着视而不见。世界上一切有理性的国家,有良知的人们,都应该为中国人民感到高兴。中国人民也完全有理由为自己感到高兴,感到自豪,并对这种来之不易的局面万分珍惜。①

据统计,中国居民2017年平均每百户年末主要耐用消费品拥有量是:家用汽车29.7辆,洗衣机91.7台,电冰箱95.3台,彩色电视机122.2台,空调96.1台,移动电话240部,计算机58.7台。② 这一切,在改革开放前都等于零,是人们想都不敢想的。

同样一个国家,同样一个中华民族,同样的国土和自然资源,同样的党和政府的领导,人口还有增加,劳动时间还有减少,为什么人民生活水平能够得到大幅度提高?答案只有一个,1978年召开的党的十一届三中全会,纠正了过去的"左"倾错误,实现了历史的伟大转折,提出了一系列新的方针政策。中心点是从以阶级斗争为纲转到以发展生产力为中心,从封闭转到开放,从固守成规转到各方面的改革。由此开创了改革开放的历史新时期。简而言之一句话,是实行了改革开放。邓小平说过:对改革开放"判断的标准,应该主要看是否有利于发展社会主义社会的生产力,是否有利于增强社会主义国家的综合国力,是否有利于提高人民的生活水平。"③从40年来改革开放的实践结果看,改革开放极大地发展了社会主义社会的生产力,增强了社会主义国家的综合国力,提高了人民的生活水平。现在我们完全有理由说,改革开放是正确的、成功的,是决定当代中国命运的关键抉择。

---

① 席亚兵:《致国人的一封信:无数人惊出一身冷汗!》,新浪网,http://blog.sina.com.cn/s/blog_5e7169850102x1aw.html。(访问时间:2017年2月25日)。
② 国家统计局:《中国统计年鉴2018》,中国统计出版社,2018年版。
③ 《邓小平文选》第3卷,人民出版社1993年版第372页。

第二节 我国所有制变革的历史回顾和辩证思考

马克思主义认为,生产力的发展是人类社会发展的最终决定力量。生产力决定生产关系,生产关系对生产力具有重大反作用。生产关系中最重要的是生产资料所有制关系,它决定着分配关系,关系到每个人的切身利益。新中国成立以来十分重视生产资料所有制的变革。现在让我们对70年来我国生产资料所有制的变革进行一番历史回顾和辩证思考。

一、改革开放前20多年消灭私有制建立公有制的实践及其结果

1949年新中国成立以来,我国各行各业所有制都进行了多次变革。从上世纪50年代起,主要是进行了对农业手工业和资本主义工商业的社会主义改造,改变了历史上长期形成的私有制经济,建立了全民所有制和集体所有制两种形式的公有制经济。其基本过程如下:

(一)农村土地所有制的变革及其结果

改革开放前30年中,我国农村土地所有制经历了多次变革。除了极少数国有农场土地属于国家所有外,绝大多数农村土地所有制先后经历了:历史形成的私有制,土地改革后的私有制,农业合作化后的集体所有制;集体所有制又经历了初级农业生产合作社、高级农业生产合作社、人民公社;人民公社又经历了"一大二公"的公社所有,公社、大队、生产队三级所有,以生产队为基础的三级所有,直至改革开放后的家庭联产承包责任制,最终取消人民公社。

实行土地改革、农业合作化、人民公社化的初衷是调动农民生产积极性,解放和发展农业生产力。但是,由于我国农业劳动生产力尚处于手工劳动为主的发展阶段,由于统购统销制度和计划经济体制,结果事与愿违,导致了不少问题。其一,生产上,农民没有自主权,完全听命于政府的计划。其二,流通上,统购统销,政府定价,农产品价格过低,谷贱伤农。其三,分配上,主要是工分制,不少地方每天男劳力记10分工,女劳力记7分工,干部普遍是大工分,有的进城"出差"(闲逛)也是大工分。财务账目只有干部知道,谈不上公开、公平、公正,严重挫伤了农民生产积极性。

（二）城镇工商业所有制的变革及其结果

改革开放前30年中，我国城镇工商业所有制也经历了多次变革。开始是私有制为主，1956年实行了对资本主义工商业的社会主义改造，形成了全民所有制（国家所有制）和集体所有制两种公有制。集体所有制又分为县办的大集体所有制和镇办街道办的小集体所有制。全民所有制和部分集体所有制企业的人财物、产供销都是按国家计划办事。其余集体所有制企业都是计划外经济，原材料和设备都要自找门路，"找米下锅"，一般只能按远高于计划价格的市场价格购买，结果普遍经营困难，职工收入很低，"年年难过年年过"。全民所有制企业经营和收入比较稳定，职工工资福利待遇比较好，有各种社会保障，不少单位还可以分配住房。机关事业单位也多数是全民所有制，多数人是国家干部，待遇更好。这样，城镇劳动者就形成了各种不同的等级，最好的是国家干部，其次是全民所有制职工，再次是大集体所有制职工，最后是小集体所有制职工。在企事业单位中，还有正式工、合同工、临时工、农民工之分。在政治上还有领导干部、一般干部、一般群众、"四类分子"等各种不同的等级和身份。在升学、当兵、就业、住房、医疗、婚姻等各方面，不同身份的人有不同的遭遇和待遇。人们被人为划分为各种不同的难以逾越的待遇悬殊的等级。

经过消灭私有制、建立公有制的社会主义改造，所有人都失去了自己的生产资料，成为名副其实的无产者。他们只有找到工作的时候才能生存。而安排工作的权力完全掌握在领导干部手里，从而，人们只有得到领导干部的允许才能找到工作。随着户籍管理制度的实行，占人口大多数的农民，除了极少数人能通过升学、当兵到城镇就业外，就只能做农民，直到改革开放。城镇户籍人口，除了有文凭或者有机遇有"背景"的少数人之外，只有领导干部的亲属子女或者亲朋好友才能安排到机关事业单位和国有企业工作，其余人一般只能到集体单位工作或者做合同工、临时工。"四类分子"子女或者根本找不到工作，或者只能做最脏最苦最累、待遇最差的工作。这样，私有制消灭了，社会却完全划分为各种不同的身份、不同的等级阶级阶层。这种所谓公有制，并无公开公平公正可言。因此，我们看一个单位的所有制不能只看名称，必须看其实质，看其究竟由谁掌控、由谁管理、为谁谋利；必须看劳动就业制度、干部人事制度、经营管理制度、收入分配制度。一切公有制只有落实在公开公平公正的劳动就业制度、干部人事制度、经营管理制度、收入分配制度上，才是名副其实的社会主义公有制，否则只能是披着公有制外衣的官有制、私有制、内部人或少数人所有制。

全民所有制企业由于国家统负盈亏,职工捧铁饭碗,吃大锅饭,干好干坏一个样,干多干少一个样,干与不干一个样,对企业财产和企业盈亏,人人负责,人人不负责,实际上无人负责,加上计划经济统得过死,领导干部能力欠缺,结果普遍管理不善,效益低下,浪费严重,乃至发生大面积亏损(有所谓"三分之一明亏,三分之一暗亏,三分之一盈利"之说),到后来难以为继,最后不得不进行改革改制。在公有制企业中,在连续不断的政治运动中,通常都有管政治的领导干部和管业务的领导干部。不少管政治的领导干部对业务一窍不通,游手好闲,工资最高,主要靠权力吃饭,靠整人吃饭。而许多勤勤恳恳工作的职工工资很低。有些单位实际上是酬劳倒挂,多劳者少得,少劳者多得,主要是按权分配,谈不上按劳分配。事实证明,私有制消灭了,剥削存在着,剩余价值存在着!那种认为私有制等于剥削制度、公有制等于消灭剥削的公式和理论是经不起实践检验的,是不能成立的。

二、改革开放 40 年来经济体制改革的实践及其结果

(一)农村土地制度的改革及其结果

1978 年党的十一届三中全会以来,我国农村土地制度变迁经历了两个大的阶段。第一阶段是 20 世纪后期(1978–1999),逐步废除人民公社制度,恢复和拓展农业生产责任制,逐步确立"土地集体所有、家庭承包经营、长期稳定承包权、鼓励合法流转"的新型农村土地制度。第二阶段是 21 世纪初期(2000–今),农村土地制度改革沿两条主线展开:一是继续完善并用立法规范承包土地制度;二是探索和推进土地征用制度及农村建设用地制度的改革,允许土地承包经营权的转让。农村土地制度变迁采取了农民自发制度创新与国家强力推行相结合的方式,沿着"明确所有权,稳定承包权,放活使用权,保障收益权,尊重处分权"路径前行,至今形成了一套比较完整和成型的新型土地制度。现在农村土地正在实行所有权、承包权、经营权"三权分置"的改革。

经过农村改革,建立了农业生产的责任制,增强了农民发展生产的责任心,调动了农民的生产积极性主动性,我国农业生产稳步发展,农民温饱问题很快得到解决,几亿农民摆脱了贫困,乡镇企业一度成为国民经济重要支柱,2 亿多农民走出农村,既为城市建设做出了贡献,也为自己增加了收入,城乡面貌发生了历史性变化,社会主义新农村建设取得可喜进展。2017 年,习近平在党的十九大报告中提出:实施乡村振兴战略。农业农村农民问题是关系国计民生的根本性问题,必须始终把解决好"三农"问题作为全党工作重中之重。要坚持农业农村优先发展,按照产业兴旺、生态宜居、乡风文明、治理有效、生活富裕的总要求,建立健全城乡融合发展体制机制和政策体系,加快推进农业农村现代化。巩固和完善农村基本经营制度,深化农村土地制度改革,完善承包地"三权"分置制度。保持土地承包关系稳定并长久不变,第二轮土地承包到期后再延长三十年。深化农村集体产权制度改革,保障农民财产权益,壮大集体经济。① 随着乡村振兴战略的实施,农村土地制度改革的深化,农村一二三产业的融合发展,社会主义新农村的建设已经展现出光辉灿烂的前景。

(二)城镇所有制的改革及其结果

随着农村经济体制改革的进展,城镇经济体制改革也逐步展开。城镇公有制企业改革首先是参照农村改革的经验,推行承包制改革。起初以为一包就灵,后来发现并非如此,许多问题不是仅仅靠承包制就能解决的。接着进行了各种形式的改革试验,最后对大多数公有制企业实行了股份制或私有化的改制。在国有企业和集体企业改革改制过程中,至少有4000万国有和集体企业职工下岗,大量国有和集体资产低价出售,三文不值二文,甚至十文不值一文,给国家和人民带来巨大损失。例如,江苏宿迁一家公立医院以7000万元卖给私人,后来政府出价10亿元、20亿元也买不回来,只好花20亿元另建一家公立医院。而所有损失浪费和化公为私的财产都是广大纳税人的钱,都是劳动者的血汗。

经过所有制改革改制,我国既付出了大批职工下岗、大量公有资产流失的巨大代价,也收到了避免巨大浪费和亏损、打破铁饭碗、大锅饭的效果;既保留了一批掌握国家经济命脉的国有企业,也使大批公有制企业变成了股份制企业、私有制企业。加上个人创业,形成了大批个体私营企业。在改革开放过程中,我国引进了大量外资,出现了大批外资企业和中外合资企业。这样就形成了包括国有企业、集体企业、个体私营企业、外资企业、中外合资企业、各种股份制和股份合作制企业,包括国有资本控股企业和混合所有制企业在内的多种所有制经济共同发展的局面。多种所有制经济调动了多方面发展经济的积极性,加之长期坚持改革开放政策,突

---

① 《党的十九大报告辅导读本》,人民出版社2017年版第31-32页。

破了计划经济的框框,实行了市场经济的改革取向,促进了我国经济的持续高速或中高速发展。事实证明,我国的经济体制改革,包括所有制改革在总体上是成功的;同时也证明,经济制度对经济增长具有重大反作用。

(三)城乡经济体制改革存在的问题

我国经济体制改革,包括所有制改革,总体上是成功的,人民生活水平的大幅度提高就是最好的证明。在取得巨大成功的同时,也存在着不足之处,出现了新矛盾、新问题,除了改革过程中的大批职工下岗和大量经济损失外,主要是在分配制度上出现了名不符实、分配不公、贫富两极分化的问题,与公平公正、共同富裕的目标背道而驰。这种名不符实、分配不公、贫富两极分化主要表现在行业差距过大(主要是垄断行业收入过高),公有制企业内部干群差距过大(主要是高级管理人员收入过高),私有制企业内部劳资收入差距过大,公有制和私有制企业职工收入差距过大,机关事业单位人员与企业人员之间收入差距过大。其结果,在社会的一极出现了一批富豪,在社会的另一极还有数千万绝对贫困人口。邓小平说过:"社会主义的目的就是要全国人民共同富裕,不是两极分化。如果我们的政策导致两极分化,我们就失败了;如果产生了什么新的资产阶级,那我们就真是走了邪路了。"①实践证明,我国的改革开放既取得了巨大成就,又存在着严重问题。成就是生产力获得巨大发展,综合国力显著提升,人民生活大幅度改善;问题是收入分配不公,两极分化严重。从这一方面看,改革尚未成功,同志仍须努力。

三、关于公有制和私有制的辩证思考

多年以来我国都存在着公有制和私有制的争论。关于私有制终究要走向灭亡,是各方没有争议的,争论的焦点在于消灭私有制、建立公有制的时间和条件,在目前条件下公有制和私有制的优劣,私有制是不是必然存在剥削,公有制是不是必然消灭剥削?此外,还有一些极其重要的问题并没有得到足够的重视、研究和解决,例如,什么是公有制,怎样实现公有制?怎样从劳动就业制度、干部人事制度、经营管理制度、收入分配制度上贯彻落实社会主义公有制?下面仅就几个基本问题谈谈一孔之见。

---

① 《邓小平文选》第3卷,人民出版社1993年版第110-111页。

(一)所有制发展的一般历史进程和客观规律

从所有制的一般历史进程来看,人类社会的生产资料私有制和公有制的产生,都是生产力发展的一定历史阶段的产物,其产生、发展直至终结都是一个自然历史过程。目前,世界各国都存在着私有制、合伙制、股份制、国有制等不同形式的所有制。这些所有制都不是天上掉下来的,也不是某个人头脑里发明出来的,也不是大规模的革命和改造人为制造出来的;都是随着生产力的发展产生和发展的,都是一个自然历史过程,都有其自身发展的客观规律。人类社会、人类社会的生产资料所有制,无论是私有制还是公有制都有其产生、发展直至最终消亡的自然历史过程。因此,马克思恩格斯提出"消灭私有制"的目标是无可非议的,也是不必争论的。问题是私有制的消灭、公有制的发展,都必须以生产力发展的客观需要为条件;没有这个条件,人为地过早地消灭私有制只能带来混乱和灾难。恩格斯写出《家庭、私有制和国家的起源》,论证了家庭、私有制和国家都不是有了人类就产生的,而是经过生产力的长期发展逐步产生的。他还论证了国家不是被消灭的,而是到一定历史发展阶段自行消亡的。同样,家庭和私有制也不是被消灭的,而是到一定历史发展阶段自行消亡的。因此,消灭私有制不是现在需要讨论的问题,也不是我们所能解决的问题,而是若干年后由我们的子孙后代去解决的问题。应该相信,我们的后代会比我们更有条件、更有智慧去妥善处理这个问题。至于公有制的产生和发展,也有其客观规律性,该产生的时候和地方必然会产生;不该产生的时候和地方,本来就不应该产生,人为建立了,也会因各种弊端而必须改革。

(二)马克思恩格斯关于消灭私有制的完整表述和辩证思考

马克思恩格斯在《共产党宣言》中写道:"共产主义的特征并不是要废除一般的所有制,而是要废除资产阶级的所有制。但是,现代的资产阶级私有制是建立在阶级对立上面,建立在一些人对另一些人的剥削上面的产品生产和占有的最后而又最完备的表现。从这个意义上说,共产党人可以把自己的理论概括为一句话:消灭私有制。""共产主义革命就是同传统的所有制关系实行最彻底的决裂;毫不奇怪,它在自己的发展进程中要同传统的观念实行最彻底的决裂。""资产阶级的灭亡和无产阶级的胜利是同样不可避免的。"① 后来,马克思在《政治经济学批判》序言中又写道:"无论哪一个社会形态,在它所能容纳的生产力发挥出来以前,是决不会灭亡的;而新的更高的生产关系,在它的物质存在条件在旧社会的胎胞里成熟以前,是决不会出现的。"② 从这里引用的"两个决裂"、"两个不可避免"、"两个决不会"可以看出,马克思恩格斯所说的消灭私有制,并不是要废除一般的所有制,而是要废除资产阶级的所有制,是消灭建立在阶级对立上面,建立在一些人对另一些人的剥削上面的私有制。对照新中国建立初期的私有制,包括当时农村绝大多数农民的所有制,城镇绝大多数小商小贩、小业主的所有制,既不是资产阶级私有制,也不是建立在一些人对另一些人的剥削上面的私有制,当时这种所有制所能容纳的生产力远未发挥出来,远未到必须消灭的时候。另一方面,公有制的物质条件远未成熟,正如过于早产的婴儿一样,过于早产的公有制也必然先天不足,易于夭折。实践证明,私有制并不是想消灭就能消灭的,公有制也不是想建立就能建立的,都必须具备一定的历史条件。归根结底,所有制关系是由生产力发展的性质和水平决定的,决不是由任何人随意决定的。我们不能简单片面地认识和处理"消灭私有制"的问题,应该完整地准确地理解马克思恩格斯"消灭私有制"的论述,坚持在这个重大理论和实践问题上的唯物辩证法和历史辩证法。

(三)我国所有制变革的历史经验和现实状况

从我国过去所有制变革的历史经验来看,新中国成立近70年来,我们对工业、农业、商业、建筑业、运输业等各行各业的所有制进行了多次变革。先是60多年前实行的对农业、手工业和资本主义工商业的社会主义改造,改变了历史上长期形成的私有制经济,建立了全民所有制和集体所有制两种形式的公有制经济。其实,上世纪50年代我国的农业处于落后的手工劳动阶段,让各家各户自主经营,都会努力勤劳致富;合作化之后,"吃大锅饭","一年忙到头,剩下两个大拳头。"严重挫伤了农民生产积极性,阻碍了农业生产的发展。当时私营工商业,绝大多数只是小商小贩小业主,算不上资本主义工商业,合作化之前各家各户都肩负着自负盈亏的完全责任,都会起早带晚勤俭创业,每天劳动超过8小时;合作化之后,对企业盈亏不再负起责任,劳动报酬与劳动付出也不再挂钩,每天都只是劳动8小时,基本失去

---

① 《马克思恩格斯选集》第1卷,人民出版社1995年版第286、293、284页。
② 《马克思恩格斯选集》第2卷,人民出版社1995年版第33页。

积极性主动性。当时实行合作化,消灭私有制,建立公有制,虽然初衷是解放和发展生产力,但是结果适得其反,在全面建立公有制后的20多年中,政策偏"左",生产力不但没有顺利发展,反而受到了阻碍。"一九五七年开始,我们犯了'左'的错误,政治上的'左'导致一九五八年经济上搞'大跃进',使生产遭受很大破坏,人民生活很困难。一九五九、一九六〇、一九六一年三年非常困难,人民饭都吃不饱,更不要说别的了。"[1]不难设想,如果我们现在再搞一次"社会主义改造",取消私有制、实行公有制,外资和港台企业主能够答应吗?国内私营企业主能够同意吗?会不会导致社会混乱、经济倒退呢?显然,这样搞消灭私有制、建立公有制,中国人民是吃了苦头的。再看大多数公有制企业,在改革开放后的公有制改革改制中,数千万职工下岗失业(部分人自谋职业再就业),不计其数的大量国有和集体资产流失,人民又付出了巨大代价。事实证明,在过去60多年的消灭私有制、建立公有制,又改革公有制、实行私有制或股份制的反复折腾中,全国数亿工人农民都付出了巨大代价,整个国民经济都遭受了巨大损失。经验证明,所有制问题是重大的经济制度问题,关系到国民经济的兴衰成败,关系到亿万人民的重大利益,必须慎之又慎,不可轻率从事,不可一哄而起、一哄而散。所有制问题在我国争论了几十年,到现在争论不休、争论不清。改革开放前,我国搞了20多年公有制,但是,温饱问题始终没有解决,许多生活必需品都成了紧张物资,都必须凭票供应。改革开放仅仅10多年,就告别了粮票、布票、油票和五花八门的票证,全国人民实现了温饱,正在决胜全面建成小康社会。现在的问题不是去争论公有制好还是私有制好,搞得好都好,搞不好都不好。一切要看社会实践及其结果,要看是否有利于调动人的积极性,是否有利于发展社会生产力,是否有利于提高人民的生活水平。对所有制和所有权的变动一定要慎之又慎,要尊重历史、尊重现实、尊重民意,决不可随心所欲。邓小平说过:"香港在一九九七年回到祖国以后五十年政策不变,包括我们写的基本法,至少要管五十年。我还要说,五十年以后更没有变的必要。"[2]邓小平这一思想表明他对经济制度和社会制度的变革采取了极其慎重的态度。显然,如果没有这样的慎重态度和正确政策,香港是否能顺利回归,回归后是否能长期保持繁荣和稳定,都会成为问题。我们应该深刻领会邓小平这一重要思想,慎重对待所有制变革。

---

[1] 《邓小平文选》第3卷,人民出版社1993年版第33页。
[2] 《邓小平文选》第3卷,人民出版社1993年版第215页。

从我国所有制结构的现实状况来看,目前,我国正处于社会主义初级阶段,存在着多层次的生产力,从手工劳动到机械化劳动、电气化劳动、信息化劳动、智能化劳动不同发展阶段的生产力并存,适应这种生产力状况,我国实行公有制为主体、多种所有制经济共同发展的基本经济制度,以按劳分配为主体、多种分配方式并存的分配制度。从实践结果看,这种制度与我国生产力的发展是相适应的。同时,在多种所有制经济、多种分配方式并存的情况下,也存在着发展不平衡、不充分的问题,特别是在收入分配方面还存在着严重的分配不公、两极分化问题。因此,现在我们必须从完善分配制度入手坚持和完善社会主义基本经济制度,毫不动摇巩固和发展公有制经济,毫不动摇鼓励、支持、引导非公有制经济发展。

现在的问题是:如何巩固和发展公有制经济?如何鼓励、支持、引导非公有制经济发展?公有制经济,顾名思义,必须公有、公开、公平、公正。巩固和发展公有制经济,必须做到:第一,讲求效率,提高效益。必须建立严格的责任制,增强干部职工的责任心,调动他们的积极性主动性创造性,让他们对办好企业既有动力又有压力,努力做到各尽所能,人尽其才,地尽其利,物尽其用。第二,讲求公平,按劳分配。既防止平均主义,也防止差距过大。在职工之间、职工与管理人员、技术人员之间、各种所有制经济之间,实行同工同酬,公平分配。对垄断行业及其高管人员的过高收入,政府必须进行及时的强有力的宏观调控,决不能听之任之、泰然处之,决不能容忍垄断剥削、特权剥削、寄生剥削、两极分化。第三,必须处理好国有企业与全民、与国家、与政府的关系。应该建立健全公开公平公正的劳动就业制度、干部人事制度、经营管理制度、收入分配制度。企业利润特别是垄断利润应该绝大部分上缴国家,体现全民和国家的所有权和收益权。第四,对国有企业、特别是垄断行业必须实行严格的全民计算和监督,必须有强有力的组织、制度和措施。否则国有企业就会徒有其名,蜕化变质,就谈不上优越性,谈不上巩固和发展公有制经济。

鼓励、支持、引导非公有制经济发展,必须处理好企业与雇员、与顾客、与社会、与政府的关系。要保护雇员的正当权益,雇员收入要与企业效益、与雇主收入、与国有企业职工收入挂钩,保持合理均衡。目前私营企业职工普遍劳动时间较长而劳动收入偏低,收入只有国有企业职工的2/3左右,要建立有力的工会组织和集体谈判制度,实行必要的政府干预,保障和提高雇员的合理收入和劳动条件。要加强政府对私营企业生产经营活动的监督管理,杜绝假冒伪劣产品和非法经营活动,防止压榨职工、欺骗客户和偷漏税收现象。

(四) 所有制必须落实到分配制度上

所有制问题看起来简单,实际上十分复杂,是关系到社会经济生活方方面面的极其重要而复杂的问题。马克思说过:"在每个历史时代中所有权是以各种不同的方式、在完全不同的社会关系下发展起来的。因此,给资产阶级的所有权下定义不外是把资产阶级生产的全部社会关系描述一番。"[①]同样,谈论所有制问题,不能仅从名称上认定是什么所有制,而要从它的运行全过程来看。特别要注意,"分配关系本质上和生产关系是同一的,是生产关系的反面,所以二者都具有同样的历史的暂时的性质。"[②]社会主义全民所有制必须归全民所有,由全民管理,为全民谋利。

归根结底,一切制度的优劣最终要体现在实践结果、体现在收入分配、体现在群众利益上。从这种视角来看,所有制不仅仅是生产资料所有制,更重要的是劳动成果所有制、最终收入所有制、剩余价值所有制。实践证明,剩余价值范畴在社会主义经济理论中不仅是继续适用的范畴,而且是极其重要的范畴。剩余价值是社会的产物,理应由全体社会成员共享,这是社会保障基金的价值源泉,也是社会保障制度的理论基础;而且随着科技发展和社会进步,剩余价值在全部价值构成中所占比重越来越大,从而社会保障基金就越来越多,社会保障制度也就应该越来越完善,社会保障水平也应该越来越高。这样,我们就可以将社会保障理论纳入分配理论加以研究,将社会保障制度纳入分配制度加以研究。从而,社会主义分配理论和制度应该是按劳分配、按要素分配、按基本需要分配三结合的分配理论和制度。[③]

第三节 我国收入分配的存在问题和对策建议

收入分配制度是最重要的经济制度之一,关系到每个人的切身利益。分配制度改革是经济体制改革极其重要的一个方面。多年来,我国收入分配中存在着不少问题,消灭剥削、消除两极分化的目标远远没有实现。因此,我国分配制度亟待改革与完善。

---

① 《马克思恩格斯选集》第1卷,人民出版社1995年版第177页。
② 马克思:《资本论》第3卷,人民出版社1975年版第993页。
③ 参看拙文《发展创新社会主义分配理论》,载《海派经济学》2009年第8辑;《实现价值理论、分配理论和分配制度的"三统一"》,载《东方论坛》2013年第2期。

一、目前我国收入分配中的十个存在问题

目前,我国收入分配中存在着多方面问题,概括说来有三个方面、十个问题。三个方面是:居民收入和劳动者报酬占 GDP 比重偏低;城乡、地区、行业和居民之间收入差距过大;收入分配秩序不规范,灰色收入大量存在。十个问题如下:

(一)居民收入和劳动者报酬占 GDP 比重偏低

第一,居民收入在国民收入分配中的比重偏低。资料显示,近十几年来,居民收入占中国的国民总收入比重不断下降,政府、企业比重则不断上升。20 世纪 90 年代初到 2005 年的《中国统计年鉴》数据表明,初次分配中,居民收入在国民收入中的比重由 68% 降至 60%,政府和企业部门比重分别由 16% 和 16% 升至 17% 和 23%。此外,再次分配中,中国居民收入在国民收入中的比重由 69% 降至 59%,政府与企业分别由 19% 和 12% 升至 21% 和 20%。央行 2008 年四季度的货币政策执行报告指出,2007 年居民收入占国民收入比重下降至 57.9%。而在美国,居民收入占国民收入比重高达 70%。① 据统计,2013 年中国政府、企业、居民初次分配收入之比为:15.2:24.1:60.7。② 由此可见,中国居民收入尚有占 GDP10% 左右、也就是现有收入 15% 左右的上升空间。这并不是说每个人都可以增加 15% 的收入,而是说,中低收入者应该增加收入,高收入者应该降低收入,总体上是增加收入。正如刘植荣所言,85% 的人应该涨工资,③8% 的高收入者应该降工资,其余 7% 的人维持现有工资。这不是平均主义,而是缩小不合理收入差距的必要措施。

第二,劳动报酬在初次分配中的比重偏低。据统计,从 1997——2007 年的 10 年间,劳动报酬占国内生产总值的比重从 53.4% 下降到 39.74%。有学者认为,当前初次分配中"强资本、弱劳动"趋势不断强化,劳动在各种生产要素中的地位不断下降。④ 有资料表明,美国在 1870 年到 1984 年的 114 年间,劳动在国民收入分配中始终占了大头,在 19 世纪后期,劳动收入所占的比重为 50%,到了 20 世纪后

---

① 《中国国民收入分配进入深度调整期》,人民网,http://society.people.com.cn/GB/41158/11062260.html(访问时间:2010 年 3 月 3 日)。
② 《中国统计年鉴(2015)》,中国统计出版社 2015 年版。
③ 刘植荣:《85% 的人应该涨工资》,中国商业出版社 2010 年版封面。
④ 中共中央宣传部理论局:《七个怎么看》,学习出版社、人民出版社,2010 年版第 88 页。

期上升到74%;而资本在国民收入分配格局中所占的比重由19世纪后期的25%下降到20世纪后期的17%。① 由此可见,在我国提高劳动报酬,控制资本收益是合情合理的。

(二)城乡之间收入差距过大

对于城乡居民收入差距,我们可以从家庭收入和公共服务两个方面加以认识:

第一,城乡居民收入差距过大。据统计,我国城乡收入差距从1978年的2.57倍已经扩大到2009年的3.33倍,2016年缩小到2.69倍,2017年又回升到2.93倍。② 而世界上大多数国家只有1.5倍左右,只有个别国家达到2倍以上。我国城乡收入差距是世界各国中最大的。我国城乡收入差距如表1所示:

表1 2000年——2016年我国城乡居民收入比较表

项目	2000	2005	2010	2016
城镇人均可支配收入	6280	10493	19109	33216
农村人均可支配收入	2253	3255	5919	12363
城镇居民最高收入	13311	28773	51432	70348
城镇居民最低收入	2653	3135	5948	13004
农村居民最高收入		7747	14050	28448
农村居民最低收入		1067	1870	3007
城镇农村比	2.79	3.22	3.23	2.69
城镇高低比	5.02	9.18	8.65	5.41
农村高低比		7.26	7.51	9.46
城镇高收入与农村低收入比		26.96	27.50	23.39

资料来源:余斌、陈昌盛:《国民收入分配困境与出路》,中国发展出版社,2011年版第76页。中国统计年鉴,2011、2017,其中高低收入为五等份分组人均可支配收入,2017年高低收入数为全国平均数。

根据北京大学中国社会科学调查中心2010年的调查结果,农民、农民工与城市户籍在职工作者三类人员年收入水平如表2所示:

---

① 仲大军:《对我国劳动关系的再思考》,载《经济与社会观察》,2004年第2期。
② 历年中国统计年鉴。2016、2017年国民经济和社会发展统计公报,载《人民日报》2017年3月1日、2018年3月1日。

表2　各地三类在职工作者的年收入水平(单位:元)

地区	农民	农民工	城市居民	合计	人数
全国	2596	25728	29663	15524	10701
辽宁	2155	23014	26574	14805	1480
上海	2522	31827	43920	38008	1416
河南	2971	18207	21245	10864	1660
广东	1939	22978	27690	15748	1622
甘肃	1955	21568	31522	7909	1818

资料来源:北京大学中国社会科学调查中心:《中国报告.民生.2011》,北京大学出版社,2011年版第84页。

表2表明,农民工收入是农民的10倍左右,最高达到12.6倍;而城市户籍居民更是农民的11.4倍左右,最高达到17.4倍。

第二,在公共投资的分配和公共产品的分享方面,城乡居民也有很大差距。在各项国民待遇上,在享受现代物质文明、政治文明、精神文明的机会和条件上,在生活便捷程度上,在受人尊重程度上,在精神生活质量上,城乡居民之间也有很大差距。据调查,城乡居民在各方面生活便捷性都有明显差异。参看表3。

表3　城乡居民生活便捷性的差异统计表

家庭住址	出行:离最近公交站点平均距离(公里)	出行:最近公交站平均候车时间(分钟)	医疗:离最近医疗点平均距离(公里)	医疗:去最近医疗点时间(分钟)	上学:离最近高中距离(公里)	购物:去最近商业中心时间(分钟)
农民家庭	1.9	29	1.9	15	19.3	36
非农家庭	0.7	15	1.2	10	7.9	20

资料来源:北京大学中国社会科学调查中心:《中国报告.民生.2011》,北京大学出版社,2011年版第50-52页。

除了表3所反映的时空差异之外,城乡公交设施、医疗资源、教育资源、商店规模和商品品种更有巨大差异。

综上所述,城乡居民实际收入差距和生活质量差距都远远大于名义收入差距。

(三)地区之间收入差距过大

对于我国各地区之间居民收入差距,我们应该从三个层次上层层深化认识:

第一,从东中西部地区和各省市自治区来看,居民收入差距过大。东中西部地区城镇居民收入比,1985年为1.15∶0.88∶1,1990年为1.28∶0.92∶1,2000年为1.49∶1.06∶1,2009年为1.49∶1∶1,2016年为1.39∶1.01∶1。东中西部地区农村居民收入比,1978年为1.27∶1.05∶1,1997年为1.95∶1.37∶1,2016年为1.56∶1.19∶1。2016年东中西地区居民可支配收入比是1.67∶1.09∶1。① 数据表明,东中西部地区居民收入差距过大。

第二,从同一省份的不同地区来看,也有很大差距。以江苏省为例,苏南、苏中、苏北三地城镇居民人均可支配收入2000年是1.27∶1.10∶1,2010年是2.62∶1.95∶1;2014年是1.77∶1.32∶1,2016年是1.75∶1.32∶1。三地农村居民人均纯收入2000年是1.50∶1.14∶1,2010年是1.66∶1.25∶1;2014年是1.65∶1.22∶1。② 数据表明,江苏省不同地区城乡居民收入差距也比较大。

第三,从同一县市的不同乡镇来看也有很大差距。以江苏省兴化市为例,2001年农村居民人均纯收入,戴南镇是4903元,周奋乡是3866元,前者是后者的1.27倍;2010年戴南镇是13979元,周奋乡是7885元,前者是后者的1.78倍。2001年财政收入,戴南镇是8855万元,周奋乡是210万元,前者是后者的42倍;2010年戴南镇是167397万元,周奋乡是1014万元,前者是后者的165倍;2014年戴南镇是130924万元,周奋乡是916万元,前者是后者的143倍。数据反映了各乡镇间财政收入差距达百倍以上。③

综上所述,我们在研究地区差距时,不仅要研究各省之间平均数的差距,而且要研究各省、市、县内部的差距。这种差距,要比各省平均数的差距大得多。

(四)行业之间收入差距过大

多年来,不同行业职工收入差距过大。据统计,1978年我国最高行业和最低行业的工资比是1.38∶1,2008年扩大到16∶1。④ 加上高福利等等,实际收入差距更大。一些金融保险业的职工收入已是农业部门职工收入的10~30倍。独立学者刘植荣指出:"中国国有企业各行业间工资差别悬殊,这在世界上也是绝无仅有的。根据2009年5月5日《中国青年报》报道,在14家上市银行中,浦发银行、民

---

① 历年中国统计年鉴。
② 历年江苏统计年鉴。
③ 历年兴化统计年鉴。
④ 历年中国统计年鉴。

生银行和中信银行的人均薪酬最高,各为45.62万元/年、39.82万元/年和34.61万元/年,人均薪酬最少的工商银行、交通银行、建设银行分别为13.04万元/年、14.79万元/年和15.36万元/年。而中国建筑、餐饮、编织等行业的工资约在1万元/年左右,中国行业之间工资差达到了3000%,是世界平均值的43倍!"而世界上大多数国家这一差距不会超过2倍。①

(五)不同所有制单位之间收入差距拉大

在我国不同所有制单位之间,在同一所有制不同隶属关系单位之间存在着较大收入差距。在国有经济单位与城镇集体经济单位、其他经济单位之间存在着明显收入差距,且有差距扩大趋势。表4是全国这几类单位员工年平均工资及其比例关系统计表。

表4 全国不同所有制单位员工年平均工资及其比例关系统计表(元)

年份	全国平均工资	国有单位	城镇集体单位	其他经济单位	平均工资指数(%)			
					全国平均	国有单位	城镇集体单位	其他单位
1984	974	1034	811	1048	100	106.2	83.3	110.9
1994	4538	4797	3245	6303	100	105.7	71.5	138.9
2004	16024	16729	9814	16259	100	104.4	61.2	101.5
2009	32244	34130	20607	31350	100	105.8	63.9	97.2
2014	56360	57361	42742	56485	100	101.8	75.8	100.2
2016	67569	72538	50527	65531	100	107.4	74.8	97.0

资料来源:中国统计年鉴:1985、1995、2005、2010、2015、2017。

表4反映,国有单位职工平均工资始终高于全国平均工资,集体单位职工平均工资始终低于全国平均工资,其他经济单位平均工资已经从高于全国平均工资逐步降到低于全国平均工资。在国有单位与城镇集体单位之间员工工资差距呈现扩大趋势。除此之外,员工各项福利待遇也有相应差距,从而使综合收入差距进一步拉大。这种差距一部分是由于员工科技素质差距形成的,是合理差距;另一部分是由于单位所有制差别和当初劳动就业制度缺陷形成的,这是不合理的差距,应予调整和消除。

江苏省不同所有制单位职工工资的差距比全国差距更大,2010年江苏省国有

---

① 刘植荣:《85%的人应该涨工资》,中国商业出版社2010年第21、44页。

单位职工平均工资是 51245 元,城镇集体单位是 31502 元,其他单位是 34260 元;三者比例是 1∶0.61∶0.67。①

(六)机关企事业单位之间收入差距拉大

在我国机关、事业和企业这三种不同类型单位之间,主要是在机关公务员与一般企事业单位职工之间,也存在收入差距扩大趋势。这种差距主要表现在以下几个方面。

第一,工资收入出现差距,并呈差距扩大趋势。参看表 5。

表 5　三类单位员工工资及其比例关系统计表(工资单位:元)

年份	平均工资			三者比例		
	全国	机关	事业	企业	机关	事业	企业
1985	1213	1184		1223	100		103
1990	2284	2132		2347	100		110
1994	4538	4956	4963	4408	100	100	89
1997	6470	6990	6867	6322	100	98	90
2003	14040	15736	14564	13578	100	92	86
2008	29229	33869	29758	28359	100	88	84

资料来源:历年中国统计年鉴。

表 5 表明,1994 年之前,我国机关、事业单位之间平均工资持平,企业职工平均工资高于机关事业单位。此后,机关、事业、企业单位之间渐渐拉开差距,前者渐渐高于后者,并呈差距扩大趋势。

江苏省这一差距更为明显。表 6 是这一方面对比表。

表 6　江苏省机关、事业、企业单位工资水平对比表(工资单位:元)

年份	总平均	机关	事业单位	企业单位	三者比例		
					机关	事业	企业
2010	40505	64054	48520	35769	100	75.75	55.84
2014	60867	77836	70394	58917	100	90.44	75.69
2016	71574	99162	89344	67253	100	90.1	68.34

资料来源:江苏省 2011、2015、2017 年统计年鉴。

---

① 历年江苏统计年鉴。

第二,工资外收入存在明显差距。除了工资收入外,公务员还有各种津贴和职务消费,特别是各级官员(领导干部)津贴和职务消费数额较高,往往高出工资数倍。而企事业单位绝大多数职工没有职务消费收益。除了工资收入和职务消费外,机关公务员在生活福利、社会保障等等方面待遇普遍优于一般企事业单位职工。

第三,在非经济待遇和非本人待遇上,机关公务员与企事业单位人员存在明显差距。其一,公务员拥有的社会权力、享有的社会地位和声望、职业和收入的稳定性,是一般企事业单位员工所无法企及的。其二,公务员主要是官员(领导干部)在配偶子女的就业机会、工作岗位、工资福利等方面,在总体上优于一般企事业单位职工家属。

(七)公有制企业内部收入差距过大

公有制企业内部个人收入差距也过大。从国有控股金融机构年报来看,一段时期以来,"一把手"固定薪酬普遍超过百万,部分高管已突破500万元。① 数据显示,2013年我国沪深上市公司主要负责人年平均薪酬水平为76.3万元,全部负责人平均薪酬水平为46.1万元。央企负责人的薪酬水平,曾一度是同期沪深上市公司主要负责人的大约2－3倍,与职工薪酬差距达到12倍之多,显著偏高。② 浙江烟草系统的薪酬水平在全国是排在前列的,一个普通的在编员工一年收入可达18万元,……其实在沿海地区烟草系统内,18万元并不算高的,30万、50万元的大有人在。③ 由此可见,国家统计年鉴中的年平均工资,已经抹平了行业内部的巨大收入差距。有网民写道:"本是同根生,贡献亦相同,收入差几倍,何以论公平。"④根据刘植荣的研究,2008年,中国人均GDP是22252元,国有企业高管平均年收入至少为68万元,是人均GDP的31倍,是最低工资的113倍,是人均工资的23倍。而挪威、瑞典、法国、英国、美国、加拿大、新加坡、日本8个发达国家企业老总年薪平均是本国人均GDP的2.1倍,是最低工资的5.5倍,是全国平均工资的2.2倍。如果以人均GDP为参照系,中国国有企业高管工资是国际惯例的15倍;如果以最低

---

① 《金融机构收入"鸿沟"巨大》,载《常州日报》数字报纸,2014年9月1日。
② 《国企高管将全面限薪:央企月收入8000元》,载《中国经营报》,2015年7月11日。
③ 赵振华主编:《当前党政干部关注的重大民生问题解读》,中共中央党校出版社2010年版第39页。
④ 新华社总编室:《新华社两会报道精品选(2010)》,新华出版社2010年第77页。

工资为参照系,是国际惯例的 21 倍;如果以全国平均工资为参照系,是国际惯例的 10 倍。①

（八）私营企业劳资双方收入悬殊

个体、私营等非公有制经济是促进我国社会生产力发展的重要力量,大力发展非公有制经济是我国发展社会主义市场经济的重要方针。截至 2014 年底,我国个体和私营企业从业人员已达 24975 万人。② 杨承训教授根据全国性调查资料指出,一个业主的收入相当于 25 个职工的收入,且职工没有任何其他福利。资本千万元以上的业主与职工的收入则相差近千倍,而资本亿元以上的业主与职工收入之差可能为 3900 倍。一位政府劳动主管官员以一个中等规模家族制民营企业为例,业主家庭每个成员的平均收入为普通职工的 280 倍,是中层经营管理人员的 205 倍,相差十分悬殊,规模较大的民营企业差距有的达到上千倍。③ 据全国总工会的调查,私营企业中工人劳动超过法定工时的占 45%,每周超过 51 小时的占 17%。某地私企 50% 的人每天工作 8 小时以上,62% 的人一周劳动 7 天;50% 的工人收入低于最低工资标准。长期不涨工资,起码有 25% 的人不能按时领取工资。④ 2009 年第八次全国私营企业抽样调查数据分析综合报告显示,私营企业职工平均工资仍然比国有企业职工低 8208 元,两者相比为 1∶1.45,差距比两年前拉大了。⑤ 据统计,2014 年全国私营企业职工平均工资为 36390 元,比全国城镇就业人员平均工资 56360 元低 19970 元。⑥ 两者相比为 1∶1.55。2016 年江苏省私营企业职工平均工资 47156 元,非私营企业职工平均工资 71574 元,两者相比为 1∶1.52。

（九）灰色收入大量存在

多年来,我国分配秩序不规范,灰色收入、隐性收入大量存在,导致实际差距比工资收入差距大得多。根据王小鲁主持的一项抽样调查研究表明,2008 年全国存在 9.3 万亿元隐性收入,以及 5.4 万亿元灰色收入,比 2005 年增加了约一倍,增长

---

① 刘植荣:《85% 的人应该涨工资》,中国商业出版社 2010 年版第 43-44 页。
② 《中国统计年鉴(2015)》,中国统计出版社 2015 年版。
③ 李济广:《劳资分配比例合理程度判断与优化目标》,载《湖南财经专科学校学报》,2009 年第 4 期。
④ 宗寒:《我国居民收入差距的状况及发展趋势》,载《红旗文稿》2005 年第 6 期。
⑤ 《第八次全国私营企业抽样调查数据分析综合报告(摘要)》,载《中华工商时报》2009 年 3 月 26 日。
⑥ 历年中国统计年鉴,中国统计出版社版。

速度明显快于2005—2008年期间名义GDP的增长速度。据估计,2008年灰色收入大约占到国民总收入的15%。而这一比例在2005年在13%左右。没有体现在收入统计中的隐性收入,80%以上集中在20%的城镇最高收入和高收入家庭。其中10%的城镇最高收入家庭,至少占有隐性收入的2/3。隐性收入的存在显著扩大了收入差距。以城镇居民最高收入和最低收入各10%的家庭衡量,其人均收入差距应从统计数据显示的9倍调整到26倍。以全国居民最高收入和最低收入各10%的家庭来衡量,其人均收入差距应从统计数据显示的23倍调整到65倍。将这一因素考虑在内,全国居民收入分配的基尼系数,会显著高于近年来国内外有关专家计算的0.47—0.50的水平。①

(十)收入差距过大已经导致两极分化

由于上述诸多原因,多年来我国居民收入差距和财富差距持续扩大,已经导致两极分化。根据国家统计局的测算,我国的基尼系数1988年为0.341,1990年为0.343,1995年为0.389,2000年为0.417,2003年为0.479,2005年为0.485,2008年为0.491,2010年为0.481,2012年为0.474,2015年为0.462,2016年为0.465,2017年为0.467,②国家发改委专家杨宜勇说,来自国家统计局的数据显示,从2000年开始,我国的基尼系数已越过0.4的警戒线,2006年升至0.49。联合国约有190多个国家,在有完整的统计数据的150个国家中,基尼系数超过0.49的不超过10个,排名前十的除了中国外,就是非洲和拉丁美洲的国家。③ 西南财经大学中国家庭金融调查报告显示,2010年中国家庭收入的基尼系数为0.61,城镇家庭内部的基尼系数为0.56,农村家庭内部的基尼系数为0.60。报告结论称:"当前中国的家庭收入差距巨大,世所少见。"④目前我国的个人收入差距已经达到了"高度不平等"状态,据财政部2009年的调查表明,我国10%的富裕家庭占城市居民全部财产的45%,而最低收入10%的家庭,其财产总额占全部居民财产的1.4%。我

---

① 余斌、陈昌盛:《国民收入分配困境与出路》,中国发展出版社2011年版第56－57页。
② 李培林等:《2014年中国社会形势分析与预测》,社会科学文献出版社2013年版第17页、2016年版第25页、2018年版第31页、2019年版第30页。
③ 《发改委专家建议按家庭征个人所得税调节收入差距》,载《新京报》,2010年8月24日。
④ 高晨:《报告称中国家庭基尼系数0.61 贫富悬殊世所少见》,载《京华时报》,2012年12月10日。

国低收入和中等偏下收入群体合计占总人数的64.3%。① 统计数字显示,在世界上纳入研究的183个国家和地区中,最富的10%的家庭占社会财富超过45%的国家只有4个国家,最穷的10%的家庭占社会财富低于1.4%的只有17个国家。以上数字表明,中国的贫富差距问题不容忽视。② 据世界银行的报告显示,美国5%的人口占据了60%的财富,而中国则是1%的家庭掌握了全国41.4%的财富。财富集中度远远超过美国,成为全球两极分化最严重的国家之一。③ 另有资料估计,2012年全国家庭收入基尼系数约为0.49;同时,我国财产不平等的严重程度更不可小觑,据相同资料估算,我国的家庭财产基尼系数由1995年的0.45上升至2012年的0.73,顶端1%的家庭占有全国三分之一以上的财产,底端25%的家庭拥有的财产总量仅在1%左右。④ 而在社会的另一极,按照每人每年2300元(2010年不变价)的农村扶贫标准计算,2018年农村贫困人口1660万人。⑤

二、导致收入分配存在问题的十个主要原因

多年来,对我国分配不公、结构失衡、贫富悬殊的原因可谓众说纷纭:有针对腐败现象及权力与资本勾结(简称"权贵资本")的"腐败"说;有针对一些行业、领域中(如金融、石化等)国资独大及政企合一(如铁路、民航等)的"垄断"说;还有"公共产品供应不均"说、"再分配调节落后"说、"户籍制度推手"说等等,不一而足。实际上,导致我国收入分配存在问题的原因是多方面的,主要原因有以下十个方面:

(一)历史原因

新中国建国以后,我国选择了优先发展重工业的工业化道路,政府实施高度集中的计划经济体制,通过工农业产品价格的剪刀差,以农业哺育工业,让农业为工业的发展提供原始积累。据估算,1952~1989年,国家通过工农业产品价格剪刀

---

① 杨辉:《马克思主义个人收入分配理论中国化研究》,世界图书出版公司北京公司,2011年版第162页。
② 刘植荣:《85%的人应该涨工资》,中国商业出版社2010年版第11-12页。
③ 龚益鸣:《平权论——中国收入分配制度改革的探讨》,湖北人民出版社2011年版第3页。
④ 李建新等:《中国民生发展报告2015》,北京大学出版社2015年版第6页。
⑤ 国家统计局:《中华人民共和国2018年国民经济和社会发展统计公报》,载《人民日报》,2019年3月1日。

差和税收,从农村汲取资金 7000 多亿元(同期国家支农资金约 3000 亿元),约占农业新创造价值的 1/5。从 1990~1997 年 8 年中,仅工农业产品价格剪刀差渠道一项使农业资金净流出 6380.7 亿元,直接减少了农民收入。① 长期以来,在我国城乡之间、在城市内部和农村内部都存在着二元经济结构和二元经济政策,使城乡之间、不同所有制企业职工之间存在着明显收入差距。

(二)地理原因

我国幅员辽阔,各地地形、气候、土壤、物产条件差异很大,这是导致地区之间,包括东、中、西部地区之间,苏南、苏中、苏北地区之间收入差距的一个客观原因。

(三)人口和教育原因

我国人口多,底子薄,长期以来对教育重视程度和经费投入不够,一度受极左思潮干扰,无教育公平可言,"文化大革命"期间先是"停课闹革命",后是"推荐上大学",教育受到极大破坏。改革开放以来,至今未能从"应试教育"转轨到"素质教育"上来,劳动力素质与经济发展需要严重脱节,高素质的管理人才和科技人才十分缺乏,而低素质劳动力数量极大,人力资本和财力资本都紧缺。在这种情况下,一方面是资本等非劳动生产要素的短缺,另一方面是简单劳动力等生产要素过剩;其结果必然导致资本价格长期偏高,而劳动力价格长期偏低,经营管理者收入过高,而普通劳动者收入过低。

(四)管理体制原因

在长期计划经济体制下,我国始终存在计划内外的双重管理体制,存在计划内外的双重生产、双重交换、双重价格、双重分配、双重消费,由此必然导致社会分配不公。在从计划经济体制向市场经济体制转轨过程中,许多改革措施不配套、不规范、不到位,留下许多漏洞和寻租空间。20 世纪 80 年代中期,由于存在价格双轨制,少数人通过倒卖批文成为百万富翁。90 年代中期,由于外汇市场不规范,少数人通过倒卖外汇暴富。由于价格管理不到位,例如,许多药品价格竟然是成本价的 10 倍、20 倍,给医药营销人员、医院管理人员和医生留下极大的寻租空间和隐性收

---

① 龚益鸣:《平权论——中国收入分配制度改革的探讨》,湖北人民出版社 2011 年版第 19 页。

入。又如房地产价格长期管理不到位,让房价持续飙升,房地产行业成为暴利行业。一个时期以来,由于土地市场不规范,不少人通过倒卖土地暴富。由于产权市场不规范,导致不少国有和集体资产流失到少数人手中。长期以来,我国银行利率由国家统一规定,市场利率则由市场供求决定,国家允许利率差距达到银行利率的4倍,实际利率差距达到5倍至10倍乃至更高,这就为银行有关人员留下极大寻租空间。

(五)资源配置原因

在自然资源配置上,土地资源、矿产资源配置不规范,有些人通过行政权力或投机钻营占有资源,谋取私利,大发其财。在社会资源和科技资源配置上,有些人运用公共权力和公共资源谋取私利。有些人无偿利用行政垄断和网络系统谋取私利,如利用对电网、通信网、运输网、传媒网等等社会资源和科技资源的垄断和无偿利用获取垄断利润。大量全民所有制的财力物力资源实际上不是全民所有和受益,而是由部门、单位、内部人、少数人所有和受益。一些直接或间接掌握某种公共权力的组织或个人,利用资源分配的机会,以手中的权力为自己谋取私利。

(六)产权制度原因

在私有制经济中,存在着劳资双方固有的利益矛盾。在私营企业中,没有建立起合理、正常的工资增长机制。杨承训教授采用综合重度指数对造成收入分配差距扩大的几个重要因子进行定量分析,得出了私营企业主与雇工收入差距是导致目前收入分配差距拉大的最主要原因的结论。[①] 除了私有制经济中存在着劳资双方利益差异和对立外,在公有制经济中,也存在着"公有制不公"(不公开、不公平、不公正)、"全民不全"(全民所有制经济不能由全民管理、全民监督、全民共享)的问题。由于管理不善、制度不严、法制不健全、监督不到位,名为全民所有,实际上变成部门所有单位所有、内部人所有、当权者所有,乃至在某些单位、某种程度上蜕变为事实上的"官有制"或私有制。这样,在单位之间和单位内部形成巨大的收入差距。

---

① 杨辉:《马克思主义个人收入分配理论中国化研究》,世界图书出版公司北京公司2011年版第168－170页。

(七)分配制度原因

改革开放以来,我国存在多种经济成分,在不同经济成分、不同隶属关系的单位中,分配制度不规范、不协调,各行其是,这样在同一地方就形成明显的工资福利差距,带来许多矛盾。同时,我国逐步确立了按劳分配为主体、多种分配方式并存,劳动、资本、技术、管理等生产要素按贡献参与分配的分配制度。但是对具体怎样实现按劳分配为主体?怎样计算劳动、资本、技术、管理等生产要素的贡献,各种生产要素在分配中应该保持怎样的比例关系?迄今没有可供操作的理论、政策、措施、制度和方法,以致旧的分配制度废除了,新的分配制度又没有建立起来,在分配实践中就难免处于失范、无序、混乱的状态。在扩大国有企业自主权问题上,把职工工资福利待遇的决定权下放给企业,所谓工资总额控制实际上流于形式,企业负责人可以给自己涨工资,提高福利待遇。在实施绩效工资过程中,还人为扩大了地区工资差距,例如,在南京、泰州、兴化之间,在同一个泰州市的海陵区、高港区、姜堰区、靖江市、泰兴市、兴化市之间也形成了一个从高到低、月工资相差数百元甚至数千元的工资梯度。这是人为拉开的不合理差距。

(八)财务制度原因

无论是改革开放前30年还是改革开放后40年,我国基层单位,包括国有、集体、私营和其他经济单位,包括机关、事业、企业单位,一直没有建立起一套科学、合理、规范、透明、严格、配套的财务管理制度,大量财务收支项目处于黑箱操作之中,有时一些重大损失、重大问题、重大案件发生多年之后,连本单位领导干部也一直被蒙在鼓里。在这种情况下,许多分配不公、分配混乱、贪污盗窃、公款贿赂、公款消费中的挥霍浪费问题的发生和发展就不可避免。

(九)宏观调控原因

从1997年以来10多年中,党和国家一直强调完善分配结构和分配方式,保护合法收入,调节过高收入,取缔非法收入。但是缺乏具体的政策措施,或者是执行力度不够,例如,垄断行业的过高收入一直没有得到有力的宏观调控,许多灰色收入和非法收入长期没有予以公开和取缔。许多单位职务消费几乎可以为所欲为,出国出境、购车用车、吃喝玩乐都报销。许多灰色收入和非法收入几乎处于失控状态。此外,在宏观调控中还存在决策失误和秩序失控的问题。例如,在国有企业利润上缴问题上,把国有企业利润由全额上缴改革为全额不上缴,后来又改革为只上缴5%—15%。

(十)政治体制原因

在政治体制上,邓小平早已指出的主要弊端,如权力过分集中的现象、家长制现象、形形色色的特权现象,至今依然存在,由此导致劳动就业和收入分配上的不公平,引起的各种腐败现象和暴富现象依然存在,大量灰色收入、隐性收入、黑色收入依然存在,导致了严重的社会分配不公、贫富悬殊乃至两极分化。有些权力过分集中的领导岗位的干部为什么前腐后继、接二连三发生腐败大案?这就不能仅从个人思想品质上找原因,而必须从制度上找原因,必须通过深化改革、完善制度,真正把权力关进制度的笼子来从根本上解决问题。

三、解决收入分配问题的十项对策建议

为了尽快解决收入分配不公问题,需要采取多方面的政策和措施,特别是深化分配制度改革。下面仅就完善分配制度、解决收入分配存在问题提出如下十项对策建议:

(一)完善劳动就业制度

就业是民生之本、收入之源,是人民取得收入、改善生活的基本前提和基本途径。中国有近14亿人口,解决就业问题任务繁重、艰巨、紧迫。

马克思指出:"消费资料的任何一种分配,都不过是生产条件本身分配的结果。而生产条件的分配,则表现生产方式本身的性质。"[①]劳动就业正是生产条件本身的分配,它决定着人们的收入分配和消费资料的分配。就业机会是否平等决定着收入分配是否公平,表现生产方式本身的性质——是真社会主义还是假社会主义。从近70年来的就业情况看,在前30年把人按家庭出身人为地划分为不同阶级、不同等级,划分为左中右,红五类、黑五类,再加上户籍限制,就业安排权完全控制在官员手里,就业机会没有平等可言;也没有什么就业制度,谁有势力、有关系,就能

---

① 《马克思恩格斯选集》第3卷,人民出版社1995年版第306页。

有好工作,能进国家机关和国有企事业单位,能有好待遇、好住房、好福利;反之,则只能失业,或者"上山下乡",或者进镇办企业或集体企业。改革开放以来,情况有所好转,人们能够自主创业,也能与用人单位双向选择。但是就业机会仍然不够平等,在很大程度上仍然要看有无关系和背景,进垄断行业和高收入单位的机会基本上都控制在党政领导干部和单位负责人手里。普通百姓如无特殊条件和机遇是无法进入的。所以创造平等就业机会是消除社会分配不公的先决条件。

为了解决就业问题,必须做好一系列工作:一是落实积极就业政策,认真贯彻《就业促进法》,不断充实和细化政策项目,完善操作方法,加大政策的扶持力度,扩大政策覆盖面。二是推进农村劳动力就近转移,完善覆盖城乡的职介服务网络。三是大力开展职业培训,着力提高城乡居民就业技能。要面向社会需要,面向劳动就业,改革和发展教育事业,使教育结构与就业结构、专业设置与就业岗位相适应。对缺乏劳动技能和专业技术的人员要加强职业培训,坚持先培训后上岗。四是提高创业服务效能,努力扶持一批城乡创业就业先进典型。五是重点扶持困难群体就业。把高校毕业生、城乡就业困难家庭人员等群体就业放在突出位置,消除城镇"零就业"家庭。六是完善劳动就业制度,创造平等就业机会。在一切国有经济单位,包括机关、企事业单位,在用人上必须实行每进必考的制度,必须实行在全民范围内公开招收,平等竞争,择优录用。同时在某些重要岗位上必须建立健全退出机制,让条件更好的人有机会竞争上岗,淘汰相形见绌的人。七是必须提高就业质量。要坚持双向选择、适才适用原则,做到人尽其才、才尽其用,尽可能避免学非所用、用非所学、有才不用、大材小用等等浪费人才、浪费人力资源的现象。

为了实现充分就业,要一切从实际出发,解放思想,打破常规,勇于探索,实现观念更新和制度创新,在劳动就业制度、工作制度、培训制度、休假制度等等方面进行新的探索创新,创造新的就业机会。要想群众所想,急群众所急,关心群众生活,体察群众需求,不断发现需求,尽力满足需求。要运用系统工程的思维方法,把我国需要解决的一系列社会热点问题,包括失业问题、分配问题、社会保障问题、腐败问题、治安问题、教育问题、医疗卫生问题、环境污染问题、节能减排问题、人口老龄化问题和其他种种问题,作为一个有机整体、作为一项极其庞大复杂的社会系统工程来分析、来处理。既然有许多问题要解决,就说明有大量工作要去做,就能把"有人无事做"与"有事无人做"结合起来解决,从这里就能开辟出广阔的就业天地。沿着这条思路,就可以把扩大就业工程与制度创新工程、便民利民工程、廉政建设工程、全员培训工程、老龄服务工程等社会工程结合起来通盘考虑,统筹规划,精心组织,精心实施。要通过调整工作时间,科学安排时间,优化组合时间,实行劳动就业制度、工作制度、休假制度等制度创新,千方百计增加就业机会。例如,可以根据需要和可能,实行部分单位的全日或全周服务制度,单位连续运转,职工轮流休息;实行在业人员带薪休假制度;改革双休日制度;改革学校师生休假制度,即在总工作时间和学习时间不变的条件下,灵活安排休假时间,形成更多的旅游时间,创造更多的就业机会。

(二)完善国有经济单位工资福利制度

深化分配制度改革,贯彻落实按劳分配的社会主义原则,必须逐步实现按劳分配这个社会主义分配制度主体的具体化、规范化、法律化、制度化。正如邓小平所说:"贯彻按劳分配原则有好多事情要做。有些问题要经过调查研究,逐步解决。有些制度要恢复起来,建立起来。总的是为了一个目的,就是鼓励大家上进。"①今天,我们贯彻按劳分配原则,深化分配制度改革,加快分配结构调整,同样有好多事情要做。其中,改革和完善工资福利制度是最重要最紧迫的事情之一,在这一方面要做的事情主要有:

1. 恢复和完善过去国有经济单位(包括机关和国有企事业单位)职工工资标准相对统一、工资调整相对同步的制度。要遵循按劳分配、同工同酬原则制定和完善工资条例和工资法,统一规定各级各类单位和人员的工资制度和大致的比例关系,保持公务员、教师、医师、公有制企业、私有制企业、股份制企业和其他企业职工之间工资和福利标准的大体均衡和统一。同时,要有对劳动及劳动成果数量和质量的严格考核制度,对超额劳动要有相应的奖励制度,以防止和杜绝捧铁饭碗、吃大锅饭的现象。这不是历史倒退,而是否定之否定。改革是对平均主义的否定,但在实践中又走向了另一个极端——分配不公乃至两极分化。恢复上述制度并加以完善,正是对分配不公、两极分化的否定,正是从两个极端走向公平分配、按劳分配、同工同酬、共同富裕。平均主义不是社会主义,两极分化也不是社会主义。实行按劳分配,鼓励大家上进,比资本主义更能调动大家积极性主动性创造性,更能解放生产力、发展生产力,更能消灭剥削、消除两极分化、实现共同富裕,才是社会

---

① 《邓小平文选》第2卷,人民出版社1994年版第102页。

主义。不同地区之间既要坚持同工同酬原则,又要允许合理差别。但是这种差别应该是根据客观需要、主要是根据劳动差别决定的,决不能人为制造差别。例如,同样是在一个省、市、县,应该同工同酬。

2. 建立健全我国的最低工资制度和最高工资制度。其一,参照国际经验,建立健全最低工资制度。根据独立学者刘植荣的研究,世界最低工资平均是人均GDP的58%,目前中国的最低工资只是人均GDP的25%,不及世界标准的一半。① 所以,要把最低工资调整到世界平均水平,即人均GDP的58%。作为第一步,至少要提高到40%左右。其二,建立健全最高工资制度。建立这一制度的范围是国有经济单位,包括国家机关团体、国有企业、事业单位和国有控股企业全体人员。这里的工资是指工资总额,包括工资、奖金、福利、津贴等项,以防在工资外以奖金等各种名义获取更高收入。根据刘植荣的研究,国外由政府注资的企业,其高管工资执行公务员工资制度,工资标准与高级公务员基本持平,大致是全国平均工资的2.2倍。② 2009年2月4日,美国总统奥巴马宣布,得到政府资金救助的美国金融公司高管工资将受限制,最高年薪不得超过50万美元;相当于普通职工的12.5倍。德国限薪在50万欧元,德国普通职工年薪在3—5万欧元左右,也相当于12倍左右。③ 国有企业应该参照国际通常差距为12倍左右的经验,把最高工资控制在上年全国平均工资的12倍左右。一位近距离接触央企高管人士向记者透露,"很多老总认为,从现在的情况看,缩小企业内部收入差距,进行薪酬管理是一个很有必要的做法。"④由此可见,人同此心,心同此理。

3. 统筹兼顾国有经济内部的分配关系。包括协调好机关、国有企业、事业单位人员的工资、奖金、福利、津贴、补贴等方面分配关系。机关公务员工资福利待遇为全社会所瞩目,他们的收入水平应该与全国人民的收入水平挂钩,主要与城镇职工、特别是私营企业职工的收入水平挂钩。根据刘植荣的研究,世界各国(中国除外)都为所有公职人员依市场机制制定统一标准的工资制度,实行同工同酬,白领和蓝领工资差别不得过大,公务员工资不得超过私营企业工资。所有公务员的工

---

① 刘植荣:《85%的人应该涨工资》,中国商业出版社2010年版第19页。
② 刘植荣:《85%的人应该涨工资》,中国商业出版社2010年版第16页。
③ 余丰慧:《奥巴马要限薪,中国怎么办?》,新华网,http://shiping.cctv.com/20090207/100963.shtml(访问时间:2009年2月7日)。
④ 《工行中行发2015年年报　董事长年薪降4成》,载《北京青年报》,2016年3月31日。

资必须透明,任何一名公民随时可以查阅公务员的工资标准。各级别公务员工资差距不超过60%,行业之间的工资差为70%。① 世界公务员的平均工资大致等于人均GDP,与全国从业人员工资持平,是最低工资的2倍。按照国家统计局的数据,2008年中国公务员平均工资是33869元/年,约是最低工资的6倍。② 我们要借鉴世界各国先进经验,调整我国工资政策和各类人员工资水平:一是公务员不要率先给自己涨工资,不要在工资外以交通费、汽车费、职务消费等各种名义谋取私利和特权;二是协调好公务员、企业、事业单位人员和私营企业人员之间的工资和收入分配关系,要统一步调,同工同酬,按劳分配,不得在各类人员之间人为地搞时间差、地区差、工资差、福利差。

4. 实行职工工资与消费物价指数挂钩、与经济增长速度挂钩的制度。确保职工收入不因物价上涨而下降,确保发展的成果让群众共享。在实现"两个同步"目标(居民收入增长和经济发展同步,劳动报酬增长和劳动生产率提高同步)的同时,要实现工资增长与物价上涨同步。

5. 加强对垄断行业过高收入的宏观调控。目前国有垄断行业职工的过高收入,既不是按劳分配,也不是按生产要素分配,是当代中国收入分配不公的一个主要表现,是危害社会和谐稳定的一个主要矛盾。对垄断行业过高收入的宏观调控要有新思路、新政策、新举措。这种新思路是:国有垄断企业首先是国有企业,是全民所有制的社会主义企业,是由全民投资、归全民所有、为全民谋利的企业,因此有理由、有必要也有可能采取果断措施,坚决打破垄断企业的内部人控制和垄断,真正落实全民的所有权、管理权、分配权和受益权。为此,第一,要加强对国有垄断企业职工工资福利的监督和管理。作为调节过高收入的第一步,首先要坚决取缔各种不合理不合法的工资外收入,包括各种在工资总额统计中瞒报的收入。第二,要加强对国有垄断企业成本、价格、利润、税收的监督和管理。垄断行业由于缺乏竞争,其产品或服务易于形成垄断高价,损害消费者利益。因此,此类价格的制定,要有消费者参加,要由政府协调,要实行和完善价格听证制度、成本公开和信息披露制度,要把过高的垄断价格降下来。对于为了促使用户节水节电节能而制定偏高价格所获得的高收入,要通过相应的税收和上缴利润转归国家所有。国有企业上

---

① 刘植荣:《85%的人应该涨工资》,中国商业出版社2010年版第14-15页。
② 刘植荣:《85%的人应该涨工资》,中国商业出版社2010年版第20页。

交红利是国际的一个惯例,丹麦、芬兰、法国、德国、新西兰、挪威、韩国以及瑞典等国都是如此,而且许多国家上交的红利一般为盈利的1/3至2/3,有的甚至高达盈利的80%-90%。① 在我国,近几年把绝大部分利润留在国有企业,只有5%—15%左右上缴国家。按现有要求,到2015年提高5%,也只有10%—20%;到2020年也只有30%。现在应该完善国有企业利润上缴制度,大幅度提高上缴比例,例如,提高到50%—90%(如烟草业)。要加强对垄断企业及其职工的税收管理,要把这些企业和职工的税收监管作为税收监管工作的重点。第三,要加强对国有垄断企业劳动人事的监督和管理。要实行全员聘用制、全员合同制、竞争上岗制。彻底打破内部人控制,真正实现全民所有制。要实行劳动人事上的优胜劣汰,让业外人员有通过平等竞争进入垄断行业工作的机会,同时让行业内相形见绌者有淘汰和退出机制。第四,要加强对国有垄断企业经营管理者权力行使、收入分配和职务消费的监督管理。董事会、监事会和领导层的会议活动,要尽可能向企业内外职工和群众开放,让群众有知情权、发言权和监督权。

(三)完善公款消费制度

多年来,我国公款消费数额巨大,浪费严重。遏制公款高消费已经成为控制灰色收入、消除分配不公的头等大事,也是党风廉政建设和和谐社会建设的头等大事。据报道,随着中央八项规定的落实和反"四风"工作的推进,2013年公款消费已下降10%,2015年公车改革也在推进。但是在原来存在巨额浪费的情况下,仅仅下降10%是远远不够的,应该下降50%—80%。必须落实习近平总书记的指示:"公款姓公,一分一厘都不能乱花;公权为民,一丝一毫都不能私用。"②为了解决这个问题,对公款消费的各个方面、各个环节要建立和健全一整套严密的财务制度,实行严格的财务管理和彻底的财务公开。当前,要重点建立健全公款消费制度和相关法律法规。要在刑法中增设"浪费公款罪",或者对公款消费中的挥霍浪费做出贪污贿赂的司法解释。同时,对数额上尚不构成犯罪的公款消费中的挥霍浪费行为,也要做出明确的严肃的党纪政纪处分规定,把一切公款消费都纳入法治的轨道。

---

① 肖华:《国企上缴利润为何不"与国际接轨"》,载《淮海晚报》,2007年9月22日。
② 《习近平关于党风廉政建设和反腐败斗争论述摘编》,中央文献出版社,2015年版第80页。

(四)完善私营企业等非公有制经济单位的收入分配制度

现在,私营企业职工工资远远低于国有企业和其他企业。广西农民工朱孔孟说:"老板一年能赚几百万,我们辛辛苦苦打一年工却只能赚几万块,而且两年来也没涨过工资。难道人和人之间的劳动差别就这么大?"① 这个问题带有一定普遍性。因此,在深化国有经济单位分配制度改革的同时,要逐步完善私营企业等非公有制经济单位的收入分配制度。

对私营企业不能由政府规定统一的工资标准。但是,对于社会主义条件下的私营企业,政府对收入分配也不是无所作为。正如苏海南所说,政府的职能主要有四方面。一是提低保底,逐步提高最低工资标准,健全工资支付保障机制。二是推进工资集体协商。三是加强劳动监察,切实维护劳动者劳动报酬权益。四是国家实行工资调查制度,定期进行公务员和企业相当人员工资水平的调查比较,根据企业职工工资水平变动情况,相应安排机关事业单位人员工资的合理增长。② 根据劳资双方收入过于悬殊的现实状况,以及国有企业与私营企业职工收入差距过大的状况,提高私营企业职工收入既有必要性,也有可能性。

(五)完善农村收入分配制度

有学者提出了发展农村经济,增加农民收入的九项措施:第一,完善市场机制,提高农民在价格制定中的参与和决定能力,消除工农业产品价格剪刀差。第二,积极扶持农村非农产业的发展,促进农村工业化、城市化水平,加快小城镇建设步伐。第三,提高农业质量,生产高质量、低农药残留的绿色农产品,加强出口能力。第四,加大对农业水利基础设施和农村公共基础设施建设投入以及加大对农业生态环境建设的投资力度,并且以此来解决部分农村剩余劳动力的就业问题。第五,实施科教兴农。大力发展农村教育,加大教育对农业的实用性与针对性,如通过农业职业教育和培训提高农村劳动力素质。加大农业的科研投入和技术推广,鼓励和引导农业专业性人才进入农村就业和进入农村基层领导岗位服务农业,提高领导的知识水平。第六,构建为农村劳动人口提供就业信息、技术培训、咨询和农民合法权益保护的服务

---

① 《提高"劳动所得"势在必行》,载《人民日报》,2009年12月3日第18版。
② 《劳动报酬占GDP比重连年下滑 "涨工资"呼声渐强》,载《人民日报》,2011年3月24日。

体系,创造有利于农村劳动力就业的环境,可以考虑重新建立农会表达广大农民的意见和利益诉求。第七,取消户籍制度,改革城乡二元体制,给予国民同等待遇。第八,加快农业的产业化、集约化和规模化,提高农产品附加值。第九,减轻农民负担,缩减基层组织的冗员,提高基层的服务和效率意识,规范农村税费。①

(六)完善税收制度

国家"十三五"规划围绕改革和完善税费制度已经做出一系列规划和规定。除此之外,还可以从以下几方面完善税收制度:

1. 完善各类企业所得税制度和个人所得税制度。我国现行企业所得税基本税率为25%,低税率为20%,优惠税率为15%。鉴于我国目前劳动者报酬和居民收入占GDP比重偏低、企业赢利偏高的现实情况,应该改革企业所得税制度,可以把现行的比例税率改革为累进制税率,对垄断利润要规定几档较高的税率。从2019年1月起,我国已将个人所得税起征点从3500元提高到5000元,还规定了子女教育等专项附加扣除。税率分为7级,第7级是全月应纳税所得额超过85000元的部分,税率是45%。事实上,现在还有少数人,月收入在10万元、20万元、30万元以上。为了加大调节个人收入力度,可以增加几档更高税率。这种高税率的纳税人虽然很少,但对消除两极分化、促进社会和谐具有重大意义。同时,随着经济的发展、收入的提高、物价的上涨,起征点也应该及时提高。为了逐步建立健全综合与分类相结合的个人所得税制度,必须逐步建立健全家庭收入、财产和纳税档案。首先要贯彻落实县处级以上领导干部家庭收入、家庭财产和纳税情况公开和建档的制度,对隐瞒不报的收入和财产一经发现就要予以没收,并进行行政处分。其次要把这一制度逐步推广到全体公务员和国有企业管理人员。再次要逐步推广到城乡所有家庭。有专家指出,调整收入分配格局,基础性制度建设尤为重要,特别是收入记录制度、收入申报制度、财产申报制度等。有专家指出,西方国家在上世纪三十年代就开始建立国民收入记录制度,当前我国的技术条件比他们当时好得多(比如,电脑及互联网技术已经成熟),没有理由再以技术借口推迟基础性制度建设。②

2. 完善各类资源税,包括增设社会资源税。目前,我国资源税只限于对七类自

---

① 王勇、陈小平:《我国收入分配差距扩大的成因、后果与对策》,载《科技与产业》,2005年第5期。
② 《全面调整国民收入分配格局 要"公平和效率兼顾"》,载《经济参考报》,2010年3月3日。

然资源(原油、天然气、煤炭、黑色金属矿原矿、有色金属矿原矿、其他非金属矿原矿、盐)征收。实际上,对土地资源、森林资源、水资源、海洋资源等等自然资源的商业利用也可以并应该征收资源税。除此之外,资源不仅包括自然资源,还要包括社会资源和科技资源(如社会资本、社会系统、社会网络、电网、电信网、媒体传播网、无偿利用的现代科学技术等等)。事实上,垄断行业、房地产业、部分矿业、文艺界、体育界、新闻界少数人收入畸高与社会资源、科技资源、包括各种网络资源的无偿占有和利用有很大关系,他们的畸高收入中实际上包含了很大一部分由于社会资源和科技资源形成的社会剩余价值和科技剩余价值。① 这一部分价值理应通过税收归全民共享。因此,应该征收社会资源和科技资源税,通过完善各类资源税加以调节。又如某些"明星"利用广播电视、大众媒体的公共设施和科学技术放大效应而形成过高收入,虽然不算非法收入,但却是合法不合理的收入,应该通过严密监控,增设社会资源税、提高个人所得税税率等手段加以强有力的调节。同时要设法不让此项税负转嫁到消费者身上。

3. 增设财产调节税、遗产税、赠予税。据报道,尽管中国富人家庭占总家庭的比例很低,其占有财富比却很高。多项研究结果可以互相印证,有资料显示,2017年,中国有186万个超千万资产的家庭,有12.1万个超亿万资产的家庭。② 另有资料显示,截至2016年,中国拥有千万富豪超过400万人,亿万富豪15万人,已形成全球最大的高端财富群体。③ (这种数据很难准确,但并不影响贫富两极分化的基本判断。)千万富豪的巨额财产不可能完全是劳动所得,其中绝大部分是通过合法非法的手段从社会财富、从广大劳动者的剩余价值中获得的。因此,征收他们的财产调节税,让他们从千万元以上的财产中,每年回报社会百分之几是有理有据的。据此,对拥有千万元(或两千万元、三千万元)以上财富的富豪可以开征财产调节税、遗产税和赠予税,并实行适当的累进制税率。这样,不仅可以让国家每年增加一笔可观的财政收入,而且有利于缓解分配不公,消除两极分化,体现公平正义,促进社会和谐。当然,对这些增税措施要认真研究其正反两方面的社会效应,权衡利弊,慎重决策,利之中取大,害之中取小,以促进社会公平,维护社会繁荣,谋求全民

---

① 朱妙宽:《劳动价值论的几个公式及其应用》,载《经济评论》,2002年第5期。
② 《2017年中国富豪最多的城市:186万个千万资产家庭,12.1万家庭超亿万》,https://www.phb123.com/renwu/fuhao/18580.html. (访问时间:2017-09-18)。
③ 《中国拥有千万富豪超400万人》,中国新闻网,http://money.qq.com/a/20170314/028386.htm(访问时间:2017年3月14日)。

利益的最大化。再则，多年来，我国有一大批人才资源和财力资源流往国外，这对我国是一笔巨大损失；对流往国外的这笔巨大财富，在优秀人才和巨额资财出国过程中，是否可以设立某种特殊的"关税"，或者采取其他合情合理合法的政策措施，以维护我们国家和民族的正当权益，可以研究。

4. 深化费改税的改革，消除乱收费、乱罚款、乱摊派的"三乱"现象。中央党校周天勇教授指出，2009年，进入预算内的收费罚款收入为8962.2亿元，有统计的预算外收费罚款收入大约为7900亿元，而无统计的预算外收费罚款收入估计在5100亿元左右，共计约为21962亿元，超过税收的1/3。目前还有不少事业机构和执法机构在实行不拨款或者差额拨款的管理体制，让拥有执法权的部门自己想办法创收。而这无疑加重了企业和百姓负担。对此，周天勇认为，清理乱收费，必须对收费项目和规模进行彻底清查，进行费归税、费改税的改革。禁止对一些政府部门的超收奖励和罚款分成体制，改为专门税务机构的收税和财政拨款体制。①

5. 加强税收征管，特别是加大对垄断企业、私营企业和外资企业的税收稽查力度。有多种调查研究资料表明，目前我国在税收征管中漏洞很多，偷漏逃骗税现象相当严重，在各类企业中都不同程度存在。据国家税务局有关部门估计，偷漏税面当在80%以上，有人讲最低也有90%，至于偷漏税额谁也无法弄清。有人归纳税收流失有10种典型的表现，即偷税、漏税、欠税、抗税、骗税、减免税、避税、包税、吃税、缺税等。② 导致偷漏税的主客观原因很多，除了纳税人谋求利益最大化的倾向之外，税收征管队伍数量不足、素质不高是一个重要原因。据悉，税务部门人员实际收入要比工资收入、比其他公务员收入高得多，有的高出数倍。有少数人一方面从单位内获取高收入，另一方面又从纳税人的请客送礼和行贿中获得高收入。有些地方税务机关公务员实际收入远远高于"清水衙门"公务员收入，以致有"税务干部不是官，胜似县长大老官"之说。因此，一方面要增加税收力量，加强对纳税户的财务检查和监督管理，另一方面要提高税收人员思想和业务素质，加强对征税人的监督管理。要进行经常的全面的深入细致的税收检查工作，力求使税收征管在阳光下进行。要严防纳税人和征税人之间行贿受贿，互相串通，偷漏逃税，任意减免税。要以以往涉税案件为鉴，堵塞一切税收漏洞，严防一切以税谋私、化公为私现象。对税务部门本身的工资、奖金、津贴、福利、纳税等情况也要加强内部和外部

---

① 中央党校专家：《2009年收费罚款2.2万亿元》，载《山西晚报》，2011年11月24日。
② 杨宜勇：《公平与效率——当代中国的收入分配问题》，今日中国出版社，1997年版第372、377页。

的监管,取消一切不合理的收入。

(七)完善财政制度

财政制度对政府收支和居民收支有重大影响,完善财政制度是完善收入分配制度的一个重要方面。目前需要从以下几方面完善财政制度:

1. 改革和完善财政管理制度。应该明确,所有财政收入都是纳税人的钱,都是全国人民的血汗,必须取之于民,用之于民。全国人民是财政收入与财政支出的主人。不仅财政预算决算必须向人民代表大会公开,而且每一笔财政收入和支出(除了必要的保密事项外)都要向人民公开,接受人民监督。要让每个公民随时检查每一笔财政收支账目。决不允许官员随意支取财政资金;官员对决策失误必须承担政治责任和经济责任。要在财政支出上取消一切领导干部特权。要在每一笔财政收支账目上坚持一切权力属于人民,坚持以人民为中心,坚持人民主体地位,坚持人民当家做主,坚持民主决策、民主管理、民主监督。要把这一切具体化、规范化、制度化、法律化。

2. 大幅度调整财政支出结构。长期以来,我国固定资产投资和一般公务费用比重过大,而社会保障费用和教育卫生费用比重过小。统计表明,我国财政的社会保障支出、教育经费支出、卫生保健支出所占 GDP 比重在世界各大国中差不多是最小的。另一方面,我国一般公务支出、特别是公务消费支出数额巨大。因此,我国完全有可能也有必要大幅度调整财政支出结构,把一般公务支出大幅度降下来,把社会保障支出和公共教育卫生支出大幅度提高上去。为此,必须精简机构,精简人员,减轻财政负担。现在,机关干部过多,官员过多,副职过多,退居二线拿钱不干事的官员过多,闲人过多,有必要也有可能大幅度精简。同时,要在官员中开展厉行节约的竞赛,并建立相应的考核制度,作为考核官员廉洁程度的主要制度之一。要通过财政支出调整,打造廉洁政府、廉价政府。

3. 控制物质投资,增加民生投资。"各国统计显示,中国对人进行投资的支出远远低于各国平均数。每年物质资本投资和人力资本投资的比率大大高于世界上大多数国家。"[1]不少资料表明,我国投资效益不是很高,许多建筑物平均寿命只有 30 年,不足应有寿命的 1/2;许多项目投资额往往超过预算,而投资效益往往低于

---

[1] 胡鞍钢等:《大国兴衰与人力资源开发》,载《经济日报》,2003 年 5 月 18 日。

预期;许多产品产能过剩,以致需要去产能,这一方面浪费十分巨大。另一方面我国民生投资明显不足。2016年我国公共预算中教育支出28072.78亿元,占总预算支出的14.95%,占当年GDP3.77%。同年,我国公共预算中社会保障和就业、医疗卫生与计划生育、住房保障三项支出合计41527.43亿元,占总预算支出的22.12%,占当年GDP5.58%。① 世界上多数国家社会保障和福利支出占GDP10%左右,②有资料显示,在欧美日本等发达国家这一比例高达18.6%—38.2%之间。③ 由此可见,我国社会保障和福利支出存在着提升的巨大空间。

(八)完善社会保障制度

社会保障制度是现代市场经济不可或缺的重要支柱,是现代社会的"稳定器",经济运行的"减震器"和实现社会公平的"调节器"。根据我们的探索,社会主义分配制度应该是按劳分配、按生产要素分配、按基本需要分配三结合的分配制度。④ 社会保障制度是按基本需要分配的具体体现,是社会主义分配制度的重要组成部分,是社会主义制度的题中应有之义和优越性所在。习近平在十九大报告中提出:"加强社会保障体系建设。按照兜底线、织密网、建机制的要求,全面建成覆盖全民、城乡统筹、权责清晰、保障适度、可持续的多层次社会保障体系。全面实施全民参保计划。完善城镇职工基本养老保险和城乡居民基本养老保险制度,尽快实现养老保险全国统筹。完善统一的城乡居民基本医疗保险制度和大病保险制度。完善失业、工伤保险制度。建立全国统一的社会保险公共服务平台。统筹城乡社会救助体系,完善最低生活保障制度。"⑤

改革开放以来,特别是进入21世纪以来,我国社会保障制度得到了很大发展。同时,我们也要看到,与许多国家相比,我国的社会保障制度还属于低水平的初创阶段。民政部新闻发言人李保俊指出,据统计,截至2017年9月,全国共有城乡低保对象5402.6万人,全国平均城市低保标准达到534元/人/月,较上年同期增长百分之9.9;农村低保标准达到4211元/人/年,较上年同期增长百分之16.6。⑥ 无

---

① 国家统计局:《中国统计年鉴》,中国统计出版社,2017年版。
② 国家统计局:《国际统计年鉴》,中国统计出版社,2004年版。
③ 陈祖芬:《中国的社会福利制度究竟在全世界排第几?》,载《中华论坛》2012年1月29日。
④ 朱妙宽:《发展创新社会主义分配理论》,载《海派经济学》,第26辑,2009年版。
⑤ 《党的十九大报告辅导读本》,人民出版社,2017年版第47页。
⑥ 《截至2017年9月全国平均城市低保标准达到534元/人/月》,中国新闻网,http://www.chinanews.com/gn/2017/11-09/8372093.shtml(访问时间:2017年11月9日)。

论从实际生活需要看,还是从国际对比看,这个保障水平都是比较低的。国家统计局原局长马建堂认为,政府对于社会保障的支出比例过低,是导致居民消费率低的原因之一。2008年中国社会保障支出占中央政府支出比重为7.5%,低于德国的55.5%,加拿大的45.6%,美国的30.2%。① 最近几年中国社会保障支出占财政支出的比重为11%—12%,而发达国家一般在30%—50%之间,中国目前的水平甚至远低于印度、泰国等国的水平。② 清华大学经管学院副院长白重恩引述一项学术研究结果表明:中国五项社会保险法定缴费之和相当于工资水平的40%,有的地区甚至达到50%。社保缴费水平是全世界最高的国家之一,约为"金砖四国"其他三国平均水平的2倍,是G7国家的2.8倍,是东亚邻国的4.6倍。③ 因此,现在必须尽快扭转这种状况,千方百计增加财政对社会保障资金的投入,同时减轻个人在社会保险缴费方面的负担。这样的一加一减必将极大地改善民生,提高人民群众的幸福感。

完善社会保障制度,关键是千方百计增加社会保障资金的投入。应该看到,社会保障支出虽然要增加政府财政支出,但在增加支出之后,居民会放心消费,敢于动用银行存款,从而拉动内需,反过来又会促进生产,增加消费,增加政府税收收入。这样就能实现取之于民、用之于民、再取之于民、用之于民的良性循环。

(九)完善财务管理制度

多年来,我国许多单位财务管理不规范、不严格,财务账目不公开、不透明,许多贪污贿赂行为、挥霍浪费行为畅行无阻。因此,完善公有制单位的财务管理制度有极大必要性。目前,必须从以下各方面完善财务管理制度。

1.完善财务公开和财务民主制度。要让广大人民群众有权监督政府、监督国有企事业单位的财务收支状况、特别是工资福利状况。要实行财务公开、财务民主,建立民主理财小组,尽快制定"公有制单位财务公开和群众查账法"。我国的公有制经济,包括机关、企业、事业单位的财务账目,无论是改革开放之前30年,还是改革开放之后40年,都缺乏严格的计算和监督,对人财物的管理长期处于暗箱操作之中,有些单位资财被贪污挪用持续数年,甚至连单位负责人也被蒙在鼓里。

---

① 《发改委研究国民收入分配改革意见》,载《21世纪经济报道》,2009年7月7日。
② 《发改委起草大范围提高社会工资等方案》,载《经济观察报》,2008年11月22日。
③ 《白重恩建议降低社保缴费率》,载《中国证券报》,2015年11月19日。

这样的公有制经济漏洞百出就不可避免。因此,公有制经济、特别是全民所有制单位必须真正实行列宁再三强调的全民计算和监督,实行严格的财务管理和彻底的财务公开。任何单位任何人员的工资福利待遇不应该成为保密事项。必须认真实施各级领导干部的家庭收入和家庭财产申报和公开制度;并逐步扩大实施这一制度的人员范围。除了涉及国家秘密和商业秘密的一切财务资料,特别是工资福利方面的财务资料,必须最大限度地向单位内外群众公开。单位会计人员要定期(每月或每季)公布财务收支明细账目和原始发票、单据;有条件的要在网上公开。要让单位内外群众随时检查账目和单据。每项账目、每张票据都至少有一份复印件,以备财务公开和群众查账使用。

2. 完善财务审批和财务会计制度。必须把"一支笔审批"改为"三支笔审批",其中必须有随机抽样产生的两名职工参加审批。要建立健全国有垄断企业的会计委派制度和会计交流制度。这一制度要涵盖所有国有垄断企业和所有会计人员。这些会计人员要由国有资产管理部门和财政部门统一委派、调配和管理,定期交流,他们的一切待遇要与垄断企业完全脱钩。所有会计人员都必须首先对政府负责,守职尽责,要保证一切会计账目真实全面,杜绝一切假账、账外账,抵制一切不合理开支。单位负责人和会计人员必须严格按会计法办事。会计人员要依法行使自己的职权,履行自己的职责。财务账目和财务报表必须真实、准确、及时、完整。如有违反,必须依法查处,追究责任。

3. 完善财务统计制度。目前,我国工资统计范围过窄,列入职工工资统计的数据只包括在国有、城镇集体、联营、股份制、外商和港、澳、台投资、其他单位及其附属机构工作,并由其支付工资的各类人员,还占不到就业人数的15%。① 由此统计出来的平均工资就不能代表全国从业人员的平均工资。再则,在列入统计的人员中,有些单位人员的工资外收入、灰色收入数额很大,但根本不上报,以致统计表上收入不高,实际收入很高。因此,各项工资统计必须真实、全面、准确。否则会严重失实,误导公众和舆论,误导政策的制定。同时,由于现行干部制度,有些干部为了显示政绩,存在着"官出数字、数字出官"的问题;有些统计数字服从长官意志,任意夸大或缩小;有些数字不是根据实际统计结果,而是根据领导意图弄虚作假上报,有些数字是根据上级确定的指标用倒推法上报。因此,必须严肃执行统计工作的相关法律法规,杜绝"官出数字、数字出官"现象。对虚报瞒报、弄虚作假的违纪

---

① 刘植荣:《85%的人应该涨工资》,中国商业出版社,2010年版第35页。

违法行为必须严肃处理。

4.完善财务审计制度。要加大财务审计的广度、深度、频度和力度。在广度上,财务审计不只是审计机关的抽查审计,而必须是对全部单位、全部账目、全部单据的全面审计。在深度上,必须加强对可能的假账、账外账、小金库的审计;对可疑账目和问题必须深入调查研究,查明事实真相。在频度上,对国有经济单位和国家投资项目至少每年审计一次,必要时要随时增加审计次数。在力度上,必须加强审计力量,有单位内外群众参加,实行全员审计、公开审计;对审计出的问题必须公之于众,在群众监督下认真整改和严肃处理。对重点领域、重点部门、重点资金、重点岗位及其领导干部的家庭收支和财产要进行及时审计。在财务收支上确有必要保密的单位和事项也要有相应资质的人员进行全面而严格的审计监督。为此,有必要强化审计机构,配备足够数量、训练有素的专业人才(以高校毕业生为主,同时解决这一批人的就业问题),负责所有单位、个人、家庭的收入、财产和纳税审查登记和审计监督工作。审计对象从单位逐步扩展到个人;从县处级以上干部开始,逐步扩展到垄断行业、私营企业主、其他高收入人员,直至全体公务员、全体社会成员。对所有重点人员的廉洁自律情况和家庭收支情况,都要进行定期的、全面的、过细的财务审计。

(十)完善廉政制度

社会分配不公,收入差距扩大的一个重要原因是腐败现象泛滥。腐败现象形形色色,但其共同的特点是公共的权力被私人利用,权力私有化、商品化、资本化,权力变质,滥用权力,以权谋私,权钱交易。因此,消除分配不公、缩小收入差距的一项重要举措是完善廉政制度,深入开展反腐败斗争。①

---

① 详见本书第六章第四节。

第六章 民主法治论

邓小平说:"没有民主就没有社会主义,也就没有社会主义现代化。""我们进行社会主义现代化建设,是要在经济上赶上发达的资本主义国家,在政治上创造比资本主义国家的民主更高更切实的民主,并且造就比这些国家更多更优秀的人才。"①习近平说:"实现民主的形式是丰富多样的,不能拘泥于刻板的模式,更不能说只有一种放之四海而皆准的评判标准。人民是否享有民主权利,要看人民是否在选举时有投票的权利,也要看人民在日常政治生活中是否有持续参与的权利;要看人民有没有进行民主选举的权利,也要看人民有没有进行民主决策、民主管理、民主监督的权利。社会主义民主不仅需要完整的制度程序,而且需要完整的参与实践。人民当家作主必须具体地、现实地体现到中国共产党执政和国家治理上来,具体地、现实地体现到中国共产党和国家机关各个方面、各个层级的工作上来,具体地、现实地体现到人民对自身利益的实现和发展上来。"②他还说:"要改进党的领导方式和执政方式,保证党领导人民有效治理国家;扩大人民有序政治参与,保证人民依法实行民主选举、民主协商、民主决策、民主管理、民主监督;维护国家法制统一、尊严、权威,加强人权法治保障,保证人民依法享有广泛权利和自由。巩固基层政权,完善基层民主制度,保障人民知情权、参与权、表达权、监督权。健全依法决策机制,构建决策科学、执行坚决、监督有力的权力运行机制。各级领导干部要增强民主意识,发扬民主作风,接受人民监督,当好人民公仆。""人民群众最痛恨腐败现象,腐败是我们党面临的最大威胁。只有以反腐败永远在路上的坚韧和执着,深化标本兼治,保证干部清正、政府清廉、政治清明,才能跳出历史周期律,确保党和国家长治久安。当前,反腐败斗争形势依然严峻复杂,巩固压倒性态势、夺

---

① 《邓小平文选》第 2 卷,人民出版社 1994 年版第 168、322 页。
② 《习近平谈治国理政》第 2 卷,外文出版社 2017 年版第 292 页。

取压倒性胜利的决心必须坚如磐石。要坚持无禁区、全覆盖、零容忍,坚持重遏制、强高压、长震慑,坚持受贿行贿一起查,坚决防止党内形成利益集团。……强化不敢腐的震慑,扎牢不能腐的笼子,增强不想腐的自觉,通过不懈努力换来海晏河清、朗朗乾坤。"①

本章首先探讨一下建设社会主义民主政治,建立健全民主选举、民主决策、民主管理、民主监督的一系列制度,从根本上做到干部清正、政府清廉、政治清明的问题;然后再探讨我国目前腐败现象的表现和原因,提出治理腐败的对策建议。

本章的创新点主要有:

一、阐明建立健全民主选举制度的必要性,指出目前我国民主选举中存在的主要问题,提出建立健全民主选举制度的对策建议。

二、阐明建立健全民主决策制度的理论、法律和经验依据,提出建立健全民主决策制度的初步构想。提出人民群众是最大的智库,建立我国政府智库、专业智库、群众智库三结合的中国特色的智库体系。

三、论证在我国建立健全民主管理和民主监督制度、践行列宁关于"实行全民计算和监督"思想的必要性、紧迫性、合理性和可行性,提出建立健全这一制度的初步框架。

四、指出腐败现象的主要表现,目前腐败现象形形色色,特别是有十类腐败现象触目惊心。阐明产生腐败现象的主观原因是人性的弱点,客观原因是制度的缺陷。提出防治腐败现象的对策建议。其中包括:各级领导干部都要切实贯彻执行个人重大事项报告制度、个人收入和财产申报制度等廉政制度,并由有关机构和人员逐人逐项地监督检查。纪检监察机关必须变坐等举报为主动出击,必须建立健全强有力的纪律检查制度,实行对全体干部的年检制度。必须严查严惩各类腐败行为,包括严惩挥霍浪费公款、企业改制中侵吞国有资产、凭借垄断地位侵犯公众利益、失职渎职造成重大损失、性贿赂和利用职权玩弄异性、任人唯亲乃至公共权力家族化等腐败行为。

---

① 《党的十九大报告辅导读本》,人民出版社2017年版第36、65-66页。

第一节　建立健全民主选举制度

习近平强调:"马克思主义权力观,概括起来是两句话:权为民所赋,权为民所用。前一句话指明了权力的根本来源和基础,后一句话指明了权力的根本性质和归宿。"①只有权为民所赋,才能权为民所用。现在就来探讨一下如何建立健全民主选举制度,做到权为民所赋,权为民所用。

一、建立健全民主选举制度的必要性

在马克思恩格斯积极参与制定的世界上第一个共产党——共产主义者同盟的章程中规定:全党各级委员会一律民主选举产生,不能由上级任命,并且随时可以罢免。这是党内民主制原则最基本最重要的体现。恩格斯在《关于共产主义者同盟的历史》中指出:"组织本身是完全民主的,它的各委员会由选举产生,并且随时可以罢免。"②马克思在总结巴黎公社经验的《法兰西内战》中说:"公社是由巴黎各区通过普选选出的市政委员组成的。这些委员是负责任的,随时可以罢免。……从公社委员起,自上至下一切公职人员,都只能领取工人工资的报酬。从前国家的高官显贵所享有的一切特权以及公务津贴,都随着这些人物本身的消失而消失了。社会公职已不再是中央政府走卒们的私有物。"③马克思充分肯定了巴黎公社实行的普选制,他说:"普遍选举权不是为了每三年或六年决定一次由统治阶级中什么人在议会里当人民的假代表,而是为了服务于组织在公社里的人民,正如个人选择权服务于任何一个为自己企业招雇工人和管理人员的雇主一样……另一方面,如果用等级授职制去代替普选制,那是最违背公社精神不过的。"④因此,各级党政主要领导干部要从等级任命制改革为民主选举制。任何领导职务终身制、指定接班人制都违背了马克思主义和社会主义的要求。实行普选、随时撤换、给予低薪的巴黎公社原则,为马克思与恩格斯所肯定,就是为了消除无产阶级掌握政权后可能产生的新的特权。

---

① 习近平:《领导干部要树立正确的世界观权力观事业观》,载《学习时报》,2010 年 9 月 6 日。
② 《马克思恩格斯选集》第 4 卷,人民出版社 1995 年版第 200 页。
③ 《马克思恩格斯选集》第 3 卷,人民出版社 1995 年版第 55 页。
④ 《马克思恩格斯选集》第 3 卷,人民出版社 1995 年版第 57 页。

然而,在此后诞生的社会主义国家中,都产生了新的特权,特权的膨胀成为当今中国的最大障碍与难题。这些特权的产生主要原因是由于用等级授职制去代替普选制,完全违背了马克思恩格斯所肯定的巴黎公社原则。消除特权的唯一办法就是实行普选制。邓小平早已说过:"不管党也好,政也好,根本的问题是选举。"①邓小平在1980年还说过:"从党和国家的领导制度、干部制度方面来说,主要的弊端就是官僚主义现象,权力过分集中的现象,家长制现象,干部领导职务终身制现象和形形色色的特权现象。"解决这些问题,"关键是要健全干部的选举、招考、任免、考核、弹劾、轮换制度"。② 在这里居首位的是建立健全干部的选举制度。中共成都市委党校教授刘益飞在《学习时报》撰文指出:

> 权力真正由人民赋予,才会产生敬畏之心。从人类文明的进程来看,人民选择自身权力受托者的方式即赋权的方式,最可行、最可靠、最普及的就是选举。民主政治,选举第一。公众通过选举的方式,对有意成为公众权力受托者的人选进行自由的选择和比较,从而把权力赋予受到多数公众信任和拥戴的人选。尽管选举也存在一些不容忽视的弊端(例如选举人的自由意志有时难以表达、有些选举成本过高、选举舞弊现象等),但毕竟利多弊少,选举仍然是迄今为止公众赋权的最好方式。中国共产党早在革命年代就在自己领导的边区及根据地实行了广泛的民主选举,新中国建立后也积极推进民主选举的进程。问题在于,我们现在的选举制度还难以做到与时俱进,人民群众对自身权力的受托者还缺乏足够的信任。例如:现在人民群众直接选举的范围太小、层次太低,难以充分行使自己的参与权与选择权;"安排性选举"的模式较为普遍,即由党组织自上而下地安排候选人,甚至在选举中采取多种措施保障组织意图的实现,从而妨碍和限制了公众自由竞争和自由意志的表达;在构成国家权力机关的人民代表大会中,各级各类官员在人民代表中占了绝大多数,其代表性和公信力明显不足;在不少时候以委任制或变相的委任制取代了选举制,从而不同程度地损害了人民群众的选举权。因此,大力推进选举制度的改革,就是实现"权为民所赋"的一个必然要求,就是使党员干部在对待人民赋予权

---

① 《邓小平文选》第1卷,人民出版社1994年版第321页。
② 《邓小平文选》第2卷,人民出版社1994年版第327、331页。

力上始终保持敬畏之心的必然要求。①

由于受苏联模式等额选举的影响以及1957年以后受"左"的路线的干扰,长期以来我国的民主选举很不完善。实践让我们认识到,民主是社会主义的生命,是社会主义的核心价值。从1997年党的十五大到2017年党的十九大,这五次大会的报告都要求"依法实行民主选举、民主决策、民主管理、民主监督",并且都把民主选举列为首位。其道理显而易见,因为选民只有首先享有选举代表和负主要责任官员的决定权,才能进而参与民主决策、民主管理和民主监督,而各级人大代表和负责官员只有真正是由选民选举产生,他们才能切实为选民的福祉而进行民主决策和民主管理,并且接受选民的监督,完全对选民负责。即是说,政府官员首先要做到权为民所授,才能真正做到"权为民所用,利为民所谋,情为民所系"。②

二、目前我国民主选举中的存在问题及其不良后果

现在的实际情况是,普通公民的选举权仅仅是三年或五年一次选举乡镇和县级人大代表。人大代表的选举,候选人是怎样产生的,绝大多数选民根本不知道。许多候选人与选民也不见面,选民根本不认识,这种选举往往流于形式。真正掌权的领导干部,其任职和使用无论名义上是什么形式,实际上都是任命制。从乡镇书记、乡镇长到以上各级领导干部实际上都是由上级任命的。即使实行选举,直接选举和差额选举的范围小、层次低,差额幅度小;选举中不正之风和腐败现象的干扰较大;对选举结果不够尊重,对选举出来的干部随时可以调动。

这样就带来许多问题:

1. 导致干部任用上任人唯亲,一些人靠裙带关系和各种私人关系提拔升官,在一些地方形成了大大小小的官员大家族、官员小家族。

2. 导致权力过分集中,党委、党委常委少数人甚至是书记个人掌握着一大批干部的任免权;作为下级必然要唯书记、常委马首是瞻,这样很容易导致上级领导的个人专断。

3. 导致干部人事领域大量吹牛拍马、捧上压下的不正之风乃至行贿受贿、买官

---

① 刘益飞:《如何才能敬畏人民所赋权力》,载《学习时报》,2011年8月15日。
② 高放:《选举是民主第一要义——答〈人大研究〉记者问》,载《人大研究》,2008年第3期。

卖官的腐败现象。

4.导致下级对上级的人身依附关系,根本不敢畅所欲言、犯颜直谏。因此,没有民主选举,就谈不上民主决策、民主管理、民主监督,谈不上任何真正的民主。

事实证明,没有民主选举,就没有民主监督,必然导致腐败。要从根本上铲除干部人事方面的腐败现象,要选好用好管好干部,靠个人选择不行,靠几个人选择也不行,只有切切实实地实行民主选举才行。只有实行民主选举,才能真正落实"中华人民共和国的一切权力属于人民"的宪法规定。只有实行民主选举,才能从根本上铲除干部人事方面的腐败现象。只有实行民主选举,才能保证"权为民所赋,权为民所用。"真正要反对腐败,真正要长治久安,就必须要实行民主选举、民主决策、民主管理和民主监督,舍此,没有捷径可走。

三、建立健全我国民主选举制度的建议

没有民主选举就没有民主,就没有社会主义。要建立健全和完善社会主义制度,就必须建立健全一整套民主选举制度。其中包括:

1.建立健全各级领导干部的民主选举制度。选举制度不只是适用于各级人民代表大会代表,而是适用于各级领导干部。一切掌握党和国家权力的岗位都必须通过选举上岗。各级各类领导干部和人民代表要最大限度地由人民群众来选举;要尽可能地扩大选举制、缩小任命制的范围。同时要逐步地尽可能地扩大选举人和被选举人的范围。让更多的人有参加选举和竞选的机会。

2.建立健全地方各级领导干部的直接选举制度。列宁说,"民主是大多数人的统治。只有普遍的、直接的、平等的选举才可以说是民主的选举。……从民主的一般、基本的、起码的道理出发,无疑会得出这样的论点。"[1]列宁还说:"从人民专制论的观点看来,首先必须切实保障充分的宣传自由和选举自由,然后召开真正全民的立宪会议,这个会议应当通过普遍的、平等的、直接的和无记名投票的选举产生。"[2]可见,直接选举是列宁所强调的社会主义民主原则之一。间接选举比直接选举、间接民主比直接民主有很大局限性。事实上有许多事情,父亲不能代表儿子,丈夫不能代表妻子,更不用说其他人了。因此,至少在基层单位,在一切可能的

---

[1] 《列宁全集》第18卷,人民出版社1959年版第273页。
[2] 《列宁全集》第9卷,人民出版社1959年版第181页。

场合,应该首先实行直接选举,然后取得经验,逐步推广。同时由于我国幅员辽阔、人口众多,直接选举需要由下而上逐步推进。高级干部由于绝大多数久经考验、素质较高,由于属于中央管理,中央比较了解,而基层群众对他们不够了解,由于直接选举有数千万甚至数亿选民,操作难,成本高,效益低,所以暂不宜实行直接选举。

3. 建立健全地方各级领导干部的差额选举制度。这种差额,不是放几个人做样子,做陪衬,不是只有5%或10%的差额,而必须有更多的差额。有差额才有竞争。各个候选人必须向选举人充分介绍自己的条件和信息,参选的目的、理由和当选后的施政纲领。候选人之间要进行必要的辩论和合法的竞争。要允许候选人揭露其他候选人的短处和问题,要有充分的言论自由。同样,选举人要有充分的知情权和充分的言论自由。要使选举过程成为教育、培训、审查、考核干部的过程,成为人民群众行使民主权利、监督干部、选择干部、当家做主的过程。

4. 建立健全各级领导干部、人大代表、政协委员持证上岗制度。各类专业技术人员,包括教师、医师、律师、会计人员,乃至某些技师和技工,都要持证上岗;各级领导干部、人大代表、政协委员对党和国家事务负有重大责任,必须有更高的思想道德素质,有更强的从政执政、参政议政能力,必须经过针对性很强的比公务员考试更加严格的考试考核,取得任职资格证书,持证上岗。既然教师要持证上岗,校长、局长、市长和各级领导干部理所当然也应该持证上岗。为了平稳过渡,目前可以实行新人新办法,老人老办法,新人持证上岗。

5. 建立健全选举中的候选人提名制度和报名制度。候选人提名制度是民主选举制度的一个关键环节,没有候选人提名的民主就没有选举的民主。要实行组织推荐、群众推荐、本人自荐相结合,组织提名、群众提名、本人报名相结合,扩大选拔的视野和选择的余地。上学、当兵、招工都需要本人报名,当领导干部一般也必须由本人报名;那些不愿报名的人,不适宜担任相关领导职务。

6. 进一步完善任前公示制度。不仅要公示拟任人员本人的情况,还要公示拟任人员的家庭成员和社会关系。对出现重要争议的拟任人员要进行组织审查和二次公示。在干部提拔、任用工作中,要严防官官相护、近亲繁殖、任人唯亲等吏治腐败,严防公共权力家族化、私有化。

7. 建立健全候选人资格审查制度和考试考核制度。除了现在已经列入的德能勤绩的考核审查外,还要审查候选人的财产情况、家庭情况、家庭关系、社会关系。对有巨额财产隐瞒不报,或者不能说明其合法来源的,对家庭成员和社会关系中有多名官员的，或者有多人移居国外成为"裸官"的，对不够孝敬父母的，对男女关系混乱的，都不适宜作为重要干部的候选人。竞选人大代表和政协委员，要考核参政议政能力，要能提出创造性的提案和建议，要根据提案和建议的质量和数量产生人大代表和政协委员。建议和提案数量多、质量高的人大代表和政协委员应该能连选连任；而只会举手、不能提出重要提案和建议的人决不能连任。不能凭某种业务技术特长，凭什么明星、冠军、模范、标兵，凭什么名人之后、裙带关系当人大代表和政协委员。正如全国政协委员、叶剑英之女凌孜所说："不是父辈做过什么，今天我们就该享受什么"。不能搞任何形式的血统论和世袭制。

8. 建立健全领导职务任期制度、限任制度、任职回避制度和弹劾罢免制度。要尊重选举结果，一般不要在任期内随便调动，任期一般不要少于一届、多于两届，特殊岗位可以例外。选民有权选举官员，也有权举报、罢免官员。要让选举过程和任职过程都成为考核和审查官员的过程。

9. 建立健全领导干部权力与责任对等的制度。长期以来，我国权力结构中，权力过分集中，往往"一把手"大权独揽，一言九鼎，集体领导流于形式；而出了问题、造成损失，又以"集体研究"为名不承担责任。正如曾经当"一把手"35年、最终堕落成为巨贪的朱明国所说，"我的体会是，如果你一把手开口了，基本上没有人反对。"由于个人的思想境界、时间精力、认识能力和决策能力都是有限的，这样就容易做出种种错误决策，造成重大损失和严重后果。有些人有多大权力就能犯多大错误乃至干多大坏事，但是又缺乏责任追究制度，出了问题往往大事化小、小事化了，不了了之，不负责任。因此，必须建立健全领导干部权责对等制度和责任追究制度。

10. 建立健全民主选举的法律制度。要广泛借鉴国内外正反两方面的选举经验，建立健全我国的选举制度和法律法规。加强对选举全过程的民主监督，严格防止和打击非法竞选活动。既不要让选举流于形式，也不要让选举牵扯干部群众过多精力，要寻求两者之间的平衡点。要防止选举中的贿选、舞弊和各种不法活动。要防止选举引起工作秩序和社会秩序的混乱。要为选举的顺利进行和健康发展提供法律保障。

第二节 建立健全民主决策制度

习近平指出:"民主管理、民主决策、民主监督"同"民主选举"一样重要,一样关键。"半拉子"的民主,造成"选时有民主,选完没民主",反而把原有的秩序都搞乱了。再加上,客观上选举本身也难以一下子严密起来,虽然群众的民主意识日增,但是许多群众的素质也不可能一下子提高起来,这就带来了一系列问题。民主的管理、决策、监督,不仅能保障民主选举的成果,而且可以解决民主选举尚不完善带来的一系列问题。① 由此可见,"四个民主"密切联系,缺一不可。美国管理学家西蒙认为,决策是最主要的管理职能,管理就是决策,被称为"决策理论学派"。因此,我们应该十分重视民主决策、科学决策。

一、实行民主决策的主要依据

实行民主决策,在理论上、法律上、国内外实践经验上是有充分依据的。

(一)理论依据:相信群众,依靠群众,尊重群众首创精神,是马克思主义的一贯要求。

马克思主义认为,人民群众是历史的主人,人民群众中蕴藏着无穷无尽的智慧和力量,社会主义是人民群众自己的创造。马克思恩格斯指出:"历史活动是群众的事业,随着历史活动的深入,必将是群众队伍的扩大。"②列宁指出:"马克思最重视的是群众的历史主动性。"③马克思主义非常坚决地承认群众的革命毅力、革命创造性、革命首创精神的意义。④ "群众生气勃勃的创造力是新社会的基本因素。……生气勃勃的创造性的社会主义是由人民群众自己创立的。"⑤在中国,历代领导集体始终坚信群众是真正英雄的历史唯物主义观点,始终把依靠人民群众的智慧和力量作为我们推进事业的根本工作路线。习近平在党的"十九大"报告中指

---

① 习近平:2005 年 6 月 17 日在金华市调研时的讲话,http://star.news.sohu.com/20140910/n404189721.shtml,(访问时间:2014 年 9 月 10 日。)
② 《马克思恩格斯全集》第 2 卷,人民出版社 1957 年版第 104 页。
③ 《列宁选集》第 1 卷,人民出版社 1995 年版第 705 页。
④ 《列宁选集》第 1 卷,人民出版社 1995 年版第 747 页。
⑤ 《列宁全集》第 26 卷,人民出版社 1959 年版第 269 页。

出:"我国是工人阶级领导的、以工农联盟为基础的人民民主专政的社会主义国家,国家一切权力属于人民。我国社会主义民主是维护人民根本利益的最广泛、最真实、最管用的民主。发展社会主义民主政治就是要体现人民意志、保障人民权益、激发人民创造活力,用制度体系保证人民当家作主。"①

(二)法律依据:建议权是宪法、党章、公务员条例赋予公民、党员、公务员的重要民主权利。

我国宪法规定:公民对于任何国家机关和国家工作人员,有提出批评和建议的权利。中国共产党章程规定:党员有对党的工作提出建议和倡议的权利。我国《国家公务员暂行条例》规定:国家公务员有对国家行政机关及其领导人的工作提出批评和建议的权利。这是公民、党员和国家公务员重要的民主权利。运用好这一权利,对于充分发挥公民、党员和公务员的积极性、主动性、创造性,群策群力,集思广益,推进我国的经济文化建设、民主政治建设和党的建设具有深远意义。

(三)国内事实依据:人民群众有参政议政能力,有献计献策热情,有无穷无尽的创造力。

在我国,关心国家大事、勇于求实创新的人,有参政议政能力和献计献策热情的人,不是一个两个,也不是一万两万,而是有千百万人。据报道,钢铁研究总院秦秀梅等三姐妹热衷于公民参政,热衷于为国家献计献策,从1979年至1986年就写了研究国策的文章一百多篇,分送给邓小平等中央领导人和领导机关,她们倡议成立"国策研究会",被人称为"民间智囊团"。②据报道,中国首届改革建议征集大奖赛,从1992年10月6日至1993年2月16日短短四个月间就有41999人参加,其中包括97位副部级以上干部及驻外大使,此外还有一些海外来信。16000多人交款240万元。这么短的时间内,这么多人参赛,甚至很多人宁可倒贴钱也要提出自己的建议,由此可见人们心中埋藏了多少思想的火花,有多少想法要说。③ 在制定《国家中长期教育改革和发展规划纲要(2010—2020年)》过程中,制定者坚持问计于民,广泛征求意见。2009年1月至2月,向全社会公开征求意见。各界人士踊跃

---

① 《党的十九大报告辅导读本》,人民出版社2017年版第35页。
② 《钢铁研究总院秦秀梅等三姐妹热衷于公民参政》,载《报刊文摘》,1986年11月25日。
③ 《4万多人参加中国首届改革建议征集大奖赛》,载《经济参考报》,1993年11月27日。

参与,通过各种渠道发表意见建议 210 多万条,发来信件 14000 多封。对这些意见建议,制定者认真进行了梳理、归纳和吸收。事实证明,智者千虑,必有一失,愚者千虑,必有一得;知屋漏者在宇下,知政失者在草野。决策者不妨听听平民百姓的声音。

(四)国外经验依据:国外不少企业实施员工提案制、决策参与制,开展合理化建议活动,取得了成功经验和显著成效。

放眼世界,多年以来,许多国家的成功企业都重视利用外脑,发挥智囊团作用,都把合理化建议活动和提案制度作为民主管理的重要形式。如美国建立了"全国合理化建议协会",日本也有"提建议活动"协会,还设立了提案征求意见箱。① 据日本提建议活动协会 1984 年对全国 464 家企业的调查,职工对本企业提出的各种建议总计 2353 万项,提建议的职工人数达 183 万,平均每人每月超过 1 项。这些合理化建议的采用率一般为 30% 左右。日本企业的经营者把每个人提出的建议,都看成是使工厂繁荣的营养素。因此对职工提出的建议,一一发给奖金。丰田汽车公司发给职工的建议奖,高者达 20 万日元;即使不采用,也付以 500 日元的"精神奖"。被采纳建议的人还会获得很高的荣誉。在日本,激发职工智慧的办法很多,下班后搞的"非正式讨论会"就是一种,而且已经形成一种风气。在日本 4000 万名正式工作人员中,每天不领工资的非正式工作时间竟多达 4000 万小时。每天下班后,每个职工都自愿参加一个非正式的讨论会,聊天无形中变成了脑力激荡,很多建议就是在讨论会上提出来的。哪怕其中只有万分之一具有可行性,每天也可以汇总成 4000 小时"有用"的意见,这实际是一种庞大的脑力资源!② 而工人提出的技术革新建议,一般能降低成本 5%,经过训练的技术人员的建议,一般能降低成本 10% - 15%,而受过良好教育的管理人员创造和推广现代科学管理技术,可降低成本 30% 以上。因此,战后日本经济复兴是依靠人的头脑、进取心等无形资源发展起来的,包括合理化建议活动在内的智力开发给经济发达国家带来了巨大的经济效益。③ 而我国的情况怎样呢?据 1990 年前后各省市工会的抽样调查表明:有三分之二的职工多年来没有提过合理化建议;有 50% - 70% 的职工认为自己

---

① 赵中天:《管理心理学》,中央党校出版社 1996 年版第 133 页。
② 刘宏昌、赵长敏:《经营管理秘诀》,中国青年出版社 1986 年版第 41、42 页。
③ 上海世界科学社主编:《智力开发》,上海交通大学出版社 1985 年版第 6 - 7 页。

的劳动积极性还没有充分发挥;有一些基层单位的日有效工时为 4-5 小时。① 由此可见,中国职工的工时利用率只有日本的一半,而人均提合理化建议数只有日本的几十分之一。为了克服这种落后状况,我们必须学习一切发达国家人民勤奋努力、求实创新的精神,鼓励人民群众建言献策,建立我们的民主决策机制,提高我们的民族创新能力。

二、建立民主决策制度的初步构想

建立民主决策制度,可以建立由上而下和由下而上两个渠道的制度。由上而下,就是上级领导机关将酝酿中的法律、法规、政策、文件下发给下级单位、专家学者和人民群众进行讨论、征求意见、集思广益,乃至经过几上几下的反复研究讨论,使有关法律、法规、政策、文件日臻成熟和完善。由下而上,就是由下级单位、专家学者和人民群众根据自己的研究和认识,主动对公共事务提出自己的意见和建议,供上级机关和领导干部参考。建立民主决策制度是一项复杂的社会系统工程,要采取多方面的措施,做好多方面的工作,下面只提出一些初步构想和具体建议。

(一)建立一个智库体系:政府智库、专业智库、群众智库三结合的智库体系

纵观当今世界各国现代化发展历程,智库在国家治理中发挥着越来越重要的作用,日益成为国家治理体系中不可或缺的组成部分,是国家治理能力的重要体现。改革开放以来,我国智库建设事业快速发展,为党和政府决策提供了有力的智力支持。经过 30 多年的发展,我国智库数位居全球第二。到 2013 年,我国已经有 2500 多家官方、民间、专业、综合智库机构,3.5 万管理人员和专职研究人员,以及 27 万工作人员。② 2013 年 4 月,习近平总书记就中国特色新型智库建设做出重要批示,指出"智库是国家软实力的重要组成部分,随着形势的发展,智库的作用会越来越大"。③ 除了有组织有领导的政府智库和专家智库之外,我国还有一个更大的智库,这就是亿万人民群众。事实上,每个正常的成熟的人都有头脑、有思想、有智慧,一个人就是一个微型智库,亿万人民群众是我国最大的智库。许多国家大事和公共事务不仅领导干部和专家学者关心,人民群众也同样关心;不仅领导干部和专

---

① 芮明杰等:《人本管理》,浙江人民出版社 1997 年版第 246-247 页。
② 任玉岭等主编:《中国智库》第 4 辑,红旗出版社 2013 年版封底。
③ 蒋兆晴:《努力建设有特色高水平的政府智库》,载《安徽日报》,2014 年 1 月 3 日。

家学者会有真知灼见,人民群众也会有真知灼见。我国建立民主决策制度,应该发动群众参政议政,进言献策,群策群力,集思广益,实行亿万群众广泛参与的民主决策。"高手在民间。"人民群众中蕴藏着无穷的智慧,但这种智慧又处于分散状态,往往处于自生自灭之中。如果通过一定组织形式,在各地把关心公共事务、勇于进言献策的有识之士组织起来,建成一个群众智库,就能够集思广益,在国家和地方的民主决策中发挥重要作用,从而形成政府智库、专业智库、群众智库三结合的中国特色的新型智库体系,进而形成中国特色的民主决策机制。

(二)开展一项活动:合理化建议活动

现在国内外不少企业已经在职工中开展合理化建议活动,我们要充分借鉴这一方面的成功经验,把这一活动在所有党政机关和企事业单位开展起来,使之经常化、制度化。各单位开展这一活动,要做到思想落实,组织落实,制度落实,行动落实。首先,在领导思想上要予以重视和支持,领导干部要带头参与这一活动,带头提出创意和建议,同时要动员和组织全体员工积极参与这一活动,把提建议、出主意作为每个员工的应尽义务和工作职责。其次,在组织上,要有具体负责开展这一活动的工作班子和工作人员,做好具体的宣传发动、组织领导工作,做好群众建议的接收、研究、处理、答复、奖励、协调等工作。再次,要把这一活动的任务和要求落实到全体员工的实际行动上,做到人人有主意,各个有创见,天天有建议,月月有活动,季季有创新,年年有效益。要通过这一活动,把每个人的潜能和创造力都发挥出来,使千百万人乃至上亿人不仅习惯于运用体力和脑力从事常规性劳动,而且习惯于运用想象力和创造力从事创造性劳动。

(三)建立一项制度:人民群众提案制

这是我国人民建议制度的一项重要内容。目前在我国,只有人大代表、政协委员才能提出议案和提案,而普通公民除了委托认识的代表和委员外,是无权也无法提出自己的提案的。然而,从法理上说,宪法规定:中华人民共和国的一切权力属于人民。人民的权力是本源的,代表、委员的权力是派生的、从属的。既然人大代表、政协委员有权提出建议和提案,普通公民也同样有权提出。公民建议权应该体现和落实在具体制度上,人民群众提案制就是这样一项重要的具体制度。这应该成为社会主义民主的一大特点和优点,成为中国政治制度的一大特色和重要组成部分。列宁说过:"新政权是绝大多数人的专政,它完全是靠广大群众的信任,完全是靠不加限制地、最广泛地、最有力地吸引全体群众参加政权来维持的。"①人民群众提案制就是不加限制地、最广泛地、最有力地吸引全体群众参加政权的一项重要制度。这将使社会主义民主达到前所未有的广度和深度,使民主第一次成为供人民享受的、大多数人享受的民主。随着这种民主制度的建立和健全,就能逐步形成深入了解民情、充分反映民意、广泛集中民智的决策机制。

(四)设立一个机构:人民建议委员会

这是一个动员、征集、受理、答复人民建议的常设机构,是让人民群众参政议政、献计献策、与人民群众保持广泛联系的重要机构。这一机构可以在原有人大常委会人民建议征集办公室的基础上加以强化和扩建,也可以将原有党委、人大、政府、政协受理建议、议案、提案的机构加以整合和扩建。这一机构的主要职责是:第一,带头关心国家大事和公共事务,积极向领导机关和领导干部进言献策。第二,广泛宣传和发动群众参政议政、建言献策,主动征集和接受人民群众的各种建议。第三,对人民建议进行初审和分类处理。对每一件建议,要首先去找新意、找创见、找闪光点、找合理的成分,并集中起来,加以研究处理。不要轻易否定和淘汰任何一条意见、一项建议。第四,做好人民建议的讨论、评价、奖励、宣传报道、推广应用和相关知识产权的保护工作。每年举行一次人民建议讨论会和人民建议大奖赛,讨论一些重要的建议,奖励一批有重要贡献的建议人,选拔和推荐一些参政议政能力强、献计献策贡献大的建议人列席人大、政协会议及其常委会。同时,人大、政协应该把参政议政能力强、献计献策贡献大作为选拔和考核人大代表、政协委员的重要标准,要用这一方面的优秀人才替换那些相形见绌的人大代表和政协委员。

(五)制定一套政策法规:鼓励人民建言献策、保护公民建议权的政策法律法规

为了保证民主决策制度的建立健全,保证群众性合理化建议活动和献计献策活动的顺利开展和健康发展,需要有一套强有力的激励措施和保护措施,以及指导和贯彻落实这些措施的政策、法律和法规。首先,对有重大价值和重要贡献的建议

---

① 《列宁全集》第31卷,人民出版社1958年版第316页。

要给予重奖。其次,对一般建议,只要有一定参考价值或者可能有一点价值的建议,都要给予一定奖励。再次,对没有任何价值,但毕竟付出劳动、提出建议的人,也要及时答复和回音,给予鼓励和慰勉。最后也是最重要的,对提出错误意见和建议,包括与现行理论和政策唱对台戏的、有严重错误的建议人,必须加以保护,不得以言治罪,更不得株连其亲属子女。有不同意见可以平等协商、讨论、争论。辩证法就是要辩要证,要允许发表和充分听取不同意见。真理是由争论确立的,历史是从互相矛盾的陈述中清理出来的。真理是时间的女儿,而不是权威的女儿。现在被认为是错误的,实际上可能是真理;现在被认为是真理的,实际上可能是错误。究竟是真理还是错误,可以由实践来检验,由时间来见证。必须切实保护每个公民的建议权、参政议政权、言论自由权。必须贯彻百花齐放、百家争鸣的方针和不戴帽子、不打棍子、不揪辫子的政策。任何人都可以提出自己的意见和建议,也都可以不赞成别人的意见和建议,但是都必须尊重和保护别人提出意见和建议的权利。为此,制定一套鼓励人民建言献策、保护公民建议权的政策和法律法规,如《公民建议法》,是完全必要的,而只有宪法的原则性规定是远远不够的。这是建国 70 年来正反两方面的历史经验反复证明了的真理。

(六)做好一项基础工作:充分调动人民群众的积极性主动性创造性

建立民主决策制度,开展群众性合理化建议活动和献计献策活动,全靠人民群众的积极参与,因此,充分调动人民群众的积极性主动性创造性是建立这一制度的一项基础性工作。广大人民群众要破除迷信,解放思想,敢想敢说敢做,振奋大无畏的创造精神,积极主动地投入到群众性的合理化建议活动和献计献策活动中去。为此,每个人都要树立自信心,相信人皆可以为尧舜,人皆可以有创造,充分认识"人人都能创造,事事都需创造,时时都可创造,处处都有创造"。现代科学表明,每一个正常人的大脑都具有巨大的潜能,人有上万亿个脑细胞,上千亿个神经细胞,大脑内有庞大的极其复杂的神经网络,为创造性思考提供了广阔天地。有学者认为:"今天,人的脑力仅仅开发了 1/1000,还有 999 倍的巨大潜力等待开发。而且,人脑具有伟大的自我组织创生能力,越开发,潜力越大。"[①]因此,创造力人皆有之,普通人与天才之间并无不可逾越的鸿沟。从而每个人都要发扬积极进取精神

---

① 秦言:《知识经济时代》,天津人民出版社 1998 年版第 207 页。

和求实创新精神,积极投身到创造性劳动和合理化建议活动中去,并创造出自己的辉煌业绩和人生价值。

(七)抓好一个关键:领导制度的改革和领导思想作风的转变

建设好、运用好人民群众这个最大的智库,关键在领导,在于领导制度的改革和领导思想作风的转变。邓小平1980年关于党和国家领导制度改革的讲话,已经过去30多年,但是实行这一改革,仍然任重道远。为了建立健全人民群众智库和民主决策机制,必须认真贯彻落实"四个全面"的战略布局,大力推进党和国家领导制度的改革,大力推进领导思想和领导作风的转变,全面贯彻"三严三实"的要求,使党群关系、干群关系有明显改善,使广大群众看到实效,增强信心,提高求实创新、建言献策的积极性主动性创造性,从而不断推进理论创新、制度创新和科技创新。

总之,建设群众智库、实行民主决策是一项复杂的社会系统工程。实施这一工程,尽管需要有一定的人力财力投入,但是其意义、其价值、其成果、其产出必将是巨大的。我国有近14亿人口,有上亿知识分子,如果平均每人每年能提出一条有创意有价值的意见和建议,其总价值将是极其巨大的,其意义将是极其深远的。

第三节 建立健全民主管理和民主监督制度

邓小平说:"要有群众监督制度,让群众和党员监督干部。凡是搞特权、特殊化,经过批评教育又不改的,人民就有权依法进行检举、控告、弹劾、撤换、罢免,要求他们在经济上退赔,并使他们受到法律、纪律处分。"[1]习近平说:"人民的眼睛是雪亮的。人民是无所不在的监督力量。只有让人民来监督政府,才不会人亡政息。"[2]由此可见,建立健全民主监督制度是民主政治建设极其重要的一个环节。预测、决策、计划、组织、指挥、协调、控制、监督都是管理职能,监督也是管理,并且是重要的管理职能。实行民主管理和民主监督,必须建立健全一整套具体制度,做好一系列具体工作。其中,实行列宁曾经反复强调的全民计算和监督制度,进而建

---

[1] 《邓小平文选》第2卷,人民出版社1994年版第332页。
[2] 《习近平总书记在庆祝全国人民代表大会成立60周年大会上的讲话》,载《人民日报》,2014年9月6日。

立健全民主管理和民主监督制度,是我国社会主义民主建设的一项重要任务。

一、从多方面依据看实行全民计算和监督的合理性和可行性

实行全民计算和监督既有极大必要性和紧迫性,也有充分的理论和实践依据,从而具有充分的合理性和可行性。

(一)理论依据。我国是社会主义国家,社会主义制度是我国的根本制度。社会主义经济制度的基础是生产资料的社会主义公有制,即全民所有制和劳动群众集体所有制。全民所有制经济的所有权毫无疑问应该归全民所有。对全民所有制单位,包括机关、全民所有制的企业、事业单位的财产状况和财务收支状况,理应实行全民计算和监督。列宁曾经三番五次地强调说:"计算和监督,——这就是把共产主义社会第一阶段'调整好',使它能正常地运转所必须的主要条件"。"无产阶级革命的主要困难,就是在全民范围内实行最精确的最认真的计算和监督。""实行计算和监督,实行全面的、普遍的、包括一切的计算和监督,即对劳动数量和产品分配实行计算和监督,——这就是社会主义改造的实质。""大家亲自来计算和监督产品的生产和分配吧,这是唯一走向社会主义胜利的道路,社会主义胜利的保障,战胜一切剥削和一切贫困的保障!"①

(二)法律依据。中华人民共和国宪法第二条规定,中华人民共和国的一切权力属于人民。人民依照法律规定,通过各种途径和形式,管理国家事务,管理经济和文化事业,管理社会事务。第十六条规定,国有企业依照法律规定,通过职工代表大会和其他形式,实行民主管理。第十七条规定,集体经济组织实行民主管理,依照法律规定选举和罢免管理人员,决定经营管理的重大问题。此外,《工会法》规定:"全民所有制和集体所有制企业事业单位的工会,组织职工依照法律规定参加本单位的民主管理和民主监督。""工会有权提出意见,保障职工依法行使民主管理的权利。"《全民所有制工业企业法》和《城镇集体所有制企业条例》都有实行职工民主管理的规定。《政府信息公开条例》第九条规定,行政机关对符合下列基本要求之一的政府信息应当主动公开:1. 涉及公民、法人或者其他组织切身利益的;2. 需要社会公众广泛知晓或者参与的;第十二条规定,乡(镇)人民政府应当依照本条例第九条的规定,在其职责范围内确定主动公开的政府信息的具体内容,并

---

① 《列宁选集》第 3 卷,人民出版社 1995 年版第 202、297、379、379 页。

重点公开下列政府信息：1. 贯彻落实国家关于农村工作政策的情况；2. 财政收支、各类专项资金的管理和使用情况；等等。诸如此类规定充分说明，对各类公有制经济、特别是全民所有制经济实行全民计算和监督有充分的法律依据。

（三）国内经验依据。我国公有制经济已经存在60多年，已经积累了管理公有制经济的正反两方面的实践经验。实践证明，在改革开放前的30年中，由于权力过分集中，缺乏监督制约，暗箱操作大行其道，结果国有企业长期经营不善，发生大面积亏损，最后不得不实行改革和改制。在改革和改制之前和之中，由于没有全民监督和制约，国有资产大量流失，乃至出现分配不公、两极分化、大面积腐败等社会热点难点问题。几十年来国有经济的实践经验充分证明了列宁关于实行全民计算和监督思想的正确性和重要性。有记者报道：

四川巴中市巴州区白庙乡因"裸账"一举成名，昨天，巴州区政府宣称，该区48个乡镇和3个街道办完全实现了政务公开，包括账目信息公开。巴州区委书记廖志伦指出，公开是最好的防腐剂，民主具有至高的权威。据介绍，从3月19日提出到5月底全部实现公开的目标，巴州不同乡镇分别采取了政务栏公开、网络公开、会议公开和信函公开等方式公开，每月一次。目前，巴州区除了乡镇和街道百分百进行了政务公开，90%以上的村委会和居委会也按要求进行了公开。"全裸"的白庙乡在被媒体狂轰滥炸了一个月后，公布了3月份的公务开支，白庙乡3月份招待费不足600元，比1月份公示的数据锐减了90%。你看，账目一旦公布得细了，监督效应随之也就来了，钱不太敢花了。接待上级买烟，买酒，吃饭，一共七项支出，总额596元，这就是白庙乡2010年3月份的全部招待费开支，要知道1月份，这个数字还是5900多元。"一全裸就廉洁"，成为人们的形象评价。白庙是个不折不扣的小庙，人口不足一万，年财政收入130多万。晒账本之前，这个偏居四川东北部的山乡小镇一直名不见经传，如今它却有了点圣地的味道，每一个来到这里的人，无论是媒体记者，还是上级领导，都尽量自己安排食宿和交通，甚至连喝水，都有人自带。这还不算，几位一月份在白庙吃过工作餐的区里领导，甚至补交了他们的伙食费。公开、透明、阳光无形中就带来一种力量，一种监督的力量，一种制约的力量，一些不该花钱的地方，有人就不好意思再去花钱，一个比较廉洁的逐步走向非常廉洁的官员体系、官员队伍就会出现。中共巴中市委组织部副部长王国旗说：对财务开支的钱实际上是老百姓自己的钱，……应该让老百姓晓得，但是解放这么多年了，我们还没有做到这一步。这在制度上是一个巨大的漏洞，给腐败留下了一个巨大的漏洞,也给人民群众对当地公信力造成了障碍。我们从这个角度思考问题,觉得要建立和完善这个制度。①

四川省巴中市巴州区所能做到的一切,在全国各地、各单位都能够做到,也应该做到。70年来正反两方面的实践经验充分证明,实行全民计算和监督具有极大必要性和可行性。

(四)国际经验依据。北欧五国在国际有关廉政评比中一直处于最廉政的十个国家之列。全方位的监督体系,是北欧廉政建设的保证。北欧国家普遍建立起了议会监督、政党监督、专门机构监督、舆论监督、群众监督五位一体的监督体系,尤其值得一提的是它们的舆论监督和群众监督,织起了一道严密的法网,做到了有罪必罚,打消了贪官的侥幸心理。在北欧,新闻媒体的监督作用十分重要。2002年5月芬兰《晚报》披露,文化部长苏维·林登利用职务之便批准向其拥有股份的一家高尔夫公司提供17万欧元的政府赞助,引起有关部门调查。一周之内,林登便被迫辞职。在芬兰,政府档案馆以及公共部门的所有档案材料不仅对专家和研究人员开放,而且也对新闻界和公众开放。总统府门口没有警卫,只有一个秘书负责接待,总统可以随时应约与任何公民进行平等交谈。瑞典是最早开放政府记录供民众查询的国家,早在230多年前,瑞典公民就有权查看官员直至首相的财产及纳税清单,该制度一直延续至今。如果哪个官员账户上出现了不明进项或不正常消费,可能就要接受调查。任何一个瑞典公民都有权查阅任何官员、企业高层管理人员,甚至王室成员的资产和纳税情况。日本参众两院都明确规定,要向全体国民公开国会议员的财产状况。全体国民均可自由查阅议员的财产报告书。公开的内容包括议员的财产报告书、财产补充报告书、收入报告书、关联企业报告书等,而且可查询到议员7年以来的报告书的详细内容。以日本国会众议院为例,如果有国民希望查询某一位众议员的财产状况,他可以前往东京都千代田区永田町的众议院第二附楼8楼的资料阅览室查询。除周末和节假日外,阅览室原则上每年的1月4日至12月28日都会对外开放。参议员财产的公布情况也类似。②"透明国际组织"发布的《2008全球反腐败排行榜》,廉洁排名第一的是丹麦,紧随其后的瑞典和新西兰并列第二。北欧国家的廉政制度各有不同,但有一点却是共同的,那就是

---

① 记者钱昊平:《四川巴州全部乡镇公开财务账目》,载《新京报》2010年6月11日。
② 《北欧廉政是如何炼成的》,http://news.cn.yahoo.com/ypen/20101228/144470_2.html(访问时间:2010年12月28日)。

公共财政的绝对公开,例如芬兰、冰岛和丹麦的政府财政全部公开,接受市民和媒体监督。上至总理下至普通科员,公务宴请的有些什么人,点了什么菜,花了多少钱,都要巨细无遗地在网上开列清单,每一个公民都能检查,件件能够查得清,一切摊在阳光下。公众发现不妥可以立即举报、起诉。法律对公务员的约束不仅细化可操作,而且极有"杀伤力",据说芬兰就曾有中央银行行长级别的高官,在公务接待中一不小心上了一道鹅肝,传媒上网查阅菜单后曝了光,行长为了这道鹅肝而下台。① 美国规定,包括总统在内的 25 万公职人员每年要公开申报财产,不报、漏报的将面临民事诉讼和罚款,谎报者将被提起刑事诉讼。1989 年美国参议院议长赖特因违反财产申报法而辞职。俄亥俄州长,因为五千多美元礼物未申报,包括球赛门票、飞机票、没有付费的宴会而被起诉。中国官场要廉洁起来,关键是要建立现代预防腐败制度,最重要的是在新闻监督、群众监督、收入申报三个方面取得突破。在发达国家,对公车控制十分严格,如芬兰全国只有总统等 5 个人配公车;韩国首尔市政府总共只有 4 辆公车;德国前总理施罗德在当总理期间,周末他只能开着自己破旧的大众牌汽车外出,而保镖却开着豪华的防弹车寸步不离;瑞典等北欧国家连首相在家里也没有保镖、厨师、秘书,周末不得开公车。② 国际奥委会主席罗格说:"腐败是绝对不能容忍的行为。国际奥委会是个完全透明的组织,我们的账目是公开的,任何人都可以查看。我认为,这一点对于打击体育腐败来讲非常重要。"③

二、实行全民计算和监督的制度框架设计

实行全民计算和监督需要有一套切实可行、行之有效的制度设计。下面试就这种制度的基本框架提出以下初步构想。

(一)明确实行全民计算和监督的主体。实行全民计算和监督的主体是全国年满 18 岁以上的公民,包括个人和组织。要让"全民"成为全民计算和监督的合格主体,就必须对全民进行相应的教育和培训,要让全体在业人员和待业人员,全体高等学校和职业技术学校的学生学习和掌握起码的财务会计和审计知识。在各类机关和企事业单位中,特别是在纪检监察机关、公检法机关、审计机关、国有企业、

---

① 陈春:《财政网上公开任重道远》,载《中国保险报》,2006 年 10 月 23 日。
② 胡星斗:《中国迫切需要建立预防腐败制度》,载《民主与科学》,2009 年第 6 期。
③ 罗格:《公开账目对打击腐败很重要》,载《东方早报》,2010 年 11 月 14 日。

工会组织、职工代表大会组织中都要培养一批精通并热爱审计业务的人员,使他们成为全民计算和监督的骨干力量和专业队伍。今后在公务员和国有企事业单位的招聘工作中,要把会计和审计知识列入考试内容。

(二)明确实行全民计算和监督的客体。实行全民计算和监督的客体主要是全国党政机关、人民团体、全民所有制事业单位、国有企业、国有资本控股企业,包括这些单位的财务账目和财产账目以及相关凭证、原始发票、单据。此外,还有国家公职人员、首先是党政机关县处级以上领导干部的家庭财产、收入和重大收支项目。其中涉及国家秘密、商业秘密和个人隐私的内容,由得到授权的专门机构和人员进行审查和监督,这些机构和人员既要负起监督责任,又要负起保密责任,做到保守秘密和民主监督的有机统一。公职人员应该尽可能缩小隐私范围。任何单位、任何人的工资福利账目、公款消费账目、差旅费账目都应该尽可能置于公众监督之下,而不应作为保密事项。凡是动用公款的人和事,必须接受公众监督;没有公众监督,必然导致腐败和不公。正如人民论坛一篇文章所说:"有权力的地方必须有监督,没有监督的权力必然导致腐败,这是权力运行中的一条基本规律。""接受监督体现的是一种政治文明,因而也是领导干部基本的文明素养。群众监督权的彰显,舆论监督的勃兴,是政治现代化的一大标志,也是善政和善治的重要保障。监督不是源自不信任,也不是和谁过不去,而是政治走向文明的内在需要。随着时代的深刻变革,监督日益走向常态化、全天候。领导干部只有顺应这种大势,习惯在各方面监督之下谨慎干事,方能适应时代发展的要求。"①

(三)完善财务制度。完善财务决策和财务审批制度、财务公开制度、财务审计制度。②

(四)加强对干部职工的工资福利、包括隐性收入的监督管理。完善工资福利制度、差旅费报销制度和各项公款消费制度。要遵循按劳分配、同工同酬的原则,制定全国国有经济单位相对统一的工资福利标准。同时,对个人劳动及劳动成果数量和质量要有严格的计算、记录、考核制度,对超额劳动要有相应的奖励制度,以防止和杜绝捧铁饭碗、吃大锅饭的现象。这不是历史倒退,而是否定之否定。改革是对平均主义的否定,但在实践中又走向了另一个极端——分配不公乃至两极分

---

① 陈家兴:《接受监督不仅是一种胸襟》,人民日报评论年编:《2010人民论坛》,人民日报出版社,2011年版第53、54页。
② 详见第五章第三节。

化。实行上述制度,正是对分配不公、两极分化的否定,正是从两个极端走向公平分配、按劳分配、同工同酬、共同富裕。平均主义不是社会主义,两极分化也不是社会主义。任何人出差,都要按差旅费标准报销有关费用,伙食费自理,并按规定标准补助,不得接受所到之处宴请、礼品,一切超期、绕道、超标准费用一律自理,不得报销。县处级以下(不含县处级)人员出差一律乘坐班车,与民同行,与民同乐,不得特殊化,没有班车的可改乘其他尽可能节省的交通工具。对一切公款消费必须严格控制,尽可能实行"零接待"、"零支出"。就全国而言,对目前巨额的公款消费,决不能只要求零增长,或者只要求压缩10% - 20%,而必须坚决果断地压缩80%以上。公车改革决不能搞"货币化改革",决不能允许挥霍浪费的腐败现象货币化、合法化、制度化。

(五)建立健全实行全民计算和监督的法律制度。要完善财政、会计、审计等方面的法律法规,保证全民计算和监督有法可依、有章可循和顺利进行。对财务检查监督中发现的问题,检查人员有权向纪检监察机关、检察机关、财政部门、审计部门报告,并提出自己的处理意见和建议。有关机关部门必须认真复查、严肃处理。

(六)实行全民计算和监督要有人力物力财力上的保证。要根据工作需要,充实和提高纪检监察机关、检察机关、财政部门、审计部门相关人员的数量和素质。

以上制度设计和政策措施并无什么高明之处,都是简便易行、切实可行、行之有效的。正如一篇人民时评所说:"公车改革不见得需要特别高明的设计,它最需要的就是触碰既得利益的改革决心和魄力。"[①]此言不仅适用于公车改革,也适用于解决所有公款消费问题,适用于解决贪污受贿、分配不公、就业不公、房价飙升等所有社会热点难点问题。

实行全民计算和监督,是一次更加深入的改革和更加广泛的开放,是对财务管理制度的改革,对全国人民的开放,将把我国的改革开放和民主建设推进到一个新阶段,将会产生巨大经济、政治、社会效益。在经济上,可以堵塞国有经济单位的许多漏洞,减少国有经济单位的挥霍浪费和国有资产流失,从而强有力地捍卫全民财产和权益。在政治上,可以增强全体人民的主人翁意识和政治责任感,落实中华人民共和国一切权力属于人民的宪法规定;可以加强党风廉政建设,实现党风社会风

[①] 毕诗敏:《公车改革还是要积极稳妥推进》,人民日报评论年编:《2010人民时评》,人民日报出版社2011年版第10页。

气的根本好转。在社会上,可以从事实上落实社会主义按劳分配原则,调动广大人民群众的积极性主动性创造性,有利于解放生产力,发展生产力,消灭剥削,消除两极分化,实现共同富裕。总之,实行全民计算和监督,可以从制度上捍卫全民财产和利益,巩固和发展社会主义公有制经济,充分发挥社会主义制度优越性;可以从根本上解决贪污腐败、分配不公、就业不公、房价飙升、通货膨胀等社会热点难点问题,从而确保社会的和谐和稳定;可以在很短时间内把我国建设成世界上收入分配最公平、政府官员最廉洁、人民群众最幸福的国家之一,建设成名副其实的富强、民主、文明、和谐、美丽的社会主义现代化强国。

第四节 腐败现象的表现、成因和治理

习近平多次强调指出:"大量事实告诉我们,腐败问题愈演愈烈,最终必然会亡党亡国。"[1]"要加强对权力运行的制约和监督,把权力关进制度的笼子里,形成不敢腐的惩戒机制、不能腐的防范机制、不易腐的保障机制。"[2]

一、腐败现象的表现

多年来,腐败现象形形色色,从不同角度可以做不同分类。我们把腐败现象概括为以下十种类型:

1. 权钱交易,行贿受贿。这是一种最典型、最原始、最常见的腐败行为。一些官员不给好处不办事,给了好处乱办事,利用职权索贿受贿,敲诈勒索。在某些地方、部门和领域,行贿受贿已经成为办事的潜规则。2016年3月6日,山西省委书记王儒林在回答山西经济下行和反腐败关系时,讲了三个案例。一个省属金融机构董事长,在给企业贷款的时候,要求企业按正常的付息之外,还要以2%的顾问费的形式支付给她控制的公司;她还组织了十二家企业,花了3亿9千万,从国外购买公务机,方便自己。一个厅长,有一个素不相识的老板找他办事,他不同意,老板就从他的桌子上拿了一张纸,写上给你三千万,干不干?厅长看完之后,老板马上把它塞到嘴里、吞到肚里去了,厅长一看:此人可靠。事办了,三千万也如数收到

---

[1] 《习近平谈治国理政》第1卷,外文出版社2014年版第16页。
[2] 《习近平谈治国理政》第1卷,外文出版社2014年版第388页。

了。一个副市长贪腐金额 6.44 亿元,超过了 9 个贫困县去年一年的财政收入 6.07 亿元。①

在组织人事领域,买官卖官屡见不鲜。云南省前省长李嘉廷突击提拔 102 名副厅级干部,获利 750 多万元;河南省卢氏县 80% 的党政部门的正职官员都向县委书记杜保乾行过贿;吉林省靖宇县几乎所有的科级以上干部,都给县委书记李铁成上过贡……卖官买官闹剧愈演愈烈,绥化市马德案又创新纪录,此案涉及领导干部 260 多人,该市下辖 10 个县市的处级以上干部有 50% 卷入,而且相当一部分是党政一把手。②

在城乡建设、房地产开发、矿产资源和其他国有资源开发利用领域,贿赂横行,数额巨大。如杭州市原副市长许迈永受贿、贪污、滥用职权案和苏州市原副市长姜人杰受贿案,都是城市建设领域滥用权力牟取私利的典型案件③,涉案金额都超过亿元,都被执行死刑。

在金融领域,由于利率没有市场化,银行利率与市场利率差额巨大,存款利率与贷款利率差额较大,在吸收大额存款、特别是发放贷款方面,行贿受贿几乎是公开的秘密。据央行研究局 2003 年一项大面积调查,全国正规金融机构贷款在正常利息之外的额外付费已成为一项"潜规则"。平均而言,企业在每笔贷款正常利息之外的额外付费和为维持与金融机构"良好借贷关系"的费用合计,相当于贷款额的 9%。2006 年全国金融机构贷款 22 万亿元;考虑大型企业贷款条件有利,较少发生这种情况,按贷款额的一半推算,额外付费给全国金融机构相关人员带来的灰色收入可能高达 1 万亿元。④ 2017 年全部金融机构本外币各项贷款余额 125.6 万亿元。⑤ 其中,"正常利息之外的额外付费"有可能数倍于 2006 年的 1 万亿元。

此外,在各种工程承包、行政审批、工商管理、税收征管、案件查处、司法审判、医药购销、疾病治疗、入学就业、工作调动、检查评比,甚至于足球裁判,几乎在一切社会生活领域,只要是与当事人有重大利害关系、掌权者有自由裁量权的领域,行贿受贿都是一种潜规则,以致在某些领域已经贿赂成风。此类案件虽然受到查处,

---

① 《王儒林谈反腐 主动抛出山西三大腐败案例》,载《法制晚报》,2016 年 3 月 7 日。
② 黎明:《也要惩处买官者》,载《南方周末》,2004 年 8 月 26 日。
③ 汝信等:《社会蓝皮书》,社会科学文献出版社 2012 年版第 230 页。
④ 王小鲁:《国民收入分配状况与灰色收入》,载《财经》杂志,2010 年第 1 期。
⑤ 国家统计局:《2017 年国家经济和社会发展统计公报》,载《人民日报》,2018 年 3 月 1 日。

但是由于这种行为十分隐蔽;同时,正像"交换是一件奇妙的交易,交换双方总是得到好处"①一样,行贿受贿更是一件奇妙的交易,双方都得到巨大好处,受害的只是国家和社会公众。因此,此类案件受到查处的仅仅是冰山一角,黑数很大。

2. 权色交易,包养情妇。"中国问题学"专家胡星斗教授指出:当前,"二奶腐败、情妇腐败表现出普遍化——贪官几乎各个都有二奶;身份化——拥有二奶成为身份地位的象征;玩偶化——贪官包养的情妇玩弄的女性愈来愈多;变态化——贪官心理变态,淫秽龌龊;交易化——权色交易、钱色交易等五大特征。新华社报道,根据学者统计,被查处的贪官污吏中95%都有'情妇';腐败案件60%以上与'包二奶'有关;在1999年广州、深圳、珠海公布的102宗贪污受贿案件中,贪官100%包养了二奶。"②

3. 贪污挪用,监守自盗。如中国银行广东省开平市支行行长余振东等人在长达10年的时间里,监守自盗国家资金达40亿元。③

4. 行业垄断,损公肥私。目前竞争性国有企业基本上都被改制成私营企业,现存的国有企业多为垄断行业。此类垄断企业,本来是全民所有制企业,其所有权、分配权、收益权本来应该归全民所有;但是现在垄断利润绝大部分不上缴(目前只上缴10%-20%),而成为企业所有、个人所有,以致垄断行业职工平均收入达到其他行业的5倍甚至更多,其中的高级管理人员收入又高出普通职工的10倍甚至更多,达到其他行业职工平均收入的几十倍、上百倍。这种畸高收入既不是按劳分配,也不是按生产要素分配,而是利用公共权力谋取私人利益的腐败现象。

5. 企业改制,化公为私。在企业改制过程中,一大批国有企业几乎被无偿地变为私营企业,部分原来的国企高管、现在的私企老板则是一夜暴富,成为百万富翁、千万富翁。

6. 公款消费,挥霍浪费。我国公款消费数额巨大,浪费严重。据报道,我国"三公"消费浪费惊人,以2004年为例,公款吃喝3700多亿元,相当于"吃"掉了我国全民的义务教育经费;公车消费4000多亿元,相当于"碾"掉了我国大多数人的医疗、养老金;公款出国3000亿元,相当于"游"掉了我国低保资金。④ 由此测算,2004年

---

① 马克思:《资本论》第1卷,人民出版社1975年版第179页。
② 胡星斗:《二奶腐败学》,http://m.aisixiang.com/data/22785.html(访问时间:2008年12月1日)。
③ 贺恒扬:《腐败行为的十种类型》,载《报刊文摘》,2004年5月21日。
④ 朱雨晨:《"三公"浪费惊人》,载《法制日报》,2007年3月18日。

我国"三公"消费合计达 10700 亿元,占当年 GDP 的 6.7%。一年浪费国家几千亿元、上万亿元,已经不仅仅是不正之风问题,而是严重的腐败现象和犯罪行为。这是明摆在桌面上的腐败,横行在马路上的腐败,臭名远扬国外的腐败。从 2012 年中央做出八项规定继而开展反四风工作以来,公款消费中的挥霍浪费有所好转,2013 年大约降低 10% 左右。但是,必须指出,这只是在长期以来存在巨额挥霍浪费基础上降低的 10%,只是挥霍浪费小幅收敛;我们压缩公款消费的工作还任重道远,必须使公款消费持续降低,应该采取果断措施,坚决把公款消费降低 80% 以上,这样每年至少可以为国家和人民节约数千亿元,并有重大社会效益。

7. 任人唯亲,吏治腐败。除了上述买官卖官的吏治腐败外,还有一种更为严重的吏治腐败,就是任人唯亲,以权谋官,以权谋职,在全国各地形成一大批做官专业户、官员大家族。冯军旗,这位挂职县长助理的在读博士生,在题为《中县干部》的博士论文中反映了他挂职的这个有代表性的农业县的"政治家族"现象。该县人口 80 余万,副科级及以上干部就有 1000 多人。在这个每 800 人便会产生一个副科级及以上干部的县里,他根据一个家族"出干部"的多少,统计出了 21 个政治"大家族"(副科级及以上超过 5 人)和 140 个政治"小家族"(副科级及以上 2－5 人)。真正让冯军旗震惊的并非金钱构筑的关系网,而是一张由血缘与姻缘构筑的政治家族网。在这个庞大的"政治家族"网络中,一些秘而不宣的潜规则变得清晰可见。比如,官位有"世袭"。比如,凡是副处级及以上领导干部的子女,至少拥有一个副科级以上职务,正科级亦不鲜见。比如,政治家族之间并不割裂,往往以联姻或者拜干亲的方式不断扩大,"几乎找不到一个孤立的家族"。更普遍的规则是干部子弟的"不落空"现象。①

8. 官僚主义,失职渎职。这种腐败表现形式多种多样,不同部门、单位有不同表现。

有些领导机关和领导干部在重大投资项目建设、重大国际贸易活动的决策中,有权无知,不负责任,不按程序,擅自决策。决策失误往往比贪污、受贿等职务犯罪危害更大,损失更严重,有的一项决策失误就给国家造成上亿元损失。国家审计署前审计长李金华说,2004 年因决策性失误造成重大损失或潜在损失的项目 631 个,金额 78.4 亿元。因个别领导人违反决策程序或擅自决策造成损失或潜在损失

---

① 林衍:《一个县的官场生态》,载《中国青年报》,2011 年 10 月 26 日。

32.8亿元。①

有些税务部门在税收征管工作中,由于不负责任,玩忽职守,或者索贿受贿,内外勾结,造成大量税收流失。胡鞍钢教授估算,我国每年总计税收流失占 GDP 的 7.6%－9.1%之间。②

有些财政部门和经济管理部门在财政支出、资金使用中失职渎职造成重大损失。胡鞍钢教授估算,每年我国仅此一项造成的经济损失,保守计算也在 1800 亿元－2300 亿元之间,约占 GDP 的 2.4%－3.1%之间。③

9. 司法腐败,贪赃枉法。有学者认为,当前司法腐败的主要表现有七种形式:一是作风蛮横,主观臆断;二是吃拿卡要,不顾尊严;三是为亲所动,为情所乱;四是违法乱纪,探情汇密;五是违背事实,枉法裁判;六是利益驱动,贪赃枉法;七是地方保护,执法不公。④ 2012 年最高人民检察院工作报告指出:严肃查办利用执法权、司法权谋取私利、贪赃枉法案件,立案侦查涉嫌职务犯罪的行政执法人员 7366 人、司法工作人员 2395 人。⑤

10. 行业腐败,乱象丛生。腐败现象已经蔓延到各行各业,出现了各种行业腐败。行业性腐败是个严重的社会问题,凡是有实权或特权的行业,都可能出现这样的腐败。行业腐败就是一群人靠山吃山。金融、国企、工商、税务、海关、医药卫生、教育、司法、建设、交通等各行各业都存在行业腐败。教育部门素来被称为清水衙门,但是近 20 年来,从教育行政部门到各级各类学校,从高等学校到中小学,腐败案件频发。学术界本来是一片净土,但在腐败成风的社会氛围中,也出现了种种乱象和腐败现象。这种腐败现象在全国广泛存在,受到查处的则寥寥无几。

二、反腐败斗争严峻复杂的形势

党的十八大以来,以习近平同志为核心的党中央坚持反腐败无禁区、全覆盖、零容忍,坚定不移"打虎"、"拍蝇"、"猎狐",不敢腐的目标初步实现,不能腐的笼子越扎越牢,不想腐的堤坝正在构筑,反腐败斗争压倒性态势已经形成并巩固发展。

---

① 贺恒扬:《腐败行为的十种类型》,载《报刊文摘》,2004 年 5 月 21 日。
② 胡鞍钢:《中国:挑战腐败》,浙江人民出版社 2001 年版第 46 页。
③ 胡鞍钢:《中国:挑战腐败》,浙江人民出版社 2001 年版第 53 页。
④ 崔文德:《浅析司法腐败的表现形式产生原因及治理对策》,载《七台河日报》,2009 年 7 月 14 日。
⑤ 曹建明:《2012 年最高人民检察院工作报告》,载《人民日报》,2012 年 3 月 20 日。

当前,反腐败斗争形势依然严峻复杂,巩固压倒性态势、夺取压倒性胜利的决心必须坚如磐石。以下是20多年全国纪检监察机关和司法机关查处腐败案件数量统计表:

表1 1992-2017年全国纪检监察机关和司法机关查处腐败案件数量统计表

时间	立案数	结案数	纪律处分数	刑事处分数或检察院查办数	处分县处级干部数	处分厅局级干部数	处分省部级干部数
1992.10-1997.6	731000	670100	669300	37492	20295	1613	78
1997.10-2002.9	861917	842760	846150	37790	28996	2422	98
2003.1-2007.12				116627	13929	930	35
2008.1-2012.12	695644	690622	722787	174868	13274	975	33
2013	172532	173186	182038	51306	2871	253	8
2014	226000	218000	232000	55101	4040	589	28
2015	330000	317000	336000	54249	4568	769	41
2016	413000		415000		18000	2700	76
2017	527000		527000		21000	3300	58
2012.12-2017.9	1545000		1537000	254419	63000	8900	440

资料来源:历次中纪委在党代会和年度全会的工作报告,最高人民检察院、最高人民法院在人大会议的工作报告等。

从近20多年来腐败案件的立案数、结案数、纪律处分人数来看,党的十八大以前,纪律处分人数平均每年都在14万人左右;党的十八大以来加大反腐败工作力度,纪律处分人数持续上升,从2013年至2017年依次为10多万、20多万、30多万、40多万、50多万。由此可见,多年以来腐败案件发案率居高不下,反腐败形势依然严峻。

多年来我国腐败损失巨大,腐败黑数很高。胡星斗教授说:"我曾经计算出中国的腐败黑数即没有被查出的腐败金额占99%,即实际的查处率只有1%,当时(2007年)是这样计算的:世界平均的腐败额占GDP的3%,假如中国是世界的平均腐败程度,那么应查出的腐败金额为7000-8000亿元,而最高人民检察院公布的2005年查出的腐败金额仅为74亿元,约占应查出的1%,所以说腐败黑数为99%。……上述比例数据至少反映了两个情况:第一,目前中国官员的腐败比例为三分之一至一半左右;第二,职位低的官员腐败率比较高,职位高的腐败率比较低。"①

当然,腐败黑数既然是黑数,就没有也不可能有准确统计,尽管如此,上述种种测算毕竟是持之有故的,而且从不同学者、不同角度的研究结果看,是可以互相印证的,因而是有一定可信度的。我们必须充分认识腐败的严重性和危险性,对这种严重性和危险性宁可信其有,不可信其无,宁可高估,不可低估;这样想,这样做,较为有利,较少有害。鉴于这种状况,我们必须以十倍的力量、百倍的努力,把反腐倡廉工作做深、做细、做实,做出成效。

三、腐败现象的成因

多年来,反腐败的力度未减,但是腐败现象仍然易发多发,大案、要案、串案依旧触目惊心,反腐败斗争形势依然严峻、任务依然艰巨。面对反腐败斗争的严峻形势和艰巨任务,为了从源头上防治腐败,必须深入研究腐败现象滋生蔓延的源头和成因、土壤和条件,走出在这个问题上的几个认识误区。只有正确认识产生腐败现象的成因,才能找到根治腐败现象的手段。

(一)走出在腐败原因上的几个认识误区

多年以来,人们对腐败现象议论很多,义愤很大。对产生腐败现象的原因,人们有多种不同认识和观点。有一种观点认为,任何人的行为都受到自己思想的支配,错误的思想产生错误的行为,剥削阶级的思想影响导致了腐败现象的滋生蔓延。有一种观点认为,我国在计划经济体制下腐败现象少而轻,在市场经济条件下腐败现象多而重,因此,腐败现象的滋生蔓延是改革开放带来的,是市场取向改革的伴生物。这些观点都是似是而非的。

1. 不能把腐败现象简单地归咎于人们的错误思想。

有些人习惯于用人们的错误思想解释人们的错误行为,又用古人洋人的错误思想解释今人国人的错误思想,用资产阶级、剥削阶级的错误思想解释无产阶级的错误思想,这是最容易不过、也是最浅薄不过的。这就好像马克思恩格斯所说的那

---

① 胡星斗:《中国贪官的查处率只有1%》,https://a.xcar.com.cn/bbs/thread-12578902-1.html(访问时间:2010年7月7日)。

样:"有一个好汉一天忽然想到,人们之所以溺死,是因为他们被关于重力的思想迷住了。如果他们从头脑中抛掉这个观念,比方说,宣称它是宗教迷信的观念,那末他们就会避免任何溺死的危险。"①他们忘记了,"观念的东西不外是移入人的头脑并在人的头脑中改造过的物质的东西而已。"②"使人们行动起来的一切,都必然要经过他们的头脑";"一切行动既然都以思维为中心,最终似乎都以思维为基础。""这种外观,首先迷惑了大多数人。"然而,"人们头脑中发生的这一思想过程,归根到底是由人们的物质生活条件决定的。"③"所以,一切社会变迁和政治变革的终极原因,不应当到人们的头脑中,到人们对永恒的真理和正义的日益增进的认识中去寻找,而应当到生产方式和交换方式的变更中去寻找;不应当到有关时代的哲学中去寻找,而应当到有关时代的经济中去寻找。"从而,用来消除已经发现的弊病的手段,"不应当从头脑中发明出来,而应当通过头脑从生产的现成物质事实中发现出来。"④因此对一切腐败现象的终极原因,不应当从人们的头脑中去寻找,而应当从人们的物质生活条件中去寻找。产生腐败现象的原因固然是多方面的,但是最重要的还是经济原因。在这里通过各种偶然性而得到实现的必然性,归根到底仍然是经济上的必然性,是在经济必然性的基础上多种因素交互作用的结果。

2. 不能把腐败现象归咎于改革开放和市场经济。

腐败现象,作为一种滥用公共权力谋取私人利益的社会现象,是与公共权力的产生,与家庭、私有制和国家的产生而一起产生的,故而自古有之,各国有之。但在不同国家、不同时期其具体原因、表现、程度和后果有所不同。新中国成立以来,腐败现象也始终存在,只是在不同的经济发展阶段,不同的经济体制、政治体制之下有不同的表现和程度。事实上,过去那种高度集权的公有制经济和计划经济在很大程度上是按长官意志办事的官员经济、特权经济。实行这种经济管理体制不久,就滋长了严重的主观主义和官僚主义,以致需要在1957年进行整风。可惜那次整风并没有整好,50多万帮党整风的知识分子和干部群众被错划为右派,造成了巨大不幸,并导致了党风社会风气的严重恶化。随后在三年"大跃进"中大刮浮夸风、共产风、强迫命令风,国民经济受到极大破坏,全国人民蒙受巨大灾难。接着在

---

① 《马克思恩格斯全集》第3卷,人民出版社1960年版第16页。
② 《马克思恩格斯选集》第2卷,人民出版社1995年版第112页。
③ 《马克思恩格斯选集》第4卷,人民出版社1995年版第249、726、727、254页。
④ 《马克思恩格斯选集》第3卷,人民出版社1995年版第741页。

十年"文化大革命"中,林彪、江青集团及其纠集起来的"造反派"大搞特权,腐败透顶,并在全国大刮揪斗风、抄家风、打砸抢风,人民生命财产毫无保障,全国人民再次蒙受巨大灾难。由于政治运动连续不断,经济建设反复折腾,政治上人人自危,经济上家家贫困。正如马克思恩格斯所说:"在极端贫困的情况下,必须重新开始争取必需品的斗争,全部陈腐污浊的东西又要死灰复燃。"①那时唯心主义盛行,形而上学猖獗;像彭德怀那样说真话者挨整,像林彪那样说假话者高升;从新闻媒体到大小会议到处都是假大空话;"同最响亮的词句相对应的到处都是最可怜的现实"。② 那时的党风社会风气不是比现在更好,而是比现在更坏。上学、当兵、招工、提干,都是走后门成风;而分房、购物走后门成风更是伴随计划经济始终。只是由于当时经济长期停滞,人民普遍贫困,请客送礼档次不高,行贿受贿数额不大而已。因此,绝不能认为在计划经济体制下腐败现象怎样少,党风社会风气怎样好。正是改革开放才开创了政通人和、经济迅速发展、人民生活显著改善的新局面;也正是改革开放,才消除了经济、政治、文化教育和社会生活中的某些不正之风和腐败现象。例如,随着高考制度的改革,走后门上大学的不正之风和腐败现象已经不复存在。随着价格并轨,"官倒私倒"等腐败现象也逐步消失。当然,由于种种原因,腐败现象依然存在,反腐败斗争形势依然严峻。但这与其说是市场取向改革的伴生物,不如说是计划经济体制和官僚特权政治的后遗症。历史事实是:腐败现象主要是随着集权经济和集权政治的产生而产生,也必然随着改革的深化、市场经济和民主政治的完善而减少。因此,改革绝不是产生腐败的根源,而恰恰是防治腐败的根本性措施。

事实上,改革开放以来,我们党一贯重视党风廉政建设和反腐败斗争。早在1978年党的十一届三中全会上,就恢复了中央纪律检查委员会,其根本任务就是维护党规党法,切实搞好党风。1982年,邓小平就尖锐指出:"我们自从实行对外开放和对内搞活经济两个方面的政策以来,不过一两年时间,就有相当多的干部被腐蚀了。卷入经济犯罪活动的人不是小量的,而是大量的。……要足够估计到这样的形势。这股风来得很猛。如果我们党不严重注意,不坚决刹住这股风,那末,我们的党和国家确实要发生会不会'改变面貌'的问题。这不是危言耸听。"③1986

---

① 《马克思恩格斯选集》第1卷,人民出版社1995年版第86页。
② 《马克思恩格斯选集》第3卷,人民出版社1995年版第610页。
③ 《邓小平文选》第2卷,人民出版社1994年版第402－403页。

年,他又强调说:"有些党员干部的作风和社会风气实在太坏了","风气如果坏下去,经济搞成功又有什么意义?会在另一方面变质,反过来影响整个经济变质,发展下去会形成贪污、盗窃、贿赂横行的世界。"① 由此可见,从党的十一届三中全会以来的40年中,我们党对党风廉政建设和反腐败斗争是一直重视、警钟长鸣的,而且在思想认识上一步步深化,在法律法规上一步步健全,在政策措施上一步步强化。某些腐败现象已经随着计划内外双重经济、双轨制的消失而消失,某些不平等现象已经随着人为划分的等级制度和人为制造的"阶级对立"的消失而消失。但是,由于经济体制改革尚不全面深入,民主法制不健全,许多腐败现象并没有得到有效遏制,反腐败斗争的形势依然严峻。因此,腐败现象绝不是改革开放导致的,而正是改革不到位、权力过分集中、监督制约不力导致的。

3. 不能把腐败现象归咎于薪酬不高。

有人认为,低薪导致腐败,高薪可以养廉。这种看法似是而非,并不可行。其一,官员腐败与否与高薪低薪没有必然联系,高薪并不一定就能养廉,低薪也不一定就会腐败。事实证明,贪官是永不知足的,高薪是无法养廉的。其二,目前我国公务员薪酬和综合待遇已经不低,已属高收入或中上等收入,已能以薪养廉。相对于极少数高收入人员来说,公务员薪酬可能较低;但相对于全国90%以上的从业人员来说,公务员薪酬和综合待遇绝非是低薪。公务员招聘时的竞争愈演愈烈,官本位思想广为泛滥,不惜巨资买官、保官的腐败案件屡见不鲜,诸如此类事实足以证明,现在官员的收入已经不低。因此,至少目前,实行高薪养廉的制度条件、经济条件和社会条件还远未具备。

(二)深刻认识产生腐败现象的真正原因

目前全国范围内广为滋生、持续蔓延的腐败现象,不只是个别人的过错、偶然性的现象,不能只从个人品质和思想认识上找原因。正如李瑞环同志所说,普遍出现的问题要从制度上找原因;反复出现的问题要从规律上找原因。② 实际上,产生腐败现象的原因是十分复杂的,这里主要有主观和客观两方面的原因,主观原因是人性的弱点,客观原因是制度的缺陷。人性弱点使腐败成为可能,制度缺陷使腐败

---

① 《邓小平文选》第3卷,人民出版社1993年版第153-154页。
② 王东京:《假若口号没有机制去落实 其实也就是一句空话》,载《北京日报》,2009年8月1日。

由可能变为现实。

第一,个人需要失去节制,突破道德和法律的底线,是导致腐败现象的主观原因。

腐败现象的根源深藏在人性弱点和制度缺陷之中。人的本性是什么呢?古今中外都有关于人性善与人性恶的争论,但也始终争论不清。一般说来,人性就是人类天生的一种纯天然的潜意识和特性,亦叫人类天性。它包括善良、爱美、理性、正直、勇敢、情爱、欲望、自私、贪婪、懦弱等特性。善良、爱美、理性、正直、勇敢、情爱这些是人性中美好的一面,或"善"的一面;自私、贪婪则是人性中不好的一面,或"恶"的一面。所以善与恶是人性中对立统一的两个方面。问题在于哪一面处于主导地位。对此,黑格尔有句名言:"有人以为,当他说人本性是善的这句话时,是说出了一种很伟大的思想;但是他忘记了,当人们说人本性是恶的这句话时,是说出了一种更伟大得多的思想。"①亚当·斯密在经济学上提出了自私人即经济人假设,认为人都是自私的、理性的、追求自身利益最大化的,并由此推演出整个经济学体系和经济进化史。同时他在伦理学上提出了道德人或利他人假设,认为人可能有某些同情心和利他行为。马克思用他的唯物史观科学地解决了人的本性和人的本质问题。他说:"人的本质并不是单个人所固有的抽象物。在其现实性上,它是一切社会关系的总和。"②社会关系随着生产力的发展而不断改变,现实的人性也在不断演变。正如马克思所说:"整个历史也无非是人类本性的不断改变而已。"③因此,世界上没有抽象的人性,只有具体的人性,应该历史地具体地认识人性问题。事实上人性是非常复杂的,而且是可以变化的,一切依时间、地点、条件为转移,在一定条件下,善可以转化为恶,恶也可以转化为善。如果说人的本性也有不变的一面,那就是人的需要。马克思指出:"在任何情况下,个人总是'从自己出发的',……他们的需要即他们的本性。"④人的需要是与生俱来,并随着个人的成长和社会的发展而发展的,现代人们有着多方面多层次的需要。按人们普遍接受的美国心理学家马斯洛的需要层次论,人皆有五种基本的需要:生理需要、安全需要、社会交往需要、尊重需要、自我实现需要。可见,人都是有七情六欲的凡人,而不是不食

---

① 《马克思恩格斯选集》第4卷,人民出版社1995年版第237页。
② 《马克思恩格斯选集》第1卷,人民出版社1995年版第56页。
③ 《马克思恩格斯选集》第1卷,人民出版社1995年版第172页。
④ 《马克思恩格斯全集》第3卷,人民出版社1960年版第514页。

人间烟火的神仙。谁也不能"把劳动者变成没有七情六欲的和没有需要的存在物"。① 我们不能否定个人需要,也就不能否定借以满足这些需要的个人利益。在现实生活中,绝大多数人、包括绝大多数领导干部,都是人而不是神,人所固有的一切,领导干部也都具有;他们也有七情六欲,也有至爱亲朋,也有多方面多层次的需要,也有自己的利益,也会谋求自身利益最大化。在这一方面,干部与群众,领导干部与一般干部都一样,谁也不是神仙,谁也不是妖魔;从总体上说,领导干部比一般干部、比普通群众,并不更好,也不更坏;从个体来说,可能更好,也可能更坏。这里所不同的是,领导干部比一般干部和普通群众,可能有更广的阅历(譬如有更多的公费出境出国的机会),有更多更高的生活要求,有更多谋取个人利益的条件和途径,以致有可能以权谋私,走向腐败。另一方面,有些领导干部有更高的精神境界和人生追求,能够做到富贵不淫,贫贱不移,为官一任,造福一方,不受任何诱惑,不会走向腐败。

我们承认个人需要和个人利益。但人在满足自己的需要、谋求自己的利益时,就必须付出劳动、履行义务、承担责任,还必须尊重别人的需要和利益。马克思说:"在现实世界中,个人有许多需要,正因为如此,他们已经有了某种职责和某种任务"。② 因此,人们通过履行职责和完成任务而获取正当利益、满足个人需要是无可非议的。但是,在当今社会生产力的发展水平上,还不可能让所有人都完全满足自己的需要,人的需要还不可避免地受到生产力和生产关系、经济制度和政治制度、道德和法律的约束。通过不正当手段谋取不义之财则是当今道德和法律所不能允许的。但是由于某些制度缺陷,又会使一些人,首先是官员责权利相分离,一些人掌握着巨大社会权力、公共资源和经济利益,而又缺乏有效的监督制约机制,使他们有可能利用职务之便谋取巨大个人利益和家庭利益,以致产生了以权谋私、权权交易、权钱交易、权色交易等等腐败现象。在公共权力掌握巨大经济利益、制度安排存在严重缺陷漏洞、权力行使缺乏严密监督制约的情况下,腐败现象的滋生蔓延就将不可避免。

第二,经济上分配不公,是导致腐败现象的经济原因。

从50年代中期我国就开始形成高度集中的计划经济体制。但是任何计划都

---

① 《马克思恩格斯全集》第42卷,人民出版社1979年版第87.页。
② 《马克思恩格斯全集》第3卷,人民出版社1960年版第326页。

不可能全面、准确、及时地反映千差万别、复杂多变的市场供求关系。在计划经济体制下以及在从计划经济向市场经济转轨的过程中,始终存在着计划内与计划外的双重经济,包括双重生产、双重交换(双重价格)、双重分配和双重消费。仅以双重价格来说,商品价格双轨制形成了巨大价差,货币价格(利率)双轨制形成了巨大利差,外汇价格(汇率)双轨制形成了巨大汇差。有学者估计,1988年我国控制商品的价差总额在1500亿元以上,国家银行贷款的利差总额在1138.81亿元以上,进口所用牌价外汇的汇差总额在930.43亿元以上,其他杂项"租金"(指由于行政权力干预而产生的级差收入)不少于1000亿元,合计高达4500亿元以上,占当年国民收入的40%左右,其中有15%约675亿元为个人所得,主要是"官倒"所得。① 经过40年来的改革,双重经济已经从许多领域退出历史舞台,但在某些领域依然存在。例如,至今银行利率与市场利率还有很大差距,这里仍让相关人员有很大谋利空间。此外,在土地转让、工程承包、企业经营、商品购销、就学就业、人事安排、财务管理、证照发放、税费征收、案件处理等各方面,掌权者手中都掌握着巨大的利益差额。这一切利益差额都为以权谋私、权钱交易留下了机会和空隙,形成了滋生腐败的条件和土壤。

改革之前,我国的个人收入就存在着两方面的分配不公:一方面是在生产资料分配上即劳动就业、人事制度上不公开、不公平、不公正,必然导致收入分配上的不公;另一方面是城镇内部和农村内部平均主义严重,而城乡之间、工农之间、不同所有制人员之间收入差距过大。改革以来,由于种种原因,城镇内部和农村内部收入差距不断扩大,反映居民收入差距的基尼系数持续上升。在公有制经济单位中,我国个人收入的差别主要取决于各人工作单位和岗位的差别,特别是垄断行业和国有企业管理人员收入畸高,是其他人员5倍、10倍、甚至于更多倍。因此,谋求一个有较高收入的工作单位和岗位对每个人都是至关重要的。由于我国人口多,底子薄,劳动力供大于求,加之劳动力市场很不成熟,很不规范,就业竞争十分激烈而又相当无序。每个高收入单位和岗位都可能有众多求职者竞相进入。在这种激烈而无序的竞争中,往往是有权并以权谋私者、有钱并善于大额行贿者、有才(专业技术特长)并善于抓住机遇者能够胜出。其他人就一概被拒之门外了。在这种情况下,官员以权谋私,行贿受贿等腐败现象就必然普遍发生了。

---

① 何苓甫:《中国反击隐形经济》,远方出版社1997年版第244—246页。

第三,政治上权力过分集中,监督制约不力,是导致腐败现象的政治原因。

邓小平在1980年就指出:"党和国家现行的一些具体制度中,还存在不少的弊端,……主要的弊端就是官僚主义现象,权力过分集中的现象,家长制现象,干部领导职务终身制现象和形形色色的特权现象。"[1]在这些弊端中,除了领导职务终身制已经被废除之外,其余的弊端至今都还不同程度地存在。特别是由于权力过分集中,一些官员手中掌握着巨大的社会财富和社会资源的支配权,掌握着众多人切身利益的调控权,这就容易导致种种问题和腐败现象。

其一,容易发生决策失误,发生种种失职渎职现象。由于权力过分集中,各级领导机关和主要领导人都管了很多不该管、管不好、管不了的事,从个人精力、认识能力、信息掌握等各方面来说,能力与权力都很不相称,容易产生决策失误和各种失职渎职现象;权力越大,管事越多,往往决策失误和各种失职渎职现象也越多。

其二,容易产生官僚主义和家长制作风。有的领导干部高高在上,官气十足,欺上瞒下,贪赃枉法。有的领导干部大搞"一言堂",个人决定重大问题,他们的权力不受限制,别人都要唯命是从,甚至形成对他们的人身依附关系。有的领导干部对上一套,对下一套;对上负责,对下不负责;对上吹牛拍马,虚报浮夸,对下颐指气使,专横跋扈。有的领导干部滥用权力,四处插手,可以卖官职、揽工程、拉贷款、打官司,他手中的权力几乎到了无所不能的地步。

其三,容易导致种种特权现象,以权谋私,形成部分官员大量灰色收入和黑色收入。这里的官员主要是指机关科级(县里部委办局一级和乡镇一级)以上领导干部和国有企事业单位主要领导干部。部分官员除了正常工资、奖金和各种福利收入外,还可能有多种灰色收入和黑色收入。

第四,腐败收益巨大,反腐力度不够,是导致腐败现象持续蔓延的重要原因。

由于上述种种主客观原因,腐败现象的产生毫不奇怪,而且腐败分子的收益特别巨大。许多腐败分子动不动就能聚敛财富几十万、几百万、几千万元,"腐败自有黄金屋,腐败自有颜如玉",腐败就能封妻荫子,光宗耀祖,就能花天酒地,吃喝玩乐。"好处"如此巨大,岂能不搞腐败?以至有人认为,只有"圣人"和"傻子"才不会搞腐败。在这种情况下,腐败现象的产生就不可避免。而腐败现象一经产生,如果不能及时查处,严厉打击,坚决遏制,就会相习成风,迅速蔓延,愈演愈烈。正如

---

[1] 《邓小平文选》第2卷,人民出版社1994年版第327页。

一人有传染病会传染许多人、一处有火情会蔓延一大片一样。因此,腐败现象一方面是在经济必然性基础上多种因素交互作用的结果,另一方面又会成为产生更多腐败现象的原因。只有反腐败的力度大于搞腐败的力度,只有搞腐败的风险和成本大于搞腐败的收益,腐败现象才能受到遏制,有所收敛,否则必然会持续蔓延。

有一个时期反腐败力度不够,主要表现在两个方面,一是查处力度不够,二是惩治力度不够。

首先是查处力度不够,腐败分子和腐败现象受到查处的概率很小,许多腐败现象没有进入反腐败的视野,使许多人存在侥幸心理。多年来腐败现象持续蔓延,反腐败形势始终严峻,说明我们的反腐倡廉工作还做得不深不细不实,究其原因是多方面的,主要是:

1. 反腐败的主体情况复杂,面临的困难和阻力很大。党政领导机关、行政执法机关、司法机关、经济管理部门,既是反腐败领导体制和工作机制中的重要组成部分,又是腐败案件和问题的多发部位,也是反腐败工作的重点部位。这就难免有反腐败主体与客体、动力与阻力并存的现象。有些官员本身就是腐败分子,他们对反腐败工作怕得要死,恨得要命,不可能指望他们领导好反腐败。有些官员虽不是腐败分子,但也不是干干净净,自己腰杆不硬,自然不敢动真碰硬。有些官员虽然自己清正廉洁,甚至配偶子女也在失业、下岗之列,但他们人数不多,力量有限,面临的阻力很大,不一定有权力、有能力、有决心冲破阻力,撕破情面,动真碰硬反腐败。事实上,许多地方、部门和单位年年发动群众搞"创卫",却从未发动群众反腐败。

2. 纪检、监察、反贪机关,都在同级党委领导下工作,不少查案人员的级别低于被查人员,很难有足够的决心和胆量去查处大权在握的官员。有人说,要改革管理体制,实行垂直领导;事情也不是如此简单,这些办案人员不是孤家寡人,他们也有子女亲属,也有许多事情有求于人,而且查案者与被查者之间还有种种"中介"和"关系",加之有些案件本身难以查证核实,有时难免大事化小,小事化了,不了了之。其次,现有纪监反贪机关的人力、物力、财力也很有限,对面广量大的问题、案件和工作,往往被动应付,难以主动出击,有些问题难免顾此失彼,力不从心。

3. 群众的支持与参与,从总体上说,群众的眼睛是亮的,力量是强的,反腐败的决心也是大的;但是如不加以深入广泛的宣传发动和组织领导,很难形成合力。从个体来说,群众一般无权力、无能力、无胆量、无证据去查处腐败分子。而腐败分子有权力,有能力,有关系网,有保护伞,许多事很隐蔽,而且往往是侵犯公有财产和公众利益,与群众个人利益关系不大或无直接关系。在这种情况下,群众的支持和参与往往有困难,有风险,有顾虑,有阻力。

其次是惩罚力度不够,或者处分过轻,或者不作处理,或者大事化小,小事化了。多年来反腐败的法律不够完善,纪律不够严明,手段不够强硬。无法可依、有法不依、执法不严、违法不究的情况依然存在。有些问题该重视的未重视,该查处的未查处,该法办的未法办,该严惩的未严惩。这就致使反腐败雷声大、雨点小,搞腐败收益大、风险小;以致中央决心再大,群众义愤再大,腐败分子依然我行我素,为所欲为,升官发财,齐天洪福。显然,不能及时有力地制裁腐败客观上就等于放纵腐败,鼓励腐败,腐败现象的滋长蔓延就不可避免。

上述种种原因结合在一起,形形色色的腐败现象就必然产生而难以遏制。为什么会行贿受贿?因为权力过分集中,许多事可以暗箱操作,可以个人说了算,受贿者可以给行贿者以巨大利益,行贿者可以"一本万利",而行贿受贿又很隐蔽,对双方都有重大利益而又可以不受查处,这样,通过贿赂寻求某些官员办事,就成了一种普遍通行的潜规则。为什么会买官卖官?因为这些官不是真正由民主选举、差额选举产生,而是由上级、由党委、主要是常委、首先是书记选拔任命,一个书记、几个常委可以决定几百个甚至更多下级官员的任免去留乃至前途命运;还因为官员权力集中、权大无边,实际上可以不受监督制约,从而升官可以发财,可以吃喝玩乐,花十万元买官可以得百万元收益;这样,有上百个官员进贡一个书记,有许多省市县都发生买官卖官现象就不足为奇了。为什么公款吃喝玩乐久禁不止?因为过去只有红头文件"不准"、"严禁",而没有官员因为公款吃喝玩乐而倾家荡产直至逮捕法办,那又怎么能靠"自觉"、"自律"来刹住这股刮遍全国的歪风呢?为什么会发生权色交易?因为"饮食男女,人之大欲",贪官有权,情妇有色,互相需要,通常又被视为个人隐私、生活问题,不便查处,不易查处,即使查出问题,也往往不被重视,乃至不予处理。可见,世界上没有无原因的结果,任何腐败现象的发生和蔓延都可以从人性弱点和制度缺陷上找到原因。

四、腐败现象的治理

习近平指出:"当前,反腐败斗争形势依然严峻复杂,巩固压倒性态势、夺取压倒性胜利的决心必须坚如磐石。要坚持无禁区、全覆盖、零容忍,坚持重遏制、强高压、长震慑,坚持受贿行贿一起查,坚决防止党内形成利益集团。"①习近平强调,要深化标本兼治,夺取反腐败斗争压倒性胜利。标本兼治,既要夯实治本的基础,又要敢于用治标的利器。要坚持无禁区、全覆盖、零容忍,坚持重遏制、强高压、长震慑,坚持受贿行贿一起查,坚决减存量、重点遏增量。"老虎"要露头就打,"苍蝇"乱飞也要拍。要推动全面从严治党向基层延伸,严厉整治发生在群众身边的腐败问题。要把扫黑除恶同反腐败结合起来,既抓涉黑组织,也抓后面的"保护伞"。要加强反腐败综合执法国际协作,强化对腐败犯罪分子的震慑。要强化不敢腐的震慑,扎牢不能腐的笼子,增强不想腐的自觉。要通过改革和制度创新切断利益输送链条,加强对权力运行的制约和监督,形成有效管用的体制机制。②贯彻落实习近平总书记的一系列指示,必须做好一系列工作。

(一)完善反腐倡廉法律法规和制度,形成和强化不易腐的保障机制

1.反腐倡廉必须管好人、用好人,深化干部人事制度改革。在干部选拔任用工作中,要严格把好五个关口:一是任职资格关,许多专业技术人员,上岗都要有资格证书,各级领导干部、人大代表、政协委员更要经过严格考试考核,凭借有真知灼见的"施政纲领"或"议案提案"取得任职资格证书,持证上岗,每个岗位和席位上都必须是德才兼备的人才,不得容纳任何一个庸才;二是组织人事部门考察关,严格考察拟任人员的德能勤绩廉;三是纪检监察审计部门审查关,严防带病提拔;四是群众推荐关,没有一定比例群众推荐的干部不得提拔任用;五是任职程序关,必须按照公开选拔、差额选举、竞争上岗、任前公示等规定程序办事。在任前公示环节上,不仅要公示本人情况,还要公示家庭成员和社会关系情况。必须从制度上杜绝任人唯亲、买官卖官等腐败现象。在提高官员素质的同时,要精简官员数量,减少副职、虚职,包括人大、政协等机关在内,副职人数不宜过多,要进一步实行任玉岭参事提出的精官简政意见,减轻人民负担。

2.反腐倡廉必须管好权、用好权,完善权力运行制度。腐败现象的产生都是源于权力过于集中,缺乏制约监督。要建立结构合理、配置科学、程序严密、制约有效的权力运行机制。在权力配置上,要明确界定每个领导机关、领导职务的权限范

---

① 《党的十九大报告辅导读本》,人民出版社2017年版第66页。
② 《习近平在十九届中央纪委二次全会上发表重要讲话》,载《人民日报》,2018年1月12日。

围,克服权力过分集中、权大无边、不受制约的现象。必须坚持权力法定原则,任何人都不能行使没有法律规定、超越法律规定的权力。任何公共权力都必须最大限度地在阳光下、在公众监督下运行。要建立健全党务公开、政务公开、厂务公开、村务公开、人事公开、财务公开的制度。阳光是最好的防腐剂,民主是消除腐败现象的最根本的措施。必须落实"一切权力属于人民"的宪法规定,在一切基层单位最大限度地实行直接民主制;必须切实健全民主制度,依法实行民主选举、民主决策、民主管理和民主监督。

3. 反腐倡廉必须管好钱、用好钱,完善财务制度,加强财务管理。长期以来,我国建立了庞大的公有制经济,但是有不少单位财务管理混乱,财经纪律松弛;财务账目不规范、不真实、不完备、不公开;财务审计不及时、不全面、不仔细、不严格;审计时本单位群众不参与、不知道;往往发案之后才查账,发案之前无人查账,或无权查账,或无法查账。事实证明,财务混乱,失去监督,极易引发贪污腐败。大部分腐败问题都离不开一个"钱"字,都能从财务账目上清查出来。抓住"钱"字反腐败,抓住账目查问题,就抓住了关键,打中了要害。因此,必须加强财务管理,严明财经纪律,实行财务公开、财务民主。财务公开不只是预算公开、总额公开,而必须是每一笔账目、每一张单据的全面彻底公开。公有制单位的每一个职工都应该有权随时检查单位内的每一笔账目。一切公有制机关、企事业单位都应建立民主理财小组,对一切财务收支实行监督和控制。要变一支笔审批为三支笔审批,其中要有随机抽样产生的两名普通职工参加。

4. 反腐倡廉必须加强审计监督。加强审计工作,是维护财经纪律、查处腐败问题的重要途径。据审计署披露,自1999年实施经济责任审计至2011年6月,审计机关共对全国43万多名领导干部进行了经济责任审计,其中省部级党政领导干部和中央企业领导人150多名。经审计共发现7600多名领导干部存在以权谋私等问题而被移送纪检、监察和司法机关;各级党委和干部管理监督部门参考审计结果免职、降职和撤职1.6万人。[①] 同时,由于审计力量不足,审计监督的广度、深度、频度和力度还很不足,在防治腐败中的巨大威力还远未充分发挥。因此,要在加强力量、健全法制的基础上,大大强化审计监督,加大审计监督的广度、深度、频度和力度。要由重点审计发展到全面审计,由只有少数人参加的审计发展到由审计干部

---

① 汝信等:《社会蓝皮书》,社会科学文献出版社,2012年版第231页。

和单位员工等多数人参加的审计,要对单位每一笔财务收支、每一张发票单据进行全面、公开、仔细、深入的审计。对重点岗位领导干部家庭收支和财产也要进行及时审计。要坚持离任审计、"秋后算账",既减少群众举报问题的顾虑,又最大限度地增加腐败分子的"后顾之忧"。

5. 反腐倡廉必须依法治国,从严治党,完善立法,严格执法,以法治取代人治,以明规则战胜潜规则。邓小平说:"在整个改革开放过程中都要反对腐败。对干部和共产党员来说,廉政建设要作为大事来抓。还是要靠法制,搞法制靠得住些。"① 要完善反腐倡廉相关法律,加快廉政立法进程。有些条例、准则、规定要上升为法律。对这些专门法律、法规、制度,对各种申报和举报,要配备足够力量,并借助群众力量加以贯彻落实、检查核实。必须适应反腐败斗争的需要和经济社会的发展,修改和完善刑法。

(二)加强对掌权人物的监督制约,形成和强化不能腐的防范机制

1. 明确强化监督的重点对象。必须把监督的重点放在腐败案件易发多发的"高危岗位"掌权人物身上。人民日报社人民论坛问卷调查中心2010年4月的调查结果显示:国土局局长、交通厅厅长、公安局局长、县委书记、组织部长等成为官场十大高危岗位,而国土局长位列十大高危岗位之首。② 这些岗位的领导干部无疑是强化监督的重点对象。马克思恩格斯说过:"同样的条件、同样的对立、同样的利益,一般说来,也应当在一切地方产生同样的风俗习惯。"③因此,一切有同样的权力、同样的条件、同样的利益的领导干部,都可能发生同样的腐败行为,都要列为强化监督的重点对象。

2. 明确强化监督的重点事项。必须加强对领导干部行使职权和个人重大事项的监督检查。各级领导干部都要切实贯彻执行廉政准则、个人重大事项报告制度、个人收入和财产申报和公开制度、收受礼品登记制度、业务招待费报告制度等廉政制度,并由有关机构和人员逐人逐项地监督检查。要全方位、全天候地加强对领导干部的监督制约和考察考核工作。考察考核的内容,不仅要看工作,而且要看生活和社交,不仅要看本人,而且要看配偶子女。有些干部的问题,从工作上看不出,从

---

① 《邓小平文选》,第3卷,人民出版社,1993年版第379页。
② 《国土系统连发腐败案 专家建议制约土地招标》,载《检察日报》,2011年10月31日。
③ 《马克思恩格斯选集》第1卷,人民出版社1995年版第117页。

生活、社交上、从配偶子女身上可以看得出。对于把配偶子女和财产转移国外的"裸官",除有正当理由的之外,一般要清除出干部队伍,并予以严格审查。关于官员收入和财产申报制度,要由个人扩大到家庭,由申报扩大到公开,由试点扩大到全面推开;要创造条件尽快全面实施,有些问题在实施中解决和完善。

3. 充分发挥各监督主体的积极作用,改进监督的方式方法。监督的主体和方式方法多种多样,现在尤其要加强专门机关监督、群众监督和舆论监督。为了加强群众监督,一方面上级领导和有关部门要能眼睛向下,扩大监督的深度和广度,另一方面要改进监督的方式和方法,少搞会议、座谈、测评,多搞"微服私访"、个别走访、个别谈话,创造条件让群众畅所欲言,敢讲真话。

(三)严查严惩腐败,形成和强化不敢腐的惩戒机制

1. 严惩腐败首先要严查腐败。多项研究表明,目前我国腐败黑数很大,许多官员,不查则已,一查就是几十万元、几百万元的大案。为了不容一个腐败分子有藏身之地,打消一切腐败分子的侥幸心理,必须充分发挥纪检监察机关的主力军作用,主动出击,严查腐败,形成并强化不容腐的工作机制。据报道,2012 年全国纪检监察机关立案的案件中,案件线索来源于信访举报的占 41.8%,来源于公检法和审计机关移送的占 20.9%,来源于办案中发现的占 7.1%。此外,还根据新闻媒体和网络曝光的问题,先后查处了一批违纪违法案件。① 这些案件来源渠道表明,纪检监察机关仍然处于坐等举报、别人移送、被动应付、不告不理的状态,还缺少一套主动查办案件的制度。查办腐败案件,当然要重视群众举报;但是腐败现象绝大多数是见不得人的,是瞒着群众、秘密进行的,群众或者一无所知,或者知之甚少,只是怀疑,难以掌握真凭实据,要举报往往有很大困难;加之腐败分子一般都是大权在握,群众容易受到打击报复,也就容易心存疑虑。因此,群众举报只能作为查办案件的辅助手段,不能作为主要渠道。而纪检监察机关的本职工作就是进行纪律检查,完全有责任、有权力也有能力去主动调查腐败现象和腐败分子。实践证明,仅仅采取目前的做法不足以遏制腐败、根治腐败;必须采取果断措施,以纪检察机关为主体,主动清查腐败现象和腐败分子。不能靠偶发事件反腐,也不能靠坐等举报反腐,必须靠制度反腐,靠主动出击反腐。纪检监察机关必须变坐等举报为

---

① 《中央纪委监察部通报 2012 年查办案件情况》,载《人民日报》,2013 年 1 月 10 日。

主动出击,必须建立健全强有力的纪律检查制度,实行对全体官员的年检制度。年检制度要实行"四全",即全员、全面、全程、全民。全员就是年检的对象是全体官员,当然可以掌握重点。全面就是年检的内容包括官员本人及其家庭成员的收入、财产、工作、生活(含社会交际、男女关系)等各个方面。全程就是年检的跨度是官员做官的全过程,包括在任何时候任何地方发生的问题。同时,这种年检并不是一年一度的年底检查,而是从年初到年末全年的分期分批的认真仔细的检查。全民就是年检的主体是全体人民,哪一级官员就要在哪一个范围内接受全体人民的检查监督。这样,不管有无问题,年年"立案审查"一次,还每一个廉洁官员的清白,查每一个腐败分子的问题,使每一个官员都不能置身严格的纪律检查和监督管理之外。为此,要建立健全相应的工作机制、责任机制、督查机制、奖惩机制、测评机制和保障机制,在人员、经费等方面给予保证。同时要加大对群众举报的保护和奖励力度,激励群众举报的积极性主动性。

2.铁腕反腐必须严惩腐败。惩治有力,才能增强教育的说服力、制度的约束力和监督的威慑力,才能形成和强化不敢腐的惩戒机制。他山之石,可以攻玉。许多发达国家对假公济私的查处是十分严厉的。意大利一市长乘公车到百里之外办私事,被判刑6个月。3名英国议员到日本出差,为观光东京多住了一夜,3人补交了住宿费,且全部辞职。① 作为共产党员、社会公仆,作为发展中的社会主义国家的领导干部,理应比发达资本主义国家的官员议员更加厉行节约、廉洁奉公,对奢侈浪费、挥霍公款行为的惩处理应更加严厉。但是现在的事实是,我国官员假公济私、挥霍公款问题比发达资本主义国家官员严重十倍、百倍,而受到的查处则轻微十倍、百倍,甚至于简直不当一回事,极少受到严肃查处。除了对挥霍浪费公款的案件处理过宽外,多年来,我们对许多腐败案件都有惩处不力的问题。例如,对企业改制中侵吞国有资产的案件,对凭借垄断地位侵犯公众利益的案件,对失职渎职造成重大损失的案件,对性贿赂和利用职权玩弄女性的案件,对任人唯亲乃至公共权力家族化的案件,绝大多数都没有查处,或者处理过宽,不仅没有起到惩前毖后的作用,反而在客观上放纵和助长了这些腐败现象的滋生蔓延,愈演愈烈。因此,必须切实加大惩治腐败的力度。

总之,我们要进一步建立健全教育、制度、监督并重的惩治和预防腐败体系,把

---

① 朱雨晨:《"三公"浪费惊人》,载《法制日报》,2007年3月18日。

权力关进制度的笼子,把反腐倡廉工作做深、做细、做实,做出成效,尽快做到干部清正、政府清廉、政治清明,让我们的党成为世界上最廉洁的政党,让我们的政府成为世界上最廉洁的政府,让我们的干部成为世界上最廉洁的名副其实的社会公仆,此乃国家之大幸,民族之大幸,人民之大幸,也是干部之大幸!

第七章 文化繁荣论

习近平指出:"文化是一个国家、一个民族的灵魂。文化兴国运兴,文化强民族强。没有高度的文化自信,没有文化的繁荣兴盛,就没有中华民族伟大复兴。要坚持中国特色社会主义文化发展道路,激发全民族文化创新创造活力,建设社会主义文化强国。"①

实现文化的繁荣兴盛,首先要全面认识文化的内涵和外延。黄楠森教授指出:文化的含义有广义与狭义之分。广义的文化现象等同于社会现象,狭义的文化现象就是精神现象,不包括客观现象或物质现象。他认为,从内涵来说,文化是人类的精神活动及其产品,是经济和政治的反映,归根到底是人类物质活动的反映。这也就是文化的本质。他把文化的外延表述为若干类文化现象。

第一类文化现象就是科学技术(这里指的主要是自然科学技术),它是一个社会的物质生产水平的直接反映并直接推动生产的发展。

第二类文化现象是经济思想和经济理论,它是经济制度的直接反映并直接推动和指导经济制度的变化。

第三类文化现象是政治法律思想和理论,它诚然是一个社会的政治活动的反映,但首先是社会经济制度的反映。

第四类文化现象是语言文字,语言文字是人类文化的重要组成部分,是人类生产劳动和全部社会实践的产物,服务于全部社会实践,贯穿于人类社会的一切领域。

第五类文化现象是道德伦理观念、善恶标准和道德伦理理论。

第六类文化现象是宗教现象。

第七类文化现象是文学艺术。

---

① 《党的十九大报告辅导读本》,人民出版社2017年版第40页。

第八类文化现象是哲学和社会学说。

第九类文化现象是教育和教育思想。以上八个文化领域彼此可以相对地分开,但作为文化的一个重要领域的教育无法与这些领域分开。

第十类文化现象是新闻出版事业。

第十一类文化现象是公共文化设施及其活动,它是由政府或社会设立的面向社会大众的文化设施及其活动。

第十二类文化现象是民间文化。

此外,至少还有两个领域没有涉及,一是卫生,一是体育。它们无疑是物质活动,因为它们都是改造人体的活动,而人体是一种物质。它们无疑包含着丰富的文化因素,即精神因素,如医药学、医疗道德、体育学、体育艺术等。也许把卫生、体育归属于文化现象更合适一些。①

中国是一个有五千年历史的文明古国。但是,自古以来直至今天,许多人对文化的理解很不全面,往往把文化狭义地理解为文学艺术,也就是上述第七类文化现象,而对其他各类文化、特别是对包括自然科学和社会科学在内的各类科学文化不够重视。长期以来,一代又一代的炎黄子孙把过多的聪明才智和时间精力耗费在文学艺术(包括小说散文、诗词歌赋、琴棋书画、表演艺术等等)上,而忽视了科学技术的发展。重文学艺术,轻科学技术,是导致中国落后的重要原因之一。从上世纪起,诺贝尔奖(主要是自然科学奖)已设立100多年,已有几十个国家、几百人获此殊荣,而占世界人口20%的中国人(指本土华人)至今(2018年)才有莫言获得一项2012年文学奖、屠呦呦获得一项2015年生物医学奖。因此,在新的世纪、新的知识经济时代,一切有雄心大志和雄才大略、有创造精神和献身精神的中华儿女,都要立志为振兴中华、首先是科教兴国而奋斗。法国哲学家伏尔泰说过:"全国总算谈厌了诗文、喜剧、悲剧、小说、道德观念、神学等问题,而终于讨论面包问题了。"②如果中国哪一天谈厌了歌星影星,而终于广泛谈论自然科学、技术科学、社会科学、经济科学、管理科学、教育科学的时候,就标志着中华民族已经复兴或者即将复兴了。

因此,我们对文化的研究,首先要强调全面认识文化的内涵和外延,强调自然

---

① 黄楠森:《论文化的内涵和外延》,载《北京社会科学》,1997年第4期。
② 卢森贝编:《政治经济学史》上册,三联书店,1959年版第102页。

科学、技术科学、社会科学、经济科学、管理科学、教育科学的重要性。从这种文化概念来看,本书的全部内容研究的都是文化。因此,本章不可能对全部文化问题进行研究,而仅仅就社会科学研究和应用、社会主义核心价值体系建设、地域文化建设问题,探讨一下我国社会主义文化繁荣兴盛问题。正如黄楠森教授所说,教育行动本身诚然是一种特殊的文化活动(知识和技能的传授与学习、品德的陶冶与修养、身体的锻炼等),但教育的内容离不开文化的各个领域。① 因此,教育在文化中具有综合性、代表性,教育水平的高低能够代表一个国家文化水平的高低,要提高文化水平,加强教育是根本途径。鉴于教育的特殊地位和作用,将教育问题列入下一章专门探讨。

本章的创新点主要有:

一、概括社会科学研究工作和评奖工作的实践经验,提出加强社会科学研究工作需要做到六个落实。论证社会科学成果转化和应用的重要性,分析我国社会科学成果转化工作中存在问题及其原因,提出促进社会科学成果转化的对策建议。提出进一步做好社会科学评奖工作的若干建议。

二、尝试拓展社会主义核心价值观的丰富内涵,在中央提出"三个倡导"的基础上进一步提出"三个倡导":倡导自立、自强、自警、自省,倡导勤劳、节俭、崇德、仁爱,倡导理智、求实、创新、奉献。

三、提出地域文化建设必须正确处理十大关系,即:经济与文化的关系,文化与文艺的关系,先进文化与多元文化的关系,古代文化与现代文化的关系,本地文化与外地文化的关系,学习继承与发展创新的关系,内容与形式的关系,苦练内功与宣传造势的关系,费用与效用的关系,普及与提高的关系。

第一节 加强哲学社会科学研究工作

习近平指出:"哲学社会科学是人们认识世界、改造世界的重要工具,是推动历史发展和社会进步的重要力量,其发展水平反映了一个民族的思维能力、精神品格、文明素质,体现了一个国家的综合国力和国际竞争力。一个国家的发展水平,既取决于自然科学发展水平,也取决于哲学社会科学发展水平。一个没有发达的

---

① 黄楠森:《论文化的内涵和外延》,载《北京社会科学》,1997年第4期。

自然科学的国家不可能走在世界前列,一个没有繁荣的哲学社会科学的国家也不可能走在世界前列。坚持和发展中国特色社会主义,需要不断在实践和理论上进行探索、用发展着的理论指导发展着的实践。在这个过程中,哲学社会科学具有不可替代的重要地位,哲学社会科学工作者具有不可替代的重要作用。""人类社会每一次重大跃进、人类文明每一次重大发展,都离不开哲学社会科学的知识变革和思想先导。""历史表明,社会大变革的时代,一定是哲学社会科学大发展的时代。当代中国正经历着我国历史上最为广泛而深刻的社会变革,也正在进行着人类历史上最为宏大而独特的实践创新。这种前无古人的伟大实践,必将给理论创造、学术繁荣提供强大动力和广阔空间。这是一个需要理论而且一定能够产生理论的时代,这是一个需要思想而且一定能够产生思想的时代。我们不能辜负了这个时代。自古以来,我国知识分子就有'为天地立心,为生民立命,为往圣继绝学,为万世开太平'的志向和传统。一切有理想、有抱负的哲学社会科学工作者都应该立时代之潮头、通古今之变化、发思想之先声,积极为党和人民述学立论、建言献策,担负起历史赋予的光荣使命。"①遵循这些指示,下面探讨一下如何进一步加强社会科学研究、评价和应用工作的问题。

一、进一步加强社会科学研究工作——以党校科研工作为例

我国的社会科学研究工作主要有"五路大军",包括党校、高校、社科院、军事院校和党政机关。以党校科研工作来说,在2008年颁布的《中国共产党党校工作条例》中,中央第一次明确党校是党的哲学社会科学研究机构,第一次明确要发挥党校在党委和政府决策中的思想库作用。在2015年12月召开的全国党校工作会议上,习近平指出,党校姓党,决定了党校科研要紧紧围绕党的中心工作展开,在党的思想理论研究方面有所作为,为坚持和巩固党对意识形态工作的领导、巩固马克思主义在意识形态领域的指导地位做出积极贡献。党校要根据时代变化和实践发展,加强理论总结和理论创新,为发展21世纪马克思主义、当代中国马克思主义做出努力。党校要聚焦党和国家中心工作、党委和政府重大决策部署、社会热点难点问题进行深入研究,及时反映重要思想理论动态,提出有价值的对策建议。党校要

---

① 《习近平在哲学社会科学工作座谈会上的讲话》,载《人民日报》2016年5月18日。

成为党和国家的重要智库。① 这体现了党对党校科研工作的高度重视和殷切期望,也为党校科研工作指明了方向。

江苏省委党校一贯重视科研工作,连续获得全国党校系统优秀科研组织奖。根据党校科研工作经验,江苏省委党校要求全省党校系统要构建科研发展的六个新机制:一是固本强校的队伍建设机制,二是保障有力的经费投入机制,三是质量为本的政策激励机制,四是学科基地的领跑带动机制,五是教学科研的双向互动机制,六是开放有序的科研协作机制。泰州市委党校作为组建时间不长的地级党校,科研工作后来居上,取得丰硕成果。他们总结了坚持"八个注重"、搞好科研工作的成功经验,即注重科研规划,注重目标管理,注重制度激励,注重基础工作,注重课题申报,注重活动促进,注重学科建设,注重人才培养。

事实上,各个党校、高校、社科院所和研究机构多年来都已经积累了丰富的科研工作经验,只要认真加以总结提高、交流推广,就一定能把社会科学研究工作提高到一个新的水平。

根据个人眼界所及的科研工作情况和经验,进一步做好科研工作需要做到以下六个落实:

(一)思想落实

要把各级党委和党校、特别是党委书记和党校校长、教研人员的思想统一到党校工作条例和习近平总书记讲话精神上来,要明确认识,党校既是培训干部机构,也是科学研究机构,教学和科研是党校两项本职工作。要"坚持党校姓党这个党校工作根本原则",根据"党校要成为党和国家的重要智库"的要求,遵循"教学立校、科研兴校、人才强校"的办学宗旨,把科研工作列入党校的工作规划和议事日程。思想落实,不仅是党校校长和教研人员思想落实,首先是领导党校的党委和党委书记要思想落实,明确中央对党校性质的定位,重视党校的科研工作和思想库作用,加强对党校工作的领导,加强对党校人力和财力的支持。

(二)组织落实

党委和组织部门要根据党校工作条例的规定和全国党校工作会议精神,加强

---

① 《习近平出席全国党校工作会议并发表重要讲话》,载《人民日报》2015年12月14日。

党校领导班子建设和教师队伍建设。要把热爱、熟悉乃至精通党校教学、科研工作的优秀人才配备到党校领导班子和教师队伍中来。要不断提高党校领导班子和教师队伍的教学和科研水平。要造就一支党性原则强、道德操守高、学术风气正、学术造诣深的科研队伍,构建一支管理型、研究型、服务型的党校领导班子和科研管理队伍。

(三)任务落实

党校工作条例规定:"各级党校要制定科学研究规划,并认真组织实施。"实施科研规划,必然要明确和落实科研任务。搞科研工作,既要靠个人的自觉和主动,又要有制度的促进和保证。作为负有教学和科研双重任务的党校教研人员,应该有科研任务和科研成果。没有制度规范和约束,党校科研工作就会落空,就很难出成果、出人才。毛驴子不骑不行,世界上许多事情都是逼出来的,许多文章、许多成果、许多人才也都是逼出来的。所以,搞好科研工作,需要内有动力,外有压力,需要布置任务,落实任务。

(四)制度落实

为了搞好科研工作,必须建立健全和落实一系列科研工作制度,其中包括:1.学习制度。现代教育是终身教育,现代学习是终身学习,现代社会是学习型社会。中央政治局为我们树立了学习制度化的榜样。党校校长和教师,对理论学习,理应早学一步,多学一点,应该有与教学、科研工作相适应的学习制度。党校工作条例规定,党校教学科研人员要做到:"马克思主义理论功底扎实,熟悉党的路线、方针、政策,专业知识丰富,勇于理论创新,具有探索、研究重大理论和现实问题的能力"。要教别人学习马克思主义理论,如果自己一本马克思的书也没有读过,以其昏昏,使人昭昭,怎么行呢?2.调查研究制度。党校校长教师一方面要加强理论学习,一方面要加强调查研究,向实践、向群众学习,从而做到理论联系实际,做到研究式教学,成为研究型校长教师。3.校内研讨制度。社会科学院研究人员写一篇文章,都要经过研究室、研究所以及相关专家的反复研究讨论,党校教研人员对自己所作的研究、所写的论文和拟发表的论文,也要在同事中进行反复研究、讨论和推敲,这样既可提高论文质量,又可提高大家学术水平和研究能力,还能培养科研兴趣和科研人才。4.校外研讨制度。每年在党校教学、科研所涉及的领域,都会有一些国际性、全国性和全省性的学术研讨会,正规的学术会议一般都是以文赴会。关注这些会议,组织教研人员撰写论文,对有论文能够通过评审入选会议的作者,支持他们赴会参加交流、研讨,并组织他们回来传达、交流,这对提高本校教研人员的教学、科研水平,提高本校乃至党校系统在学术界的地位和声誉都有好处。5. 科研协作制度。党校科研工作要面向社会,加强与实际工作部门的合作和交流,加强党校之间的科研协作,充分发挥党校系统的整体优势。6. 科研激励制度。许多教研人员并不是为金钱、为职称才搞科研,而是出于一种责任感和事业心,不分上班下班,不分在职退休,不分白天黑夜,不计报酬,不辞劳苦,呕心沥血,独立思考,追求真理,"壮志未酬誓不休,甘洒热血写春秋。"这种精神应该肯定。但是作为单位,应该贯彻执行"尊重劳动、尊重知识、尊重人才、尊重创造"的正确方针,对科研人员的超额劳动和科研成果应该有一套合情合理的奖励制度。吃喝招待花大钱,科研奖励等于零,显然是不行的。

(五)经费落实

搞科研工作,要付出艰辛劳动,要进行调查研究,要参加学术会议,要有各种必要的专业书籍、学术刊物和学术资料,要进行科研奖励和项目资助,所有这一切,都需要一定的经费支持。党校作为"清水衙门"和全额拨款单位,科研经费要靠财政拨款。党校工作条例规定:"党校工作所需经费,列入各级政府年度财政预算,并随着财政收入的增长而逐步增加,确保党校教学科研、学科建设和行政后勤等各方面工作的需要。"因此,政府对党校的财政拨款中应该专门列入一项科研经费,并建立健全保障有力的经费投入机制。

(六)作风落实

党校工作条例规定:"各级党委和政府要重视党校教学设施建设,加大基本建设经费投入,以满足教学和科研工作的需要。要努力改善党校学员和教职工的学习、工作、生活条件,提高教职工待遇。要提倡艰苦奋斗,厉行勤俭节约,防止和杜绝铺张浪费。"这里规定得很清楚,一方面要满足教学和科研工作的需要,要努力改善党校学员和教职工的学习、工作、生活条件,提高教职工待遇;另一方面要提倡艰苦奋斗,厉行勤俭节约,防止和杜绝铺张浪费。事实证明,作风不正,就会把应有的科研经费吃光用光,就会使重要的科研工作无法进行。因此,做好科研工作必须加强作风建设。

二、进一步做好社会科学成果的转化和应用工作

改革开放以来,我国哲学社会科学取得了巨大成就,开创了哲学社会科学繁荣发展的新局面。同时我们也要看到,与时代和事业发展的要求相比,哲学社会科学的发展还有许多不适应。其中,哲学社会科学成果转化机制不够健全,未能充分发挥哲学社会科学的重大作用,就是一个突出问题。

(一)社会科学成果转化的重要性

1. 社会科学的重要地位和作用决定了社会科学成果转化的重要性

随着社会的发展与人类的进步,社会科学的地位日趋重要,社会科学在各级政府的决策和企业经营管理中,在人们思想道德素质和科学文化素质的提升中,发挥着越来越重要的作用。社会科学研究成果,如同自然科学研究成果一样,是生产力的重要组成部分,国家的经济社会发展离不开社会科学的广泛应用。恩格斯说过:"交易所朝着集中的方向改变分配,大大加速资本的积聚,因此这是像蒸汽机那样的革命的因素"。① 在恩格斯看来,股份制及稍后出现的股票交易所,是如同发明蒸汽机那样具有标志性意义的历史事件,因为它大大加速了资本的积聚,实现了单个资本所无法实现的诸如修建铁路这样的耗费巨资的宏伟工程。② 由此可见,股份制的创立与蒸汽机的发明同样重要,制度创新与技术创新同样重要,社会科学与自然科学同样重要。1990年,我国著名科学家钱学森更进一步指出:"科学技术是第一生产力。这里科学技术包括社会科学,而在我国目前,社会科学比自然科学更为关键。"③这充分说明了社会科学的重要地位和作用。而这种重要地位和作用主要体现在转化应用方面,推动成果的转化应用是社会科学研究追求的终极目标。社会科学应用研究的成果只有得到转化应用,才能充分发挥其重要作用。

2. 正反两方面的历史经验证明了社会科学成果转化的重要性

没有革命的理论就不会有革命的运动。中国共产党是马克思主义与中国工人运动相结合的产物。没有马克思主义的哲学社会科学,就没有中国共产党,就没有

---

① 《马克思恩格斯全集》第35卷,人民出版社1971年版第428页。
② 王柯敬:《学者论学问:股份制——一个革命的因素》,载《人民日报》,2004年4月15日。
③ 文兴吾:《社会科学技术也是第一生产力》,载《社会科学研究》,1999年第5期。

新中国。没有马克思主义与中国实际相结合的最新成果——中国特色社会主义理论,就没有改革开放,没有中国特色社会主义,就没有 40 年来中国生产力的巨大发展,没有中国综合国力的极大增强,没有人民生活水平的显著提高。

反之,由于理论脱离实际,指导思想错误,我国社会主义建设事业曾经走过弯路,发生了"反右"、"大跃进"、"人民公社化"、"文化大革命"等等错误,导致党和人民重大损失和不幸。同时,我国有许多优秀哲学社会科学成果不仅没有得到转化和应用,反而受到错误批判。例如,著名经济学家马寅初提出的"控制人口数量,提高人口素质"的人口论,著名经济学家孙冶方旗帜鲜明地提出"千规律,万规律,价值规律第一条","利润是企业管理的'牛鼻子'。"不仅没有得到正确应用,而且受到错误批判,导致国家和人民巨大损失。

以上正反两方面的历史经验充分证明,什么时候我们尊重社会科学,善于转化和应用社会科学,我们的革命和建设事业就胜利前进,兴旺发达;什么时候我们违背社会科学,蔑视科学真理,我们的革命和建设事业就会遭受严重损失,党和人民就会遭受巨大不幸。恩格斯告诫人们:"蔑视辩证法是不能不受惩罚的。"①他还指出:"一个民族要想登上科学的高峰,究竟是不能离开理论思维的。"②今天,我国要实现科学发展,实现民族振兴,同样不能离开理论思维,不能离开社会科学及其研究成果的转化和应用。

3. 中国改革发展的现实需要凸显了社会科学成果转化的重要性

改革开放 40 年来,我们党以巨大的政治勇气,锐意推进经济体制、政治体制、文化体制、社会体制、生态文明体制和党的建设制度改革,不断扩大开放,决心之大、变革之深、影响之广前所未有,成就举世瞩目。而这一切成就,没有马克思列宁主义、毛泽东思想、邓小平理论、"三个代表"重要思想、科学发展观、习近平新时代中国特色社会主义思想的指导,是根本不可能的。实践发展永无止境,解放思想永无止境,理论发展永无止境。面对新时代新征程新任务,我们必须有新作为。为此,必须靠理论的正确指导,靠永无止境的实践创新、理论创新、制度创新、文化创新,靠哲学社会科学的研究、创新、转化和应用。

---

① 《马克思恩格斯选集》第 4 卷,人民出版社 1995 年版第 300 页。
② 《马克思恩格斯选集》第 4 卷,人民出版社 1995 年版第 285 页。

(二)我国社会科学成果转化中的存在问题

在社会科学成果转化工作中,目前我国主要存在着转化率低、转化不及时、不充分、不到位等问题。再好的社会科学成果,如果不能转化应用,不能付诸实施,而是束之高阁,无人问津,就等于没有这些成果。现实情况是,我国有许多优秀的哲学社会科学著作、论文只是停留在书本中、报刊中,没有受到各方面足够的重视,没有得到及时而充分的转化和应用,没有充分发挥认识世界、传承文明、创新理论、咨政育人、服务社会的重要作用。

1. 转化率低

从国际上看,我国科技成果转化率低于发达国家;从国内看,社会科学成果转化率又低于自然科学成果转化率。关于我国自然科学成果的转化率,各说不一,有的说"我国科技成果转化率仅为10%左右,远低于发达国家40%的水平";有的说"我国的科技成果转化率约25%,与发达国家80%的转化率差距甚远"。① 虽然统计口径和结果不尽相同,但我国科技成果转化率不高是一个不争的事实。与自然科学相比,我国社会科学成果的转化率更低。许多人都感到"论文总是发表得多,转化的少"。有统计数据显示,就全国而言,社会科学研究成果仅有5%-6%被应用转化,3%的成果形成了产业。这远远不能满足经济社会又好又快发展的需要,不能满足文化事业大发展大繁荣和人们日益增长的文化需求。②

2. 转化不及时

有些学者呕心沥血、潜心钻研形成的持之有故、言之有理并有明显实用价值的研究成果,由于种种原因并未受到社会的重视,特别是并未受到决策机构和领导干部的重视,常常被束之高阁,打入冷宫,视而不见,听而不闻,成了一纸空文。例如,对公款消费中的挥霍浪费问题,有些学者早在上世纪90年代就予以关注和研究,包括笔者本人,早在《求是内部文稿》1995年第2期就以封面要目文章发表了《谈谈我国公款消费问题》一文,文章指出了公款消费中的一系列存在问题,并提出了一系列切实可行的对策建议。如果得到及时转化和应用,每年可为国家节约数千亿元,20多年来就可节约数万亿元;除了巨大经济效益外,还必将产生转变干部作

---

① 倪思洁:《"科技成果转化率"咋衡量?》,载《中国科学报》,2014年1月9日第4版。
② 周敏:《关于社科研究成果应用转化问题的思考》,载《陕西日报》,2010年7月21日。

风、改善干群关系的巨大政治效益和社会效益。可是过了10多年,直到2012年党的十八大之后,以习近平同志为核心的党中央才认真规范和管控了这个问题,作出了关于改进工作作风、密切联系群众的八项规定,并将落实八项规定与反对"四风"(形式主义、官僚主义、享乐主义和奢靡之风)相结合,收到了明显成效。

3. 转化不充分、不到位

有些哲学社会科学研究成果,中央决策机构也比较关注和重视,予以参考和吸纳,转化成为党和国家的政策法规,但是往往转化不充分、不到位。例如,在教育改革方面,《国家中长期教育改革和发展规划纲要(2010-2020年)》是经过多次向全国广泛征求意见,并吸纳教育科学的许多研究成果制定出来的。其中第十项专门做了减轻中小学生课业负担的规定。但是在许多学校,特别是许多中学,学生课业负担依然过重,许多中学生在校时间超过10小时,睡眠时间不足6小时,严重危害学生身心健康。许多地方的体检结果表明,中小学生肥胖率高、近视率高、体能下降,甚至有1/5的中学生考虑过自杀。如此等等,有许多社会科学成果在形式上、文件上是转化了,实际上转化不充分,实施不得力、不到位,以致社会科学成果并未发挥应有的作用。

(三)我国社会科学成果转化难的原因分析

无论是与自然科学相比,还是与发达国家社会科学相比,我国社会科学成果转化率都是很低的。这里有多方面原因,主要原因有:

1. 利害关系原因

社会科学研究对象是社会现象、社会问题,许多问题涉及人们的切身利益,不同阶级、不同阶层、不同群体、不同利益集团在许多问题上有各自不同的利益。社会科学研究的特殊性质,使社会科学研究成果的转化和应用,往往会触犯到某些阶级、阶层、群体、利益集团的切身利益,会遭到他们的反对和阻挠。正如马克思所说:"在政治经济学领域内,自由的科学研究遇到的敌人,不只是它在一切其他领域遇到的敌人。政治经济学所研究的材料的特殊性,把人们心中最激烈、最卑鄙、最恶劣的感情,把代表私人利益的复仇女神召唤到战场上来反对自由的科学研究。"① 例如,官员家庭收入和财产公开,是防治腐败的有力措施,是许多国家早已

---

① 马克思:《资本论》第1卷,人民出版社1975年版序言第12页。

实行的制度,也是社会科学界的广泛共识。尽管社会科学界早已提出这一建议,但是由于会触犯到某些人的切身利益,迟迟无法实施。又如,深化分配制度改革,消除分配不公,缩小收入差距,社会科学界在这一方面有不少值得采纳和参考的研究成果。但是,从2004年开始,经过8年多有关部门的研究、协商、博弈,才在2013年出台了《关于深化收入分配制度改革的若干意见》。其中尽管对某些利益集团已经做了很大让步,但要真正落实依然举步维艰。正如李克强总理所说:"现在触动利益往往比触及灵魂还难。"①由此可见,社会科学成果的转化比自然科学成果的转化要难得多。

2. 思想认识原因

由于社会现象极其复杂,由于人们的立场、观点、方法不同,对同一个社会问题容易有不同看法。"横看成岭侧成峰,远近高低各不同。"这样,人们对同一社会科学成果或观点的认识可能大相径庭,乃至完全相反。而要验证一个社会科学问题的结论,不像自然科学那样做个实验就能办到,往往会遇到十分复杂的情况,需要经过实践、认识、再实践、再认识的多次反复。这样,统一认识就很难,转化为政策法规和制度就很难。正如列宁所说:"社会生活现象极其复杂,可以找到任何数量的例子或个别的材料来证实任何一个论点。"②中国人民大学一级教授吴易风指出:"从现象上看,经济学家对同一问题常常有各种各样的观点。西方经济学家常说:'有五个经济学家,就有六种观点。'观点的数目超过经济学家的数目。这种可能性之所以存在,至少有一个经济学家早上持一种观点,晚上又持另一种观点。……我国当前的经济学论著,真可谓是五花八门,什么观点都有。"③由此可见,在社会科学问题上,往往众说纷纭,莫衷一是,这样一来,社会科学成果也就难以转化。

3. 历史包袱原因

哲学社会科学本来就容易有不同认识,而历次政治运动,知识分子、特别是社会科学界的知识分子总是首当其冲,在理论上常常颠倒是非、混淆黑白,经历过反复折腾,许多人都有惨痛教训,心有余悸,以致背上沉重的历史包袱,只能"跟着

---

① 《李克强总理会见中外记者》,载《人民日报》,2013年3月18日。
② 《列宁选集》第2卷,人民出版社1995年版第578页。
③ 吴易风:《经济学家要团结在马克思主义旗帜之下》,中国教育和科研计算机网,http://www.eol.cn/20020301/3021464_1.shtml(访问时间:2002年3月1日)。

说"，不敢"自己说"，不敢独立思考、独树一帜。有一位知名教授说过："我过去讲'三面红旗好'、'人民公社好'、'文化大革命好'，讲得头头是道；现在讲改革开放，讲联产承包责任制，讲社会主义市场经济，也讲得头头是道。但是，大家设身处地想一想，我能另讲一套吗？"由于经历过许多政治运动，出现过政策上的多次反复，严重挫伤了社会科学工作者的积极性主动性创造性，使真正有创造性、有说服力、有应用价值的社会科学成果比较罕见，使社会科学失去吸引力、公信力、凝聚力，导致人们对社会科学理论的信仰、信任和信心出现危机。在这种情况下，社会科学成果的转化率、利用率很低是毫不奇怪的。

4. 学科特点原因

社会科学研究成果的表现形式主要是论文、著作、研究报告等，其内容主要是思想、方法、对策建议等，都是观念形态的东西。与自然科学相比，社会科学研究成果具有抽象性、间接性、潜在性等特点，它的应用转化受制于种种主客观条件，呈现出不确定性大、转化周期长、转化环节多、效果验证难等特点，这些自身特点决定了社会科学研究成果的应用转化难度较大。由于社会科学成果转化产生的效果，不像自然科学成果那样，能够给转化者带来较快的、较直接的、看得见摸得着的物质利益，因而社会科学研究成果转化往往不易。从哲学社会科学不同学科来说，也有不同特点。比较而言，应用经济学比理论经济学更易于转化，管理学也相对易于转化，政治学、法学、社会学、教育学转化难度就大一点，哲学、历史学转化难度就更大一点。例如，关于实践是检验真理的唯一标准的理论，这本来是马克思主义认识论的基本原理和常识问题。但由于长期极左的错误，搞乱了人们的思想，以致一度受到一些人的反对，甚至认为这是"砍旗"，引起很大争论，后来由于邓小平等领导人的支持，才弄清了理论是非，并在拨乱反正、解放思想、改革开放的伟大历史进程中发挥了重大作用，体现了宝贵价值。这种宝贵价值尽管能让广大人民受益，但并不是广大人民能够很快、很直接地感受到的，而是经过了10年、20年、30年的实践才感受到的。又如，关于劳动价值论和剩余价值论的研究，要有重大发展创新实属不易，即使有了发展创新的科学成果，要得到经济学家、政治家、企业家的理解、认同和转化应用就更不容易，要应用到生产、交换、分配、消费各个环节中，要真正做到等价交换、按劳分配，并与按生产要素贡献分配恰当地结合，只能有待于市场经济制度、收入分配制度的改革和完善，必须经过一系列中间环节、经过一个很长的周期，才能让广大群众受益。理论经济学的这种特点，就使其研究成果的转化应用很难很慢,很容易被人们所忽视。

5. 研究方向原因

马克思说:"理论在一个国家实现的程度,总是取决于理论满足这个国家的需要的程度。"①我国的马克思主义理论研究和哲学社会科学研究,一定要以我国改革开放和现代化建设的实际问题、以我们正在做的事情为中心,着眼于马克思主义理论的发展和运用,着眼于对实际问题的理论思考,着眼于新的实践和新的发展。社会科学工作者必须把实践的需要作为自己研究的出发点,而不能就理论研究理论。但是,在社会科学研究方向和课题选择上,有些人脱离实际,唯上唯书,缺乏独立思考和发展创新。有些研究只是对现行政策加以宣传解释,只能算作宣传材料,不能算是科研成果。有些人拾人牙慧,习惯于"故纸堆里做文章",把名人、洋人、古人的论著甚至只言片语拿来重复一遍,阐释一番,就算是自己的研究成果。有些人埋头书斋,闭门造车,主观臆断,孤芳自赏,似乎离现实生活越远越好,他不关心社会需求,社会也不需要他的高谈阔论。研究方向不正确,转化应用也就无从谈起。

6. 成果质量原因

有些人虽然会读书、会考试,但不会深入实际、联系实际、发现问题、研究问题,不会独立思考、举一反三、触类旁通、发展创新,拿不出高质量的研究成果。有些人既无理论素养、广博知识,也无实践经验、研究才能,本来不是什么社会科学研究人才,但是出于某种功利目的,也装模作样搞起了"科研"。有些人是为了学位、职称、职务而写论文、出著作。有些人是为了完成任务、指标而被动应付,东拼西凑,敷衍了事。有些人未经调查研究、独立思考,没有自己的思想见解,无病呻吟,人云亦云,低水平重复别人著述。有些文章质量低劣,花钱就能发表。诸如此类的"成果",根本算不上什么科学研究成果,更谈不上什么转化应用价值。而这种低质量的"成果"往往比高质量的成果多得多,这样一来,势必使社会科学成果的公信力、转化率大大下降。

7. 等级观念原因

我国长期以来存在着官本位思想,等级观念严重,缺乏平等观念。以致有人戏言:"一把手绝对真理,二把手相对真理,三把手没有真理。"普通老百姓就更没有

---

① 《马克思恩格斯选集》第1卷,人民出版社1995年版第11页。

真理,更没有话语权;即使提出什么思想、理论、意见、建议,也往往不予理会,如石沉大海,杳无音信。另一方面,许多领导干部有很大的话语权,他们的思想、理论、意见、建议往往容易转化为党和政府的方针政策或部门、地方、单位的决策。人大代表、政协委员的建议、提案由于有一套制度和机制,也比较容易受到认真对待,相对容易得到转化和应用,至少得到处理结果的及时反馈。有些知名专家学者的研究成果也比较容易受到决策者的重视并转化为相关的决策。而普通社会科学工作者的研究成果一般很难受到重视、得到转化。而且常常发生这样的事情,同样的科研成果,同样的意见建议由不同的人提出来,就有不同的结果。例如,1989年4月,笔者曾向国家教委和江苏省教委提出《关于教育改革的若干建议》,其中包括"高考时间可由七月上旬提前一个月"的建议。后来仅仅收到省教委同志一封礼节性回信,此后并无下文。10年之后,1999年,全国政协委员王翔在政协会议上提出了将高考时间提前到六月的建议。教育部对王翔建议案高度重视,很快答复,认真研究,正确决策,从2003年起就实行了六月高考。鉴于这样的事实,人们不禁要问:如果同样的建议是普通老百姓提出的,能够得到教育部高度重视、很快答复、认真研究、充分考虑吗?如果教育部能够做到这一点,这一改革不是能够提前十年实行吗?由此可见,在社会科学成果转化和各项决策中,应该消除封建等级观念,消除一切身份歧视,平等地认真地对待一切持之有故、言之有理的意见、建议和研究成果,凡是能够转化应用的要及时转化应用。如果这一工作面广量大,可以配备一些秘书,进行认真筛选,找出可能有转化应用价值的成果供领导参考。要知道,"卑贱者最聪明,高贵者最愚蠢。"而"高贵者"为数寥寥,"卑贱者"人数众多,人才济济。"高贵者"有登高望远、信息灵通的优势,也有难以体察民情、难以听到真话的劣势;"卑贱者"有接触面小、局限性大的劣势,也有"知屋漏者在宇下,知政失者在草野"的优势。因此,高层人士和基层平民应该互相尊重、互相沟通、优势互补、通力协作,共同实现科学决策、民主决策。关键是高级干部要坚持在真理面前人人平等,平等待人,礼贤下士,重视各种成果,公正看待成果,绝不以人立言、以人废言。这样想,这样做,对党和人民较为有利,较少有害。

8. 转化机制原因

我国社会科学成果转化率低,转化不及时、不充分、不到位,还由于转化渠道不畅通,转化机制不健全。有许多优秀社会科学成果,虽然也能发表、获奖,但是除了作者、编者、读者、评奖者之外,往往就无人问津,束之高阁,无法实现转化和应用。

其主要原因之一,是缺乏一套搜集整理、研究处理、试点试验、结果反馈的渠道和转化机制。例如,笔者曾于1999年12月写了一篇《启动器官捐献的慈善工程——解决器官移植的供求矛盾》的论文,曾寄《中华器官移植杂志》编辑部。该编辑部2000年2月17日来信说:"您给我刊的来稿,经我刊总编辑裘法祖院士亲自审阅后,认为:文章的内容、文笔都好。但鉴于我刊是学术类期刊,建议转投《科学时报》编辑部。我们已按总编辑意见,将大作及您个人来信一并转《科学时报》编辑部。"后来几经辗转延宕,直到2009年才在《中国新医学》第7期发表。其中的政策建议如能付诸实施,或许每年能挽救成千上万(甚至更多)患者的生命。但是由于没有转化渠道,至今未能转化应用,未能发挥其救死扶伤的作用。因此,为了及时转化社会科学成果,充分发挥其作用,我国亟待建立健全一套及时转化社会科学成果的机制。

(四)促进我国社会科学成果转化的对策建议

1. 必须高度重视社会科学研究成果的转化工作

从上世纪九十年代开始,国家越来越重视科技成果转化工作。但是,谈到成果转化,各级领导干部、企业管理人员首先考虑的就是进行自然科学类科技成果的转化推广工作。国家设立的"成果转化基金"、"产业化项目"等资助的全是自然科学类的项目。国家1996年颁布的《促进科技成果转化法》也仅仅局限于自然科学类科技成果的转化工作,而将哲学社会科学研究成果排除在可转化的成果之外。可见哲学社会科学研究成果的转化工作还没有引起全社会足够的重视。就连社会科学工作者自己也不乏自轻自贱的思想,很多社会科学工作者只是重视社会科学研究本身,却轻视对社会科学成果的转化和应用。马克思早已说过:"哲学家们只是用不同的方式解释世界,问题在于改变世界。"①马克思主义认识论认为,从感性认识到理性认识的转化是一次伟大的飞跃,从理性认识到社会实践的转化是一次更加伟大的飞跃。再好的理论,不能够转化应用,就等于没有理论。因此,无论是研究者还是领导者,都必须十分重视社会科学成果的转化和应用。现在,应该像制定《促进科技成果转化法》那样,尽快制定《促进哲学社会科学成果转化法》,并切实付诸实施。

---

① 《马克思恩格斯选集》第1卷,人民出版社1995年版第61页。

2. 必须明确社会科学研究的主攻方向

促进社会科学成果的转化,充分发挥社会科学作用,必须明确社会科学研究的主攻方向。哲学社会科学要围绕中心、服务大局、提高地位、发挥作用,必须坚持贴近实际、贴近生活、贴近群众,努力把经济社会发展中的重大问题作为哲学社会科学研究的主攻方向,为党和政府重大决策服务,为推动科学发展、促进社会和谐服务。我国许多专家学者坚持以人民为中心、以重大社会现实问题为主攻方向,刻苦钻研哲学社会科学,取得优秀成果,发挥重大作用。在这一方面,国务院参事任玉岭教授堪称哲学社会科学工作者的楷模。他十分关注实际、关注群众、关注民生;他建言之多、影响之大,一直是媒体争相报道的人物;许多提案和成果都已经转化成为党和国家的方针政策。他出版、主编、参编各类著作40多部,发表各类论文300多篇,都是真知灼见和金玉良言。这一切,都不是坐在高楼深院内凭空产生、偶然汇成的,而是他把2/3时间用在跑基层,每年至少要跑20个省(市、区),深入实际,深入群众,发现问题,研究问题,殚精竭虑,呕心沥血,勇于创新,赤诚奉献,而形成的精品力作和科学成果。实践证明,也只有这样的社会科学成果才能够有很高的转化率和应用价值。

3. 必须加强社会科学应用研究

促进社会科学成果的转化,充分发挥社会科学作用,必须大力加强社会科学的应用研究。要把基础研究和应用对策研究紧密结合起来,以应用对策研究促进基础研究,以基础研究带动应用对策研究。归根到底,认识世界是为了改造世界,基础研究也是为了实际应用,为了社会的科学发展,为了人民的富裕幸福。基础研究成果并不等于没有应用价值,也可以通过教育、宣传等方式,提高人们的思想道德素质、科学文化素质,规范社会行为,健全社会秩序,推动社会发展。应用研究成果主要通过决策、规划、政策、计划、经营管理等方式,直接进入物质生产过程,转变为社会生产力;或者进入社会生活过程,优化社会关系、社会制度、社会秩序、社会风气。脱离实际应用,从书本到书本,从理论到理论,那样的社会科学算不上真正的社会科学,而只是经院哲学或"研究室科学",那样的社会科学家只是"研究室科学家"而不是社会科学家。

4. 必须提高哲学社会科学研究成果的质量

促进社会科学成果的转化,充分发挥社会科学作用,必须有高质量的社会科学研究成果。没有高质量的成果,转化和应用就无从谈起。作为可转化可应用的高质量的社会科学研究成果,必须符合以下条件:一是有实践性。就是选题来源于实践,成果服务于实践。必须符合党和国家的需要,符合人民的期待,直面和回答社会热点难点问题。二是有创造性。就是必须有新观点、新方法、新见解、新建议,有理论创新、思路创新、政策创新、制度创新。研究成果必须为"前人所未及就,后世之不可无"。人云亦云、了无新意的东西毫无价值。三是有科学性。社会科学是科学,必须实事求是,符合客观事实和客观规律,容不得半点主观臆造的东西。有些人别出心裁,标新立异,自以为有什么创新,实际上有很大主观随意性,甚至是奇谈怪论,没有科学性可言。四是有可行性。作为可转化、可应用的科学成果,必须有可行性。有些在理论上、在想象中似乎很好的想法,在实践中并不可行,这样的成果也无法转化和应用。五是有效益性。这种效益可以是经济效益,也可以是政治效益、文化效益、社会效益、生态效益,如果兼具多方面效益当然更好。有些成果、理论、方案、意见、建议,不能说没有道理,没有新意,但是,或者有更好的成果可以取代它,或者它的成本过高,成本高于效益、副作用大于正面作用。所以只有兼具实践性、创造性、科学性、可行性、效益性的研究成果,才能算是高质量的成果,才有转化和应用的价值。

5. 必须建立健全哲学社会科学成果的评价机制

促进社会科学成果的转化,充分发挥社会科学作用,必须建立健全哲学社会科学成果的评价机制。要通过健全的评价机制,从大量社会科学成果中筛选出真正具有转化和应用价值的高质量的研究成果。评价主体当然要以同行专家为主,同行专家中也会有不同学派、不同观点,要客观公正,审慎取舍,防止埋没优秀成果。必要时也要倾听作者、编者、应用者的意见。优秀成果的作者往往在成果中倾注了大量心血,但是,书不尽言,言不尽意,有些思想和潜在价值不一定反映在成果中,也不一定为同行专家所知,所以必要时应该让作者介绍。编者往往对成果进行过反复审读,对成果有比较深入的了解。应用者会从应用角度提出切合实际的意见。评价标准应该符合上述高质量成果的标准。其中,又要特别注重创造性。由于某种原因,有些人对社会科学成果的评价总是首先找"错误"、缺点和不足之处,而不是首先看有无创新之处。其实应该首先看有无创新之处,只要有创新之处,就是可取的、优秀的,即使有什么"错误"、缺点和不足之处,又有何妨?有谁说话、写文章能够句句是真理,没有一点错误缺点?有创新也有错误的成果要比没有创新也没有错误的成果更有价值。应该允许在创新过程中有错误。不允许犯错误,有错误就揪住不放,甚至一棍子打死,这才是最大最可怕的错误。对于是否具有科学性,究竟是真理还是错误,人们见仁见智,往往有不同看法,有时要经过时间和实践的检验。因此,不要匆忙下结论,不要轻易就否定。恩格斯说得好:"真理和谬误,……只有在非常有限的领域内才具有绝对的意义;……对立的两极都向自己的对立面转化,真理变成谬误,谬误变成真理。"①他还说:"今天被认为是合乎真理的认识都有它隐蔽着的、以后会显露出来的错误的方面,同样,今天已经被认为是错误的认识也有它合乎真理的方面,因而它从前才能被认为是合乎真理的"。② 除了要慎重对待真理和谬误之外,还要平等对待不同研究者的研究成果。在有些成果评价或评奖工作中,往往会对一些名家、熟人更加青睐,而对一些基层单位的、初出茅庐的、名不见经传的作者的成果往往不屑一顾。在领导机关,对一些来自基层的无名之辈的意见、建议也往往不屑一顾,不予理睬。这不仅会对有关人不公平、不尊重,也会对人民和事业造成无形之中的损失。因此,在社会科学成果评价中一定要克服等级观念,克服门户之见,这样才能做到客观公正,才有利于发现优秀成果和优秀人才。

6. 必须建立健全哲学社会科学成果的转化机制

促进社会科学成果的转化,充分发挥社会科学作用,必须建立健全哲学社会科学成果的转化机制。有许多哲学社会科学成果不是没有转化价值和应用价值,而是缺乏一套健全的转化机制,缺乏一条畅通的转化渠道。现在要像修建高速公路、高速铁路那样,尽快建立健全一套社会科学成果的转化机制,建立一条畅通的转化渠道。

首先,要建立一个可转化应用的社会科学优秀成果的集结平台。据悉,中国人民大学一直致力于人文社会科学成果的转化工作。人民大学所办的《复印报刊资料》系列刊物已有多年,影响很大,效果很好。现在可以请人民大学(或其他有条件的单位)像办《复印报刊资料》系列刊物那样,创办系列刊物,从转化应用的视角精选哲学社会科学方面的优秀成果,提供有关各方参考。有条件的报社、杂志社、出版社也可以推荐或编辑相关资料。有条件的单位可以创办哲学社会科学应用研究方面的刊物。

---

① 《马克思恩格斯选集》第3卷,人民出版社1995年版第431页。
② 《马克思恩格斯选集》第4卷,人民出版社1995年版第244页。

其次，要建立一些负责社会科学成果转化的中介机构，发挥成果提供者和成果应用者之间的双向信息沟通作用。要建立健全党校、高校、社科院和各类研究机构、智囊机构及其研究人员与党政机关、企业事业单位等各方面的信息沟通机制，密切供求联系。

第三，要建立一些必要的试点基地和试验环节。可以在相同条件下做不同方案的试验，也可以在不同条件下做相同方案的试验。要记取过去凭长官意志办事、一哄而起、一哄而下、反复折腾的经验教训，坚持一切经过试验，取得经验，再行推广。

第四，要建立健全社会科学成果转化的执行机制。有许多优秀的哲学社会科学成果已经得到中央的重视和采纳，转化成为中央的政策法规，但是到了基层还存在许多执行不得力、不到位，甚至上有政策、下有对策、阳奉阴违、形同虚设的问题。因此，必须建立健全强有力的执行机制、包括检查监督机制和责任追究机制。

第五，要建立健全社会科学成果转化的激励机制。对具有重大经济效益、政治效益、文化效益、社会效益、生态效益的成果提供者，应该像奖励自然科学和技术科学成果那样，给予具有足够激励作用的奖励，并要尊重和保护知识产权。

最后，要加强哲学社会科学宏观管理体制和微观运行机制建设。党委和政府要经常向哲学社会科学界提出一些需要研究的重大问题，注意把哲学社会科学优秀成果运用于各项决策中，运用于解决改革发展稳定的突出问题中，使哲学社会科学界成为党和政府工作的思想库和智囊团。要加大对哲学社会科学事业的投入，保证哲学社会科学事业经费适应科学研究工作和成果转化工作的需要，为繁荣发展哲学社会科学创造良好的环境氛围和各项条件。

三、进一步做好社会科学成果评奖工作

改革开放40年来，中国哲学社会科学取得了长足进步，呈现出繁荣发展的良好局面。与此同时，对哲学社会科学成果的评价和评奖工作也受到重视，全国各省、市（地级市）社会科学成果评奖工作逐步走上法制化、规范化、科学化的轨道。评奖工作对哲学社会科学工作者发挥了很好的评价、激励、导向、推动作用。社会科学评奖工作已经受到各省市党委政府的高度重视，受到广大社会科学工作者的密切关注，各级社科联组织也正在为进一步做好评奖工作总结经验、精益求精，不断改进和完善这项工作。同时评奖工作也很难做到尽善尽美，还需要也可能进一

步完善。

(一)关于评奖工作的重要性和复杂性

社会科学的重要性决定了社会科学成果评奖工作的重要性。评奖工作越是公开、公平、公正,就越能发挥其对社会科学工作者的评价、激励、导向、推动作用,越能调动社会科学工作者的积极性主动性创造性,越能推动社会科学的繁荣发展。反之,如果评奖工作有偏差、不公和失误,对有关社会科学工作者就会是一种挫折、打击和伤害。正如李剑鸣教授所说:"学术评价关乎学术的前途,关乎学者的处境,关乎学术机构的生存,其利其弊都能产生很大的后果,因而不可等闲视之。"① 而对社会科学成果的评价,在不同的人会有极大的差异。相比而言,自然科学的创新与否、质量高低有比较清楚的客观标准和检验手段,但是,对社会科学成果的评价往往会有巨大差异。在高考数学评分中会有标准答案,而对作文评分并无标准答案,有时不同教师评分会有很大差异。而社会科学学科众多,学派众多,观点各异;在一些人看来是真理,在另一些人看来可能是谬误;在某个时期被认为是谬误,过一段时期也许会认为是真理;反之也一样。可见,社会科学评奖工作既有极大重要性,又有极大复杂性。做社会科学研究工作要下苦功,做社会科学评奖工作同样要下苦功。可以说社会科学评奖工作本身也同样是一种科学工作,也同样需要本着科学态度,进行科学研究。在国外许多社会科学刊物上,对社会科学成果的评价是一个重要内容,在版面安排上占有很大分量;相比之下,我国对此重视程度似乎还不够。我们要更加重视、认真对待社会科学成果评价和评奖工作。

(二)关于评奖时间组织和空间组织

在经济管理、企业管理上有个时间组织和空间组织问题,在社会科学评奖工作上也同样有个时间组织和空间组织问题。许多科学成果需要时间来检验。自然科学成果也不一定能在短期内见到效益,需要经过几年、几十年、甚至几百年才能显示其效益。法拉第进行电磁感应实验时,有人问他:你搞这个实验有什么用?法拉第回答说:"初生的孩子有什么用?" 100多年后,全人类都得益于电力技术革命的辉煌成就,都应该感谢包括法拉第在内的科学家。社会科学更是如此,更为复杂。

---

① 李剑鸣:《自律的学术共同体与合理的学术评价》,载《清华大学学报》,2014年第4期。

社会科学成果一般无法用实验来检验。正如马克思所说:"分析经济形式,既不能用显微镜,也不能用化学试剂。二者必须用抽象力来代替。"①但各人抽象力大相径庭,见仁见智往往分歧很大。且不谈私利和偏见对科研成果评价的干扰,人们对真理和谬误的鉴别也需要时间。许多原来被认为是真理的东西,后来被证明是错误;许多原来被认为是错误的东西,后来被证明是真理。1966年,《横扫一切牛鬼蛇神》等许多《人民日报》头版头条的社论、文章,10年20年之后被证明是谬误;许多当时被批判的理论,10年20年之后被证明是真理。所以,真理是时间的女儿,不是权威的女儿。诺贝尔奖获奖成果都不是面世两三年就获奖的,都要经过时间和实践的检验。屠呦呦研制的青蒿素经过40多年才获得诺贝尔奖。如果诺贝尔奖只能申报和评选2年之内、5年之内的成果,结果会怎样呢?社会科学成果更需要经过时间检验,不宜仅仅评审"初生的孩子"。因此,申报参评成果的发表(出版)或完成时间仅仅局限在评审前2年或5年之内是不够的,应该延长至前10年、20年乃至更早。据悉,浙江省规定,为进一步鼓励理论创新,在一、二、三等奖之外另设突出学术贡献奖,以奖励改革开放以来至当年评奖之前6年,被历史证明对经济社会发展进程产生重大积极影响或被学界公认具有重大学术价值,但在当时未被充分认识其价值的研究成果。突出学术贡献奖是对具有创新价值研究成果的一种追加认定,其奖级相当于一等奖。这一办法或可借鉴和推广。同样,只要经实践和时间证明具有重大学术价值或应用价值的成果,也应该不受时间限制允许其申报。总之,申报的门槛不必设得太高,究竟是否能获奖反正要拿出证据、经过评审。

在空间组织上,据悉,上海、吉林、湖南等省市已经实行异地评审制,似可供各省参考。现在各省评奖都是先进行各市评奖,然后择优上报省里评奖。事实上,一个市内某一学科的专家人数不多,许多人既是评委,又是申报人,虽然他会回避本人申报项目的评审,但是用不着打招呼,在熟人之间会互相关照一下,也是人之常情,难以避免;这样在事实上这些评委就会既当运动员、又当裁判员。这对其他申报人显然是不公平的。同时在同一市内人与人之间关系也比较复杂。如果能异地评审,更容易客观公正,可以不受各种人事关系、个人恩怨、亲疏、成见、小动作、"潜规则"的干扰,也易于杜绝跑奖、要奖的弊端。如果异地评审,各市的分工可以随机决定,每届各不相同。这样可能在组织工作上复杂一点,但在效果上要好得多。在

---

① 马克思:《资本论》第1卷,人民出版社1975年版序言第8页。

评奖人、申报人、负责人之间都不致产生猜疑和芥蒂。

(三)关于精神鼓励和物质鼓励

目前,对获奖成果的奖励,坚持了精神鼓励为主、物质鼓励为辅的原则,这是正确的。在物质鼓励上,同等获奖成果都发给同一奖金数额。然而,有的获奖成果已经由国家或本省或本单位立项资助,有的还是数万元至数十万元的大额资助,而有的获奖成果并未得到国家或本省或本单位的任何资助,这样同等水平的成果在实际待遇上就有很大的差距。由此可见,在奖金数额形式上平等的背后存在着事实上的不平等。因此,对已经得到国家、本省、本单位超过奖金数额资助的获奖者可以考虑不再进行物质奖励,而只是发给获奖证书给予精神鼓励;同时对未得到任何资助的获奖成果加大奖励力度。

(四)关于建立全国社会科学成果评奖制度和改革社会科学基金申报制度

现在我国的社会科学评奖工作主要是在各省市自治区和地级市展开。从全国社会科学奖项设置情况看,我国社会科学的有关部门、各大学科目前已初步建立起相关的奖励制度。这些制度似乎还可以进一步完善。例如,教育系统除了高校外,是否可建立基础教育的科研成果评奖制度。全国教育科研成果评奖五年才举行一次,是否可以改为两年或三年举行一次;在申报人身份上是否可以突破教育系统的范围,面向全社会,不受工作单位限制,只要是研究教育工作的优秀成果都能参加评奖;在程序上可以经省教育厅或教育学会筛选上报。党校系统除了省级和副省级城市党校外,是否可以扩大到全国整个党校系统,坚持成果不问出处,只论成果质量,不论党校级别,在程序上可以经省级党校筛选上报。

除此之外,全国自然科学已经建立了全国范围的一年一度的科技成果评奖制度,社会科学也应该在总结各省市、各部门评奖经验的基础上建立全国社会科学评奖制度。从1991年以来,全国和各省每年都有国家和省级社科基金年度项目立项,现在每年国家社科基金立项数已经达到数千项,每项资助从数十万元至数万元不等。多年实践证明,在各省社会科学评奖中,受到资助若干万元的国家和各省的立项课题成果不一定能获得高奖项,甚至不一定能获奖,而获奖成果不一定是国家或本省立项项目,大部分并非国家或本省立项项目。立项依据主要是项目设计论证。而评奖依据是实实在在的研究成果。比较而言,评奖依据要比立项依据更加实在、更加靠谱。有些项目与其凭设计论证给予若干万元的立项资助,不如根据实际成果进行评奖,给予获奖成果若干万元的奖励。与立项评审相比,对成果评奖更容易操作,更具有公信力。因此进行全国性评奖比国家立项评审是更加切实可行的。可否把国家社会科学基金项目评审制度改革(合并)为全国社会科学成果评奖制度,可以研究。由于全国范围很大,可以按著作、论文、研究报告等分类评奖。这样的评奖制度可以经过研究探索逐步建立起来,以利完善我国整个社会科学成果评奖制度,并从制度上体现社会科学与自然科学同样重要。

第二节 加强社会主义核心价值体系建设

原教育部部长袁贵仁教授指出:"所谓文化,就是指一个社会中的价值观,是人们对于理想、信念、取向、态度所普遍持有的见解。""文化是社会的灵魂,价值观是文化的核心。"①因此,加强社会主义文化建设,必须加强社会主义核心价值体系建设。

党的十八大报告要求:"加强社会主义核心价值体系建设。社会主义核心价值体系是兴国之魂,决定着中国特色社会主义发展方向。要深入开展社会主义核心价值体系学习教育,用社会主义核心价值体系引领社会思潮、凝聚社会共识。推进马克思主义中国化时代化大众化,坚持不懈用中国特色社会主义理论体系武装全党、教育人民,深入实施马克思主义理论研究和建设工程,建设哲学社会科学创新体系,推动中国特色社会主义理论体系进教材进课堂进头脑。广泛开展理想信念教育,把广大人民团结凝聚在中国特色社会主义伟大旗帜之下。大力弘扬民族精神和时代精神,深入开展爱国主义、集体主义、社会主义教育,丰富人民精神世界,增强人民精神力量。倡导富强、民主、文明、和谐,倡导自由、平等、公正、法治,倡导爱国、敬业、诚信、友善,积极培育和践行社会主义核心价值观。牢牢掌握意识形态工作领导权和主导权,坚持正确导向,提高引导能力,壮大主流思想舆论。"②习近平强调指出:"核心价值观是文化软实力的灵魂、文化软实力建设的重点。这是决

---

① 袁贵仁:《价值观的理论与实践——价值观若干问题的思考》,北京师范大学出版社,2006年版代序第3页、第337页。
② 胡锦涛:《坚定不移沿着中国特色社会主义道路前进,为全面建成小康社会而奋斗!》,载《人民日报》2012年11月9日。

定文化性质和方向的最深层次要素。"①"我们要从巩固全党全国各族人民团结奋斗的共同思想基础、巩固党的执政地位的战略高度,持续加强社会主义核心价值体系建设,把培育和弘扬社会主义核心价值观作为凝魂聚气、强基固本的基础工程,作为一项根本任务,切实抓紧抓好。"②

一、深刻认识社会主义核心价值观的丰富内涵

社会主义核心价值观是社会主义核心价值体系的内核,体现社会主义核心价值体系的根本性质和基本特征,反映社会主义核心价值体系的丰富内涵和实践要求,是社会主义核心价值体系的高度凝炼和集中表达。培育和践行社会主义核心价值观,是推进中国特色社会主义伟大事业、实现中华民族伟大复兴中国梦的战略任务。培育和践行社会主义核心价值观,应该倡导富强、民主、文明、和谐,倡导自由、平等、公正、法治,倡导爱国、敬业、诚信、友善。富强、民主、文明、和谐是国家层面的价值目标,自由、平等、公正、法治是社会层面的价值取向,爱国、敬业、诚信、友善是公民个人层面的价值准则。从个人层面来说,在倡导爱国、敬业、诚信、友善的同时,还应该倡导自立、自强、自警、自省,倡导勤劳、节俭、崇德、仁爱,倡导理智、求实、创新、奉献。这三个方面的价值观也同样是社会主义价值观(如不适宜叫核心价值观,可以叫人生价值观,具体措词也可以斟酌和完善)。现对这六个方面价值观的丰富内涵简略说明如下:

1. 富强就是实现人民普遍富裕,国家日益强盛,人民生活水平和社会保障水平不断提高。

2. 民主就是建设社会主义民主政治,真正实行民主选举、民主决策、民主管理、民主监督。

3. 文明就是坚持社会主义先进文化前进方向,加强马克思主义理论建设和社会主义核心价值体系建设,弘扬中华文化,建设和谐文化,发展文化事业和文化产业,建设中华民族共有精神家园,增强民族凝聚力和创造力。

4. 和谐就是人与人之间、人与自然之间要和谐相处,就是要关心人、尊重人、爱护人、善待人。

---

① 《习近平谈治国理政》第1卷,外文出版社,2014年版第163页。
② 中共中央宣传部:《习近平总书记系列重要讲话读本》,学习出版社、人民出版社,2014年版第94页。

5. 自由就是依法享有言论、出版、集会、结社、游行、示威的自由,享有通信自由等等自由权利。

6. 平等就是平等地对待人,在真理、法律、纪律、制度面前人人平等,保证人民平等参与、平等发展权利。不能把人分成三六九等。

7. 公正就是维护社会公平正义,逐步建立以权利公平、机会公平、规则公平为主要内容的社会公平保障体系。

8. 法治就是依法治国、依法行政、依法办事。法治的重点难点不在于依法治民,而在于依法治官;要依法保障全体公民享有广泛的权利,保障公民的人身权、财产权、基本政治权利等各项权利不受侵犯。

9. 爱国就是发扬爱国主义精神。每个人都要热爱祖国、报效祖国,要有爱国热情、爱国行动,决不能损害国格、人格。

10. 敬业就是发扬敬业精神。每个人都要以高度的责任感和事业心做好本职工作,干一行爱一行专一行,决不能尸位素餐、玩忽职守、失职渎职。

11. 诚信就是每个人、每个组织都要诚实守信,做老实人,说老实话,办老实事,不弄虚作假,不隐瞒欺骗,不自欺欺人。不搞阴谋阳谋,不能翻手为云、覆手为雨。

12. 友善就是友爱、善良,与人为善,助人为乐,造福于人;就是要心怀坦荡,与人互谅、互让、互敬、互爱,决不损人利己,决不加害于人。

13. 自立包括立身、立志、立德、立功、立言等方面。人首先要能立身,能生存下去,立足于社会。做人起码要自食其力,自力更生,不能啃老,不能寄生于家庭、社会。在此基础上还要立志,就是树立志向、理想,理想必须合理,合理必须现实。立志,按照中国的传统,包括立德、立功、立言三个方面。"立德"是指做人,"立功"是指做事,"立言"是指做学问。首先要做人,然后再做事业、做学问。

14. 自强就是要自强不息。习近平说:"我们的国家,我们的民族,从积贫积弱一步一步走到今天的发展繁荣,靠的就是中华民族一代又一代人的顽强拼搏,靠的就是中华民族自强不息的精神。……自胜者强,自强者胜。""自强不息、厚德载物的思想,支撑着中华民族生生不息、薪火相传,今天依然是我们推进改革开放和社会主义现代化建设的强大精神力量。"①

15. 自警就是要提高警惕,管好自己,控制自己,约束自己,给自己立规矩、划底

---

① 《习近平谈治国理政》第1卷,外文出版社,2014年版第52、158页。

线、设禁区。每个人都要遵守社会的行为规范，包括法律规范、纪律规范、道德规范。人生中有许多底线是不能逾越的，一旦逾越就会害人害己，毁了自己的一生，一失足成千古恨。习近平同志告诫各级干部，要"时刻自重自省自警自励，努力做到'心不动于微利之诱，目不眩于五色之惑'，老老实实做人，踏踏实实干事，清清白白为官。"要"始终有如履薄冰、如临深渊的警觉"。①

16. 自省就是自我反省，就是要心存敬畏、手握戒尺，慎独慎微、勤于自省②。曾子曰："吾日三省吾身——为人谋而不忠乎？与朋友交而不信乎？传不习乎？"今天，我们可以把它引申为反省自己，检点自己。再进一步引申为，反思昨天，回顾过去，总结经验；把握今天，抓紧当下，勤奋努力；规划明天，展望未来，明确目标。

17. 勤劳就是勤奋劳动，包括勤奋学习、勤奋工作、勤奋思考、勤奋探索。勤劳就是要珍惜生命，珍惜时间，勤奋努力，勤奋劳动。习近平说："劳动是财富的源泉，也是幸福的源泉。人世间的美好梦想，只有通过诚实劳动才能实现；发展中的各种难题，只有通过诚实劳动才能破解；生命里的一切辉煌，只有通过诚实劳动才能铸就。劳动创造了中华民族，造就了中华民族的辉煌历史，也必将创造出中华民族的光明未来。'一勤天下无难事。'""全社会都要热爱劳动，以辛勤劳动为荣，以好逸恶劳为耻。"③

18. 节俭就是生活俭省，厉行勤俭节约，反对铺张浪费。"勤以修身，俭以养德。""俭，德之共也；侈，恶之大也。""历览前贤国与家，成由勤俭败由奢。"

19. 崇德，就是崇尚和践行社会公德、职业道德、家庭美德、个人品德。习近平说："道德之于个人、之于社会，都具有基础性意义，做人做事第一位的是崇德修身。这就是我们的用人标准为什么是德才兼备、以德为先，因为德是首要、是方向，一个人只有明大德、守公德、严私德，其才方能用得其所。修德，既要立意高远，又要立足平实。要立志报效祖国、服务人民，这是大德，养大德者方可成大业。同时，还得从做好小事、管好小节开始起步，'见善则迁，有过则改'，踏踏实实修好公德、私德，学会劳动、学会勤俭，学会感恩、学会助人，学会谦让、学会宽容，学会自省、学会自律。"④

---

① 《习近平谈治国理政》第1卷，外文出版社，2014年版第417－418页。
② 《习近平谈治国理政》第1卷，外文出版社，2014年版第381页。
③ 《习近平谈治国理政》第1卷，外文出版社，2014年版第46页。
④ 《习近平谈治国理政》第1卷，外文出版社，2014年版第173页。

20. 仁爱就是"仁者爱人",与人为善,己所不欲,勿施于人,就是博爱、爱护、善待所有的人,就是宽容别人、爱护别人、帮助别人;决不允许损害别人、虐待别人,伤害别人;就是助人为乐,决不允许整人为乐。道德的最大秘密就是爱。中华民族优秀传统文化就是讲仁爱、重民本、守诚信、崇正义、尚和合、求大同的文化。

21. 理智,就是一个人用以认识、理解、思考和决断的能力,或辨别是非、利害关系以及控制自己行为的能力;就是清醒、冷静、合乎实际的思维;就是提升科学素养,弘扬科学精神,坚持科学态度。既解放思想,敢想敢说敢作敢为,又尊重科学,严格遵循客观规律。

22. 求实就是面向实际,尊重事实,实事求是,脚踏实地,就是注重现实,崇尚实干,排斥虚妄,拒绝空想;就是"察实情、出实招、办实事、求实效","谋事要实、创业要实、做人要实"。[1]

23. 创新,在这里是指创新精神。创新精神包括创新意识、创新兴趣、创新胆量、创新决心,以及相关的思维活动。习近平说:"创新是一个民族进步的灵魂,是一个国家兴旺发达的不竭动力,也是中华民族最深沉的民族禀赋。在激烈的国际竞争中,惟创新者进,惟创新者强,惟创新者胜。"[2]我国古人倡导日新、日新、日日新。习近平同志倡导创新、创新、再创新,并且勉励广大青年科技人才要树立科学精神、培养创新思维、挖掘创新潜能、提高创新能力,在继承前人的基础上不断超越。[3]

24. 奉献就是将自己的劳动成果奉献给人民,奉献给社会。奉献就是要做到克己奉公,克己让人,多予少取,乐善好施,助人为乐;做到宁由天下人负我,不教我负天下人;决不允许损人利己、损公肥私;决不允许公权私用、公物私占、公款私吞。

建设社会主义核心价值体系,树立社会主义核心价值观,应该倡导和弘扬中华民族传统的自强精神、博爱精神、勤俭精神、奉献精神,同时要倡导现代社会必须具备的民主精神、法治精神、科学精神、创新精神。归根到底,社会主义核心价值观就是要爱人民、做奉献。这种价值观是全民共建、全民共享的价值观,是顺乎天理、应乎人情、适乎世界之潮流、合乎人群之需要的价值观。

---

[1] 《习近平谈治国理政》第1卷,外文出版社,2014年版第374、381页。
[2] 《习近平谈治国理政》第1卷,外文出版社,2014年版第59页。
[3] 《习近平谈治国理政》第1卷,外文出版社,2014年版第123、128页。

二、扎实推进社会主义核心价值观建设

社会主义核心价值观建设是一项复杂的社会系统工程。实施这项工程,需要做的工作很多,下面仅略举几项:

(一)加强马克思主义的理论指导

社会主义核心价值观首先是社会主义的价值观,离不开马克思主义、科学社会主义的理论指导。为此,必须大力推进马克思主义理论研究和建设工程,大力推进马克思主义中国化时代化大众化。正如习近平所说:"理论上不彻底,就难以服人。我们要以更加宽阔的眼界审视马克思主义在当代发展的现实基础和实践需要,坚持问题导向,坚持以我们正在做的事情为中心,聆听时代声音,更加深入地推动马克思主义同当代中国发展的具体实际相结合,不断开辟21世纪马克思主义发展新境界,让当代中国马克思主义放射出更加灿烂的真理光芒。"①

(二)树立实现"中国梦"的理想信念

中国特色社会主义共同理想是社会主义核心价值体系的主题,也是社会主义核心价值观的实践目标。离开了这个共同理想,也就谈不上共同的价值观。党的十八大以来,习近平同志提出并深刻阐述了实现中华民族伟大复兴的中国梦。中国梦形象表达了全体中国人民的共同理想追求,昭示着国家富强、民族振兴、人民幸福的美好前景,为坚持和发展中国特色社会主义注入新的内涵和时代精神。近14亿中国人民树立了实现振兴中华的中国梦的共同理想,就有了共同的奋斗目标、共同的价值取向和价值观。以习近平为核心的党中央已经提出了实现"两个一百年"的奋斗目标、实现中华民族伟大复兴的"中国梦"的顶层设计。在基层实践中,就是要结合本地区、本部门、本单位和本人的实际,在自己的职责范围内落实好。每个人都应该有自己奋发向上、奉献社会的人生梦,并将所有这些梦想、理想通过实际行动汇合成雄伟壮丽的中国梦。

(三)传承先贤圣哲的民族精神

中国是一个文明古国,在古代文明中就形成了丰富的哲学思想,特别是积累了

---

① 《习近平谈治国理政》第2卷,外文出版社,2017年版第34页。

丰富的人伦价值思想。以孔子和墨子为主要代表的中国传统文化的人生观和价值观,对于包括日本和欧美国家在内的世界各国产生过重大影响。我们培育社会主义核心价值观,更要吸取他们的智慧,传承中华民族的优秀文化传统和伟大民族精神。在我国五千多年的历史发展中,中华民族形成了以爱国主义为核心的勤劳勇敢、团结统一、爱好和平、自强不息的民族精神。这是中华民族最为深厚的历史情感的结晶,是古往今来千千万万中国人奋发向上、百折不挠的精神支柱,是中华民族生生不息、薪火相传、不断发展壮大的精神动力。依靠伟大的民族精神,中华民族历尽磨难而信念愈坚,饱尝艰辛而斗志更强,开发建设了祖国的大好河山,创造了灿烂的中华文明,为人类文明进步做出了不可磨灭的贡献。现在,我们更要靠这种伟大的民族精神建设更加美丽的中国,创造现代伟大的文明,为人类做出前无古人的贡献。中华民族的伟大精神,它存在于我们的先贤圣哲的言行举止中,存在于神州大地的灿烂群星中。就说我们江苏地区、泰州地区、兴化地区,也到处有许多先贤圣哲,他们立德立功立言,为我们留下了流芳百世的美德善行,留下了彪炳史册的卓著功勋,留下了脍炙人口的名篇佳作。例如,元末明初小说家、《水浒传》作者施耐庵那种是非分明、疾恶如仇、伸张正义、替天行道的侠肝义胆。明代理学家、王艮父子之后的泰州学派代表人物、被誉为"东海贤人"的韩乐吾(韩贞)那种"苦难不移希贤志,着实担当做好人"的行善之志,那种"男人女人本平等,何分富贵与贫穷"的平等精神。① 清代"扬州八怪"的代表人物、取得诗书画"三绝"的艺术成就的郑板桥那种自强不息、不懈进取的精神,清正廉洁、不谋私利的精神,平等待人、尊重农夫的精神,关注民生、扶危济困的精神,甘愿吃亏、刚正不屈的精神,开拓创新、独树一帜的精神;清代德艺双辉的一代大师刘熙载那种"为人为官清正廉洁、贞介绝俗,为学为师品学纯粹、以身为教,为艺为文博学多能、成就卓著"的思想品德,② 都是我们兴化地区光辉灿烂的优秀传统文化和世代相传的宝贵精神财富。如果超越兴化地区,放眼泰州地区、江苏地区、神州大地,值得我们学习和传承的优秀传统文化和宝贵精神财富实在是太多太多了。我们要通过传承先贤圣哲的可贵民族精神,赋予时代内容,来培育社会主义核心价值观。

---

① 张树俊:《韩贞评传》,中国青年出版社2009年版目录第1、2页。
② 莫其康:《刘熙载研究》,凤凰出版社2012年版第22、23页。

(四)发扬改革创新的时代精神

恩格斯说:"每一个时代的理论思维,从而我们时代的理论思维,都是一种历史的产物,它在不同的时代具有完全不同的形式,同时具有完全不同的内容。"①伟大的中华民族精神既是世代相传、一脉相承的,又是与时俱进、不断发展的。改革开放以来,中华民族又在改革开放伟大实践中,顺应时代潮流,形成了以改革创新为核心的时代精神,形成了解放思想、实事求是,紧跟时代、勇于创新,知难而进、一往无前,艰苦奋斗、务求实效,淡泊名利、无私奉献的时代精神。其中改革创新精神,也就是锐意改革、创新进取的精神是时代精神的核心。改革创新精神,是一种求得自身进步、持续发展的责任感,是一种解放思想、大胆探索、勇于创造的思想观念,是一种坚韧不拔、自强不息、锐意进取的精神力量。2015年,党的十八届五中全会首次提出了"创新、协调、绿色、开放、共享"五大发展理念,把创新放在首位,并强调,创新是引领发展的第一动力。必须把创新放在国家发展全局的核心位置,不断推进理论创新、制度创新、科技创新、文化创新等各方面创新,让创新贯穿党和国家一切工作,让创新在全社会蔚然成风。② 当今世界各国的竞争是人才的竞争、创造力的竞争。我们要赶上并超过世界上发达国家,要实现中华民族伟大复兴的中国梦,没有改革创新精神,没有大无畏的创造精神,是不可能梦想成真的。培育社会主义核心价值观就必须培育改革创新精神。我们一定要振奋小人物的大无畏的创造精神,做出我们力所能及的贡献。应该相信,经过努力,每个人都会有独特的创造、闪光的成就、出彩的机会,这才无愧于我们伟大的时代,无愧于我们伟大的的民族。

(五)发挥领导干部的表率作用

领导干部在各项工作中都应该是广大干部群众的领路人、引导人、带头人,都应该发挥自己的表率作用、先锋模范作用。在培育社会主义核心价值观工作中,无疑也应该发挥这种表率作用。领导干部应该是学习、坚持、发展马克思主义的带头人,是坚持中国特色社会主义共同理想的带头人,是弘扬民族精神和时代精神的带

---

① 《马克思恩格斯选集》第4卷,人民出版社1995年版第284页。
② 《中共中央关于制定国民经济和社会发展第十三个五年规划的建议》辅导读本,人民出版社2015年版第11页。

头人,是模范践行社会主义荣辱观的带头人。我们有一大批领导干部也确实以身作则,发挥了这样的表率作用和先锋模范作用。但是也有少数领导干部并没有发挥这样的作用,有些人不是社会公仆,而是社会主人;有些人不是吃苦在前、享受在后,而是享受在前、吃苦在后;有些人存在着严重的形式主义、官僚主义、享乐主义、奢靡之风;更有甚者,大搞权钱交易、权色交易、权权交易,以权谋私、违法乱纪、贪污受贿,直至走上犯罪道路。这些领导干部的贪污腐败、蜕化变质,在广大干部群众中影响极坏。当人们看到这样的领导干部在台上讲得冠冕堂皇、娓娓动听,而在台下胡作非为,受贿几十万、几百万,包养二奶三奶甚至有几十个情人的时候,大家不仅会对这些人的虚伪腐败深恶痛绝,而且对其他领导干部也会产生怀疑、失去信任,从而严重影响到党和政府的威信。事实证明,党员领导干部的清正廉洁和表率作用,在社会主义核心价值观建设中具有关键性决定性的作用。党员领导干部只有自己树立了社会主义核心价值观,才能引导党员、干部和群众普遍树立社会主义核心价值观。

(六)学习身边优秀人物的美德善行

我国有近14亿人口、近9000万党员、几百万干部,腐败分子和犯罪分子毕竟是少数,而绝大多数党员、干部和群众都是好的和比较好的。在广大党员、干部和群众中,到处都有值得大家学习的先进模范人物。广泛宣传、认真学习这些先进典型,让大家学有榜样、赶有方向,在我们培育社会主义核心价值观的工作中具有重大作用。社会主义核心价值观固然是观念形态的东西,但是并不是虚无缥缈、不可捉摸的,并不抽象,也不神秘,它就活生生地存在于我们广大党员、干部和群众中。只要我们本着实事求是的原则、虚心学习的态度,就会发现在我们身边,有许多值得我们学习的美德善行和可贵精神,有许多平凡中见伟大、小事中显美德的好人好事。孔子说过,三人行必有我师。在我们身边人身边事中也确实如此。报纸上、电视上、媒体上宣传的先进典型和好人好事固然值得我们学习,我们身边的好人好事和美德善行也同样值得我们学习,而且为我们亲眼所见、亲耳所闻,更易于学习。在笔者直接接触、直接认识的人当中,也有许多值得我敬佩和学习的栋梁之材、专家学者、良师益友和亲朋好友,这里仅略举一二如下:曾任江苏省委副书记、省纪委书记、省政协主席的曹克明同志,除了媒体已宣传的事迹外,他的节俭朴素的优秀品质令人敬佩;据我所知,他不仅从来不参加各种宴请(除了统一安排的会议伙食外),而且烟酒不沾,生活节俭,平常家里的伙食还不如我们这些寻常百姓家。真是"一身正气,两袖清风",无愧于中央记一等功的殊荣和媒体称为"党的忠诚卫士"的美誉。曾任三届全国政协委员(两届常委)、三届国务院参事的任玉岭研究员,在多年全国两会上,他的提案不仅数量多,而且质量高。他最早提出的"免除农业税收"、"管控住房价格"、"精官简政"等提案都引起了媒体的关注和社会的反响,许多已经成为国家的政策,被媒体称为"任玉岭现象",无愧于"总理高参"的美誉。他的金玉良言是宝,他的精美书法是宝,他的精神品质更是宝。他为国为民立德立功立言。他贡献突出、德高望重,而又虚怀若谷、平等待人。他待人热情、诚恳的人格魅力赢得了很多人对他的尊重。在我们身边像这样品德高尚的同志还有很多。总之,神仙并不可信,圣贤就在身边,我们要见贤思齐,善于发现和学习我们身边人的美德善行,"博学之,审问之,慎思之,明辨之,笃行之。"这应该是社会主义核心价值观建设中最切实可行也最简便易行的基层实践。

(七)树立德育为先的教育理念

习近平指出:"青年的价值取向决定了未来整个社会的价值取向,而青年又处在价值观形成和确立的时期,抓好这一时期的价值观养成十分重要。"[1]"广大教师要用好课堂讲坛,用好校园阵地,用自己的行动倡导社会主义核心价值观,用自己的学识、阅历、经验点燃学生对真善美的向往,使社会主义核心价值观润物细无声地浸润学生们的心田、转化为日常行为,增强学生的价值判断能力、价值选择能力、价值塑造能力,引领学生健康成长。"[2]青少年时代是人的世界观人生观价值观形成的时期,对青少年每个人的未来,对整个中华民族的未来具有深远的影响。因此,培育社会主义核心价值观要从小抓起,从学校抓起。各级各类学校教育要坚持以人为本,德育为先,把立德树人、培育学生的社会主义核心价值观作为根本任务,努力培养德智体美全面发展的社会主义建设者和接班人。要推动社会主义核心价值观进教材、进课堂、进头脑。要注重发挥校园文化的熏陶作用,建设体现社会主义特点、时代特征、学校特色的校园文化。同时要建设师德高尚、业务精湛的高素质教师队伍。教师要学为人师,行为世范,为人师表。

---

[1] 《习近平关于社会主义文化建设论述摘编》,中央文献出版社2017年版第117页。
[2] 《习近平关于社会主义文化建设论述摘编》,中央文献出版社2017年版第123页。

（八）营造风清气正的社会环境

社会主义核心价值观，作为一种观念形态，归根到底是社会存在的反映。正如马克思所说："不是人们的意识决定人们的存在，相反，是人们的社会存在决定人们的意识。""观念的东西不外是移入人的头脑并在人的头脑中改造过的物质的东西而已。"①要改造人们的思想观念，归根到底，要改造人们的社会存在。在腐败现象严重、社会风气不正、社会分配不公、两极分化明显的社会环境中，要树立文明、和谐、平等、公正、诚信、友善的价值观，就只能是美好的愿望。显然，社会主义核心价值观建设，不能从观念到观念，不能就价值观讲价值观，必须通过全面深化改革，特别是深化干部人事制度改革、收入分配制度改革，营造风清气正的社会环境，人民大众才能够真正树立这样的社会主义核心价值观。

第三节 加强社会主义地域文化建设

实现文化的繁荣兴盛，是一项艰巨复杂的社会系统工程，有大量工作要做，从基层做起，从地方做起，加强社会主义地域文化建设，是其中一项重要的基础工作。本节试以办好"中国兴化郑板桥艺术节"为例，探讨一下如何加强社会主义地域文化建设的问题。

习近平同志国学修养深厚，善于借鉴传统文化加强文化建设。他在多次讲话中引用郑板桥的诗句"衙斋卧听萧萧竹，疑是民间疾苦声；些小吾曹州县吏，一枝一叶总关情"，教导干部一定要把人民放在心中最重的位置，切身体察人民的疾苦，凡事以民生为导向；引用"鞠躬尽瘁，死而后已"，强调我们为人民服务应有的精神和态度。通过对这些经典词句的学习，不仅加深了我们对中国传统文化精华的理解，更使我们体会到总书记深植内心的为民情怀。② 2015 年 1 月 9 日，在与 206 名县委书记座谈会上，总书记博古通今，从王安石、郑板桥、陶渊明讲到狄仁杰、包拯、海瑞，说明古代许多名人志士，都在知县这个岗位上作出成绩、名垂青史。总书记又一次诵读起郑板桥"衙斋卧听萧萧竹"的著名诗句，并说："睡卧不安，总是想到百

---

① 《马克思恩格斯选集》第 2 卷，人民出版社 1995 年版第 32、112 页。
② 《从古文经典引用看习近平治国理政》，载《学习时报》，2014 年 11 月 21 日。

姓过得怎么样。这种心境,跟老百姓贴得多紧啊!"①

郑板桥是清代著名书画家、文学家、"扬州八怪"的杰出代表人物,在海内外享有盛誉。江苏兴化是郑板桥的故乡。为纪念板桥,宣传兴化,扩大交往,加快发展,于1993年11月22日郑板桥诞辰300周年之际举办了首届"中国兴化郑板桥艺术节";此后,每两年举办一次。2009年11月16日至18日举办了第九届郑板桥艺术节。这一届郑板桥艺术节,有力促进了兴化地域文化和经济社会的发展,并取得了地域文化建设的有益经验。经验表明,必须用科学发展观指导地域文化建设,正确处理地域文化建设中的十大关系,即:经济与文化的关系,文化与文艺的关系,先进文化与多元文化的关系,古代文化与现代文化的关系,本地文化与外地文化的关系,学习继承与发展创新的关系,内容与形式的关系,苦练内功与宣传造势的关系,费用与效用的关系,普及与提高的关系。

一、第九届中国·兴化郑板桥艺术节的主要活动和主要成绩

与往届郑板桥艺术节相比,第九届郑板桥艺术节更加注重文化建设和文化特色展示。本届艺术节的主要活动有五大板块:第一板块是开幕式和闭幕式。包括举办水上古刹上方寺天王殿、山门殿佛像开光仪式;与央视《欢乐中国行》栏目联手上演具有浓郁水乡特色的精彩文艺节目;上演淮剧系列小戏《郑板桥》。第二板块是文化活动。包括举办第二届"板桥杯"全国书画大赛、"兴化文学现象"研讨会、郑板桥真迹暨全国书画、摄影大赛获奖作品展等;建立郑板桥文化发展基金会、实施郑板桥纪念馆改造、新建"楚水流长"史料馆;举行一系列群众文化活动。第三板块是宣传造势。包括推出人文兴化宣传品并举行首发式;拍摄兴化组歌MTV,推出《板桥道情》《茅山号子》等作品;制作中国兴化邮品宣传册、旅游文化景点宣传册;编撰《兴化历史简明读本》《兴化民间故事》;拍摄制作《中国·兴化》电视专题片。第四板块是经贸活动。包括举办兴化投资环境说明会暨招商引资重大项目签约仪式,举办不锈钢产业发展论坛,组织重点服务业项目观摩促进活动和客商园区行活动,组织农业投资项目洽谈推介会和高效农业合作社座谈会。第五板块是城建项目与旅游活动。节日期间,开放新建成的"金东门"明清一条街、东岳庙、成家大司马府、吴甡故居、李鱓浮沤山庄、八字桥文化广场、高谷故居等一批文

① 《座谈会纪实:习近平与206名县委书记聊了啥》,载《人民日报》,2015年1月13日。

化景点。筹建城市规划馆、制作一批城市雕塑。举行城市防洪工程微缩景观展开展仪式。

本届艺术节的主要成绩,一是实现了文化与经济的精彩互动。办节期间,组织了各类群众健身、体育比赛,家庭才艺和摄影、书画大赛等文化活动和《欢乐中国行·魅力兴化》文艺演出,出版了人文兴化的宣传品。举行了中国名蟹的评比,评选出以兴化"泓膏"蟹为首的十大名蟹。以文化为载体,还举办了不锈钢产业发展论坛、中国兴化高效农业发展论坛,与江苏省农科院签订了农业科技合作协议,成功举行了重大项目签约仪式,签约64个项目、投资总额达40.51亿元。二是提升了城市的形象,扩大了兴化的影响力。围绕办节推进了以文化为主线的城市建设,八字桥文化广场、大司马府、东岳庙、儒学街,以及8个路桥工程,在板桥节之前如期完成。节庆前后,尤其是节庆期间,《经济日报》《农民日报》和江苏卫视、人民网等国内外媒体对兴化做了集中报道,进一步提升了兴化对外影响力。通过艺术节的举办,进一步彰显了兴化淳朴善良的民风。

二、第九届中国·兴化郑板桥艺术节的主要经验

这一届郑板桥艺术节为今后进一步办好艺术节、为发展兴化的地域文化积累了许多有益的经验。经验表明,必须用科学发展观指导地域文化建设,正确处理地域文化建设中的十大关系:

第一,正确处理经济与文化的关系,努力实现经济建设与文化建设的全面协调发展,不断满足人民的物质文化生活需要。

第九届中国·兴化郑板桥艺术节与第三届中国生态河蟹文化节,是2009年11月16日至18日同时在兴化举行的。"两节"同时举办,文化活动与经贸活动同时举行,是经济建设与文化建设的一种形式上的结合,除此之外,还要努力实现经济建设与文化建设内容上的深层次的结合。归根到底,文化是经济的反映,文化形式中包含着经济生活、政治生活、社会生活的内容。板桥文化中不仅包括诗书画"三绝"的艺术形式,还包括十分丰富的思想内容。板桥文化的核心价值是郑板桥的民本思想。他的民本思想体现在忧国忧民、农夫第一、务本勤民、泽加于民、扶危济困等许多方面。弘扬板桥文化的重要方面之一是传承民本思想,更好地贯彻落实以人为本的科学发展观,解决好民生问题。民生问题涉及人民生活方方面面,如教育问题,就业问题,收入分配问题,社会保障问题,医疗卫生问题,等等。今后办节,可

以更多地关注民生问题,围绕民生问题举行多个领域的研讨会、座谈会、报告会。这样,既传承了板桥文化的精华,又贯彻落实了以人为本的科学发展观,从而把弘扬板桥文化与改善民生更好地结合起来,更好地满足广大人民的物质和文化生活需要。

第二,正确处理文化与文艺的关系,以现代文化的宽广视野推进地域文化各个领域的全面协调发展,全面提高人民的思想道德素质和科学文化素质。

文化是人类在社会历史发展过程中所创造的各种精神财富。文学艺术是文化的重要组成部分,但不是文化的全部。现代文化不仅包括文学艺术,还包括科学技术、教育、卫生、体育、新闻出版、广播电视等等方面;科学又包括自然科学、社会科学、综合科学等等内容。党的十八大报告明确提出了扎实推进社会主义文化强国建设的四项任务:(一)加强社会主义核心价值体系建设。(二)全面提高公民道德素质。(三)丰富人民精神文化生活。(四)增强文化整体实力和竞争力。① 由此可见,我们的文化发展不仅仅是文学艺术的繁荣发展,还包括哲学社会科学的繁荣发展等多方面的内容。提升兴化城市文化品位,应该体现在思想理论、科学技术、文学艺术、教育、体育、医疗卫生、新闻出版、广播电视等各个方面。因此,今后最好把郑板桥艺术节改为郑板桥文化节;办节时可以开展思想理论、科教文卫等多方面的更加丰富多彩的文化活动;特别是要通过办节发扬光大板桥文化的核心价值,加强社会主义核心价值体系建设,加强哲学社会科学研究和普及工作,努力从核心价值上提升兴化的文化品位。相对于文学艺术和自然科学而言,兴化对哲学社会科学研究和普及工作还没有引起足够的重视。要加强对板桥文化、水浒文化、韩乐吾文化等兴化传统文化中思想精华的研究,支持当代兴化理论工作者的哲学社会科学研究。今后的文化节或艺术节应该注意从这一方面更全面地展示兴化的文化品位和人文风貌,应该以现代文化的宽广视野推进兴化文化各个领域的全面协调发展,全面提高兴化人民的思想道德素质和科学文化素质。

第三,正确处理先进文化与多元文化的关系,在发展地域文化中始终坚持马克思主义的指导地位,坚持先进文化的前进方向。

当前,我国正在经历着深刻的历史变革,社会生活多样、多元、多变的特征日益凸显,只有坚持马克思主义的指导地位,坚持先进文化的前进方向,才能真正加强

---

① 《十八大报告辅导读本》,人民出版社2012年版第31-33页。

社会主义精神文明建设和核心价值体系建设,真正实现社会主义文化的大发展大繁荣。在本届艺术节活动中,有不少活动是符合这一要求的,但也有不符合这一要求的。例如,举办"古刹"(实际上是新建)上方寺天王殿、山门殿佛像开光仪式,就不是传统文化的精华,而带有明显的封建迷信色彩,并不能弘扬科学精神,体现时代特色。我们继承民族优秀文化传统,是为了在历史提供的高起点上创造出符合当代精神和时代潮流的新文化,而不是要回到过去、守旧复古。我国宪法规定,公民有信仰宗教的自由,也有不信仰宗教的自由。我们党和政府,我们共产党人不干涉别人宗教活动,同时又是彻底的唯物主义者,始终代表先进文化的前进方向;我们不信仰任何宗教,也不鼓励、不引导别人信仰宗教。在地域文化建设中,我们要始终保持清醒的头脑,始终坚持马克思主义的指导地位,坚持先进文化的前进方向,坚持以主导的价值引领社会,以科学的理论指引航向,以共同的理想凝聚力量,以崇高的精神鼓舞斗志,以优秀的道德培养风尚。

第四,正确处理古代文化与现代文化的关系,坚持厚今薄古,古为今用,科学对待古代文化,取其精华,去其糟粕。

兴化是省级历史文化名城,有着2000多年深厚的文化底蕴。自古以来,这里便是"崇文尚儒"、"耕读并重"之地。从南宋咸淳至清代光绪年间,这块灵秀之地上共走出了93名进士、263名举人。"扬州八怪"代表人物郑板桥、大文学家、《水浒传》作者施耐庵、大文艺理论家刘熙载,更是家喻户晓的文坛巨匠。当代文坛、艺坛上,更是活跃着一批作家、艺术家。有了前辈今人的影响,有着翰墨书香的熏陶,一大批"板桥后来人"在读书、写书、出书方面,做出了不俗的成绩。兴化已有40多位作者加入国家、省级作协、书协、美协、影协等协会,100多篇文艺作品在省级以上比赛中获奖。在整个苏中地区文艺界形成了独特的"兴化现象"。在"兴化文学现象"研讨会上,与会人员普遍认为兴化文学的卓著成就与当地独特的人文自然环境和深厚的文化积淀是分不开的。由此可见,在地域文化建设中,既要充分利用传统文化,又要发扬光大传统文化,与时俱进,推陈出新,不断创造更加辉煌的现代文化。我们继承传统文化,不是墨守成规,更不是全盘复古,而是取其精华,去其糟粕,使之与当代社会相适应、与现代文明相协调。

第五,正确处理学习继承与发展创新的关系,不断推进地域文化创新,增强文化发展活力。

对于兴化地区丰富的传统文化,我们应该充分开发利用,认真学习继承。同时,我们又不能简单地模仿前人的作品,而要在时代的高起点上推进文化的发展创新,创作更好更多反映人民现实生活、群众喜闻乐见的优秀精神文化产品。我国历来崇尚创新精神,主张"苟日新,日日新,又日新","总把新桃换旧符"。郑板桥也是主张发展创新的,他的诗书画正是在前人成就基础上发展创新、自成一家的结果。他的书法冲破了正统的"八分书",融合前人多种笔法,形成了自成一家的"板桥体"——"乱石铺街"的"六分半书"。当代中国共产党人更是把发展创新提高到国家发展战略的高度。毫无疑问,也应该把增强自主创新能力贯彻到地域文化建设的各个方面。发展地域文化,必须大力推进文化创新,努力体现时代性、把握规律性、富于创造性。

第六,正确处理内容与形式的关系,注重内容,讲究形式,创造出内容与形式完美统一的文化精品。

发展地域文化,要积极推动内容创新和形式创新。在历届郑板桥艺术节中,对郑板桥诗书画"三绝"的艺术形式和成就已经做了大量研究,但对这种艺术形式之中蕴含的丰富思想内容还可以做更深入的探讨和研究,并给予现代解读,力求推陈出新,古为今用。例如,他的民本思想与当代以人为本的科学发展观是相通的。他的"难得糊涂"、"吃亏是福"的名言,可以解读为聪明与糊涂、吃亏与享福的辩证统一,是一种大智若愚、甘于吃亏、乐于奉献的精神境界,与老子的"知其雄,守其雌","祸兮福之所倚,福兮祸之所伏"的辩证法思想是一脉相承的,与我们倡导的吃苦在前、享乐在后、先人后己、克己让人的精神是相通的。发扬光大其中的思想精华,对于我们建设社会主义精神文明、构建社会主义核心价值体系、构建社会主义和谐社会是十分有益的。

为了迎接第九届郑板桥艺术节,兴化迁移了四牌楼,四牌楼上47块牌匾有丰厚的文化内涵。我们既要重建好人们看得见的四牌楼,更要开发其中所蕴含的丰厚思想文化资源。例如,"东海贤人"牌匾是为兴化明代理学家、泰州学派重要代表人物韩乐吾所立。韩乐吾哲学是一种平民哲学,在中国哲学史上占有一席之地,他的慈善行为更使他被誉为流芳百世的"东海贤人"。但在兴化真正了解他的哲学思想和善行义举的人不是很多。其实,他的与人为善、助人为乐的思想言行,他的乐天安命、安贫乐道的哲学思想,他的"包罗天地大,贯彻古今深"的精神境界,对于我们发扬助人为乐精神、乐观主义精神、宽容精神,建设和谐文化,构建社会主义和谐社会,是十分有益的,是值得我们发扬光大的。

第七,正确处理本地文化与外地文化的关系,坚持本地为主,博采众长,融合提炼,自成一家。

发展地域文化,既要传承发展本地文化,又要借鉴吸收外地文化。要坚持本地为主,博采众长,融合提炼,自成一家,创造出富有本地特色的地域文化。要充分开发利用当地的人才资源和文化资源,充分调动当地人发展文化的积极性主动性创造性,充分展示当地的人文风貌。兴化在思想理论界、科学技术界、教育界、卫生界、体育界、文艺界、新闻界等多个文化领域有不少人才;古代有,现代也有;外地有,本地也有。要展示新的人文风貌,提升兴化美誉度,就不仅要了解、研究和宣传兴化古代的人才,更要了解、研究和宣传兴化现代的人才;不仅要包括文艺人才,更要包括科教文卫等社会各界的人才。在这一方面,兴化市史志档案办公室已经编印了2册《天南海北兴化人》,这项工作还要继续做下去。同时,在兴化当地也有不少在不同文化领域做出显著成绩的优秀人才。加强对这些人才的了解、研究和宣传,包括编印《当代当地兴化人》,显然是展示兴化人文风貌、推进文化兴化建设、宣传推介兴化、提升兴化美誉度的一个重要方面。做好这一工作,对许多人才扎根兴化工作、献身兴化建设有重要示范作用,对振奋小人物的大无畏创造精神,提升许多人在平凡岗位上做出不平凡成绩的信心也有重要激励作用。在本届艺术节活动中,对兴化新的人文风貌有所展示,但展示得不够充分;相反,对外地的演艺人员、书画家却展示得更多。今后办节时,可以注意更多地展示兴化新的人文风貌。

第八、正确处理宣传造势与苦练内功的关系,现代文化发展既要练好内功,也要扩大宣传;但任何时代、任何人练好内功都是第一位的。

《水浒传》之所以被列入中国古典文学四大名著,韩乐吾之所以被誉为"东海贤人",郑板桥之所以被誉为诗书画"三绝",绝不是靠宣传造势造出来的,而是靠他们的思想言行和传世之作。今天,发展兴化文化,也只能靠兴化人的思想言行和精品力作,靠日积月累、苦练内功。同时,随着时代的前进和科技的发展,利用现代传播技术,向省内外、国内外宣传兴化、推介兴化,扩大兴化的知名度和美誉度也是必要的。但是,如果没有自己的经济实力和文化实力,没有自己的优秀人才和文化精品,拿什么去宣传造势,又有什么美誉度可言呢?如果指望靠演艺人员来宣传造势,究竟是为谁宣传造势,又能提高谁的知名度、美誉度呢?显然,现代社会,花上几千万元宣传造势并不难,难的是当地人自己苦练内功,创造出自己的文化精品。我们的主要时间精力应该放在苦练内功、多出人才、多出精品上。

第九,正确处理费用与效用的关系,量力而为,讲究实效,力求以最少的经费投入,创造最好的文化精品,实现文化建设的可持续发展。

本届艺术节的主要活动之一是"欢乐中国行"大型文艺演出。这场演出,邀请央视"欢乐中国行"栏目组走进兴化,一些知名歌手加盟,耗资巨大。据说,有一位歌手一场演出的出场费就是50多万元,其他费用也十分高昂。其资金来源是靠出售演唱会门票,每张门票票价高达500—2500元,合计要卖18000张票。以平均每张门票1500元计算,合计要花去兴化人民2700万元。艺术节组委会要求,要把征订"欢乐中国行"文艺演出门票的工作作为一项重要任务,积极认购演出门票,有条件的乡镇、部门、单位要组织方阵观看。一个方阵200人,认购门票要花50万元。兴化是个农业大市,经济发展水平低于江苏省平均水平。据统计,2008年兴化市人均生产总值17392元,在岗职工年平均工资22894元,城镇居民年人均可支配收入14667元,农村居民人均年纯收入6995元,农村居民年人均生活消费支出4191元,均低于全省平均水平,前三项还低于全国平均水平。从兴化市情来看,不必高价聘请歌手来演唱,唱几首歌对兴化经济文化建设并无多大作用。此外,由于演出当晚雨雪纷飞,气温很低,演员是"强颜欢笑",观众是"苦中作乐"。花了两千七百万,结果大家都遗憾。当然,天公不作美是"意外"情况,但是作为活动组织者应该考虑到这种情况,不宜在冬季组织大型晚间室外活动,今后办文化节或艺术节最好避开严寒酷暑,这是应该记取的一个教训。不难设想,如果不聘请歌手演出,而聘请一些专家学者,共谋兴化经济文化社会发展大计,费用低得多,而效果好得多。由此可见,举办文化节或艺术节要切合实际,讲求实效,进行费用和效用的对比分析。如果把2700万元存入银行,以年利率2.25%测算,每年利息就是60.75万元。有这么多经费,每年都可以为兴化文化发展做许多事情,将大大有助于兴化文化事业全面协调可持续的发展。

第十,正确处理普及与提高的关系,坚持以人为本,坚持发展为了人民、发展依靠人民、发展成果由人民共享。

中国特色社会主义文化是面向现代化、面向世界、面向未来的,民族的科学的大众的社会主义文化。这种文化,是为了人民、依靠人民、由人民共享的文化。地域文化的发展,必须贴近实际、贴近生活、贴近群众,始终把社会效益放在首位,做到经济效益与社会效益相统一,普及与提高相结合。随着人们文化水平的提高和传媒技术的发展,人们对文化产品的欣赏水平和质量要求也在不断提高。因此,文化产品的质量和品位也要不断提高,要多出精品。要紧跟时代步伐,创造富有时代特色和地域特色的文化品牌,如兴化的水文化(包括水产文化)、小说文化、书画文化、国际象棋文化、平民哲学文化都是有地域特色、有丰厚底蕴的文化,可以在这些领域重点提高,创造品牌。地域文化建设通常更多的是服务于当地老百姓,要多发展一些普通老百姓玩得起、看得起的文化活动。"两节"的许多活动是老百姓能够参与的,也有些活动,如"欢乐中国行"文艺演出,兴化普通老百姓是享受不起的。事实证明,举办任何文艺演出和文化活动,心目中一定要有群众,要让群众参与,让群众共享。为此,必须逐步构建覆盖全社会的比较完备的公共文化服务体系,大力发展公益性文化事业和经营性文化产业。应该看到,"节日"文化固然可以推动平日文化的发展,但也必须以平日文化为基础。"台上一分钟,台下十年功。"节日的展示同样必须靠平日的积累。因此,地域文化建设要重在平时、重在群众,要注意"节日"与平日相结合、普及与提高相结合,实现普及——提高——再普及——再提高的良性循环。

第八章 教育改革论

习近平在党的十九大报告中强调:"建设教育强国是中华民族伟大复兴的基础工程,必须把教育事业放在优先位置,深化教育改革,加快教育现代化,办好人民满意的教育。要全面贯彻党的教育方针,落实立德树人根本任务,发展素质教育,推进教育公平,培养德智体美全面发展的社会主义建设者和接班人。"①深化教育改革,摒弃应试教育,实施素质教育,办好优质教育,是提高国民素质、培养大批人才、实现国家科教兴国战略的根本举措。原国家教委主任朱开轩指出:"素质教育从本质上说,是以提高全民族素质为宗旨的教育。素质教育是为实现教育方针规定的目标,着眼于受教育者群体和社会长远发展的要求,以面向全体学生、全面提高学生的基本素质为根本目的,以注重开发受教育者的潜能、促进受教育者德智体诸方面生动活泼地发展为基本特征的教育。也就是说,素质教育要面向全体学生,而不是面向少数学生,要促进学生全面发展,而不是单纯应付考试,要培养学生的自主学习能力和自我发展能力,而不是让学生被动地、机械地接受知识。"②而多年来我国教育实践与此背道而驰,不是面向全体学生、全面提高学生素质,而是单纯应付考试,将学生德智体诸方面发展置于不顾,拼命加重学生课业负担,严重危害学生身心健康。因此,深化教育改革,摒弃应试教育,实施素质教育是我国社会主义现代化建设事业的需要,是我国基础教育改革的时代主题和紧迫任务。

教育是国计,也是民生;教育是今天,更是明天。教育问题是关系到每个人、每个家庭乃至整个国家、民族前途命运的重大问题,也是我国历来积弊甚多的问题,因而也是广大人民长期以来密切关注的重大问题。本章针对我国教育中长期存在的重大问题提出了自己的一孔之见。

---

① 《党的十九大报告辅导读本》,人民出版社2017年版第45页。
② 转引自严莉:《浅谈成人学校素质教育问题》,载《成都行政学院学报》,2003年第10期。

本章的创新点主要有：

一、办好人民满意的教育，必须把《纲要》规定的教育改革和发展的工作方针落到实处。其中对深化教育改革提出了一系列建议。

二、中小学生、特别是中学生课业负担过重，形势十分严峻，后果十分严重，为中学生"减负"刻不容缓。为中学生"减负"必须标本兼治。作为治标之策，教育部门要重申并严格执行既有的关于中小学生减负的各项规定。作为治本之策，要端正教育思想，深化教育改革，优化教育制度，并全面深化经济、政治、社会各方面改革。

三、长期以来，我国教师收入偏低，结构失衡，影响教师的工作、生活和身心健康，不利于吸引优秀人才加入教师队伍，必须从提高教师待遇入手，提高师资质量和教育质量。

第一节　把教育改革和发展的工作方针落到实处

《国家中长期教育改革和发展规划纲要（2010——2020年）》（以下简称《纲要》）是一个重要的纲领性文件。《纲要》在总体战略中提出了"优先发展、育人为本、改革创新、促进公平、提高质量"五条工作方针。认真执行这五条工作方针是贯彻落实规划纲要的关键。本节就来谈谈如何把这五条工作方针落到实处。

一、把教育摆在优先发展的战略地位

《纲要》提出：把教育摆在优先发展的战略地位。教育优先发展是党和国家提出并长期坚持的一项重大方针。各级党委和政府要把优先发展教育作为贯彻落实科学发展观的一项基本要求，切实保证经济社会发展规划优先安排教育发展，财政资金优先保障教育投入，公共资源优先满足教育和人力资源开发需要。充分调动全社会关心支持教育的积极性，共同担负起培育下一代的责任，为青少年健康成长创造良好环境。完善体制和政策，鼓励社会力量兴办教育，不断扩大社会资源对教育的投入。①

认真执行这一方针，关键是各级党委和政府，重点是财政资金优先保障教育

---

① 《国家中长期教育改革和发展规划纲要（2010-2020年）》，载《人民日报》，2010年7月30日。

投入。

首先,各级党政领导机关和领导干部一定要把教育摆在优先发展的战略地位。要切实提高思想认识,加强和改善对教育工作的领导。教育是民族振兴、社会进步的基石,是提高国民素质、促进人的全面发展的根本途径,寄托着亿万家庭对美好生活的期盼。强国必先强教。优先发展教育、提高教育现代化水平,对建设富强民主文明和谐美丽的社会主义现代化强国具有决定性意义。现在世界上穷国与富国的差距,归根到底是知识的差距、教育的差距。各级领导干部一定要坚决执行科教兴国、人才强国的发展战略,把教育工作列为自己的工作重点,紧抓不放,常抓不懈,真正把教育工作抓上去。要把推进教育事业科学发展作为各级党委和政府政绩考核的重要内容,完善考核机制和问责制度。各级政府要定期向同级人民代表大会或其常务委员会报告教育工作情况。建立各级党政领导班子成员定点联系学校制度。有关部门要切实履行职责,支持教育改革和发展。扩大人民群众对教育事业的知情权、参与度。要建立一套科学的全面的考核教育事业发展的指标体系,对各地、各级领导要像考核经济指标那样考核教育指标。

其次,财政资金必须优先保障教育投入。必须认清,教育投入是支撑国家长远发展的基础性、战略性投资,是教育事业的物质基础,是公共财政的重要职能。要健全以政府投入为主、多渠道筹集教育经费的体制,大幅度增加教育投入。长期以来,我国存在着教育投入不足的问题。《纲要》发布以来,情况有所好转。教育部2016年全国教育经费统计快报显示,教育经费占GDP的比重,2010年:3.66%;2011年:3.93%;2012年:4.28%;2013年:4.30%;2014年:4.10%;2015年:4.26%。2016年:5.22%,为历史最高占比。① 现在的问题是要建立健全教育投入的保障机制,确保教育投入只升不降。同时要管理好、运用好教育经费。

二、把育人为本作为教育工作的根本要求

《纲要》指出:把育人为本作为教育工作的根本要求。人力资源是我国经济社会发展的第一资源,教育是开发人力资源的主要途径。要以学生为主体,以教师为主导,充分发挥学生的主动性,把促进学生健康成长作为学校一切工作的出发点和落脚点。关心每个学生,促进每个学生主动地、生动活泼地发展,尊重教育规律和

---

① 《2016中国教育经费38866亿 占GDP5.2%,创历史新高!》,载《齐鲁晚报》,2017年5月4日。

学生身心发展规律,为每个学生提供适合的教育。努力培养造就数以亿计的高素质劳动者、数以千万计的专门人才和一大批拔尖创新人才。①

贯彻落实这一方针,必须掌握一个根本,尊重两个规律,正确处理三个关系。

(一)掌握一个根本,就是掌握育人为本这个根本要求。教育的根本任务是培养人才,人才首先是人,其次是才。教育的首要任务是培养人,教育学生学会做人。人的一生都是做人的过程。人的一生中,不仅要从事某种职业,要适应职业需要,安于其业,专于其业,精于其业,在职业生涯中尽职尽责,做出贡献;而且人生全过程中都要立足社会,与人相处,都要处理好自己的、家庭的、职业的、社会的各种事务,人要学会处己、处人、处事,要有良好的个人品德、家庭美德、职业道德和社会公德;要力求做到德智体美全面发展。教育的唯一目的就是把人培养成人。著名教育家陶行知指出:"先生不应该专教书,他的责任是教人做人。学生不应当专读书,他的责任是学习人生之道。"②"教师的职务是'千教万教,教人求真';学生的职务是'千学万学,学做真人'。"③培养什么人、如何培养人,是我国教育事业发展中必须解决的根本问题。《教育——财富蕴藏其中》一书概括出教育的四大支柱,即"四学":"学会学习(1earningtoknow)"、"学会做事(1earningtodo)"、"学会交往(1earningtoliveto-gether)"、"学会做人(learningtobe)",并坚决地重申一个基本原则:"教育应当促进每个人的全面发展,即身心、智力敏感性、审美意识、个人责任感、精神价值等方面的发展,应该使每个人尤其借助青少年时代所受的教育,能够形成一种独立自主的、富有批判精神的思想意识,以及培养自己的判断能力,以便由他自己确定在人生的各种不同的情况下他认为应该做的事情。"④人生的全过程都是做人的过程,做人的教育包含着极其丰富的内容。因此,应该树立"五个面向"的教育思想,即教育要面向人生,面向社会,面向现代化,面向世界,面向未来。⑤

(二)尊重两个规律,就是尊重教育规律和学生身心发展规律。这两个规律是每个教育工作者都应该学习、研究、掌握、尊重的规律。有些教师完全不懂教育规

---

① 《国家中长期教育改革和发展规划纲要(2010-2020年)》,载《人民日报》,2010年7月30日。
② 《陶行知全集》卷五,第175页。
③ 《陶行知全集》卷三,第608页。
④ 徐耀荣:《新形势下高校任课教师与辅导员协同育人方式探析》,载《课程教育研究》,2015年第3期。
⑤ 朱妙宽:《刍议树立"五个面向"的教育思想》,载《基础教育研究》,2012年6月上半刊。

律和学生身心发展规律,误人青春、误人终身。有些教育制度和教学工作直接违背客观规律,损害了学生的身心健康。我们要尊重客观规律,从人生的全过程、从国家建设的全局出发,从战略眼光看待和安排全部教育教学活动。中小学生作为成长中的青少年,具有人的一个共性特征,就是时间精力是有限的,时间对任何人都是最宝贵、最稀缺的资源。一日之计在于晨,一年之计在于春,一生之计在青春。现代知识是无限的,而人的时间精力是有限的,中小学生只能、也只要学习一些做人做事所必备的共性的基础知识就行了,教学内容不要安排得太多太细太深,有些与专业相关的知识,有些将来只有少数人用得上的知识,可以放到大学阶段、放到专业基础课中学习。庄子说过:"吾生也有涯,而知也无涯,以有涯随无涯,殆已。"①意思是说:我的一生是有限的,而知识是无限的,用有限的生命去学那无限的知识是危险的。现在已进入知识爆炸、信息爆炸时代,更要解决好知识无限性与生命有限性的矛盾,基础教育只能学习一些每个人都必备的基础知识。人生中的大事很多,必备的知识也很多,不能把眼光仅仅放在几本教科书上,更不能把考试分数看得过重。温家宝指出:"学生不仅要学会知识,还要学会动手,学会动脑,学会做事,学会生存,学会与别人共同生活,这是整个教育和教学改革的内容"。② 所以青少年要学习的东西很多,比几本教科书更重要的东西也很多,不能局限在几门考试科目上。全面发展不是面面俱到、门门高分,要在重视全面发展的同时重视专长发展。自古就讲"术业有专攻",现代专业化分工正向纵深发展。人才具有多样性、差异性,要承认差别,因材施教。事实上,个人的兴趣爱好和专长特长各不相同,要有时间让个人发展自己的兴趣爱好和专长特长,对其余方面、其余学科要求不必太高。有所不为才能有所为,学生要把时间精力相对集中在最为重要、最有发展前途、真正有用、必不可少的学科和事情上。要考虑到这些基本事实和基本需要,解放思想,大胆突破,通过多方面的改革创新,切实减轻中小学生课业负担,提高学生综合素质。

(三)正确处理三个关系,包括正确处理学校、教师和学生的关系,德育、智育和体育的关系,培养造就数以亿计的高素质劳动者、数以千万计的专门人才和一大批拔尖创新人才的关系。

---

① 欧阳景贤、欧阳超:《庄子释译》,湖北人民出版社1986年版。
② 《温家宝在科技领导小组会讲话:百年大计教育为本》,载《人民日报》,2009年1月6日。

首先是正确处理学校、教师和学生的关系。要以学生为主体,以教师为主导,充分发挥学生的主动性,把促进学生健康成长作为学校一切工作的出发点和落脚点。我们的学校和教师的一切工作都必须以学生为主体、为中心,学校和教师必须为学生服务。在现实中我们看到,有些学校和教师以自己为中心,为学生服务只是手段,要学生为自己的利益和荣誉服务才是目的;有些学校和校长不是为学生和教师服务,而是要学生和教师为自己的利益和荣誉服务。因此,我们的学校、校长和教师应该有高尚的人生追求和职业道德,关心学生,爱护学生,尊重学生,一切为了学生,为了一切学生,为了学生一切,决不为了个人利益去伤害任何学生,自觉做到"春蚕到死丝方尽,蜡炬成灰泪始干"。

其次是正确处理德育、智育和体育的关系。青少年时代是人长知识、长身体、长志气的黄金时代,除了长知识之外,还要长身体、长志气,要德智体美全面发展,不能重智育而轻德育、体育、美育,更不能因为学习过于紧张而损害身心健康。我们的一切教育教学工作都是为了学生的成人成才,为了学生的健康成长和人生幸福,为了培养学生成为符合社会需要的有用人才;而决不能损害学生的健康,制造学生的痛苦。多年来,我们的教学工作,造成了中小学生课业负担过重,严重损害了学生的健康,特别是致使学生视力下降,给学生带来了沉重负担和极大痛苦。许多中小学生小小年纪就成了近视眼,产生明显的厌学情绪。《纲要》中提出的"减负"要求不能再停留在纸面上,而要落实在教育思想和教学实践中。

再次是正确处理培养造就数以亿计的高素质劳动者、数以千万计的专门人才和一大批拔尖创新人才的关系。高素质劳动者、专门人才和拔尖创新人才都是劳动者,也都是人才,只是三种不同层次、不同数量的人才;三者有区别,有不同的要求和侧重点,但是没有不可逾越的鸿沟,高素质劳动者也可以成为专门人才和拔尖创新人才,专门人才和拔尖创新人才也应该是高素质劳动者。我们的教育要通盘考虑这三类人才的培养,通盘考虑基础教育、职业技术教育、高等教育和研究生教育的资源配置、教学内容和素质要求。一切教育都要重视培养学生的生活能力、学习能力、实践能力和创造能力,特别是创造能力。创造性是人的主观能动性的重要组成部分,人皆有之,人皆可以有创造。但是相当长的一段时期以来,我国富有创造精神的人才还不是很多,我国的创新人才和创新成果与近14亿人口的大国还很不相称。因此,我们应该特别重视创新精神和创新人才的培养。

三、把改革创新作为教育发展的强大动力

《纲要》指出,把改革创新作为教育发展的强大动力。教育要发展,根本靠改革。要以体制机制改革为重点,鼓励地方和学校大胆探索和试验,加快重要领域和关键环节改革步伐。创新人才培养体制、办学体制、教育管理体制,改革质量评价和考试招生制度,改革教学内容、方法、手段,建设现代学校制度。加快解决经济社会发展对高质量多样化人才需要与教育培养能力不足的矛盾、人民群众期盼良好教育与资源相对短缺的矛盾、增强教育活力与体制机制约束的矛盾,为教育事业持续健康发展提供强大动力。①

贯彻落实这一方针,需要实行多方面的改革创新,这里只探讨一下课程设置、教材内容、教学方法、评价制度、考试制度、招生制度、学校制度等方面的改革创新问题。

第一,深化课程设置改革。要从实际出发,从实效着眼,坚持要用就学,不用不学,学以致用,学用一致。中学以上可区分必修科目和选修科目,考试科目和考查科目,教学科目和自学科目。凡是未必有用的就不必去学,凡是可以自学的就不必去教。以外语为例,几十年来,我国学习过外语的人已占总人口一半以上,而且多数人都在外语学习上花费了大量时间精力;但真正使用外语的人却很少,绝大多数人一辈子也没有使用外语,完全是"陪公子读书",浪费时间精力。2013年3月20日,《新华日报》刊登《全民学英语:应该?浪费?》一文,对英语教学进行讨论,现摘要如下:

> 在政协十二届一次会议上,中国社科院信息情报研究院院长张树华委员认为,学生在学习英语的过程中深受其害,荒废正常的学业,使整个中国的教育质量遭到毁灭性打击,汉语也遭遇前所未有的危机。全国政协委员、安徽大学党委书记黄德宽也表示,英语目前一语独大,如果不能从宏观上科学规划外语教育,对公共外语教育单一化倾向的蔓延熟视无睹,听之任之,后果必将会是严重的。学英语,该何去何从?
> 甲方:别让英语举国体制耽误了"正事"。学英语的真正目的,就是为了

---
① 《国家中长期教育改革和发展规划纲要(2010–2020年)》,载《人民日报》,2010年7月30日。

与外界沟通交流,与国际接轨,吸收他人的知识和先进理念。从这点上说,学习英语当然重要。但是,真正与外界能用英语交流的,能有多少?事实证明,很多大学生花费大量精力通过了四六级考试,却最终从事着根本用不到英语的工作。如果考研对于将来研究学问还有实际作用,那么,对于大多数人,一定有比学习英语更重要的东西,尤其像中学教师、医生等社会在职人员,什么时候能够用得上英语?何况,语言本就是个技能,不用就会生疏。与其用大量时间忙于突击学习英语,应付职称考试,不如将时间用在业务钻研上来得有效实际。用英语做杠杠,既浪费人才,也不实事求是,更贻误青春。百年大计教育为本。教育毕竟关乎国家未来,切不可让英语举国体制耽误了"正事"。

网友"zhiyi":说实在的,学了英语99%的人没用,却占了大量学习时间。为了过级又败坏了考风,作弊、代考成了常事。

乙方:关键在于怎么学英语。学英语真的没有必要吗?让我们来看一组数据。全世界有45个国家的官方语言是英语,每天有超过世界人口1/3的人在用英语交谈,75%的电视节目以英语播出,80%以上的科技信息用英文表达,几乎100%的软件源代码用英文写成。①

笔者认为:甲方的观点是持之有故、言之成理的。乙方列举了一系列数据,证明学习英语的重要和必要,但是他们忘记了一个最重要的数据,就是"学了英语99%的人没用,却占了大量学习时间"!因此,学习英语只对全国1%的人、充其量对10%的人重要,对全国90%以上的人重要性等于零!乙方所列数据,与全国90%以上的人毫无关系!

全国政协委员、山东中医药大学名誉校长王新陆表示,自己已连续7年关注高考考英语问题,还因此提出过提案,但一直未接到教育部的回复。他认为目前高考中将英语作为必考学科是不科学的,也是有失公允的,为了百花齐放,不妨将古汉语算作一门"外语"科目,让学生自由选择。"将英语列入高考,不只是劳民伤财,还是谋财害命。"他介绍,自己曾联合了北大的几名博士进行调查,发现90%的学生毕业后外语用不上。21世纪教育研究院副院长熊丙奇表示:"我认为中小学应该改革评价体系,改为多元化评价。取消英语课必修制,让其成为选修课,升大学

---

① 《全民学英语:应该?浪费?》,载《新华日报》,2013年3月20日。

时根据专业需要才决定是否需要考英语,应把学习英语的自主权交给学生。"①

在2017年"两会"上,全国人大代表、中国宇华教育集团董事局主席李光宇说:从小学三年级到高三,"在一个孩子最美好的10年时光里,竟然将近五分之一(18.13%)的时间都花在了英语学习上。"建议高考取消英语科目,把中小学生的英语必修课改为选修课。据教育部最新数据显示,中国孩子一年为英语必修课要消耗掉1637.8亿元,中国人每年学英语消耗掉的钱至少能投资0.8个三峡、发射204个神舟航天飞船。②

他山之石,可以攻玉。据报道,日本物理学家、京都产业大学教授益川敏英也不会说英语,照样获得诺贝尔物理学奖。日本的博士、教授的晋级没有同英语挂钩,所以日本不懂英语的教授很多,但这些教授在专业领域必有过人之处。鉴于这样的事实,我们理应彻底反思我国的外语教学。正是由于英语作为一门语言工具被无限制地放大甚至达到顶礼膜拜的地步,才使得国人对英语的学习成为阻碍教育发展和科技进步的巨大障碍。因此,外语可以作为选修科目,打算报考涉外专业和出国留学的学生仍应作为必修科目和升学考试科目,对其他学生可不作要求。未学外语而将来需要应用外语时,可以利用翻译工具翻译。

在我国,机器翻译系统的研制从20世纪80年代以来进步非常迅速。中国科学院自动化所自20世纪90年代中期以来,一直致力于语音翻译技术的研究,黄泰翼研究员和徐波研究员做了大量开创性的工作和许多高瞻远瞩的决策。2000年我们成功地完成了国家"863"课题"口语自动翻译方法研究",并建立了面向旅游信息咨询领域的汉英、汉日口语对话翻译实验系统和旅馆预订领域的汉英口语自动翻译实验系统,并与日本松下公司高技术研究所合作研制开发了国际上第一个面向餐饮服务领域的汉-英-日口语自动翻译机原型系统。目前,国内外自动翻译正向智能化、小型化方向发展。由此可见,语言翻译的械具化、智能化、自动化是完全可以期待的。

另一方面,要增设一些学生将来在生活和工作中必须要懂的知识的学习。例如,中学要开设生活常识、科学概论等课程。要酌情开设专业技术课和地方特色

---

① 《两会热议话题:学英语"毁灭性打击"了教育质量?》,搜狐网,http://learning.sohu.com/20130315/n368931645.shtml(访问时间:2013年3月15日)。
② 人大代表李光宇:《建议高考取消英语科目 改为选修》,搜狐网,http://www.sohu.com/a/127902467_598479(访问时间:2017年3月5日)。

课。同时,如果具备条件,可以让学生选修一两门自己有兴趣爱好特长的课程和学习内容,从而因材施教,扬长避短,使教育教学成为适合每个学生、让每个学生都喜爱的事情,并让每个学生都成为术业有专攻、社会最有用的人才。

第二,深化教材内容改革。几十年来的客观事实是,我们在学校中学习的东西在生活中很多都没有用,在生活中要用的东西在学校中很多都没有学。从几十年来的教育实践看,学校师生是全社会人数最多、时间最紧、工作和学习最忙、付出劳动量最大的社会群体之一。但从实践效果看,他们的忙碌很多是空忙,他们付出的大量劳动很多是无效劳动。由此可见,我们的中小学教材可以删繁就简、大大压缩。有些专家眼里重要的知识,对学生来说不一定重要,不一定有用,甚至于一辈子也用不上。所以教材编写者应该解放思想,跳出专业看专业,跳出传统框框看基础教育、看中小学教材,从学生的角度、从应用的角度来编写教材、压缩教材。多年来,中学生所做所考的数理化作业题和考试题都过多过难过深,其中大部分内容对大多数人一辈子也用不上,纯粹是对学生的折磨,应该坚决精简。正如德国教育学家第斯多惠所说:"赋有良好素质的教师,总是年复一年大力地精简教材,最后达到必不可再少的最低限度。这才是真正的教师。"[①]我们应该在全国大中小城市和集镇农村做一次全面抽样调查,随机抽取全国总人口的1%(其中包括不同地区、职业、年龄、文化程度的人),用全国某一年的高考试卷请他们考一考,然后统计一下,所考试题有多少人会做,有多少人不会做?这些试题在日常工作和生活中,有多少人用得上,有多少人用不上?这样就可以看出,我们基础教育的教学内容有多少是有用的、必要的,有多少是无用的、不必要的。在删繁就简的同时,教材要增强知识性、趣味性、可读性,便于学生自学、理解和记忆。要编写一些自学教材、机动教材、乡土教材和必要的学习参考书。在教材、参考书和教学中,要讲清各门课程和各个部分究竟有什么用,为什么要学,要适当介绍一些理论内容的来龙去脉、形成历史、理论动态和不同观点,介绍一些学习和记忆的方法。这样可以帮助学生加深理解、引起兴趣、便于记忆。在现有课程基本不变,现有教材大大压缩的同时,可以考虑开设自然科学概要、技术科学概要、社会科学概要、人生科学概要等课程。这些课程只要讲一个概要就行。要使新设课程与原有课程互相补充、互相衔接,又不要互

[①] 第斯多惠:《德国教师教育指南》,见《西方资产阶级教育论著选》,人民教育出版社1984年版第351页。

相重复。总之,要让中学生掌握人生必备的各种基础知识,并对整个科学体系有一个大体的了解。

第三,深化教学方法改革。要改进课堂教学,讲究课堂教学的科学性和艺术性,讲究语言艺术和板书艺术。要组织优秀教师摄制课堂教学影像资料,尽可能让全国最优秀的教师给全国中小学生上课。可以增加一些电视教学、现场教学、实践教学、讨论式教学、自学加辅导方式的教学。要充分利用现代化的教学手段,采用灵活多样的教学形式,及时推广先进的教学经验、教学方法、教学仪器设备和教具。要改变课堂教学中的教师一言堂、满堂灌。要让学生有思考、质疑、提问、争论的机会。对课外作业,可以减少一半,并可分为必做作业和选做作业。对未按规定时间完成作业的,要允许补做;有特殊情况的,要允许不做。要注意培养学生的自学能力、独立思考能力和创新能力。要通过生动活泼、丰富多彩的教学内容和方式方法,让学生提高学习兴趣,拓宽眼界和思路,从而要学、爱学、善学、乐学。

第四,深化高考制度改革。相对于没有客观依据的推荐,看分数是进步;相对于全面的专业评价,仅看分数是肤浅、粗放、落后的。多年来,各地高考改革,改来改去,跳不出"3+x"的条条框框,学中文、历史的人为什么一定要考外语、考数学呢?现在看来,高考改革也要"愚公移3"(3+x的3),把3改成2,或者改成2.5、1.5,等等。一定要彻底解放思想,大胆改革创新。按照"3+x"的框框,许多杰出人才可能都考不上大学。比如爱因斯坦当年第一次考大学的时候竟然就未被录取,原因就在于他有两门功课,一门历史,一门哲学没考及格。他擅长物理,是一个物理学的人才,干啥非要他历史和哲学也要考及格不可呢?如果要四大名著作者都来考语数外,他们的数学、外语也是0分,总分也会很低,能考取大学吗?能写出四大名著吗?一个学生只要有一部分甚至一两门功课比较擅长,能考出好成绩,他就有可能是个人才,我们就应该把他选拔出来加以培养,而不必要求门门都能考出好成绩,加到一块有很高的分数。一方面,在考试科目、考试内容、考试分数中有许多对杰出人才的成长没有多大用处的成分;另一方面,在考试科目、考试内容、考试分数之外还有许多对杰出人才的成长十分重要的因素,包括兴趣、爱好、特长、志向,特别是社会责任感和创新精神。人才是有某一方面特长的人,不一定是面面俱到、完美无缺的人。因此应该淡化总分,侧重于考查与专业相关度高的科目,有条件的高校和专业需要进行相关的面试,不拘一格选拔人才。应该解放思想、突破框框、继续改革,提出一个更好的方案。新方案中录取新生的依据可以包括这样几个方面：一是高考的语文、数学成绩，二是自选科目的成绩，三是平时成绩，主要是在初中、高中六年中获得名列前茅成绩的真实资料，四是考生的社会责任感、独立思考能力、刻苦钻研精神、改革创新精神，平时发现问题、提出问题、探索问题的能力，为此要如实记载学生提出的每一个新问题、新思想、新观点、新方法。五是中小学时期在德智体等方面的其他突出表现。此外，还要考察某些专业必备条件，例如，报考师范院校考生的口头表达能力和面试成绩，报考涉外专业考生的外语成绩，等等。要通过对以上成绩和资料进行综合评价、择优录取。对于某些有专长、有创造性的学生，在某个方面有浓厚兴趣和优异成绩，也可以不拘一格录取培养，不必求全责备，面面俱到。凡是好的人才苗子从小学到初中、高中都会有自己的出众表现，例如智商较高，成绩较好，富有钻研精神、创新精神，能提出自己的新见解、新建议，等等。此外，中考也不必考外语、体育。不考外语的理由已如上述。不考体育的理由，一是体育成绩与健康水平、健康长寿并没有正比关系，常常有体育成绩好的人英年早逝，而体育成绩差的人健康长寿。二是，体育成绩计分有很大主观随意性，容易有舞弊现象，导致不公正不公平。三是，有些学生可能有某种疾病或缺陷，但仍然可以成为杰出人才。比如英国人霍金严重残疾，照样成为当代大科学家。

第五，深化学校教育教学制度改革。必须正确处理教育制度与学生自由发展的关系。一切教育制度都要适应学生智力发展的规律和学生健康成长的需要。要优化学校教育的时间组织和空间组织。不同学生有不同接受能力，人的学习过程不像短跑，更像长跑，千百万人跑的力气不一样，速度不一样，不能搞齐步走，一刀切。正像生产关系要适应生产力的发展一样，教育制度也要适应学生智力的发展。在学校制度和学制上要能灵活机动一点，最好能实行大校小班体制和机动学制。大校，就是有条件的学校要适当扩大规模，讲究规模效益。这样就能让教师集中精力，发挥专长，减少备课等方面的重复劳动，并发挥同行教师集体智慧和集体力量的作用，就能让学校设施得到充分利用，让学生得到更好的师资和设备条件。有些地方可以搞一些联合大学、联合中学、联合小学，以便充分利用师资和仪器设备等设施，互相取长补短，搞好专业化分工和协作。小班，就是班级人数适当减少，以便学生学习，以便加强思想教育和个别辅导，以便实行机动学制，因材施教，分类指导，避免一刀切、一锅煮、夹生饭。机动学制，就是有一定规模的学校可以一年招生两次，取消年级制，把一个年级划分为两级，把定时制为主改为定量制为主，实行一种较为灵活的、中西结合的、保质保量的机动学制。这样，成绩好、"吃不饱"的学生可以及时跳级,跳级不至于太困难,能半年学完的课程就不必花一年去学;成绩差、"吃不了"的学生可以及时留级,留级也不必把一年的功课全部重学;一般学生仍按部就班升级。这样,就能适应不同学生的不同智力,刺激学生的上进心,调动学习的主动性,有利于多出人才,快出人才。暂无条件这样办的学校可以继续实行现行学制,两者可以并行不悖。由此创立一种中国特色的现代学校制度。在学校作息时间上,既不要过长、也不要过短。可以考虑与家长(相对多数的家长)上下班时间相衔接。现在有许多家长,因为孩子起早带晚,自己要起得更早、睡得更晚,有时还影响到上下班和本职工作,影响到家长健康。同时,教师也要实行8小时工作制,保证教师休息时间。工作时间过长、工作量过大,也是许多人不愿意从教的一个重要原因。

四、把促进公平作为国家基本教育政策

《纲要》指出,把促进公平作为国家基本教育政策。教育公平是社会公平的重要基础。教育公平的关键是机会公平,基本要求是保障公民依法享有受教育的权利,重点是促进义务教育均衡发展和扶持困难群体,根本措施是合理配置教育资源,向农村地区、边远贫困地区和民族地区倾斜,加快缩小教育差距。教育公平的主要责任在政府,全社会要共同促进教育公平。①

教育公平的关键是机会公平,基本要求是保障公民依法享有受教育的权利。胡锦涛说:"教育是民族振兴的基石,教育公平是社会公平的重要基础。"②温家宝说:"我们讲教育公平,教育公平指的是人人都有上学的机会。孔夫子说'有教无类',有教无类就是教育公平。收入不公平会影响人的一时,但是教育不公平会影响人的一生。"③习近平说:"中国将坚定实施科教兴国战略,努力让每个孩子享有受教育的机会,努力让13亿人民享有更好更公平的教育,获得发展自身、奉献社会、造福人民的能力。"④在这一方面,必须牢记历史经验,与极左思潮彻底决裂,决不允许把学生人为地划分为三六九等,特别是不能把从小关心国家大事、具有强烈

---

① 《国家中长期教育改革和发展规划纲要(2010 – 2020 年)》,载《人民日报》,2010 年 7 月 30 日。
② 胡锦涛:《高举中国特色社会主义伟大旗帜　为夺取全面建设小康社会新胜利而奋斗》,见《十七大报告辅导读本》,人民出版社 2007 年版第 36 页。
③ 《温家宝在科技领导小组会讲话:百年大计教育为本》,载《人民日报》,2009 年 1 月 6 日。
④ 《习近平在联合国"教育第一"全球倡议行动一周年纪念活动上发表视频贺词》,载《人民日报》,2013 年 9 月 26 日。

爱国精神和社会责任感、具有远大理想和创新精神的人才苗子拒之于学校门外。路遥知马力,日久见人心;时间识人才,历史辨贤愚。把错误档案材料和极左高考政策驳斥得最有力、最彻底的是实践,是50多年的历史事实。事实证明,在备受委屈中,许多优秀学子不失爱国之心、报国之志、强国之梦;在困难条件下,他们自强不息,奋发努力,施展聪明才智,取得可喜成绩。可以相信,如果让他们受到更好的教育,得到更好的条件,他们会取得更大成就,做出更大贡献。历史证明,是金子总会发光,即使政治上受到冤屈、打击,学业上受到歧视、挫折,生活上历尽磨难、艰辛,他们仍然尽心尽力,"立德立功立言","吃的是草,挤出的是奶汁",有闪光的思想,有骄人的业绩。历史是最公正的裁判员。唐代诗人刘禹锡有一首诗说得好:"莫道谗言如浪深,莫言逐客似沙沉。千淘万漉虽辛苦,吹尽狂沙始到金。"孔子早在2500年前就讲"有教无类",2500年后还把考生分成几类,而且分类的依据是似是而非、大谬不然、不足为据的。历史经验必须牢记,历史悲剧不能重演,教育公平不可缺失。我们要牢记历史经验,把促进公平作为国家基本教育政策。

教育公平的一个重要方面是教育资源配置的均衡。现在,实现教育公平的重点是合理配置教育资源,向农村地区、边远贫困地区和民族地区倾斜,加快缩小教育差距。为此,在县域范围内的中小学,可以由教育部门统一调配师资力量,教师按每年抽签结果到中小学工作,从而做到最重要的教育资源——师资力量在城乡之间、乡镇之间、学校之间的均衡配置。要形成覆盖城乡的基本公共教育服务体系,逐步实现基本公共教育服务均等化,缩小区域差距。努力办好每一所学校,教好每一个学生,不让一个学生因家庭经济困难而失学。要解决好农民工子女的就学问题,力求让他们得到与城市居民子女平等的受教育的机会,不让一个农民工子女失学或受到歧视。

在高校招生中,一些重点高校在各省市自治区录取分数线差距较大,特别是外籍学生分数线更低,这也是一种不公平,应该尽快纠正,实现教育公平。

五、把提高质量作为教育改革发展的核心任务

《纲要》指出,把提高质量作为教育改革发展的核心任务。树立科学的质量观,把促进人的全面发展、适应社会需要作为衡量教育质量的根本标准。树立以提高质量为核心的教育发展观,注重教育内涵发展,鼓励学校办出特色、办出水平,出名师,育英才。建立以提高教育质量为导向的管理制度和工作机制,把教育资源配

置和学校工作重点集中到强化教学环节、提高教育质量上来。制定教育质量国家标准,建立健全教育质量保障体系。加强教师队伍建设,提高教师整体素质。①

提高教育质量,目的是"育英才"。为了育英才,必须树立科学的质量观和人才观。要改革教育质量评价和人才评价制度,改进教育教学评价标准和方法。根据培养目标和人才理念,建立科学、多样的评价标准。开展由政府、学校、社会各方面共同参与的教育质量评价活动。完善学生成长记录,做好综合素质评价。探索促进学生发展的多种评价方式,激励学生乐观向上、自主自立、努力成才。改进社会人才评价及选用制度,为人才培养创造良好环境。为此,要按照《纲要》要求,做到五个"树立"、三个"注重"。五个"树立"是:树立科学人才观,建立以业绩为重点,由品德、知识、能力等要素构成的各类人才评价指标体系。树立人人成才观念,面向全体学生,促进学生成长成才。树立多样化人才观念,尊重个人选择,鼓励个性发展,不拘一格培养人才。树立终身学习观念,为持续发展奠定基础。树立系统培养观念,推进大中小学有机衔接,教学、科研、实践紧密结合,学校、家庭、社会密切配合,加强学校之间、校企之间、学校与科研机构之间合作以及中外合作等多种联合培养方式,形成体系开放、机制灵活、渠道互通、选择多样的人才培养体制。三个"注重"是:注重学思结合。倡导启发式、探究式、讨论式、参与式教学,帮助学生学会学习。激发学生的好奇心,培养学生的兴趣爱好,营造独立思考、自由探索的良好环境。注重知行统一。坚持教育教学与生产劳动、社会实践相结合。开发实践课程和活动课程,增强学生科学实验、生产实习和技能实训的成效。注重因材施教。关注学生不同特点和个性差异,发展每一个学生的优势潜能。推进分层教学、走班制、学分制、导师制等教学管理制度改革。建立学习困难学生的帮助机制。改进优异学生培养方式,在跳级、转学、转换专业以及选修高一学段课程等方面给予支持和指导。

提高教育质量,要树立全面发展观念,努力造就德智体美全面发展的高素质人才。全面加强和改进德育、智育、体育、美育。坚持文化知识学习与思想品德修养的统一、理论学习与社会实践的统一、全面发展与个性发展的统一。

提高教育质量,必须加强德育。联合国的会议认为:"世界第一位的挑战不是

---

① 《国家中长期教育改革和发展规划纲要(2010—2020年)》,载《人民日报》,2010年7月30日。

新技术革命,不是经济的发展,而是德育问题"。① 2500年前我国思想家、教育家孔子就把道德品质教育放在首位。目前,我们的大学生中间存在着许多问题,比如责任心不够、集体主义观念不强、吃苦精神缺乏、诚信意识淡薄、承受挫折能力较差、团结合作意识不强等等,这些问题归纳起来还是大学生在做人方面的失败,高校加强大学生的做人教育工作迫在眉睫。因此,我们的学校必须加强理论教育,突出思想教育,健全人格教育,深化人文素质教育,开展社会责任教育。对社会有无责任感,是检验人生境界高低的尺度。要积极引导青年从对自己负责做起,养成对自己的信心、对父母的孝心、对他人的关心、对社会的爱心、对祖国的忠心,力求做到自强不息,厚德载物。

  提高教育质量,必须加强智育。坚持能力为重。优化知识结构,丰富社会实践,强化能力培养。着力提高学生的学习能力、实践能力、创新能力,教育学生学会知识技能,学会动手动脑,学会生存生活,学会做人做事,促进学生主动适应社会,开创美好未来。智育绝不仅仅是提高考试成绩,最重要的是培养创新精神。我们要采取切实可行措施,把培养创新人才的任务落实到全部教育教学工作中。"为什么我们的学校总是培养不出杰出人才?"这个著名的"钱学森之问"是钱老经过几十年的亲身经历,经过对中外教育的对比,经过深思熟虑,怀着深深忧虑和拳拳爱国之心,多次提出来的。对这个问题,钱老自己其实是有答案的。他说:今天,党和国家都很重视科技创新问题,投了不少钱搞什么"创新工程"、"创新计划"等等,这是必要的。但我觉得更重要的是要具有创新思想的人才。问题在于,中国还没有一所大学能够按照培养科学技术发明创造人才的模式去办学,都是些人云亦云、一般化的,没有自己独特的创新东西,受封建思想的影响,一直是这个样子。我看,这是中国当前的一个很大问题。在加州理工学院,创新的学风弥漫在整个校园,可以说,整个学校的一个精神就是创新。在这里,你必须想别人没有想到的东西,说别人没有说过的话。拔尖的人才很多,我得和他们竞赛,才能跑在前沿。这里的创新还不能是一般的,迈小步可不行,你很快就会被别人超过。你所想的、做的,要比别人高出一大截才行。那里的学术气氛非常浓厚,学术讨论会十分活跃,互相启发,互相促进。加州理工学院就有许多这样的大师、这样的怪人,决不随大流,敢于想

---

① 杨玉玲、刘建国、尹振水:《引导学生攀向"自律"境界——谈提高德育实效性的一个途径》,载《北京教育》,1998年第3期。

别人不敢想的,做别人不敢做的。大家都说好的东西,在他看来很一般,没什么。没有这种精神,怎么会有创新!加州理工学院给这些学者、教授们,也给年轻的学生、研究生们提供了充分的学术权力和民主氛围。不同的学派、不同的学术观点都可以充分发表。学生们也可以充分发表自己的不同学术见解,可以向权威们挑战。今天我们办学,一定要有加州理工学院的那种科技创新精神,培养会动脑筋、具有非凡创造能力的人才。我回国这么多年,感到中国还没有一所这样的学校,都是些一般的,别人说过的才说,没说过的就不敢说,这样是培养不出顶尖帅才的。我们国家应该解决这个问题。你是不是真正的创新,就看是不是敢于研究别人没有研究过的科学前沿问题,而不是别人已经说过的东西我们知道,没有说过的东西,我们就不知道。所谓优秀学生就是要有创新。没有创新,死记硬背,考试成绩再好也不是优秀学生。我们要向加州理工学院学习,学习它的科学创新精神。我们中国学生到加州理工学院学习的,回国以后都发挥了很好的作用。所有在那里学习过的人都受到它创新精神的熏陶,知道不创新不行。我们不能人云亦云,这不是科学精神,科学精神最重要的就是创新。我今年已90多岁了,想到中国长远发展的事情,忧虑的就是这一点。①

提高教育质量,必须加强体育。必须牢固树立健康第一的思想,确保学生体育课程和课余活动时间,提高体育教学质量,加强心理健康教育,促进学生身心健康、体魄强健、意志坚强。加强体育,决不仅仅是提高体育课成绩,最重要的是培养健康的生活方式,保持积极向上的精神状态和生活态度。

此外,还要加强美育,培养学生良好的审美情趣和人文素养。加强劳动教育,培养学生热爱劳动、热爱劳动人民的情感。重视安全教育、生命教育、国防教育、可持续发展教育。促进德育、智育、体育、美育有机融合,提高学生综合素质,使学生成为德智体美全面发展的社会主义建设者和接班人。

提高教育质量,前提是"出名师"。"名师出高徒。"提高教育质量和学生素质,必须首先提高教师素质,加强教师队伍建设。②

---

① 涂元季、顾吉环、李明整理:《钱学森的最后一次系统谈话》,载《人民日报》,2009年11月5日。
② 详见本章第三节。

第二节 为中学生"减负"刻不容缓

中国教育学会副会长朱永新教授指出:"现在的孩子太苦了,全世界任何职业、任何人中你会发现我们中国的学生是最苦最累的。因此我们想能不能让孩子快乐一点,快乐地成长?"①著名哲学家周国平研究员也指出:"现在没有比中国的孩子更苦的了。现行教育体制的弊端有目共睹,可以说怨声载道。"②可见,切实解决中小学生"减负"、特别是中学生"减负"问题应该引起举国上下的重视。

一、中学生课业负担过重的严峻现实和严重后果

减轻中小学生课业负担问题,至少已经提出 20 多年,从中央到地方已经做出了一系列规定,但是迄今为止,中小学生课业负担过重,特别是中学生课业负担过重的问题依然如故。这里以有关学校为例,看看学生课业负担过重的主要表现:

1. 在校时间过长。有的学校在校时间比规定时间超过 4.5 小时。

2. 布置作业过多,难度超标。每天家庭作业量长达 3 小时甚至更多,经常晚上做作业到 11 点、12 点甚至更晚。经常中午还布置作业,使学生整天连轴转,严重影响学生健康。

3. 有偿家教过多。有些教师在双休日、寒暑假违规搞有偿家教,占用学生大量休息时间,同时增加家长经济负担,而搞有偿家教的教师一年能增收 10 多万元,甚至更多,远远高出工资。

由此带来以下问题:

1. 课业负担过重,挤占了学生睡眠时间。调查数据显示,90% 左右的中小学生睡眠不达标,一半高中生每天仅睡 6 小时,有的甚至不到 6 小时,有 92% 的高中生每周是"单休"。真的印证了那句玩笑话:现在的中小学生,起得比鸡早,睡得比狗晚,干得比牛多。繁重的学业负担挤占了孩子们的睡眠时间。③

2. 课业负担过重,影响了学生正常生活。有调查显示,有 20% 的学生不吃早餐就上学;12 点多钟才进午餐,经常上午要挨饿数小时,严重损害学生身心健康。

---

① 朱永新:《新教育年度报告》,湖北教育出版社,2014 年版第 003 页。
② 周国平:《把心安顿好》,中国盲文出版社,2014 年版第 157 页。
③ 《调查:九成中小学生睡眠不足 难得与父母谈心》,载《重庆晚报》,2009 年 4 月 20 日。

10多岁的孩子急急忙忙骑车数公里去上学,因为怕迟到,骑得很快,有很大安全隐患。

3. 课业负担过重,影响了师生关系。因为迟到、做作业等各种原因,某些教师任意体罚、变相体罚、讽刺挖苦学生,打骂学生。由此引起老师与学生及家长之间不少纠纷,甚至酿成血案。

4. 课业负担过重,导致学生厌学情绪。调查结果显示,小学教师和中学教师认为其学生厌学情绪强烈(包括"很强烈"和"比较强烈")的比例合计为78.4%和92.6%。可见,整体来讲,中小学生的厌学情绪是普遍存在的。①

5. 课业负担过重,导致学生思想道德素质下降。一是诚信缺失;二是仁爱之心淡薄;三是基本礼貌欠缺;四是热衷于追捧低俗;五是价值观混乱,是非观颠倒。②个别学校和个别教师在上级领导检查工作时,布置学生在作息时间、课业负担等方面"统一口径",说假话,弄虚作假,敷衍上级,这对培养学生诚实守信的品德具有极大负作用。

6. 学生课业负担过重,影响到家长的工作、生活和身体健康。目前,我国中小学在校学生数大约有17000万人,如果为学生服务的家长以1∶1计算,连同家长就牵涉到34000万人。为学生减负实际上就是为我国3亿多中青年和少年儿童减负。

7. 课业负担过重,严重危害青少年身心健康,甚至危害青少年生命安全。北京大学一份《中学生自杀现象调查分析报告》表明,中学生5个人中就有一个人曾经考虑过自杀,占样本总数的20.4%,而为自杀做过计划的占6.5%。③ 中国儿童在自杀原因的排列中,学习压力过重占第一位(45.5%),其次为早恋(22.7%),父母离异(13.6%)。在自杀者的年龄排列中,12岁占第一位(40.3%),其次为14岁(22.7%),11岁和13岁(13.6%)。2014年教育蓝皮书《中国教育发展报告(2014)》指出:目前中小学生自杀已经成为一个越来越严重的社会现象。根据搜集的2013年全年中小学生自杀案例79例,蓝皮书分析指出,中小学阶段自杀率最高为初中。从自杀成因来看,压力主导型自杀在中国中小学生的自杀中占绝大多

---

① 《中小学减负调查公布 约三成学生负担不减反增》,载《光明日报》,2013年5月31日。
② 施亚康:《青少年价值立场的构筑:美德善行建设的强基固本工程》,见江苏省社科院等:"倡导美德善行强化社会主义核心价值观建设"研讨会论文集,2014年第35—37页。
③ 《北大调查报告:5个中学生中有1人想过自杀》,载《大河报》,2014年2月19日。

数,包括师生冲突、家庭冲突、学业压力、相约自杀四个主要类别。蓝皮书指出,中小学生的自杀并不是个体单纯的心理脆弱,根本原因还在于高度应试的教育制度。如师生冲突类中,在分数指挥棒下,老师被"成绩指标"压迫,导致教师的压力焦虑症,这种压力最终传导至学生,使他们成为最终的受害者;家庭冲突导致的中小学生自杀案例中,首要因素还是因为家长对孩子学习成绩的过度关注。①

二、从中国式减负历程看全国性减负困局

"减轻中小学生课业负担"问题由来已久。从教育部到省市县都做过减轻中小学生课业负担的规定。我国政府早在1951年就下发了《关于改善各级学校学生健康的决定》,明确规定,初中生睡眠时间应该达到9小时,高中生的睡眠时间要达到8小时。2008年教育部印发的《中小学学生近视眼防控工作方案》强调,保证小学生每天睡眠10小时,初中生9小时,高中生8小时。要切实减轻学生课业负担,严格控制考试的科目与次数,限制课外作业量。学校要统筹学生的家庭作业时间,小学一、二年级不留书面家庭作业,小学其他年级书面家庭作业控制在60分钟以内;初中各年级不超过90分钟。多年来,减轻中小学生课业负担问题,具有全国性长期性,引起了中央重视,2007年写进了党的十七大报告,2008年、2009年、2018年写进了政府工作报告,成了党和国家大事。围绕"减负",中国各级教育部门三令五申已持续几十年,但是问题依然如故。

2013年8月2日,人民日报刊文《学生负担过重已成民族之痛》,探讨中国教育的数十年难解的"减负困局"。文章称,教育的"全民焦虑",已成为当今中国的一个明显标志,弥漫于社会各个阶层、各类人群。当政策的减负目标像西西弗斯的巨石那样年年推进、又每每回到原点的时候,损害的已不仅仅是青少年的身心健康,更是中华民族的美好未来。

从当前中国的教育实践看,一方面在培养亿万人才,另一方面又在摧残亿万人才。正如周国平教授所说:"中国现行教育的弊病有目共睹,有什么理由继续忍受?可以毫不夸张地说,在今日中国,教育是最落后的领域,它剥夺孩子的童年,扼杀少年人的求知欲,阻碍青年人的独立思考,它的所作所为正是教育的反面。"教育的主要使命是提供一个良好的环境,使受教育者所固有的人性特质得到健康的成长,成

---

① 《中国教育发展报告(2014)》,社会科学文献出版社2014年版。

为人性健全的人。这本来是常识。令人震惊的是,我们的教育在做着与常识相反的事情,这么多的家长和老师在做着与常识相反的事情,而大家似乎都停不下来,被一种莫名的力量推着继续朝前走。应该结束这种大规模的愚昧了。应该制止这种全国性的野蛮和疯狂。最亟待解决的问题是改革高考制度,从应试教育走向素质教育。①

中小学生课业负担过重,是带有全国性长期性普遍性的问题;从总体上看,中学比小学更严重,高中比初中更严重。更为严重的是,对中学生课业负担过重的严峻现实和严重后果,至今没有引起学校和主管部门的足够重视。许多学校对学生和家长的反映置若罔闻,我行我素。教育部门好像很重视,发了那么多文件,做了那么多规定,但事实上都是形式主义的表面文章,至今没有真正解决问题,对存在问题没有认真督查、严肃处理。有些人明知存在这些问题,仍然是视而不见、听而不闻、听之任之、泰然处之。对问题的严重性认识不足,解决问题的决心不大,查处问题的力度不够,这就使中国式减负陷入了全国性困局。

中小学生课业负担过重是我国当代教育的一个主要弊端,已经严重威胁到子孙后代的成长,威胁到民族的未来、民族的振兴!对此,我们要有强烈的忧患意识、强烈的责任感和紧迫感。当前中国各级领导干部的头等大事不是什么招商引资,而是救救孩子!为中小学生减负!这应该是各级领导干部的第一任务、第一工程、第一项目,也应该是政绩考核的第一指标!

三、中学生课业负担过重的原因分析

回顾"中国式减负"历程,从中央到地方,各级教育部门减负政令持续推出数十年,却难见实效。全国各地中小学对上级的三令五申几乎都是置若罔闻、阳奉阴违、有令不行、有禁不止。这种简直令人匪夷所思的现象绝不是偶然的,这里有多方面的深刻原因。

第一,就业压力巨大,社会分配不公,是一个根本性的社会经济原因。混乱的就业制度和分配制度,过大的收入差距,就导致了就业竞争的激烈,进而就导致了升学竞争的激烈。

第二,中小学教育资源配置很不均衡。尽管明文规定不分重点校、重点班,事

---

① 周国平:《人生哲思录》,上海辞书出版社,2011年版第451—455页。

实上学校之间、班级之间差距较大,进入不同中小学和不同班级,就进入了不同的起跑线。为了进入较好的学校和班级,学生和家长都面临着较大竞争压力,这种压力无疑要传导到学生课业负担上。

第三,中高考制度仍然很不合理。现行的升学考试制度和录取办法迫使学校、教师和家长把追求考试高分的压力都压到学生身上。不少校长、教师在延长学习时间、加大作业数量和难度上做文章,往往采用题海战术以求提高考试成绩。其实,学习时间过长,课业负担过重,并无实际效果,对学生有害无益。为什么一节课只有40分钟或45分钟?就是因为时间再长,就没有效果了。一节课是这样,一天、一学期、一年、中小学12年都是这样。不是学习时间越长效果越好,学习时间太短固然不行,学习时间太长也同样不行。打疲劳战,使学生整天处于紧张状态、疲劳状态,产生逆反心理、厌学情绪,怎么能搞好学习呢?

第四,校长、教师的绩效考核不够合理。现在易于实施、能够量化的考核办法,就是看学生考试成绩。因此,学生考试成绩就直接关系到校长、教师的绩效考核、名誉地位和切身利益。受到利益驱动,不少校长、教师就不惜加重学生课业负担、损害学生健康,以求一己私利。

第五,某些教师从事有偿家教,加重了学生负担。

第六,某些书店与学校教师联合起来推销各种教辅材料,也加重了学生负担。

第七,教育思想、教育制度、课程设置、教材教法、评价标准、评价方法也存在不少问题。例如,许多中学生在上学期间都学了许多一辈子没有用的知识,做了许多一辈子没有用的作业。而许多传统观念和习惯做法把人们的思想束缚得死死的,因循守旧,不思改革,导致学生一届又一届、一代又一代重复进行大量无效劳动,造成长期课业负担过重。有网友留言说,各位家长,你们看看周围的人包括你们自己,现在在工作和生活中,上学学的知识除了语文、数学(加减乘除),还用到哪些了?你们现在逼孩子学,有意义吗?请给孩子一点关爱,让每个孩子都有一个美好的童年!!!

第八,基层学校有令不行,有禁不止,教育部门漠然置之,泰然处之。各级教育部门虽然三令五申为中小学生"减负",但到基层学校,由于上述利益原因和认识原因,往往只是写在纸上,贴在墙上,成了一纸空文。而教育部门领导干部或者高高在上,官僚主义,脱离实际,脱离群众,不知下情;或者一知半解,未予重视;或者出于自身利益的考虑,睁一只眼,闭一只眼;即使到学校视察工作,往往是带上多名干部,由多位当地官员陪同,官架子大大的,离群众远远的,前呼后拥,走马观花,浮而不实,例行公事,形式主义。因此,有关领导干部的形式主义、官僚主义也是问题迟迟得不到解决的一个重要原因。

第九,某些家长望子成龙、望女成凤的心理,加大了子女的压力。许多家长把自己的全部希望寄托在子女身上,不懂得孩子成长规律,生怕孩子"输在起跑线上",不惜代价培养独生子女,对子女施加压力,有盲目跟风的从众心理,家庭教育方式方法不当,也加重了孩子课业负担和心理负担。

此外,还有种种直接间接、明显不明显的原因,都加重了学生课业负担。

四、减轻学生课业负担必须标本兼治

中小学生课业负担过重已成为危害学生身心健康的严重问题,必须标本兼治。作为治标之策,首先,教育部要尽快下发通知,重申并严格执行既有的关于中小学生减负的各项规定。其次,教育部既要做出《小学生减负规定》,更要做出《中学生减负规定》。

治本无疑是一个十分复杂的问题,最重要的还是要靠教育改革和发展,推进各方面配套改革,优化教育环境和整个社会环境。必须多管齐下,综合治理,例如:

1. 在教育思想上,要树立"五个面向"的教育思想,即教育要面向人生,面向社会,面向现代化,面向世界,面向未来。① 要根据人生和社会实际需要组织安排和改革完善教育教学工作。

2. 在目标定位上,对基础教育的目标任务应该有准确定位,既不要越位,也不要缺位。现代教育是终身教育,有基础教育阶段、专业教育(高等教育、职业技术教育)阶段、继续教育阶段。基础教育的目标任务应该是让学生具有人生中必备的各种基础知识、基本技能、基本素养。许多专业知识、专业基础知识应该放到专业教育阶段去学,不要放到基础教育阶段来学,否则就是越位。同时对每个人都必备的许多基础知识、基本技能、基本素养必须要学习和训练,否则就是缺位。事实上,基础教育有许多越位和缺位现象——学校中学习的东西很多都没有用,人生中要用的东西很多都没有学。何必学那么多一辈子无用的知识、做那么多一辈子无用的作业?人的一生中,除了学生时代,有多少人在搞几何证明、三角计算?现在中小

---

① 详见拙文《刍议树立"五个面向"的教育思想》,载《基础教育研究》,2012年第6期(上半月)。

学生课业负担过重的问题,症结就在于对基础教育定位不当,有许多越位现象,学了许多专业人员才要用、而普通老百姓一辈子无用的知识,做了许多一辈子无用的作业,耗费宝贵时间精力从事了大量无效劳动。因此,基础教育改革必须解决好过去的种种越位和缺位问题,要有准确的定位。基础教育的目标定位,首先要面向人生,要根据人生的实际需要、共同需要来掌握基础教育的教学内容和教学要求。

3. 在课程设置、教材内容、教学方法、质量评价制度、招生考试制度、学校教育教学制度等各方面深化改革。(对此,前面已经论述,这里不必重复。)

4. 在师资质量上,要建设高质量的师资队伍;与此同时,相应提高教师待遇;在师生关系上,必须坚持学生主体论。教师要真心诚意地为学生服务,而不能要学生为教师和学校的利益和荣誉服务。教师应该"捧着一颗心来,不带半根草去",应该怀着一颗深情挚爱的心,本着一种极端热忱、极端负责的精神,始终不渝地关心学生、爱护学生;决不允许任何人伤害学生、摧残学生。必须认识到,在校时间过长,布置作业过多,课业负担过重,严重危害学生身心健康和德智体全面发展,是对学生的严重伤害,再也不能继续下去了。一切危害学生身心健康和德智体美全面发展的教育,不仅不是素质教育,也不只是应试教育,而是一种危害子孙后代、危害中华民族的野蛮教育、疯狂教育,是一种对学生、对民族的犯罪行为。对各项减负规定阳奉阴违、有令不行、有禁不止的教师,对体罚学生、打骂学生、摧残学生、迫害学生的教师,必须开除出教师队伍。

5. 在组织领导上,必须切实克服形式主义、官僚主义,把学生减负列为领导干部考核指标。必须明确认识,减轻中小学生课业负担,办好人民满意的教育,不仅是教育部门和学校的责任,也是各级党委和政府的责任。各级党政领导干部必须把学生减负和办好教育列为党委、政府的头等大事。各级党政机关领导干部和教育部门领导干部每年要抽出适当时间深入学校课堂、食堂、宿舍进行调查研究,了解学生和教师学习、工作、生活、思想情况。除了要改革对学生的考核评价制度外,还要改革对教师、校长、局长、市长、市委书记的考核指标体系和标准。要把教育改革和发展状况、把学生的身心健康状况、把学生德智体的进步状况(主要是在时间上的变化率)、把学生课业负担减轻状况列为书记、市长、县长、教育局局长考核的重要指标。要改革考核制度、考核方式,考核工作要实行上下结合、公开与秘密相结合、教育系统内外考核相结合、本地人考核与外地人考核相结合。

6. 完善教育立法,实行依法治教。教育法律法规中要增加减轻中小学生课业负担、保护青少年身心健康的内容。要有在校集中学习时间、课后作业时间、体育锻炼时间、学生睡眠时间等方面的具体规定。要有严禁体罚学生、严禁有偿家教等方面的明确规定。要尽快修改完善教师法,进一步提高、细化教师任职资格和品行要求。要有监督、执行办法和责任追究办法。

7. 改进家庭教育,提高家长素质。家长是学生的第一任老师,负有教育子女的第一位责任。要加强学校与家长的联系,建立家长组织,举办家长学校,交流家庭教育经验,发挥家长在学生减负中的重要作用。现在家长一般只有一两个孩子,对孩子的性格特点、爱好特长应该比教师更为了解,应该学会因材施教。家长望子成龙、望女成凤是可以理解的;同时要现实地看到,能够成龙成凤的人毕竟是极少数,成为普通劳动者则是大多数。应该面对现实,顺其自然,让孩子自由活泼地成长,相信孩子能够成人成才;而不要一厢情愿,要求过高,压力过大,拔苗助长,强人所难。

8. 搞好经济、政治、社会等各方面的配套改革。学校不是世外桃源,教育改革不是孤军作战。教育问题,包括中小学生课业负担过重的问题,不只是教育工作内部的问题,它是多因素多方面综合作用的结果。所以,彻底解决中小学生课业负担过重问题,不仅需要全面深化教育改革,而且需要全面深化经济、政治、社会等多方面改革,包括深化经济体制改革,特别是分配制度改革;深化政治体制改革,特别是干部制度改革;深化劳动就业制度改革。

总之,学生"减负"问题,特别是中学生"减负"问题,是关系到子孙后代的身心健康、关系到中华民族前途命运的重大而严峻的社会现实问题。必须引起举国上下、校园内外的高度重视,特别是教育部(厅、局)的高度重视,必须摆上党和国家的议事日程,以强烈责任感和紧迫感认真加以研究和解决。

第三节 从提高教师待遇入手提高师资质量和教育质量

《国家中长期教育改革和发展规划纲要(2010－2020年)》(以下简称《纲要》)指出:百年大计,教育为本。教育大计,教师为本。有好的教师,才有好的教育。提高教师地位,维护教师权益,改善教师待遇,使教师成为受人尊重的职业。严格教师资质,提升教师素质,努力造就一支师德高尚、业务精湛、结构合理、充满活力的高素质专业化教师队伍。提高教师地位待遇。不断改善教师的工作、学习和生活条件,吸引优秀人才长期从教、终身从教。《纲要》为我国的民族复兴、教育发展规划了明确的思路,强国必先强教,强教必重质量;提高教育质量,必须提高师资质量;提高师资质量,必须提高教师待遇。因此,现在必须从提高教师待遇入手,提高师资质量和教育质量。

一、我国教师收入总体偏低和结构失衡的现状

改革开放以来,我国教师收入有了大幅度提高,但是还存在教师收入总体偏低和结构失衡的状况。

(一)我国教师收入总体偏低

多年来,从纵向对比来看,教师收入是迅速上升、令人满意的。但是从横向对比来看,从行业对比、国际对比来看,仍然有不小的差距,教师总体收入仍然是偏低的。

1. 从行业对比看,教师总体收入偏低。《中国统计年鉴》显示,在20世纪90年代初,我国教师工资在15个社会行业中的位次仅为第十二三位(教师年均工资时常只高于农林牧渔业和批发零售贸易餐饮业这两个行业)。之后教师工资在社会行业中的位次逐步提高,到90年代末期教师工资上升到第10位,进入新世纪又上升到第9位,2002年排到了第8位。2003年我国教师工资在19个社会行业中排在第11位,2004—2008年均排在第12位,2009年排在第11位;2010-2015年,均排在第10位,属于中等水平,略高于全国平均水平。2016年全国平均工资67569元,教育行业是74498元,处于19个行业的第8位。

从教师总体素质、劳动时间和劳动复杂程度来看,2009年我国主要劳动年龄人口平均受教育年限是9.5年①,教师则达到12年-20多年,平均15年以上。高于全国平均受教育年限6年左右。这意味着教师劳动准备时间和劳动复杂程度高出社会平均水平50%以上。从平均工作时间来看,教师应该说是工作时间比较长的。北京一项调查表明,教授每天工作低于8个小时的仅有5.6%,工作8-12个小时的占67.9%,12-16个小时的占24.3%,有2.2%的人甚至在16个小时以上。

---

① 《国家中长期教育改革和发展规划纲要(2010-2020年)》,载《人民日报》,2010年7月30日。

副教授每天工作 8－12 个小时的为 77.3%，每天工作 12－16 个小时的为 11.3%，有 0.7% 的人日工作时间 16 个小时以上。绝大多数大学教师的日工作时间超过 10 个小时。另外，教授每周工作 6 天以上的高达 74.9%，其中工作 7 天（每天都工作）的高达 36.3%。副教授周工作 6 天以上的占 52.6%。职称越高者绩效压力越大，工作时间越长。北京高校教师中只有 1% 对自己目前的薪酬表示"非常满意"，49.8% 的人表示"不太满意"或者"很不满意"。此外，根据调查数据分析表明，北京高校教师期望年平均收入是 13.75 万元，实际平均收入与期望平均收入相差 5.35 万元。调查表明，50.7% 的北京高校教师认为目前的薪酬"完全不能"和"不太能"体现自己的价值。① 由此可见，即使是高校教师平均收入也低于金融业人员。中小学教师工资更低。而从劳动复杂程度和劳动时间来看，教师都大大超过社会平均水平。综合考虑多种因素，教师平均工资水平应该高出社会平均水平、也高于教师工资现有水平。

2. 从国际对比看，中国教师收入偏低。为了便于进行国际比较，这里引入教师工资收入指数概念。教师工资收入指数是考察教师工资与经济增长的一个重要指标，它的含义是指教师的年平均工资收入与当年人均国民生产总值的比值。它既能反映出教师职业在一定经济发展水平的社会中的地位，又能对不同国情背景下的教师待遇问题提供一个相对的可比参数。通过计算我国各级教育教师的工资收入指数，可以看出 1990—2008 普通高校的教师收入指数在 1.28—2.26 之间变动；普通中学教师工资收入指数在 1.03—1.37 之间变动；小学教师工资收入指数在 0.94—1.23 之间变动。而与我国人均国民生产总值大体相同的发展中国家的教师收入指数的平均值为 9.58，比我国高出数倍。而与我国国情十分相似的印度，教师工资收入指数一般在 4 左右，比我国高一倍以上。上述比较表明，我国的教师工资收入指数是低的。这不利于教师队伍的建设，对教育事业的发展和社会的和谐是一个潜在的隐患，必须引起社会的关注。② 值得注意的是，一些国家连续提高中小学教师工资，使其平均工资高出其他行业同等学力者的平均工资。如法国高出 1 倍，德国高出 2 倍，日本高出 16%，英国高出 35.5%。③

---

① 王婷婷：《高校教师收入差距悬殊 专家建议统一工资》，载《法制晚报》，2014 年 9 月 10 日。
② 王帅峰：《教师工资考察》，载《学习时报》，2010 年 12 月 21 日。
③ 李玢：《世界教育改革走向》，中国社会科学出版社，1997 年版第 17 页。

（二）我国教师收入结构失衡

我国教师除了总体收入偏低之外,还存在着不合理的收入差距过大、合理的收入差距没有拉开两方面的结构失衡和分配不公问题,主要表现在不同地区、不同隶属关系、不同单位级别收入差距过大,不同单位之间差距过大与单位内部平均主义并存,正当收入偏低与违规的有偿家教收入过高并存,部分人员公开收入偏低与隐性收入过高并存等方面。

1. 不同地区收入差距过大。据统计,2013年全国教育系统平均工资51950元,按地区来分,全国最高的五个省市是(单位为元):上海89333,北京87820,天津80763,浙江74700,江苏61056,全国最低的五个省市是:广西38350,河北41021,湖北41068,湖南41389,山西41695。最高地区收入是最低地区收入的2倍以上。这里,大城市高校教师比例较高,平均收入适当高于各省市是可以理解的,但是高收入省市比低收入省份高出1倍以上仍然是不合理的。在同一省市不同地区内也同样存在着收入差距过大的问题。例如,2012年,江苏省全省平均工资是77011元,最高的苏州市是88461元,最低的宿迁市是43956元,两者相差1倍以上。教师工资差距与此也相对应。江苏省兴化市一位农村中学教师十年前被招聘到南京一所中学工作,工资收入随即翻了两番。同一个人在不同地区做相同的工作收入差距过大十分明显。这样的工资制度使苏北农村地区更加留不住优秀教师,优秀教师留在苏北农村工作也难以安于其业、专于其业。这样,就不可避免地出现了"孔雀东南飞"、涌向大城市的现象。

2. 不同学校教师的收入差距过大。北京工业大学人文社会科学学院和社科文献出版社联合发布的《高校教师收入分配与激励机制改革研究》指出,高校教师工资低于公务员工资且收入差距明显。大学教授中收入最高的10%与收入最低的10%,收入差距达到5.9倍,副教授中这一差距为4.5倍。同一职称内部的个人收入差距更大,讲师中最高收入者是最低收入者的25倍。部属院校和市属院校之间的收入差距也很明显,年收入在10万-20万元的高收入层,部属高校高出市属高校近10个百分点。① 部分高校和高中招生时提高录取分数线,减少公费生名额,或者在公费生名额之外,通过增加班额,另收自费生、借读生、择校生,向学生收取几

---

① 王婷婷:《高校教师收入差距悬殊　专家建议统一工资》,载《法制晚报》,2014年9月10日。

万、十几万、几十万元不等的高额费用;学校一年可创收数百万元、数千万元甚至更多;而在另一方面则害苦了家长,恶化了师生关系、学校与家长关系。同时,那些条件差的学校没有自费生,甚至生源不足,教师几乎没有任何奖金和福利。从而导致学校之间收入差距拉大,分配不公。

3. 不同单位级别的同类人员,在职称评定、工资奖金等待遇上差距过大。从1986年我国开展专业技术人员职称评聘工作以来,高级职称、特别是正高级职称都有单位级别规定,同时还有学历、外语、在职等要求。这些要求虽然有一定程度的合理性,但是事实上往往变成了硬杠杠、一刀切,这样就带来许多不公平不合理的现象,并由此带来分配不公。同样一个人,在市级党校可以评上正高级职称,但在县级党校只能评为副高级职称;在市级党校一年奖金可达数万元,但在县级党校,却没有一分钱奖金,多年来收入不足省级和市级党校同类人员的一半。

4. 同一单位内应该拉开的收入差距没有拉开,目前仍然存在干多干少一个样的平均主义现象。在不同地区、不同单位之间收入差距过大,而在同一单位、同一学校内部又同时存在着"干多干少一个样、干好干差一个样"的平均主义现象,这是又一种形式的分配不公现象。从2007年7月开始,江苏省兴化市各中小学就建立起了以岗位为核心、绩效为取向的岗位绩效工资制度。教学、管理、教辅、工勤这四大岗位的工资发放系数分别为1∶1∶0.95∶0.9。由此可见,教师与教辅人员的工资差距仅仅是1∶0.95,与工勤人员工资差距仅仅是1∶0.9,仍然是平均主义。教师之间也同样是平均主义。特级教师、名教师收入与普通教师收入几乎没有差距。众所周知,有些名演员、名主持人身价过亿,甚至有几十亿元、有私人飞机,但是有哪个教师,特别是中小学教师身价过亿、有私人飞机呢? 让一部分人先富起来,其中理应包括一部分特别优秀的各级各类教师。

5. 在职教师有偿家教屡禁不止,有些人家教收入远远超过工资收入。中小学在职教师有偿家教的现象,是多年来社会反映强烈的问题。多年来部分在职中学教师有偿家教屡禁不止。有些教师对关键内容在课堂上不讲,要到家教时才讲,这就迫使许多学生和家长不得不接受有偿家教。据了解,部分教师利用双休日和寒暑假搞有偿家教,收取高额费用,一年家教收入就有10多万元甚至更多,远远超过一年数万元的工资。有许多贫困家庭和农村家庭哀叹,现在上学上不起呀! 这种违规有偿家教,不仅侵占了学生和家长经济利益,而且占用了学生休息时间,加重了学生课业负担,损害了学生身心健康,并使师生关系变成了剥削与被剥削关系。

二、教师收入总体偏低和结构失衡引起的问题

教师收入总体偏低和结构失衡不利于教师的身心健康和生活改善,不利于教师积极性的发挥,不利于吸引优秀人才参加教育工作,不利于师资质量和教育质量的提高,不利于杰出人才的培养,不利于科教兴国、人才强国战略的落实。

(一)教师收入偏低,不利于教师的工作、生活和身心健康

全国人大代表、湖北省统计局副局长、中南财经政法大学教授叶青说,教师被誉为"辛勤的园丁",可长年在繁重辛劳的工作中能保持身体健康者却为数不多,带病工作似乎已经成为教师职业的特征。他在调查中发现,许多教师存在健康问题,不少教师存在心理问题。"过重的工作压力、过高的社会家庭期望值以及舆论的求全责备,常常使中小学教师心理空间被严重扭曲。"只要当过教师或者曾经当过教师的人就真正知晓教师的辛苦,职业良心与生存环境使得教师大多干起来拼命,早起晚归不算,许多教师还要将课带回家备,将作业带回家改。业余活动基本没有,如果是双教师家庭,更是忙得连烧晚饭的精力也没有,家庭生活也少了很多温馨。据前几年的调查,中国人的平均寿命是 72 岁,但教师的平均寿命却只有 59.3 岁。这一调查结果或许有其时间地域的局限性,但是仍然值得重视。某市教育局对全体教师进行体检,结果是:35 岁以上的教师仅有 8% 的教师身体各项指标正常!颈椎病、肠胃病、头痛病、眼病、妇科病、心血三高、心理疾病成为教师的多发职业病。有调查显示,我国约 68.1% 的教师认为压力越来越重了,只有 5.2% 的人觉得压力很小。因此,教师这个职业已成为压力很大的职业,这种职业直接影响教师的身心健康,也影响到教学行为以及教学质量,并对教育已造成了一定的负面影响。试想,一个身心俱惫的教师对学生的成长有什么好处?[①]

(二)教师收入偏低不利于吸引优秀人才从事教育工作,不利于师资质量的提高

我国 30 多年前就提出,要让教师成为最受人羡慕的职业;30 多年过去了,教师

---

① 《中国人的平均寿命是 72 岁,但教师的平均寿命却只有 59.3 岁》,钟祥论坛,http://bbs.zxwindow.com/forum.php? mod = viewthread&tid = 70259.(访问时间:2008 年 11 月 20 日)。

是不是最受人羡慕的职业呢？请看事实：

1. 从高考志愿看,高分考生报考师范类院校和专业的人数比例明显偏低。下表是 1977－2015 年 39 年中高考"状元"所喜爱的前 10 位的专业和前 10 位的学校统计表。

最受状元喜爱的前 10 名专业（1977－2015）

排名	专业	人数	所占比例%
1	经济学	343	20.40
2	工商管理	324	19.27
3	电子信息工程	113	6.72
4	法律	102	6.07
5	北大元培班	89	5.29
5	生命科学	89	5.29
6	计算机科学技术	88	5.23
7	建筑学	66	3.93
8	物理学	57	3.39
9	自动化	48	2.86
9	中国语言文学	48	2.86
10	数学	45	2.68

统计表明,我国从 1977 年恢复高考以来的 39 年中,1412 名高考状元喜爱的前 10 位专业基本上是各个时期社会公认的最具竞争力、最赚钱和最热门的专业,特别是 2000 年以来,全国高考状元纷纷抛弃理学和工学专业,扎堆就读经济管理等热门专业,而就读教育学和师范类专业的等于零。再看：

收获状元最多的前 10 所高校（1977－2015 年）

排名	院校	人数	所占比例%
1	北京大学	835	47.66
2	清华大学	668	38.13
3	复旦大学	55	3.14
4	中国科学技术大学	54	3.08
5	香港大学	50	2.85

续表

排名	院校	人数	所占比例%
6	中国人民大学	30	1.71
7	对外经济贸易大学	25	1.43
8	香港中文大学	14	0.80
9	中山大学	11	0.63
10	香港科技大学	10	0.57

资料来源：朱士娟.《2016年高考状元调查报告》发布　看看"状元"们都选啥专业,载《济南日报》2016年6月28日。

在1977—2015年39年的1752名高考状元中,就读北大、清华的占85.8%,竟无1人就读师范院校。尽管不能把高考状元与优质生源等同起来,但这里有大体上的对应关系。由此可见,我国师范院校生源质量总体上是不高的。生源质量与未来的师资质量虽然不能等同,但是这里有密切关系。总体上的师资质量不高与总体上的教师收入不高同样具有不可否认的密切关系。

2.从公务员招聘与教师招聘的情况来看,也存在着冰火两重天的情况。

从公务员招聘与教师招聘中的不同状况就可以看出究竟什么职业是最受人羡慕的职业。多年来,我国报考公务员的情况持续火爆,而报考教师的情况却相当冷落,可谓冰火两重天。下面是公务员招聘与教师招聘情况的几个事实。

2003——2015年报考国家公务员人数比例统计表

年份	招考职位	招录人数	参考人数	最终比例
2015	13475	22249	90万	40:1
2014	11729	19538	99万	51:1
2013	12901	20839	111.7万	53:1
2012	10486	17941	96万	53:1
2011	9763	15290	90.2万	59:1
2010	9275	15526	92.7万	59:1
2005	5456	8271	29万	35:1

资料来源：《2003-2015年国家公务员考试招考及参考人数汇总》,中国大学网,2015年10月9日。

与公务员招聘情况相反,2014年杭州教师招聘笔试人数不足,无法开考。① 由此可见,至今最受人羡慕的职业不是教师,而是公务员。严峻的现实是:即使是名教师、特级教师,工资收入也比不上一个参加工作不久的普通银行工作人员。有一个大学生考取了公务员,在乡镇工作,看不惯乡镇干部的作风,不愿意受这些人的使唤,想去考教师,但是,只见过纷纷放弃教师职业去考公务员的,没见过公务员辞职去当老师的。公务员的工作毕竟比做老师轻松多了。她也就只好放弃转行去做教师,继续当公务员。② 可见教师的负担之重、待遇之低。

三、我国教师素质的现状

长期以来,由于我国教师待遇偏低,难以吸引高素质人才终身从教,致使教师队伍总体素质不高。清华大学前校长梅贻琦说过:"所谓大学者,非谓有大楼之谓也,有大师之谓也。"现在我国有世界上最多的大学、最多的教师和学生,也有最多的大楼,可惜至今没有世界上最多的大师。习近平指出:"总的看,我国哲学社会科学还处于有数量缺质量、有专家缺大师的状况,作用没有充分发挥出来。"③同样,从总体上看,我国教师队伍也处于有数量缺质量、有专家缺大师的状况。钱学森之所以多次提出"我们的学校为什么总是培养不出杰出人才"这个问题,与我们的教师素质无疑有直接关系。教育的基本职能就是培养人才,教师的基本职责就是把学生培养成合格人才、特别是杰出人才。"青出于蓝而胜于蓝"是真理,是历史趋势;"名师出高徒"也是真理,是历史事实。学生素质高低是教师素质高低的一面镜子。我们的学校培养不出杰出人才,学生的综合素质不高,创新能力不强,反映了教师综合素质不高,创新能力不强。我国现有各级各类学校专任教师1400万人,其中当然有许多综合素质很高、创新能力很强的优秀教师,但从总体上说,仍然存在着综合素质不高,创新能力不强的问题。下面仅以一次征文活动来说明这个问题。

2009年1月,教育部与中国教育报联合主办了一次"谋划教育事业科学发展——我为纲要献计献策"主题有奖征文活动。同年2月,江苏省教育厅在全省举行了一次"谋划江苏教育事业科学发展——我为纲要建言献策"主题有奖征文活

---

① 《杭州教师招聘笔试人数不足无法开考》,载《钱江晚报》,2015年1月4日。
② 王磊光:《基层女公务员浮生记》,载《半月谈》,2015年5月4日。
③ 《习近平在哲学社会科学工作座谈会上的讲话》,载《人民日报》,2016年5月18日。

动。教育部征文活动开始后的第一个月,向教育部发布电子邮件的有2254封,收到信件248封,教育部门户网站上发帖子2835条,收到610篇征文的投稿。这一个月以来,收到意见的规模在教育部的历史上是空前的。但是,这对于一个有13亿人口、1400万教师、2000多万高校学生的国家来说,收到的征文数量实在是少得可怜。江苏省教育厅两个多月中收到征文1492篇,这对于江苏这一人口大省和教育大省来说,显然过少。据统计,2008年江苏省总人口有7676.5万人,各级各类学校教师有67.91万人,普通高校在校学生有167.74万人。① 这表明,在全省教师中只有0.22%的人提交了征文(其中有几人提交1篇的,也有1人提交几篇的,这里姑且以征文篇数计算参与人数;此外,有些市县是经过筛选向省里上报征文的)。这说明,即使在江苏这样一个经济和文化教育都比较发达的大省,大多数人都普遍缺乏社会责任感和改革创新精神。即使在教师队伍中,认真思考和深入研究教育改革和发展、积极主动进言献策的人也很少,还不足教师人数的1%;其中,中青年教师积极主动进言献策的人更少。之所以99%以上的教师都未参与进言献策,原因当然是多方面的,其中一个不可否认的重要原因是大部分教师缺乏社会责任感和改革创新精神。这样的教师又怎能培养出具有高度社会责任感和改革创新精神的学生呢?

  长期以来,我国的师资质量从总体上看,除了职业素养不高、创新精神不强之外,更重要的是某些教师师德不佳,唯我独尊,唯利是图,任意伤害学生、摧残学生。例如:一段时期有些教师对培养人才一窍不通,对摧残人才十分卖力,把坚持独立思考、锐意改革创新、很有培养前途的学生,当作敌人来整,在学生鉴定和档案中充斥着诬蔑不实之词,断送了学生的大好前程,给学生留下切肤之痛和终身遗憾,对国家也造成了无可估量的损失。改革开放以来,从政治上摧残学生的行为已经得到根本扭转;但是从课业负担上、精神上、经济上、甚至从身心健康上摧残学生的现象时有所闻。对小学生乃至初中生任意体罚、打骂、欺凌的现象在一些学校中依然存在。为了个人荣誉、奖金、晋升等一己之私,任意加重学生负担,使学生苦不堪言,严重危害学生身心健康。现在国家采取了义务教育免收学杂费、对农村学生免收书籍费、住宿费等惠民措施;但是部分学校包括部分高校、高中,几十元的学杂费是免了,而几千元、几万元甚至几十万元的自费、借读费、择校费、教辅材料费、课外

---

① 江苏省统计年鉴:2009.

辅导费等名目繁多的高额费用接踵而至,十倍百倍地增加了家长经济负担,以至教育、医疗、住房被民间并称为"新三座大山"。如此等问题的存在,既与教师个人品德有关,也与社会风气、教育制度有密切关系;师德滑坡与官德滑坡、医德滑坡、各种职业道德滑坡和整个社会道德滑坡是密切联系的。所以解决这个问题,不仅要靠对教师的培养教育,还需要有民主法治的完善、社会风气的净化、收入分配制度的改革、教育制度的改革,特别是人才评价制度、教育和教学质量评价制度的改革和完善,总之是一项社会系统工程。

四、提高教育质量必须提高师资质量

多年来,我国培养的学生适应社会和就业创业能力不强,创新型、实用型、复合型人才紧缺,富有创造精神的杰出人才更是稀少。这说明,我国教育质量从总体上说还不是很高。其原因是多方面的,而师资质量不高则是其中主要原因之一。经验证明,教师的德才学识和言行举止会影响到学生的健康成长乃至前途命运。有些老师作为学生的老师是暂时的,但是对学生的关心帮助是长期的。有些好老师在与学生几十年的相处中,都是学生的良师益友,对学生有多方面的帮助。有些好老师对学生有一颗深情挚爱的心,有一种极端负责的精神;遇上这样的好老师是学生一辈子的幸运。同时,也有一些老师,虽然也很爱学生,但由于水平不高,不懂得学生成长规律,以致误人子弟、误人青春。因此,建设一支富有爱心、献身教育的高素质教师队伍,对子孙后代的前途命运、对国家民族的前途命运都是一件至关重要的大事。

习近平说:"教师重要,就在于教师的工作是塑造灵魂、塑造生命、塑造人的工作。一个人遇到好老师是人生的幸运,一个学校拥有好老师是学校的光荣,一个民族源源不断涌现出一批又一批好老师则是民族的希望。国家繁荣、民族振兴、教育发展,需要我们大力培养造就一支师德高尚、业务精湛、结构合理、充满活力的高素质专业化教师队伍,需要涌现一大批好老师。""好老师没有统一的模式,可以各有千秋、各显身手,但有一些共同的、必不可少的特质。"

第一,做好老师,要有理想信念。正确理想信念是教书育人、播种未来的指路明灯。不能想象一个没有正确理想信念的人能够成为好老师。唐代韩愈说:"师者,所以传道授业解惑也。""传道"是第一位的。一个老师,如果只知道"授业"、"解惑"而不"传道",不能说这个老师是完全称职的,充其量只能是"经师"、"句读之师",而非"人师"了。古人云:"经师易求,人师难得。"一个优秀的老师,应该是"经师"和"人师"的统一,既要精于"授业"、"解惑",更要以"传道"为责任和使命。好老师心中要有国家和民族,要明确意识到肩负的国家使命和社会责任。

第二,做好老师,要有道德情操。老师的人格力量和人格魅力是成功教育的重要条件。"师也者,教之以事而喻诸德者也。"老师对学生的影响,离不开老师的学识和能力,更离不开老师为人处世、于国于民、于公于私所持的价值观。一个老师如果在是非、曲直、善恶、义利、得失等方面老出问题,怎么能担起立德树人的责任?广大教师必须率先垂范、以身作则,引导和帮助学生把握好人生方向,特别是引导和帮助青少年学生扣好人生的第一粒扣子。"师者,人之模范也。"教师的职业特性决定了教师必须是道德高尚的人群。合格的老师首先应该是道德上的合格者,好老师首先应该是以德施教、以德立身的楷模。师者为师亦为范,学高为师,德高为范。老师是学生道德修养的镜子。好老师应该取法乎上、见贤思齐,不断提高道德修养,提升人格品质,并把正确的道德观传授给学生。

第三,做好老师,要有扎实学识。老师自古就被称为"智者"。俗话说,前人强不如后人强,家庭如此,国家、民族更是如此。只有我们的孩子们学好知识了、学好本领了、懂得更多了,他们才能更强,我们的国家、民族才能更强。

第四,做好老师,要有仁爱之心。教育是一门"仁而爱人"的事业,爱是教育的灵魂,没有爱就没有教育。好老师应该是仁师,没有爱心的人不可能成为好老师。老师还要具有尊重学生、理解学生、宽容学生的品质。离开了尊重、理解、宽容同样谈不上教育。老师在学生心目中具有重要位置,老师无意间的一句话,可能造就一个天才,也可能毁灭一个天才。好老师一定要平等对待每一个学生,尊重学生的个性,理解学生的情感,包容学生的缺点和不足,善于发现每一个学生的长处和闪光点,让所有学生都成长为有用之才。①

习近平这些精辟论述应该成为教师队伍建设的指南针。培养和造就一大批高

---

① 《习近平同北京师范大学师生代表座谈时的讲话》,载《人民日报》,2014年9月10日。

素质的教师,必须从多方面采取切实有效的措施。一方面,要采取多种措施,不断提高现有教师素质,要引入优胜劣汰的竞争机制和奖优罚劣的激励机制,不断激励教师奋发进取,自强不息。另一方面,要优先办好师范教育,培养大批高素质的新教师。从一定意义上可以说,中国振兴的希望在人才,人才强国的希望在教育,教育发展的希望在教师,教师优化的希望在师范。我们应该站在科教兴国、人才强国的战略高度来看待办好师范教育。对师范院校在人力物力财力上要有一定倾斜,要采取有效措施,把一流的教师、一流的生源吸引到师范院校中来。

五、提高师资质量必须提高教师待遇

提高教育质量,必须提高师资质量;提高师资质量,必须提高教师待遇,吸引大批高素质人才加入教师队伍,确保教师安于其业、专于其业、精于其业,使教师真正成为令人喜爱、令人羡慕的职业,成为"太阳底下最崇高的职业"。下面就此提出几点对策建议。

(一)认真落实习近平总书记的指示和《纲要》的要求,真正改善教师待遇

2014年9月9日教师节前,习近平在北京师范大学考察时强调:"各级党委和政府要从战略高度来认识教师工作的极端重要性,把加强教师队伍建设作为基础工作来抓,满腔热情关心教师,改善教师待遇,关心教师健康,维护教师权益,充分信任、紧紧依靠广大教师,支持优秀人才长期从教、终身从教,使教师成为最受社会尊重的职业。要制定切实可行的政策措施,鼓励有志青年到农村、到边远地区为国家教育事业建功立业。要加强教师教育体系建设,加大对师范院校的支持力度,找准教师教育中存在的主要问题,寻求深化教师教育改革的突破口和着力点,不断提高教师培养培训的质量。要让全社会广泛了解教师工作的重要性和特殊性,让尊师重教蔚然成风。"[1]党和国家的方针政策是完全明确而且完全正确的,重要的问题在于落实。现在不是国家财政教育经费太少,解决不了教师待遇问题;而是如何用好教育经费,完善分配制度,解决好教师待遇总体偏低和结构失衡等各方面的分配不公问题。

---

[1]《习近平同北京师范大学师生代表座谈时的讲话》,载《人民日报》,2014年9月10日。

(二)继续提高教育经费在 GDP 中的比重,继续提高教师总体收入水平

我国财政性教育经费占 GDP 的比重在 2012 年已经达到 4.28%,但这是提高教育经费的起点而不是终点。与一些发达国家达到 5.5% 以上相比,我国的教育经费仍然是比较低的,仍然有进一步提高的必要。要知道,由于目前我国人均 GDP 仍然低于世界平均水平,所以同样的比例,我国人均教育经费仍然是比较低的。据统计,近年来的人均教育经费,美国约为 11900 元,日本约为 7800 元,中国约为 2800 元。据统计分析,日本战后到 1960 年的 15 年中,智力开发对经济事业的贡献占 52%,技术引进占 43%,资本的作品只占 5%,1950—1972 年的 22 年中,教育经费增长了 25 倍,而相应的国民生产总值增长了 29 倍。上世纪六十年代,一位日本首相在一次记者招待会上指出:"大家说日本出现经济奇迹,我认为算不了什么。我有一句话奉告各位,我们日本拥有世界上最好的教育。"[①]21 世纪以来,日本 18 年获得了 18 项诺贝尔奖。日本还是世界上国民素质最高、人均预期寿命最长的国家。日本的成功经验值得我们借鉴。其中的重要工作之一,就是要进一步实施科教兴国战略,继续提高教育经费在 GDP 中的比重,继续提高教师总体收入水平。

(三)深化教育财政体制改革,在较大范围内统筹安排教育经费

世界上主要发达国家为教育事业发展不断地推进教育财政体制改革,已经形成较为合理公正的财政体系,在中央、州、地方政府对义务教育经费的分担比例上,美国为 6.2∶48.3∶45.5,德国为 1.6∶75.4∶23,法国中央政府则分担了 68.4%。若与一些"富国办小教育"的现状相比,"穷国办大教育"就是我国教育的基本特征。教育经费困难和学校需要创收可能是我们处于社会主义初级阶段的特殊国情,这种矛盾而又严峻的现实情况还将延续相当长的时间。在我国以往义务教育投入中,中央财政负担 2%,省地负担 11%,县负担 9%,乡镇负担 78% 左右。实现"科教兴国"战略要把教育放在优先发展地位,这不应是口号,而是需要政府确确实实投入巨额资金。"解决义务教育经费难题的办法之一,是加大中央和省级财政对义务教育经费的投入力度,特别是对中西部地区要重点扶持,不要再让县乡两级政府为此而疲于奔命了。""如果县级财政仍然要依靠乡镇上交税费的话,义务教

---

① 中共中央组织部等:《迎接新的技术革命(下册)》,湖南科学技术出版社 1984 年版第 360-361 页。

育的负担最终仍会落到农民头上。"实施九年义务教育,是我国教育的"重中之重"。以教育部为首的各级教育行政部门正在逐步完善"国务院领导下,由地方政府负责、分级管理、以县为主"的农村义务教育管理体制。政府对义务教育负有不可推卸的责任,必须强调政府确保公共经费的投入。我国能否实现"科教兴国",这与影响和制约教育事业发展的财政运作关系重大。面临现代社会的各种危机与挑战,教育必须具备忧患意识。我国教育要实现跨越式发展,必须探索新世纪我国教育财政体制改革之道。① 在这一方面,尽可能提高教育财政统筹级别是一种重要改革思路。我国学校课程设置、教学大纲制定、教学目的要求、对教师的工作要求基本上都是全国统一的,公民受教育的权利和义务也是由全国性的法律统一规定的,顺理成章,教育经费的预算和保障也应该由中央统筹安排。中国幅员辽阔,各地经济发展水平差异很大,财政收入和支出水平同样差异很大,为了保障教育事业的发展,保障教育公平的实现,教育经费应该尽可能在较大范围内统筹安排。对贫困县、贫困校要实行全市全省全国统筹,不能按地区财政收入高低决定教师收入高低。

(四)建立健全财务制度,合理配置经费,节约使用经费

原来都认为教育部门是清水衙门,许多案件警示我们,清水衙门水不清,这里也有许多财务漏洞和腐败现象。在加大教育经费投入的同时,必须合理配置经费,节约使用经费,建立健全教育系统财务管理制度。

(五)继续改革教师工资制度,缩小不合理差距,拉开合理差距

提高教师工资待遇,并不是统一普涨工资,而是要继续改革教师工资制度,完善绩效工资制度,缩小不合理差距,拉开合理差距。一是要给工资过低、偏低的教师填平补齐;二是要按照科学考核的真实绩效实行绩效工资制度;三是对水平和绩效突出的教师提高待遇;四是对违规违纪违法收入坚决取缔;五是规范工资外各种津贴、补贴、奖金、福利,严格控制工资外收入,严格控制职务消费和各种隐性收入、灰色收入。六是努力做到各级各类学校之间在收入分配上同工同酬、相对均衡、规

---

① 《我国教育财政体制存在的问题及其对策探讨》,无忧论文网,http://www.51lunwen.com/education-management/2011/0708/lw201107081120422133.html(访问时间:2011 年 7 月 8 日)。

范有序、公平合理。

要切实搞好绩效考核工作,使绩效工资真正落实到教师工资制度中;要拉开名教师、特级教师、优秀教师与一般教师的工资差距,真正做到按劳分配,按绩效支付工资。在这里关键是搞好绩效考核工作。考核中要重视听取学生和家长对教师和校长的考核意见。这个问题是一个重大课题,需要专门研究。对这一方面既有的研究成果要做好鉴别、转化、应用工作。对教学、科研有突出贡献的教师要给重奖,让出类拔萃的优秀教师先富起来,让教师真正成为令人尊敬的职业。总之,工资制度改革要有利于充分调动教学一线教师的积极性主动性创造性,有利于实现科教兴国、人才强国的国家战略。

(六)改革职称评聘制度,严格掌握标准,不拘一格评职称

在中小学、县级以下学校和单位中,不是完全没有水平很高、成就出众的人才,应该让他们平等地参加高级、包括正高级职称的评聘,要打破学校级别、学历资历、职称外语、退休与否等条条框框,重在输出信息,重在工作实绩,重在实际成果,不拘一格评职称。除了外语教师外,绝大部分教师,特别是中小学教师基本上并不使用外语,为什么一定要考外语呢?退休教师中真正退休的,当然不再参加职称评聘;对退而不休,继续工作的人,理应让他们参加职称评聘。要让教师职称评聘工作成为推动广大教师安于其业、专于其业、长期从教、终身从教的强大动力。专业技术职称应该完全按照专业技术水平和实际能力来评定,不应该把单位级别、学历、年龄(退休)、外语等外在因素附加到职称评定条件上。现在应该突破一切不必要、不合理、不切实际的条条框框,不拘一格评职称。同时,在职称评聘中,一定要严格掌握标准,不能过多过滥,要防止一放开中小学教师评聘正高级职称,许多人都一拥而上,良莠不齐,都成了"教授"。

(七)严格执行有关规定,严禁违规办学行为

公办高校和高中应该一律招收公费生,不得提高录取分数线,减少招收公费生,增加招收自费生、借读生、择校生。严格执行教育部规定,取消普通高中招收择校生。严禁在择校生之外以借读生、自费生等名义招收高收费学生。公办高校和高中是财政全额拨款单位,在财政拨款之外,一律不得以任何名义乱收费、高收费,肥了自己,害了家长,避免学校之间收入来源和教师待遇不公平。

在职教师搞有偿家教,必然影响到教师时间精力,影响到职责范围内的教学工作,同时会增加学生的课业负担和家长的经济负担,也有损师生关系和教师信誉。要严禁在职教师搞有偿家教。要发挥有偿家教直接受害者的监督作用,实行有奖举报制度、重奖重罚制度,对违法违规者要罚得倾家荡产,情节严重者要坚决开除出教师队伍,以保持教师队伍的纯洁性,坚决减轻中小学生、特别是中学生的课业负担和家庭经济负担,确保学生身心健康和家长正当利益。

(八)完善教育立法,实行依法治教。

《纲要》有一章专门规定了推进依法治教。必须严格执行《纲要》规定,完善教育法律法规,全面推进依法行政,大力推进依法治校,完善督导制度和监督问责机制。实践证明,教育工作和教师待遇中的许多重大问题,仅仅靠红头文件还不一定能认真落实,必须作为国家大事,纳入法制轨道认真加以解决。教育法律法规中要有改善教师待遇、关心教师健康、维护教师权益的规定。要有严禁体罚学生、严禁有偿家教等方面的明确规定。要尽快修改完善教师法,进一步提高、细化教师任职资格和品行要求。要有监督、执行办法、执行保障机制,要有责任追究办法和明确规定。要通过完善立法、严格执法,确保学校师生的合法权益和身心健康,确保教师待遇、师资质量和教育质量的提高。

第九章　生态文明论

生态,指生物之间以及生物与环境之间的相互关系与存在状态,亦即自然生态。生态文明,是指人类遵循人、自然、社会和谐发展这一客观规律而取得的物质与精神成果的总和;是指人与自然、人与人、人与社会和谐共生、良性循环、全面发展、持续繁荣为基本宗旨的文化伦理形态。生态文明是人类文明的一种形态,它以尊重和维护自然为前提,以人与人、人与自然、人与社会和谐共生为宗旨,以建立可持续的生产方式和消费方式为内涵,以引导人们走上持续、和谐的发展道路为着眼点。生态文明强调人的自觉与自律,强调人与自然环境的相互依存、相互促进、共处共融,既追求人与生态的和谐,也追求人与人的和谐,而且人与人的和谐是人与自然和谐的前提。可以说,生态文明是人类对传统文明形态特别是工业文明进行深刻反思的成果,是人类文明形态和文明发展理念、道路和模式的重大进步。

根据生态文明建设的基本概念和现实需要,本章探讨如何正确处理人与自然的关系,人口生产与物质生产的关系,人与时空资源的关系。

本章的创新点主要有:

一、在人与自然的关系上,服从和遵循自然规律,改善自然环境,实现人与自然的和谐相处。

二、在人口生产与物质生产的关系上,从实际出发,保持两种生产的平衡。鉴于我国目前的人口状况,现在应该采取措施,积极推行全面二孩政策,到适当时候实行自主生育政策,同时对高素质人口鼓励生育,对低素质人口限制生育。

三、在人的劳动与休息的关系上,充分利用时间资源,注意劳逸结合,实行灵活的休假制度。在总假日时间不变的条件下,通过增加一个春季黄金周,创新假日制度,提供亿万人民、特别是亿万学校师生春季旅游的机会,最大限度地造福亿万人民。

第一节　遵循自然规律　改善自然环境

正确处理人与自然的关系是加强生态文明建设的基本要求。人是自然界的产物，必须在自然环境中生活。自然环境都存在客观的自然规律，人必须遵循自然规律，处理好人与自然环境的关系，保持人与自然环境之间的生态平衡。习近平强调："生态文明建设是'五位一体'总体布局和'四个全面'战略布局的重要内容。各地区各部门要切实贯彻新发展理念，树立'绿水青山就是金山银山'的强烈意识，努力走向社会主义生态文明新时代。"①他还强调："人与自然是生命共同体，人类必须尊重自然、顺应自然、保护自然。人类只有遵循自然规律才能有效防止在开发利用自然上走弯路，人类对大自然的伤害最终会伤及人类自身，这是无法抗拒的规律。"②

一、加强生态文明建设是历史唯物主义的一个基本原理

历史唯物主义的基本问题是社会存在与社会意识的关系问题。社会存在是社会生活的物质关系方面，是指社会物质生活条件的总和，包括物质资料的生产方式、地理环境和人口等因素。其中，物质资料的生产方式是社会发展的决定性因素；而地理环境和人口因素也是人类社会生存和发展的不可缺少的物质生活条件。地理环境包括气候、土壤、山脉、河流、海洋、矿藏、动植物等等自然环境。它是社会生存和发展的一个经常的、永久的、必要的条件。地理环境如何，对于生产力的发展具有重大影响，可以加速或延缓社会的发展。正确处理人和自然的关系，尊重自然规律，保护自然环境，建设生态文明，是历史唯物主义的一个基本原理。马克思认为，不但物质资料的生产和再生产是以自然界的存在与发展为前提条件，而且人自身的生产和再生产也是以自然界的存在与发展为前提条件的。因为人本身是自然界长期发展的产物，没有自然界就没有人本身。马克思指出："人直接地是自然存在物"，是"站在稳固平衡的地球上呼吸着一切自然力的人。"③他还指出："历史可以从两方面来考察，可以把它划分为自然史和人类史。但这两方面是不可分割

---

①《习近平谈治国理政》第2卷，外文出版社，2017年版第393页。
②《党的十九大报告辅导读本》，人民出版社，2017年版第49页。
③《马克思恩格斯全集》第42卷，人民出版社，1979年版第167页。

的;只要有人存在,自然史和人类史就彼此相互制约。"①恩格斯指出:"我们不要过分陶醉于我们人类对自然界的胜利。对于每一次这样的胜利,自然界都对我们进行报复。每一次胜利,起初确实取得了我们预期的结果,但是往后和再往后却发生完全不同的、出乎预料的影响,常常把最初的结果又消除了。美索不达米亚、希腊、小亚细亚以及其他各地的居民,为了得到耕地,毁灭了森林,但是他们做梦也想不到,这些地方今天竟因此而成为不毛之地,因为他们使这些地方失去了森林,也就失去了水分的积聚中心和贮藏库。……因此我们每一步都要记住:我们统治自然界,决不像征服者统治异族人那样,决不是像站在自然界以外的人似的,——相反地,我们连同我们的肉、血和头脑都是属于自然界和存在于自然之中的;我们对自然界的全部统治力量,就是我们比其他一切生物强,能够认识和正确运用自然规律。"②我国古代丝绸之路上的楼兰王国在辉煌了近500年之后,到公元4世纪,突然销声匿迹。有人说楼兰王国的灭亡,是由于人类违背自然规律导致的,楼兰人盲目乱砍滥伐致使水土流失,风沙侵袭,河流改道,气候反常,瘟疫流行,水分减少,盐碱日积,最后造成王国的必然消亡。不管这种观点在多大程度上符合历史事实,有一点是毫无疑问的,就是人类必须处理好与自然界的关系,尊重自然规律,保护自然环境,建设生态文明,否则迟早会遭遇灭顶之灾。

历史的发展充分证明了历史唯物主义的这一重要原理。从中国来看,之所以在几千年的文明史中长期位居世界前列,辉煌的中华文明之所以绵延不绝,一个重要原因是与长江、黄河流域的生态状况息息相关,另一个重要原因就是我们的民族文化具有崇尚自然的文化传统和天人合一的思想智慧。从全世界来看,近500年来,先后进入强国之列的西班牙、葡萄牙、荷兰、法国、英国、德国、美国、日本等国家,之所以能成为世界列强,除了别的原因之外,都与它们临近海洋有重要关系。从国内外最发达的大城市来看,上海、天津、广州、南京、杭州、武汉、重庆、青岛、大连、宁波、厦门、深圳、香港等国际化大都市和大城市,和纽约、东京、伦敦、巴黎等国际化大都市,都是沿海沿江的城市。由此可见,国家的发展,城市的发展,社会的发展,都与地理环境和自然条件息息相关。

长期以来,特别是工业革命以来,在人类物质生产取得巨大发展的同时,以高

---

① 《马克思恩格斯选集》第1卷,人民出版社,1995年版第66页。
② 《马克思恩格斯选集》第4卷,人民出版社,1995年版第383—384页。

投入、高能耗、高消费为特征的工业文明,对地球资源的索取超出了合理的范围,对生态环境造成了严重的破坏。从20世纪60年代开始,人类对自身与自然关系的反思和认识日益深刻。1972年,联合国发表《人类环境宣言》郑重宣示,人类在开发利用环境的同时,也承担着维护自然的义务。20世纪90年代以来,以《里约热内卢环境与发展宣言》《21世纪议程》为代表的一系列纲领性文件先后问世,标志着人与自然和谐发展的生态文明理念逐步成为世界共识。

古今中外的历史经验都充分证明,自然环境是人类社会生存和发展的极其重要的条件,人类必须协调好人与自然的关系,必须统筹人与自然的和谐发展,必须加强生态文明建设,必须建设一种以资源环境承载力为基础、以自然规律为准则、以可持续发展为目标的资源节约型、环境友好型社会。

二、加强生态文明建设是我国全面建设小康社会的迫切需要

2007年,党的十七大第一次把"建设生态文明"作为全面建设小康社会奋斗目标的新要求提了出来,强调要使生态文明观念在全社会牢固树立。2012年,党的十八大把生态文明建设列入"五位一体"总体布局之中,视为关系人民福祉、关乎民族未来的长远大计。2017年,党的十九大进一步做出了"加快生态文明体制改革,建设美丽中国"的一系列部署。① 实践证明,生态问题是人类社会必须高度关注的一个重大战略问题。建设生态文明关系到人类的命运,既影响着人类的现在,也决定着人类的未来。就我国而言,建设生态文明、保护生态环境,尤其是一项重大而紧迫的战略任务。在经过了30多年的经济高速增长后,13亿中国人民的生活正在逐步走向富裕,我们取得了举世瞩目的发展成就。同时也要看到,我国的生态形势仍然十分严峻。我国人均资源紧张,人均耕地、淡水、森林仅占世界平均水平的32%、27.4%、12.8%,石油、天然气、铁矿石等资源的人均拥有量也明显低于世界平均水平;我国沙化土地面积173.97万平方公里,占国土面积的18.12%;水土流失土地的总面积已达356万平方公里,占国土面积的37.1%;平均每年农田受旱面积近4亿亩,受涝耕地面积1.5亿亩,损失粮食100亿公斤左右。② 我国"十三五"规划的重要目标之一是,推动形成绿色生产生活方式,加快改善生态环境。坚

---

① 《党的十九大报告辅导读本》,人民出版社,2017年版第49页。
② 中共中央宣传部理论局:《理论热点面对面(2008)》,人民出版社,2008年版第86-87页。

持在发展中保护、在保护中发展,持续推进生态文明建设。深入实施大气、水、土壤污染防治行动计划,加强生态保护和修复。今后五年,单位国内生产总值用水量、能耗、二氧化碳排放量分别下降23%、15%、18%,森林覆盖率达到23.04%,能源资源开发利用效率大幅提高,生态环境质量总体改善。特别是治理大气雾霾取得明显进展,地级及以上城市空气质量优良天数比率超过80%。我们要持之以恒,建设天蓝、地绿、水清的美丽中国。

历史与现实都警示我们,必须超越传统工业文明的发展模式,摆脱先污染后治理的老路,走出一条生产发展、生活富裕、生态良好的文明发展道路,在经济社会高速发展的同时给老百姓一个美好的生活家园,让天更蓝、水更清,给子孙后代留下蓝天白云、绿水青山,实现经济社会永续发展。这是我国全面建设小康社会的迫切需要和重大目标,是全社会共同的理想,也是全社会共同的责任。我国"十三五"规划提出了生态文明建设的宏伟目标:生态环境质量总体改善。生产方式和生活方式绿色、低碳水平上升。能源资源开发利用效率大幅提高,能源和水资源消耗、建设用地、碳排放总量得到有效控制,主要污染物排放总量大幅减少。主体功能区布局和生态安全屏障基本形成。

三、提高防灾抗灾能力是加强生态文明建设的重大任务

我国是幅员辽阔、地形复杂、气候多样的国家,每年都会发生多种多样的自然灾害,造成不同程度的人员损失和财产损失。以下是我国2015年和2016年遭受的自然灾害和损失情况统计表。

灾害类别	受灾项目	单位	2015	2016
农作物灾害	农作物受灾面积	千公顷	21769.8	26220.7
	绝收	千公顷	2232.7	2902.2
	受旱灾	千公顷	10609.7	98727
	受洪涝灾害	千公顷	7341.3	10554.9
	受风雹灾害	千公顷	2918	2908.0
	受低温冷冻和雪灾	千公顷	903	2885.0
	受灾人口	万人次	18620.3	119117
	死亡、失踪人口	人	967	1706
	直接经济损失	亿元	2704.1	5032.9

续表

地质灾害	地质灾害	处	8355	10997
	伤亡	人	422	593
	其中死亡	人	226	362
	直接经济损失	万元	250528	354290
	地质灾害防治投资	万元	1762663	1360234
地震灾害	地震灾害	次	14	16
	伤亡	人	813000	104
	死亡	人	30	1
	直接经济损失	万元	1791918	668693
海洋灾害	海洋灾害	次	79	123
	死亡和失踪	人	30	60
	直接经济损失	亿元	72.74	46.51
森林火灾	森林火灾	次	2936	2034
	伤亡	人	26	36
	直接经济损失	万元	6371.4	4135.7

资料来源:中国统计年鉴2016、2017.

由此可见,我国自然灾害频发,人口损失和经济损失巨大。这是我国生态环境欠佳和恶化的结果。从各方面提高抗御自然灾害的能力,做好防灾抗灾工作,是我国生态文明建设的艰巨而复杂的历史任务。从我国历史经验看,我国历来重视预防和抵御自然灾害,特别是重视防洪抗灾和水利建设。大禹治水的故事至今传为美谈。古人曾有"为政之要在治水,善治国者先治水"、"治国即治水,治水即治国"之说。1949年建国以来,党和政府十分重视水利事业。据统计,1953-1988年,全国水利建设投资总计667.98亿元,而1949-1987年水利事业经济效益总计12059.10亿元,由此可见,水利事业每1元投资就收到18元效益,而且许多水利工程还会长期发挥效益。同时我们要看到,目前我国的水利事业与人民需要相比,与发达国家相比,还有很大差距。1991年以来,全国许多地区洪涝灾害频发,造成重大人员伤亡和经济损失。据统计,1991-2004年14年中,我国因洪水造成43700人死亡,年均3121人,造成直接经济损失16089亿元,年均1149亿元。① 有专家指

---

① 国家统计局:历年《中国统计年鉴》。

出,我国水灾造成的直接损失占 GDP 的比重为 3%,而日本为 0.6%,美国为 0.08%。因此,近 10 多年来,我国持续加大了水利建设投资。据一位水利专家介绍,整个"十二五"期间,全国水利总投资预计高达 1.8 万亿元,而"十三五"期间,全国水利投资规模同比增速有望超过 20%。①

四、江苏省兴化市的防洪工程建设是生态文明建设的一个成功案例

建设生态文明、保护生态环境,近 14 亿中国人民一项重大而紧迫的战略任务,当然也是 156 万江苏省兴化市人民一项重大而紧迫的战略任务。兴化是一个有两千多年历史的古邑,地处苏北里下河腹地。境内河湖港汊纵横交错,密如蛛网。地势低洼,形如"锅底",故有"锅底洼"之称。因四面环水,交通不便,地处偏僻,向有"自古昭阳好避兵"的说法。《兴化县志》(张志)载诗云:"我邑独少宛马来,大泽茫茫不通陆;外人羡着桃花源,万钱争租一间屋。"素有里下河"锅底洼"之称的兴化市,平均海拔只有 1.8 米,每到大水季节都会出现"四水投塘,客水倒灌"的状况,"船在街上行,车在水中开"是兴化遭受洪灾时的真实写照。从 1954 年到 2007 年,先后 7 次遭受洪灾。从 1991 年到 2006 年的短短 15 年内连续发生了 3 次较大的洪涝灾害,造成 70% 以上农田被淹,60 多万人流离失所,各项损失累计达 60 亿元,仅 2006 年的洪灾就给兴化带来了 15.45 亿元的损失。城区居民也饱受水患之苦。王家塘小区是兴化城区的"洼中之洼",年年这里第一个"泡汤",城区许多住宅区也要受淹,给居民的生产生活带来诸多不便。2006 年兴化市委市政府在认真倾听各方意见,经过周密调查研究后,做出了一项决定:从 2007 年起,用 3 年时间,城乡总投资 18 亿元,建设城市防洪墙和农村圩堤,彻底改变兴化对洪涝灾害"不设防"的状况,确保抵御 3.5 米水位的洪水。

兴化市委市政府采取"以河划块,分区设防"的方法,将兴化全城共划为 8 个区域,2007 年至 2009 年的 3 年中,共建筑防洪墙 26 公里、堤防 7 公里、环河路 22 公里、防洪闸 28 座、排涝站 38 座,形成城市防洪工程的整体系统。近几年形成的新城区是省级经济开发区的所在地,几年前发水时,不少企业车间进水,客商们叫苦不迭。防洪墙建成后,安然无恙,外面暴雨倾盆,里边机声隆隆。九顷小区 2007 年不少人家进水后,只得把所有的家当全部搁在空中,2008 年几乎没有人家进水。10 多位市民写信到市长书记信箱向他们表达感激之情。

---

① 降蕴彰:《"十三五"规划开启新一轮水利投资》,载《中国证券报》,2014 年 5 月 20 日。

该市在防洪排涝工程安排上,坚持与城市景观建设、沿河道路建设、市区航道建设以及污水管网建设相结合,请广大市民监督工程实施,特别是结合创建园林城市,将城区防洪墙、防洪闸、游园小路、绿化景观带融为一体,进一步提升了兴化这座历史文化名城和水城的城市品位。市委强调,河流的安全、美丽、流动、文化,是我们治水的最终目标,是我们构筑"防洪长城"的基本宗旨。结合建设防洪工程,仅2008年一年就新建了板桥竹石园、森林公园、人民公园等三个主题百姓公园。每个公园的绿色长堤都是经过绿化、美化的防洪墙。兴化市还在城乡开展了水环境整治活动。全市出动20万农民清洁河道1.2万条、清洁河道长度4700公里,打捞清理水花生及水面漂浮物约60万立方米。

2009年1月5日,兴化市车路河畔的防洪墙上,众多市民在庆贺全省首家"体育公园"———兴健园建成开放。当天同时开园的还有生态观光园、阳山公园、八里铺公园,这些公园都是巧妙利用城市防洪墙傍水而建的。至此,该市已在城市防洪墙上建起了9个公园。傍水而建的公园因势造型,各具特色。上官河畔新建的水上森林公园,荟萃各地名贵树木,公园的绿色长堤就是一个精心设计的防洪大堤,现在是国家四A级景区,是里下河地区规模最大的人工湿地森林生态公园。投资700万元的板桥竹石园收集了全国各地的名贵竹石。生态观光园栽植各类乔灌木23万多株,建筑多用竹木搭建,别具韵味。阳山公园结合地形地貌,将水面自然分割,形成独特的园林艺术效果。王家塘小区游园是典型的亲水长廊,依水而建的亭台楼阁,每天吸引大量市民逗留游玩,而2006年前,这里还是一个遍地垃圾的卫生死角。①

五、兴化市生态文明建设的主要做法和基本经验

在构筑防洪工程、建设生态文明方面,兴化市委市政府领导156万兴化人民取得了多方面的成绩,也积累了多方面的经验。概括说来,兴化市的主要做法和基本经验有"六个坚持"、"六个结合"和"多管齐下"等几个方面。"六个坚持"是:坚持凝心聚力,科学发展;坚持生态立市,人文兴市;坚持统筹兼顾,协调发展,实现水文一体;坚持完善功能,丰富内涵,做到建管并重;坚持以人为本,关爱民生,实现发展惠民,促进社会和谐;坚持改进作风,提升效能,加强政府自身建设。"六个结

---

① 《兴化:防洪墙上建成"水上公园"》,载《光明日报》,2009年1月7日。

合"是:

与城市景观建设相结合;与城区道路建设相结合;与市区航道建设相结合;与市河整治相结合;与污水处理相结合;与旧城改造相结合。多管齐下是:从源头上控制新污染源;从根本上整治老污染源;整治和保护饮用水源;开展"清洁家园、清洁田园、清洁水源"的"三清"活动。采取这些做法,取得了明显效果,让环境变美了、河水变清了、鱼虾变多了。江苏省环境质量抽查监测表明:兴化市的水质、空气质量较好,环境质量评价指数保持85%。城乡河边的码头上,重现了以前人们用河水淘米洗菜的生态镜头。在外面打工10多年的老渔民陈红兵2009年又回到家乡干起了捕鱼的老本行。

第二节 调整人口政策 优化人口结构

一、调整人口政策的必要性

1980年9月25日党中央发表《关于控制我国人口增长问题致全体共产党员、共青团员的公开信》,提倡一对夫妇只生育一个孩子。随着"一胎化"政策的推行,我国生育率持续下降,2000年降到1.8,近几年又降到1.5左右。鉴于中国生育率过低、人口结构失衡的严峻形势,中央从2014年起实施"单独二孩"政策,从2016年起全面实施一对夫妇可生育两个孩子政策。但是,"全面二孩"政策普遍"遇冷",有生育意愿的人比预想的要少。2017年出生人口1723万人,比2016年减少了63万人,这一数据比之前各方的最低预测还要更低;2017年人口出生率比2016年下降了0.52‰,只有12.43‰,这一数据比日本的出生率还低,人口自然增长率下降到了5.32‰的惊人低生育水平。[①] 2018年出生人口1523万人,出生率为10.94‰,自然增长率为3.81‰,均比2017年进一步下降。[②]

现在看来,生育率过低将会带来如下一系列社会问题:

一是劳动力不足、包括兵源不足的问题。马克思主义关于"两种生产"(即人类自身生产和物质资料生产)的理论,认为共有人口规律是:人类自身生产必须与

---

① 《如何看待2017年中国生育率低于预期?》,知乎网,https://www.zhihu.com/question/266176436/answer/306242674(访问时间:2018年3月3日)。

② 国家统计局:《中华人民共和国2018年国民经济和社会发展统计公报》,载《人民日报》2019年3月1日。

物质资料生产相适应。两种生产的比例是整个社会生产的基本比例。人口增长过快过慢,甚至出现人口负增长,都不符合人口规律。现在世界上有些国家和地区人口生产与物质生产比例失调,甚至出现人口负增长,劳动力后继乏人,已经实行鼓励生育的政策。我们现在要高瞻远瞩,站在 20 年、30 年之后来研究今天的生育政策。如果继续保持过低的生育率,劳动力不足、包括兵源不足的问题将十分严重,而且是短期内难以解决的。

二是独生子女素质问题。无论是从历史对比还是从国际对比来看,目前的独生子女比过去的子女或外国的子女都更加娇生惯养,受到溺爱,不能吃苦,以我为中心,不少独生子女都是"小皇帝"、"小公主",思想道德素质和身心健康素质都有所下降。这对整个民族素质的提高极为不利。

三是独生子女及其长辈生活孤独的问题。独生子女,没有兄弟姐妹,普遍存在着孤独感,亲情友情都很少很淡,往往情商不高,协作精神不强。对他们自己、对整个社会都是不利的。与此同时,独生子女的父母和祖父母、外祖父母也存在着年老无人照料、生活孤独的问题。

四是人口性别结构问题。在实行生一胎政策之后,出生人口性别比明显提高。有人口专家指出:1980 年之前中国出生性别比正常(男女比为 105∶100 左右),1996 年到 2005 年出生人口的性别比高达 127,加上一些单身女性,意味着今后将有 30% 的男人打光棍,4000 万光棍将被判"无妻徒刑"!①

五是人口年龄结构问题。中国最近 40 年的人口模式是"4∶2∶1"模式。中国人口危机在大城市表现最为突出。上海市 2009 年户籍人口的总和生育率仅为 0.83,比全球和中国的总和生育率都低。青少年人口比重严重偏低,"老龄化"和"少子化"并存,人口结构性问题突出。②

六是人口逆淘汰问题。实行"一胎化"政策以来,城市人口,特别是高学历高素质人口都是严格执行的;但在农村,特别是低学历低素质人口中,却有不少人继续生二胎、三胎甚至多胎,结果就造成了高素质人口比重越来越小、低素质人口比重越来越大的逆淘汰现象。这对整个民族素质的提高显然是不利的。

七是上百万"失独家庭"巨大精神痛苦和实际生活困难问题。"失独家庭"指

---

① 相树华、刘明福:《中国婚恋危机》,中国广播电视出版社,2011 年版第 42 页。
② 相树华、刘明福:《中国婚恋危机》,中国广播电视出版社,2011 年版第 20 页。

失去独生子女的家庭。失独较早的大多数很快就补生了孩子,失独较晚的其独生子女已经给他们生了孙子女或外孙子女。彻底丧失独生子女的中国人特别可怜,因为绝大多数中国人不信神,是靠代际传承来找到安身立命之所的,孩子身上寄托着他们生命的全部意义。按最保守的估计,我国这类最痛苦的失独家庭也在250万个以上。多数独生子女家庭虽然不会直接或间接失独,但也生活在失独的恐惧中,一天到晚担心孩子出意外,孩子全天候地被家里的成人盯着,不许从事任何有风险的活动。①

有些学者认为,生二胎比生一胎要多支出抚养费,减缓经济增长速度,特别是人均GDP增速将会大大降低。但是,人不仅有一张口,需要消费,同时也有一双手,可以生产。这里虽然有一定时间差,但从长远来看,即使从经济上看,生二胎也是一件好事。更重要的是,人口问题不仅是一个经济问题,更是一个社会问题、民生问题。用单纯经济眼光看待这个问题只是一种职业的偏见,或许正是培根所说的"洞穴的幻象"。即使经济增长放慢一点,现在调整政策,提高生育率也是十分必要和紧迫的。

二、群众生育意愿低的严峻形势

我国实行"全面二孩"政策以来,普遍"遇冷",有生育意愿的人比预想的要少得多。生育意愿低的原因主要是:

第一,生育成本高,经济压力大。《中国青年报》评论认为,相关家庭之所以"不敢生"、"不想生",主要是因为存在经济和社会压力,即养不起。曾有媒体算了一笔账,"穷养"一个娃至少也要30万元,"富养"则根本就是个"无底洞"。②

第二,精力和时间不够。能生二孩没人帮助带;怀孕过程太艰辛,不想重来一次;担心要二孩影响职场发展,影响生活质量;耗不起这样的时间;许多工作,没有人能够代替你。

第三,随着人口素质的提高生育意愿会下降。不想为孩子失去自我。现代年轻人更注重自己生活品质的享受——从养孩子的任务中解放出来。

第四,除了少数农村地区外,养儿防老的功能不再存在。费用过高,收益甚微。

---

① 杨支柱:《中国的"失独家庭"究竟有多少?》,载《新快报》,2012年5月12日。
② 吴杭民:《"单独二孩":何以不敢生、不想生?》,载《中国青年报》,2015年1月28日。

第五,生理原因。女性生儿育女的最佳时间段为20——35岁。许多只有一个小孩的女性现已经超过35岁,错过生育最佳年龄。由于生理因素和环境因素,担心新生儿有生理缺陷。

由于上述种种原因,大部分女性生育意愿很低,导致生育率很低。这样就严重影响到人口生产和物质生产的均衡、人口的代际均衡和性别均衡,由此又导致上述一系列问题。为了解决这些问题,看来仅有允许生二孩的政策是不够的,还需要有一系列配套政策措施。

三、实现我国人口均衡发展的对策建议

面对全面二孩政策遇冷、生育率过低的严峻人口形势,调整人口政策已经势在必行了。那么现在应该采取怎样的生育政策呢?笔者的建议是:目前采取措施更加积极地推行"全面二孩"政策,到适当时候实行自主生育政策,并对高智商高素质高学历人员鼓励生育,对低智商低素质低学历人员限制生育。这是保持两种生产平衡的需要,是保持人口生态平衡、包括年龄结构、性别结构平衡的需要,也是防止逆淘汰,提高整个民族素质的需要,也是确保中华民族持续发展、繁荣昌盛的需要,从而是造福子孙后代的需要。因此,现在调整生育政策,提高生育率,是顺乎天理,应乎人情,适乎世界之潮流,合乎人群之需要的科学决策,是关系到造福子孙后代、确保中华民族繁荣昌盛的战略决策。

目前要采取多种措施,积极推行全面二孩政策,解决人口均衡发展问题。

其一,企业产妇产假工资由政府支付,减轻企业和个人负担,也防止对女性的就业歧视。

其二,对城乡贫困女性生育二孩的,给予政府津贴。

其三,在近10年内采取鼓励生育女孩的政策,以尽可能解决前一段时期性别比偏高的问题。

其四,逐步完善社会保障制度,提高生育保险待遇,解除民众后顾之忧。

其五,在税收政策上,包括个人所得税、财产税、遗产税、赠予税、社会保障税费收缴上,对生二孩家庭适当少收,并从收入中减去生育和培养子女费用。

其六,解决好教育、医疗、住房"新三座大山"问题,降低生育成本。

在全面推行二孩政策的基础上,根据人口形势,到适当时候,可以对一般人员实行自主生育,对高素质人员实行鼓励生育,对低素质人员实行限制生育政策。具

体政策需要做科学地高层设计。从现实情况和未来趋势看,似应较早实行自主生育政策。必要时实行鼓励生育政策。

实行自主生育,是对绝大多数人而言的。这样会不会出现人口大爆炸?不会。有些学者顾虑停止计划生育,实行自主生育,会出现人口爆炸,影响经济发展和国家建设。其实,这种顾虑是多余的。事实上,随着经济社会的发展,人民文化水平的提高,社会保障制度的健全,养儿防老的考虑已经不合时宜,多子多福的信条已经成为历史。世界上许多发达国家和地区并没有实行计划生育,人口不仅没有发生爆炸,还出现了下降趋势,甚至还需要鼓励生育。我国现在实行"全面二孩"政策,还有许多人不愿意生,他们只生一胎,甚至一个也不生。

对高智商高素质高学历人员鼓励生育,对低智商低素质低学历人员限制生育,这是因为,人的智商和体质具有遗传性,鼓励前者生育,限制后者生育,有利于提高民族素质,确保中华民族总体素质的提高,也是弥补多年来逆淘汰现象的需要。智商高低可以科学测定;学历高低有文凭作证,在这里高学历指具有博士硕士学位的人员,低学历指没有完成义务教育、即不足初中毕业的人员;素质高低指德智体多方面综合素质的高低。这些都是可以通过科学方法、客观标准、客观事实和客观证据加以认定的。如何鼓励或限制,可以制定一些具体政策加以明确,通过相关职能部门予以落实。

第三节 创新假日制度 用好时空资源

现在我国职工每年有 104 天周末假日,有 11 天法定节假日,全年假日达 115 天;学校师生加上寒暑假,全年假日达 160 天左右。这样我国职工和学校师生假日已达全年天数的 1/3 左右。对于这么多的假日时间,人们应该如何认识和利用?如何创新假日制度,发展旅游产业,如何解决旅游产业发展中不平衡不充分的问题,让人民生活更加美好?这些问题已经凸现在人们面前,值得人们思考和探讨。

一、我国假日制度的演变和旅游产业的发展

从 1949 年至 1994 年 45 年中,我国城镇人口和学校师生都是每周休息 1 天,工作或学习 6 天。从 1994 年 3 月 1 日起,国家开始试行 1+2 休假制度,大礼拜休息 2 天,小礼拜休息 1 天。从 1995 年 5 月 1 日起,国家开始实行双休日制度,每周

休息2天,工作或学习5天。

从1999年10月1日开始,国家实行了国庆节、春节、五一节三个长假,每个长假休息7天,被称为黄金周。2007年12月24日,国务院公布了《国务院关于修改〈全国年节及纪念日放假办法〉的决定》,将原来的"五一"劳动节三天假期缩短为一天,同时增加清明、端午、中秋三个传统节日为法定节假日,各放假一天。与此同时,国务院还颁布了《职工带薪年休假条例》。

从1999年有了"黄金周"开始,假日旅游热潮席卷全国,"假日经济"一词在中国闪亮登场。广大城镇居民从在家休息发展到出门旅游,从周边游到跨省游到出国游。1999年国庆第一个"黄金周",全国出游人数达2800万人次,旅游综合收入141亿元。据统计,我国十一黄金周旅游人数,2004年突破1亿人次,2009年突破2亿人次,2011年突破3亿人次,2012年突破4亿人次。2014年达到4.75亿人次,实现旅游收入2453亿元。① 2016年达到5.93亿人次,同比增长12.8%,累计旅游收入4822亿元,同比增长14.4%。② 2016年十一黄金周旅游人数是1999年旅游人数的21倍。

21世纪以来,随着居民收入的增长和假日时间的增加,随着经济建设的发展和交通设施的完善,我国旅游产业得到了快速发展。特别是党的十八大以来,党中央、国务院高度重视旅游业。习近平总书记对"厕所革命"、全域旅游、文明旅游等多次做出重要指示,促进了我国旅游经济快速增长,产业格局日趋完善,市场规模品质同步提升,扶贫富民成效显著,国民旅游休闲生活更加精彩,旅游产业已经成为国民经济的战略性支柱产业和与人民群众息息相关的幸福产业。联合国世界旅游组织多年来对中国旅游发展的测算显示,中国旅游产业对国民经济综合贡献和社会就业综合贡献均超过10%,高于世界平均水平。国家旅游局数据中心测算,过去三年,我国旅游综合最终消费占同期国民经济最终消费总额的比重超过14%,旅游综合资本形成占同期国民经济资本形成总额的比重约6%,旅游综合出口占国民经济出口总额的比重约6%。其中,2017年旅游业综合贡献8.77万亿元,对国民经济的综合贡献达11.04%,对住宿、餐饮、民航、铁路客运业的贡献超过80%,旅游直接就业2825万人,旅游直接和间接就业8000万人,对社会就业综合

---

① 《国庆黄金周全国旅游收入达2453亿元》,载《人民日报》,2014年10月9日。
② 《十一全国旅游收入4822亿元》,载《京华时报》,2016年10月8日。

贡献达10.28%。2017年,我国人均出游已达3.7次,旅游成为衡量现代生活水平的重要指标,成为人民幸福生活的刚需。旅游业列"五大幸福产业"之首。每年近50亿人次的旅游市场,成为传承中华文化、弘扬社会主义核心价值观、提升国民素质、促进社会进步的重要渠道。旅游成为生态文明建设的重要力量,并带动大量贫困人口脱贫,很多地方的绿水青山、冰天雪地正在通过发展旅游转化为金山银山。"5·19"中国旅游日成为真正的旅游惠民日,近3年各地推出上万条旅游惠民便民举措,推动旅游发展成果全民共享。三大旅游市场持续健康增长,我国连续多年保持世界第一大出境旅游客源国和全球第四大入境旅游接待国地位。2017年旅游总收入5.4万亿元,比2012年增长2.81万亿元,年均增长15.83%。2017年国内旅游市场为50亿人次,比2012年增长69.12%,年均增长11.08%;2017年国内旅游收入为4.57万亿元,比2012年增长101.15%,年均增长15%。2017年入境旅游人数为1.39亿人次,比2012年增长5%,年均增长1%;其中外国人2017年为2910万人次,比2012年增长7%,年均增长1.4%。2017年出境旅游市场为1.29亿人次,比2012年增长了4580多万人次,按可比口径年均增长9.17%。我国现有住宿和餐饮法人企业4.5万家左右,其中住宿业1.9万家(其中星级饭店1.16万家,包括五星级824家、四星级2425家),旅行社2.79万个,景区景点3万多个(其中A级景区10340个,包括5A级249个、4A级3034个),世界遗产52项,全域旅游示范区创建单位506个,红色旅游经典景区300个。休闲度假方面,现有国家级旅游度假区26个,旅游休闲示范城市10个,国家生态旅游示范区110个。专题旅游方面,现有中国邮轮旅游发展实验区5个,国家湿地旅游示范基地10个,在建自驾车房车营地514个,还有一大批健康旅游、工业旅游、体育旅游、科技旅游、研学旅游等"旅游+"融合发展新产品。初步形成观光旅游和休闲度假旅游并重、旅游传统业态和新业态齐升的新格局。①

二、我国旅游产业发展中的问题

我国旅游产业在得到快速发展的同时,也存在着发展不平衡不充分的问题。不平衡主要表现在节假日与平日之间出行人数的不平衡。特别是国庆长假和春节

---

① 引自伍策 高峰:《李金早:2018年全国旅游工作报告》,中国网,http://travel.china.com.cn/txt/2018-01/09/content_50205965.htm(访问时间:2018年1月9日)。

长假期间出行人员过于集中,许多旅游景点和交通要道人山人海,给旅客和游客带来食宿行游等多方面的不便和困扰。从区域尺度来看,"东强西弱"的区域旅游发展格局未变。其中,客源地潜在出游力在东中西三大区域之间表现为"7∶2∶1"的三级阶梯状分布,旅游产业综合发展水平在东中西三大区域之间现出"5∶3∶2"的三级阶梯状分布。不充分主要表现在仍有许多人有旅游兴趣和愿望,但受到假日安排和种种条件的制约不能如愿以偿。如许多学校师生寒暑假不适宜旅游,春季最适宜旅游但没有时间旅游。只要我们解放思想,实事求是,创新假日制度,就能在很大程度上解决这些发展不平衡不充分的问题,让我国的旅游产业得到更平衡更充分更健康的发展。

我国旅游业发展中存在的一个突出问题是仅存的两个黄金周客流量过于集中,带来诸多不便和隐患。由于职工带薪休假制度至今难以在所有单位落实,由于取消了五一黄金周,仅剩下春节和十一两个黄金周。因此,大批游客在这两个黄金周集中出游带来了严重问题和事故隐患。

2012年的十一黄金周恰逢中秋节,市民享受到长达8天的"双节"长假,同时也是高速公路小型客车节假日免费通行政策实施后的第一个长假,再加上私家车的大幅度增长,全国各地景区游客"爆棚"、"井喷",规模震撼,到处摩肩接踵,人潮涌动。南京中山陵游客达到最佳接待量的10倍,厦门鼓浪屿游客达到最佳接待量的9倍。10月2日下午因游客激增,发生万人滞留华山,封堵华山景区入口要求退缆车票的事件。所幸3日凌晨问题已得到解决,封堵已被疏通,所有滞留游客都已下山,接送游客大巴开始正常运行。由于人流量过大,亿万游客的食住行游感到诸多困难和不便,而且存在着发生踩踏事故和各种事故的巨大隐患。我们不能因为此次未发生特大事故而心存侥幸,现在必须未雨绸缪,高度警惕,采取措施,防患于未然。2016年10月3日晚,又发生因华山景区突发八九级大风,导致西线索道停运,景区滞留四五百名游客山洞里,大多数是老弱病残,可能要等到凌晨三四点的事件。同日晚上,有大批旅客滞留在八达岭公交站,据记者目测,现场长龙大概有30多米以上,大批旅客排队超2小时以上,虽有人维持秩序,但现场仍秩序较乱。在此前后几个十一黄金周中,全国旅游景点也都是人满为患,大批游客都是乘兴而来,扫兴而归。2018年春节,数以百万计的游客涌入海南,在碧海蓝天和阳光沙滩享受了一个温暖的假期。然而,2月18日开始,一场67年不遇的持续性大雾天气,叠加春节黄金周返程高峰,在海口城北三个港口附近的道路上每天滞留上万辆汽车、数万名旅客无法及时出岛。截至2月26日上午10时,8天时间里,海口共输送138902辆车和713820名旅客过海。事件暴露出的进出岛通过能力不足,再次让一个已沉寂多时的话题浮出水面:到底要不要建设桥梁或隧道让海南与内陆地区的交通网络实现互联互通?支持者和反对声各持己见。有人提出,"出入岛"困境要从管理上破题。"海南作为一个岛屿,生态容量有限。政府应该对海南环境承载力进行科学评估,在发展旅游和保护生态环境之间找到一个平衡点。"海南省发明协会会长陈明发表示,尽管很多人认为国际旅游岛就应该开放而不是限制,但事实上每年冬天海南南部三亚、陵水、保亭等多个城市交通都处于半瘫痪状态,优质沙滩等生态资源这些年破坏性开发和使用也很严重。陈明发认为,海南可以像其他地区和景点那样,实行网络预约限额制,在生态环境可承受范围内实行预约入岛。如此海南的旅游业才能提供优质的服务,旅客才能拥有更好的旅游体验。① 笔者认为,通盘解决全国假日拥堵问题,最重要的是要创新假日制度,从时间上分流游客。

三、关于带薪休假、错峰休假和弹性作息的安排

2015年8月11日,国务院办公厅印发《关于进一步促进旅游投资和消费的若干意见》。《意见》指出,旅游业是我国经济社会发展的综合性产业,是国民经济和现代服务业的重要组成部分。通过改革创新促进旅游投资和消费,对于推动现代服务业发展,增加就业和居民收入,提升人民生活品质,具有重要意义。这一意见是完全正确的。《意见》提出了促进旅游投资和消费的一系列很好的意见。同时,《意见》提出了优化休假安排,激发旅游消费需求的三点意见,包括:

(一)落实职工带薪休假制度。各级人民政府要把落实职工带薪休假制度纳入议事日程,制定带薪休假制度实施细则或实施计划,并抓好落实。

(二)鼓励错峰休假。在稳定全国统一的既有节假日前提下,各单位和企业可根据自身实际情况,将带薪休假与本地传统节日、地方特色活动相结合,安排错峰休假。

(三)鼓励弹性作息。有条件的地方和单位可根据实际情况,依法优化调整夏季作息安排,为职工周五下午与周末结合外出休闲度假创造有利条件。

其中第一点,落实职工带薪休假制度,这在机关和国有企事业单位比较容易实

---

① 凌广志等:《解琼州海峡通道之困,要不要建跨海大桥或隧道》,载《瞭望新闻周刊》,2018年第9期。

施,但在非公有制经济单位中就比较难以实施。据人民日报报道,人社部的一项调查显示,目前带薪休假落实率约为50%,而落实带薪休假比较好的单位,主要集中在党政机关、事业单位、大型国有企业、外资企业,像一些民营企业、中小企业落实的相对较差。其中,国家统计局公布的一份报告称,42.4%的职工"不休或未休完带薪休假"的原因是"担心休假影响前途"。[①] 2016年年末全国就业人员76704万人,其中城镇就业人员37102万人,国有单位人员只有6839万人,加上有限责任公司和股份有限公司人员约5030万人,合计也只有12000万人,个体私营企业人员约13200万人,乡村就业人员39602万人。[②] 因此,对于城镇一半以上的就业人员和乡村就业人员来说,也就是对占就业人员80%以上的劳动者来说,带薪休假只是一种美梦。对1700万教师和2.5亿学生来说,除了寒暑假也不存在带薪休假问题。由此可见,对于绝大多数人来说,带薪休假是不存在或者难以实施的。

其中第二点,错峰休假的想法很美,但是没有多大实际意义。例如,在江苏兴化,每年有春季菜花节、秋季螃蟹节,每两年还有一次郑板桥艺术节,但是本地人对这些传统节日、地方特色活动早已司空见惯,不感兴趣,安排错峰休假,既不方便,也不必要。

其中第三点,实行弹性作息,一些城市率先出台实施办法,明确了2.5天休假的具体实施时间表。山西省晋中市、江西省吉安市试行了这一办法,实际上能够并且愿意星期五下午休假的人都不足一半。事实上,增加这半天外出休闲度假时间,对绝大多数人来说,既不需要也不可能每周都外出休闲度假。"2.5天大周末"看起来很美,实际上没有多大意义。搞不好还会有浪费工时、打乱正常作息时间的副作用。

四、创新假日制度的建议

基于以上分析,无论是带薪休假、错峰休假,还是弹性作息、"2.5天大周末",都不是优化休假安排、激发旅游消费需求的最优办法。有鉴于此,特提出创新假日制度、发展旅游产业的建议如下:

在现行假日制度基础上,将清明节(或五一节)假期增加2天,从而形成3个7

---

① 《关注带薪休假》,载《人民日报》,2015年7月27日。
② 国家统计局:《中国统计年鉴2017》,中国统计出版社2017年版。

天长假(春节、清明节或五一节、国庆节)。这样在春暖花开的春季和秋高气爽的秋季就都有了长假,每家每人都可以享受到气候宜人的季节外出旅游的机会。在全国大部分地区4月份都是最好的旅游黄金季节。现在的问题是增加的2天假期从何而来?这里有两个办法:一是实行带薪休假的人可以抵算带薪休假时间;二是不实行或暂未实行带薪休假的单位和人员可以根据各单位具体情况,自行安排2周,将双休日改为单休日。我国过去几十年的实践证明,这一制度是可行的。这样不仅解决了长假太少、游客过于集中带来的各种问题,而且有利于充分利用时间、空间、自然资源、人文资源,发展旅游业,造福亿万民众,特别是让2亿多学校师生能够在春暖花香季节和秋高气爽季节游览祖国大好河山乃至出国观光旅游。此外,现在空调使用已经普及,学校教室安装和使用空调的条件也已经具备,可以考虑将时间较长的暑假缩短1周,用来安排1周春假。近几年清明节小长假交通线路拥挤、旅游市场火爆,也证明了安排春假或延长清明小长假的必要性和可行性。我们不要作茧自缚,被现有的制度束缚得死死的,要解放思想,开动脑筋,敢想敢说敢作敢为,敢于打破一切陈规旧律,敢于推进制度创新。

当然,还可以研究其他更好而又切实可行的制度安排。经济管理上讲究时间组织和空间组织,在假日安排和社会管理上同样要讲究时间组织和空间组织。即使难以一下子在全国全面推行,也可以在部分地区先行先试;取得经验,再行推广。此外,部分机关、企业、事业单位,不适宜连续休息数天,可以酌情变动,实行单位照常服务、人员轮流休息的制度。特别是医院,人的患病时间是不分工作日或节假日的,有些疾病不仅不能等上2天时间,几个小时也不能等待,仅仅安排值班人员也不足以满足治病需要,因此医院应该像交通部门那样,单位没有假日,员工轮流休息。有些单位必要时可以增加人员的培养和配备。总之,一切要以人为本,以方便民众为宗旨,要在可能范围内,通过制度创新最大限度地造福人民。

下 卷

围绕大众日常生活的马克思主义大众化研究

有人认为,马克思主义大众化,就是把马克思主义的基本原理、基本观点通俗化、具体化,使之更好地为人民大众所理解、所接受。其实,马克思主义大众化绝不仅仅是在语言上通俗化、让人民大众易于理解的问题,更重要的是要将马克思主义理论内容大众化,要关注人民大众的日常生活,实现马克思主义哲学、政治经济学和社会主义学说各方面内容的大众化。马克思主义大众化的根本要求是研究大众生活、关注大众需求、回应大众关切、解答大众困惑,不断推进马克思主义与人民大众生活实际的有机结合。

科学是反映自然、社会、思维、人生等方面客观规律的分科知识体系,是系统化理论化的知识。我国对科学的分类,主要分为自然科学、社会科学两大类以及作为二者概括和总结的哲学。然而任何科学归根到底都是为人服务的,都是为人的生活服务的。实际上,人的生活中处处有科学,事事可研究。正如《红楼梦》中所说:"世事洞明皆学问,人情练达即文章。"因此,应该特别重视人生科学和人生哲学的研究。

我国在1993年创建了中国人生科学学会。20多年来,中国人生科学学会组织全国广大社会科学工作者和爱好者,研究人生现象,揭示人生规律,探索人生理论,大力宣传和普及科学人生知识,取得了良好的社会效果。但是直到现在,我国的人生科学和人生哲学研究往往过于宏观、过于抽象、过于深奥,长期停留在高楼深院小圈子中,知道中国人生科学学会的人为数寥寥,因而不够贴近实际、贴近生活、贴近群众,更没有走进学校的课堂,而恰恰这是一门人人需要学习和掌握的科学。现在迫切需要从微观上、从个人生活层面上加强对人生科学和人生哲学的研究,进而走进课堂,走进大众。

本卷就从微观上、从个人生活上来探讨人生问题。这个问题看起来微小、简单,实际上十分复杂。古今中外有多少人研究人生问题,研究人生的意义、人生的价值、人生的终极目标,但至今众说纷纭,莫衷一是。如果说,我国的人学正处于方生未生之间①,那么,我国的马克思主义人生科学和人生哲学至今还没有建立起来。我们今天正面临着创立马克思主义人生科学和人生哲学这样一项极其光荣重大而又极其艰巨复杂的理论任务。我们必须知难而进,尝试探讨若干人生热点难点问题,进而完成创立马克思主义人生科学和人生哲学的理论任务。本卷主要探讨人生观、价值观、幸福观三个方面的人生问题,并由此提出人生科学论、人生价值论和人生幸福论等三个理论。

---

① 陈志尚:《人学原理》,北京出版社,2005年版总序第1页。

第十章 人生科学论

根据中国人生科学学会章程的解释,人生科学是由我国学者在二十世纪八十年代中期创建的,以中国五千年传统文化儒家思想为基础,综合吸收了新时期相关学科的精华,以人生为研究对象的新兴科学。它的职能是:研究人生现象,揭示人生规律,探索人生理论,指导人生实践。在社会主义市场经济条件下,帮助每个人实现人生观念的现代化,人生方式的科学化,人生行为的道德化,人生事业的工程化。使生活在知识经济时代的人们,正确地认识人生,科学地设计人生,有效地驾驭人生,开拓地创造人生,无私地奉献人生,合理地享受人生。让每个中华儿女都能获得健康、美好、幸福的人生。①

人生唯物论是人生科学的概括和总结,是马克思主义的人生哲学,主要包括人生辩证唯物论和人生历史唯物论。

本章的创新点主要有:

一、提出加强马克思主义人生科学和人生哲学研究的重要问题。

二、概括人生辩证唯物论和人生历史唯物论的基本内容。

第一节 加强对人生科学和人生哲学的研究

一、哲学与人生的密切关系

长期以来,人们认为,马克思主义哲学主要包括辩证唯物主义和历史唯物主义两个部分。辩证唯物主义是关于自然、社会和思维发展的一般规律的科学。历史

---

① 《中国人生科学学会章程》,https://wenku.baidu.com/view/55c339c23169a4517623a380.html.(访问时间:2016 年 7 月 14 日)。

唯物主义是辩证唯物主义在社会历史领域的应用,是关于社会发展的一般规律的科学。然而,哲学作为人的智慧学,归根到底是为人的生存、人的发展、人的生活、人的幸福服务的。而人的生存、发展、生活、幸福也都是有学问、有规律的。因而哲学的核心问题、核心部分应该是人生哲学,应该是研究人生的一般规律、研究人的生存、人的发展、人的生活、人的幸福的科学。宋希仁教授指出:"人生问题是很复杂的。经历人生很艰难,讲起来也不那么容易。至于说到人生哲理或人生哲学,自古以来不知有多少哲人进行了探索,更是众说纷纭,莫衷一是,仁者见仁,智者见智。有位政治家说,人不到七十岁没有资格谈人生,这话不无道理。人生的酸甜苦辣滋味无穷,不走到那一步,没有亲身的经验,就体会不到,理解不了。"人生哲学"作为系统化、理论化的人生观,它要运用一般哲学的观点和方法,结合有关人生的科学知识,总结人生的经验,并把经验、知识和哲理融为一体,解释人生的实存,阐明人生的价值,指出人生所能达到的境界,从而展示人生应当所为的生活。""人生要有哲学做指导,没有哲学指导的人生,是不自觉的;同样,哲学要能够指导人生,不能指导人生的哲学是不现实的、片面的。……哲学不仅要解释世界、改造世界,还要解释人生、改进人生,赋予人生以应有的意义,引导人生得到能够得到的幸福。""真正有远见、有价值的人生,是经过深思的人生,是有哲学和科学指导的人生。……古往今来,凡是认真对待自己人生的人,都对人生做过认真的思考,力求在这个惟一的生命时间内创造出一个有价值的人生。因此,他们能及时总结人生的经验和教训,坚定前进的方向和信心,从而实现理想的人生目标。……即使做一个平凡的人,也要平凡得堂堂正正,在平凡中显现出人的尊严和价值。"①

人生问题是古今中外众说纷纭的重大问题。我很赞赏恩格斯所说的德国人那种"彻底的深思精神或深思的彻底精神"②。我常常想超然于人生,站在人生之外、地球之外,站在月亮之上、宇宙之间,站在生死边缘,来观察地球,观察地球上的人类,观察人生,思考人生究竟是怎么一回事,人生在世,终极目的、终极意义究竟是什么?这是人生的根本问题,它决定着人生的根本方向、根本态度和人生的价值。真正高尚的人生目的就是为人类工作,造福于大众;自己活着,就是为了让别人活得更美好。为此,人生在世,第一要珍惜生命,注意安全,活得健康。第二要珍惜时

---

① 宋希仁:《人生哲学导论》,山西教育出版社,2004年版自序第9—11页。
② 《马克思恩格斯选集》第3卷,人民出版社,1995年版第695页。

间,有所作为,活得充实。第三要尽心尽力,有所创新,活得精彩。第四要与人为善,造福人民,活得高尚。这样的人生就生得有意义,活得有价值。所有这些问题都是人生问题,也都是哲学问题,首先是人生哲学问题。因此,哲学需要研究人生,人生需要有哲学的指导。哲学的核心是人生哲学。

著名学者胡适先生说过:"要晓得哲学的起点是由于人生切要的问题,哲学的结果,是对于人生的适用。人生离了哲学,是无意义的人生;哲学离了人生,是想入非非的哲学。现在哲学家多凭空臆说,离得人生问题太远,真是上穷碧落,愈闹愈糟!"①哲学家崔自铎教授说:"哲学思考着世界、人生和现实生活中最深刻的道理。所以,真正的哲学必定为一切人所喜欢。""生活哲学,来自生活,属于生活,指导生活,美化生活。""未经哲学洗礼和渗透的头脑,不可能是聪明、智慧的头脑;未经哲学洗礼和渗透的思想,不可能是聪明、智慧的思想。""一个大思想家、大哲学家,不是国王,胜似国王,因为,在精神世界这个王国里,他是真正的至尊和统治者。""哲学真理希望跳出书本圈子,走进生活,走进实践。""生活哲学就在你的言行、哭笑、喜怒、得失、福祸、生死之中。哪里有生活,哪里便有生活哲学。"②辩证唯物主义和历史唯物主义哲学无疑要走进生活,哪里有人,有人的生活,哪里也必须有人生唯物主义哲学,有人生辩证唯物论和人生历史唯物论。

二、加强人生科学和人生哲学研究的必要性

(一)加强人生科学和人生哲学研究是实现马克思主义根本宗旨、增进人民幸福的需要

马克思主义的根本宗旨是解放全人类,造福全人类。应用马克思主义理论改善人民生活、增进人民幸福,是马克思主义研究的根本目的和根本任务。改善人民生活、增进人民幸福是艰巨的任务,有丰富的内容和众多的指标。目前,世界上越来越多的国家用国民幸福指数来衡量人民生活水平和幸福程度。国民幸福指数,是衡量人们对自身生存和发展状况的感受和体验,即人们的幸福感的一种指数。与此相对应,我们可以提出一个新概念——人生幸福指数,是衡量个人对自身生存和发展状况的感受和体验,即个人的幸福感的一种指数。幸福感可以理解为满意

---

① 胡适:《不受人惑:胡适谈人生问题》,当代中国出版社,2013年版第14页。
② 崔自铎:《生活哲学》,中共中央党校出版社,2003年版第30-32页。

感、快乐感和价值感的有机统一。学术上的研究证明,人的幸福受到基因、文化、教育、环保、人权保障、工作和生活方式等多方面的影响。我国有学者认为,幸福指数大体由5个方面构成:物质丰裕感,精神充实感,政治清明感,社会和谐感,生态舒适感。改革开放以来,我国人民生活水平有了很大提高,人民幸福感、国民幸福指数也有了很大提高。但我国仍处于并将长期处于社会主义初级阶段,我国人民的生活水平和幸福指数还不是很高。关心群众疾苦,减少群众不幸,改善群众生活,增进群众幸福,我们还要付出极大的努力,而从理论上认真研究人民生活,创立人生科学和人生哲学无疑具有极大必要性。

(二)加强人生科学和人生哲学研究是实施马克思主义理论研究和建设工程的需要

高放教授指出:"马克思主义是人的解放学。""以往人们只讲无产阶级和全人类的整体解放,而却忽视了每个人的个体解放。整体的解放如果不落实到个体的解放,岂不是落空了?看来只有真正重视每个人的个体解放,才能促使每个人尽心尽力做好本职工作,认真为你的工作对象尽职服务。这是从实际出发逐步实现自我解放并且切实帮助他人解放的便捷途径。"以人为本,也就是以民为本,以人民大众为本,以你、我、他(她)在内的所有个人为本,要关心全社会每个人的生命、健康、安全、工作、生活、学习、发展。① 既然如此,为了实现每个人的自由解放、幸福安康,马克思主义就应该关心和研究每个人的日常生活,包括人的求学生活、从业生活、物质生活、精神生活、恋爱婚姻家庭生活、社会生活、安全、健康等各方面的生活。而在所有这些方面都有许多科学知识需要人们去学习、掌握、研究和探讨。为此必须研究和创立多方面的人生科学,并由此概括出人生哲学。虽然在这些方面马克思主义经典作家有过许多论述,但是只散见于各种零星的论述中,并无系统的专门的著作,并未形成系统的人生科学和人生哲学。

人生无疑是人的生活,首先是广大群众日常平凡的生活。马克思主义哲学要能系统化、科学化、大众化,要能为广大群众通俗易懂、喜闻乐见、理解运用,就必须贴近实际、贴近生活、贴近群众,必须关注群众生活、研究群众生活,必须研究人生的主要方面和主要过程,丰富和发展人生科学和人生哲学。马克思主义哲学关注

---

① 高放:《马克思主义与社会主义新论》,黑龙江人民出版社,2012年版自序第3—4、440页。

和研究群众生活,群众才会关注马克思主义、关注哲学。事实上,在平民百姓看来,马克思主义仅仅是研究宏观世界、国家大事、政治问题的理论,基本上并不研究个人生活、家庭生活;而绝大多数人真正关心的是自己的个人生活和家庭生活,而不是什么学说、主义。这也毫不奇怪,历史唯物主义告诉我们,人们首先要吃喝住穿,然后才谈得上其他一切,也才谈得上学习马列著作。因此,马克思主义一定要关心群众生活,研究群众生活,给群众带来实实在在的好处,否则,高谈什么马克思主义大众化,始终不过是理论家们写在纸上、挂在嘴上的大话空话。显然,创立马克思主义人生科学和人生哲学,应该是马克思主义基本原理发展创新的主要方向之一。

恩格斯说过:"像唯心主义一样,唯物主义也经历了一系列的发展阶段。甚至随着自然科学领域中每一个划时代的发现,唯物主义也必然要改变自己的形式;而自从历史也得到唯物主义的解释以后,一条新的发展道路也在这里开辟出来了。"[1]现在,历史又前进了100多年,这是信息爆炸、知识爆炸的100多年,是科学技术迅猛发展的100多年,自然科学、社会科学都有了一系列划时代的重大发现,唯物主义也理所当然地应该有重大发展和创新。马克思说:"人们的社会历史始终只是他们的个体发展的历史,而不管他们是否意识到这一点。"[2]自从人生问题得到唯物主义的解释后,一条新的发展道路也在这里开辟出来,人生唯物论就会创立和发展起来。这样,我们就不仅有了辩证唯物论和历史唯物论,而且有了人生唯物论,包括人生辩证唯物论和人生历史唯物论。由于人是世界上最高级的动物,不仅人体组织结构极其精致复杂,而且每个人的生活也极其丰富多彩、复杂多变。当今世界有70多亿人口,但是我们找不出两个面貌完全相同的人,更找不出两个思想言行和生活完全相同的人。因此,人生问题似乎是很简单,实际上很复杂。正因为如此,对人生唯物论的研究也极其重要、极其必要、极其复杂。同时,也正因为人生唯物论是直接研究个人生活的,是最贴近实际、贴近生活、贴近群众的,随着人生唯物论的创立和发展,马克思主义将密切关注人民生活,人民大众也必将密切关注马克思主义,从而将极大推进马克思主义大众化。

现在不是没有人研究人学、人生科学和人生哲学,相反,现在到了新华书店,关于人生的著作满眼都是。北京大学陈志尚教授主编的《人学原理》是国家"十五"

---

[1] 《马克思恩格斯选集》第4卷,人民出版社,1995年版第228页。
[2] 《马克思恩格斯选集》第4卷,人民出版社,1995年版第532页。

规划重点图书,是许多专家学者辛勤努力的重要成果,是一部65万字的人学重要著作。这部著作分为"人的存在论"、"人的本质论"、"人的发展论"3编。可以说是写得很好的人学著作之一。但是其中也是大道理多,能够帮助人们解决实际问题的内容少。正如黄楠森教授在该书总序中所说:"作为一门科学的人学可以说正处于方生未生之间。"①总之,目前研究人学、人生哲学、人生科学的著作虽然很多,但是,还未能形成一个既是人生科学知识的概括和总结,又是马克思主义哲学的有机组成部分的人生哲学理论;一套系统化理论化的人生科学和人生哲学还处于方生未生之间。因此,现在正是我们催生这门科学和哲学的重要历史机遇期。我们应当抓紧这个历史机遇期,加强对人生科学和人生哲学的研究,创立系统化理论化的人生科学和人生哲学,并使之与自然科学和自然哲学、社会科学和社会哲学、思维科学和思维哲学并驾齐驱、相互促进、共同发展。

三、人生科学和人生哲学的研究对象

人生科学和人生哲学的研究对象无疑是人生,是人的生活,包括每个人的日常生活。有资料表明,世界上曾经诞生过800亿人;联合国人口基金会则显示全球人口在2011年10月31日达到70亿。已经过世的人都有过他们的人生,现在在世的人正在经历着自己的人生。截至2018年末全国内地总人口139538万人。谈起人生,中国至少有10亿人都能谈谈自己的看法,不少人都能侃侃而谈、滔滔不绝,都能谈上几个小时甚至几天几夜。但要从理论上讲清楚什么是人生,恐怕就寥寥无几。人生科学的研究对象当然是人生,或者说是个人生活问题。人生问题乍一看来似乎很简单,实际上却极其复杂。很多人都以为自己很懂得人生,有许多人生经历和人生经验。其实,人生是极其复杂的,要真正懂人生、会做人、会生活并不容易,这里有许多问题值得研究。有许多人自以为会做人,其实不会。例如:

每个人度过了婴幼儿时期,就进入了学生时代,做学生看起来很容易,其实不容易。有许多学生不会学习,学习目的不够明确,学习方法不够科学,学习态度不够端正,学习效果不够理想。这除了有教育制度、课程设置、教材教法、师资质量等方面的问题外,还有学生和家长自身的问题。

出了学校门,人就进入社会,就需要就业,需要干事业。但有些人自视甚高,眼

---

① 陈志尚:《人学原理》,北京出版社,2005年第1页。

高手低,以为有个什么文凭,就应该有个高职位、高工资,大事做不来,小事又不做。由于中国人口多,就业难是个长期的大问题。有些人的就业难是社会原因造成的,也有些人是自身造成的。主观愿望与客观现实不相适应,工作能力与岗位要求不相适应是常有的事。自主创业能力不强就更为普遍。进入工作岗位后,缺乏敬业精神、勤奋精神、创造精神的人则更多。

在物质生活上,如衣食住行上,有些人在某一方面或某几方面不会生活。例如,有些人不会吃,不会喝,不会把好病从口入关,吃喝不是有利于健康,而是有害于健康。有些人烟酒嗜好太大,损害健康。京沪粤三地男性吸烟比例均在60%左右,女性吸烟比例仅在3%左右。经常饮酒的比例占21.9%,男性人数约为女性的7倍。① 这是男性平均寿命短于女性的重要原因之一。

在精神生活上,许多人没有理想信念,没有人生追求,或虚度年华,或碌碌无为,浑浑噩噩,精神空虚。有的人经济贫困,精神同样贫困;有的人经济富有,精神贫困。有些人退休之后或者在节假日期间,就闲得发慌,不知如何打发时间;有些中老年人组成了庞大的麻将大军,有些青少年成了网迷,整天整夜泡在麻将桌上或者互联网上。有些人精神空虚,寻求"黄赌毒"的刺激。

在家庭生活上,进入青年时期,许多人都要恋爱、结婚、生子,要承担家务劳动和家庭责任,要处理家庭关系和亲属关系。在这一方面,许多人不会处己、不会处人、不会处事,以致发生许多家庭悲剧乃至人间悲剧。

在社会生活上,有些人不会与人相处,谈不上亲情友情爱情,不以众人待其身,而以圣人望于人,跟谁都处不好。有些人为了一己私利,侵犯别人权益,既不道德,也不合法。

在安全健康上,有些人不懂"安全第一,健康第一",付出健康或生命的代价。有些人缺乏安全意识、法律意识,开车不守交通规则,超速超载,酒后开车,导致交通事故,害人害己。有些人有病不治,贻误病情;有些人小病大治,服药过多,既浪费了医疗资源,也损害了自身健康,等等。

总之,在个人生活方面值得研究的问题很多。研究和解决好人生中的许多问题,将在既定的生产力发展水平上,大大减少人民生活中的不幸,极大地提高人民

---

① 北京大学中国社会科学调查中心:《中国报告.民生.2010》,北京大学出版社,2010年版第225、228、229页。

生活的幸福感和满意度,也就是在既定的约束条件下,实现幸福感和幸福指数最大化。

人生科学是研究人生的科学,研究对象是人生,是人的生命,人生的社会环境和社会责任,人生的主要过程和主要方面,人生的社会意义和社会价值,人自身的发展和幸福,以及各种个人生活问题。既要研究人生的全过程、人生的各个阶段和各个方面,研究人生目的、人生理想、人生道路、人生阶段、人生价值等全局性的大问题,也要研究人生中的求学、就业、物质生活、精神生活、家庭生活、社会生活、安全、健康等具体生活问题;既要研究终身大事,也要研究日常生活小事。因此,人生科学研究要先从人们日常生活的调查研究入手,研究和解决各种存在问题,继而围绕人生的主要过程和主要方面加以深入研究,把感性认识上升为理性认识,形成一门既有系统性和理论性、又有实践性和应用性的人生科学。然后在人生科学的基础上加以提高和升华,创立人生哲学。

第二节 人生辩证唯物论和人生历史唯物论

人生哲学是研究人的生活的哲学,是人生科学的概括和总结。每个人的生活都有物质生活、精神生活、家庭生活、社会生活等许多方面。个人生活极其复杂,目前世界上有70多亿人口,却没有从面貌到思想、经历完全相同的两个人,70多亿人的生活无疑就更加复杂。从而人生哲学的研究就极其复杂。这里只能就人生共同的方面提出一个初步的研究框架。

一、马克思主义的人生哲学是人生辩证唯物论和人生历史唯物论

马克思主义人生哲学——人生唯物论,包括人生辩证唯物论和人生历史唯物论,是辩证唯物论和历史唯物论在人生领域的推广和应用。人生辩证唯物论主要是研究人生幸福的唯物论和辩证法。人生幸福可以说是所有人的人生追求。人要追求人生幸福,首先是人要能够生存,而人要生存,必须有衣食住行等各方面的物质生活条件;为此,人必须能够劳动就业,获得劳动收入;为此,人又必须接受教育,掌握劳动就业所必要的知识和技能,在德育智育体育各方面得到一定发展;同时,人还必须维护生命安全和身体健康。舍此就谈不上人的生存发展和人生幸福。这是人生的唯物论。但是,如果人仅仅能够生存,仅仅有了物质生活条件,并不等于就是幸福;人之为人,在于人有自己的思想感情,有自己的精神生活,有自己的理想追求,有自己的亲情爱情友情。没有理想追求的人,没有感情生活的人,即使物质生活条件再好,也没有幸福可言。这是人生的辩证法。个人幸福当然会受到社会、家庭乃至自然环境和天灾人祸多方面的影响,但在通常情况下,主要取决于自己的心态和主观努力,主要靠自己勤于学习,善于生活,勇于创新,乐于奉献。从而可以说,人生辩证唯物论就是人生幸福论,就是指引人们在增进别人幸福的同时创造自己幸福生活的理论。

人生历史唯物论主要是研究人生过程的唯物论和辩证法。正如恩格斯所说:"世界不是既成事物的集合体,而是过程的集合体"。① 同样,人生不是事物的集合体而是过程的集合体,人生是一个或长或短、又长又短的过程,是一个生老病死的过程。每个人的人生都是一个成长的过程、学习的过程、劳动的过程,是一个在家庭和社会中生存和发展的过程。在人生过程中,既会有顺利,也会有曲折,既会有成功,也会有失败,既会有欢乐,也会有痛苦,既会有幸福,也会有不幸。许多人的人生都是坎坷曲折、复杂多变的,人就是要在这种坎坷曲折中坚忍不拔、自强不息,创造自己的人生价值和人生幸福。人生过程,按目前我国平均寿命来说,通常有七十多年,既是一段漫长岁月,又是一个短暂过程。如何运用好人生短暂的宝贵时间,使自己生得有意义,活得有价值,不因虚度年华而悔恨,也不因碌碌无为而羞耻,是值得每个人认真思考的重大问题。如果说,人的生命、生存和生活是一条曲线,那么在这条曲线中会有许多关节点和转折点,把握好这些关节点,适应好这些转折点,对每个人创造人生价值和人生幸福都是至为重要的。因此,人生历史唯物论是一种关于人生过程的历史唯物论。

历史唯物主义是"关于现实的人及其历史发展的科学"。② 所以,毫不奇怪,历史唯物主义这个伟大的认识工具不仅可以用来观察中国历史和世界历史,也完全可以用来观察个人历史。列宁说:马克思已经"指出以科学态度研究历史的途径,即把历史当作一个十分复杂并充满矛盾但毕竟是有规律的统一过程来研究的途径。"③社会历史过程是这样,人生历史过程也是这样。人生在世几十年,既短暂,又漫长;既有顺利坦途,又有坎坷曲折。人的一生通常要经历童年、青年、中年、老

---

① 《马克思恩格斯选集》第4卷,人民出版社,1995年版第244页。
② 《马克思恩格斯选集》第4卷,人民出版社,1995年版第241页。
③ 《列宁选集》第2卷,人民出版社,1995年第586页。

年各个不同时期,都要面临和处理就学、就业、物质生活、精神生活、恋爱婚姻家庭生活、社会生活、安全、健康等重大问题;都会经历各种喜怒哀乐、悲欢离合。由此可见,从时间上看,人生是一个过程、一条曲线;从生活上看,人生有多个侧面、多种境遇。人要保持生存、追求幸福,必须正确处理人生中的各种大事。如果说人生道路漫长,但关键的就是几步。有时会一步走错全盘错,一失足成千古恨。人生中需要学习各种知识,吸取各种经验教训和人生智慧,需要掌握集中了丰富人生经验和人生智慧的人生哲学,需要掌握人生的辩证唯物论和唯物辩证法。生命既是漫长的,又是短暂的,既是坚强的,又是脆弱的。人们常说,时间就是生命;生命在于运动;知识就是力量;健康就是财富;精神就是支柱;理想就是动力;道德就是灵魂;团结就是力量;识时务者为俊杰;得人心者得天下;得道多助,失道寡助;等等,这些做人的智慧,不一而足,不胜枚举。总之,人生中必须学会处己、处人、处事,人生太复杂了,人生中需要学习的东西太多了。归根到底,是要掌握人生智慧学,即人生哲学,人生辩证唯物论和人生历史唯物论。

二、人生辩证唯物论的本体论

中国哲学界对马克思主义哲学本体论(即存在论)的研究经历了三种范式:物质本体论、实践本体论、生存论本体论。范式的转换体现了中国马克思哲学研究的不断深入和创新。本体论问题本身就是一个复杂而绵延的无尽之学,未来随着学术水平的提升,我国哲学界会对马克思哲学本体论问题有更新的突破,对马克思哲学的研究也会有更新的进展。① 物质本体论哲学的基本问题是物质与精神、存在与意识的关系问题,是世界统一于物质的问题。实践本体论哲学的基本问题是实践与认识的关系问题,是人的实践活动问题。生存论本体论哲学的基本问题是人的生存状态和生存方式问题。物质本体论哲学强调世界统一于物质,而不是统一于精神,强调物质第一性,精神第二性,把唯物论与唯心论区别开来。实践本体论哲学强调实践第一性,认识第二性,它研究的物质不再是一般物质,而是物质运动的最高产物人的实践,突出了人的主体地位和人的实践的第一性地位。生存论本体论比之物质本体论和实践本体论又前进了一步,突出了人的生存状态和生存方式。现在看来,马克思主义哲学本体论还应该再前进一步,从生存论本体论前进到

---

① 李婷:《中国马克思哲学本体论研究:回顾与前瞻》,载《江汉学术》,2013年第1期。

人生本体论。人生本体论与生存论本体论基本是一致的,是以人为本、以人生为本、以人的生命、生存、生活为本的哲学。要讲人生辩证唯物论,首先要有人的生命的存在。舍此,就谈不上人生,谈不上人生辩证唯物论。人本身就是几十亿年以来物质运动的最高产物;而要保持人的生存和健康,必须有物质生活资料和物质生活条件,这样人生本体论中自然就包含了物质本体论,既突出了物质运动的最高形式人的生存,也突出了人的多方面的生活。同时,人要有物质生活资料就必须通过劳动把自己需要的生活资料创造出来,就必须投入劳动创造和生活实践。这样人生本体论中自然就包含了实践本体论。因此可以说,人生本体论是物质本体论、实践本体论、生存论本体论三者的综合和发展。马克思恩格斯指出:"全部人类历史的第一个前提无疑是有生命的个人的存在。"独立的哲学"只能从对每个时代的个人的现实生活过程和活动的研究中产生"。① 显然,离开人的生命、生存和生活,离开个人生活,就谈不上人生,谈不上人生哲学、人生唯物论。人生唯物论的本体论只能是"有生命的个人的存在",是"个人的现实生活过程和活动"。

人与物不同,人的生活是客观存在物与主观能动性的统一,人的生活是纷繁复杂、丰富多彩的,是多方面的。人有多种多样的社会角色,多种多样的生活状态。人生辩证唯物论是对所有这些生活经验的概括和总结。由于人生本身的复杂性就决定了人生辩证唯物论的复杂性。

人生辩证唯物论研究的本体是"有生命的个人的存在",是"个人的现实生活过程和活动"。每个人都有自身特有的素质和特有的人生。人的素质是在自己的生命、生存、生活过程中形成的,人的素质形成和发展过程与人的生命、生存、生活过程是交互作用的。研究人生,必须首先了解和探讨人的素质。人们对于人的素质的内涵和外延有多种不同的理解。一般说来,人的素质就是一个人的德智体几个基本方面的质量。

人口素质问题是做怎样的人、怎样做人的问题,是人生科学和人生哲学中一个根本的问题。人们不仅在学生时代要努力做到德智体美全面发展,在整个一生中,都要力求做到德智体美全面发展。人的素质不是一成不变的,而是在生命过程中发展变化的。人的体力素质在一生中有起伏变化,但通常在35岁之前是向上的成长变化,在35岁之后是向下的衰退老化。人的智力素质通常在前半生是向上的发

---

① 《马克思恩格斯选集》第1卷,人民出版社,1995年版第67、74页。

展变化,在后半生是向下的退化。同时,人在某些方面的智力素质在后半生不仅不会退化,还会随着知识和经验的积累和丰富不断进化。所以多数人是在后半生取得自己的主要成就;还有些人老当益壮,大器晚成。进入老龄化时代,激发中老年的自信心和上进心,发挥中老年的积极性和创造性是一个值得重视和研究的问题。人的思想道德素质在不同阶段也会有所不同,在青少年时代是逐步形成和成熟,在中老年时代是比较稳定成熟。在一定主客观条件下,少数人会有很大波动,有的会向好的方向发展变化,也有的会向坏的方向蜕化变质。人的素质是先天条件和后天发展相结合的产物,是客观条件和主观努力相结合的结果。无论先天条件和客观条件怎样的不同,每个人只要尽到自己的努力,都可以最大限度地提高自己的素质,成为优秀人才,做出杰出贡献。如身残志坚的张海迪经过自己的努力,就掌握了多方面技能,做出多方面贡献。反之,有许多健全人,具备了多方面优越条件,但是自己不努力、不争气,没有任何技能和贡献,寄生于家庭和社会,濒死不死,偷生得生,无一事可及生人,无一言可书册府;有的人甚至违法乱纪,危害社会,害人害己,走上犯罪道路。任何人都不应怨天尤人,不思进取,而要充分发挥自己的潜能,坚忍不拔,自强不息,努力造就一种爱国、敬业、诚信、友善的人生,一种有理想、有道德、有贡献、有价值的人生,一种好学、上进、健康、幸福的人生。

三、人生辩证法

恩格斯说:"辩证法不过是关于自然、人类社会和思维的运动和发展的普遍规律的科学。"①既然是普遍规律,当然也是人生的规律。辩证法所揭示的关于事物普遍联系、永恒发展的两大特征,关于对立统一、量变质变、否定之否定三大规律和一系列范畴,都适用于研究人生。下面只举例说明一下三大规律在人生中的体现。

(一)对立统一规律

社会生活充满矛盾,个人生活也同样充满矛盾。例如,每个人的生命、生存和生活中都会遇到生与死、知与行、公与私、善与恶、情与理、美与丑、成与败、荣与辱、利与害、得与失、取与舍、苦与乐、幸福与不幸、理想与现实、权利与义务、主观与客观、顺利与不利、顺境和逆境等矛盾。人正是在各种矛盾中生存和生活,只能在面

---

① 《马克思恩格斯选集》第3卷,人民出版社,1995年版第484页。

临矛盾、承受矛盾、认识矛盾、化解矛盾中生存和生活。人的生命力正是承受矛盾、化解矛盾的能力。

从人的生命来说,有生必有死;从人的细胞来说,每时每刻都在新陈代谢,不断有老细胞死去、新细胞诞生。从人的知识来说,人做每项工作、每件事都要有一定知识和技能,人生也有涯,知也无涯,人要通过不断学习乃至终身学习解决这种知与无知的矛盾。从人做事来说,总会有成有败、有得有失、有利有害、有取有舍,人要不断学会做事,学会立身行事。从与人相处来说,总会有和谐一致、互助合作的,有互相满意、互利共赢的,也会有矛盾分歧、互相制约、十分不满、两败俱伤的。人要学会严以律己,宽以待人,换位思考,互谅互让,己所不欲,勿施于人,与人为善,助人为乐。人的生活中,总会遇到主观与客观、理想与现实的矛盾,人要改变客观存在、改变客观现实往往是不容易的,人要尽可能使主观认识和主观愿望与客观存在、客观现实相适应,使理想与现实相协调,在此基础上通过自己的努力,实现自己合理的愿望和理想。有学者指出,这世界是一半一半的。天一半,地一半;男一半,女一半;善一半,恶一半;清净一半,浊秽一半。一颗包容的心,如同浩瀚的苍穹,能容得下斗转星移、阴晴变幻。当你拥有了这一切的时候,你的人生将变得比海洋更深邃,比天空更辽阔。淡定,是胜不骄、败不馁的态度,是放松自如、从容冷静的勇气,是不急不躁、不愠不火的原则,是一种秋风过面、静若处子的风度,更是兰心傲骨、心怀坦荡的修养。守住自己的平淡,守住自己的生活,就能收获幸福。[①] 这就是生活的辩证法,掌握了生活的辩证法,人就能心胸开阔,宽宏大量,就能做到"能忍自安,知足常乐",就能妥善处理生活中各种各样的矛盾和问题,创造成功的人生、幸福的人生。

(二)量变质变规律

人的生活中存在着各种各样的数量关系。以人的身体来说,人体中有各种各样的数量指标,有身长、体重,有血压、血脂、血糖,有众多的数量指标。这些指标超出一定数量范围,就会表明身体发生了某种异常和病变,这正是量变质变。人的身体是这样,生活也是这样,每个人立身行事都有合理的数量范围,有一个合适的"度",超出了这个数量范围,超出了这个"度",或者要受到疾病的惩罚,或者要受

---

① 一峰:《幸福的活法》,商务印书馆,2012年版第017、053页。

到道德的谴责,或者要受到纪律的处分,甚至受到法律的制裁。那些嗜烟嗜酒者,会受到疾病的惩罚,甚至会危害治安、危害生命、触犯法律。那些涉足黄赌毒者更是如此。那些犯罪分子和触犯刑法的腐败分子,都是超出了行为规范的数量界限,受到了刑法的制裁。掌握好数量界限,既是成就事业、造福人民也造福自己和家庭的需要,也是维持生命安全、身体健康的需要,也是维护人身自由、维护家庭幸福的需要。每个人的头脑中都必须有各种各样的数量界限、道德底线、法律底线,决不要等到超出界限和底线受到疾病和法律的惩罚后才去忏悔,才知道一失足成千古恨。凡事皆有度,做人要学会把握好度;过犹不及;欲速则不达。"只要再多走一小步,看来像是朝同一方向多走了一小步,真理便会变成错误。"①

(三)否定之否定规律

否定之否定规律是事物发展的普遍规律,也是人生中的普遍规律。大而至于整个人生过程,小而至于人的办事过程,都会发生各种各样的曲折,受到各种各样的挫折。世界上没有直路,必须准备走曲折的路。人生道路不像100米的赛道,更像马拉松的赛道,不可能是一帆风顺、平坦笔直的,总会有各种各样的艰难曲折。人生道路总是前进性和曲折性的统一,总是否定之否定的过程。人从健康到生病再到康复就是一个否定之否定的过程。人有许多发明创造都经历了试验、失败、再试验、再失败直至成功的过程。人做许多事情都会经历这样的过程。人在认定正确的目标后,要有坚定的决心、坚韧的毅力,去努力实现既定目标。遇到挫折和失败就放弃,那就很难实现正确的目标,就可能一事无成。马克思说:"辩证法在对现存事物的肯定的理解中同时包含对现在事物的否定的理解,即对现存事物的必然灭亡的理解;辩证法对每一种既成的形式都是从不断的运动中,因而也是从它的暂时性方面去理解;辩证法不崇拜任何东西,按其本质来说,它是批判的和革命的。"②列宁说:"人的认识不是直线(也就是说,不是沿着直线进行的),而是无限地近似于一串圆圈、近似于螺旋式的曲线。这一曲线的任何一个片段、碎片、小段都能被变成(被片面地变成)独立的完整的直线,而这条直线能把人们(如果只见树木不见森林的话)引到泥坑里去,……直线性和片面性,死板和僵化,主观主义和主

---

① 《列宁选集》第4卷,人民出版社,1995年版第211页。
② 《马克思恩格斯选集》第2卷,人民出版社,1995年版第112页。

观盲目性就是唯心主义的认识论根源"。① 一个人掌握了辩证法,对许多事情都能想得通,看得透;就能"气量大如海,意志坚如钢。"就能"生当作人杰,死亦为鬼雄。"

四、人生历史唯物论

(一)人生过程及其阶段性

马克思恩格斯的辩证唯物主义学说揭示了一个伟大的基本思想,即认为世界不是既成事物的集合体,而是过程的集合体。② 社会生活是一个自然历史过程,个人生活也同样是一个自然历史过程。任何人都经历一个或长或短的人生过程,也都是一个不可逆的过程。我们从时间上观察人生,每个人的人生都是一个过程、一条曲线,人的出生是人生过程和人生曲线的起点,人的死亡是人生过程和人生曲线的终点。人生曲线是长短不等的几十年的有限过程。在人生曲线的起点和终点之间,都会有各种各样的转折点,从而使人生显示出阶段性。从不同角度可以对人生划分出不同阶段。对人生阶段的划分,有多种不同的观点,从两段论、三段论到十段论等等划分法都有。

人作为自然界的最高产物,人生是一个自然历史过程,大体可分为童年、青年、中年、老年四个时期。从出生至14岁属于童年,其间1—3岁是婴儿,3—6岁是幼儿,6—12岁是中童,12—14岁是少年。14—25岁是青年,是成长发育的时期。16岁起算基本成年,18岁起则完全成年。25—60岁是中年,是发育成熟、年富力强的时期,一般是精力旺盛、大有作为的时期。60岁以上是老年,一般是精力递减、逐步衰老的时期。其中80岁以上是耄耋老人。有学者把人生的这四个年龄段称为"人生四项性"——幻想的童年、自立的青年、不惑的中年、智慧的老年。③

人作为社会动物,人生是一个社会历史过程。人生社会历史过程大体可分为三个阶段,即求学阶段、从业阶段、退休阶段。我在《人生代数学》中对人生阶段的概括是:人生包括劳动准备阶段、劳动阶段、退休阶段这三个主要生活阶段。

劳动准备阶段主要是指一个人的青少年时代。在这个阶段上,人无论在德育、

---

① 《列宁全集》第38卷,人民出版社,1963年版第411-412页。
② 《马克思恩格斯选集》第4卷,人民出版社,1995年版第244页。
③ 宋希仁:《人生哲学导论》,山西教育出版社,2004年版第63-71页。

智育、体育的哪一方面，都还没有发育健全，还没有具备相当的劳动条件。人在这一阶段的主要任务就是，在德育、智育、体育各方面准备劳动条件。人对这一任务完成得如何，关系到人的全部未来。青少年人完成这一任务的主要途径就是学习和锻炼，在社会生活和学校生活中学习和锻炼，在实践中学习和锻炼。青年人最好要到艰苦环境中去生活，到社会最基层去生活，到工农群众中去生活。只有这种生活，才能把社会上各种矛盾尖锐活生生地暴露在这些青年人面前，才能使他们亲眼认识这些矛盾，并下定决心去解决这些矛盾，才能使他们通劳动人民之情，达共产主义之理，发无产阶级之愤，图社会主义之强，使他们成为坚强的无产阶级革命事业接班人。

劳动阶段主要是指一个人的（青）壮年时代。在这个阶段上，人在各方面都已经具备了一定的劳动条件。这个阶段是人从事劳动、创造价值的一段大好时光。绝大部分人的绝大部分价值量都是在这个阶段里创造出来的。一般说来，一个人活得是否有意义、有价值，就取决于这个阶段内的劳动情况。为了胜利完成自己的劳动任务，对人民、对社会做出尽可能大的贡献，人必须自觉地进行长期的自我改造，自我修养，不断学习，不断完善，不断提高自己的思想品质和工作能力。一个人，要从一个自然界的人（刚从母体里脱胎出来的、不能从事社会劳动、不能适应社会需要的人）变成一个社会上的人（能够从事某种社会劳动、能够适应某种社会需要的人），或者要从一个社会上的一般人物变成一个社会上的杰出人物，都需要一个长期的发育、成长和改造、修养的过程。——正如一棵树苗要长成一棵大树，再从一棵大树变成一根栋梁，需要一个发育、成长和刨削、改制的过程一样。这里所不同的是，人的成长过程是一个更加长期、复杂、曲折的过程，正所谓"十年树木，百年树人"。这里更加不同的是，木材是自然改造和社会改造的结果，而人则是自然改造、社会改造和自我改造的结果，而且，为主的是自我改造的结果，自然改造和社会改造在许多方面是要通过自我改造而起作用的。从这个意义上来说，今天的我是昨天的我的产物，明天的我又是今天的我的产物。历史上任何一个杰出人物都不是从天上掉下来的，都是经历了一个长期的改造和修养过程的。我们要通过社会实践、通过理论学习、通过批评与自我批评的方法来修养。只有这样，才能把自己修养成一个高尚的人。

退休阶段指的是人因年老而按规定退出工作岗位的阶段。进入退休阶段的人，一般只是丧失了一部分劳动力，还存在着一部分劳动力。因此，人到了退休阶段,仍然应该从事那些力所能及的工作,应该有一份劳动力,就做一份工作,有一分热,发一分光。①

由于人生极其复杂,不同的人可以有不同的阶段划分,在一个大的阶段内还可以划分为许多小的阶段。从三个阶段来看,人生中只有一个阶段是从事劳动创造为主的阶段。从人的整个一生看,从事劳动创造的时间也是很有限的。对于一个志存高远的人来说,首先要把自己的生存时间、有生之年最大限度地变成劳动创造时间。有许多做出突出贡献的人物都是"春蚕到死丝方尽,蜡炬成灰泪始干。"

人作为自然界的最高产物,是能思维、有思想、有意识的动物。我思故我在,能思才是人。因而人生又是一个思想发展过程。人生作为自然历史过程、社会历史过程,具有较多的共同点,而作为思想历史过程,具有更多的不同点。人的一言一行都要受大脑的支配、受思想的支配,不同的人会有极其不同的思想,从而有极其不同的言行,产生极其不同的结果。英雄模范人物的思想言行能够造福于人民大众;恐怖分子、极端分子、犯罪分子的思想言行能够滥杀无辜、祸国殃民。

每个人的人生都是自然历史过程、社会历史过程、思想历史过程三个过程的统一,都具有不同特色、不同个性,从而形成了多姿多彩的人生、错综复杂的社会、五光十色的世界。人生过程复杂多变,幸福的人生几乎都是一样,不幸的人生各有各的不幸。人生征途坎坷,成功与失败,顺利与困难、欢乐与苦恼,都是会遇到的。无论是升学、就业、理想、事业、恋爱、婚姻、家庭、人际关系,乃至天灾人祸、意外变故,都是人生过程中可能遇到的。遇上顺利、成功、满意的事当然会高兴;但是,遇上困难、挫折、失败、灾难、变故也要有承受能力,坦然面对,要豁达大度,自强不息,振作精神,奋斗不止。正如宋代哲人程氏兄弟所说:"人之患难,只有一个处置,尽人谋之后,却须泰然处之。"(《河南程氏遗书》卷二上)要豁达,就是要有自制、自控能力,要有肚量。要控制自己的情感和情绪。能忍则忍,能让则让,轻易不要动气,不要发脾气。要"能容天下难容之事"。对于人生,对于世事,对于各种遭遇,要入乎其内,又出乎其外。"入乎其内才能深知其奥,出乎其外方能观乎其妙。入乎其内故有清醒、感悟,出乎其外才能幽雅、高致。这其实也是郑板桥恪守的'难得糊涂'之境界。"②

---

① 朱妙宽:《马克思两大发现新探》,黑龙江人民出版社,2006年版第534—536页。
② 宋希仁:《人生哲学导论》,.山西教育出版社,2004年版第184—185页。

(二)人生时间及其宝贵性

"人生就是人为生存和发展而进行的活动。这是一个从生到死的过程。""人生的存在和发展,首先呈现的是一个自然生命过程。没有生命,就没有人生。生命过程的标志就是一定的时间,即寿数。"人的平均寿命,1900 年是 33 岁,1950 年是 60 岁,中国人的平均寿命,清代是 33 岁,新中国成立前是 35 岁。人的一生如果活到 80 岁,大略就是 29200 日,即 700800 时,42048000 分,2522880000 秒。因此,人生苦短,时间有限,时间就是生命。人生须惜时,人生醒悟应从惜时起。① 据统计,全世界的出生人口平均寿命 2009 年是 69 岁,中国 2017 年是 76.7 岁。科学研究表明,人的自然寿命可以达到 120—150 岁。之所以人们只能活到 70 岁左右,是因为天灾人祸、生活方式等各种原因。

时间是物质存在的形式,是物质运动的持续性。任何事物包括人的生命都不能离开时间而存在和发展。时间对于任何人、任何国家都是最特殊、最有限、最稀缺、最宝贵的资源。人生百年也只有 36000 多天;以人均 40 年工作寿命计算,人生只有 14600 多天的在职时间,其中有 9000 多个工作日,4000 多个节假日。人生时间十分有限,十分短暂,而且稍纵即逝,不可倒流。任何人都在时间的无情流逝中匆匆走完自己的人生旅程。以至可以说,时间就是生命,时间就是财富,时间就是一切。浪费时间就是浪费生命,失去时间就是失去一切。因此,我们一定要十分珍惜时间,充分利用时间,让生命的每时每刻都生得有意义,活得有价值。

马克思是时间研究的先驱和导师。他把一切商品都看作是人类劳动时间的凝结,把劳动时间区分为物化劳动时间和活劳动时间,又把活劳动时间区分为必要劳动时间和剩余劳动时间。他指出:"一切节约归根到底都是时间的节约。正像单个人必须正确地分配自己的时间,才能以适当的比例获得知识或满足对他的活动所提出的各种要求,社会必须合理地分配自己的时间,才能实现符合社会全部需要的生产。因此,时间的节约,以及劳动时间在不同的生产部门之间有计划的分配,在共同生产的基础上仍然是首要的经济规律。"②他认为:"时间是发展才能等的广阔天地。"③"即使交换价值消灭了,劳动时间也始终是财富的创造实体和生产财富所

---

① 宋希仁:《人生哲学导论》,山西教育出版社,2004 年版自序第 9—12、4、5、9、11 页。
② 《马克思恩格斯全集》第 46 卷上册,人民出版社,1979 年版第 120 页。
③ 《马克思恩格斯全集》第 26 卷第 3 册,人民出版社,1974 年版第 281 页。

需要的费用的尺度。但是自由时间,可以支配的时间,就是财富本身:一部分用于消费产品,一部分用于从事自由活动。"①现在,随着科学技术的发展,人类正在从工业经济时代走向知识经济时代,社会劳动生产率空前提高,人们劳动时间普遍缩短,闲暇时间普遍增加。我们现在拥有的一年100多天的假日时间和平日闲暇时间,正是马克思所说的自由支配时间,是发展才能等等的广阔天地,是一笔巨大而宝贵的财富。

当代,随着知识和信息爆炸,生产和生活节奏加快,时间在不断升值,不仅几天几小时是宝贵的,而且几分几秒也是宝贵的。这就要求我们加倍珍惜和充分利用自由支配的时间、包括假日时间这笔巨大而宝贵的财富:一部分用于消费产品、休闲旅游、文化娱乐等,以满足必要的生存需要和合理的享受需要;一部分用于自由活动、学习知识、锻炼身体等,以满足自身德智体美发展的需要,为更好地提供劳动、服务社会创造条件。无论是休闲消费还是自由活动,都不是消极被动地消磨时间,而是积极主动地利用时间,让人们从事多方面活动,满足多方面需要,获得多方面发展,因而自由支配的时间、包括假日时间是一笔宝贵财富,是人们提高自身素质和生活质量的重要契机,是人类促进自身自由发展和经济社会全面进步的必要环节。因此,无论是个人还是社会(社会组织)都要树立科学的时间观念,十分珍惜时间,合理安排时间,充分利用时间,从而全面提高人的素质,全面提高生活质量。

美国经济学家、1992年诺贝尔经济学奖获得者贝克尔"运用经济分析不仅研究了市场领域与非市场领域之间的时间分配,而且还研究了非市场领域内部的时间分配。仅仅通过时间价值上的差异,许多看来迥异的行为得到了统一的解释。"贝克尔指出:"一般认为,美国民众比贫穷国家的民众浪费更多的食物及其他产品,但是具有强烈的时间观念,他们不断作时间记录,安排约会计较分分秒秒,来去匆匆,吃饭也要节约时间,如此等等,他们对于物质产品的极度挥霍与对于非物质产品的时间的极度吝惜形成了鲜明的对照。他们既是挥霍者,又是节约者。这两种判断看来都是正确的,这并不表明美国人的标新立异,而是因为,相对于产品的价格来说,时间的市场价值高于世界其他地方的时间的价值,就是说,对时间的吝惜

---

① 《马克思恩格斯全集》第26卷第3册,人民出版社,1974年版第282页。

与对产品的挥霍并不矛盾,在一定程度上这不过反映了相对价值上的差异罢了。"①

人生苦短,人能从事劳动创造的时间更短。有研究表明,人们能够用来劳动创造的时间只有人生总时间的10%左右。对于志存高远的人来说,首先要把自己的生存时间、有生之年最大限度地变成劳动创造时间,创造价值和剩余价值,创造大众的也创造自己的幸福生活。

---

① [美]加里.贝克尔:《人类行为的经济分析》,上海三联书店、上海人民出版社,1995年版第107、134页。

第十一章 人生价值论

人的价值和人生价值问题是改革开放以来人们热烈讨论的重大理论和实践问题。对人的价值,胡乔木曾精辟指出:"在社会主义社会中,在个人和社会的关系上,人的价值包括两个方面,即:社会对个人的尊重和满足;个人对社会的责任和贡献。"①由此可见,个人与社会的价值关系有两个方面:一方面是个人对社会的责任和贡献,是个人作为客体、社会作为主体、个人对社会所具有的价值,是人生社会价值,即人生客体价值、人生义务价值、人生贡献价值,简称人生价值,另一方面是社会对个人的尊重和满足,是个人作为主体、社会作为客体、社会对个人所具有的价值,是社会人生价值,即人生主体价值、人生权利价值、人权价值,简称社会价值。人的价值与人生价值两个概念有同有异,为简便起见,本书只从相同的方面来研究。

显然,人生社会价值和社会人生价值是个人价值的两个密切联系、相辅相成的不同侧面,是个人主体价值与客体价值的统一,个人权利价值与义务价值的统一,是社会对个人的尊重和满足与个人对社会的责任和贡献的统一。这里的个人是所有社会成员,这里的社会既包括社会整体,也包括社会组织(国家、政府、政党、人民团体、企业事业单位、各种正式组织和非正式组织)和社会成员(家庭成员、亲戚、朋友、老师、同学、同事、邻居、同乡等等)。为了简便起见,我们把人生社会价值简称人生价值,把社会人生价值简称社会价值。

关于个人对社会的价值大体上有两种,一种是经济价值,体现在个人通过自己的劳动创造物质财富和精神财富,创造价值和剩余价值,为社会和他人做出贡献上,是可以通过社会必要劳动时间计量的,是可以量化、货币化的。我们把个人对

---

① 胡乔木:《关于人道主义和异化问题》,见段若非主编:《关于人道主义和异化问题论文集》,人民出版社,1984年版第24页。

社会的这种价值叫作人生劳动价值和人生剩余价值,在通常情况下这是个人对社会的实际贡献,是个人对社会的主要价值。另一种是思想道德价值、科学技术价值、文学艺术价值,体现在个人通过科学发现、技术发明、理论创新、制度创新、文艺创作、模范行为、见义勇为等等创造性劳动和善行义举,为社会、为他人做出自己的贡献上。这种价值十分重要,但不是每个人都能创造和提供的,也是不可计量、无法量化、货币化的价值。

关于社会对个人的价值也有两种,一种是社会为个人提供的经济价值,是物质生活资料、某些精神产品和某些服务,是可以让个人使用,可以量化、货币化的。我们把社会对个人的这种价值叫作社会剩余价值。社会剩余价值主要来源于个人、集体和整个社会创造的剩余价值。另一种是社会为公众提供的公共服务、公共利益,以及他人为自己提供的非经济的、超经济的服务。这是不可计量、无法量化、货币化的价值。

由于劳动是人的本质,是人们最基本最主要的实践活动,经济生活是一切生活的基础,对一般人、一般情况而言,无论是个人对社会的价值,还是社会对个人的价值,都是以前一种价值为主,后一种价值为辅的。因此,本章研究的人生价值和社会价值,主要是研究人生剩余价值和社会剩余价值。人生剩余价值又包括个人的生产价值和个人的消费价值两个方面,两者的差额即人生剩余价值,基本上就是个人对社会的贡献,就是个人对社会的价值,也就是人生价值。

正如马克思所说:"没有无义务的权利,也没有无权利的义务。"①对于个人来说,有一份权利也就同时有一份义务。马克思说:"作为确定的人,既定的人,你就有规定,就有使命,就有任务,至于你是否意识到这一点,那是无所谓的。这个任务是由于你的需要及其与现存世界的联系而产生的。"反之,"如果你不给自己指定某种使命、某种任务,你就不能生活,不能吃饭,不能睡觉,不能走动,不能做任何事情,——这套理论不是摆脱任务的提出、摆脱职责等等,而是真正把生活用品的各种表现甚至生活本身,都变成某种'任务'。"②因此,人生价值理论应该研究权利义务的统一、贡献索取的统一、劳动贡献与劳动报酬的统一,研究社会人生价值和人生社会价值的统一,研究人生主体价值和人生客体价值的统一,研究人生权利价值

---

① 《马克思恩格斯选集》第2卷,人民出版社,1995年版第137页。
② 《马克思恩格斯全集》第3卷,人民出版社,1960年版第329页注释。

和人生义务价值的统一。

随着传统劳动价值论和传统剩余价值论发展为广义劳动价值论和广义剩余价值论，把创造价值的劳动从商品生产劳动拓展到一切社会必要劳动，乃至一切劳动，那么人所从事的一切劳动也就都是创造价值的劳动，劳动作为人生中最基本、最重要、最主要的活动，就是个人对社会、对他人所能做出的主要贡献，就是人生在世的主要价值。另一方面，每个人要能生存和发展也都必然要有物质生活资料和精神生活资料，这样每个人在生存过程中也必然要消费别人的劳动产品和劳动服务。每个人的生产和消费、贡献和索取、投入和产出、输入和输出都是可以计量的，而且都是两个不同的量。这样，每个人也就都有了自己的生产价值量、消费价值量和剩余价值量。由此就可以对人的贡献、人的价值做出定量的研究，从而就能把研究物的、商品的劳动价值论和剩余价值论发展为研究人的、人生的劳动价值论和剩余价值论，把经济学价值论应用到人生科学和人生哲学上来，由此找到人的本质的数量表现——人生剩余价值量，创立人生劳动价值论和人生剩余价值论；实现人生价值理论从定性研究到定量研究的发展，使之发展成为一门系统、精密的科学，从而把一种经济学价值论发展为一种人生科学和人生哲学价值论。

本章的创新点主要有：

一、提出创立人生社会价值论的构想，即以个人对社会的责任和贡献为尺度，以辩证唯物论和历史唯物论为指导，以广义劳动价值论和广义剩余价值论为基础，以人的本质和人的剩余价值量的统一为中心，以普通人为对象，研究人生的一切主要方面和主要过程，研究个人对社会所具有的价值，创立一套客观、科学、系统、精密的人生价值论，即人生社会价值论、人生客体价值论、人生义务价值论。

二、探讨决定人生社会价值的多种变量，把人生社会价值论建立在广义劳动价值论和广义剩余价值论的科学基础上，使之成为客观、系统、精密、科学的理论。

三、提出创立社会人生价值论的构想，即以社会对个人的尊重和满足为尺度，研究每个人具有的基本权利、地位和尊严，研究社会对个人所具有的价值，创立一套客观、系统、精密、科学的社会价值论，即社会人生价值论、人生主体价值论、人生权利价值论。

四、探讨决定社会人生价值的多个变量，其中包括社会的经济建设、政治建设、文化建设、社会建设、生态文明建设。社会建设直接关系到每个人的日常生活；在社会建设中做到幼有所育、学有所教、劳有所得、病有所医、老有所养、住有所居、弱有所扶,是决定社会人生价值的最基本最重要的变量。

第一节 创立人生社会价值论的思考

世界观人生观价值观是人们对世界、对人生、对事物价值的根本观点,它是人们观世界、观人生、观价值的结果,来自于人们的实践反思和理论学习,又对人们的思想言行和实践活动具有重大反作用,对人们做怎样的人、怎样做人具有指导作用。人们要做到思想品德高尚、言行举止高雅,要生得有意义、活得有价值,必须树立科学的世界观人生观价值观。人生价值观是世界观人生观价值观的核心,人生价值论是人生价值观的系统化理论化。马克思主义哲学已经实现了世界观的系统化理论化,但至今还没有一套学说实现人生价值观的系统化理论化。现在有些人精神空虚,道德滑坡,甚至走向腐败和犯罪,固然有多方面原因,但缺乏科学的人生价值观无疑是一个重要原因。针对这一现实,实现人生价值观的系统化理论化,创立一套马克思主义人生价值论,是树立社会主义核心价值观、建设社会主义核心价值体系的一项根本任务,是实现马克思主义大众化的一项紧迫任务。

一、创立人生社会价值论的重要性和紧迫性

(一)创立人生社会价值论是指导每个人对社会做出贡献的客观需要

树立正确的世界观人生观价值观,最重要的一点就是树立科学的人生价值观。由于人生价值观是人们对人生和人生价值的根本观点,所以对人的思想、言论、行为,对人的学习、劳动、工作、生产、生活,对人的恋爱、婚姻、家庭、待人接物、为人处世,对人生的各方面和全过程,对人成为什么样的人、是否生得有意义、活得有价值,都具有重大作用和深远影响。因此,树立正确的人生价值观,对每个人都极其重要。这将有助于人们自力更生、自强不息、勤于学习、善于生活、勇于创新、乐于奉献、与人为善、助人为乐,有助于人们提升人生价值和人生幸福。

树立正确的人生价值观,不能脱离人们的生活实践。正如马克思所说:"不是人们的意识决定人们的存在,相反,是人们的社会存在决定人们的意识。""观念的

东西不外是移入人的头脑并在人的头脑中改造过的物质的东西而已。"①人们树立世界观人生观价值观的过程，首先是一个观世界、观人生、观价值的过程。人们总是首先从生活实践中形成自己的思想观念。同时，人们的社会生活实践是极其复杂的。人们对社会生活实践的反映和认识是不尽相同的，在同样的社会生活实践中，不同的人可能形成不同的世界观人生观价值观。因此，正确的世界观人生观价值观并不是在人们生活实践中能够自发形成和树立的，而必须有正确的理论指导。这种正确的理论当然要来源于生活实践，但这种生活实践决不只是任何个人的生活实践，而需要有众多人乃至全民族全人类的生活实践，特别需要有古今中外进步思想家理论家的知识积累和理论创造，需要对人类极其丰富的实践经验和各方面知识进行系统化理论化的概括和总结。而哲学、人生哲学、价值哲学正是这种概括和总结的理论成果，正是关于世界观人生观价值观的理论体系，正是系统化理论化的世界观人生观价值观。因此，树立正确的世界观人生观价值观，人们除了要在生活实践中注意总结自己的实践经验外，还必须学习和掌握哲学理论。哲学包括人生哲学和价值哲学正是帮助人们树立世界观人生观价值观的科学，科学人生价值论正是帮助人们树立正确的人生价值观的理论。

（二）创立人生社会价值论是当代世情国情党情民情的迫切需要

马克思恩格斯通过唯物史观和剩余价值学说两大发现，把社会主义从空想变成了科学。但是历史的发展进程比马克思恩格斯当年预想的要复杂得多。社会主义革命没有在发达的资本主义国家爆发，反而在经济比较落后的国家如俄国、中国爆发并取得成功。由于国内和国际的、经济和政治的、主观和客观的复杂原因，苏联作为世界上第一个社会主义国家，在经历了半个多世纪的实验之后解体了，东欧一批社会主义国家改换了旗帜，许多人对社会主义的信念动摇了。在发达资本主义国家，高度的物质文明并没有自然而然地带来高度的精神文明，许多人生活的内容变成了拼命赚钱和拼命消费的过程，人们普遍地为物质消费的欲望所刺激所困扰，成为物的奴隶和钱的奴隶，在精神生活方面则陷入空虚、无奈、无聊甚至绝望、颓废的状态。许多人借助迷信、吸毒、色情、暴力、强感官刺激来掩盖或排解精神上的烦恼、空虚和绝望的情绪。

---

① 《马克思恩格斯选集》第2卷，人民出版社，1995年版第32、112页。

社会主义中国在经过艰苦探索和种种挫折之后,实行了改革开放,走上了中国特色社会主义道路。一方面,随着改革的深入,开放的扩大,生产力的发展,经济实力的增强,人民物质生活水平的提高,为解决许多问题提供了较好的基础,为大力发展教育事业、提高全民族的思想道德素质提供了较好的条件;另一方面,中国的改革开放在引入西方国家先进的科学技术和管理经验的同时,也带来了西方的许多思想观念,包括许多腐朽的东西。

习近平指出:"我们必须看到,面对世情、国情、党情的深刻变化,精神懈怠危险、能力不足危险、脱离群众危险、消极腐败危险更加尖锐地摆在全党面前,党内脱离群众的现象大量存在,一些问题还相当严重,集中表现在形式主义、官僚主义、享乐主义和奢靡之风这'四风'上。""在我们党员、干部队伍中,信仰缺失是一个需要引起高度重视的问题。在一些人那里,有的以批评和嘲讽马克思主义为'时尚'、为噱头;有的精神空虚,认为共产主义是虚无缥缈的幻想,'不问苍生问鬼神',热衷于算命看相、求神拜佛,迷信'气功大师';有的信念动摇,把配偶子女移民到国外、钱存在国外,给自己'留后路',随时准备'跳船';有的心为物役,信奉金钱至上、名利至上、享乐至上,心里没有任何敬畏,行为没有任何底线。""反腐倡廉是一个复杂的系统工程,需要多管齐下、综合施策,但从思想道德抓起具有基础性作用。""干部廉洁自律的关键在于守住底线。只要能守住做人、处事、用权、交友的底线,就能守住党和人民交给自己的政治责任,守住自己的政治生命线,守住正确的人生价值观。""廉洁自律,必须筑牢思想防线,加强主观世界改造,牢固树立正确的世界观、人生观、价值观,加强党性修养,做到持之为明镜、内化为修养、升华为信条。"①

这些讲话高瞻远瞩,鞭辟入里,具有很强的现实针对性和理论指导性。面对世情、国情、党情的深刻变化,创立科学的人生价值论,帮助人们树立正确的人生价值观,不仅具有极大的重要性,而且具有现实的紧迫性。

---

① 《习近平关于党风廉政建设和反腐败斗争论述摘编》,中央文献出版社、中国方正出版社,2015 年版第 13、17、140、139、146 页。

（三）创立人生社会价值论是实现人生价值观的系统化理论化科学化的客观需要

前人已经为我们积累了丰富的哲学理论,积累了中国哲学、西方哲学、马克思主义哲学的丰富理论资源。特别是马克思恩格斯作为人类有史以来最伟大的思想家理论家,继承并发展了人类文明的优秀成果,创立了辩证唯物论和历史唯物论哲学,实现了世界观历史观上的伟大变革和创新,形成了十分完备而严整的世界观和历史观。他们在人生观价值观方面也提出了许多科学见解,但是由于学海无边,人生苦短,他们没有写出人生哲学、价值哲学和人生价值论的专门著作。这一极其重要的理论工作只能由后来者来完成。即使在世界观历史观方面,马克思主义哲学作为时代精神的精华,作为人类文明的活的灵魂,也还要随着时代的前进而前进,随着实践的发展而发展。现在,发展马克思主义哲学,特别是创立马克思主义人生价值论、实现人生价值观的系统化理论化科学化的任务,已经历史地落在当代中国马克思主义理论工作者的身上。我们应当勇敢地担当起这一历史重任,创立一套"前人所未及就,后世之不可无"的科学人生价值论。

二、目前我国人生价值论研究的进展和不足

中国是一个文明古国,在古代文明中就形成了丰富的哲学思想,特别是积累了丰富的人伦价值思想。以孔子和墨子为主要代表的中国传统文化的人生观和价值观,对于包括日本和欧美国家在内的世界各国产生过重大影响。英国大哲学家罗素有句名言:"中国文化的长处在于合理的人生观"。1988年全世界诺贝尔奖得奖人在法国巴黎开会时发表宣言说:"如果人类要在21世纪生存下去,必须回头2500年,去吸取孔子的智慧。"①但在长达2000多年的封建统治下,中国知识分子历尽磨难,中国哲学思想没有得到自由而充分的发展。"一个多世纪以来,中国社会经历了一系列亘古未有之巨变:古典文明世界的解体,持续不断的革命、战争及其他形式的社会动乱营造了一种极为险恶的生存环境,它严酷异常,难以叵测,在这种情况下要想培育出一种健全、富有活力的精神力量几乎成为不可想象。在弥漫整个社会的精神退化、弱化、侏儒化的情形下,人们已完全失去了学术创造所必

---

① 转引自廖盖隆:《全球走势、社会主义和中国传统文化》,载《学术月刊》,1995年第8期。

需的对世界和人生的穿透力量。相反,人们独立思考的能力大大衰弱,被一些流行的思潮、命题所左右,所壅塞。"①在这种情况下,中国知识分子在哲学社会科学上只能谨小慎微,人云亦云,只能"学着说"、"跟着说"、"接着说",断乎不可"自己说",也就很难有什么重大的发展创新。直到1978年党的十一届三中全会才实现了伟大的历史转折,中国知识分子特别是哲学社会科学界的知识分子才迎来了科学的春天,才能逐步解放思想,实事求是,逐步恢复心灵的创造力量,大胆提出自己的独到见解,并由此开创了哲学社会科学研究的新局面。近40年来,我国哲学包括人生哲学和价值哲学研究取得了前所未有的新进展,也面临着有待解决的新问题。

在整个哲学研究方面,韩庆祥教授在本世纪初回顾20多年来哲学研究的理论创新时指出:这20多年来,我国马克思主义哲学研究已经涌现出一系列哲学创新的生长点,提出了一系列新观点,呈现出一些新的风貌和时代特征。在新生长点中有:与确立人的主体性直接相关的实践唯物主义和价值哲学;与人的生活实践和生活世界变化相关的人学、生存哲学和交往哲学。在新观点中有:应建构一种主体性人学价值观或价值哲学,来填补马克思主义哲学研究中的空白;当代哲学应着重关注人的生活世界,建构一种反映时代精神的马克思主义人学。在新特征中有:具有强烈的前沿"问题意识",其中包括价值问题、人的问题、生存问题、交往问题、主体性问题等;关注人的生活世界,关注实践、价值、主体、人这一层面的问题,等等。②2013年,由袁贵仁、杨耕主编的一套"马克思主义哲学基础理论研究"丛书,汇集了国内各高校和研究机构的知名学者在哲学基础理论研究领域的力作,展开了一幅当代中国马克思主义哲学基础理论的全景式画面,是国内近年来在此领域所收获的一份难得的、很有分量的成果。其中有两册是《马克思主义人学理论研究》《马克思主义价值理论研究》。价值理论、人的理论等,这些无疑都是马克思主义哲学基础理论中最为核心的课题。"马克思主义价值理论"中有对于"价值的创造和实现"的论述,并从十个方面提炼出"有待进一步研究的问题"。③侯才、毛卫平指出:"中国哲学界对哲学前沿问题的探讨主要有人的研究、主体研究、价值研究、发展研究、科技哲学、伦理学、文化哲学等。""中国的人学还刚刚起步,与西方人学不是处

---

① 王宏图:《恢复心灵的创造力》,载《社会科学报》,2003年7月24日。
② 韩庆祥:《20年来马克思主义哲学研究的理论创新》,载《哲学动态》,2001年第5期。
③ 贺来:《马克思主义哲学基础理论的创新与突破》,载《中华读书报》,2013年7月25日。

在同一起跑线上,同国外研究还有较大差距。"人学研究要获得进一步发展,应注重四个方面,其中包括适时把握现代人的生活真实,多做微观研究。在价值研究方面,"自古以来,中国的文化传统就是以人伦价值问题为中心的。但作为一种哲学理论的价值论,到了20世纪80年代初才在中国正式兴起。"价值论研究中的主要问题是:(1)价值同马克思主义经济学的"价值"究竟是什么关系?(2)价值是否仅仅同主体相关?(3)"人道价值"同"效用价值"是怎样一种关系?① 总之,一度受到忽视甚至受到排斥的人学问题和价值问题已经成为我国哲学研究的热点问题,但是原创性的研究成果还不多,对人生哲学和人生价值的研究还太少。

在人生哲学研究方面,主要体现在近40年方兴未艾的人学研究和伦理学研究中。韩庆祥教授在本世纪初回顾20多年来中国人学研究发展历程时指出:当代中国人学萌发于1979年,20多年来大致经历了萌发、生长和长果三个阶段。据不完全统计,从1985年到2000年10月,国内共发表与人学有关的论文2500多篇,著作90多部,出版了两部辞书。从1997年4月在中央党校召开中国首届人学学术研讨会之后,每年都召开全国性的人学研究年会,出版一部人学论文集。每年都有上百篇人学方面的学术论著发表。总的来讲,中国人学已开始进入全面深入展开的研究阶段,处于长果期,但果实并未成熟。② 同时,与人生哲学研究密切联系的伦理学研究也取得了多方面的进展,开始有了日见增长和丰富的原创性理论成果;但与时代前进的步伐和现实生活的要求相比,仍有相当差距。

在价值哲学研究方面,陈新汉教授在本世纪初分析我国价值观研究时指出:"20多年来,我国价值观的研究经历了一个由隐到显再到热的历程。"从1986年到2002年已召开了六届全国价值哲学研讨会,并进行了多次国际学术交流。"据不完全统计,自上世纪80年代以来,我国在价值观方面出版的著作已逾30种,发表论文超过500篇。"价值观研究在取得一定成绩的同时也存在着明显的不足之处,如缺少一定的深度,缺少相关学科的联合,理论研究与实证研究尚未实现有机结合,实证调查力度不够等。③ 李连科在概括我国价值哲学的背景与前景时指出:"价值哲学研究,在中国当代学术史上的命运是非常独特的。20世纪前半叶,虽有人稍有涉猎,但还没有来得及展开。20世纪50、60、70年代,它是我国学术界的空

---

① 侯才、毛卫平:《马克思主义哲学形态演变史》,黑龙江人民出版社2013年版第584、585、588、591页。
② 韩庆祥:《人学》,云南人民出版社,2001年版第15、23、1、28页。
③ 陈新汉:《关于社会转型期价值观研究的思考》,载《唯实》,2002年第7期。

白,是哲学领土上的荒僻之壤。可是,到了改革开放年代,便很快成为热门话题。以至于怀疑和否定它的人,也很难公开阐述自己的看法。""改革开放以后,人们才如梦初醒,原来,人们不能回避需要问题。需要不仅是实践的内在要素,也是社会的重要动力。……尤其是在社会主义市场经济条件下,需要问题,更是人们根本离不开的问题。在这样的社会土壤上,价值哲学问题,价值观的产生与斗争问题,怎么能不迅速成为广大学者关心的问题?""价值哲学的研究,归根到底是要寻找正确的价值观。人们的价值观,不是由几条抽象的条文构成的,它是由许多活生生的价值观念构成的。如何使人们的价值观念既崇高,又贴近社会生活?……如何使人们的价值观念,既是一种强大的精神力量,又能创造巨大的物质财富?这些问题解决得较好了,正确的价值观才会确立,价值哲学的研究才会既有根基,又有价值。"①而这些问题正是价值哲学有待解决的问题。

在一般哲学、人学、人生哲学、价值哲学研究中,人的价值和人生价值问题都是人们研究的热点问题,一些学者写出了专门著作和论文,一些报刊和单位开展了专题讨论,哲学界内外都提出了一些相同、相近或相异的观点。胡乔木1984年就此阐述的重要观点可以代表学术界居主流地位的观点。他指出:"拿'人的价值'来说,这在现在是一个很时髦而又被弄得很混乱的概念。不管人们给予它的含义如何多样,历史唯物主义认为,不能离开社会发展的具体情况,离开人在社会中的劳动,离开个人同他人、同集体、同阶级、同社会的关系,来抽象地、孤立地谈论'人的价值'。""在社会主义社会中,在个人和社会的关系上,人的价值包括两个方面,即:社会对个人的尊重和满足;个人对社会的责任和贡献。""因为社会要能够提供实现其每个成员的'人的价值'的条件,首先就需要把它们创造出来。所以,评价一个人的价值,不仅在于他的存在和需要是否从社会、从他人那里得到承认和满足,更重要的是在于他为社会、为他人尽了什么责任,作了什么贡献。……从共产主义的世界观、人生观看来,人的价值首先在于为共产主义事业、为无产阶级和全人类的解放作出贡献;在我国,在今天,首先就是为建设社会主义物质文明和精神文明作出贡献。"②此后我国大多数学者都坚持了这一观点,并就此进行了进一步的研究和阐述。王玉梁研究员在总结价值哲学对人的价值问题的研究时指出:"我

---

① 李连科:《价值哲学的背景与前景》,载《光明日报》,2000年8月15日。
② 胡乔木:《关于人道主义和异化问题》,见郑若非主编:《关于人道主义和异化问题论文集》,人民出版社,1984年版第23-25页。

国学者对个人价值与群体价值,人的社会价值与自我价值,直接的自我价值与间接的自我价值,人的主体价值与客体价值,人的内在价值与外在价值,人的潜在价值与现实价值,人的效用价值与人道价值,人的创造、贡献与享受、自由、尊严、权利的关系等都作了深入的研究。认为人的价值是社会价值与自我价值的统一,是创造、贡献与享受、尊严的统一,从根本上说,人的价值在于贡献。"①对此,许多学者都做过多方面研究,提出过很好的见解。尽管在具体观点上各有建树,各具特色,但在基本观点上仍然是一致的,简言之就是:人的价值在于贡献。这种观点比那些个人主义、利己主义、拜金主义、享乐主义、实用主义、自然主义、权力意志主义、爱情至上主义、悲观厌世主义、虚无主义等等人生观价值观无疑要高尚得多,正确得多。这可以说是我国 40 年来哲学、人学、人生哲学、价值哲学和人生价值论研究的重要进展和成果。但是要丰富和发展这一成果,使之上升为一套系统的科学人生价值论,还需要有理论研究的深入、相关学科的联合、实证研究的支撑。显然,在这些方面目前还有许多不足之处,还有许多工作要做。正如张曙光教授所说:"在我们当今这个时代,使用频率最高且最有魅力的字眼大概要数'价值'了。但是,也正是在这个充斥着各种'价值'的当今社会,生活自身的'价值'却成了一个困扰着人们的大问题,……人生的目的和意义究竟何在? 这一质询所表现出的困惑业已成为最讲'价值'的现代人相当普遍的人生价值难题。"②要弄清人生价值难题,首先要弄清:人是什么? 人生是怎么回事? 这两个问题看起来很简单,其实很不简单。人生价值之所以成为难题,难就难在首先要弄清这两个问题,然后还要去研究人的贡献以及与此相关的一系列问题。

首先,人是什么? 高清海教授认为:"人,可以说是人们最为熟悉而又最难于了解和把握的一个对象。时至今日,人以外的对象我们可以认为已有了很多很深入的了解,对人自身就难以这样认为了。""我们一般都承认,人是宇宙精华的结晶,他是在经历了物质进化一切阶段之后形成为人的。这就意味着,人是一个缩微的小宇宙,在人身上什么都有过存在,人也曾经什么都'是'过,这在今天个体的胚胎发育中还可以看得出来;然而另一方面,人作为人又什么都不是,不能把人归结为他曾是过的任何一种存在。如果他是那一切,就不过仍是一物,正由于包含那一切

---

① 王玉梁:《20 年来我国价值哲学的研究》,载《中国社会科学》,1999 年第 4 期。
② 张曙光:《价值的哲学思考:价值及其超越》,载《深圳特区报》2001 年 10 月 8 日,见《新华文摘》2002 年第 1 期。

而又不是那一切,他才能够是'人'。""很明显,我们只有具备了有关世界各种学科的知识基础,然后才有可能彻底地认识人。所以对人必须多学科、多侧面地去进行研究。""从这一意义说,即使我们认清了一切存在,也并不等于就是把握了人,对人又必须进行专门的研究。这里就是人学存在的必要和根据,而这样理解的人学,从根本上说来必然同时也就是世界观理论,即哲学。"①由此可见,要弄清人的价值,首先要研究人、认识人,而要研究人、认识人是极其艰巨复杂的。从这个意义上说,真是"人苦不自知"。韩庆祥教授认为:人学是人的科学的基础,"但事实上,人学以及人的科学尚未历史地确立起来。"他引用了法国学者埃德加·莫兰列出的一组耐人寻味的数据:

宇宙的历史:70亿年;

地球的历史:50亿年;

生命的历史:25亿年;

原人的历史:400万年;

城市、国家的历史:1万年;

哲学的历史:2500年;

关于人的科学的历史:0年。

在引用了这一组数据之后,韩庆祥教授指出:"认为迄今为止尚未形成关于人的科学,表面上看似乎有点故弄玄虚,但事实上却真实地显示了人类实践及自我理解的现状。"②鉴于这种现状,无论是人的科学、人学、人生哲学、价值哲学,还是人生价值学说,无疑都还处于起点或起步阶段,我们现在的任务就是首先要走好这万里长征第一步。

其次,人生是怎么回事?说到人生,似乎也很简单。人从出生的一天起就开始了人生之旅;到了中年,都会有自己的人生经历、人生经验和人生感悟;到了老年,似乎都能对人生大发宏论、高谈阔论。现在,让我们来听听著名文化学者季羡林教授的一番宏论吧:"我已经到了望九之年,在人生中已经流了八十多个春秋了。天天面对人生,时时刻刻面对人生,让我这样一个世故老人来谈人生,还有什么困难呢?岂不是易如反掌吗?但是稍微进一步一琢磨,立即出了疑问:什么叫人生呢?

---

① 高清海:《人学研究与哲学》,载《江海学刊》,1996年第1期。
② 韩庆祥等:《人学》,云南人民出版社,2001年版第127-128页。

我并不清楚。不但我不清楚,我看芸芸众生中也没有哪一个人真清楚的。古今中外的哲学家谈人生者众矣。什么人生的意义,又是什么人生的价值,花样繁多,扑朔迷离,令人眼花缭乱。然而他们说了些什么呢?恐怕连他们自己也是越谈越糊涂。以己之昏昏,焉能使人之昭昭!哲学家的哲学,至矣高矣。但是,恕我大不敬,他们的哲学同吾辈凡人不搭界,让这些哲学,连同他们的'家',坐在神圣的殿堂里去独现辉煌吧。"①既然从季老这样有极深文化造诣和哲学素养的资深学者到芸芸众生,乃至古今中外的哲学家对人生、人生意义、人生价值都说不清楚,甚至越谈越糊涂,足见这些问题本身的复杂,也足见令人信服的人生哲学和人生价值学说至今还没有建立起来。既然如此,所谓"经济繁荣、哲学贫困"、"哲学无用"、"哲学终结"之说时有所闻也就不足为奇。这充分说明我们今天正面临着创立科学人生价值论这样一项极其光荣重大而又极其艰巨复杂的理论任务。

现在已有许多学者认为,哲学研究要关注人,关注人的生活世界,要把研究重点转向人学、人生哲学、价值哲学,包括人生价值学说。李慎之研究员指出:"哲学已经把许多东西委之于科学了,但是,'立人极',也就是为人树立价值标准的任务却只能留给自己。对中国的哲学工作者来说,就是要帮助重新树立中国人应当树立的价值系统。"②安维复教授指出:"随着科学和哲学的不断发展,随着价值观念对哲学的日益渗透,哲学在不断地把认识外在世界的任务留给具体科学,而自己则专司人类与其外在世界之间的各种可能关系或应该关系。""哲学的兴奋中心经历了一个从科学化到价值化的过程。"从西方世界进入了商品社会以后,一切都被商品化,一切都被价值化。人的生存价值化了,人的活动价值化了。"马克思以剩余劳动理论为基础揭示了价值的劳动本性和社会本性,从而把价值概念从一个单纯的经济学范畴提升为一个历史观范畴。历史过程就是价值的生成过程。追求价值成为人类社会进步的原动力,价值是衡量一切人类行为特别是社会行为的最高依据。"③因此,创立马克思主义科学人生价值论是哲学工作者义不容辞的理论任务,也是一项刚刚起步而远未完成的理论任务。

---

① 季羡林:《人生》,载《文化艺术报》,2003年10月22日。
② 李慎之:《中国哲学的精神》,载《文汇报>,1993年6月12日。
③ 安维复:《哲学观的嬗变:从拟科学到拟价值》,载《求是学刊》1994年第1期。

三、人生价值论研究与劳动价值论研究相结合的必要性和可能性

由于人生问题和人生价值问题极其复杂,牵涉到人们生产、生活、社会、经济、科技、文化、教育、卫生、政治、法律等众多领域和众多学科,人生价值论研究与人学、价值哲学研究一样,需要有诸多学科的联合和诸多方面的实证研究。在极其复杂的社会生活和社会现象中,物质生活是具有基础性和决定性的方面。马克思说:"物质生活的生产方式制约着整个社会生活、政治生活和精神生活的过程。"①恩格斯说:"德国的唯物史观是以一定历史时期的物质经济生活条件来说明一切历史事件和观念、一切政治、哲学和宗教的。"②因此,人们的哲学观念和价值观念归根到底是要由人们的物质生活条件来说明的,哲学研究必须与经济学研究相结合,人生价值论研究必须与劳动价值论研究相结合。我国学者对实现这种结合已经提出了许多很好的意见,现略举数例如下:

程恩富教授认为:"现实经济活动与人的主体性,既属于经济学范畴,又属于哲学范畴。……中国经济学理论的发展应当实现'五化',即数学化、哲学化、心理学化、社会学化、政治学化。"③"马歇尔认为,经济学不仅是一门关于财富的学问,更是一门关于人的学问。现实经济活动既属于经济学范畴,又属于哲学范畴。在许多经济学大师的著作中,经济学思维与哲学思维交融在一起。"④

余源培教授指出:"马克思为我们树立了光辉的典范。他毕生将哲学和经济学的研究相互结合、相互补充、相互促进。""哲学如果不关心社会经济运动,就会脱离生活,失去生命力。"⑤

尹世杰教授指出:经济学应该是"人学",经济学的研究应该"以人为本"。过去很多著名学者都论述了这个问题。至于马克思、恩格斯在这方面的论述就更多了。经济学研究应该由过去以物为中心转变为以人为中心,着重研究人,研究人的全面发展、社会全面进步,这才是当代经济学的发展方向。⑥

乔新生教授指出:"哲学作为科学之母孕育了无数的学科,但无论这些学科如

---

① 《马克思恩格斯选集》第 2 卷,人民出版社,1995 年版第 32 页。
② 《马克思恩格斯选集》第 3 卷,人民出版社,1995 年版第 209 页。
③ 曾祥云:《经济哲学:哲学与经济学的联盟》,载《中国社会科学》,1998 年第 5 期。
④ 程恩富等:《关于经济哲学的笔谈》,载《中国社会科学》,1999 年第 2 期。
⑤ 程恩富等:《关于经济哲学的笔谈》,载《中国社会科学》,1999 年第 2 期。
⑥ 尹世杰:《经世济民 以人为本》,载《光明日报》,2004 年 2 月 10 日。

何繁衍、分蘖,最终都会纳入到哲学的洪流中。因此,经济学的方法可以千变万化,最终目的还是探求人类的价值观。"①

所有这些论述都充分说明,经济学与人学、哲学有着密切联系,可以相得益彰,相互促进。那么,经济学价值论与人学价值论、哲学价值论有无密切联系,可否把经济学价值论引入人学价值论、哲学价值论?回答是肯定的,但需要做种种界定和说明。

经济学价值论多种多样,哲学和人学价值论也多种多样。就马克思经济学的劳动价值论与哲学、人学上的人生价值论(仅仅作为个人的社会价值的理论)来说,是有密切联系、可以相通、完全一致的。因为二者都是个人对社会所做贡献的评价体系。正如左大培研究员所说:"马克思的劳动价值论本质上是一个为人类发展而设置的评价体系,它在评价个人对社会的作用上将劳动看作唯一的标准,认为个别生产者对社会的真正贡献只能是他所投入的劳动。在马克思本人的思想中,关于劳动是人类及其社会存在和发展的决定因素,非劳动者依赖劳动者而生存的观点是最基本的思想,劳动价值论只是他的这一唯物主义历史观在经济理论上的具体体现。"②既然劳动价值论是一种评价体系,是评价个人对社会的贡献的体系,而哲学上的人生价值论也是评价个人对社会的贡献的体系,所以二者是完全一致的。事实上,人生在世,生不带来,死不带去。由于物质不灭定律和能量守恒与转化定律,人不能创造或消灭物质,也不能创造或消灭能量,人本身也是自然界的产物,人自身的物质和能量来自自然界,最终也回归自然界;人所能做的只是通过自己的劳动和消费改变物质形态,转化能量形式。人在一生中对社会和他人所能做的贡献仅仅是自己的劳动和劳动成果,人从社会和他人那里所能索取的,也仅仅是别人的劳动和劳动成果。归根到底,人的贡献、人的价值或人生价值都只能归结为人的劳动,包括提供劳动和消耗劳动两个方面。正是劳动创造了人,劳动创造了世界,劳动创造了人类社会。没有劳动就没有人类和人生,没有人生价值可言。同样,没有劳动价值论,人生价值论就只剩下毫无实质内容的空泛议论。正如劳动是人的本质,是人的根本生存条件和生存方式一样,劳动价值论是人生价值论的真正基础和实质内容。因此,人生价值论应该建立在劳动价值论的科学基础上。当然,

---

① 乔新生:《经济学向何处去》,载《人民日报》,2003年12月12日。
② 左大培:《重新理解劳动价值论》,载《社会科学战线》,2002年第6期。

作为人生价值论基础的劳动价值论,不能局限在仅指生产物质产品和商品的那种狭义的商品劳动价值论的范围内。要对传统的商品劳动价值论在广度和深度上加以发展,在广度上要突破劳动产品的物质性和商品性,把创造价值的劳动从商品生产劳动扩展到一切社会必要劳动,把狭义劳动价值论扩展为广义劳动价值论;在深度上要根据现代生产力和科学技术的发展,把传统劳动价值论加以深化细化量化,并以马克思的劳动价值论为基本内核,吸纳要素价值论、效用价值论、供求价值论的合理内核,坚持价值源泉一元论与价值决定多元论的辩证统一,使劳动价值论达到新的广度和深度,焕发新的生机和活力,并能经受住各种质疑和挑战,立于不败之地。经过这样的发展和创新,在广义劳动价值论和广义剩余价值论基础上创立人生劳动价值论和人生剩余价值论就是顺理成章的,也是完全可能和完全必要的。

马克思说:"人的本质不是单个人所固有的抽象物,在其现实性上,它是一切社会关系的总和。"①在现实生活中,个人与社会的关系,归根结底是生产与消费、贡献与索取、投入与产出、输入与输出的关系,集中表现在个人的生产价值量、消费价值量、剩余价值量上。也就是说,人的本质最终都表现在剩余价值量上,剩余价值量是人的本质的数量表现。因此,人的本质理论、人的价值理论,都应该反映在劳动价值理论和剩余价值理论上。人生价值论研究与劳动价值论研究相结合,哲学价值论研究与经济学价值论研究相结合,不仅是可能的,而且是必要的。

迄今为止,我国哲学价值论研究与经济学价值论研究并未实现可能而必要的沟通和联合。在我国经济学界对经济学价值论、特别是前几年对劳动价值论展开的深入研究和讨论中,哲学价值论研究者很少予以关注和参与,认为那是经济学家的事;同样,在我国哲学界近40年来对哲学价值论展开的研究和讨论中,经济学价值论研究者也很少予以关注和参与,认为那是哲学家的事。因而两种研究缺乏沟通。实际上,哲学价值论与经济学价值论,特别是人生价值论与劳动价值论既有区别又有联系,两种价值论研究是需要而又可能结合的。而只要实行这种结合,两种价值论研究就能拓展新视野,打开新思路,开创新局面,取得新突破。事实上,目前我国也有一些学者已经指出了马克思经济学价值论与哲学价值论之间的一致性。康中乾指出:"马克思所揭示的商品的价值理论本身就具有哲学价值论的意义。

---

① 《马克思恩格斯选集》第1卷,人民出版社,1995年版第56页。

……马克思的哲学价值论和他的经济学价值论是内在地一致的。"①何萍指出:"马克思探讨人的价值时,不仅没有放弃经济学的价值理论,反而是以对经济学价值理论的分析来完成他的价值哲学建构的。……现代非理性主义哲学家们把生命价值的研究封闭在人的精神世界,……而马克思则超越了抽象精神的限制,深入到人们的物质生产之中,探讨生命价值的形成和实现。……在马克思那里,实践的价值创造与资本主义条件下的商品价值的生产是同一回事。"②

当然,我们在看到经济学价值论与哲学价值论具有一致性的同时,也要看到二者的区别。大家知道,马克思在经济学中研究的价值都是商品的价值;商品是用来交换的劳动产品,是价值和使用价值的统一体;商品价值是凝结在商品中的抽象人类劳动。显然,哲学价值、人生价值决不能局限于商品价值。哲学价值定义多种多样。本文认为:价值是客体对主体合理需要的适应和满足,是客体对主体所具有的积极意义和作用。在这里,客体可以是物,也可以是人;主体是人,包括个人、人群和人类。对人生价值,人们也有各种不同理解和定义。本文认为:人生价值是个人与社会、与他人之间投入与产出、输入与输出、费用与效用、贡献与索取的全部关系的总和,也就是人在一生中劳动创造的价值与生活消费的价值的差额,也就是人生剩余价值。从哲学价值来说,既包括人的劳动创造的价值和使用价值,又包括自然物质的使用价值,也包括人类自身的自然即生命的价值,还包括个人作为人类一员、作为社会一员所具有的类价值、人格价值、人道价值等等。因此可以说,哲学价值是大概念,是价值一般;人生价值是中概念,是价值特殊;商品价值是小概念,是价值个别。三者关系可以表示为:哲学价值 > 人生价值 > 商品价值,或:商品价值 $\in$ 人生价值 $\in$ 哲学价值。经过这样明确的界定,就可以既把人生价值论与哲学价值论、商品价值论、狭义劳动价值论区别开来,又把人生劳动价值论和人生剩余价值论与广义劳动价值论和广义剩余价值论统一起来,把人生剩余价值论研究与广义剩余价值论研究结合起来,把人生价值论建立在广义劳动价值论和广义剩余价值论的科学基础上。

---

① 康中乾:《价值理论的唯物史观基础》,见王玉梁等:《中日价值哲学新论》,陕西人民教育出版社1994年版第444页。
② 何萍:《马克思的实践——价值解说》,载《学术月刊》,2003年第5期。

四、创立马克思主义人生社会价值论的基本思路和方法

由于劳动是人区别于一般动物的本质特征,是人类社会生存和发展的根本条件,也是个人对社会、对他人所能做出的真正贡献。所以,人生的社会价值主要就是人生剩余价值,就是人在生活旅程中以自己的劳动所创造的价值减去在生活中所消费的价值。因此,人具有价值创造主体与价值消费主体的二重性,人与社会之间的关系以及由此决定的人生价值具有创造价值与消费价值的二重性。以这一基本事实和根本观点为立足点和出发点,我们就能以辩证唯物论和历史唯物论为指导,以广义劳动价值论和广义剩余价值论为基础,以人的本质与人的剩余价值量的统一为中心,以人生的剩余价值曲线为主线,以数学和经济学的分析方法为工具,以普通人的日常生活为对象,从个人的微观层次上来研究人的劳动、生产、交换、分配、消费、积累,研究人的思想、素质、价值、本质,研究人生的一切主要方面和主要过程,从而创立一套客观、科学、系统、精密的人生价值理论,主要是人生剩余价值论。正如马克思的两大发现把社会主义从空想变为科学一样,广义劳动价值论和广义剩余价值论也将把人生价值论从抽象议论变为精密科学。正如恩格斯所说:"即使只是在一个单独的历史事例上发展唯物主义的观点,也是一项要求多年冷静钻研的科学工作"。① 创立一套人生剩余价值论,更是一项要求多年冷静钻研的科学工作,也许需要许多人许多年的共同努力。这里只就人生剩余价值论研究的基本思路和方法谈一点粗浅看法。

在研究的基本思路和主要内容上,应该包括以下几个部分:

第一,研究个人与社会相互关系的二重性和人生价值的二重性。从总体上研究人生的价值创造、消费和剩余,提出人生的剩余价值公式和几种不同的生产价值量、消费价值量、剩余价值量,阐明人的剩余价值量与人的本质的关系,探讨人的本质的数量表现,评析人生价值论上的几个争论问题。

第二,从总体上研究作为价值创造主体和价值消费主体的人。研究人的生存和发展、人的素质和培养,探讨人口素质的主要内容和提高途径,探讨教育思想、教育制度、师生劳动等问题。

第三,研究人的价值创造。研究社会生产力巨系统中的诸多主客观因素,探讨

---

① 《马克思恩格斯选集》第2卷,人民出版社,1995年版第39页。

生产要素的合理配置,探讨劳动力配置最优化和位能最大化、劳动投入最大化和动能最大化、价值转化最大化和各尽所能理论,探讨就业和创业问题,探讨应用现代管理科学和行为科学理论,调动人的积极性、主动性、创造性问题,力求实现价值创造最大化。

第四,研究价值分配问题。揭示价值分配与价值构成的内在联系,探讨按劳分配、按生产要素分配、按基本需要分配三结合的分配理论,讨论企业初分配、社会再分配和社会保障制度的建立健全问题,分析现实的分配不公、腐败、剥削、贫富分化问题,力求发挥分配的激励功能和保障功能,实现分配效益最大化。

第五,研究消费问题。研究消费水平、消费结构、消费方式、消费风气等问题,分析现实的公款消费和私人消费中的存在问题,力求实现消费的合理化、科学化和效益最大化。

第六,研究剩余价值和积累问题。分析广义的剩余价值及其在社会主义社会的来龙去脉,探讨社会主义社会积累水平的合理化和积累效益的最大化。

第七,研究提高人生价值的社会制度条件和行为规范问题。探讨社会主义初级阶段经济制度、政治制度、文化教育制度和社会制度的改革和完善,讨论现阶段人们应遵守的道德、纪律和法律等行为规范。

第八,在从横向上研究人生的一切主要方面的基础上,再从纵向上研究人生的一切主要过程。要从时间维度上描绘人生的生产价值曲线、消费价值曲线和剩余价值曲线。阐明时间是人生一切价值的自变量,社会必要劳动时间是价值量决定的基本尺度。分析人生时间的特点、总量、构成、安排和利用。研究人生目的、人生理想、人生道路、人生境遇、人生态度、人生责任等问题。研究人在成长阶段、从业阶段、退休阶段等三个主要阶段的不同特点和几件大事,包括学业、职业、事业、恋爱婚姻家庭、人际关系、社会活动,直至生老病死问题。

根据以上基本思路和主要内容,在理论基础和研究方法上需要掌握以下几点:

第一,必须充分利用现代哲学成就和辩证思维方法,坚持以辩证唯物论和历史唯物论为指导,利用人学、人生哲学、价值哲学、伦理学等哲学研究成果,关注人的生活世界,提炼人生价值理论。有学者认为,21世纪中国哲学创新方向是发展人生哲学。[①] 有学者指出,现代中国哲学面临的主要问题之一是:人生价值观念如何

---

① 周可真等:《全国21世纪中国哲学创新思路学术研讨会综述》,载《哲学动态》,2002年第6期。

树立？冯友兰曾经把"真际大全"视为评判人生价值的根据,把人对于真际大全的体认程度以及由此而形成的主观精神状态称之为人所有的某种境界,把人生中所有的境界由低而高分为四种类型:自然境界、功利境界、道德境界和天地境界。①陈泽环研究员在研究经济伦理学的过程中,面对我国现代化建设的现实,根据马克思关于共产主义理想的基本规定、邓小平关于社会主义本质的理论,认为:当代中国社会道德生活的基本格局应该是:以功利伦理为基础,以奉献伦理为主导,以生态伦理为扩展,以文化伦理为升华。当代中国社会主义市场经济伦理应该包括以下四个基本观念:主客二分基础上天人合一的自然观,在交换价值增值基础上满足人的全面需要的生产观,在经济效益基础上力求公平的分配观,充分、健康而有节制的消费观。② 这里提出的四种伦理和四个观念,已经超越了冯友兰的四种人生境界观,我们研究人生价值时可以借鉴。而当代人学和价值哲学也正是以创造和实现人的价值为根本目的和核心内容的,在人学和价值哲学等等领域的有关研究成果,我们均可借鉴。

第二,必须充分利用现代经济学研究成果和研究方法,运用广义劳动价值论和广义剩余价值论,研究人的劳动、生产、交换、分配、消费、积累,研究人生的各方面和全过程。在人生价值论上运用经济学分析方法,就是要用广义劳动价值论和广义剩余价值论观察人、研究人、分析人。美国经济学家加里·贝克尔把微观经济分析的领域扩大到包括非市场行为的人类行为和相互作用的广阔领域,获得了巨大成功,并获得1992年诺贝尔经济学奖。他认为:"今天,经济研究的领域业已囊括人类的全部行为及与之有关的全部决定。经济学的特点在于,它研究问题的本质,而不是该问题是否具有商业性或物质性。"这样,"经济分析就为理解人类行为提供了一直为边沁、康德、马克思及其他学者长期求之不得的统一的方法。":"经济分析适应于说明全部人类行为"。从而也就能印证萧伯纳的名言:"经济是充分利用人生的艺术。"③贝克尔在经济学上的成就是应该肯定的,但是马克思在经济学上的成就是更应该肯定的,马克思的劳动价值论和剩余价值论所研究和揭示的正是问题的本质。只要我们不是作茧自缚,固步自封,停滞不前,而是随着时代的前

---

① 宋志明:《现代中国哲学的主要问题》,载《教学与研究》,2003年第3期。
② 陈泽环:《功利·奉献·生态·文化——经济伦理引论》,上海社会科学院出版社,1999年第291页。
③ [美]加里·贝克尔:《人类行为的经济分析》,三联书店,上海人民出版社,1995年版第3、19、9、5页。

进，不断丰富和发展马克思的劳动价值论和剩余价值论，使之在广度和深度上进一步发展，在分析技术上进一步完善，在应用范围上进一步扩大，那么，广义劳动价值论和广义剩余价值论就不仅是经济学的理论基础，同时也是人生哲学、人生价值论的理论基础。马克思指出："一般剩余劳动，作为超过一定的需要量的劳动，必须始终存在。……为了对偶然事故提供保险，为了保证必要的、同需要的发展以及人口的增长相适应的累进的扩大再生产……，就需要一定量的剩余劳动。"①恩格斯指出："劳动产品超出维持劳动的费用而形成剩余，以及社会生产基金和后备基金靠这种剩余而形成和积累，过去和现在都是一切社会的、政治的和智力的发展的基础。"②在市场经济条件下，这种剩余劳动都凝结为剩余价值。在社会主义市场经济条件下，这种剩余劳动和剩余价值，比在资本主义条件下更有利于生产力的发展，有利于社会关系的发展，有利于更高级的新形态的各种要素的创造，从而具有更大的文明面和进步性。因此，为了推进人类文明和社会进步，为了创造和提高人生的社会价值，每个人都必须对社会做出自己的贡献，提供自己的剩余价值。从这个意义上说，人生价值就是人生的剩余价值。列宁说过：赫尔岑懂得辩证法是"革命的代数学"。③ 我们可以说，广义剩余价值学说是"生命的代数学"，是人生的价值学。

第三，必须充分利用社会学、人口学、教育学、人才学、心理学、管理学、政治学、法学等众多人文社会科学成就。人对社会的贡献，人的价值创造和价值消费，不仅与经济制度有密切关系，而且与社会制度、政治制度、法律制度、教育制度、与人口数量和素质、人的才能和心理、宏观和微观的管理水平等诸多因素都有密切关系，因此，人生哲学和人生价值论研究需要与众多人文社会科学研究密切结合，充分利用众多人文社会科学成就。经济学家乔新生认为："我们必须承认社会的一切要素都与经济有关，政治无疑是影响经济发展的最大变数，教育以及其他的一些软性的指标也会影响经济的发展。经济学不是万能的，但经济学需要关注的变量却是无所不在的。将这些变量组合在一起，运用科学的方法进行分析，从而得出合乎道理的结论，是经济学的基本任务。在完成这个任务的过程中，经济学不仅要考虑道德

---

① 马克思：《资本论》第3卷，人民出版社，1975年第925页。
② 《马克思恩格斯选集》第3卷，人民出版社，1995年版第538页。
③ 《列宁选集》第2卷，人民出版社，1995年版第284页。

问题、政治问题、军事问题,甚至还有外交问题。"①研究人生价值,当然要研究人的经济生活,但又决不只是研究人的经济生活,还要研究人的精神生活、家庭生活、社会生活、政治生活等各个方面,要研究人生的全过程。这种研究无疑要比经济学研究涉及更多的问题及变量,无疑要与众多人文社会科学乃至有关自然科学的研究相结合。在众多人文社会科学中,社会学是与人生价值学说关系最为密切的学科之一。社会学家郑杭生教授认为:个人与社会的关系问题既是社会学研究的核心,也是社会学理论构建的基础。社会学正是要研究个人与社会关系过程的对立和协调、冲突和整合:从对立和冲突之中寻求协调和整合。②而人生价值论所要研究的人生价值问题,即个人对社会的价值问题,也正是个人与社会的关系问题,主要是个人与社会之间投入与产出、输入与输出、费用与效用、贡献与索取的关系问题。尽管研究的视角和侧重点有所不同,但研究的基本问题即个人与社会的关系问题是相同的,从而在研究内容和方法上必然有许多共同点和交叉点。因此,在人生价值论研究中要充分借鉴和利用社会学研究的成果和方法。

第四,必须充分利用现代数学和系统科学成就,把对人的定性分析与定量分析结合起来,使人生价值论成为一门具有数学自然科学精确性的精密科学。唯物辩证法认为:任何质都表现为一定的量,没有量也就没有质,不同的质是以不同的量为基础的,一切质的差别只有在能够归结为量的差异时才能说明,量变达到一定关节点就会引起质变。因此,马克思认为:"一种科学只有在成功地运用数学时,才算达到了真正完善的地步。"③同样,人生价值论要真正成为科学并逐步走向完善,就不能没有定量分析,不能不利用现代数学。虽然人类生活和社会现象极其复杂,它的量的表现也极其复杂,但毕竟是可以认识的。从社会生存和社会前进的角度来看,社会现象的量的集中表现就是社会必要劳动量,就是价值量以及剩余价值量。这种量是可以而且需要计算的,是可以而且需要应用数学的。霍布斯曾经把一切都归结为力学和数学。他认为,哲学应当促进实践的进步,促进"生活福利数量"的增加。他还认为,理性认识就是计算,就是求出全部事物的总和,或者确定两数相减的余值。④而广义的剩余价值理论,正是要求出人的全部行为、全部社会关系

---

① 乔新生:《经济学向何处去》,载《光明日报》,2003 年 11 月 18 日。
② 郑杭生等:《社会学理论体系的构建与拓展》,载《社会学研究》,2004 年第 2 期。
③ [法]保尔·拉法格等:《回忆马克思恩格斯》,人民出版社,1973 年版第 7 页。
④ [苏]敦尼克等:《哲学史(欧洲哲学史部分)》上册,三联书店 1972 年版第 217、218、221 页。

的总和,以及确定两数相减的余值,正是要促进实践的进步,促进"生活福利数量"的增加。有一种观点认为:"世界不过是些数学方程式。"①而从广义剩余价值论的观点来看,人生不过是些数学方程式,人生的价值不过是一个人的剩余价值,人生的道路不过是一条剩余价值曲线。这将使人们对人生价值的认识向着定量化精确化的方向大大前进一步。这完全符合人类认识前进的方向,完全符合哲学社会科学发展的方向。

总之,现在有可能也有必要创立一套科学的人生社会价值论,即以个人对社会的责任和贡献为尺度,以辩证唯物论和历史唯物论为指导,以广义劳动价值论和广义剩余价值论为基础,以人的本质和人的剩余价值量的统一为中心,以普通人为对象,研究人生的一切主要方面和主要过程,研究个人对社会所具有的价值,创立一套客观、科学、系统、精密的人生价值论,即人生社会价值论、人生客体价值论、人生义务价值论。马克思主义人生价值论的创立,是哲学社会科学研究的一项复杂的系统工程,同时也将是哲学价值论的一次解困,是经济学价值论的一次升华,是诸多人文社会科学的一次大综合,是马克思两大发现的一次再发现,从而必将极大地促进哲学社会科学的繁荣,促进马克思主义的大众化,促进人们精神生活的充实,促进国家富强、民族振兴、人民幸福的"中国梦"的实现。

第二节 决定人生社会价值的变量

长期以来人们对人的本质、包括人的社会本质、阶级本质、思想品质、道德品质等做过许多分析,但在进行定性分析时很少进行定量分析。然而,人的本质的数量表现是什么呢?不同的阶级本质和个人品质又有怎样的量的差异呢?世界上没有无量的质,也没有无质的量。我们只有把定性分析与定量分析结合起来才能完整地准确地认识人的本质和人的价值。从马克思主义唯物辩证法和劳动价值论来看,人既是价值创造的主体,又是价值消费的主体,人的生活是生产与消费、投入与产出、输入与输出、贡献与索取的统一,每个人都有其生产价值量、消费价值量和剩余价值量。这些价值量都是决定人生社会价值的变量,而这些变量又都是由一系列变量决定的。这样,我们就能以人们生活中既要创造价值、又要消费价值的基本

---

① 汪子嵩等:《欧洲哲学史简编》,人民出版社1972年版第195页。

事实为依据,以广义劳动价值论和广义剩余价值论为基础,以人的剩余价值量与人的本质的统一为中心,建立起客观、系统、精密、科学的人生社会价值理论。

一、决定人生社会价值的基本变量

研究人生社会价值,首先必须研究人,研究人生,研究人的生活实践及其社会作用和意义。然而,人是万物之灵,人、特别是人脑具有世界上最为复杂的物质结构,具有世界上任何动物所无与伦比的认识功能和思维功能。无论是作为自然人的物质结构和生命活动,还是作为社会人的思想言行和社会活动,都是极其复杂、不可穷尽的。从个人的个性特点、思想言行、生活状况来看有千差万别,而且复杂多变;从人与人之间、人与社会之间、人与自然之间的关系来看,也是多种多样、复杂多变的。因此,古今中外有众多专家学者、众多科学门类都在研究人,研究人生,研究人的生活、人的行为、人的本质、人的价值,但一般都停留在笼统的定性研究上,至今缺少一门系统的定量研究人生和人生价值的精密科学。

我国学者李冬民指出:分析社会现象比分析自然现象困难,一个主要的原因是,社会现象中存在着复杂的人的主观世界。在定量研究人的主观世界方面,需要诞生一门科学。定量分析的前提和先决条件是,必须为量的测定找到统一的概念和尺度。在这一方面,许多心理学家、社会学家、经济学家都做了有益的探索;但是他们都没有找到一个统一的社会变量尺度,而这种统一的社会尺度是客观存在着的。在以往思想家停步的地方,马克思继续前进,终于找到了社会生活中最重要的社会变量尺度——社会必要劳动时间。这样,所有的主观指标均可以变换为客观指标,所有关于人(社会现象)的模糊指标都可以变换为物(劳动价值)的精确指标。李冬民在肯定马克思对价值理论的贡献之后,又指出了马克思劳动价值论的历史局限性,认为劳动价值论忽略了人的劳动以外太多的对社会经济产生影响的因素,认为应该用内容丰富得多的社会价值范畴取代劳动价值范畴、用社会价值理论取代劳动价值理论来研究人的主观世界和人类社会问题。① 显而易见,这种观点有许多合理成分,但是要在劳动价值论之外另起炉灶、建立社会价值论看来是困难的、行不通的。因为社会价值无法成为分析劳动因素和各种非劳动因素的统一尺度,社会价值论也无法用来定量研究人的主观世界和人生价值问题;而劳动价值

---

① 李冬民:《社会价值分析引论》,载《武汉学刊》1995年第2期,见《新华文摘》1995年第8期。

论的历史局限性是可以通过对劳动价值论的发展创新而得到克服的。只要我们结合新的实际,深化对劳动价值论的研究,从广度和深度上丰富和发展劳动价值论,把创造价值的劳动从商品生产劳动扩展到一切社会必要劳动,把决定价值的因素从劳动一个因素扩展到参与价值决定的一切劳动和非劳动因素,把价值源泉一元论与价值决定多元论统一起来,把传统的狭义劳动价值论和狭义剩余价值论发展为现代的广义劳动价值论和广义剩余价值论,社会必要劳动时间及其所决定的社会价值就能成为研究人生价值的统一尺度和基本变量,广义劳动价值论和广义剩余价值论就能成为科学人生价值论的理论基础。

人生社会价值在于个人对社会的贡献,这是一个十分简单而又十分重要的真理,是人生价值论的一个根本观点,也是我们研究人生价值的一个起点。然而,人能贡献什么呢?事实上,人生在世,生不带来,死不带去;人是自然界长期发展的产物,来自自然而又回归自然。由于自然规律,人不能创造或消灭物质和能量;人所能做的,只是通过自己的劳动生产和生活消费,改变物质形态和转化能量形式。人对社会对他人所能贡献的,只是自己的劳动和劳动成果;人从社会从他人那里所能获得的,也只是别人的劳动和劳动成果;归根到底,人所能贡献的只是自己为他人所提供的劳动与所消耗的他人劳动的差额。简言之,人所能做的贡献只是自己的劳动贡献。而人所提供的劳动与所消耗的劳动都是可以用劳动时间和社会必要劳动时间这个统一社会尺度来衡量的。因此,只有把人的价值归结为人的贡献,把人的贡献归结为人的劳动贡献,把劳动贡献归结为劳动时间,把劳动时间归结为社会必要劳动时间,对人的价值分析才能实现定量化、精确化、科学化。也就是说,只有劳动时间,只有社会必要劳动时间,只有剩余劳动时间和剩余价值才是衡量人的贡献和人的价值的统一社会尺度,只有劳动价值论和剩余价值论,只有广义劳动价值论和广义剩余价值论,才是科学人生价值论的坚实理论基础。没有这种观点,离开这条思路,任何人生价值理论都只能成为空洞说教,而不能成为精密科学。

为了正确地应用发展了的劳动价值论和剩余价值论,来科学地分析人生价值问题,必须正确理解和应用劳动价值论和剩余价值论的研究方法,也就是《资本论》的研究方法。马克思指出,他在《资本论》中应用的研究方法是严格的现实主义的,而叙述方法是德国辩证法的。[①] 列宁指出:"马克思在《资本论》中首先分析

---

① 马克思:《资本论》第1卷,人民出版社,1975年版第20页。

资产阶级社会(商品社会)里最简单、最普通、最基本、最常见、最平凡、碰到过亿万次的关系:商品交换。这一分析从这个最简单的现象中(从资产阶级社会的这个'细胞'中)揭示出现代社会的一切矛盾(或一切矛盾的萌芽)。""一般辩证法的阐述(以及研究)方法也应当如此。"①应用马克思的研究方法和叙述方法,我们对人生剩余价值的研究也应该是严格的现实主义的,应该贴近实际、贴近生活、贴近群众,应该从亿万群众日常平凡的生活入手进行考察和研究。

现在让我们看看,一个普通人在平凡的一天中是怎样生活的:清晨醒来,首先要起床穿衣,洗漱用餐,接着要行路去上班(或上学、上工);上班时要付出劳动,中午下班要吃饭,饭后又要上班劳动;下午下班回家后要做家务、吃晚饭、学习或娱乐休息,直至上床就寝。如果我们观察的不是一个人的生活,而是许多人的生活;不是一天的生活,而是一周、一月、一年、一生的生活,人的生活就会极其丰富多彩、复杂多变。每个人都有生老病死的自然历史过程,一生中都要面临和处理上学、升学、就业、恋爱、婚姻、家庭、生儿育女、衣食住行、当家处世等各种大小事务。每年每月每周中也都会有工作、学习、休闲度假、亲朋交往等诸多活动,也会在不同时期、不同方面、不同程度上参与各种社会公共事务、政治活动、经济活动、文化体育活动。人们在一生一年一月一周一天的活动,是丰富多彩、复杂多变、千姿百态、千差万别的,人人不一样,年年岁岁不一样,每月每日不一样。但在所有这些"不一样"当中,在这些特殊性、个性当中,我们仍然可以找到一样的、普遍性的、共性的东西:这就是每个人每年每月每日的生活都离不开与外界的物质、能量、信息的交换,这个外界包括自然界、社会和家庭。每个人的生活都离不开自然界,离不开地球和太阳,离不开土地、阳光、空气、水源、动植物和各种自然物质;离不开社会的物质生产、精神生产和劳务生产。无论各个人的生活怎样千差万别、千变万化,每个人都会生活长短不等的几十年,每年都有 365 天,每天都有 24 小时。在每人生活的总时间中,都有一定的生活必需时间、一定的休闲时间,也都有一定的劳动时间(包括工作、学习和家务劳动时间)。从一方面看,人要学习、劳动、工作,要付出一定时间、一定数量和质量的劳动,要创造和生产一定数量的物质产品、精神产品和劳务产品;从这一方面看,他是劳动者,是直接的或间接的、现实的或潜在的生产者,是社会财富及其价值的生产者、创造者。从另一方面看,人要生存、享受、发展,要衣

---

① 《列宁选集》第 2 卷,人民出版社,1995 年版第 558 页。

食住行、休闲娱乐,要消耗一定量的物质产品、精神产品和劳务产品,从而消耗他人一定量的劳动;从这一方面看,他是消费者,是社会财富及其价值的消费者。因此,就一般成年人来说,都是生产者与消费者的统一体、劳动提供者与劳动产品消费者的统一体、价值主体与价值客体的统一体。事实上,每个人提供的劳动量与消耗的劳动量、创造的价值量与消费的价值量,一般都是两个不同的量,而不会正好相等,从而都会有一个差额,有一个余额(或正或负、或大或小的余额)。我们把一个人创造的价值叫作生产价值,消费的价值叫作消费价值,两者的差额叫作剩余价值(广义剩余价值)。一个人的生产价值减去他的消费价值就等于他的剩余价值。一个人的剩余价值,就是他与社会、与他人之间全部投入与产出、输入与输出、费用与效用、贡献与索取关系的总和,就是他的一切社会关系的总和,就是他对社会、对他人所起的作用、所做的贡献、所具有的价值,就是他生存的社会作用、社会意义和社会价值,也就是他的人生剩余价值,并在一定条件下从价值量上反映一个人的本质。这样,我们就从严格的现实主义的观点着眼,从普通人的日常平凡的生活着眼,从人作为生产者与消费者的辩证统一中,从人的价值量与人的本质的辩证统一中,推导出研究人生价值的一个基本公式——人生剩余价值公式。设生产价值为 n,消费价值为 x,剩余价值为 m,那么人生剩余价值公式就是:

$$m = n - x$$

这就是我们"用来判断整个人生的逻辑公式"。[①] 当然,实际生活比任何公式都复杂,实际人生价值比这个公式要复杂得多,尽管如此,这个公式依然可以作为我们应用辩证唯物论、历史唯物论、劳动价值论和剩余价值论分析和研究人生价值的一个基本公式和基本尺度。

二、决定人生社会价值的主要变量

唯物辩证法认为,世界上一切事物都是质和量的统一,不具备一定的质和一定的量的事物是不存在的,任何物质的变化只有经过量的变化才能发生,质量互变规律是辩证法的基本规律,数学是辩证的辅助工具和表现形式。因此,定量分析和数学方法在自然科学和社会科学研究中得到越来越广泛的应用。有人统计过,在社会科学的重大进展中,自 1900 年以来定量研究占 2/3,自 1930 年以来定量研究占

---

① 《马克思恩格斯全集》第 2 卷,人民出版社,1957 年版第 566 页。

5/6。科学的发展完全证实了马克思的论断:"一种科学只有在成功地运用数学时,才算达到了真正完善的地步。"①近 40 年来我国理论界对人生价值和价值哲学的研究虽然很多,但由于缺少一定的深度,缺少相关学科的联合,缺少实证调查和实证研究,特别是缺少定量研究,往往流于空泛议论,而没有达到真正完善的地步。现在我们坚持以马克思的两大发现为指导,找到了广义劳动价值论和广义剩余价值论这个认识工具,找到了社会必要劳动时间这个统一尺度,找到了人生价值基本公式,就为对人生价值的定量分析、为人生价值理论的系统化、精密化、科学化开辟了道路。决定人生社会价值的主要变量有:

(一)人的生存时间和劳动时间

根据中国人民大学王琪延教授的研究,我国城市居民终生生活时间分配如表 1 所示:②

表 1 中国城市居民终生生活时间分配表

性别	工作时间		学习时间		生活必需时间		家务劳动时间		闲暇时间		终生总时间	
	小时	%	小时	%	小时	%	小时	%	小时	%	小时	%
男性	75464	12	44384	7	278586	45	41536	7	181963	29	621960	100
女性	58750	9	44676	7	292248	45	64496	10	188070	29	648240	100

在表 1 所列 5 类时间中,工作时间、学习时间和家务劳动时间都是劳动时间,都形成一定价值;但这 3 类劳动时间所形成的 3 类价值具有不同特点。其中学习时间和家务劳动时间形成的价值都构成劳动力价值的组成部分。这种价值具有现实价值和潜在价值的二重性。从一方面看,这是一种直接的现实的价值,因为劳动力的生产和再生产,劳动力素质和人口素质的提高,本身就是一种社会财富,人的发展本身就是社会发展的根本目的和主要表现。从另一方面看,凝结在劳动力中的价值又是一种间接的潜在的价值,因为就其对社会对他人所起的实际作用来看,劳动力价值只有通过劳动力使用即劳动、即工作时间的劳动,才能创造社会财富和社会价值,才能把潜在价值转化为现实价值。所以,工作时间的劳动即从业劳动集

---

① [法]保尔·拉法格等:《回忆马克思恩格斯》,人民出版社,1973 年版第 7 页。
② 王琪延:《中国城市居民生活时间分配分析》,载《社会学研究》,2000 年第 4 期。

中反映了人所创造的价值。在经济和社会统计中只需统计从业劳动创造的价值,而不要再加上学习劳动和家务劳动创造的价值,否则会重复计算。但在研究人们创造价值的劳动时,要全面研究人的从业劳动、学习劳动、家务劳动等全部劳动。家务劳动是为家庭成员服务的劳动,目前主要是由家庭成员从事的,这种劳动的价值形成过程一般同时就是家庭成员的价值消费过程,其生产价值与消费价值可以互相抵消,因而一般不形成剩余价值,不形成对社会的直接贡献(但可以通过劳动力的生产和再生产形成对社会的间接贡献)。从全社会来看,可以不统计家庭成员家务劳动创造的价值(保姆家务劳动价值仍需统计),或者可以同时增加此类生产总值和消费总值。但从个人来看,由于家庭内各人提供和消耗的家务劳动不同,所以在研究个人的价值创造和消费时,要计入个人提供和消耗的家务劳动价值。学习劳动是自我服务的劳动,又是从事社会劳动的预备性劳动和前期劳动,它形成复杂劳动的组成部分。人们劳动复杂程度的差别主要是由于学习时间的差别(以及由此决定的知识、技术、能力的差别)而形成的。

在表1所列5类时间中,生活必需时间和闲暇时间并非劳动时间,并不创造价值,但要衣食住行、休闲娱乐,要消费一定量的生活资料和劳务。这些生活资料和劳务作为商品或有形无形的劳动产品,也只是一定量的价值,只是一定量的劳动时间。因此,从广义劳动价值论和广义剩余价值论来看,人的全部生活实践,人的终生生活时间,都可以归结为一定量的劳动时间和剩余劳动时间,归结为一定量的生产价值、消费价值和剩余价值。

(二)人的劳动产品的价值量

从广义劳动价值论来看,一切劳动产品(包括物质产品、精神产品、劳务产品、公共产品和劳动力产品)都有一般人类劳动凝结在其中,都具有价值。这种价值不是由个别劳动时间决定,而是由社会必要劳动时间决定,但由个别劳动时间换算为社会必要劳动时间,由个别价值换算为社会价值是有规律可循,是能够准确计算的。根据马克思的论述,作为决定商品价值量的社会必要劳动时间,兼具社会平均性和社会必需性两种含义。其一,"社会必要劳动时间是在现有的社会正常的生产条件下,在社会平均的劳动熟练程度和劳动强度下制造某种使用价值所需要的劳动时间。"①其二,"不仅在每个商品上只使用必要的劳动时间,而且在社会总劳动时间中,也只把必要的比例量使用在不同的商品上。"②由此可见,作为决定商品价值量(W)的社会必要劳动时间(tb)主要取决于4个变量:一是劳动数量即劳动时间(t),并且是有效劳动时间,是制造某种使用价值的劳动时间;二是劳动质量(r),包括劳动复杂程度、劳动熟练程度和劳动强度等;三是生产条件(s),包括科学技术条件、宏观和微观管理水平、资本和生产资料、土地和自然条件等众多自然和社会因素;四是社会必要的比例量,即商品供求率、商品稀缺率、社会需求率(b)。据此,我们可以得到商品价值量决定的基本公式:

$$W = tb = f(b, r, s, t)$$

为了简便起见,可以简略表示为:

$$W = tb = brst$$

从广义劳动价值论来看,一方面,作为劳动产品的价值源泉,只是人们的劳动和劳动时间一个因素,必须坚持价值源泉一元论;但作为价值源泉的劳动,作为创造价值的劳动,不仅是商品生产劳动,而是一切社会必要劳动,是一切有效而又有益的劳动,包括生产商品和非商品、有形产品和无形产品、物质产品和精神产品、服务产品、公共产品和劳动力产品的一切劳动。另一方面,作为劳动产品的价值决定因素,事实上绝不只是劳动一个因素,而是包含着众多变量和众多因素。如上述公式所示,至少包含着4个变量,每个变量又取决于众多因素。因此必须肯定价值决定多元论,坚持价值源泉一元论与价值决定多元论的辩证统一。这样可以破解许多难题,减少许多争论,增强劳动价值论的解释力、说服力和生命力。

(三)人的劳动所创造的价值量

上述价值决定公式,是人们劳动产品的价值决定公式,其价值决定于众多变量和因素,其中既包括个人的劳动数量(t)和质量(r),又包括众多的客观变量(如b,s)。作为个人的劳动贡献、个人创造的价值来说,应该主要看个人的劳动数量和质量,个人的主观因素和主观努力。当然,主观因素与客观因素是互相联系、互相制约、互相渗透、互为条件的,不可截然分开、孤立研究。但是为了研究个人的劳动贡

---

① 马克思:《资本论》第1卷,人民出版社,1975年版第52页。
② 马克思:《资本论》第3卷,人民出版社,1975年版第716页。

献和价值创造,研究个人的主观因素和主观努力,尽量排除一些客观因素的影响也是需要和可能的。从这个角度来说,作为一种理论抽象,个人劳动创造的价值(n)可以大体上用下列公式表示:

$$n = rt$$

式中,t 是劳动数量即劳动时间,r 是劳动质量。r 主要是由劳动复杂程度(L_1)、劳动熟练程度(L_2)、劳动强度(L_3)三个变量决定的,即:

$$r = L_1 \cdot L_2 \cdot L_3$$

式中,L_1 主要取决于文化程度和科学技术水平,这主要又取决于人的学习时间,即受教育时间、学习年限(Tx),其中包括人的学历(学龄)和就业后脱产或不脱产的学习时间(包括各种进修、培训、自学和干中学的实际学习时间)。L_2 主要取决于工作时间(连续工龄 Tg)。L_3 主要取决于劳动态度等多种因素。

同时,在决定劳动质量(r)的劳动复杂程度(L_1)、劳动熟练程度(L_2)、劳动强度(L_3)三个变量中,每个变量都受诸多因素影响,三个变量之间又互相联系、互相影响。不同产业、不同行业、不同职业、不同岗位的劳动又有不同特点、不同要求。如体育运动员的黄金时代一般是青年时代,而科学家、教育家、政治家的黄金时代一般要晚得多,要到中年甚至晚年。但不管怎样,人们的劳动贡献和价值创造总是可以计量的,是可以根据劳动时间、劳动复杂程度、劳动熟练程度、劳动强度等变量进行定量分析的。

把上述有关变量结合在一起,就可以得到如下决定人的劳动所创造的价值的基本公式:

$$n = rt = L_1 L_2 L_3 t$$

(四)人的生产价值量、消费价值量和剩余价值量

对人的劳动所创造的价值即生产价值能够进行定量分析,已如上述。对人的消费价值进行定量分析就更为简单。在市场经济条件下,人们所消费的生活资料和服务产品,除极少数之外都是通过市场购买的。在日常生活中,我们所接触、所计算的都是商品和服务产品的价格;而价格是以货币计算,以元角分为单位的,一般并不知道其价值,不知道其中所包含的劳动时间或社会必要劳动时间;时间单位时分秒与货币单位元角分也无法直接通约和计算。正如马克思所说:"对人类生活形式的思索,从而对它的科学分析,总是采取同实际发展相反的道路。这种思索是

从事后开始的,就是说,是从发展过程的完成的结果开始的。……因此,只有商品价格的分析才导致价值量的决定,只有商品的共同的货币表现才导致商品的价值性质的确定。"①由于价值是价格的本质,价格是价值的现象,是价值的货币表现,是物化在商品内的劳动的货币名称,是商品价值量的指数,我们可以通过引入一个单位劳动时间所创造的价值量的货币转换系数(h),建立起价值(W)与价格(G)的关系式:

$$G = hw \qquad W = G/h \qquad h = G/W$$

当然,现象比规律丰富,价格比价值复杂,价格除了决定于价值之外,还会受多种因素的影响,会或多或少地偏离价值,但这些偏离在总体上会互相抵消,因而以上公式依然是能够成立的。公式中 h 值会随着货币币值等因素的变化而变化,它大体上可通过一定区域(如一国一地)一定时期(如一年一月)的净产值(国内生产总值 GDP 减去折旧 C)除以总劳动时间(T)来计算。例如,我国 2000 年 GDP 为 92347 亿元,折旧为 14606 亿元,就业人员总数为 72085 万人,人均年劳动时间为 2008 小时,②由此可计算出我国当年 h 值为 5.37 元/小时。同样,在 W、G、h 这 3 个变量中,只要已知其中 2 个变量,就能求出另一个变量。这样就能通过统计分析以价值或价格形式计算出人的生产价值量、消费价值量和剩余价值量。

(五)人在生产、交换、分配、消费各个环节上的价值量

现实生活中在人们的生产和消费之间,还有交换和分配两个环节。在市场经济条件下,从总体上看交换应该是符合价值规律的等价交换,因此可以假定在交换环节上对当事人并不发生价值量的变化。但在分配环节上,各人分得的价值(收入价值 v)往往既不等于他创造的价值(生产价值 n),也不等于他消费的价值(消费价值 x),通常情况是: n > v > x。在 n 与 v、v 与 x 之间,通常都有一个差额,一般是余额(m)。我们把这两个余额分别叫作个人的社会剩余价值(m_s)和个人的家庭剩余价值(m_j),两者之和则为个人的总剩余价值(m)。这样就可得到个人的三个剩余价值公式:

$$m_s = n - v \qquad m_j = v - x \qquad m = m_s + m_j = n - v + v - x = n - x$$

---

① 马克思:《资本论》第 1 卷,人民出版社,1975 年版第 92 页。
② 国家统计局:《中国统计年鉴》,中国统计出版社,2003 年版第 75、72 页。

事实上,人们的生产价值、收入价值、消费价值和相关的剩余价值和剩余价值率(m')都是可以进行统计分析的。根据有关统计资料,可以测算出就业人员以货币额计算的平均生产价值(n)、收入价值(v)、消费价值(x)、社会剩余价值(m_s)、家庭剩余价值(m_j)、总剩余价值(m)和相应的剩余价值率($m_s' = m_s/v$、$m_j' = m_j/v$、$m' = m/v$),见表2:

表2 我国就业人员几种价值量测算表

指标	单位	1990	2000	2010
总人口	万人	114333	126743	134091
就业人员数	万人	64749	72085	76105
增加值 GDP	亿元	17534	92347	401202
固定资产折旧 C	亿元	1962	14606	37256
净产值 GDP - C	亿元	15572	77741	363946
人均生产价值 n	元	2405	10785	47822
人均收入价值 V	元	1596	6526	14460
人均消费价值 x	元	833	3632	9968
人均社会剩余价值 m_s	元	809	4259	33362
人均家庭剩余价值 m_j	元	763	2894	4492
人均总剩余价值 m	元	1572	7153	37854
人均社会剩余价值率 m_s'	%	51	65	228
人均家庭剩余价值率 m_j'	%	48	44	31
人均总剩余价值率 m'	%	99	109	259

资料来源:1991 - 2011 年《中国统计年鉴》相关数据。

表2所列数据均为我国就业人员的年平均值。事实上由于人们地域、城乡、性别、年龄、学历、经历、能力、职业、岗位的不同,由于各种主观条件和客观条件的不同,不同个人在不同时段的各种价值量也是不同的。只要有准确的统计资料,各人的各种价值量都是可以进行准确的定量分析的。

三、人生社会价值决定的基本原理和多个变量

上述所有价值量都是由多种主客观条件、多种变量决定的,人生社会价值的决定应该符合劳动价值论关于价值决定的基本原理。

马克思关于价值决定的基本观点是:"只是社会必要劳动量,或生产使用价值

的社会必要劳动时间,决定该使用价值的价值量。""社会必要劳动时间是在现有的社会正常的生产条件下,在社会平均的劳动熟练程度和劳动强度下制造某种使用价值所需要的劳动时间。"①马克思关于价值决定的这个观点是价值规律的首要内容。马克思在这里所说的社会必要劳动时间,就是理论界通常所说的第一种含义的社会必要劳动时间(以下用个量 t_1 及其总量 T_1 表示)。对于 t_1 参与价值决定,在承认劳动价值论的学者中是没有争议的。但也许正因为没有争议,人们对 t_1 的认识一般也就没有深化、细化和量化。其实,根据马克思的论述和社会实践,t_1 包含着丰富的内涵和外延,有必要在认识上加以深化、细化和量化。

从内涵来说,马克思所说的 t_1 至少包含着三个重要的规定:一是劳动时间,并且是有效劳动时间,是制造某种使用价值的劳动时间;二是社会平均的劳动熟练程度和劳动强度;三是现有的社会正常的生产条件,基本上也就是社会平均的或中等的生产条件。后两个规定结合在一起,也就是社会平均的或中等的劳动生产率和劳动生产力(在这里,这两个概念完全一致,可以通用)。这样,商品的价值量(W)就是劳动时间(t)和劳动生产率或劳动生产力(N)的函数,即:

$$W = f(N, t)$$

在这里,N 又是由多种情况和要素决定的。正如马克思所说:"劳动生产力是由多种情况决定的,其中包括:工人的平均熟练程度,科学的发展水平和它在工艺上应用的程度,生产过程的社会结合,生产资料的规模和效能,以及自然条件。"②在这多种情况中的每一种,都是一种或一类生产要素,每种要素又都包含着许多方面和因素。具体说:

第一,工人的平均熟练程度可以说是劳动力要素(r),其中包括劳动者的德、智、体素质,这又取决于先天的体质和智力遗传因素、后天的教育和环境因素,特别是本人的主观努力以及这种努力的方向和程度等等。

第二,科学的发展水平和它在工艺上应用的程度可以说是科学技术要素(e),其中包括科学技术发展水平和应用程度,相关知识、信息的获取、传递、加工、贮存、应用水平,劳动者、劳动资料、劳动对象所承载的科学、技术、知识、信息种类和含量等等。

---

① 马克思:《资本论》第 1 卷,人民出版社,1975 年版第 52 页。
② 马克思:《资本论》第 1 卷,人民出版社,1975 年版第 53 页。

第三,生产过程的社会结合可以说是管理要素(g),其中包括微观的经营管理,宏观的经济、文化、教育、社会、政治管理,相关的法律、法规、纪律、制度、政策、措施、分工、协作,以及由此形成的生产力系统。

第四,生产资料的规模和效能可以说是资本要素(c),其中包括资本的积累、积聚、集中、筹措、运作,生产资料的获取、配置、利用、更新改造等等。

第五,自然条件主要是土地要素(d),完整地说应该包括人类自身的自然(已列入劳动力要素之中)和人类外部的自然,后者又包括土地、水源、森林、矿藏、日照、气候、其他动植物、生态环境等等。

所有这些要素,都是劳动生产力的决定性因素,从而都是商品价值量的决定性因素。仅以上述五项要素列入价值决定的关系式,可得出以下公式:

$$W = f(r,e,g,c,d,t)$$

以上因素都影响到价值决定,其中有的是加和关系,有的是比例关系,有的是非加和性、非线性的关系。

马克思在《资本论》第一卷论述了商品的价值量决定于生产商品的社会必要劳动时间之后,又在《资本论》第三卷进一步指出:"事实上价值规律所影响的不是个别商品或物品,而总是各个特殊的因分工而互相独立的社会生产领域的总产品;因此,不仅在每个商品上只使用必要的劳动时间,而且在社会总劳动时间中,也只把必要的比例量使用在不同类的商品上。"[①]马克思这里所说的必要的劳动时间,也就是理论界通常所说的第二种含义的社会必要劳动时间(以下用总量 T_2 和个量 t_2 表示)。显然,作为完整意义的社会必要劳动时间,不仅对社会生产、对生产部门、对社会供给来说是必要的,而且对社会需求、对消费者及其购买力来说也是必要的;不仅要具有劳动耗费上的社会平均性,而且要具有劳动效果上的社会必需性,即具有两种含义上的社会必要性,也就是必须由两种含义的社会必要劳动时间共同决定商品的社会价值。这就是说:"价值不是由某个生产者个人生产一定量商品或某个商品所必要的劳动时间决定,而是由社会必要的劳动时间,由当时社会平均生产条件下生产市场上这种商品的社会必需总量所必要的劳动时间决定"。[②]然后再根据从这样决定的商品总价值中所分摊到的部分决定单个商品的价值,即

---

① 马克思:《资本论》第3卷,人民出版社,1975年版第716页。
② 马克思:《资本论》第3卷,人民出版社,1975年版第722页。

由"所生产的总价值除以产品数,决定个别产品的价值,而且个别产品只有作为总价值的这种相应部分才成为商品。"①因而,完整意义的社会价值,是由社会平均生产条件下生产某种商品社会必需总量(B)所必要的劳动时间($T_2 = Bt_1$)决定该种商品实际生产总量(A)的实际总价值(W),并由从这个总价值中所分摊到的部分决定单个商品的实际市场价值(w),即由两种含义的社会必要劳动时间(t_1、T_2)共同决定商品的社会价值(包括总量价值 W 和单位商品价值 w)。用计算公式表示,即:

$$W = T_2 = Bt_1 = BT_1/A = B/AT_1 = bT$$
$$w = W/A = T_2 = BT_1/A = bt_1 = bnt$$

其中,$T_1 = T$,为生产 A 量商品实际耗费的总劳动时间,t 为单位商品个别劳动时间,n 为相对劳动生产率或劳动生产率指数,b = B/A 为供求系数或产品需求率或产品稀缺率。

上述公式把产品需求率 b 列为价值决定的一个重要变量,从而把供求关系列入了价值决定。而市场供求是复杂多变的,因此,"价值量不以交换者的意志、设想和活动为转移而不断地变动着。"②这样,供求变动就决定了价值变动,进而决定了价格变动。从这种新观点来看,商品价格随着供求变动而上下波动,并不是商品价格与价值偏离,而正是有规律地必然地向价值接近,与价值相一致。

再从供求变动趋势来看,"如果供求决定市场价格,那末另一方面,市场价格,并且进一步分析也就是市场价值,又决定供求。"③这种供求与价格的相互作用,供求的价格弹性,会把供求、从而也把价值和价格拉向一个均衡点。这样,虽然在任何一定的场合供求都是不一致的,但是"就一个或长或短的时期的整体来看,供求总是一致的;不过这种一致只是作为过去的变动的平均,并且只是作为它们的矛盾的不断运动的结果"。④ 这时,A = B 即 b = 1,因此,就一定时期整体来看,价值决定公式仍然应该是:

$$W = bT = T$$
$$w = bt_1 = t_1$$

---

① 《马克思恩格斯全集》第 26 卷第 3 册,人民出版社 1974 年版第 120 页。
② 马克思:《资本论》第 1 卷,人民出版社,1975 年版第 91 页。
③ 马克思:《资本论》第 3 卷,人民出版社,1975 年版第 213 页。
④ 马克思:《资本论》第 3 卷,人民出版社,1975 年版第 212 页。

这个公式里,似乎 b 可以消失,不再发生作用,实际上这个公式成立的条件是 b = 1 即 A = B,亦即供求平衡,实际上供求在这里仍然是起作用的,而在其他任何一定的场合,供求都是不一致的,也就是 A≠B,b≠1,从而 b 都不能消失,供求都起作用。

总之,在以上价值决定公式中,既包含了实际劳动时间(t 和 T),又包含了两种含义的社会必要劳动时间(t_1 和 T_2)。在第一种含义的社会必要劳动时间中,既包含了劳动时间,又包含了劳动生产率因素。其中也就隐含了决定劳动生产率并进而决定劳动生产力的多种情况和多种生产要素,如劳动力、科学技术、经营管理、资本、土地等等要素。在第二种含义的社会必要劳动时间中,既包含了劳动时间,又包含了供求因素,既包含了生产过程、产品供给和劳动耗费因素,又包含了交换过程、产品需求和劳动效用因素,而在产品需求中也就隐含着产品的效用因素。因为没有效用也就不可能有需求,没有使用价值就不可能有价值;而且效用越大,越普遍,需求量也就越大,两者总是成正比。因此,这一公式既保留了劳动价值论的基本内核,又融合了效用论、供求论、生产要素论、生产费用论、积累劳动论的合理内核,从而这个公式是一个既坚持了劳动价值论基本观点、又综合了各种价值论合理因素的价值决定公式,它适用于产品个量价值和总量价值的计算,经得起生产和交换实践的检验。以这一公式为结合点和切入点,我们可以通过吸纳各种价值论的合理因素而使劳动价值论得到进一步丰富和发展,并可以进一步探讨各种价值论(和以价值论为基础的经济学)的沟通和综合。

四、人生社会价值决定的主观条件和主观变量

在马克思关于价值决定的一般原理中,已经包含了劳动的主观条件和主观变量,也包含了劳动的客观条件和客观变量。就人生社会价值的决定来说,劳动者个人的主观条件和主观变量是能动的可变的,从而也是最重要的变量。下面侧重探讨一下个人的主观条件和主观变量,主要是个人素质的提升。

在决定人生社会价值的众多变量中,劳动者个人的主观条件和主观变量有劳动时间、劳动技能、劳动熟练程度和劳动强度、劳动符合社会需要的程度。劳动时间取决于劳动者个人的健康状况、体力和智力、劳动态度和劳动积极性。劳动技能、劳动熟练程度和劳动强度取决于个人的智力、受教育培训的机会、自己学习和劳动的勤勉程度、劳动积极性、主动性和创造性。劳动符合社会需要的程度取决于社会分工、就业状况、自身选择、市场行情。所有这些因素都可以归结为劳动者自身的德智体素质。

劳动者素质的高低又取决于诸多变量。我国教育界从1988年开始提出素质教育的目标,对人的素质做了多方面的研究,也出现了多种不同的观点。比较一致的观点是,人的素质可以分为思想道德素质、科学文化素质、身体心理素质和劳动技能素质,素质教育主要包括德育、智育、体育、美育、劳动技术教育。

从人生社会价值论的角度看,人生社会价值的提升主要靠自己为社会、为他人提供自己的剩余价值,一方面是要通过自己的劳动为社会和他人创造最大化的价值,另一方面是掌握好自己适当的消费价值。其中努力实现自己创造价值的最大化又是主要方面。为此,除了客观条件外,主要取决于主观条件,即自身素质,包括德智体素质和劳动技术素质。除了应该符合《国家中长期教育改革和发展规划纲要(2010－2020年)》的规定要求外,在思想道德素质方面,要有良好的社会公德、职业道德、家庭美德、个人品德。要有社会责任感、义务感和使命感,要有学习精神、创新精神和献身精神。要有为人类工作的宽广胸怀,有利他主义的高尚精神。中国传统道德讲仁义礼智信、温良恭俭让、忠孝廉耻勇。仁义礼智信的意思是仁爱、忠义、礼和、睿智、诚信。温良恭俭让意思是温和、善良、恭敬、节俭、谦逊。忠孝廉耻勇意思是忠心、孝悌、廉洁、羞耻、勇敢。我们应该以马克思主义为指导,遵循社会主义核心价值观,取其精华,去其糟粕,发扬光大,为我所用。按照马克思主义的解释,仁者爱人,要做到胸中有大爱、博爱,做到爱祖国、爱人民、爱劳动、爱科学、爱社会主义。要做到宁教天下人负我,不教我负天下人。做到"难得糊涂","吃亏是福"。义就是义务感、责任感,就是有对家庭、对社会、对他人的义务感、责任感,爱岗敬业、恪尽职守、勇于担当、乐于奉献。礼就是讲文明,有礼貌,重规矩,守纪律。要敬畏法律、纪律、道德、制度、公序良俗。智就是有智慧、有知识、有技能,干一行、专一行、精一行,爱岗敬业、精益求精。信就是诚信友善,言而有信,一诺千金。在科学文化素质、劳动技术素质和智力素质方面,既与先天遗传因素有关,更与后天主观努力有关。人的智力、脑力潜能是很大的,有资料称,即使像爱因斯坦这样的大科学家,也只使用了智力的1/3。因此,即使是先天条件、基础条件较差的人,也有可能通过自身努力做出较大贡献。正如古人所说,人一能之,己百之;人十能之,己千之。果能此道矣,虽愚必明,虽柔必强。(《礼记·中庸》)因此,任何人任何时候都不要丧失信心,自暴自弃,而要鼓起勇气,自强不息。在身体心理素质方面,要利用好现代科学技术条件和医疗卫生条件,参加体育运动,增强身体素质;同时要养成良好的生活习惯和健康的生活方式,最大限度地增强劳动能力、延长工作年限。大家看到,许多残疾人做出了多数健康人都没有做出的贡献,说明人的潜能,人所可能创造的价值、可能做出的贡献是很大的,任何人都应该发挥自己的聪明才智和潜能,力求为人类作出尽可能大的贡献。这样就能最大限度地提升个人的人生社会价值。

促使人的全面发展或培养全面发展的人,是人类世世代代追求的共同理想。马克思主义关于人的全面发展的学说是主张人的个性充分而自由的发展,并且必须落实到每一个活生生的个体上。人的全面发展不是单靠学校教育所能完成的,但教育对人的全面发展确实可以产生重大的促进作用。人的全面发展需要多方面条件的配合,并要经历一个相当长的历史时期,不可能一蹴而就。人的真正的全面发展只有在高度发展的共产主义社会才能实现。我国现在处于社会主义初级阶段,无论物质文明或精神文明均有待于加强建设、提高水平。但是并不是说现阶段我国就不能培养出全面发展的新人。我们要遵循《规划纲要》的要求,努力培养中国特色社会主义新时代的全面发展的新人。实现这一目标,除了靠素质教育之外,更重要的是要靠每个人自己的主观努力。包括家庭教育、学校教育、社会教育在内的教育只是外因,每个人自己的主观努力才是更重要的内因。"一娘可生九等之人。"同样的家庭、同样的学校、同样的社会,可以培养和产生素质差别很大的个人。这主要是由于每个人自己的努力方向和程度不同。所以每个人都要重视主观努力,不怨天尤人,不依赖任何人,持久不懈地坚持自我教育、自我修养、自我磨炼、自强不息。"人是人、文化、历史的产物。"①今天的我是昨天的我的产物,明天的我是今天的我的产物。人最主要的是靠自己培养自己的。人的全面发展,人的素质高低,人生的社会价值高低,归根结底是由自己决定的。人的主观努力是决定人生社会价值的最主要的变量。

除了德智体素质之外,人生会有各种机遇、各种信息需要及时把握;有许多机会稍纵即逝,机不可失,时不再来。人生还会有各种事情、各种选择需要妥善处理、正确抉择;有时一步走错全盘错,一失足成千古恨。

---

① 《马克思恩格斯选集》第4卷,人民出版社,1995年版第238页。

五、衡量人生社会价值的主要指标

人的各种价值量的形成都是诸多主客观因素共同作用的结果,为了准确把握个人的主观努力、贡献份额和人生价值,需要把个人的各种价值量置于客观条件基本相同的参照系中进行比较研究。

个人的生产价值量、消费价值量和剩余价值量的形成,都不是由单纯的主观因素决定的,而是由本人的和他人的、自然的和社会的、历史的和现实的、主观的和客观的众多因素共同决定的,它不是一因一果的简单的人与物、人与人的关系,而是多因一果、多因多果的极其复杂的社会关系。为了从这种复杂的社会关系中、从劳动产品的价值和价格中,追寻个人的贡献份额、个人的劳动付出和价值创造,分析个人的主观努力、主观世界和社会价值,需要尽可能撇开各种客观条件和外部因素,或者说需要把个人置于基本相同或相近的客观条件下、置于同一起跑线、同一平台上来进行比较分析,正如许多体育项目要按男女、按体重分组比赛一样。为此,我们要引入以下几个价值概念、几个主要指标,以便对不同个人的各种价值进行定量分析和比较研究。

1.理想生产价值量(n_1):即在一定条件下,经过最大主观努力所可能达到的最高生产价值量。现代科学表明,无数事实也证明,人的潜能是很大的;如果人能尽到最大努力,所能创造的价值量是很高的。"据国外学者统计,一个人的才能发挥的弹性是很大的,如果客观条件适宜,主观上努力,可以发挥其百分之八十到九十的能力。否则只能发挥百分之二十到三十的能力。"① 有人测算,20世纪后期,我国职工的工时利用率实际上只有50%左右,职工积极性的发挥只有1/3,而创造性的发挥还不到1/3。事实上,人的潜能是极大的,充分发挥人的潜能,就能创造极高价值。马克思一生为实现八小时工作日而奋斗,而他自己却每天要工作十六小时。"如果一个人的价值是按照他所做的工作来计算(好像物品的价值是按照它所包含的劳动量来计算一样),那末,即令从这个观点上说,马克思的价值也是如此之高,只有很少几个思想巨人能与他并驾齐驱。"② 另一位科学巨人爱因斯坦36岁就获得了5项可获诺贝尔奖的重要科学成果。而有人测算,这样一位科学巨人也仅

---

① 陈良谨、何一兵:《现代领导新观念》,云南人民出版社,1985年版第94页。
② [法]保尔·拉法格等:《回忆马克思恩格斯》,人民出版社,1973年版第51页。

仅发挥了他智能的 1/3。大发明家爱迪生一生在专利局登记过的发明就有 1328 种,即使到了七八十岁的晚年,还照样坚持一天干两班。张海迪身残志坚,掌握多种语言、多种技能,做出多方面贡献,绝大多数健全人都望尘莫及。可见在一定条件下,包括在极其艰难困苦的条件下,人们所可能创造的价值量是极高的。如果人们能以这种价值量为人生理想和奋斗目标,尽最大努力创造最高价值,不仅会极大地提高自己的人生价值,而且将造福黎民,惠及子孙。

2. 基准生产价值量(n_2):即在一定条件下,经过一般主观努力应该达到的生产价值量。从全国平均值来说,大体上就是表 2 中人均生产价值量。当然,不同条件的人员应该有不同平均值、不同基准。这个基准也就是就业人员在正常情况下应该完成的工作任务、生产定额、岗位职责和各种义务。

3. 实际生产价值量(n_3):即一个人在一定时段的实际生产价值量,其计算方法是:人的实际生产价值量 n_3 = 人的实际劳动时间 × 劳动效率(劳动复杂程度、劳动强度)× 社会需求率

4. 生产价值指数(n_4):即一个人在一定时段的实际生产价值量与相同条件下基准生产价值量的比值,即 $n_4 = n_3/n_2$。这个指数也可以用劳动时间替代价值量来简便地近似地计算,即计算一个人一定时段的总劳动时间(包括实际工作时间、学习时间、家务劳动时间和其他劳动时间的总和 T)与相同条件下人均劳动时间(T_p)的比值,即 $n_4 = T/T_p$。但这里的劳动时间必须是实际的而不是名义的劳动时间,例如:现在城镇职工名义工作时间是每周 40 小时,但实际处于工作状态的劳动时间有的超过 50 小时,有的不足 20 小时。这个指数可以反映出不同人员在相同条件下劳动状况和劳动贡献的不同,从而在一定程度上反映个人主观努力和主观世界的不同。

5. 理想消费价值量(x_1):即在一定条件下,根据客观可能和客观需要所掌握的最适当的消费价值量。这也就是马克思所说的"一方面为社会现有的生产力(……)所许可,另一方面为个性的充分发展所必要的消费的范围"。① 这是在社会分配和再分配关系、在社会和家庭的消费与积累的比例关系都最合理最理想的情况下所应掌握的消费价值量。人们普遍都有生存、享受和发展的需要,都有提高物质文化生活水平的需要,都有追求幸福美满生活的权利,但是,"权利决不能超出社

---

① 马克思:《资本论》第 3 卷,人民出版社,1975 年版第 990 页。

会的经济结构以及由经济结构制约的社会的文化发展。"①理想消费价值量正是主观需要与客观可能的最佳结合点、均衡点。

6. 基准消费价值量(x_2):即在一定条件下,根据客观可能与客观需要,通常掌握的消费价值量。从全国平均值来说,大体上就是表2中人均消费价值量。当然,不同条件的人员应该有不同平均值、不同基准。在正常情况下,至少应该不低于人们的基本生活需要和合理的社会保障水平。

7. 实际消费价值量(x_3):即一个人在一定时段的实际消费价值量。

8. 消费价值指数(x_4):即一个人在一定时段的实际消费价值量与相同条件下基准消费价值量的比值,即 $x_4 = x_3/x_2$。这个指数可以反映出不同人员在相同条件下不同的消费水平和不同的人生追求。

9. 理想剩余价值量(m_1):即在一定条件下,理想生产价值量与理想消费价值量之差,即:$m_1 = n_1 - x_1$,亦即在一定条件下,经过最大主观努力和最合理生活安排所可能达到的最高剩余价值量,也就是一个人在最理想的情况下所可能做出的最大贡献。一般人们不可能完全达到这一点,但可以无限接近这一点。

10. 基准剩余价值量(m_2):即在一定条件下,经过一般主观努力所可能达到也应该达到的剩余价值量,也就是基准生产价值量与基准消费价值量之差,即:$m_2 = n_2 - x_2$,大体上就是表2中人均剩余价值量(包括人均社会剩余价值量、人均家庭剩余价值量和人均总剩余价值量,这里不去细分)。当然,对不同情况不同人员应该有不同要求、不同基准。在特殊情况下有一些人员的剩余价值量是负值是难以避免、合乎情理、应该允许的。但在正常情况下,对绝大多数人而言,剩余价值量应该是正值,并应达到一定数量要求。马克思说过:"一般剩余劳动,作为超过一定的需要量的劳动,必须始终存在。……为了对偶然事故提供保险,为了保证必要的、同需要的发展以及人口的增长相适应的累进的扩大再生产……,就需要一定量的剩余劳动。"②恩格斯说过:"劳动产品超出维持劳动的费用而形成剩余,以及社会生产基金和后备基金靠这种剩余而形成和积累,过去和现在都是一切社会的、政治的和智力的发展的基础。"③因此,在社会主义市场经济条件下,要讲人的价值、人的贡献,就必须看剩余劳动、剩余价值。舍此,社会就不能进步,人类就不能发展,

---

① 《马克思恩格斯选集》第3卷,人民出版社,1995年版第305页。
② 马克思:《资本论》第3卷,人民出版社,1975年版第925页。
③ 《马克思恩格斯选集》第3卷,人民出版社,1995年版第538页。

奢谈人生价值就毫无意义、毫无"价值",纯属空话。

11. 实际剩余价值量(m_3):即在一定条件下,一个人的实际剩余价值量,其计算方法是:$m_3 = n_3 - x_3$。

12. 剩余价值指数(m_4):即在一定条件下,一个人的实际剩余价值量与相同条件下基准剩余价值量的比值,即:$m_4 = m_3/m_2$。这个指数可以反映出不同人员在相同条件下的不同贡献,从而比较全面地反映出个人主观努力、主观世界、人生追求的不同。由于在正常情况下,绝大多数人的 m_2 都应该是正值,所以 m_3 的大小正负,就决定了 m_4 的大小正负,m_3 值和 m_4 值越大,就反映着这个人的社会贡献越大,个人品质越好。其中 m_3 值更多地是反映一个人对社会的实际贡献,m_4 更多地是反映一个人的主观努力和主观世界。两者从不同侧面反映出这个人的人生价值。

总之,人的生产价值量、消费价值量和剩余价值量,在理论上是可以计算的;在实际上尽管计算极其复杂,但毕竟是可以计算的,至少是可以近似地计算的。

第三节 创立社会人生价值论的思考

胡乔木指出:"在社会主义社会中,在个人和社会的关系上,人的价值包括两个方面,即:社会对个人的尊重和满足;个人对社会的责任和贡献。"[①]这是人的价值的相互依存、相辅相成的两个方面。关于个人对社会的责任和贡献,是个人对于社会所具有的价值,系统研究这一方面问题的理论,我们把它叫作人生社会价值论,亦即人生客体价值论、人生义务价值论、人生贡献价值论,简称人生价值论。关于社会对个人的尊重和满足,是社会对于个人所具有的价值,系统研究这一方面问题的理论,我们把它叫作社会人生价值论,亦即人生主体价值论、人生权利价值论、人权价值论,简称社会价值论。

一、社会对个人价值的客观性和重要性

马克思说:"我们越往前追溯历史,个人,从而也是进行生产的个人,就越表现

---

① 胡乔木:《关于人道主义和异化问题》,见段若非主编:《关于人道主义和异化问题论文集》,人民出版社1984年版第24页。

为不独立,从属于一个较大的整体;……人是最名副其实的政治动物,不仅是一种合群的动物,而且是只有在社会中才能独立的动物。孤立的个人在社会之外进行生产……,是不可思议的。"①同样,孤立的个人在社会之外独立生活,也是不可思议的。马克思还说:"不仅我的活动所需的材料,甚至思想家用来进行活动的语言本身,都是作为社会的产品给予我的,而且我本身的存在就是社会的活动;因此,我从自身所做出的东西,是我从自身为社会做出的,并且意识到我自己是社会的存在物。"②爱因斯坦说:"我每天上百次地提醒自己:我的精神生活和物质生活都依赖着别人(包括生者和死者)的劳动,我必须尽力以同样的分量来报偿我所领受了的和至今还在领受着的东西。我强烈地向往着俭朴的生活。并且时常为发觉自己占用了同胞的过多劳动而难以忍受。""个人之所以成为个人,以及他的生存之所以有意义,与其说是靠着他个人的力量,不如说是由于他是伟大人类社会的一个成员,从生到死,社会都支配着他的物质生活和精神生活。""是'社会'供给人的粮食、衣服、住宅、劳动工具、语言、思想形式和大部分的思想内容;通过过去和现在亿万人的劳动和成就,他的生活才有可能,而这亿万人全都隐藏在'社会'这两个小小字眼的背后。""因此,个人对社会的依赖,显然是自然界的一个不能抹煞的事实"。"一个获得成功的人,从他的同胞那里所取得的,总是无可比拟地超过他对他们所做的贡献。然而看一个人的价值,应当看他贡献什么,而不应看他取得什么。"③在这里,爱因斯坦正确评估了个人价值,更充分评估了社会价值。

马克思和爱因斯坦这两位伟大的思想家都充分肯定了人类生活的社会性、个人生活对社会的依赖性,也就充分肯定了社会对于个人所具有的重要价值。脱离社会,人就既不能生存也不能发展,人就不成其为人。由此可见,社会价值对于任何个人都是客观存在的,极其重要的。

任何人从他的同胞那里所取得的,总是无可比拟地超过他对他们所做的贡献。社会对个人所具有的这种价值从何而来呢?社会价值一方面来源于个人提供的剩余价值,另一方面来源于社会提供的公共产品和系统效应的价值。社会公共产品包括物质产品、精神产品、社会制度、公共服务等等。物质产品如铁路、公路、公共

---

① 《马克思恩格斯选集》第2卷,人民出版社1995年版第2页。
② 《马克思恩格斯全集》第42卷,人民出版社1979年版第122页。
③ 爱因斯坦:《我的世界观》,转引自李萍、钟明华:《人生修养导论》,中山大学出版社1997年版第243 – 244页。

设施等等。精神产品如知识、信息、科学、技术、发明、创造等等。社会制度如经济制度、政治制度、法律制度、文化教育制度、医疗卫生制度、社会保障制度、社会管理制度等等。社会系统效应是社会成员之间的分工协作、互助互利形成一种提升了的智慧、力量和价值,形成一种系统整体功能大于个体机械总和功能的结果,即 1+1＞2 的那一部分价值。

二、社会对个人价值的复杂性和多样性

社会对个人的价值,作为社会对个人的尊重和满足,是指社会在一定历史阶段上、在客观可能条件下对个人合理需要的尊重和满足,是社会对满足个人生存、享受和发展需要所具有的作用和意义。由于社会本身极其复杂,个人需要千差万别、复杂多变,这就决定了社会价值具有复杂性和多样性。

首先,从作为价值客体的社会来看,社会是什么? 马克思主义认为,社会是人们交互作用的产物,是以共同的物质生产活动为基础而相互联系的人类生活共同体;社会是发展着的自然历史过程,是一个能够变化并且经常处于变化过程中的有机体,是一个十分复杂并充满矛盾但毕竟是有规律发展的有机体,是一个具有多层次多因素多变量的自然——人工复合巨系统。

社会作为一个复杂巨系统,有多层次的子系统和多方面的构成要素。在社会整体的结构中,人口和自然环境是社会存在的两个最基本要素。在一定的社会形态中,人和自然环境的相互联系、相互作用构成一定的生产力,在一定的生产力发展的基础上又产生一定的经济以及与之相适应的政治上层建筑和思想文化。所以,社会包括自然环境、人口因素、经济因素、政治因素以及思想文化因素等五大基本要素。由于这些要素及其相互关系的不同,形成了不同的社会群体、社会组织、社会规范、社会制度。在社会群体中,有不同的种族、民族、阶级、阶层、性别、年龄群体,有不同的血缘群体(家庭、家族等)、地缘群体(地区、社区、邻里、同乡等)、业缘群体(行业、职业、同事、同学、师生、战友等)、趣缘群体(娱乐群体、兴趣爱好群体等)、志缘群体(政党、群众团体、宗教团体等)。在社会组织中,有政治组织(政府、政党、政治团体等)、经济组织(产业、行业、企业等)、文化组织(教育、科学、文艺、传媒、卫生、体育组织等)、群众组织以及相应的国际组织等。在社会规范中,有法律、法规、纪律、道德、学术规范、技术规范等。在社会制度中,有经济制度、政治制度、文化教育制度、婚姻家庭制度等。所有这些社会要素、社会群体、社会组织、

社会规范、社会制度对于每个社会成员的生存和发展都具有各自的功能、作用和影响,从而具有各自不同的社会价值。因此,社会价值具有复杂性和多样性。

其次,从作为价值主体的个人来看,人数是众多的、数以亿计的。每个人的需要又是多方面、多层次的,有物质需要和精神需要,有生存需要、享受需要和发展需要,有生理需要、安全需要、感情需要、尊重需要和自我实现需要,等等。众多的个人及其需要都是千差万别、千变万化的。这样,同一社会及其不同层次不同因素,对于不同的个人所具有的价值也是极不相同、复杂多样的,有大有小,有正有负。从这一方面看,社会价值也必然具有复杂性和多样性。

三、社会对个人的价值在于社会和国家尊重和保障人权

社会对个人的价值是社会对个人的尊重和满足。社会应该尊重和满足个人什么?社会应该尊重每个人做人的权利、地位和人格尊严,也就是人权,应该在可能条件下满足每个人物质生活和精神生活的合理需要。每个人都具有的作为人的权利也就是人们所说的人权。我国宪法规定,国家尊重和保障人权。所谓人权,是指在一定的社会历史条件下每个人按其本质和尊严享有或应该享有的基本权利,就是人人自由、平等地生存和发展的权利。被多数国家认同的人权立法包含如下各项权利:

生存权利:首先是人的生命权、健康权,以及相应的自卫权。

自由权利:包括人身自由,言论、出版、集会、结社、游行、示威自由,宗教信仰自由,通信自由,婚姻自由等。

政治权利:包括选举权、被选举权,参政议政权,批评建议权等。

平等权利:包括人格平等,男女平等,种族平等,民族平等,法律面前人人平等。

经济权利:包括劳动权、就业权、休息权、收益权、财产权,享受社会保障权、接受救助权等。

文化权利:包括受教育权,从事科学研究、文艺工作、文化娱乐活动权等。

生命权是最基本、最重要的人权,如果无法充分保障人的生命权,那么一切其他权利都是空中楼阁。无端剥夺人的生命,或者肆意对人施加恐吓、虐待和折磨,就是侵犯人权。生命权是一个人之所以被当作人类伙伴所必须享有的权利。

自由权是每个人的一项不可或缺的权利。马克思恩格斯的崇高理想就是人类的自由解放,就是建立一个"自由人的联合体"。我国宪法规定了公民享有多方面

的自由权利,应该得到尊重和保障。

财产权是生命权和自由权的延伸。如果一个人要生存下去,要有能力选择他喜欢的方式生存下去,一定要有物质作为支持,那么,对自我劳动的所得进行排他性的占有,就是生命权与自由权必不可少的保障。

尊严也是生命权和自由权的合理延伸。一个人若无尊严,那么他的生命至多是一种无人格的形式。作为一种基本的人权,尊严的价值早在古代就得到普遍的认同,如陶渊明"不为五斗米折腰"等。尊严权主要要求人们在社会交往中互敬互爱,文明礼貌。如果一个人的尊严权被否认,就意味着人们可以肆无忌惮地羞辱、威胁、骚扰、中伤他,那他就失去了"作为人类"的资格,这无疑是人权所不容的。

四、当代中国在人权问题上正反两方面的经验

中共中央党校原副校长、中国人权研究会副会长李君如2008年指出,《世界人权宣言》已经发表60周年,在这60年时间里,中国的人权事业取得了历史性的进步。2007年召开的中国共产党十七大,在阐述要"坚定不移地发展社会主义民主政治"的时候,引人注目地再次强调要"尊重和保障人权,依法保证全体社会成员平等参与、平等发展的权利"。可以这样说,尊重和保护人权已经是发展中国特色社会主义民主政治的重要任务;与此同时,我们也要看到,中国的人权事业有其自身的显著特点:中国公民的人权是在维护国家的集体人权过程中、在中国共产党的正确领导和艰辛努力下、在经济社会的全面发展中逐步实现的。新中国成立以来,中国人的人权一步一步地从纲领上的要求变为活生生的现实。这就是历史的真实。当然,我们并不否认,在中国人权发展的道路上,有过曲折,犯过错误,特别是像"文化大革命"时期那样大规模地侵犯人权的错误。但是,另一方面,我们也必须指出,受到这些失误的伤害者不只是群众,还有我们自己的党员干部,而且这些失误都是我们自己纠正的。应该看到,从1978年开始的改革开放,从农村实行家庭联产承包责任制和建立深圳等四个经济特区以来,无论是推进经济体制改革、科技体制改革、教育体制改革、文化体制改革、政治体制改革,还是推进和谐社会建设、党内民主建设,所有这一切改革和发展,都极大地推进了中国人权事业的发展。改革开放以来40年,实现了中国历史上第二次人权大解放。由于我们在人权事业的发展过程中经历过令人痛心的曲折,因此我们更加珍惜中国人权事业发展所取得的成果,更加珍惜我们每一个人在中国社会进步中应该享有并已经享有的人权。

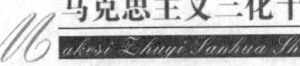

1997年中国共产党的十五大把"尊重和保障人权"写进党代会报告,2004年第十届全国人民代表大会第二次会议把"尊重和保障人权"写进《中华人民共和国宪法》,标志着中国共产党已经明确地把"尊重和保障人权"作为治国的根本理念和重要任务。①

中国的人权状况是在曲折中前进的。70年来,中国的人权状况经历了较好——不好——较好的曲折历程,积累了正反两方面的丰富经验。

(一)关于建国初期的八年。建国初期三年,我国迅速恢复了在旧中国遭到严重破坏的国民经济,全国工农业生产1952年已经达到历史的最高水平。1953年至1957年实施的第一个五年计划,从制定到实施都是搞得比较好的,各项建设事业取得重大成就,一批国家基础工业初步建立起来。从1953年到1956年,全国工业总产值平均每年递增19.6%,农业总产值平均每年递增4.8%。经济发展比较快,经济效果比较好,重要经济部门之间的比例关系协调。市场繁荣,物价稳定。人民生活显著改善。② 这一时期社会对个人的尊重和满足程度在当时历史条件下是比较高的,社会价值是很大的正价值。

(二)关于"反右派运动"。据中共中央公布的资料,1957—1958年共划右派552973人,1978年以后"改正"552877人,不予改正的有章伯钧、罗隆基等96人。③ 其实,被错划右派的人是响应党的号召,帮党整风,参加大鸣大放的。当年许多被批判的"右派言论",今天已是我国的国策和政策。即使有错误,只要批评指正就行了,不应该当作敌人对待。不幸的是,运动中把人民内部矛盾当作敌我矛盾处理,严重伤害了一大批革命干部、爱国人士和知识精英,并株连到他们的亲属子女。不仅如此,反右运动还使整风运动走向了反面,不仅主观主义、官僚主义、宗派主义没有整掉,而且恶性膨胀,导致浮夸风、共产风、强迫命令风横行无阻,大跃进运动、人民公社化运动一哄而起,导致三年大饥荒,并进而导致"文化大革命"的十年浩劫。同时,全国几亿人口独立思考、创造精神被扼杀殆尽,举国上下人缄其口、万马齐喑,造成了无法估量的巨大损失。历史证明,反右运动的社会价值是巨大的负值。

---

① 李君如:《中国在人权事业上的历史性进步》,载《学习时报》,2008年5月2日。
② 中国共产党中央委员会《关于建国以来党的若干历史问题的决议》,见《党员必读》,人民出版社1983年版第79、83页。
③ 郭道晖:《"阳谋"背后的权谋——以亲身经历剖析整风反右运动》,载《炎黄春秋》,2009年第2期。

（三）关于"三面红旗"。1958年提出了总路线,发动了大跃进和人民公社化运动,一度被称为"三面红旗"。"人民公社好"、"三面红旗万岁"的口号曾经响遍全国。那么,"三面红旗"究竟好不好呢？历史事实是:"三面红旗"使得以高指标、瞎指挥、浮夸风和共产风为主要标志的"左"倾错误严重地泛滥开来。主要由于这些错误,我国国民经济在1959－1961年发生严重困难,国家和人民遭受重大损失。三年大跃进,经济损失1200亿元,非正常死亡和减少出生人口4千万。经过5年调整,到1965年恢复到1957年水平,耽误时间8年,与世界各国(尤其美、英)经济与科技水平差距急剧拉大。① 据统计,1960年全国人口净减少1000万人,1961年全国人口净减少348万人,两年合计净减少1348万人;1959年乡村人口净减少437万人,1960年乡村人口净减少1702万人,两年合计净减少2139万人。② 宝应县位于江苏省中部,素称"鱼米之乡"。在三年困难时期,宝应县发生了严重的人口非正常死亡情况。原江苏省委第一书记江渭清回忆说:"从1959年冬到1960年4月,该县先后死亡35391人,占农村人口总数的6.2%。在这些死亡人口中,除一部分属于正常死亡,绝大多数是因为缺粮而饿死的。解放后多年没有出现的弃婴现象也出现了,而且为数不少。宝应城内拾到的弃婴就有927名,其中死婴153名。"他严肃地指出:宝应的惨剧,"是由于'大跃进'中那套'左'的错误所导致的必然结果",是"惨痛而又深刻的教训"。③ 1962年,刘少奇曾对毛泽东说:"饿死这么多人,历史要写上你我的,人相食,要上书的!"④ 历史证明,"三面红旗"的社会价值是巨大的负值。

（四）关于"文化大革命"。1966年至1976年毛泽东发动了"文化大革命"。林彪说过:"文化大革命成绩最大最大最大,损失最小最小最小。""四人帮"搞过一篇社论:"文化大革命永放光芒"。然而,"文化大革命"中,从国家主席刘少奇到一大批无辜干部和群众被迫害致死致伤致残。据1996年中共中央党史研究室等4个部门合编的《建国以来历次政治运动事实》透露:"1984年5月,中共中央又经过两年零七个月的全面调查、核实,重新统计的文革有关数字是:420万余人被关押审查;172万8千余人非正常死亡;13万5千余人被以现行反革命罪判处死刑;武

---

① 康健:《辉煌的幻灭——人民公社警示录》,中国社会出版社,1998年版第404页。
② 国家统计局:《中国统计年鉴(1985)》,中国统计出版社,1985年版第185页。
③ 周彪:《"宝应事件"研究》,载《广西师范大学学报(哲学社会科学版)》,2004年第2期。
④ 王光美、刘源等:《你所不知道的刘少奇》,河南人民出版社,2000年版第90页。

斗中死亡23万7千余人,703万余人伤残;7万1千2百余个家庭整个被毁。"①历史证明,历时10年之久的"文化大革命",是一场由领导者错误发动,被反革命集团利用,给党、国家和全国各族人民带来严重灾难的内乱。历史证明,其社会价值是巨大的负值。

（五）关于40年改革开放。恩格斯说过:"历史最终会把一切都纳入正轨"。②历史事实正是这样,曾经推行二十年之久的极左路线终于被人民所唾弃,曾经横行一时、祸国殃民的林彪、江青两个反革命集团终于被押上历史的审判台。1978年党的十一届三中全会实现了历史的伟大转折,纠正了"左"的错误,实行了拨乱反正,进入了改革开放的历史新时期。正如邓小平所说:"'文化大革命'十年浩劫,中国吃了苦头。中国吃苦头不只这十年,这以前,从一九五七年下半年开始,我们就犯了'左'的错误。总的来说,就是对外封闭,对内以阶级斗争为纲,忽视发展生产力,制定的政策超越了社会主义初级阶段。一九七八年我们党的十一届三中全会对过去作了系统的总结,提出了一系列新的方针政策。中心点是从以阶级斗争为纲转到以发展生产力为中心,从封闭转到开放,从固守成规转到各方面的改革。"③

从此,在全国范围实行了拨乱反正,平反了一大批冤假错案,一大批蒙冤者走出了监狱;全国有数千万人口摆脱了作为"五类分子"及其亲属子女受苦受难受欺受凌的悲惨命运。同时,1000多万被"动员"上山下乡几年、十几年的知识青年回到城镇安排工作,许多人解决了自己在农村长期无法解决的升学、就业和婚姻问题。

改革开放40年来,我们坚持以经济建设为中心,聚精会神搞建设,一心一意谋发展,我国综合国力迈上新台阶。2018年,我国国内生产总值900309亿元,人均国内生产总值64644元。当年全国居民人均可支配收入28228元,城镇居民人均可支配收入39251元,农村居民人均可支配收入14617元。年末全国民用汽车保有量达到24028万辆,其中私人汽车保有量20730万辆;民用轿车保有量13451万辆,其中私人轿车12589万辆。年末全国电话用户总数达到174835万户,其中移

---

① 《悲剧》,百度贴吧,https://tieba.baidu.com/p/3487509917? red_tag = 0756852425（访问时间:2014年12月25日）。

② 《马克思恩格斯选集》第4卷,人民出版社,1995年版第726页。

③ 《邓小平文选》第3卷,人民出版社,1993年版第268页。

动电话用户 156610 万户。移动电话普及率上升至 112.2 部/百人。固定互联网宽带接入用户 40738 万户。全年国内游客 55.4 亿人次,国内旅游收入 51278 亿元,国内居民出境 16199 万人次,其中因私出境 15502 万人次,赴港澳台出境 9199 万人次。① 这一切都是改革开放之前无法想象的。毫无疑问,改革开放对全国人民具有极高的社会价值。

实践证明,对一切社会事物的社会价值,人民自有公论,历史自有公断。而社会价值论的创立,科学的评价标准和评价方法的确立,则有助于更科学、更准确地总结历史经验,评估成败得失,判断是非善恶,有助于人们的价值判断由自发走向自觉,由感性走向理性,由定性走向定量,由笼统走向精密,也有助于社会组织,包括政党、政府、机关、团体、企业、事业单位等等,更明确地意识到自己的社会责任、社会价值,从而更自觉地负起责任,做出贡献,让社会对个人具有更高的价值,让每个人得到更多的尊重和满足,有更多的获得感和幸福感。

五、创立社会人生价值论的必要性和可能性

历史证明,个人的生命是很脆弱的,个人的力量是十分有限的;在国家政权面前,在政府、政党、社会组织、社会团体面前,个人通常是十分弱小的;如果人权得不到尊重和保障,个人难以生存,社会难以发展。因此,社会对个人的尊重和满足,国家对人权的尊重和保障,对每个人的生存和发展、尊严和幸福都极其重要。为了落实尊重和保障人权的宪法规定,必须认真总结历史经验,提高对人权价值、社会价值的认识。社会人生价值论是研究社会对个人的尊重和满足、对个人所具有的价值的理论,是一种对于人们认识社会、改造社会、促进社会进步和个人发展具有重大意义的理论,是一种关系到每个人的生存和发展、尊严和幸福的极其重要的理论,是一种有可能也有必要创立而尚未创立的理论。

(一)创立社会人生价值论的必要性

1. 创立社会人生价值论是总结历史经验、并使之上升为科学理论的需要

社会对个人的尊重和满足,国家尊重和保障人权,首先要弄清历史上严重侵犯人权的错误事实和经验教训。观今宜鉴古,无古不成今。正确对待历史才能更好

---

① 国家统计局:《2018 年国民经济和社会发展统计公报》,载《人民日报》,2019 年 3 月 1 日。

开辟未来。恩格斯说过:"伟大的阶级,正如伟大的民族一样,无论从哪方面学习都不如从自己所犯错误的后果中学习来得快。"①中共中央《关于建国以来党的若干历史问题的决议》中说:"忽视错误、掩盖错误是不允许的,这本身就是错误,而且将招致更多更大的错误。"②李瑞环说过:"邓小平同志要求我们重视历史经验,他强调指出:'历史上成功的经验是宝贵财富,错误的经验、失败的经验也是宝贵财富。'成功的经验符合客观规律,具有直接的指导意义,能够鼓舞士气、坚定信心;失败的经验因为吃过苦头,有着刻骨铭心的教训,有益于保持冷静和清醒。以史为鉴,可以知兴替,可以使思想更加主动自觉,可以使工作避免重犯老毛病。……我们应该认真地、全面地总结和汲取历史经验,乐亦鉴之,哀亦鉴之,前事不忘,后事之师。"③温家宝说过:粉碎"四人帮"以后,我们党虽然作出了若干历史问题的决议,实行了改革开放。但是"文革"的错误和封建的影响,并没有完全清除。现在改革到了攻坚阶段,没有政治体制改革的成功,经济体制改革不可能进行到底,已经取得的成果还有可能得而复失,社会上新产生的问题,也不能从根本上得到解决,"文化大革命"这样的历史悲剧还有可能重新发生。④ 为了不致犯更多更大的错误,为了不让历史悲剧重演,认真总结经验、记取经验教训是完全必要的。为了总结历史经验,必须在弄清历史事实的基础上分析原因、分清责任、明辨是非功过。同时,要把个人错误与整个党和政府区别开来,把个人错误思想与马克思主义理论区别开来。我们不能因为某些党员、包括党的重要干部乃至领袖人物犯了错误就否定整个党,否定马克思主义。在此基础上,要把感性认识上升为理性认识,把历史经验升华为科学理论。在记取本国历史经验的同时,还要以宽广的视野,学习借鉴全人类各方面的实践经验,取其精华,去其糟粕,博采众长,兼收并蓄,融合提炼,为我所用,把我国的文明程度和人权状况提升到世界先进水平。为此,在总结古今中外历史经验的基础上,创立科学的人权价值论即社会人生价值论是完全必要的。

2. 创立社会人生价值论是促进社会和个人发展、提升社会对个人价值的需要

每个人都需要从社会中获得生存资料、享受资料和发展资料,都需要从社会中

---

① 《马克思恩格斯选集》第4卷,人民出版社,1995年版第432页。
② 《中国共产党中央委员会关于建国以来党的若干历史问题的决议》,见《党员必读》,人民出版社,1983年版第78页。
③ 李瑞环:《在全国政协九届二次会议闭幕会上的讲话》,载《光明日报》1999年3月12日。
④ 《温家宝总理答中外记者问》,载《人民日报》,2012年3月15日。

得到最大的尊重和满足,但社会对个人的这种尊重和满足必然要受到社会发展水平、受到社会物质文明、政治文明、精神文明、社会文明、生态文明程度的制约,因而总是有条件的、有限度的、相对的。而且社会总是充满矛盾的,总是不能尽如人意的,总是在社会矛盾和社会问题不断产生又不断解决的过程中逐步地发展、曲折地前进的,因此社会不会满足人,人必须不断地认识社会、研究社会、改造社会,不断地认识、研究和解决各种社会矛盾和社会问题,在此过程中不断推动社会发展和人自身的发展,不断提高社会文明程度和人自身的文明程度,使每个人得到的尊重和满足程度越来越大。为此,创立社会人生价值论,研究社会各方面对个人所具有的价值,研究提升社会价值和人的价值的条件,研究解决各种社会矛盾和社会问题的途径,是完全必要的。

3. 创立社会人生价值论是丰富和发展马克思主义价值理论的需要

马克思主义在经济学价值论上有其完备的理论形态,即劳动价值论和剩余价值论(尽管还要与时俱进和发展创新),但在人的价值理论上虽然有其深刻的思想和理论观点,但还没有专门的理论著作和完备的理论形态,尤其需要发展创新。人的价值包括个人对社会的责任和贡献,社会对个人的尊重和满足两个方面。在理论形态上相应地包括人生社会价值论和社会人生价值论两个方面。这两个方面是相互依存、相辅相成、缺一不可的。如果只肯定和强调一个方面而否定和忽视另一个方面,是很片面的,而片面的规定性是没有真理可言的。有些人只强调社会对个人的尊重和满足,而不讲个人对社会的责任和贡献,这样,社会又拿什么来保证对个人的尊重和满足呢? 也有些人只强调个人对社会的责任和贡献,而忽视社会对个人的尊重和满足,然而,人不是不食人间烟火的神,人首先要吃喝住穿,然后才能从事一切;不能保证对个人起码的尊重和满足,人既不能生存,更不能发展,也就谈不上对社会的责任和贡献。因此,创立人生社会价值论和社会人生价值论,系统、深入、专门地研究人的价值的两个方面,是完全必要和同样重要的。

(二)创立社会人生价值论的可能性

1. 社会对个人生活具有重大作用和价值是创立社会人生价值论的客观基础

人是社会动物,只有在社会中才能生存和发展,个人对社会有多方面的需要,社会对个人的生存和发展具有多方面的作用、意义和价值。社会对个人所具有的这种价值是客观存在、极其重要的,也是可以认识、可以比较的。这种社会价值的客观性、重要性、可知性和可比性,决定了社会价值论的创立具有现实的可能性。

2. 不同社会对个人生活具有不同价值是创立社会人生价值论的经验依据

不同国家、不同社会的人权状况大不相同。同一国家在不同时期、不同地区、不同单位人权状况也不尽相同。古今中外,特别是当代中国积累了尊重和侵犯人权极其丰富的正反两方面的历史经验。在总结历史经验的基础上,我国宪法明确规定了国家尊重和保障人权;宪法和法律还规定了公民经济、政治、社会、文化、教育等各方面权利。中国特色社会主义新时期是尊重和保障人权、保障和改善民生最好的时期。既然如此,研究和创立社会人生价值论就既有客观必要性,也有现实可能性。

3. 与时俱进的马克思主义理论是创立社会人生价值论的指导思想

马克思主义揭示了资本主义必然灭亡、社会主义必然胜利的社会发展规律,是人类解放学、人类幸福学,为造福人类、提升社会对个人的价值指明了方向道路。习近平新时代中国特色社会主义思想坚持为人民谋幸福、为民族谋复兴、为世界谋大同的初心和使命,统筹推进"五位一体"总体布局,协调推进"四个全面"战略布局,注重保障和改善民生,不断提高人民的获得感、幸福感,为最大限度确保社会对个人的尊重和满足、提升社会对个人的价值做出了全面部署,提供了政治保障。在这种思想指导下,创立科学的社会人生价值论不仅完全可能,而且适逢其时。

六、社会人生价值论的研究对象和研究方法

社会人生价值论的研究对象是社会对个人所具有的价值,社会对个人的尊重和满足,其中包括作为价值主体的个人及其需要,作为价值客体的社会及其各方面的发展,以及客体满足主体需要的关系。

第一,社会人生价值论要研究作为价值主体的个人及其需要。要研究人的本性和人的需要,人的自然属性和社会属性,自然需要和社会需要,物质需要和精神需要,区分合理需要和不合理的需要,可满足的需要和不可满足的需要。要研究个人需要与他人需要、社会需要之间的统筹兼顾、协调一致和良性互动。

第二,社会人生价值论要研究作为价值客体的社会及其各个方面的发展。社会对个人各方面合理需要的满足,离不开社会经济、政治、文化、教育等各方面的发展,离不开各种进步的社会群体、社会组织的社会责任的履行和社会职能的发挥,离不开各种社会规范和社会制度的建立、健全、优化和完善。

第三,社会人生价值论要研究主体与客体、个人与社会各方面的关系。李德顺指出:"无论个人还是个人的共同体,都是现实的'人'的具体形态。在'人的价值'问题上,它们无一例外地都加入一定的主体或客体的行列。这样,我们看到的现实中,人的价值关系就表现为一个无限展开的、立体的交叉网络;每一个人、家庭、集体、阶级、民族、国家等都在这个网上占有一个或大或小的位置,它都同其他个体形成主客体关系,自己既是一定价值的主体,又是一定价值的客体;具体的价值关系把他同四面八方上下左右的其他个体联系起来,彼此需要或不需要、一致或不一致,他以各种方式感受和评价别人的价值,并提供自己的价值。这就是人类社会的价值关系之网。任何人的价值,都是在这个关系网中形成的,都在这个关系网中才能确定。"①在这个价值关系网之中,个人对他人对社会具有的价值,是人生社会价值论研究的对象,家庭、集体、阶级、民族、国家等对个人具有的价值,是社会人生价值论研究的对象。

由于社会人生价值论要研究作为价值主体的个人和作为价值客体的社会及其相互关系,要研究社会系统的各个层次和各个要素,要涉及社会生活和个人生活的各个方面,社会价值论的研究方法也必然要借鉴和运用哲学社会科学、数学系统科学乃至自然科学的多种研究方法,但其中最重要的研究方法仍然是唯物辩证法和历史辩证法。这里的主要方法有:

第一,矛盾分析法。社会是一个十分复杂并充满矛盾但毕竟是有规律发展的有机体,社会的发展和前进过程,社会价值的创造和提升过程,就是一个社会矛盾、社会问题不断产生又不断解决的过程,因此,矛盾分析法是社会人生价值论的重要研究方法之一。

第二,历史分析法。社会是一个发展着的自然历史过程,是一个能够变化并且经常处于变化过程中的有机体。在社会发展中,在不同发展阶段和不同历史时期,社会价值高低是极不相同的,有时较高,有时较低,有时迅速提升,有时迅速下降。因此,运用历史分析法,准确把握过去社会价值曲线变化的历史轨迹,全面分析决定和影响社会价值高低的各种因素,认真总结社会实践正反两方面的历史经验,把感性认识上升为理性认识,把历史经验升华为科学理论,对于指导今后的实践,推动社会发展和人的发展,提升社会价值和人的价值,是完全必要和十分有益的。

---

① 李德顺:《生命的价值》,中国社会出版社,2004年版第111-112页。

此外,定量分析与定性分析相结合的方法,系统分析与因素分析相结合的方法,纵向分析与横向分析相结合的方法,动态分析与静态分析相结合的方法,主体分析与客体分析相结合的方法,分析与综合、演绎与归纳、特殊与一般、具体与抽象相结合的方法等等,也都是社会人生价值论研究的重要方法。

第四节　决定社会人生价值的变量

一、决定社会人生价值的众多变量和改善民生的几件实事

决定社会人生价值的变量很多,其中最重要的是社会的经济建设、政治建设、文化建设、社会建设、生态文明建设的水平。在社会建设中做到"幼有所育、学有所教、劳有所得、病有所医、老有所养、住有所居、弱有所扶",直接关系到每个人的切身利益和生活水平,直接关系到每个人的幸福感,是诸多变量中最重要的变量。由此,可以用如下公式来表示:

$$R = f(A,B,C,D,E)$$
$$D = f(d_1,d_2,d_3,d_4,d_5,d_6,d_7,d_8)$$

其中,R 为社会人生价值,A 为经济建设和物质文明程度,B 为政治建设和政治文明程度,C 为文化建设和精神文明程度,D 为社会建设和社会文明程度,E 为生态文明建设和生态文明程度。d_1 为幼有所育情况,d_2 为学有所教情况,d_3 为劳有所得情况,d_4 为病有所医情况,d_5 为老有所养情况,d_6 为住有所居情况,d_7 为弱有所扶情况,d_8 为其他社会建设情况。

习近平同志在党的十九大报告中开宗明义就指出:"大会的主题是:不忘初心,牢记使命,高举中国特色社会主义伟大旗帜,决胜全面建成小康社会,夺取新时代中国特色社会主义伟大胜利,为实现中华民族伟大复兴的中国梦不懈奋斗。不忘初心,方得始终。中国共产党人的初心和使命,就是为中国人民谋幸福,为中华民族谋复兴。"[①]为中国人民谋幸福,为中华民族谋复兴,是密不可分的两个方面。中国人民幸福是中华民族复兴的根本目的,中华民族复兴是中国人民幸福的根本保证。二者统一于造福人民的根本宗旨,统一于中国特色社会主义的伟大实践。习

---

① 《党的十九大报告辅导读本》,人民出版社,2017 年版第 1—2 页。

近平在党的十九大报告中说:"党的一切工作必须以最广大人民根本利益为最高标准。我们要坚持把人民群众的小事当作自己的大事,从人民群众关心的事情做起,从让人民群众满意的事情做起,带领人民不断创造美好生活!"①"坚持在发展中保障和改善民生。增进民生福祉是发展的根本目的。必须多谋民生之利、多解民生之忧,在发展中补齐民生短板、促进社会公平正义,在幼有所育、学有所教、劳有所得、病有所医、老有所养、住有所居、弱有所扶上不断取得新进展,深入开展脱贫攻坚,保证全体人民在共建共享发展中有更多获得感,不断促进人的全面发展、全体人民共同富裕。"②

2500年前,孔子在《礼记》中就提出:"大道之行也,天下为公,选贤与能,讲信修睦。故人不独亲其亲,不独子其子,使老有所终,壮有所用,幼有所长,矜寡孤独废疾者皆有所养,男有分,女有归。货恶其弃于地也,不必藏于己;力恶其不出于身也,不必为己。是故谋闭而不兴,盗窃乱贼而不作,故外户而不闭。是谓大同。"从孔夫子到孙中山都怀有这种大同理想。但是由于历史的局限性,一直未能实现。现在,党的十九大提出的"幼有所育、学有所教、劳有所得、病有所医、老有所养、住有所居、弱有所扶"把中华民族两千多年来的大同理想进一步升华为习近平新时代中国特色社会主义思想,并作为党的方针政策付诸行动,使之一步步变为现实。关于经济建设、政治建设、文化建设、社会建设、生态文明建设五位一体总体布局,党的十九大报告已经做出全面部署,本书第四章第三节也已经论及,本节不再探讨。关于学有所教、劳有所得,在本书第八章、第五章中已经有专门论述,下面就初步探讨一下如何办好幼有所育、病有所医、老有所养、住有所居、弱有所扶这五件改善民生的实事,提高人民幸福感,提升社会对人生的价值。

二、实现幼有所育　共享幸福童年

2014年儿童节前,习近平说:"少年儿童是祖国的未来,是中华民族的希望。这就是《少年中国说》中所说的:少年智则国智,少年富则国富,少年强则国强,少年进步则国进步。新陈代谢是不可抗拒的历史规律,未来总是由今天的少年儿童开创的。去年'六一'时我说过,每个人都是从孩子长大的。实现我们的梦想,靠

---

① 《党的十九大报告辅导读本》,人民出版社,2017年版第49页。
② 《党的十九大报告辅导读本》,人民出版社,2017年版第23页。

我们这一代,更靠下一代。……全社会都要了解少年儿童、尊重少年儿童、关心少年儿童、服务少年儿童,为少年儿童提供良好社会环境。对损害少年儿童权益、破坏少年儿童身心健康的言行,要坚决防止和依法打击。"① 为了落实习近平总书记讲话精神,实现幼有所育,必须做好婴幼儿教育和保护工作。

(一)加强婴幼儿教育

1. 提高家长素质,优化家庭教育

"幼有所育"就是要在优生的同时做到优育,让每个出生的孩子都可以受到良好的教育。首先必须重视家庭教育。少儿发展的结果受到包括基因和环境多方面因素的长期综合影响,其中家庭对少儿的发展至关重要。要从各方面提高家长素质,改善家庭环境,优化家庭教育,关注少年儿童健康成长。习近平说:"家庭是人生的第一个课堂,父母是孩子的第一任老师。孩子们从牙牙学语起就开始接受家教,有什么样的家教,就有什么样的人。家庭教育涉及很多方面,但最重要的是品德教育,是如何做人的教育。也就是古人说的'爱子,教之以义方','爱之不以道,适所以害之也'。青少年是家庭的未来和希望,更是国家的未来和希望。古人都知道,养不教,父之过。家长应该担负起教育后代的责任。家长特别是父母对子女的影响很大,往往可以影响一个人的一生。中国古代流传下来的孟母三迁、岳母刺字、画荻教子讲的就是这样的故事。"② 在幼儿教育中要防止两种错误倾向:一种是棍棒教育,动不动对子女进行体罚、施加暴力;另一种是过分溺爱,娇生惯养,为子女安排好一切,看上去十分爱护子女,实际上使子女得不到必要的训练和锻炼,失去自立自强的能力,成为肩不能挑担、手不能提篮、不会做事、不会做人的废人。

2. 发展学前教育,让婴幼儿从学龄前就受到良好教育

《国家教育事业发展"十三五"规划》明确提出了幼儿园毛入学率从2015年75%提高到2020年85%的目标,并围绕加快发展学前教育专门做出了规划。应该认真落实这个规划。要根据国家和教育部关于学前教育的各项文件,发展学前教育事业,规范学前教育工作,提高学前教育的师资质量和教育质量。目前,我国城市幼儿教育得到很大发展,但是农村幼儿教育还是薄弱环节,亟待加强。我国城乡

---

① 《习近平关于青少年和共青团工作论述摘编》,中央文献出版社,2017年版第5页。习近平:《从小积极培育和践行社会主义核心价值观》,载《人民日报》2014年5月31日。

② 《习近平关于青少年和共青团工作论述摘编》,中央文献出版社,2017年版第94页。

幼儿教育在师资数量上还有很大缺口,质量也有待提高。同时,托儿所尤其缺少。因此,需要多办、办好幼托事业。要注意优化自然环境、家庭环境、社会环境,加强家庭教育、学校教育、社会教育的协调配合,提高婴幼儿教育的水平,实现优生优育,保证少年儿童健康快乐成长。

(二)加强婴幼儿保护工作

婴幼儿没有自我保护能力,是最需要得到家庭、学校、社会、政府保护的弱势群体。在这一方面家庭、学校、社会、政府总体上是十分重视婴幼儿保护工作的。同时也要看到,由于保护不周或偶然疏忽,婴幼儿受到不法侵害的事件仍然时有发生。有的不法分子拐骗、贩卖婴幼儿;有的歹徒到幼儿园残害幼儿;有的幼儿教师任意体罚、伤害幼儿;有的家长不负起监护责任,甚至伤害自己的孩子。因此,必须用好法律法规和各种手段加强婴幼儿保护工作。2017年12月9日,中央电视台《新闻周刊》节目报道,据最高人民法院公布的数据,在2013至2016年4年中审结的猥亵儿童案件有10782件,平均每天有7个儿童受到性侵。0至18岁的未成年人有5%—15%的人受到性侵。我国这一年龄段的未成年人有28000万人,也就是我国有1400万至4200万未成年人会受到性侵。除了性侵之外,儿童还会受到欺凌、虐待和其他伤害。[①] 因此,应该从法律、道德、纪律、制度等各方面切实加强对未成年人的保护工作,保证少年儿童健康快乐成长。

三、实现病有所医 共享健康长寿

习近平在党的十九大报告中说:"实施健康中国战略。人民健康是民族昌盛和国家富强的重要标志。要完善国民健康政策,为人民群众提供全方位全周期健康服务。深化医药卫生体制改革,全面建立中国特色基本医疗卫生制度、医疗保障制度和优质高效的医疗卫生服务体系,健全现代医院管理制度。加强基层医疗卫生服务体系和全科医生队伍建设。全面取消以药养医,健全药品供应保障制度。坚持预防为主,深入开展爱国卫生运动,倡导健康文明生活方式,预防控制重大疾病。实施食品安全战略,让人民吃得放心。坚持中西医并重,传承发展中医药事业。支

---

① 中央电视台:《新闻周刊》,2017年12月9日。

持社会办医,发展健康产业。"① 我们要遵照党的十九大精神,推进健康中国建设,实现病有所医,共享健康长寿。

(一)切实解决看病难看病贵问题

解决看病难看病贵问题,是实现病有所医的起码要求。

1.看病难看病贵问题的现状和由来

看病难主要表现为部分患者就医难、住院难,特别是农村患者到城市就医、外地患者到大城市大医院就医困难重重,苦不堪言。看病难的主要原因是医疗资源不足以及配置不均衡,尤其是优质医疗资源不足,包括人力资源、物力资源、财力资源的不足。

看病贵主要表现为医疗卫生总费用持续飙升,在卫生总费用中个人支出部分同样持续飙升。以下三个表格是我国医疗卫生费用持续飙升的统计表。

表1 1978年到2017年全国卫生总费用的统计表

年份	卫生总费用(亿元)	政府支出所占比重(%)	社会支出所占比重(%)	个人支出所占比重(%)	人均卫生费用(元)	卫生费用占GDP比重%
1978	110.21	32.16	47.41	20.43	11.45	3.00
1990	747.39	25.06	39.22	35.73	65.37	3.96
2000	4586.63	15.47	25.55	58.98	361.88	4.57
2010	19980.39	28.69	36.02	35.29	662.30	4.62
2015	40974.64	30.45	40.29	29.27	2980.8	5.98
2016	46344.88	30.01	41.21	28.78	3351.74	6.23
2017	52598.28	28.91	42.32	28.77	3783.83	6.36

资料来源:中国统计年鉴(2018)。

表2是1990年到2016年我国城乡人口医疗保健支出的增长情况

表2 1990年到2017年我国城乡人口医疗保健支出的增长情况

年份	人均医疗保健支出		人均年收入		医疗保健支出占收入比重(%)	
	城市	农村	城市	农村	城市	农村
1990	25.67	19.02	1510	686	2.0	3.3

---

① 《党的十九大报告辅导读本》,人民出版社,2017年第47-48页。

续表

年份	人均医疗保健支出		人均年收入		医疗保健支出占收入比重(%)	
	城市	农村	城市	农村	城市	农村
2000	318.07	87.57	6280	2253	6.4	5.2
2010	871.77	326	17175	5919	6.5	7.4
2015	1443.4	846	31195	11422	4.5	7.4
2016	1630.8	929.2	33616	12363	4.85	7.5
2017	1777.4	1058.7	36396	13432	4.88	7.88

资料来源：中国统计年鉴（1998、2011、2016、2017、2018）。

表3　2013年到2016年我国城乡居民住院费用支出占收入比重

年份	公立医院服务费		城镇居民		农村居民	
	次均门诊费用	人均住院费用	人均年收入	住院费占收入比重(%)	人均年收入	住院费占收入比重(%)
2013	207.9	7860.2	26467.0	29.7	9429.6	83.4
2014	221.6	8290.5	28843.9	28.7	10488.9	79
2015	235.2	8833.0	31194.8	28.3	12421.7	71.1
2016	246.5	9229.7	36396	25.4	13432	68.7

资料来源：2018年社会蓝皮书第102页，中国统计年鉴（2017）。

表1表明，我国卫生费用持续飙升，占GDP比重持续提高。个人医疗保健支出在卫生总费用支出中的比重从1978年的20%增长到2000年的近60%，2016年回落到近30%。全国人均GDP2015年比1978年增长122倍，而人均卫生总费用支出增长260倍。表2表明，1990年到2015年25年中，我国城市居民人均年收入增长20倍，而人均医疗保健支出增长56倍。农村居民人均年收入增长15倍，而人均医疗保健支出增长44倍，城乡居民医疗保健支出占收入比重都增长2倍以上。表3表明，就住院患者而言，我国城镇居民住院费用占年收入近30%，农村居民住院费用占年收入70%—80%以上；这是平均数，住院费用高的患者住院费用则远远高于年收入。同时，随着城乡居民收入的提高和医疗保险待遇的提高，城乡居民医疗费用负担呈现出下降趋势。尽管如此，对于低收入家庭和重病号家庭来说，医疗费用依然沉重，看病贵的问题依然突出，导致一些患者因为看病贵而致死致残或者致贫返贫。

看病贵问题的产生有多方面的原因,其中主要原因有:

(1)医药费用上涨的原因。多年以来药价虚高和"以药养医"的医院管理体制推动了医疗费用的增长。药价虚高,加上医院过度检查、过度用药、过度治疗,就必然导致看病贵。

(2)政府投入不足的原因。政府财政支出中用于医药费用的部分偏低,相应地使患者负担加重。根据表1测算,中国政府支出在卫生总费用中大约占15%—30%之间,个人投入在20%—58%之间,近年来是30%左右,个人投入与政府投入大体相等,政府投入只占GDP的1.8%。据原国务院参事任玉岭教授测算,政府投入占医疗费的份额,在英国为83.4%,美国为75.7%,古巴为86.5%,OECD成员国平均在70%以上;个人投入在英国为9%,古巴、德国为10%。① 据《世界卫生统计报告(2013)》,中国政府医疗卫生上的财政支出占GDP的比例不仅低于世界平均水平(10.60%),而且低于低收入国家的平均水平(5.28%)。人均政府卫生支出水平也低于世界水平。②

(3)医疗保障体系不够完善的原因。我国医疗保障体系主要包括社会医疗保险、部分人的补充医疗保险、大病救助制度、商业医疗保险等组成部分。其中社会医疗保险是最主要的。经过多年改革,我国社会医疗保险制度已经初步建立起来,但还不够完善,主要是覆盖面广而保障水平不高,保障人口众多而保障待遇差别过大。

2.解决看病难看病贵问题的对策建议

解决看病难问题,必须增加医疗资源,首先是培养数量更多质量更高的医疗护理人员。2017年11月19日,中央全面深化改革领导小组第一次会议指出,"改革完善全科医生培养与使用激励机制,要遵循医疗卫生服务和临床医学人才成长规律,坚持政府主导,发挥市场机制作用,完善适应行业特点的全科医生培养制度,创新全科医生使用激励机制,加强贫困地区全科医生队伍建设。"③

解决看病贵问题,必须做好以下工作:

---

① 任玉岭:《中国政府参事论丛:任玉岭文集》,中国时代经济出版社,2008年版第84页。
② 《世界卫生统计报告(2013)》,人民网,http://bbs1.people.com.cn/post/1/1/2/154318991.html,(访问时间:2016年2月20日)。
③ 《习近平主持召开十九届中央全面深化改革领导小组第一次会议》,载《人民日报》,2017年11月20日。

(1) 严格管控药品价格。严格管控生产厂商的供产销、成本、利润、价格、收入分配、灰色收入各个方面,管控各种渠道和手法的药品涨价。采取措施鼓励和保障低价药品的生产。药品监督部门和市场管理部门要充分发挥自己的作用,确保患者用药的低价、高效、安全。

(2) 深化医院改革,加强医院管理。坚决彻底解决"以药养医"、"药品加成"的体制机制,保护好患者利益。遏制和消除一切过度检查、过度用药、过度治疗现象。必须加强医德医风建设,要彻底消除吃回扣、收红包等消极腐败现象。

(3) 完善医疗保险制度。首先是完善社会医疗保险制度,提高医疗保险待遇,减轻患者负担。

(4) 加大政府对医疗卫生经费的投入。我国政府对医疗卫生经费的投入可以在现有基础上增加50%,并逐步继续增加。从我国的经济发展阶段和国际经验来看,大幅度增加政府对医疗卫生经费的投入既是必要的,也是可能的。根据近几年统计分析,政府支出占卫生总支出比重与个人支出接近,政府加大50%的支出,居民特别是患者就能减少50%的负担,这对患者家庭、特别是贫困人口实在是雪中送炭,功德无量。经过财政支出结构的适当调整,这在我国是能够办到的。现在世界上不少国家已经实行免费医疗。根据我国的需要和可能,借鉴许多国家的成功经验,我们要创造条件,尽快实行免费医疗,同时逐步减少个人医疗保险缴费。这当然需要经过一个过程,可以让个人支出比重从30%逐步下降至20%、15%、10%、5%直至0。同时,如果能解决药品价格过高、过度检查、过度用药、过度治疗问题,我国医疗总费用下降30%是可能的,从而可以免除个人支付的30%费用,基本实现免费医疗。

(二) 倡导健康文明生活方式

健康中国建设不仅是一个医疗资源和医疗费用问题,而且与健康习惯、生活方式、心理状况、社会环境、自然环境等方面都有直接关系。现代医学不仅仅是生理医学,同时还是心理医学、社会医学,不仅仅是疾病医疗,还有疾病预防,而且要重在预防。应该坚持预防为主,倡导健康文明生活方式。我国中华医学会会长钟南山院士指出:人体健康有五大决定因素:父母遗传占15%,社会环境占10%,自然环境占7%,医疗条件占8%,而生活方式占60%,几乎起了决定作用。因此,一定要重视健康文明的生活方式。其中,禁烟限酒就是倡导健康生活方式、预防疾病的重要举措。世界卫生组织2013年7月10日在网站上发布报告称,全球每年近600万人死于吸烟,其中有500多万人缘于直接使用烟草,有60多万非吸烟者死于"二手烟"。如不采取紧急行动,到2030年时,每年的死亡数字可超过800万。① 2014年12月,卫计委宣传司副司长姚宏文指出,中国是世界上最大的烟草生产国和消费国,也是受烟草危害最严重的国家之一。全国吸烟人数超过3亿,15岁以上的人群吸烟率为28.1%,7.4亿非吸烟人群遭受二手烟的危害,烟草消费带来了沉重的疾病负担。每年死于吸烟相关疾病的人数达到136.6万,约10万人死于二手烟的"暴露"导致的相关疾病。② 近年来,中国饮酒人数一直呈上升趋势,目前已超过5亿人。中国医学科学院肿瘤医院腹部外科主任医师赵东兵告诉《生命时报》记者,我国情况与国外略有不同,临床观察发现,与饮酒有关的癌症主要以食管癌、肝癌、胃癌、肠癌等为主。1/3～1/2的胃癌患者有长期饮酒史,尤以喝白酒为主,有些人持续喝了二十年。事实上,饮酒的害处还有很多。世界卫生组织的数据显示,有60种疾病是因不健康饮酒造成的。宏观来看,酒精引起的死亡率和各种疾病的发病率均高于吸烟。我国每年死于酒精中毒的人数超过11万,因酒致残人数超过273万人。著名医学期刊《柳叶刀》上刊登的一项大型研究显示,饮酒已与高血压、高盐饮食等并肩成为中国居民减寿的十大因素之一。③

(三)建立健全我国的器官捐献制度

健康中国建设还必须加强一系列制度建设,其中器官捐献制度就是一项需要建立的重要制度。人体器官移植是20世纪以来一项具有划时代意义的现代医疗技术,它改变了传统的药物等救治方法,大大提高了病体的存活率和个体生命的质量。而囿于观念上的障碍,我国器官移植的供求矛盾十分突出:据统计,中国每年约有150万人需要器官移植,但仅1万人能够接受移植手术,比例为1:150,器官供求矛盾十分突出。因此,不少患者过早地失去了宝贵的生命,令人惋惜。据统计,我国每年需要进行角膜移植手术的患者大约为30万到40万例,但是由于捐赠的

---

① 《全球每年600万人死于吸烟 二手烟致60万人过早死》,中国新闻网,http://www.chinanews.com/gj/2013/07-11/5028520.shtml(访问时间:2013年7月11日)。
② 《全国吸烟人数超过3亿》,人民网,http://society.people.com.cn/n/2014/1210/c1008-26181759.html(访问时间:2014年12月20日)。
③ 《五种癌与喝酒直接相关》,载《生命时报》,2016年1月18日。

角膜不足,每年只有不到2%的人能够接受到角膜移植。业内专家表示,角膜移植属于比较精细的显微手术,目前技术也足够成熟,但供需矛盾突出,捐赠者少,才是目前的主要困难。现在国内大约有20个眼库,但几乎都没有库存的角膜。许多角膜病患者为了等到角膜移植要面对黑暗十多年,甚至是几十年。

对于国外器官供体的情况,中国红十字会总会赈济救护部部长王平介绍,西班牙是目前世界器官捐献率最高的国家。主要就是因为他们有相关的立法,保障了器官捐献的数量。他们的法律规定,其公民在活着的时候没有明确声明不捐献器官的均视同愿意捐献。另有国家还要求公民在驾驶证背面注明是否愿意捐献器官,一旦出现交通意外,即根据当事人意愿进行处理。目前世界上大多数发达国家都已就人体器官的捐献和移植,制定了统一法律来规制并促进人体器官移植的发展。可以说,世界上绝大多数开展器官移植的国家和地区,从北美到欧洲,到亚洲,到太平洋上的岛国,到我国的台湾地区、香港地区、澳门地区,都已制定了比较完善的器官移植法典。[1]

现在我国解决器官短缺问题也具备了许多有利条件。一是医疗技术条件。我国已经掌握了肾移植、心脏移植、肝移植、肺移植、胰肾联合移植、小肠移植、腹部多器官联合移植、胰岛移植、脾移植、胸腺移植、脑移植、肾上腺移植、性腺移植等各种器官移植技术。有些技术已经达到国际先进水平。二是人口素质条件。我国教育事业高速发展,人口受教育年限不断延长,人口科学文化素质不断提高。随着人口素质的提高,愿意身后捐献遗体的人数将与日俱增,拒绝捐献的则日益减少。三是社会经济条件。随着我国经济社会事业的发展,人民收入的增加,生活水平的提高,社会保障制度、包括医疗保障制度的建立和完善,人体器官移植经费负担会得到妥善解决。四是交通运输条件。我国已经建立起航空、铁路、公路等发达的交通运输体系,可以保障捐献的器官以符合器官移植时间要求的高速度从供体方运输到受体方。2015年7月4日,一颗活体心脏从广州空运至长春。当晚9时05分,这颗心脏送进吉林大学白求恩第一医院手术室,为一位患者进行了心脏移植手术。经过7个多小时手术,术后患者生命体征平稳。[2]

这一切表明,我国建立器官捐献制度的条件已经成熟,现在应该加快这一制度

---

[1] 申卫星、王琦:《论人体器官捐献与移植的立法原则》,载《比较法研究》,2005年第4期。
[2] 《北京医生护送活体心脏从广州空运至长春移植》,载《北京晚报》,2015年7月5日。

的建立。我们可以借鉴先进国家经验,只要生前未正式声明身后不愿捐献遗体的,都视为同意身后自愿捐献遗体。为此要做好相应的宣传教育工作、政策激励工作和法制保障工作。这样就能从每年900多万死亡人口的遗体中获得上百万片角膜,上百万枚肾脏,以及大量医疗工作和医学教学与研究中需要的器官,为器官移植提供足够的器官供给,把上百万患者从死亡线和残疾人的边缘上挽救回来。这是移风易俗、造福人民的重要制度和慈善事业。①

四、实现老有所养 共享幸福晚年

习近平在党的十九大报告中说:"积极应对人口老龄化,构建养老、孝老、敬老政策体系和社会环境,推进医养结合,加快老龄事业和产业发展。"②他强调指出:"要着力完善老龄政策制度。要加强老龄科学研究,借鉴国际有益经验,搞好顶层设计,不断完善老年人家庭赡养和扶养、社会救助、社会福利、社会优待、宜居环境、社会参与等政策,增强政策制度的针对性、协调性、系统性。要完善老年人权益保障法的配套政策法规,统筹好生育、就业、退休、养老等政策。要完善养老和医疗保险制度,落实支持养老服务业发展、促进医疗卫生和养老服务融合发展的政策措施。要建立老年人状况统计调查和发布制度、相关保险和福利及救助相衔接的长期照护保障制度、老年人监护制度、养老机构分类管理制度,制定家庭养老支持政策、农村留守老人关爱服务政策、扶助老年人慈善支持政策、为老服务人才激励政策,促进各种政策制度衔接,增强政策合力。"③他在2019年春节团拜会上又说:"古人讲'夫孝,德之本也'。自古以来,中国人就提倡孝老爱亲,倡导老吾老以及人之老,幼吾幼以及人之幼。我国已经进入老龄化社会。让老年人老有所养、老有所依、老有所乐、老有所安,关系社会和谐稳定。我们要在全社会大力提倡尊敬老人、关爱老人、赡养老人,大力发展老龄事业,让所有老人都能有一个幸福美满的晚年。"④

我们要遵照习近平重要讲话精神,积极应对人口老龄化,做到老有所养、老有

---

① 详见朱妙宽:《启动器官捐献的慈善工程,解决器官移植的供求矛盾》,载《中国新医学》,2009年第7期。
② 《党的十九大报告辅导读本》,人民出版社,2017年版第48页。
③ 《习近平关于社会主义社会建设论述摘编》,中央文献出版社2017年版第92页。
④ 习近平:《2019年在春节团拜会上的讲话》,载《人民日报》2019年2月4日。

所依、老有所乐、老有所安。

(一)实现老有所养,做好养老保险工作

老有所养是我国2亿多老年人的共同期待。2015年,中国人民大学基于全国28省、134个县区、462个村居所做的调查显示,从养老金的中位数看,从高到低依次是机关事业单位离退休老年人的养老金(3000元)、城镇职工基本养老金(2300元)、城镇居民社会养老金(1070.9元),而农村社会养老保险金中位数仅为60元。我国超八成城乡老年人领取了养老金,但不同地区养老金标准差异较大。其中,城市老年人有91.25%领取养老金,且71.93%老年人的最主要生活来源是养老金,像机关事业单位离退休老年人月平均养老金为3175元。但是,在广大的农村地区,农村老年人有70.79%领取养老金,但仅有17.22%能够依靠养老金生活,月均养老金为141元。按照全面建成小康社会目标,建立基本养老金的正常调整机制是"十三五"期间的主要任务之一。据了解,其中有两个重点,其一是统筹安排企业和机关事业单位退休人员的基本养老金待遇调整。此外,对城乡居民基础养老金待遇在提高上应该有所倾斜。与之相对应的是,我国城镇职工养老金已连续11年上涨,而城乡居民基础养老金2015年才首次上调,从每月55元增至70元。[①]今后要继续提高退休人员基本养老金标准,制定划转部分国有资本充实社保基金办法,开展养老服务业综合改革试点,推进多种形式的医养结合。

除了完善养老保险制度,解决老年人经济困难之外,还要发展多种多样的老年服务事业和产业,满足老年人多方面的需求,解决老年人的生活困难,丰富老年人的生活乐趣。

(二)实现老有所依,弘扬孝道

老年人或多或少都有一些疾病,除了要解决医药费之外,还需要有人照料。现在许多家庭都是三代人4:2:1的人口结构。对于上有老下有小的中年人来说,小的要抚养,老的要赡养,自己要从事职业劳动和家务劳动,经济负担和精力负担都很重。城市多数老人经济上有养老金,无需子女负担,但在生活上、劳务上却难以

---

① 张梦洁:《多层次养老体系待完善 专家建议提高城乡居民养老金》,载《21世纪经济报道》,2016年3月7日。

自理,需要子女照料。有许多中年人克勤克俭,任劳任怨,尽到了自己的社会责任和家庭责任。但也有一些中年人心目中只有子女,没有父母,对父母不闻不问,撒手不管,甚至想方设法"啃老",侵犯老人的合法权益。因此,为了解决老有所依的问题,除了发展社会养老服务事业之外,最重要的是弘扬敬老、养老、助老社会风尚,弘扬中华民族的传统孝道。《中庸》说:"仁者,亲亲为大",意思是孝顺父母是仁爱的第一要义,让老年人安度晚年也是仁政的题中应有之义。

新加坡76%的人口是华人,在弘扬中华民族传统孝道方面作出了榜样。新加坡开国领袖李光耀说:"如果孝道不受重视,生存体现就会变得薄弱,而文明的生活方式,也会变得粗野。"在新加坡,弘扬孝道不仅被作为和谐社会建设的重要内容,同时,国家领导人还把弘扬孝道作为解决国家人口问题和老龄化问题的重要策略。弘扬孝道有助于以家庭为单位的养老机制,通过下一代对上一代的反哺,解决社会老龄化问题。弘扬孝道是新加坡的重要国策之一。1995年,新加坡国会通过《赡养父母法令》,成为世界上第一个为"赡养父母"立法的国家。在此法令下,被控未遵守此法令的子女,一旦罪名成立,可被罚款一万新元或判处一年有期徒刑。为了鼓励子女与父母同住或者与父母住所相近,政府给予一定的住房补贴。1982年新加坡在中学必修科目中增设了儒家伦理课程,把忠孝、节义、礼义、廉耻等传统儒家伦理思想灌输给孩子。① 现在看来,中国有必要在这一方面向新加坡学习。

除了患病或生活不能自理的父母外,对健康父母,子女也有必要常回家看看,给予父母思想上的沟通、感情上的抚慰和精神上的欢乐。如果一个人对父母都没有感情,不愿服务,还能指望他对别人有感情、能服务吗?

(三)实现老有所为,发挥余热

进入老年,人的器官老化、体力下降,是自然规律;但是不等于智力也下降。老年人有老年人的劣势,也有老年人的优势,如在人生经验方面,就会有较多积累。常言道:"家有一老如有一宝。"俗语说:"医生越老越值钱。"有人说:越老越值钱的行业不只是医生,至少有七个行业,还包括教师、律师、古玩鉴定师、精算师、建筑设计师、咨询顾问。其实,在知识经济时代,主要靠知识工作,靠脑力劳动,许多知识分子都能够活到老、学到老、工作到老、研究到老。因此应该创造条件,让老年人老

---

① 陆建义:《向新加坡学习》,新华出版社,2009年版第40—42页。

有所为,老骥伏枥,老当益壮,发挥余热,各展其长,各尽所能,人尽其才,才尽其用,有一分热,发一分光。现在有些制度,如职称评聘制度,把老年人排除在外,完全是陈旧落后、作茧自缚的制度,应该予以突破创新。在退休制度上,也要根据不同行业、不同人员的具体情况区别对待。事实上,世界上既有许多人聪明早慧,年轻有为,也有许多人老当益壮,大器晚成。人的成功与否不在年龄大小,而在矢志不移、锲而不舍、坚忍不拔、执着追求。有许多人老年时代比青壮年时代有更多贡献、更多成果、更多突破、更多创新。

也有许多退休老人饱食终日,无所事事,闲得无聊,精神苦闷。其实,对于胸怀大志、热爱生活的人,都能生命不息,奋斗不止,一息尚存,决不虚度。正是:春蚕到死丝方尽,蜡炬成灰泪始干。在21世纪,教育是终身教育,学习是终身学习。会学习的人永远有学不完的东西,会做事的人永远有做不完的事情。事实上老年人中蕴藏着许多人才和潜能,要采取措施,完善制度,充分开发和利用老年人的才智和潜能,让他们发挥余热,奉献社会,人生出彩,真正实现"夕阳红"。

(四)实现老有所乐,共享天伦之乐

老年人除了学习、工作之外,还可以参加社会交往,与亲友、同学、同事团聚,参加老年旅游活动,享受家庭天伦之乐、含饴弄孙之乐。

新加坡对老年人有个很好的称呼,叫"乐龄人士"。要让老年人成为乐龄人士,首先要老有所养,其次要老有所为,再次是老有所乐。从1996年起,新加坡开展"乐龄运动"。在每一个社区建立了乐龄俱乐部,老年人可以在俱乐部里享受到内容丰富、形式多样的服务,如健康检查、生日庆祝、旅游观光、体育运动等等,使老年人的生活丰富多彩。新加坡已成为世界上老年人理想的生活之地,已成为一个"乐龄"社会。①

中国各地也有许多老年大学、老年活动室、老年服务中心、养老院。今后还要把老年服务事业办得更多更好,让老年人共享学习之乐、创新之乐、圆梦之乐、团聚之乐、旅游之乐、天伦之乐。

---

① 陆建义:《向新加坡学习》,新华出版社,2009年版第42页。

五、实现住有所居　共享安居乐业

习近平在党的十九大报告中说:"坚持房子是用来住的、不是用来炒的定位,加快建立多主体供给、多渠道保障、租购并举的住房制度,让全体人民住有所居。"①他曾指出:"加快推进住房保障和供应体系建设,是满足群众基本住房需求、实现全体人民住有所居目标的重要任务,是促进社会公平正义、保证人民群众共享改革发展成果的必然要求。"②他还指出:"加快推进住房保障和供应体系建设,要处理好政府提供公共服务和市场化的关系、住房发展的经济功能和社会功能的关系、需要和可能的关系、住房保障和防止福利陷阱的关系。"③我们要落实好这一系列重要讲话,实现住有所居,共享安居乐业生活。

(一)住有所居的重大进展和存在问题

安居才能乐业。群众在温饱问题解决以后,住房问题就显得很突出。小康不小康,关键看住房。改革开放以来,城乡人民的住房条件有了历史性改善,城市人均住房面积从1978年的3.6平方米增加到2016年的36.6平方米,农村人均住房面积从1978年的8.1平方米增加到2016年的45.8平方米。④住房质量和条件也有了历史性变化。诗圣杜甫"安得广厦千万间,大庇天下寒士俱欢颜,风雨不动安如山"的理想正在变成现实。但是,在大多数人住房得到改善的同时,还要看到,城乡许多低收入群众,特别是全国2亿多农民工住房困难还很大,不少人住在极其简陋的工棚里,上亿农民居住条件也很差,还存在"茅屋为秋风所破"的境况。现在,房价畸高是实现住有所居的主要拦路虎,平抑房价是实现住有所居的必由之路。多年来,房价畸高已经是全国普遍现象。对于低于平均工资者则要做一辈子房奴才能买一套商品房,至于低收入者和农民(包括农民工)想在城市购房更是难于上青天。因此,建立购租并举的住房制度,平抑房价是实现住有所居的必由之路。我国房价为什么持续飙升?其原因是多方面的:一是地价高昂加上政府税费推高房价。二是房地产商牟取暴利推高房价。三是商业贿赂推高房价。

---

① 《党的十九大报告辅导读本》,人民出版社,2017年版第47页。
② 《习近平谈治国理政》第1卷,外文出版社,2014年第192页。
③ 《习近平谈治国理政》第1卷,外文出版社2014年第193页。
④ 《十三届全国人大一次会议<政府工作报告>辅导读本2018》,人民出版社,2018年版第374页。

(二)解决"住有所居"问题的几点建议

目前,在我国房地产市场,在不同城市存在不同情况,总体情况是,一方面是大量商品房空置,库存巨大;另一方面是房价畸高,价格泡沫巨大。结果导致一大批中低收入者包括进城农民工买不起房,居住困难。因此,现在需要针对不同城市不同群体的不同情况,因城施策,因人制宜,妥善解决困难户的住有所居问题。曾任三届全国政协委员(两届常委)、三届国务院参事、著名经济学家、民生问题专家任玉岭教授十分关注住房问题,在国内外进行了深入调查研究,提出了许多真知灼见。其中包括:一是要重构中国的住房建设体系。二是要坚决落实国务院提出的两个70%,即住房用地中的70%要用于建设廉租房、经济适用房和限价房;70%的住宅项目要建90平方米以下的小户型。三是要改变地方财政对卖地、拆迁的过分依赖。四是要对保障性住房进行规模定位。五是对限价房做到真正限价。六是要打击房地产领域的腐败行为。也要严防金融部门在支持房地产贷款中的不规范行为。[①] 在任玉岭等专家学者研究的基础上,下面再提出解决"住有所居"问题的几点建议:

第一,严格控制房价,规定在一定时期一定范围内房价只降不升。这是控制房价持续飙升、房地产利润率过高、多数人买不起房、少数人投机性、投资性购房的有力措施。这样,投机性、投资性购房就从根本上受到遏制。

第二,严格控制房地产开发的土地供给和土地价格。目前三四线城市房地产库存仍然很大,在去库存达标之前,不再供给土地。在一二线城市必要的土地供给要严格控制土地价格。各地土地财政必须刹车,不允许靠土地收入解决财政困难。

第三,严格控制房地产开发的成本、利润和财务账目。必须最大限度地实现成本、利润和财务收支的账目公开,至少政府房屋和城乡建设部门必须充分掌握这些信息。事实上在同一城市、同一地区,房地产开发的税收、费用、建筑工程造价,都不是什么国家秘密,都应该公开,至少政府部门是能够掌握的。这样,暴利、贿赂等问题就会得到遏制。

第四,适当控制住房面积,优惠供给小户型房和第一套房。在目前经济发展阶段上,中低收入者还是大多数,住房困难户还占不小比重,特别是农村人口和城镇

---

① 于今:《任玉岭访谈录》,红旗出版社,2012年版第184-185页。

低收入户在城镇购房还有不小困难,因此,在建房和购房面积上不宜过大,要多建90平方米、60平方米以下的小户型房。对购买90平方米以下第一套房的购房者要尽可能减免税费,反之,对购买90平方米以上住房,特别是购买第二套房、第三套房乃至更多住房者要实行累进制高税率。要用好财政税收手段遏制购房需求,遏制投机性、投资性住房,同时解决好绝大多数人的住有所居问题。要适时适度开征有区别的房地产税,对已经收取较高土地费用、以高价购买的住房与房价中未包括较高土地使用费的住房要有所区别,可采取老房老办法、新房新办法;对住房面积在标准之内与超过标准的住房或者二套房、三套房、多套房要有所区别。

第五,适当控制房地产开发和购买的贷款。一二线城市除第一套房外,不得给购房者贷款,抑制有房者的购房需求。三四线城市在去库存之前,不得再给房地产开发商贷款,控制住房供给。

第六,树立正确的住有所居的观念,实行租购并举、鼓励租房的制度。"住有所居"主要是解决有房居住的问题,并不是都要居住自己的产权房,租房、购房同样可以解决居住问题。有学者指出:"我国主要是通过自建房屋和购买商品房的形式来满足居民的住房需求,而相对经济较为发达的美国、英国、法国、德国和日本,其住房自有率分别在50%-70%左右,其中德国更是在50%以下,大部分人群以租赁为主要的居住方式。纽约的住房自有率近年来约维持在30%到35%的水平,而日内瓦和柏林其住房自有率仅有不到15%的水平,租赁住房成为这些区域主要的生活方式,而上海2014年住宅出租面积为72.16万平方米,仅占当年住宅销售面积的4%,住房自有率水平高达70%,反映出国内住房租赁市场发展的滞后和缓慢。"[①]因此,要鼓励城市人口租房居住,同时控制住房租金。

第七,注重解决农村人口和城镇低收入人口的住房困难。对他们要提供住房补贴,提供廉租房、公租房、共有产权房,以解决困难户的基本住房需求,便于农村人口进城落户,推进城市化进程。

六、实现弱有所扶 共享小康生活

习近平同志十分关注弱势群体。他在2017年新年贺词中说:"新年之际,我最

---

① 王秀敏:《中国住房体系中租赁比例偏低 住房自有率达70%》,载《上海证券报》,2016年6月22日。

牵挂的还是困难群众,他们吃得怎么样、住得怎么样,能不能过好新年、过好春节。我也了解,部分群众在就业、子女教育、就医、住房等方面还面临一些困难,不断解决好这些问题是党和政府义不容辞的责任。全党全社会要继续关心和帮助贫困人口和有困难的群众,让改革发展成果惠及更多群众,让人民生活更加幸福美满。"①在党的十九大报告中,他又把弱有所扶列为民生大事。为了办好这件民生大事,首先要明确认识什么是弱势群体,进而探讨如何办好弱有所扶这件大事。

(一)对弱势群体的认识和界定

弱势群体,是一个近几年来新提出的概念,尚无统一定义。有学者认为,弱势群体主要是指在社会生产生活中由于群体的力量、权力相对较弱,因而在分配、获取社会财富时较少较难的一种社会群体。因而他们处于较贫困状态,主要是一个贫困群体。也有学者认为,弱势群体是社会中一些生活困难、能力不足或被边缘化、受到社会排斥的散落的人的概称。对弱势群体的涵盖范围尚无统一的认识。有学者认为,应该包括五种人:1.进城务工但没有社保的农民工;2.无子女赡养的孤寡老人;3.无法定监护人的未成年人;4.身体或精神残疾且无法正常工作的人群;5.因自身原因造成(以家庭为单位)经济收入低于当地最低标准的人群;另外还有法定的几个特例情形:如未成年人的法定监护人正接受拘留、劳动改造等强制措施而无法正常抚养其子女也算是弱势群体。有学者认为,应该包括六种人:1.下岗失业人员,即城市中以下岗失业者为主体的贫困阶层;2."体制外"的人,即那些从来没有在国有单位工作过,靠打零工、摆小摊养家糊口的人,以及残疾人和孤寡老人;3.进城农民工;4.灾难中的求助者;5.收入较低的贫困农民;6.儿童,老年人,残疾人,精神病患者。有学者认为,应该包括贫困者群体、失业者群体、残疾人群体、老年人群体。在某些调查中,有些收入不高的公务员、知识分子、企事业单位职工也自认为是弱势群体。我们认为,在目前,作为需要社会扶助的弱势群体应该包括:尚未解决温饱问题的城乡绝对贫困人口,残疾人,因病因灾需要扶助的人口,无依无靠又无自理能力的鳏寡孤独者。按照这种认识,弱有所扶主要是做好扶贫脱贫工作、残疾人工作和社会保障工作,再加上各种志愿者服务工作。下面简略探讨一下做好扶贫脱贫工作。

---

① 《国家主席习近平发表2017年新年贺词》,载《人民日报》,2017年1月1日。

（二）做好扶贫脱贫工作

党的十八大以来，以习近平同志为核心的党中央把扶贫攻坚作为实现第一个百年奋斗目标的重点工作，摆到治国理政的重要位置，以前所未有的力度推进，有6000多万人稳定脱贫，年均减少贫困人口1391万人，贫困发生率由10.2%降到4%以下。截至2016年底，农村贫困人口还有4300多万人。但是现有的贫困人口是自然条件差、经济基础弱、贫困程度深的地区和群众，是越来越难啃的硬骨头。①因此，我们对脱贫攻坚的困难不能低估，必须加大力度，精准发力，坚决打赢脱贫攻坚战。

习近平在十九大报告中说："坚决打赢脱贫攻坚战。让贫困人口和贫困地区同全国一道进入全面小康社会是我们党的庄严承诺。要动员全党全国全社会力量，坚持精准扶贫、精准脱贫，坚持中央统筹省负总责市县抓落实的工作机制，强化党政一把手负总责的责任制，坚持大扶贫格局，注重扶贫同扶志、扶智相结合，深入实施东西部扶贫协作，重点攻克深度贫困地区脱贫任务，确保到二〇二〇年我国现行标准下农村贫困人口实现脱贫，贫困县全部摘帽，解决区域性整体贫困，做到脱真贫、真脱贫。"②为了坚决打赢脱贫攻坚战，必须扎实推进脱贫攻坚各项工作。

1. 扶贫工作要做到六个精准、五个一批、五个坚持。六个精准是：扶贫对象精准、项目安排精准、资金使用精准、措施到户精准、因村派人精准、脱贫成效精准。五个一批是：发展生产脱贫一批、易地扶贫搬迁脱贫一批、生态补偿脱贫一批、发展教育脱贫一批、社会保障兜底一批。五个坚持是：坚持扶贫攻坚与全局工作相结合，走统筹扶贫的路子；坚持连片开发与分类扶持相结合，走精确扶贫的路子；坚持行政推动与市场驱动相结合，走开放扶贫的路子；坚持"三位一体"与自力更生相结合，走"造血"扶贫的路子；坚持资源开发与生态保护相结合，走生态扶贫的路子。

要精准使用国家的扶贫款和低保金。防止和查处一切错保、漏保、骗保、关系保、人情保。在全国多数地方做到精准扶贫的同时，也要看到，还有部分地区和单位并不符合精准的要求，甚至有把扶贫资金当成"唐僧肉"、干部自肥、优亲厚友的现象。据中央电视台2017年11月27日"新闻1+1"节目报道，湖南怀化会同县在

---

① 《党的十九大报告辅导读本》，人民出版社，2017年版第351－352页。
② 《党的十九大报告辅导读本》，人民出版社，2017年版率47页。

2014年7月1日至2016年9月两年又两个月中,在领取低保金的27617人中,只有8670人是合规领取的,却有18947人是违规冒领的,违规人数占70%。其中有公职人员636人违规领取230余万元。同时披露的有云南陇川县民政局,该局有工作人员56人,其中有40人的亲属82人违规领取低保金40.5万元。冒领者中有村干部、企业主、有房有车者,他们侵吞了贫困户的救命钱,损人利己。目前冒领者仅仅是清退而已。根据我国刑法第266条的司法解释,骗取3000—10000元的就达到数额较大,构成诈骗罪。因此应该依法依规严肃处理。在低保金、扶贫款的使用上必须公开透明,接受广大群众的监督,确保精准扶贫。

2. 注重扶贫同扶志、扶智相结合。志和智是贫困人口脱贫的内因和内在动力。没有内在动力,仅靠外部帮扶,不能从根本上解决问题。脱贫致富终究要靠贫困群众用自己的辛勤劳动来实现。要注重培育贫困群众发展生产和务工经商的基本技能,注重提高贫困地区和贫困群众自我发展能力,重视从思想上拔穷根,培养他们形成艰苦奋斗、自立自强、苦干实干的精神,激发内在动力,清除精神贫困。既要"输血",更要提高贫困地区、贫困人口的"造血"功能。要采取有力措施,实施教育扶贫工程,让贫困家庭子女享有公平接受教育的机会。

3. 坚持专项扶贫、行业扶贫、社会扶贫互为补充的大扶贫格局。进一步做好东西部扶贫协作和对口支援工作。鼓励支持民营企业、社会组织、个人参与扶贫开发。鼓励公众通过慈善组织、公益事业、爱心捐赠、志愿服务、结对帮扶等形式参与扶贫。有条件的地方可以实行结对扶贫,就是城乡10%高收入户与10%低收入户之间结对扶贫。统计显示:2015年全国城镇20%最高收入户人均可支配收入65082.2元,是农村20%最低收入户3085.6元的21.1倍。① 按10%最高和最低收入户计算,差距肯定更大。因此,城乡10%高收入户与10%低收入户之间结对扶贫是可以做到的。具体方式可以因地因人制宜,具体工作可由政府扶贫部门和社会中介组织办理。

4. 实施兜底扶贫。就是政府对其余贫困人口兜底扶贫,确保到2020年,全国低收入人口人均年纯收入达到4000元以上,有条件的地方可以达到6000元以上,确保全国人民共同迈入全面小康社会。

---

① 国家统计局:《中国统计年鉴》,中国统计出版社,2016年版。

第十二章 人生幸福论

人生在世,一求生存,二求幸福。谋求幸福是全人类的共同理想。但是,不同的人会有不同的幸福观。正确的幸福观是在创造自己幸福的同时也创造了他人的幸福,至少是不妨碍他人的幸福。而错误的幸福观在追求自己幸福的同时往往会损害他人的幸福。显然,树立正确的幸福观极其重要;研究人生幸福问题首先要研究树立正确的幸福观。在树立正确幸福观的基础上,还必须研究如何追求人生幸福,决定人生幸福指数的有哪些因素、哪些变量。事实上,决定人生幸福指数的变量众多,社会生活、个人生活的每一种变化,都会影响到人生幸福指数的变化,从而都会成为人生幸福指数的变量。决定人生幸福指数的变量众多,决定人生幸福的大事也很多。决定人生幸福的大事主要有:求学生活、从业生活、物质生活、精神生活、恋爱婚姻家庭生活、社会生活、安全状况、健康状况。研究人生幸福必然要研究人生中的这些大事。

本章的创新点主要有:

一、探讨应该树立怎样的幸福观,怎样树立正确的幸福观。

二、决定人生幸福指数的变量众多,概括说来有三个变量,一是人生社会价值,二是社会人生价值,三是个体感受差异。其中,人生社会价值,即个人对社会所负的责任和所做的贡献是最重要的变量。社会人生价值和人生社会价值是相辅相成的,通常是一致的,在特殊情况下也可能不一致。个体感受差异也是一个重要变量,同样的生活状况,不同的人会有不同的幸福感。

三、探讨决定人生幸福的几件大事,包括求学生活、从业生活、物质生活、精神生活、恋爱婚姻家庭生活、社会生活、安全状况、健康状况。

第一节　树立正确的幸福观

一、人类对幸福的共同追求和千差万别的幸福观

人生的根本问题是：人为什么活着？人生的意义和价值是什么？人生的终极目标和追求是什么？对这些问题，不同的人会有不同的回答，但在所有不同的回答中仍然可以找到一个共同的答案，这就是追求人的幸福。在这个共同的答案中，各人对幸福的理解又千差万别。有的人追求的是个人以及家庭的幸福，有的人追求的是群体乃至人类的幸福；有的人追求的是吃喝玩乐、酒色财气；有的人追求的是发明创造、事业有成。邹东涛教授写道：

> 花儿的梦想和追求是芬芳怒放，鸟儿的梦想和追求是腾飞高亢，白云的梦想和追求是蓝天飘荡，大海的梦想和追求是惊涛骇浪，树苗的梦想和追求是茁壮成长，人类的梦想和追求是幸福安康。幸福是个玄奥、耀眼、诱人的字眼，古往今来，五洲四海，上智下愚，富贵草民，无不将其作为追求的最高境界。英国十八世纪社会主义思想家欧文说："人类的一切努力的目的在于获得幸福。"社会主义思想史虽然把欧文定位为"空想社会主义者"，但欧文的这句话可不是"空想"，而是人类的共同追求和实践。马克思不愧为伟大的革命导师，因为他在青年时期就立下了为人类谋幸福的伟大志向。他的中学毕业论文《青年在选择职业时的考虑》就立下了"为人类谋幸福"的伟大志向。他写道："在选择职业时，我们应该遵循的主要指针是人类的幸福和我们自身的完美。"之后，马克思和他的战友恩格斯又继续阐述了大量关于"为人类幸福而工作"的理论，并为此奋斗了一生。那么，什么是幸福？幸福是人对生活和境遇的主观心理感受。这又分两个层面：一是个人对生活和境遇的主观心理感受；二是个人或群体对社会状况的主观心理感受。由于个人的家庭状况和社会背景、生活、阅历、境遇、文化、观念、信仰的不同，所以，个人或群体对社会状况的主观感受和主观评价会有较大的差异。不同阶层，特别是不同的世界观和人生观的人，对幸福的理解恐怕大相径庭。因此，一百个人对幸福的感受和解释肯定

会大于一百。①

学者高兆明在《幸福论》一书中写道:"人生存在就是为了幸福。幸福对于个体而言就是人生的某种圆满,对于人类而言就是社会的某种至善。人世间若没有幸福可以追求,则一切将黯然失色,无所留恋,人与动物无异。""人总是追求幸福的。追求幸福,就是追求希望、追求未来、追求至善。……正是在人类对于幸福的不懈追求中蕴藏着某种关于社会历史发展的动因。"恩格斯说:"每个人都在求幸福。""然而,正是在这种永恒的追求中,个体写就其一生,社会写就其历史;正是在这种永恒追求中,人既改变外部自然也改变自身社会,既改变客观世界也改变主观世界。""对于幸福的自觉追求是推动社会历史进步的动力之一。"②每个人都追求幸福,这是必然的,问题是:什么是幸福,应该追求什么样的幸福,怎样去追求幸福?人应该树立怎样的幸福观,怎样去实现自己的幸福?

首先,什么是幸福?对此,千百人会有千百种不同的定义。有人认为,有钱就是幸福。有人认为,有权就是幸福。有人认为,有名有利就是幸福。高考学生认为,考取心仪的高校就是幸福。患者认为,健康就是幸福。企业家认为,盈利就是幸福。科学家认为,事业有成,有发明创造就是幸福。哲学家的观点则要抽象一些、超脱一些。孔子提出,幸福是仁,仁者爱人,人与人相亲相爱就是幸福。古希腊哲学家亚里士多德提出,幸福是心灵合于完全德行的现实的活动。古罗马哲学家奥古斯汀提出,幸福是来自真理的快乐(天主即是真理)。英国哲学家边沁把幸福定义为快乐。德国哲学家费尔巴哈提出,无匮乏的健康的正常的生活就是幸福。美国哲学家弗洛姆提出,幸福就是一切创造性活动带来的喜悦。法国小说家雨果说,生活中最大的幸福是坚信有人爱我们。爱尔兰作家萧伯纳说,醉心于某种癖好的人是幸福的。俄国作家果戈理说,如果有一天,我能够对我们的公共利益有所贡献,我就会认为自己是世界上最幸福的人了。美国总统西奥多·罗斯福说,幸福不在于拥有金钱,而在于获得成就时的喜悦及产生创造力的激情。美国总统富兰克林·罗斯福说,与其说人类的幸福来自偶尔发生的鸿运,不如说来自每天都有的小实惠。我国哲学家周国平说,幸福是生命意义得到实现的鲜明感觉。幸福主要是一种内心快乐的状态。不过,它不是一般的快乐,而是非常强烈和深刻的快

---

① 邹东涛:《马克思的幸福理论与幸福中国》,见清华大学政治经济学研究中心"马克思主义经济学发展与创新国际学术研讨会"论文集,2012年8月。
② 高兆明:《幸福论》(罗国杰、陈瑛主编:《人生观书系》之十),中国青年出版社,2001年版第1—4页。

乐,以至于我们此时此刻会由衷地觉得活着多么有意义,人生多么美好。① 我国研究幸福理论的学者吕秀斌对幸福的定义是:幸福是以体内平衡、心灵安逸和价值实现的最大化为目的的合理需要的满足。② 全世界70多亿人会有几亿种幸福的定义和幸福观。不同的幸福观会带来不同的人生和不同的结果。因此,人们追求幸福首先要树立正确的幸福观。

二、马克思主义的幸福观

马克思青年时代在《青年在选择职业时的考虑》一文中写道:"在选择职业时,我们应该遵循的主要指针是人类的幸福和我们自身的完美。……历史承认那些为共同目标劳动因而自己变得高尚的人是伟大人物;经验赞美那些为大多数人带来幸福的人是最幸福的人;……如果我们选择了最能为人类福利而劳动的职业,那么,重担就不能把我们压倒,因为这是为大家而献身;那时我们所感到的就不是可怜的、有限的、自私的乐趣,我们的幸福将属于千百万人,我们的事业将默默地、但是永恒发挥作用地存在下去,而面对我们的骨灰,高尚的人们将洒下热泪。"③面对旧世界非人的现实,马克思主义的创始人从一开始就庄严宣告:"必须推翻那些使人成为受屈辱、被奴役、被遗弃和被蔑视的东西的一切关系"④,必须"实现人民的现实的幸福"。⑤ 由此可见,马克思恩格斯极其珍视人和人的幸福。谋求人类解放和人的幸福,是马克思恩格斯毕生为之奋斗的事业,也是马克思恩格斯的人生观和幸福观。

1883年马克思逝世后,恩格斯在马克思墓前的讲话中说:

> 3月14日下午两点三刻,当代最伟大的思想家停止思想了。这个人的逝世,对于欧美战斗的无产阶级,对于历史科学,都是不可估量的损失。正像达尔文发现有机界的发展规律一样,马克思发现了人类历史的发展规律。不仅如此。马克思还发现了现代资本主义生产方式和它所产生的资产阶级社会的

---

① 周国平:《人生哲思录》,上海辞书出版社,2011年第95页。
② 吕秀斌:《幸福之道》,群众出版社,2011年版第103页。
③ 《马克思恩格斯全集》第40卷,人民出版社,1982年版第7页。
④ 《马克思恩格斯全集》第1卷,人民出版社,1956年版第461页。
⑤ 《马克思恩格斯全集》第1卷,人民出版社,1956年版第453页。

特殊的运动规律。一生中能有这样两个发现,该是很够了。即使只能作出一个这样的发现,也已经是幸福的了。但是马克思在他所研究的每一个领域,甚至在数学领域,都有独到的发现,这样的领域是很多的,而且其中任何一个领域他都不是浅尝辄止。他作为科学家就是这样。但是这在他身上远不是主要的。因为马克思首先是一个革命家。他毕生的真正使命,就是以这种或那种方式参加推翻资本主义社会及其所建立的国家设施的事业,参加现代无产阶级的解放事业,正是他第一次使现代无产阶级意识到自身的地位和需要,意识到自身解放的条件。斗争是他的生命要素。很少有人像他那样满腔热情、坚韧不拔和卓有成效地进行斗争。①

习近平在2018年春节团拜会上说:"我在今年的新年贺词中说过,幸福都是奋斗出来的。今天,我还要说,奋斗本身就是一种幸福。只有奋斗的人生才称得上幸福的人生。奋斗是艰辛的,艰难困苦、玉汝于成,没有艰辛就不是真正的奋斗,我们要勇于在艰苦奋斗中净化灵魂、磨砺意志、坚定信念。奋斗是长期的,前人栽树、后人乘凉,伟大事业需要几代人、十几代人、几十代人持续奋斗。奋斗是曲折的,'为有牺牲多壮志,敢教日月换新天',要奋斗就会有牺牲,我们要始终发扬大无畏精神和无私奉献精神。奋斗者是精神最为富足的人,也是最懂得幸福、最享受幸福的人。"②

由此可见,马克思主义幸福观概括说来,就是要通过自己的劳动创造和艰苦奋斗为他人、为人民、为人类创造和带来幸福;就是要爱国奉献,无怨无悔,就是要艰苦奋斗,无私奉献。为此,一方面要自己勤奋学习,艰苦奋斗,不断提高自己的思想道德水平、科学技术水平、身心健康水平,实现自己德智体的全面发展,并在此基础上负起自己的责任,做出自己的贡献。另一方面,为了实现自己的全面发展,做出自己的劳动贡献,社会又必须满足个人合理的生存需要、享受需要、发展需要。也就是一方面个人对社会要尽到责任,做出贡献;另一方面社会对个人要有必要的尊重和满足。前一方面也就是要提高个人对社会的价值,提高人生社会价值;后一方面也就是要提高社会对个人的价值,提高社会人生价值。两者相辅相成,缺一不

---

① 《马克思恩格斯选集》第3卷,人民出版社,1995年版第776-777页。
② 《习近平在2018年春节团拜会上的讲话》,载《人民日报》,2018年2月15日。

可。因此,人生幸福与人生价值通常是一致的,人生价值是侧重于社会的客观评价,人生幸福是侧重于个人的主观感受。在人生价值和人生幸福的两个方面中,个人对社会的责任和贡献又是主要的方面。事实上,无论社会对个人怎样尊重和满足,如果个人对社会不尽责任、没有贡献,那么,这样的人生没有价值,也谈不上真正的幸福。

三、追求幸福的正确途径

习近平说,幸福都是奋斗出来的,奋斗本身就是一种幸福。这两句话既阐明了什么是真正的幸福,也指明了追求幸福的正确途径。

幸福美满的生活,是人类共同的理想和追求。怎样营造幸福的人生,是当今人们最关心、最现实的一大课题。圣西门说过:"为人类的幸福而劳动,这是多么壮丽的事业,这个目的有多么伟大!"纳索夫说过:"真正的幸福只有当你真实地认识到人生的价值时,才能体会到。"克雷洛夫说过:"埋没在底层的人才真正值得敬重,他的一辈子辛劳、一辈子奔忙,不求声誉和光荣,只有一种思想给他鼓动,为公众利益而劳动。"苏霍姆林斯基说过:"真正的人幸福在于履行义务;对社会、政治和思想所尽的义务越多,个人也越幸福。"[1]事实上,幸福与痛苦,成功与失败,都是相生相伴、相反相成的。"如果说人生是幸福的,那么就可以同时说,人生亦是痛苦的。痛苦是幸福的土壤,幸福在痛苦中孕育诞生,幸福是于苦涩中结出的甘美果实。""痛苦甚至亦是人生的珍贵财富。只有品尝过痛苦的人,才有可能真正懂得人生存在及其幸福……;只有饱经人间沧桑折难、读透尘世沉浮变幻这部天书的人,才有资格说他真正懂得和拥有幸福。""人类历史上那些名垂青史的最伟大、最优秀人物,差不多均孕育于痛苦这个摇篮,差不多均毕业于贫困不幸这所学校。"[2]

在人的一生中,每个人都追求幸福,但是人的幸福不是天赐的,不是与生俱来的,必须依靠自己的持久不懈的努力。即使付出了极大努力,也不是每个人都能得到幸福,这里有各种主客观原因。同时,人生是一个既长期又短暂的过程,人的幸福与不幸不是一成不变的,而是在人生过程中不断动态变化的。由于人们的世界观人生观价值观幸福观不尽相同,人们的追求不同,对幸福的理解和感受也不尽相

---

[1] 王涵:《座右铭经典》,中华工商联合出版社,1997年版第49、52、53页。
[2] 高兆明:《幸福论》,中国青年出版社,2001年版第87、105、107-108页。

同。有些人身在福中不知福。有些人在艰难困苦中自强不息,奋发努力,终于改变了自己的命运,创造了自己的幸福生活。因此,人生幸福不可能从天上掉下来,也不可能由别人送过来,只能靠自己奋斗得来。一分辛劳一分才,一分耕耘一分收获。要追求真正的人生幸福,没有捷径可走,只有一条必由之路——诚实劳动,艰苦奋斗,勇于创造,乐于奉献。

第二节 决定人生幸福指数的变量

一、关于幸福指数的研究

幸福生活是人类的共同追求。学界普遍认为,人的幸福是可以定量研究的。现在不少人在研究幸福指数。其中的主要观点有:

幸福是人们对生活满意程度的一种主观感受。所谓幸福指数,就是衡量民众这种感受具体程度的主观指标数。幸福指数最早是由美国经济学家萨缪尔森提出的。他认为,幸福=效用/欲望。也就是说,幸福与效用成正比、与欲望成反比。欲望是一种缺乏的感觉与求得满足的愿望,它分为五种层次,从下至上:第一个层次是人的基本生理需要,第二个层次是安全需要,第三个层次是归属和爱的需要,第四个层次是尊重的需要,第五个层次是自我实现的需要。效用是从消费物品中所得到的满足程度,是对欲望的满足。他还把影响效用的因素分为物质财富、健康长寿、环境改善、社会公正、人的自尊五大类。英国心理学家罗斯威尔等通过长时间的研究后认为,真正的幸福可以用一个公式来表示,即幸福=P+5E+3H。其中,P代表个人性格,包括个性、应变能力、适应能力、人生观、世界观、忍耐力等;E代表生存需求,包括健康、交友状况、财富等;H代表高级心理需求,包括自尊、自我期许、雄心、幽默感等。

如果说GDP、GNP是衡量国富、民富的标准,那么,百姓幸福指数就可以成为一个衡量百姓幸福感的标准。百姓幸福指数与GDP一样重要。一方面,它可以监控经济社会运行态势;另一方面,它可以了解民众的生活满意度。可以说,作为最重要的非经济因素,它是社会运行状况和民众生活状态的"晴雨表",也是社会发展和民心向背的"风向标"。

澳大利亚心理学家库克则将幸福指数分为两种形式,一种是个人幸福指数,包括人们自己的生活水平、健康状况、在生活中所取得的成就、人际关系、安全状况、社会参与、未来保障等方面;另一种是国家幸福指数,包括人们对国家当前的经济形势、自然环境状况、社会状况、政府、商业形势、国家安全状况等多个方面的评价。

幸福指数指标分类:A 类指标:涉及认知范畴的生活满意程度,包括生存状况满意度(如就业、收入、社会保障等),生活质量满意度(如居住状况、医疗状况、教育状况等)。B 类指标:涉及情感范畴的心态和情绪愉悦程度,包括精神紧张程度、心态等。C 类指标:指人际以及个体与社会的和谐程度,包括对人际交往的满意程度、身份认同,以及个人幸福与社会和城市发展之间的关系。[1]

我国哲学家周国平研究员认为,幸福在于生命的单纯和灵魂的丰富。[2]

我国学者吕秀斌提出了一个衡量幸福的公式:$Q = 30\% Q_1 + 30\% Q_2 + 40\% Q_3$。其中,$Q$ 表示幸福总量,Q_1、Q_2、Q_3 分别表示生存、情感、成就三个需要系统的幸福量。[3]

山东省委党校邢占军教授提出了由 10 个次级指标构成的我国民众幸福指数指标体系:知足充裕体验指数、心理健康体验指数、成长发展体验指数、社会信心体验指数、目标价值体验指数、自我接受体验指数、人际适应体验指数、身体健康体验指数、心态平衡体验指数、家庭氛围体验指数。[4]

2014 年 9 月 16 日,联合国首次发布"全球幸福指数"报告。报告由纽约哥伦比亚大学地球研究所共同发布,时间跨度从 2005 年至 2011 年,调查对象是全球 156 个国家。如何衡量一国幸福感,报告有一套非常复杂的标准,这套标准包括九大领域:教育、健康、环境、管理、时间、文化多样性和包容性、社区活力、内心幸福感、生活水平等。在每个大领域下,又分别有 3-4 个分项,比如教育领域下有读写

---

[1] 幸福指数,http://www.baike.com/wiki/%E5%B9%B8%E7%A6%8F%E6%8C%87%E6%95%B0(访问时间:2017 年 3 月 1 日)。
[2] 周国平:《人生哲思录》,上海辞书出版社,2011 年版第 95 页。
[3] 吕秀斌:《幸福之道》,群众出版社,2011 年版第 136-137 页。
[4] 邢占军:《幸福指数是舶来品 不宜作为考察政绩指标》,载《济南时报》,2006 年 10 月 3 日。

能力、学历、知识、价值观等,总计33个分项。衡量标准是根据各地公民的预期寿命、对生活的满意度计算,但也考虑各地人均消耗资源量。对环境造成的污染越高,排名越低,故排名较前的几乎都是中小型国家。丹麦成为全球最幸福国度,于10分满分中获近8分,其他北欧国家也高踞前列位置。中国香港排名67,得分约5.5,中国内地则排112。最不幸福国家集中于受贫穷和战火洗礼的非洲国家,包括最低分的多哥,得分仅约3分。报告指出,较幸福国家倾向较富裕,但收入与幸福并无必然关系。以美国以例,国民生产总值(GNP)自1960年增加3倍,但幸福指数仅排名11。报告称人类生活质量不断上升,但全球过去30年的幸福指数仅微升。哥大经济学家萨克斯表示,富裕亦造成烦恼,如饮食失调、痴肥等问题,亦可能令人沉溺购物和赌博。他警告,经济增长伴随而来是更多社会问题,如失去信任、焦虑等愈加严重。总的来说,研究发现,全世界作为一个整体,在过去30年幸福程度稍有上升。但让人思考的是,为了追求经济指标,在取得所谓"进步"的同时,"人们也失去了一些本应该珍视的东西"。联合国秘书长潘基文说。① 据联合国2017、2018年全球幸福指数报告,2017年中国评分为5.273分,居第79位;2018年为5.246分,居第86位。2018年芬兰以7.632分当选全球最幸福国家。2017年高居榜首的挪威此次排名第二。2018年美国和俄罗斯分别排在第18和第59位,印度排在第133位,布隆迪以2.905分垫底。② 这些数据未必准确无误,但有参考价值。

二、人生幸福指数取决于众多变量

人生幸福指数取决于众多变量,包括个人对学业、职业、事业的满意度和幸福感,对亲情、爱情、友情的满意度和幸福感,对物质生活、精神生活的满意度和幸福感,对社会环境、自然环境的满意度和幸福感,对身体健康、自身条件和自身发展的满意度和幸福感,等等。因此,人生幸福指数是一个由众多变量决定的复杂函数。一切决定人生价值,包括人生社会价值和社会人生价值的变量都是决定人生幸福指数的变量,个体感受差异也是决定幸福指数的变量。人生幸福指数的函数大体可以表述为:

---

① 《全球幸福指数》,百度百科,https://baike.baidu.com/item/%E5%85%A8%E7%90%83%E5%B9%B8%E7%A6%8F%E6%8C%87%E6%95%B0/8774760?fr=aladdin.(访问时间:2017年8月15日)。
② 联合国发布《2018年全球幸福指数报告》,搜狐网,2018-03-22.(访问时间:2018年2月25日)

$$XF = K[R + W] = K[f(r,e,g,c,d,t,b) + f(A,B,C,D,E)]$$

其中,XF 为人生幸福指数,K 为个体感受差异即人生幸福系数,R 为人生社会价值即个人对社会所负的责任和做出的贡献,W 为社会人生价值即社会对个人合理需要的尊重和满足,r 为劳动技能、劳动熟练程度,e 为科学技术水平,g 为劳动的社会结合、分工协作、管理水平等,c 为生产资料的规模和效能,d 为自然条件,t 为劳动时间,b 为劳动符合社会需要的程度,A 为物质文明程度,B 为政治文明程度,C 为精神文明程度,D 为社会文明程度,E 为生态文明程度。

在决定人生幸福指数的这许多变量中,人生社会价值即个人对社会所负的责任和做出的贡献,与社会人生价值即社会对个人合理需要的尊重和满足是相辅相成的。一方面,个人的合理需要包括生理需要、安全需要、感情需要、尊重需要得不到社会的尊重和满足,人就无法生存,就谈不上对社会的贡献。另一方面,如果个人对社会不负起责任、做出贡献,这样的人生也就没有意义、没有价值、没有幸福可言。因此,这两方面相辅相成、缺一不可。在这两个方面中,通常是正相关的,社会对个人越是尊重和满足,越是有利于个人对社会做出贡献。而个人越是能对社会做出贡献,越是能得到社会的尊重和满足。但是在特殊情况下,这两个方面也不一定是正相关的关系。例如,马克思的合理需要并没有得到应有的尊重和满足,但是他在极其艰难困苦的条件下,做出巨大牺牲,经过艰苦探索,勇敢创新,终于有了唯物史观和剩余价值学说两大发现,把社会主义从空想变成科学,指导国际无产阶级取得了一个又一个伟大胜利,深刻改变并继续改变世界的面貌。马克思逝世 30 多年后,世界上诞生了第一个社会主义国家,随后诞生了中国共产党。中国共产党从一开始就是中国工人运动同马克思主义相结合的产物,而且始终以马克思主义为指导思想。在 20 世纪末,马克思当之无愧地被评为人类纪元第二个千年的"第一思想家"、"第一伟人"。2018 年,马克思诞辰 200 周年之际,中国共产党、中国人民和世界人民以多种方式纪念这位伟人。毫无疑问,马克思这样的人生是最伟大最高尚的人生,也是最有价值最幸福的人生。相反,王张江姚"四人帮",尽管担任中共中央重要领导职务,获得的尊重和满足是极高的了,但是他们的所作所为不是造福人民,而是祸国殃民,这样的人生还有什么价值和幸福? 也可以说,他们的人生价值是极大的负值,他们的结局只能是被钉在历史的耻辱柱上。再如,法国天才数学家伽罗华(1811——1832),是现代数学中的分支学科群论的创立者;但曾两次被捕,21 岁时死于一次决斗。他对数学的贡献是很大的,但是英年早逝,人生却是不幸的。英国物理学家斯蒂芬·威廉·霍金(1942——2018),是现代最伟大的物理学家之一,是20世纪享有国际盛誉的伟人之一。1963年,霍金21岁时患上肌肉萎缩性侧索硬化症,全身瘫痪,不能言语,手部只有三根手指可以活动。他证明了广义相对论的奇性定理和黑洞面积定理,提出了黑洞蒸发理论和无边界的霍金宇宙模型,在统一20世纪物理学的两大基础理论——爱因斯坦创立的相对论和普朗克创立的量子力学方面走出了重要一步。他对物理学的贡献是巨大的,但是长期受疾病折磨又是非常不幸的。也有一些幸运者,虽然业绩平平,贡献不大,但是由于各种幸运,生活却相当幸福。可见,人生幸福与人生价值既有相一致的情况,也有不一致的情况。

人生幸福指数除了与人生价值密切相关外,还与个人感受密切相关。有些人有基本相同的生活条件、生活境遇和生活水平,但是有的人感到很幸福,有的人感到不幸福,有的人幸福感较强,有的人幸福感较弱。因为幸福感是一种人的主观感受,与各人的人生观价值观幸福观、与各人的心态和认识能力有密切关系,所以个人差异很大。有正确的人生观价值观幸福观的人,有开朗乐观的心态和较强认识能力的人容易有幸福感,反之,则不一定有幸福感。有的人不知天高地厚,身在福中不知福。有的人在艰难困苦中,在险恶境遇中,始终保持积极乐观的人生态度,为了民族复兴和人类幸福的伟大目的,坚忍不拔,矢志不移,自强不息,艰苦奋斗,尽心尽力做出了自己的努力和贡献,这样的人生是真正有价值、真正幸福的。

第三节 决定人生幸福的几件大事

决定人生幸福指数的变量众多,从而决定人生幸福的大事也很多。社会生活、社会条件的每个变化,个人生活、个人条件的每个变化都会影响到人生幸福。从社会生活来说,国家的经济建设、政治建设、文化建设、社会建设、生态文明建设的状况,甚至国内国际形势的变化,都会影响到个人生活和人生幸福。国家兴亡,匹夫有责,国家建设是每个人都应该尽责的,但不是一般人所能决定的。个人生活是各人自己选择和决定的。从个人生活来说,人一生中也必然要遇到和处理许多大事,这些大事与人生幸福都有密切关系。中国自古以来就认为,"久旱逢甘霖,他乡遇故知,洞房花烛夜,金榜题名时"是人生四大幸事。这四大幸事关系到人的求学、就业、物质生活、精神生活、恋爱婚姻家庭生活、社会交往。除此之外,安全健康更是关系到人的生存和幸福的最根本最重要的大事。这样看来,在个人生活中决定人生幸福的大事至少包括以下八件:求学生活、从业生活、物质生活、精神生活、恋爱婚姻家庭生活、社会生活、安全状况、健康状况。决定人生幸福指数的公式比较抽象,而这八件大事,有的本身就是人生幸福的重要方面,有的与决定人生幸福指数的变量密切相关。下面就来简略探讨一下这八件大事。

一、求学生活

(一)求学生活是人生幸福的前提条件

人从出生就开始了学习过程。3岁之前,学习吃饭,学习走路,学习讲话。3岁至6岁进入幼儿园,学习唱歌,学习手工,学习集体生活。从6岁至22岁,进入小学、中学、大学,接受正规的普通教育或职业教育。据统计,我国新增劳动力平均受教育年限,2009年是12.4年,2015年达到13.3年,2020年将达到13.5年。① 再加上学龄前的学习时间,就分别是18.4年、19.3年、19.5年,大约占人均寿命的25%。大学教育将逐步普及,如果读完大学本科,大约占人均寿命近30%。如果再读几年研究生,那就要占到人均寿命的1/3左右。现代教育是终身教育,现代学习是终身学习,这样算来,人的一生中将有1/3以上的寿命花在学习上。而且现代社会进入了信息社会,进入了知识经济时代,国家与国家、个人与个人的竞争越来越成为知识的竞争、才能的竞争、综合素质的竞争。接受良好的教育,进行刻苦的学习,努力提高自己的知识、才能、综合素质,对每个人都越来越重要,对就业是如此,对婚姻是如此,对人的整个前途命运都是如此。因此,人生中的学习时间越来越长,重要性越来越大。

如果要讲人生经验或终身大事,我以为,第一条经验、第一件大事,就是要接受良好的教育,进行刻苦的学习,努力提高自己的才能和综合素质。要做到这一点,从客观上说,要靠国家教育事业的发展,教育制度的完善,教育政策的合理,教师素质的提高;从主观上说,要靠个人自己的奋发努力、刻苦学习。著名作家王蒙说:"人生最重要的是什么?一个是生存,一个是学习。"他说:"生存是不能漠视的首要问题,却又是最初步的问题。……那么紧接着的一个问题是:生存下来以后,这

---

① 《国家中长期教育改革和发展规划纲要》,载《人民日报》,2010年7月30日。

一辈子你主要做了些什么?"他的回答是:那就是学习。他说:"我是学生。""我把人生当做一个学习的过程"。他强调学习的绝对性。因为第一,它是无条件的,什么条件下都能够学习。第二,学习是从始至终的,是与生俱始,与生俱终的。第三,学习是一个人的看家本领,是人的第一特点第一长处第一智慧第一本源,其他一切都是学习的结果学习的恩泽。第四,学习是永远没有完结之日的。最后,学习是涵盖一切的。生活即学习,实践即学习,认识即学习,思想即学习。①

据调查,2010年我国居民的教育水平,文盲、半文盲占29.8%,小学占21.1%,初中占29.2%,高中占13.2%,大专以上占6.6%。全国居民自我教育期望的实现程度,超出预期的占2.4%,实现预期的占21.7%,未实现预期的占75.9%。② 也就是大多数人未能实现自己受教育的预期。调查表明,我国教育事业还有很大发展空间,教育改革和发展任重而道远。正如2014年社会蓝皮书所说:"教育梦"和"就业梦"是每一个中国人的主要梦想。同时这也是整个中国梦的重要组成部分。数据显示,中小学生家长普遍期望自己的孩子能够接受高等教育,希望孩子将来读到大学、硕士和博士阶段的家长比例分别为42.6%、13.7%和30.3%,合计达86.6%。在科教兴国、教育强国、人才强国的战略思想指引下,21世纪以来,我国教育事业有了很大发展。2015年,中国教育发展总体水平已进入世界中上行列。③ 教育的发展已经向人民的期待大大前进了一步,但与人民的期待还有不小的距离。

(二)亲身经历和人生感悟

我从1948年开始上学。1950年经两年半时间以第二名成绩顺利初小毕业。但在此后10多年的学生时代,却经历了一波三折,其中主要是在小学、中学、大学三个阶段的三次挫折。

第一次挫折是:1950年小学五年级被错误地决定留级。我读五年级第二学期时,期中考试5门功课平均99.6分。期末考试因患眼疾未能参加,本来可以补考升级,但一位老师由于不懂儿童成长规律,出于爱护我的好意,向我父母建议不要让我补考,留级一年,以免"孩子年龄小,头脑吃不消"。结果好心办坏事,不仅白

---

① 王蒙自述:《我的人生哲学》,人民文学出版社,2003年版第1、7、23、24、25-27页。
② 北京大学中国社会科学调查中心:《中国报告.民生.2011》,北京大学出版社,2011年版第97、100、101页。
③ 袁贵仁2016年3月10日答记者问,载《人民日报》2016年3月11日。

白浪费了我一年时间,而且改变了我的前途命运。其实,后来中国科技大学办了少年班,不少年龄很小的学生就进入大学学习。实践证明,教师必须德才兼备,缺一不可。

第二次挫折是:1959年高考受挫。1958年春,我父亲朱琪贤被错划为右派,致使我1959年高考受挫。1979年,兴化县商业局在《关于朱琪贤右派问题的复查改正报告》中写明:"朱琪贤,家庭出身贫民,本人成分小商。在鸣放时并不是反党反社会主义的,不应划为右派分子,应予改正。"如果在20年前能如此尊重事实,我的高考结果和前途命运将完全改变。正是:九州生铁铸大错,一场运动把终身误;天缺一角有女娲,心缺一块难再补!事实上,1957年我16岁就给刘少奇委员长两次写信,建议视察农村工作,奖励农业生产;并给教育部提出改革学制的建议。1958年,我就写出《解放创造力》一文。这都是持之有故、言之成理的。具有如此强烈社会责任感和创造精神的17岁考生不是优先录取,而是"不宜录取",这是何等冤枉啊!高考时,熟人一般以为我会报考理工类,我父亲和一位同学希望我报考医农类,而我的真正志愿是报考文史类——中国人民大学马列主义基础系,根据我的学习成绩是完全有希望录取的,但由于当时的极左政策,由于档案材料中的诬蔑不实之词,却被拒之于大学门外。过了50年之后,2009年,我参加中央党校举办的"首届中国马克思主义论坛",认识了中国人民大学高放教授,近几年来我和高放老师成了志同道合的知音。(见高放教授在《江西社会科学》2015年第7期发表的《马克思恩格斯主义双星合璧论》一文和本书封底专家点评。高放教授于2018年5月30日病逝,享年91岁。次日,中国人民大学高放同志治丧委员会专门给我发来信息告知此事。)

第三次挫折是:1961年读大学时受到学校违心的退学处理。1960年春季招生中,北京铁道科技学院录取了我。1961年9月学院被停办。其他同学都转学到另一所高校,我和胡时、崔炳霞三人因家庭政治条件转学未成。一方面学校违心地对我们作了动员退学处理,另一方面又本着对我们负责到底的精神,提请铁道部为我们分配工作。其实,有一学期期末考试,胡时的普通物理是全校第一,我的理论力学是全校第一,而且我的一次论文报告在全校也有好的影响。所以学校为我们联系转学是尽心尽力的,将我们"动员退学"实在是违心的,为我们分配工作是极端负责的。

根据我学生时代的亲身经历,面对我国教育中存在的种种问题,我认为,必须正确处理以下十个关系：

第一，必须正确处理教育与个人、与国家前途命运的关系。无论对个人、对家庭、对国家，教育都具有特别重要的作用。正如胡锦涛所说："'立身百行，以学为基。'一个人能有多大发展，能为社会作出多大贡献，很大程度上取决于这个人学习抓得紧不紧、知识基础打得牢不牢。"①也正如别林斯基所说："教育是伟大的事业：人的命运决定于教育"。② 正如洛克所说："教育上的错误比别的错误更不可轻犯。教育上的错误正和错配了药一样，第一次弄错了，决不能靠第二次第三次去补救，它们的影响是终身洗刷不掉的。"③由此可见，教育事业的健康发展关系到个人和国家的前途命运。

第二，必须正确处理教育与政治的关系。从1957年下半年起，由于政治上的极左错误，决定了教育中的极左政策。1958年国家提出"教育为无产阶级政治服务，教育与生产劳动相结合"的教育方针。所谓"教育为无产阶级政治服务"，就是为"反右派斗争"服务，为"总路线、大跃进、人民公社化三面红旗"服务，为"反右倾"服务，为"文化大革命"服务，随意停课大鸣大放，停课大辩论，停课闹革命，极大地干扰破坏了教育事业的发展，极大地伤害了一大批有才华、有创见的学校师生和优秀人才。同时又把生产劳动理解为落后的、近乎原始的体力劳动，把科技劳动和脑力劳动排斥在生产劳动之外，随意停课大炼钢铁，停课下乡支农，浪费了大量宝贵时间和教育资源。实践证明，必须正确处理教育与政治的关系。社会主义政治，应该是最先进的现代民主政治，应该有解放全人类的气魄，坚持以人为本，决不允许无法无天，任意整人害人。我们的学校应该是培养人才的摇篮，决不允许成为摧残人才的伤心地。我们的教育应该注重培养学生的社会责任感、实践能力和创造精神，决不允许摧残这种精神。我们的政治应该是教育事业兴旺发达的保证，决不允许干扰破坏教育事业的发展和年轻一代的健康成长。

第三，必须正确处理教育与经济的关系。长期以来，人们认为，经济发展是教育发展的基础，教育的发展必须依赖于经济的支撑，这是毋庸置疑的。同时我们要看到，教育部门同样是重要的生产部门，是生产最重要的生产要素——高素质劳动力的生产部门。现代经济的发展必须依靠科学技术的进步，依靠大批高素质劳动

---

① 胡锦涛：《在同中国农业大学师生代表座谈时的讲话》，载《光明日报》，2009年5月3日。
② 别林斯基：《西方资产阶级教育论著选》，人民教育出版社，1984年版第396页。
③ 洛克：《教育漫话》，人民教育出版社，1957年版第2页。

力的培养,依靠现代教育的发展。科技和教育是历史发展的根本动力。科教兴国、人才强国是重要的国家战略。因此,必须把教育放在优先发展的战略地位,必须加大对教育的投入。我国财政投入的教育经费长期偏低,直到2012年才达到GDP的4.28%;以后还要赶超世界先进水平,使这一比例提高到5%—6%。

第四,必须正确处理教育制度与学生自由发展的关系。一切教育制度都要适应学生自由而全面发展的需要。要适应学生智力发展的规律和健康成长的规律,改革和完善各项教育制度,搞好学校教育的时间组织和空间组织。

第五,必须正确处理有教无类与因材施教的关系。首先要实行有教无类、教育公平。孔子在2500年前就讲"有教无类",2500年后,在极左时期,高考中把考生分成"可录取机密专业、可录取一般专业、降格录取、不宜录取"4类,这种极左政策何其荒谬,何其害人!谁也不知道,当时的极左政策扼杀了多少人才,造成了国家多大损失!钱学森问:"为什么我们的学校总是培养不出杰出人才?"温家宝说:"要认真思考我们为什么培养不出更多的杰出人才?"①就当年的教育来说,答案就在这里:没有教育公平,摧残优秀人才,黄钟毁弃,瓦釜雷鸣,当然培养不出更多的杰出人才。其次要因材施教。每个人的个性特点、兴趣爱好、专长和优势是各不相同的,只有因材施教、扬长避短,尽可能让每个学生受到最适合的个性化的教育,才能培养出一大批有专长有创见的人才。应该力求做到教育资源配置最优化,配置效益最大化。

第六,必须正确处理德育、智育、体育的关系。教育要让学生在德智体各方面自由而全面地发展。要切实变应试教育为素质教育。长期以来中小学生课业负担过重的问题必须得到切实解决。中小学教材要删繁就简、大大压缩。要着眼于学生未来就业和生活的实际需要,致力于提高学生的生活能力、学习能力、工作能力和创新能力。

第七,必须正确处理教学与应用的关系。教和学的最终目的都是为了应用。学校的一切专业设置、课程设置、教学内容,都应该适应社会的需要和学生未来应用的需要。要坚持学以致用,要用就学,不用不学,学用一致。从以往的教育实践及其效果来看,很多人在很大程度上是学非所用,用非所学。大学生就业难,就业后专业不对口的现象相当普遍。一份对2007届大学毕业生的调查显示,上海9所

---

① 《温家宝在科技领导小组会讲话:百年大计教育为本》,载《人民日报》,2009年1月6日。

211工程院校近4成毕业生就业与专业不对口。① 作为年逾古稀的退休老人,我的人生感悟之一是,在学校中学习的东西在生活中很多都没有用,在生活中要用的东西在学校中很多都没有学。从几十年来的教育实践看,学校师生是全社会人数最多、时间最紧、工作和学习最忙、付出劳动量最大的社会群体之一。但从实践效果看,他们的忙碌很多是空忙,他们付出的大量劳动很多是无效劳动;学了许多一辈子无用的知识,做了许多一辈子无用的作业。因此,教育改革和发展的一个重要方向是调整专业设置和课程设置,压缩教材,减轻中小学生课业负担,减少教师和学生的无效劳动,实现教育效益和上学效益最大化。

第八,必须正确处理教师与学生的关系。实施素质教育首先必须提高教师素质。要培养综合素质高、创新能力强的学生,首先要有综合素质高、创新能力强的教师。教师必须德才兼备,为人师表,既要有才,更要有德;必须爱学生、爱教育、爱教学,既要做善于教书的"经师",更要做善于教人的"人师"。应该做到师生平等、尊师爱生。教师要真心诚意地为学生服务,而不能要学生为教师和学校的利益和荣誉服务。爱默森说:"教育成功的秘密在于尊重学生。"②教师应该怀着一颗深情挚爱的心,始终不渝地关心学生,爱护学生,多看学生的优点和长处;对有创见、有特长的学生尤其要加倍爱护,重点培养;决不允许任何人伤害学生、歧视学生,决不允许对学生残酷斗争、无情打击,决不允许伤害学生自尊心、危害学生前途。对培养人才一窍不通、摧残人才十分卖力的教师,要清除出教师队伍,追究法律责任。

第九,必须正确处理教学与自学的关系。学校教育要注意培养学生的学习兴趣和学习能力。就学生的成长来说,教是外因,学是内因,自学也是必要和主要的。离开学校之后,自学就更为重要。人的一生中绝大部分时间要靠自学。但是在终身学习中如何自学,学什么,怎样学,如何才能目标一贯,持之以恒,收到成效,是一个需要研究和解决的问题。茅以升根据自己几十年的经验,概括出学习研究的十六字诀:"博闻强记,多思多问,取法乎上,持之以恒。"③周国平教授指出:"天赋平常的人能否成才,在很大程度上取决于所处的具体教育环境,学校能够培养出也能够毁灭掉一个中等之才。天才却是不受某个具体教育环境限制的,因为他本质上是自己培育自己。当然,天才也可能被扼杀,但扼杀他的只能是时代或大的社会环

---

① 张骞:《四成名校生就业专业不对口》,载《新闻晚报》,2008年9月4日。
② 薛进官等:《名言大观》,文化艺术出版社,1983年版第107页。
③ 茅以升:《学习研究"十六字诀"》,见肖兰等:《人才谈成才》,中国青年出版社,1986年版第167页。

境。""教育不可能制造天才,却可能扼杀天才。""一切教育都可以归结为自我教育。学历和课堂知识均是暂时的,自我教育的能力却是一笔终身财富。经验证明,一个人最终是否成材,往往不取决于学历的长短和课堂知识的多少,而取决于是否善于自我教育。""说到底,一切教育都是自我教育,一切学习都是自学。"学校教育应该使学生第一爱上学习,做知识的恋人,第二学会学习,做知识的主人,使学生善于自己安排自己的学习。①

第十,必须正确处理一般人才培养与创造性人才培养的关系,正确处理培养人才与使用人才的关系。教育的任务是培养人才,最重要的是培养创造性人才。这是一个国家最宝贵的财富、最稀缺的人力资源。我们要培养的不是塞满知识的头脑,而是思想开阔的头脑、独立思考的头脑、锐意创新的头脑。教育的首要任务不是传授知识,而是开发智力,开发人脑。现代科学表明,人脑具有惊人的潜力。目前,人脑的运用程度仅为5%,开发程度不足20%,即使像爱因斯坦那样的科学巨匠,也只用了脑力的30%。② 联合国有关机构指出:"发达国家与落后国家的差距,实际是创造力开发的差距,要从开发创造力入手,来缩短差距,消除差距。"③现代财富的来源是人的大脑,创造力是开发宝库的金钥匙。我们要努力营造有利于各类人才创造、创新的社会氛围,提高全社会的创新意识。正如教育家陶行知所说:"人人是创造之人,天天是创造之时,处处是创造之地。"④联合国教科文组织在《学会生存》中指出:"教育具有开发创造精神和窒息创造精神这样双重力量。"⑤培养人才固然重要,发现人才、使用人才也同样重要。正如茅以升所说:"发现人才,培养人才都是非常重要的,报刊上已经谈得很多。但是,使用人才也同样重要,如有人才而不善于使用,则等于没有人才。""现在的问题是:不少地方人才被盖住了。光靠伯乐是不行的,靠伯乐还是寄希望于人治,只能发现个别人才。应该有一套健全的制度,从发现培养到使用各个环节都能保证人才队伍源源不断地成长壮大。"⑥

---

① 周国平:《人生哲思录》,上海辞书出版社,2011年版第445、447、449页。
② 黄葵萱:《中国人生哲学》,广东旅游出版社,2003年版第26—27页。
③ 泰州市科技局编写组:《创造与应用》,泰州市内部资料,2000年版第1页。
④ 黄葵萱:《中国人生哲学》,[M].广州:广东旅游出版社,2003年版第27页。
⑤ 黄葵萱:《中国人生哲学》,广东旅游出版社,2003年版第115页。
⑥ 曹一凡:《古今中外名言集》,河南人民出版社,1982年版第73页。

二、从业生活

(一)从业生活是人生幸福的中心环节

人的就业是人的衣食住行之源、安身立命之本。解决好就业问题,无论对国家、对个人都是头等大事。解决好就业问题,从客观上说,要靠国家经济的发展,靠完善的就业制度和合理的就业政策,要广开就业门路,增加就业岗位,提供就业机会;从主观上说,每个求职者要适应就业岗位的需要,掌握必要的知识技能,使主观愿望、主观需要、自身能力与客观需要、社会需要、职业需要相协调、相统一,决不能大事做不来,小事又不做,以不切实际的主观愿望代替客观现实。调查显示,最受家长欢迎的前四位职业分别是教师、医生、军人和警察、科学家和工程师,选择的比例分别占到了17.6%、15.3%、14.1%和11.8%,四类选项合计达58.8%;而选择工人、农民的比例只有1.6%,也就是几乎没有家长希望子女从事工人或农民职业。而截至2016年,我国三次产业就业构成是,第一产业占27.7%、第二产业占28.8%、第三产业占43.5%。① 也就是56.5%的人只能当工人、农民,只有不到10%的人能当教师、医生、军人和警察、科学家和工程师。由此可见,在职业选择上,人们的主观愿望与客观现实之间存在着巨大反差。人们在职业选择上不能只凭主观愿望办事,而只能从客观现实出发。

据调查,2010年,我国劳动年龄人口(16-60岁的男性和16-55岁的女性)中,工作的占57.5%,上学的占6.6%,家务劳动或无业的占17.6%,无业在找工作的占10.1%,离退休的占5.4%,身体不适合工作的占2.8%。在职工作者的职业类型,负责人占5.7%,专业技术人员占12.2%,办事人员占7.6%,服务人员占14.5%,农林牧副渔人员占48.4%,设备操作人员占9.0%,其他人员占2.6%。也就是"白领"占25.5%,"蓝领"占74.5%。工作满意度概况如下表所示(%)②:

---

① 李培林等:《2014年中国社会形势分析与预测》,社会科学文献出版社,2013年版第265-266页。
李培林等:《2018年中国社会形势分析与预测》,社会科学文献出版社,2018年版第365页。
② 北京大学中国社会科学调查中心:《中国报告·民生》,北京大学出版社,2011年版第57、59、63、70-71页。

	总体满意度	收入满意度	安全满意度	环境满意度	时间满意度	晋升满意度
非常不满意	1.7	6.9	2.0	3.3	4.0	5.6
不太满意	12.4	24.6	10.4	13.9	18.0	19.5
一般	48.1	45.3	35	40.7	34.6	58.3
比较满意	33.3	20.2	42.3	35.6	36.9	14.3
非常满意	4.6	3.0	10.3	6.6	6.4	2.4

调查表明,对工作非常满意和比较满意的人只占少数,一般的占到接近一半,其余则是非常不满意和不太满意的。我们要承认和面对现实,不能对就业满意度要求太高。特别是青年学生开始就业不能要求过高,不能把职业理想化,要使自己适应社会,而不能要求社会适应自己。开始就业,往往要从基层做起,从艰苦的工作、日常平凡的工作做起;要有一个适应过程、磨合过程。

(二)亲身经历和人生感悟

回顾我的职业生涯十分坎坷曲折,先后经历了铁路、商店、学校、工厂、党校等5个部门,走过了10个工作单位。实践证明,我对其他工作不感兴趣,只是应付而已。对教育工作有一定兴趣,也得到校长、教师、学生、学员的认可和好评。我真正感兴趣的是理论工作,也得到有关专家学者的认可和好评。1983年落实政策时,人事局长征求我对工作的意见,我提出,希望做一点理论工作,于是被分配到党校,实践证明,这是一次正确的选择。事实证明,每个人都有其长处和短处;如果都能扬长避短,对个人、对事业都是极其有益的。根据自己亲身经历,应该记取以下经验教训:

第一,要十分重视解决好就业问题。要充分认识中国人口多、底子薄的基本国情,就业问题是中国长期存在的一大难题。要树立机遇意识,珍惜每个就业机会。不要轻易放弃较好的就业机会和工作岗位。在面临就业机会和工作分配时,要慎重考虑和准确表达自己的志愿,"凡事预则立,不预则废。"自己在北京和齐齐哈尔两次分配工作时,都曾征求本人意见,都因为缺乏经验和事前考虑,而没有能慎重提出自己的要求,丧失了很好的机遇。

第二,要了解自己的长处和短处,了解职业的特点和要求,注意扬长避短,寻找适合自己的职业。要力求主观条件与职业要求尽可能相一致。人们在适合自己的岗位上就能大显身手,在不适合的岗位上就无用武之地。正如恩格斯所说:"傅立叶第一个确立了一个社会哲学的伟大原理,这就是:因为每个人天生就爱好或者喜欢某种劳动,所以这些个人爱好的全部总和就必然会形成一种能满足整个社会需要的力量。从这个原理可以得出下面一个结论:如果每个人的爱好都能得到满足,每个人都能做自己愿意做的事情,那末,即使没有现代社会制度所采取的那种强制手段,也同样可以满足一切人的需要。……接着他确立了劳动和享受的同一性,指出现代社会制度把这二者分裂开来,把劳动变成痛苦的事情,把欢乐变成大部分劳动者享受不到的东西,是极端不合理的。然后他又指出,在合理的制度下,当每个人都能根据自己的兴趣工作的时候,劳动就能恢复它的本来面目,成为一种享受。"①

第三,作为人事部门,要知人善任,尽可能尊重本人志愿。不要搞一次分配定终身,不要乱点鸳鸯谱。要尽可能考虑员工合理要求,设身处地地为员工着想。要实行双向选择,做到适才适用。

三、物质生活

(一)物质生活是人生幸福的基础条件

物质生活条件是任何人生存和发展不可或缺的条件。物质利益原则是社会主义社会中一项极为重要的原则。马克思说:"人们奋斗所争取的一切,都同他们的利益有关"。②恩格斯说:"人们首先必须吃、喝、住、穿,然后才能从事政治、科学、艺术、宗教等等。"③列宁说:"不关心个人利益,是不会得到什么结果的。"④邓小平说:"如果只讲牺牲精神,不讲物质利益,那是唯心论。"⑤司马迁也说过:"天下熙熙,皆为利来;天下攘攘,皆为利往。"⑥物质生活条件决定着个人生活的一切方面,从身心健康到恋爱婚姻家庭生活。适当重视必要的物质生活和正当的物质利益问题,是完全必要、无可非议的。这是唯物主义人生哲学中的应有之义。

---

① 《马克思恩格斯全集》第1卷,人民出版社,1956年版第578页。
② 《马克思恩格斯全集》第1卷,人民出版社,1956年版第82页。
③ 《马克思恩格斯选集》第3卷,人民出版社,1995年版第776页。
④ 《列宁全集》第36卷,人民出版社,1972年版第574页。
⑤ 《邓小平文选》第2卷,人民出版社,1994年版第146页。
⑥ 《史记.货殖列传》。

在物质生活中,吃饭无疑是第一件大事。"民以食为天",任何时候都必须十分重视解决好吃饭问题。列宁说:"饱食者对一小块面包是'冷淡'和'漠不关心'的,饥饿者在一小块面包问题上永远是'有党性的'。"① 经历过物质匮乏、生活艰辛的人才能深切感受到衣食住行物质生活的重要,才能深刻理解改革开放是决定当代中国命运的关键抉择,发展生产力是社会主义的根本任务。在物质生活上,除了吃饭问题外,住房问题也是一个极其重要的问题。以致可以说,在学业、就业、婚姻三件大事外,住房问题也是人生中的一件大事,对经历过长期住房困难的人尤其如此。可以套用列宁的话说:"有房者对一小间房屋是'冷淡'和'漠不关心'的,无房者在一小间房屋问题上永远是'有党性的'。"

(二)亲身经历和人生感悟

物质生活,是人们生活中的一件大事。在物质生活上,每个人都需要处理好衣食住行各种事务。我在物质生活上遭遇过种种困难,特别是在住房上遭遇过严重困难。除了十多年住房条件极差之外,由于父亲被错划右派,处处受人欺凌,合法房产屡遭侵权,不得不经历多次房产诉讼。由于都是正当的维权诉讼,所以没有败诉过一次;但为此付出的时间精力和代价又是极其高昂、极其沉痛的,可以说是得不偿失,在这个意义上,也没有胜诉过一次。多次诉讼本来都是不该发生的事情,但由于法制不完善,更由于一些人没有法制观念,任意侵犯公民合法权益,竟然一次又一次发生了。由此可见,依法治国很有必要。根据自己亲身经历,应该吸取以下经验教训:

第一,要把物质生活问题摆在适当位置上。人的生活必须有适当的物质生活条件,舍此,人无法生存。这是物质生活上的唯物论。人需要追求和维护自己的物质利益;但是人必须依靠自己的劳动创造去取得自己的物质利益。必须处理好生产与消费、收入与支出的关系。人的消费必须有劳动贡献界限、收入水平界限、生理界限、道德界限、法律界限。要以劳动贡献为前提,量入为出,要理性消费、科学消费,不可追求高消费,不可进行炫耀性消费、挥霍性消费,不可随意进行公款消费,不可损公肥私、损人利己。要树立科学的消费观,讲究消费的科学性、合理性。有些人嗜好烟酒,大吃大喝,不仅浪费时间、金钱,而且伤害身体。有些人不注意饮

---

① 《列宁选集》第1卷,人民出版社,1995年版第676页。

食卫生、食品营养,甚至于酗酒、吸毒,危害极大。荀子早已说过:"有尝试深观其隐而难其察者,志轻理而不重物者,无之有也;外重物而不内忧者,无之有也。行离理而不外危者,无之有也。外危而不内恐者,无之有也。……故向万物之美而盛忧,兼万物之利而盛害。如此者,其求物也,养生也?粥寿也?……夫是之谓以己为物役矣!"①这是物质生活上的辩证法。

第二,在物质生活中,吃饭是第一件大事。为了解决好吃饭问题,一定要重视农业生产和农村建设。一切工业化、城市化、现代化建设都是以农业的发展、以农业提供的商品粮为前提的。长期以来我国的城乡差别、工农差别都很大。不懂得农民、农村、农业,就不懂得中国国情。

第三,在物质生活中,住房是一件大事。要建立健全一套切合实际的住房制度,做到统筹兼顾,住有所居。在城市建设和房屋拆迁工作中,要维护好公民合法权益,不要违法拆迁,不要与民争利。不要为了财政收入,导致房地产税费过高和房价过高。房产问题是涉及各方当事人重大利益的问题,每个人都要妥善处理。既要讲亲情,讲风格,更要讲法律,讲道德。即使在父母子女之间、兄弟姐妹之间、夫妻之间、亲戚之间,都要互相尊重各人的合法权益,决不允许侵犯他人的、包括父母的合法权益。住房问题无疑是人生中的大事,但不能孤立地看待这个问题,要把住房问题放在人生问题的大系统中考虑和处理,要达到既能维护合法权益、又能与人和睦相处这样两个目的。同时,作为政府、法院要坚持依法办事,处理好公民的房产问题,维护好公民的合法权益,决不让侵权者有可乘之机。

四、精神生活

(一)精神生活是人生幸福的主导方面

我们赖以生存发展的地球经过 40 多亿年的运动发展变化,经过从无机物到有机物、生物大分子、蛋白体、低级生命、高级生命的历史发展过程,终于在数百万年前产生出最复杂最高级的生命——人类,产生出物质的最高的精华——思维着的精神。人之所以区别于其他任何物质而成为万物之灵,就在于人有自己的思维着的精神,有自己的精神生活。人类跨入 21 世纪,从总体上说,无论在世界,在中国,

---

① 章诗同注:《荀子集注》,上海人民出版社,1974 年版第 256 页。

物质生活已经相对充裕,而精神生活与此并不同步,对许多人来说,物质生活的充裕与精神生活的贫困并存。在中国部分"大款"那里,这种现象十分明显。德国哲学家叔本华指出:"人的文化对幸福的影响远超过财富对幸福的影响,人还是不断地追求财富。我们看到许多人像蚂蚁一样,整天劳劳碌碌,忙得不停以聚集财产,除了只知搞钱外,其他便一无所知。这种人的心灵空白一片,结果是对任何其他事物的影响便麻木不仁。""一般人将其一生幸福,寄托在外界事物上,或是财产、地位、爱妻和子女,或是朋友、社会等等,一旦失去了他们,或是他们令他失望,他的幸福根基也就毁坏了。换句话说,他的重心随着每个欲念和幻想而改变位置,却不把重心放在自己身上。"另外一种人则把重心放在自己身上。"一般人是很难完全投身于学术探索而且任凭此种探索充满与渗透进生命的每个角落,以致完全放弃了其他的兴趣。惟有极高的睿智力,所谓'天才'才能达到这种求知的强度,他能投入整个时间和精力,力图陈述他独特的世界观,或者用诗、或以哲学来表达他对生命的看法。因此他急需安静地独处,完成他思想的作品,所以他欢迎孤独,闲暇是至高的善,其他一切不但不重要,甚至是可厌的。""总之,这样的人生只求终其一生,每时每刻都能成为他自己。他若是注定成为整个民族的精神领袖,那么能否完美地发展心智力量至巅峰以完成精神使命,便是他幸福或不幸福的唯一标准。其他都是无关宏旨的。这就说明为什么生来具有伟大心智的人,都看重闲暇,珍视闲暇如生命。"苏格拉底视闲暇为所有财富中最美好的财富。亚里士多德也说过:"幸福存在于闲暇中"。他还说:"献给哲学的生活是最幸福的生活。"①

唯物史观认为,人首先必须吃喝住穿,然后才能从事一切。物质生活的生产方式制约着整个社会生活、政治生活和精神生活的过程。② 这是人生的唯物论。但是,如果人只有物质生活,而没有精神生活;只追求吃喝玩乐,而没有理想追求,就只能是平庸的生活,甚至是寄生虫的生活、动物般的生活。马克思说:"吃、喝、性行为等等,固然也是真正的人的机能。但是,如果使这些机能脱离了人的其他活动,并使它们成为最后的和唯一的终极目的,那么,在这种抽象中,它们就是动物的机能。"③居里夫人说:"我们必须吃、喝、睡觉,必须玩乐、恋爱,接触生活中最甜蜜的东西,但是不应该受它们的支配,……在我们可怜的头脑中占优势的,必须是一个

---

① 《叔本华人生哲学》,九州出版社,2006年版第7、22-23页。
② 《马克思恩格斯选集》第2卷,人民出版社,1995年版第32页。
③ 《马克思恩格斯全集》第42卷,人民出版社,1979年版第94页。

终身全力追求的崇高理想。"①孟子说："人之有道也，饱食暖衣，逸居而无教，则近于禽兽。"②这是人生辩证法。因此，我们应该把物质生活和物质利益问题放在适当的位置上。人有获得物质利益、维持物质生活的权利，也就有创造物质财富或精神财富的义务和责任。因此，应该把社会对个人的尊重和满足与个人对社会的责任和贡献两个方面统一起来，并且力求使自己的贡献大于索取，生产大于消费，在履行社会责任、满足社会需要的过程中实现自身利益、满足自身需要。人类已经超越了动物界，但是有些人的思想境界还停留在动物界。人类已经超越了奴隶社会，但是有些人的思想还停留在奴隶社会，有些人是吃喝的奴隶，有些人是好色的奴隶，有些人是贪财的奴隶，有些人是野心的奴隶，有些人是权力的奴隶。荀子早在2000多年前就告诫人们："人苟生之为见，若者必死；苟利之为见，若者必害；苟怠惰偷懦之为安，若者必危；苟情说之为乐，若者必灭。"③张载认为：人生在世，应该能"为天地立心，为生民立命，为往圣继绝学，为万世开太平。"魏源认为："立功、立德、立言、立节，谓之四不朽。"④

周国平教授认为："幸福就在于生命的单纯和灵魂的丰富，道德在于生命的善良和灵魂的高贵。""一个专注于精神生活的人，物质上的需求必定是十分简单的。因为他有重要得多的事情要做，没有工夫关心物质上的区区小事；他沉醉于精神王国的伟大享受，物质享受不再成为诱惑。""正是与精神的快乐相比较，物质所能带来的快乐显示出了它的有限，而唯有精神的快乐才可能是无限的。因此，智者的共同特点是：一方面，因为看清了物质快乐的有限，最少的物质就能使他们满足；另一方面，因为渴望无限的精神快乐，再多的物质也不能使他们满足。""人与人之间最重要的区别不在物质上的贫富，社会方面的境遇，是内在的精神素质把人分出了伟大和渺小，优秀和平庸。"⑤

崔自铎教授说："人，是能劳动、擅创造的生物。""说人的本质是劳动和实践，把人和高等动物分开了；说人的本质是社会关系，把劳动者和剥削者分开了；说人的本质是创造，则把一般劳动者和创造性劳动者分开了。""人生的光环，最集中、

---

① 曹一凡：《古今中外名言集》，河南人民出版社，1982年版第89页。
② 姚新中、焦国成：《中西人生哲学比论》，中国人民大学出版社，2001年版第50页。
③ 章诗同注：《荀子简注》，上海人民出版社，1974年版第204页。
④ 英炜：《人生价值哲学》，中华工商联合出版社，2007年版第29、54页。
⑤ 周国平：《人生哲思录》，上海辞书出版社，2011年版第95、19、85页。

最突出地表现在他的创造力上。""人生的亮点,只能是创造。""人生的真谛不是活着,而是创造。故曰:我创造,故我在。""人生可能有两大遗憾:一是只有生命,而无人生;二是只有人生而无创造。""人生最大的快乐是奉献;人生最大的幸福是创造;人生最大的财富是健康;人生最大的敌人是自满;人生最大的罪过是贪婪;人生最大的破产是堕落;人生最大的愚蠢是自杀;人生最大的错误是自弃;人生最大的礼品是爱心;人生最大的债务是白活。""没有创新的人生是贫困的人生。""天才意味着创造,天才的本质是创造。""人间最伟大的能力是创造力。""皇帝、总统成千上万,但创造大师却凤毛麟角。""创造新人和新的人生的事业,是世界上最辉煌、最壮丽的事业。""模仿千次,不如创造一次。""创造是延长生命的最佳途径。"①

(二)亲身经历和人生感悟

在半个多世纪的人生之旅中,我始终是重精神生活,轻物质生活。也许是种瓜得瓜的因果关系,50多年来,从总体上说,我的物质生活相当贫困,但精神生活却相当充实,始终坚持"我以我心求真理,我以我血荐轩辕"的初衷和理想。我的理想是从1954年读初中时学习宪法草案和第一个五年计划草案并耳闻目睹当时的建设成就开始萌生的。当时的民主政治和建设成就使我深感政治的重要,政治好,一切都会好,由此开始关心国家大事。1956年购买并阅读华岗编著的《辩证唯物论大纲》,这正是"十有五而志于学"。1960年代初的经济、政治和社会处境,使我觉得有必要用冷静的眼光来看待自己的生活处境和自己的相互关系,用发展了的剩余价值学说来阐明自己的人生观和价值观。于是在1964年起草了约10万字的《生命的代数学》。1966年11月写《艰难曲折又五年》的小结时,明确立下了"探讨革命理论,做好日常工作"的志向。这正是"三十而立",准确地说是"二十五而立"。在几十年的坎坷人生中,是建国初期的建设成就使我对祖国的未来抱有信心;是在逆境中良师益友对我的关怀、信任和支持使我相信:"人间自有真情在,世上毕竟正气多";是马列著作的博大精深、精彩纷呈,使我坚持"博学之,审问之,慎思之,明辨之,笃行之";是这样的实践经验和理论学习,树立了我的理想信念和精神支柱,支撑着我"咬定青山不放松,立根原在破岩中;千磨万击还坚劲,任尔东西南北风"。我年逾古稀的人生感悟之一是:有精神支柱和精神追求的人是真正幸福

---

① 崔自铎:《生活哲学》,中共中央党校出版社,2003年版第39、40、44、46、47-48、150-154页。

的;没有精神支柱和精神追求的人是真正可悲的。在精神生活方面,我的体会是:

第一,人的精神生活极其重要,人的一生应该十分重视精神生活。有无精神生活是人与动物的根本区别;有无高尚的精神生活是人格高尚与低俗的根本区别,是人生价值高低、人生意义大小、人生幸福与否的根本区别。充满阳光、充满希望的精神生活是人的精神支柱,对人的心情、人的健康、人的寿命、人的一生具有特别重要的积极意义。听我父母说,由于我在北京读大学,他们在1960年、1961年生活再艰苦,境遇再险恶,也满怀信心、满怀希望;否则,是否能挺过那些经济极度困难的岁月,都无法想象,更难以想象我父亲——一个被错划右派、遭遇种种歧视和折磨的人能健康长寿,活到99岁。所以人的精神支柱十分重要。

第二,人的精神生活中最重要的是要有符合社会现实需要和社会发展规律的理想信念,有高尚的理想、生活的梦想、坚定的志向。人只有确立了崇高理想,才能有正确的前进方向和强大的前进动力。理想专指人生的目标、方向、志向,除此之外,还包括为达到目标的决心和勇气。王守仁说:"志不立,天下无可成之事。"立志,就是树立自己的理想,确定今后奋斗的方向。苏轼说:"古之立大事者,不惟有超世之才,亦必有坚忍不拔之志。"①历史证明,"几乎所有的成功者和伟人都很早立下远大志向。……立志就是确立目标和理想。……立志是成功的前提,大部分成功者都有明确的目标。哈佛大学曾经做过一个非常著名的关于目标对人生影响的跟踪调查。调查的对象是一群智力、学历、环境等条件都差不多的大学毕业生。其中27%的人没有目标,60%的人目标模糊,10%的人有清晰但比较短期的目标,3%的人有清晰而长远的目标。25年后,3%的人,几乎都成为社会各界的成功人士;10%的人,短期目标不断得到实现,成为各个领域中的专业人士,大都生活在社会的中上层;60%的人,他们安稳地生活与工作,几乎都生活在社会的中下层;剩下的27%,他们的生活没有目标,过得很不如意,并且常常抱怨这个'不给他们机会'的世界。""立志是人生的头等大事,无志则无灵魂。一个志向坚定的人,无论遭受到什么样的横逆和挫折,他的精神永远不倒。只要机遇一来,他总会成就一番事业,……'少有大志'者,多半都有所成就,至少是一个生活得精彩的人。"由此可见,"做人的第一件事就是立志。庸人之所以平庸,大都不是因为低能,而是因为无志。人因为梦想而伟大。人生不能没有志向,志向是生活的路标。……理想是人

---

① 肖兰等:《人才谈成才》,中国青年出版社,1986年版第35、17页。

生的灯塔,生活的太阳,成功的前提。"①

第三,人的理想不是天生的,是从生活实践中产生,又对生活实践具有重大反作用的。理想必须合理,合理必须现实。理想源于现实,高于现实,是现实的升华。理想是未来的现实,现实是理想的立足点、出发点。理想不能脱离现实,必须符合现实情况、现实需要,必须符合自己的主观条件和客观条件。否则只能是无法实现的空想、幻想,只能与现实闹别扭。理想必须是科学的、高尚的,必须符合社会发展规律,符合广大人民利益。

第四,实现理想必须付诸行动,必须依靠长期努力。在通往理想的道路上必须有坚定的信心、决心、恒心,有坚忍不拔、百折不挠、万难不屈的精神,有大无畏的创造精神和献身精神。实现理想,成就事业,必须不怕苦,不怕难,不怕错,不怕败,不怕压,不怕死。孟子说:"故天将降大任于斯人也,必先苦其心志,劳其筋骨,饿其体肤,空乏其身,行拂乱其所为,所以动心忍性,增益其所不能。"司马迁说:"盖文王拘而演《周易》;仲尼厄而作《春秋》;屈原放逐,乃赋《离骚》;左丘失明,厥有《国语》;孙子膑脚,《兵法》修列;不韦迁蜀,世传《吕览》;韩非囚秦,《说难》《孤愤》;诗三百篇,大抵贤圣发愤之所为作也。"培根说:"奇迹多在厄运中出现的。"巴尔扎克说:"苦难是人生的老师。"别林斯基说:"不幸是一所最好的大学。"贝多芬说:"卓越的人一大优点是:在不利与艰难的遭遇里百折不挠。"②古今中外许多人都是"艰难困苦,玉汝于成"。"宝剑锋从磨砺出,梅花香自苦寒来。"

第五,独立思考,追求真理,是一种崇高的理想,是一种造福人类也造福自己的远大志向。屈原写道:"路漫漫其修远兮,吾将上下而求索。"哥白尼说:"人的天职在勇于探索真理。"笛卡儿说:"要以探求真理为毕生事业。"布鲁诺说:"为真理而斗争是人生最大的乐趣。"③同时,追求真理也是一条充满艰难险阻的道路,往往要付出极大的努力和巨大的代价。正如马克思所说:"在科学上没有平坦的大道,只有不畏劳苦沿着陡峭山路攀登的人,才有希望达到光辉的顶点。"④追求真理,认识真理是一个长期的艰难险阻的过程;一种真理要得到社会的承认可能是一个更加长期的艰难曲折的过程。即使是马克思主义真理,至今在世界上很多国家很多人

---

① 田鹏:《人生大哲学 生活小哲理》,朝华出版社,2010年版第2-5页。
② 薛进官等:《名言大观》,文化艺术出版社,1983年版第129-131、153页。
③ 薛进官等:《名言大观》,文化艺术出版社,1983年版第21页。
④ 马克思:《资本论》第1卷(法译本),中国社会科学出版社,1983年版第1页。

也未予以承认；更不用说默默无闻的小人物的观点了。事实证明，无论是否得到社会承认，真理终究是真理。1957年，我两次写信给刘少奇委员长，建议视察农村工作，奖励农业生产，如果当时中央能够采纳一个16岁中学生的建议，或许不会发生后来的大跃进、人民公社化和随后的三年经济困难。1958年，我写出《解放创造力》一文，但无人注意、理解和重视，直到2015年中央把创新列为五大发展理念之首，才受到人们真正重视。1995年我在《求是内部文稿》以封面要目文章发表《谈谈我国公款消费问题》，提出不少控制公款消费的意见和建议，但未能引起人们的重视，直到2012年中央做出八项规定，才认真解决这个问题。如能早10多年解决这个问题，可为国家节约数万亿元。我自己的某些意见、建议和观点，长期得不到社会承认，但几十年后，历史证明我正确。包括那些曾经误解我的人也终于承认我正确，并支持我的研究工作，祝我"老有所为，老仍先知先觉"。正是："莫道前路无知己，天下谁人不识君？"

第六，一个人追求真理、实现理想，固然要靠自己的主观努力，同时也要靠优越的社会环境和正确的方针政策。作为以马克思主义为指导思想的社会主义国家，应该坚定贯彻执行百花齐放、百家争鸣的方针和尊重劳动、尊重知识、尊重人才、尊重创造的方针。应该鼓励人们破除迷信、解放思想、探索真理、进言献策。应该尊重群众首创精神，倾听不同意见。马克思曾经严厉批评普鲁士的书报检查制度，他说："你们赞美大自然悦人心目的千变万化和无穷无尽的丰富宝藏，你们并不要求玫瑰花和紫罗兰发出同样的芳香，但你们为什么却要求世界上最丰富的东西——精神只能有一种存在形式呢？"[①]近14亿人口的大国，听到不同声音是正常的；如果鸦雀无声，万马齐喑，听不到不同声音，那是极不正常、需要警惕的。

五、恋爱婚姻家庭生活

（一）恋爱婚姻家庭生活是人生幸福的重要条件

1. 关于恋爱

恋爱婚姻家庭问题历来被人们视为终身大事。爱情是人类感情中最圣洁、崇高的感情，是一对男女基于共同的生活理想，在各自内心中形成的最真挚的仰慕，

---

① 《马克思恩格斯全集》第1卷，人民出版社，1956年版第7页。

并渴望对方成为自己终身伴侣的最强烈的感情。在爱情中,不仅要以互相爱慕为前提,以结为终身伴侣为要求,而且要达到感情的纯真、炽烈、专一,特别是相互之间要具有高度的责任感和自我牺牲精神。爱情要以履行责任来衡量。只有高度的责任感和自我牺牲精神,才能体现出爱情的高尚和神圣,才能保持爱情的稳定和持久,使爱情成为激励人生进取的力量。① 爱情能激发人的进取心和创造热情,反映人的思想境界和道德品质。哲人云:爱就是成为一个人。其中蕴含了:爱情使人更加全面、深刻地理解人性;爱情的力量会改变一个人;爱情使人热爱生活,追求生活理想。因此,爱情对充实、完善、激励人生具有特殊的意义。② 美好的爱情要经历一个萌芽、开花和结果的过程。男女双方培育爱情的这个过程,就称之为恋爱。

　　真正的爱情是纯洁高尚、妙不可言的,是令人朝思暮想、魂牵梦萦的,是铭心刻骨、令人难忘的。任何金钱、"爱钱"在它面前都显得低贱、渺小。正因为如此,这种纯洁高尚的爱情,不计个人利害得失的爱情,也是最难得的。万两黄金容易得,人间知己最求难。而真正相知、倾心相爱的男女知己无疑就更加难求了。周国平教授说:"爱情和事业是人生幸福的两个关键项。爱着,创造着,这就够了。其余一切只是有了更好、没有亦可的副产品罢了。""爱情不论短暂或长久,都是美好的。""不要以成败论人生,也不要以成败论爱情。现实中的爱情多半是失败的,不是败于难成眷属的无奈,就是败于终成眷属的厌倦。然而,无奈留下了永久的怀念,厌倦激起了常新的追求,这又未尝不是爱情本身的成功。说到底,爱情是超越于成败的。""未经失恋的人不懂爱情,未曾失意的人不懂人生。"③

　　爱情是最重感情的,也是最重理智的;是一种宝贵的权利,也是一种严肃的义务,一份沉重的责任。爱情与世界上一切事物一样,不光会有甜蜜和幸福,也会有痛苦和不幸;不光会有利,也会有害;不光会有得,也会有失,而且是关系到人的终身的重大利害得失。在这个意义上,爱情也是一把双刃剑。恋爱是具有风险的,很多人会因感情而使生活变得更加精彩,但是由于感情而受苦并且后悔的人也不在少数,有人因爱情而进入一个崭新的世界,也有人因为一段错误的爱情而失去了一切幸福。因此,开始恋爱的时候,一定要慎重。爱情,刻骨铭心的也好,生死相许的也好,无论当初怎样的激情,一旦步入婚姻的殿堂,都会被柴米油盐酱醋茶给磨没

---

① 宋希仁:《人生哲学导论》,山西教育出版社,2004年版第178-179页。
② 李萍、钟明华:《人生修养导论》,中山大学出版社,1997年版第189页。
③ 周国平:《人生哲思录》,上海辞书出版社,2011年版第96、185、190页。

的,剩下的就是平平淡淡的生活。①爱情是幸福与不幸、甜蜜与痛苦、激情与平淡的辩证统一。斯特林堡说:"最美好的,也是最痛苦的就是爱情!最高贵的,也是最低贱的就是婚姻和家庭!"②

尽管爱情是圣洁、崇高的感情,但是,自古以来直至今天,婚姻都不一定是由爱情决定的。恩格斯指出:在阶级社会中,婚姻都是由当事人的阶级地位来决定的,因此总是权衡利害的婚姻。在整个古代,婚姻都是由父母为当事人缔结的,当事人则安心顺从。古代所仅有的那一点夫妇之爱,并不是主观的爱好,而是客观的义务;不是婚姻的基础,而是婚姻的附加物。现代的性爱,同古代人的单纯的性要求,同厄洛斯[情欲],是根本不同的。第一,性爱是以所爱者的对应的爱为前提的;第二,性爱常常达到这样强烈和持久的程度,如果不能结合和彼此分离,对双方来说即使不是一个最大的不幸,也是一个大不幸。最后,对于性关系的评价,产生了一种新的道德标准,人们不仅要问,它是婚姻的还是私通的,而且要问:是不是由于爱和对应的爱而发生的?结婚的充分自由,只有在消灭了资本主义生产和它所造成的财产关系,从而把今日选择配偶还有巨大影响的一切附加的经济考虑消除以后,才能普遍实现。到那时,除了相互的爱慕以外,就再也不会有别的动机了。如果说只有以爱情为基础的婚姻才是合乎道德的,那么也只有继续保持爱情的婚姻才合乎道德。新一代男子一生中将永远不会用金钱或其他社会权力手段去买得妇女的献身;而这一代妇女除了真正的爱情以外,也永远不会再出于其他某种考虑而委身于男子,或者由于担心经济后果而拒绝委身于她所爱的男子。③恩格斯的精辟论述对于我们正确认识和处理爱情问题具有指导意义。

2. 关于婚姻

婚姻,是男女两个人共同生活的社会形式,是家庭的基础,是由一定时代的社会制度和法律认可的社会关系。爱情的产生比婚姻晚得多。在现代,"恋爱婚姻被宣布为人权,并且不仅是男子的权利,而且在例外的情况下也是妇女的权利。"④但是,在理论上和法律上承认恋爱自由、婚姻自由是一回事,在实际上能否实现这种自由又是一回事。从"反右"到"文革"的20年中,人被分成三六九等,分为"左中

---

① 韩雪菲:《人生的忠告》,新世界出版社,2010年版第175、211页。
② 王涵:《座右铭经典》,中华工商联合出版社,1997年版第368页。
③ 《马克思恩格斯选集》第4卷,人民出版社,1995年版第69、74-75、80、81页。
④ 《马克思恩格斯选集》第4卷,人民出版社,1995年版第79-80页。

右"、"红五类"、"黑五类",分为城镇户口、农村户口,单位被分为全民、集体、大集体、小集体,身份被分为干部、职工、正式工、合同工、临时工。人与人之间都变成了"阶级关系"、等级关系,没有真正的恋爱自由、婚姻自由可言。由于种种原因,有些男女青年即使相知相爱也无法成婚;有些男女青年即使没有爱情也只好凑合成婚。改革开放以来,恋爱自由和婚姻自由得到一定程度的实现,但是在很大程度上依然是计较利害的婚姻。因此,现实的婚姻通常是主观条件与客观条件综合考虑、爱情关系与金钱关系兼而有之的婚姻,至于两种因素所占比重在不同恋爱婚姻关系中则有所不同。在这种情况下,少数家庭由于感情的变化或经济条件的变化,导致家庭关系不和谐、不稳定的情况屡见不鲜。

爱情与婚姻既有密切联系,又有严格区别。爱情是婚姻的基础,也是婚姻持续和美满的保证。婚姻是爱情的结果,也是相知相爱相伴的必要形式和法律保证。爱情与婚姻的结合和统一是双方当事人的终身幸福;反之,爱情与婚姻的割裂是双方当事人终身的不幸。同时,婚姻与爱情又有严格区别:第一,爱情是一对男女内心中互相倾慕的最真挚的强烈感情,它具有成为婚姻的可能性,而不是婚姻的现实,不受法律的保护。婚姻则是男女两性结合的一种社会现象,是由法律或社会制度认可的社会关系,受一定的法律保护。第二,爱情是必须以所爱者相爱为前提的,婚姻则不都是以此为前提的。第三,爱情仅仅是两个人的事,婚姻则是关系到两个家庭的事。既然爱情与婚姻有严格区别,由于种种主客观原因,恋爱中的男女,不一定能如愿以偿地结婚,有时会失恋。失恋对一方或双方会是一次严重的精神打击和感情危机,每个人都要经得起失恋的打击、痛苦和考验。失恋时要做到失恋不失德,就是不要报复、伤害对方。要善于换位思考,由恋爱到失恋,总会有某种主观或客观的原因,有时是因为对方有正当的理由或者难言的苦衷,有时是因为家庭的或社会的原因,要能够理解和谅解,聚散都是缘,离合总关情,有的可以正常相处,有的可以好聚好散。同时要做到失恋不失志。"三军可夺帅也,匹夫不可夺志也。"恋爱、婚姻在人生中固然是重要的,但并非是最重要的,更不是唯一的。志存高远的人在自己的一生中都会有许多重要的事情去做,不必在失恋中泥足深陷,不能自拔。

从中国人的婚姻状况来看,国内存在不同看法,最早一些学者提出了"中国人的婚姻是高稳定低质量"或"60%的婚姻是凑合型"的观点。王玲等人对广州地区中年夫妇的婚姻状况调查表明:广州市中年人婚姻现状不容乐观,一方或双方对婚姻不满意者占总调查户数(夫妇双方)的40%,双方皆不满意者占16.23%。双方的相互关系属于低质量的占22%,中等质量的达75%,而达到高标准美满境界的只占3%。① 调查显示:农村女性中仅0.7%选择农村男青年为理想伴侣。② 有学者指出:"在现代化社会,人们仍然需要家庭这个港湾,'无家可归'的人,无'家籍'的人,其人生也难以幸福和圆满。现代幸福人,是'社会人',也是'家庭人'。"③因此,每个未婚青年都要积极慎重地处理好婚姻问题。

3.关于家庭

家,是一个提起就温馨,想起它就令人神往的字眼;家,是每个人最熟悉的地方。那里有我们最亲爱的家人,最心爱的东西。你可以在那里得到没有理由的关心和爱护,家庭能够给你强大的力量,支撑你面对困境。因此,我们要用心守护这个一切幸福的发源地,因为它的存在,我们才得以感受到生命的美好。④ 家庭生活是人生的基本内容之一。家庭作为以血缘亲情为纽带的生活共同体,具有多方面的职能,如组织家庭成员共同生活、获取物质生活资料、延续家族人口、进行家庭成员教育,以及参与社会活动等。这五种职能表明家庭是社会的一种基本单位。⑤

家庭是夫妻、父母、子女生活的共同体,是社会的细胞,是人生活的港湾,欢乐的源泉,可靠的后方。家庭是社会的核心。马卡连科说:"家庭是社会的一个天然的基层细胞,人类的美好生活在这里实现,人类胜利的力量在这里滋长,儿童在这里生活着,成长着,——这是人生的主要快乐。"纳索夫说:"人生真正的幸福和欢乐浸透在亲密无间的家庭关系中。"⑥家庭关系是人际关系中最亲密、最重要的关系。家庭关系中首先是夫妻关系,双方要互敬、互爱、互信、互助、互谅、互让、互勉、互学。父母子女关系是最亲密的血缘关系,必须尊老爱幼,父慈子孝。中国人自古崇尚孝道,"百善孝为先"。一个连父母都不孝顺的人,怎么能指望他(她)善待其他人?兄弟姐妹关系是又一种亲密的血缘关系,要互爱、互助。亲戚关系是家庭关系的延伸,是血缘关系、姻缘关系联结起来的亲密关系,是最可互信、互助的社会关系。生儿育女是家庭的主要功能之一,是人类生生不息、持续发展的保证,是每个

---

① 程灶火等:《中国人的婚姻质量状况》,载《中国临床心理学杂志》,2005年第3期。
② 顾敏、郁芬:《剩男,一个更需要关注的社会问题》,载《新华日报》,2011年2月25日A6版。
③ 相树华、刘明福:《中国婚恋危机》,中国广播电视出版社,2011年版序言二第2页。
④ 韩雪菲:《人生的忠告》,新世界出版社,2010年版第209页。
⑤ 宋希仁:《人生哲学导论》,山西教育出版社,2004年版第180页。
⑥ 王涵:《座右铭经典》,中华工商联合出版社,1997年版第349、350页。

人的生命之源,也是每个人的历史责任,又是一项长期、艰巨、复杂的劳动。任何人不应该因为贪图享受而拒绝生育,不能宁可养宠物也不养子女。家庭为了每个成员的衣食住行有大量烦琐的日常平凡的做不完的家务劳动。家庭成员在力所能及的范围内要分摊家务劳动,进行适当的因人制宜的分工协作。

家庭关系是最亲密的关系,也是最复杂、最容易产生矛盾的关系,"家家有本难念的经"。由于现阶段生产力和生产关系发展状况的限制,由于物质和文化水平的限制,由于经济的贫困,或者是思想的贫困,或者两种贫困同时存在,有些人家庭经济困难,家务琐事繁多,个人修养欠缺,思想分歧严重。在这种情况下,在家庭关系上的一系列矛盾和纠纷是容易发生而又不容易解决的。有些人常常为一些家务事闹得不可开交,严重影响工作、生活、思想情绪和身心健康。过去说"清官难断家务事",有些家务事确实成了难以解决的老大难问题。康有为曾经写道:"故凡中国之人上自簪缨诗礼之世家,下至里巷蚩氓之众庶,视其门外,太和蒸蒸;叩其门内,怨气盈溢,盖凡有家焉无能免者。虽以万石之家规,柳氏之世范,其孝友之名愈著,则其闺闼之怨愈甚。盖国有太平之时而家无太平之日,其口舌甚于兵戈,其怨毒过于水火,名为兄弟娣姒而过于敌国,名为妇姑叔嫂而怨于路人。……都中国四万万之人,万里之地,家人之事,惨状遍地,怨气冲天。虽以数口之家灶下之婢述其曲折,皆成国史;写其细致,可盈四库,史迁之笔不能达其冤愤,道子之画不能绘其形相,累圣哲经子语录格言而不能救,备天堂地狱变相惨乐而不能化。"[①]鉴于恋爱、婚姻、家庭问题是每个人的终身大事,每个人都要尽可能处理好这个问题。

习近平强调注重家庭,注重家教,注重家风。他指出:

> 中华民族历来重视家庭。正所谓"天下之本在家"。尊老爱幼、妻贤夫安,母慈子孝、兄友弟恭,耕读传家、勤俭持家,知书达理、遵纪守法,家和万事兴等中华民族传统家庭美德,铭记在中国人的心灵中,融入中国人的血脉中,是支撑中华民族生生不息、薪火相传的重要精神力量,是家庭文明建设的宝贵精神财富。
>
> 无论过去、现在还是将来,绝大多数人都生活在家庭之中。我们要重视家庭文明建设,努力使千千万万个家庭成为国家发展、民族进步、社会和谐的重

---

① 康有为:《大同书》,上海古籍出版社,1956年版己部:去家界为天民 第一章 总论。

要基点,成为人们梦想启航的地方。这里,我给大家提几点希望:

第一,希望大家注重家庭。家庭是社会的细胞。家庭和睦则社会安定,家庭幸福则社会祥和,家庭文明则社会文明。

第二,希望大家注重家教。家庭是人生的第一个课堂,父母是孩子的第一任老师。广大家庭都要重言传、重身教,教知识、育品德,身体力行、耳濡目染,帮助孩子扣好人生的第一粒扣子,迈好人生的第一个台阶。

第三,希望大家注重家风。家风是社会风气的重要组成部分。家庭不只是人们身体的住处,更是人们心灵的归宿。家风好,就能家道兴盛、和顺美满;家风差,难免殃及子孙、贻害社会,正所谓"积善之家,必有余庆;积不善之家,必有余殃"。①

(二)亲身经历和人生感悟

恋爱婚姻家庭生活无疑是人生中的一件大事。就我自己来说,在学生时代,由于总感到教学进度太慢,不关心学校生活而较早关心国家大事,考虑到一些同龄人想不到的社会问题,并有自己独到的见解,有些见解经实践证明是正确的,以致自视甚高,对恋爱婚姻问题的解决也比较自信,乃至过于理想化,总想找一个勇于创新、志同道合的伴侣。但是在强调做驯服工具、人们不能畅所欲言、动辄以言治罪的时代背景下,有多少人能够独立思考、勇于创新呢?学生时代虽然也遇到过疾风知劲草、患难见真情的女同学,但是历史让我们有幸相识,也让我们分道扬镳。此后也有几次机遇,由于种种原因,没有很好把握。1967年,处于"文化大革命"高潮之中,在刘文俊、刘永年父子的关心帮助下,经刘文俊的一个学生介绍,开始认识兴化针织厂高庆华。经过半年多相处,感到她心地善良、忠实可靠。双方在1968年五一劳动节订婚,至同年国庆节结婚。结婚50年来,我们白手起家,自力更生,把一双儿女养育成人。我们虽然有各自的个性特点(包括优缺点),但多方面都有较好的互补性。刻苦耐劳、勤俭持家是她的最大优点。根据自己亲身经历,在恋爱婚姻家庭生活方面有以下人生感悟:

第一,必须适时适当地处理好恋爱婚姻这件终身大事。为此,必须做到:

---

① 《习近平谈治国理政》第2卷,外文出版社,2017年版第353–355页。

1. 慎重考虑,不能轻率从事。婚姻大事,涉及男女双方多方面的主客观条件、多方面的知识和能力,真正处理好不容易。正如我母亲所说:"世上人很多,一个(合适的对象)就难找。"人生的道路是漫长的,但关键的就是几步,其中处理好婚姻大事就是关键的一步,务必慎之又慎,好自为之。不要以感情以外的各种因素凑合成婚。没有什么事情值得以爱情、婚姻为代价而违心地去凑合。

2. 从各方面打好基础,为解决好婚姻大事创造主客观条件。一是打好知识基础,不只是从学校学到的知识,还有与恋爱婚姻家庭和社会生活相关的各种知识;二是打好经济基础,解决好工作问题,创造物质条件;三是打好思想基础,做好精神准备,包括树立对配偶、子女、家庭的责任意识。

3. 恋爱、结婚应该掌握适当的时机,不宜过早过迟。人生是有限的,婚姻生育都应该掌握适当时机。要有时机观念和机遇意识。有些机遇,机不可失,时不再来,稍纵即逝。

4. 必须知己知彼,适度地掌握择偶标准。最好当然是能找到德智体美劳综合素质较高的人,但是,金无足赤,人无完人。正如一句拉丁美洲谚语所说:谁想没有缺点的朋友,他就没有朋友。同样,谁想没有缺点的爱人,他就没有爱人。因此,择偶标准要适度、合理。

5. 必须正确对待父母和子女的意见。在子女恋爱婚姻问题上,父母与子女的意见无论相同或不同,根本目的和根本利益是一致的,应该互相尊重、互相沟通、互相协商。父母不要包办,子女不要任性。

6. 恋人、配偶之间必须求同存异、互相宽容、互谅互让。人非圣贤,孰能无过,人都会有缺点和不足。人与人之间都会有差别,有分歧,有矛盾。恋爱、婚姻之所以能维持下去,就在于能承认差别,不断化解分歧和矛盾,这正是恋爱、婚姻的生命力所在;否则,就会导致解体和不幸。

第二,必须处理好家庭关系。这里包括夫妻关系、父母子女关系、兄弟姐妹关系以及由此派生的亲戚关系。这是一种最亲密最重要的关系,也是一种最复杂最容易发生矛盾的关系。要以亲情为重,求同存异,和睦相处。要注重家庭美德,讲究孝道,尊老爱亲。不能啃老,不能侵犯父母的合法权益,不能做背叛亲人、亲痛仇快的事情。

第三,必须学会家务劳动。这是每个人必备的基本生活技能。不学会家务劳动将会带来多方面生活困难。我父亲能经得起被错划右派后的精神折磨和劳动折磨,能坚强地活到99岁,与他从小从事各种劳动、包括家务劳动,直到老年基本上都能生活自理有很大关系。

第四,必须负起家庭责任。言行举止要想到全家的利益,对全家老小负起责任。作为家长或家庭成员,每个人都不仅要考虑到自己的安危,更要负起对全家的责任。有的人在政治运动中出言不慎,结果株连全家,害得全家苦不堪言。有的人为了一己之私,不讲孝道,不尽义务,不顾亲情,不明法理,任意侵犯父母兄弟姐妹的合法权益。有的人跨越道德底线、法律底线,违法乱纪,结果身陷囹圄、身败名裂,进了大牢才忏悔,对不起父母子女配偶,远害儿女近害身,一失足成千古恨。所以,作为人的责任感既要有对国家、对社会、对人民的责任感,也要有对家庭、对亲人、对自己的责任感。这是每个人履行家庭责任、追求家庭幸福的底线。

六、社会生活

(一)社会生活是人生幸福的重要因素

人是社会动物,只能在社会中生活,在人与人的相互联系、相互依存、相互竞争、相互作用中生活。因此,重视社会交往,建立良好的人际关系,对人的生存发展极其重要。中国自古以来就极其重视人际关系。易经中说:"二人同心,其利断金。"①孟子说:"天时不如地利,地利不如人和。"②荀子说:人"力不若牛,走不若马,而牛马为用,何也?曰:人能群,彼不能群也。"③马克思说:"人是最名副其实的社会动物,不仅是一种合群的动物,而且是只有在社会中才能独立的动物。"④爱因斯坦说:"个人之所以成为个人,以及他的生命之所以有意义,与其说是靠着他个人的力量,不如说是由于他是伟大人类社会的一个成员,从生到死,社会都支配着他的物质生活和精神生活。"⑤因此,每个人都不能离群索居、孤军奋战,应该重视集体的作用,重视分工协作,重视社会交往。

所谓交往,就是处在一定的社会环境中的人们,相互之间必不可少的接触、交

---

① 薛进官等:《名言大观》,文化艺术出版社,1983年版第164页。
② 曹一凡:《古今中外名言集》,河南人民出版社,1982年版第162页。
③ 章诗同注:《荀子简注》,上海人民出版社,1974年版第85页。
④ 《马克思恩格斯选集》第2卷,人民出版社,1972年版第87页。
⑤ 《爱因斯坦文集》第3卷,商务印书馆,1979年版第38页,转引自宋希仁:《人生哲学导论》第220页。

流、合作和竞争。第一,交往是调节社会运作和人际关系的重要手段。第二,交往还是人们之间信息交换的重要渠道,通过交往交换信息,可以开阔眼界,提高工作效率,有助于事业的进步和成功。美国学者莱斯·吉布林形象地指出,如果一个人学会了与他人打交道,不管你从事什么工作,在通往成功的道路上就走完了85%左右的行程,而且有99%的把握取得自己的幸福。第三,交往可以使个人得到身心健康,有助于促进人的全面发展。第四,交往对人的道德发展有明显影响。[1] 曾任美国总统的西奥多·罗斯福说:"成功的第一要素是懂得如何搞好人际关系。"许多企业家懂得,人脉即财脉。美国石油大王洛克菲勒说:"我愿意付出天底下得到其他本领更大的代价来获取与人相处的本领。"要想在这个复杂的社会中生存,就要学会编织属于自己的关系网,它能使你在工作中顺风顺水,生活美满幸福。[2]

自古以来,我国形成了极其丰富的人生哲学思想和人伦思想。儒家创始人孔子主张待人以仁,"己欲立而立人,己欲达而达人。""己所不欲,勿施于人。"孟子说:"恻隐之心,人皆有之;羞恶之心,人皆有之;恭敬之心,人皆有之;是非之心,人皆有之。恻隐之心,仁也;羞恶之心,义也;恭敬之心,礼也;是非之心,智也。"由此,他提出了"仁义礼智"、"孝悌忠信"这样一些人生信条;并提出了"父子有亲,君臣有义,夫妇有别,长幼有序,朋友有信"这样一整套人生哲学理论。墨家主张"兼爱","爱人犹己,远施周遍","兴天下之利,除天下之害"。道家代表老子倡导"与人无争,清净寡欲"。法家代表管仲把"礼义廉耻"作为人生的基本指导思想和维持国家政权的四根支柱。康有为主张"天下为公",实行人道主义,发扬"仁爱"精神。谭嗣同提倡自由、平等、博爱。孙中山同样提倡自由、平等、博爱,主张保持和发扬"忠孝、仁爱、信义、和平"的人伦思想。[3]

在西方人生哲学中,赫拉克利特主张,人生目的就是追求幸福与和谐,认为精神上的幸福高于物质生活方面的幸福。苏格拉底认为,美德与真正的幸福是一致的,美德就是对人有利。亚里士多德认为,幸福和善是一致的,人生的目的在于追求至善。伊壁鸠鲁提倡朋友之间要忠诚、互助、团结;在智慧提供给整个人生的一切幸福之中,以获得友谊为最重要。伏尔泰认为,人有共同的善良的人性;他提出以社会公共利益作为评价人生价值的标准;在任何地点,任何时代,为公益做出最

---

[1] 陈志尚:《人学原理》,北京出版社,2005年版第498-499页。
[2] 田鹏编著:《人生大哲学 生活小哲理》,朝华出版社,2010年版第172、188页。
[3] 臧乐源:《人生哲学》,天津人民出版社,1986年版第21-24、28-29页。

大牺牲的人,都是人们会称为最道德的人。康德认为,善良意志(也就是义务)是评价人们行为和人生价值的标准。边沁认为功利主义的原则是:利他、兼利,总比单纯利己好,而利己必须从利他和兼利中取得。因此,他认为,人生的目的是"求最大多数人的最大快乐"。① 爱因斯坦说:"世界上最美好的东西,莫过于有几个头脑和心地都很正直的严正的朋友。"莎士比亚说:"朋友间必须是患难相济,那才能说得上真正友谊。"②

在人的一生中,人际关系极其重要。我们要善待周围的人,要生活在亲情、爱情、友情之中,决不能生活在敌视、仇恨、埋怨之中。学习、工作、生活中能有几个关系不错的同学、同事、朋友,是一种难得的缘分,是一种宝贵的资源。亲友、同学、同事、邻居之间互相尊重、互相学习、互相帮助、互相支持,大家都会心情舒畅,也会提高学习、工作、办事效率,有利于各种问题的解决。海内存知己,天涯若比邻。朋友可以超越时空,在内心深处陪伴你一辈子,可以给你许多快乐和幸福。因此,应该善待朋友,珍惜友情。马克思曾经说过:"人生离不开友谊,但要得到真正的友谊真是不容易;友谊总需要用忠诚去播种,用热情去灌溉,用原则去培养,用谅解去护理。"③

(二)亲身经历和人生感悟

经验证明,人只能在社会上生活,必然有各种社会关系和人际关系,需要有亲情友情爱情。常言道,"一根篱笆三个桩,一个好汉三个帮。"人与人之间总是需要互相帮助的。马克思正是在恩格斯的巨大帮助下,才完成了《资本论》的写作和出版,恩格斯为此做出了巨大牺牲。"作出这样的牺牲和接受这样的牺牲,都同样需要崇高的精神。"④作为平常人,达不到马克思恩格斯那样的境界。作为平常心,受人相助,也应该有一种知恩图报的自觉,有一颗感恩戴德的良心。"物有不可忘,或有不可不忘。""人之有德于我也,不可忘也;吾有德于人也,不可不忘也。"我78年来的人生道路十分坎坷曲折。在这条人生道路上,有几位良师益友对我有重大帮助,让我深深感到,老师恩重如山,同学情深似海!

这里所说的良师主要有高文、舒蓉、罗璘、罗伊、张惠生、岳志坚、茅以升(分别

---

① 臧乐源:《人生哲学》,天津人民出版社,1986年版第30-35页。
② 王涵:《座右铭经典》,中华工商联合出版社,1997年版第326、327、334页。
③ 韩雪菲:《人生的忠告》,新世界出版社,2010年版第193页。
④ [德]梅林:《马克思传》,人民出版社,1972年版第297页。

为铁道科技学院老师、班主任、教务主任、总支书记、副院长、院长,铁道科学研究院院长)等老师。这些老师对我有五大恩情:一是知遇之恩。高文老师在1960年春季招生中将我录取到铁道科技学院培养。二是培育之恩。学校鼓励我们"做茅院长式的专家"。茅院长的创新精神和科研方法对我有重要指导作用。据杨作友老师2012年转告,院总支书记罗伊多次在校内会议上强调,江苏来的这些学生成绩很好,原来都是因为政治条件未被录取,在我们这里不要歧视他们,要好好培养他们。1960年10月,在全院论文报告会上,安排我第一个做论文报告,并给予鼓励。三是再造之恩。学院停办后,1961年9月7日罗璘主任代表学校对我和胡时做了推心置腹的一席谈话,他说,如果学校不停办,决不会要你们退学,一定会把你们培养成优秀的科研人才;你们已经有了很好的学业基础,今后学什么都可以自学成才。谈话感人至深,让我终身难忘,也成为我后来坚持自学的强大动力。在当时全国政治极左、经济极端困难的严峻形势下,在岳志坚院长主持下,经铁道部将我和胡时、崔炳霞三人一起分配到齐齐哈尔铁路局工作。四是落实政策之恩。在我离校20多年后,舒蓉老师、张惠生老师与院领导协同努力,由铁道科技学院主办单位铁道科学研究院为我发来落实政策函件,后经兴化县人民政府发文落实政策,分配我到县委党校工作。落实政策后,舒蓉老师来信说:"你的工作问题得不到解决,一直是我的一大心思。"五是盛情款待之恩。后来我每次赴京出差、开会去看望老师,都受到老师盛情款待。这些老师对我真是恩重如山!此外,王永文、刘树民等小学老师与我长期友好相处,堪称终身老师。

　　这里所说的益友主要有刘永年、赵鹏秋、王庆富、胡时等同学,这些同窗挚友对我情深似海。首先是刘永年,是我小学、初中、高中同学,从1951年开始60多年来,受到他和他的父亲、他们全家对我全家长期的、全面的、无私的、巨大的帮助。主要有五大帮助:一是帮助我解决工作问题。二是帮助我解决婚姻问题。三是帮助我父母维护合法权益。四是帮助我妹妹到学校任教。五是帮助我子女和外孙入学。刘永年全家全过程全方位的关心帮助,大大减轻了我在困难时期所遭遇的不幸。赵鹏秋是我初中、高中同学,王庆富是我初中同学,胡时和崔炳霞是与我同命运、共患难的大学同学,他们在我困难时期都给予了重大帮助和宝贵支持。这些同窗好友的深情厚谊,使我相信:人间自有真情在,世上毕竟正气多!海内存知己,天涯若比邻!

　　除了良师益友之外,还有曹克明、徐文华、夏桂英、朱美云、唐慰祖、高兆祥、赵荣霞、赵飞等亲戚,都曾给予我不少帮助。此外,还有多位不便一一具名的良师益友和至爱亲朋。

根据自己亲身经历,有以下人生感悟:

第一,处人必先处己,必须注意提高自身素质。"在缺乏德性的人那里,是不会有友谊的。""良心,不过就是要善待一切。"①你友善待人,人也必然友善待你。得道多助,失道寡助。

第二,处人必须坚持人格平等,互相尊重。在别人最困难、最危险、最痛苦的时候,去尊重人、关心人、帮助人,是做人最高尚的美德、最可贵的情谊。

第三,处人必须诚实守信,以诚相待、与人为善、助人为乐、互相帮助、患难相扶。与人相处不要期待索取什么,而要关心别人的疾苦和需求,尽力而为地帮助人,宁教天下人负我,不教我负天下人。正如李瑞环所说:"人心换人心,真诚换真诚。"②王蒙说:"人际关系永远是双向的,学人者人恒学之,助人者人恒助之,敬人者人恒敬之,爱人者人恒爱之。"③

第四,处人必须严于律己,宽以待人。正如李瑞环所说:"多一些宽容理解,少一些斤斤计较。""人人都需要别人理解、谅解,人人都应当理解、谅解别人。"④崔自铎教授也说过:"待人如春风,处己如严冬。"⑤对自己要求高一点,对别人要求低一点。决不能不以众人待其身,而以圣人望于人。海纳百川,有容乃大;壁立千仞,无欲则刚。对别人没有欲望和要求,也就不会有什么意见和不满。如果能将心比心,设身处地地为人着想,关心人、爱护人、帮助人,人际关系自然会好。处理好人际关系,学会宽容是一条重要原则。能够宽容别人、谅解别人,特别是能够以德报怨,宽容和谅解反对过自己、危害过自己的人,会得人心,有好报。

第五,善于交际,善于合理利用人事关系,对人的前途命运十分重要。就我自己来说,至少有三个人事关系没有沟通好、利用好。一位是大学老师高文,她到江苏来招生录取了我,入学后对我很关心,有一次亲切地对我说:"你是十几岁的学生,没有政治问题,不要背思想包袱,好好学习,很有前途,研究院会有安排。"但我

---

① 崔自铎:《生活哲学》,中共中央党校出版社,2003年版第17页。
② 李瑞环:《学哲学 用哲学》,中国人民大学出版社,2005年版第290页。
③ 王蒙自述:《我的人生哲学》,人民文学出版社,2003年71页。
④ 李瑞环:《学哲学 用哲学》,中国人民大学出版社,2005年版第290页。
⑤ 崔自铎:《生活哲学》,中共中央党校出版社,2003年版第17页。

上学时没有与她多沟通。后来才知道,她爱人李泮林时任铁道科学研究院副院长,与齐齐哈尔铁路局局长关系很好。早知如此,到齐局后分配工作或调动工作都会有重要作用,不至于患病和下放。另一位是中央党校老师刘炳瑛,1984年他是全国党校系统《资本论》研究班负责人,研究班三个多月,对我有一定了解。2009年我到中央党校参加马克思主义论坛,登门拜访他。他告诉我,1989年他担任经济学教研部主任时曾向组织局长提出,要求调我和陕西曹钢两人到中央党校工作,但组织局长对我们不了解,借故未予办理。这使我想到,如果我与刘教授多沟通,将自己教学科研情况向他汇报,将所写文稿交一份给他,加深了解,或许是有可能调去的。再一个是时任江苏省委副书记、省纪委书记曹克明,1992年成为我亲家。后来,省委党校有同志对我说:"你有这样的志向和水平,应该通过你亲家跟胡福明(时任省委常委、省委党校校长)说一下,调到省委党校来工作,那样对你工作和生活都有好处。"我说:"当时我已年过五十,恐怕不好办。"他说:"无人不好办,有人就好办。"现在看来,如果当时能到中央党校或省委党校工作,还能健康地工作30年,经过奋发努力,或许能有所作为,有所建树,有所创新,有所成就,不至于在科研条件极差的环境中艰辛探索,成果寥寥,壮志未酬,遗憾终身。经验证明,实现理想,成就事业,既要靠自己努力,也要靠人事关系;仅仅靠自己埋头苦干是不够的。正如美国一位铁路公司总裁史密斯所说:"铁路的95%是人,5%是铁。"也正如美国钢铁大王卡耐基所说:"专业知识在一个人成功中的作用只占15%,而其余的85%则取决于人际关系。"①

七、安全健康

(一)安全健康是人生幸福的根本条件

马克思恩格斯指出:"全部人类历史的第一个前提无疑是有生命的个人的存在。"②为了维持人的生命,最起码的要求无疑是人身的安全和身体的健康。胡锦涛指出:"人的生命是最宝贵的。我国是社会主义国家,我们的发展不能以牺牲精神文明为代价,不能以牺牲生态环境为代价,更不能以牺牲人的生命为代价。"③习

---

① 田鹏编著:《人生大哲学 生活小哲理》,朝华出版社,2010年版第172页。
② 《马克思恩格斯选集》第1卷,人民出版社,1995年版第67页。
③ 胡锦涛:《在中共中央政治局第三十次集体学习时的讲话》,载《人民日报》,2006年3月28日。

近平强调,没有全民健康,就没有全面小康。健康是促进人的全面发展的必然要求,是经济社会发展的基础条件,是民族昌盛和国家富强的重要标志,也是广大人民群众的共同追求。要牢固树立安全发展理念,健全公共安全体系,努力减少公共安全事件对人民生命健康的威胁。① 因此,每个人都要牢固树立安全第一、健康第一的观念。

德国哲学家叔本华指出:在一切幸福中,人的健康胜过任何其他幸福,我们可以说一个身体健康的乞丐要比疾病缠身的国王幸福得多。人自身的福祉,如高贵的天性,精明的头脑,乐观的气质,爽朗的精神,健康完善的体魄,简言之,是幸福的第一要素。在这些内在的品格里,最能给人带来直接快乐的莫过于"愉悦健全的精神";因为美好的品格自身便是一种幸福。愉快而喜悦的人是幸福的。能够促进愉快心情的不是财富而是健康。一般说来,人的幸福十之八、九有赖健康的身心。②

作家王蒙说:"人生最重要的是什么? 一个是生存,一个是学习。"他说:"一切不关心人们的生存条件生存质量的理论,都带几分云端空论、大而无当的可疑之处。""有利于改善人的生存境遇的一切思想理论见解有可能是正确的,虽然未必是足够的即理想的。而一切从总体上就不叫人生存,不叫人好好地活着,剥夺人的生存权利生存质量的胡说八道却令人不屑一顾,不管它打出什么样的伟大旗号。"③哲学家崔自铎教授说:"健康——生命之基,工作之本,幸福之源。""在福祸之间、苦乐之间、生死之间,只有一步之遥,一线之隔。""为生命而奋斗,最重要的,便是为创造和奉献而活着。""创造是延长生命和获得幸福的最佳方式。""灵魂之死,要比肉体之亡更可怕。"④正如庄子所说:"哀,莫大于心死,身死亦次之。"(庄子.田子方)

健康是人生大事,这是人们的常识。无论何人,只要拥有一个健康的身体,能够做自己想做的正当的事情,这就是幸福,就是人生最大的快乐。生命对于每一个人来说只有一次,一个不懂得保持健康、珍惜生命的人,将注定一无所有。有位智者说得好:财富是留给孩子的,权力只是暂时的,名声乃是以后的,只有健康才是属于自己的。健康和快乐比任何财富都重要,是人生最大的财富。拥有健康不一定

---

① 《习近平谈治国理政》第2卷,外文出版社2017年版第170、172页。
② 《叔本华人生哲学》,九州出版社,2003年版第4、8—10页。
③ 王蒙自述:《我的人生哲学》,人民文学出版社,2003年第1、4、5页。
④ 崔自铎:《生活哲学》,中共中央党校出版社,2003年版第91、101、114、115、118页。

拥有一切,失去健康一定会失去一切。健康是一,其他都是零,如果前面的一不存在,后面不管有多少个零,总数还是零。健康是幸福的载体,是幸福的保障,也是获得其他幸福的前提。没有什么事情,可以让你以牺牲健康为代价。富兰克林说:"保持健康,这是对自己的义务,甚至也是对社会的义务。"爱默森说:"健康是第一财富。"①

世界卫生组织对健康的定义是:健康是在躯体上、心理上和社会适应能力上的完满状态。1992年,世界卫生组织发表了著名的《维多利亚宣言》,提出了健康的四大基石:合理膳食、适量运动、戒烟限酒、心理平衡。每个人从年轻的时候就要遵循"四大基石"的要求,科学规范自己的生活,做到合理饮食,积极运动,不吸烟,少饮酒,睡眠充足,心情舒畅,主动接受健康教育,定期进行体检,未病早防,远离那些"生活方式病"。② 世界卫生组织关于健康的十条标准是:1. 有充沛的精力;2. 处事乐观;3. 善于休息,睡眠良好;4. 应变能力强;5. 能抵抗一般性感冒和传染病;6. 体重适当,身材匀称;7. 眼睛明亮,反应敏捷;8. 牙齿清洁,无龋齿;9. 头发有光泽,无头屑;10. 肌肉丰满,皮肤有弹性。③ 健康是人生的最大财富。积极的生活方式是健康的最佳卫士。据世界卫生组织的调查,因缺乏科学的健康观念而导致的个人不良生活方式是人们患病的主要原因。一个人是否健康,往往就决定于自身的生活方式。现代科学表明,人类的自然寿命至少在100岁以上,120岁左右。但是,2009年全世界出生人口平均预期寿命为69岁,中国为73.1岁,日本为82.6岁,尼日利亚为47.9岁。2008年非洲的斯威斯兰的女性平均寿命仅为37岁。截至2008年年底,全世界百岁以上长寿老人34万人,占全球总人口的十万分之五;我国有百岁以上长寿老人1.78万人,占总人口的十万分之一点三。这就是说,全世界有99.99%以上的人都提前死亡了。究其原因,一是贫穷落后,物质短缺,医疗条件缺乏。二是天灾人祸和安全原因。战争和动乱是人类重要的死因。旱、涝、瘟疫、海啸、地震等自然灾害也是重要死因。全世界每年死于工伤的人数为110万人。全球每年遭暴力死亡的约为56.3万人,中国每年死于车祸的约有6万人左右,中国各类刑事案件死亡人数年均近7万人。三是生活方式和无知的原因。如饮食不当,烟酒过量等等。四是环境污染的原因。世界卫生组织估计,空气污染每年大约

---

① 薛进官等:《名言大观》,文化艺术出版社,1983年版第189页。
② 洪昭光:《健康人手册》,漓江出版社,2006年版第12页。
③ 洪昭光:《健康人手册》,漓江出版社,2006年版第3页。

造成200万人早死。五是其他原因,全世界每年大约有100万人自杀身亡。① 根据上海市对50位百岁老人的调查,尽管50位百岁老人的养生经验各不相同,但在对他们的生活进行调查后,上海市老年学学会还是从中总结了十条长寿秘诀:心胸开朗、品行善良、热爱劳动、坚持自己的事自己做、坚持合适的体育锻炼、基本不挑食、不吸烟少饮酒、按时睡觉与起床、家庭和睦子女孝顺、社会关爱和政府扶助。上海市老年学学会副会长、华东医院原院长王传馥表示,健康的生活方式可使高血压发病率下降55%,脑卒中发病率下降75%,糖尿病发病率下降50%,肿瘤发病率下降1/3。②

世界卫生组织20世纪80年代提出了一个精神健康的10项标准:1.充分的安全感;2.现实的自我评价;3.在现实的自我评价的基础上制定可能达到的目标;4.与日常生活的现实世界接触正常;5.自我言行一致;6.从经验中获益的能力;7.自我行为的明智程度;8.合乎情理的感情情绪;9.团体内合作与保持个性之间明智的平衡;10.用合适的方式满足适当的身体欲望。③ 在一定意义上,在整个人生中是健康第一;而在决定健康的四大基石中又是心理平衡第一。心理平衡、心理健康是最重要的,也是最难做到的。为了保持心理健康,要以轻松的心情面对人生:要多一些乐观,少一些忧虑;多一些超脱,少一些自扰;多一些好感,少一些厌恶。再则,要以豁达的眼光笑看人生。人生需要看"透"一些事:需要承认命运,承认差别,承认无能。人生需要看"淡"一些事:人生结局都是一样的,幸福与否都是相对的,神气不神气都是暂时的,要学会淡泊名利,顺其自然,凡事不可强求,不可过分,学会掌握好"度",过犹不及,物极必反。人要学会选择,学会取舍,学会放弃。百岁光阴如梦蝶。人生一切都是暂时的。什么功名利禄不过是过眼的烟云。许多事情都要从暂时经过的方面去看待,不要把一些个人得失看得过重、过死。是非成败转头空,名利得失如烟云。这样就能在不平衡面前达到平衡,不服气面前能够消气,从而做到心情舒畅,健康长寿。那种自我评价过高或过低,对他人、集体和社会一概持否定态度则是心理不健康的表现。人的情绪、心态,对人的心理健康和身体健康至为重要。人生在世的每日每时,苦也是过,乐也是过。为什么不让自己快乐的生活而总是纠缠在痛苦之中呢?让我们快快乐乐地享受美好的人生吧,远离不良情

---

① 吕秀斌:《幸福之道》,群众出版社,2011年第19—39页。
② 《百岁秘诀,遗传基因只占15%》,载《东方早报》,2006年10月17日。
③ 李萍、钟明华:《人生修养导论》,中山大学出版社,1997年版第209—210页。

绪的困扰,做健康的自己。马克思说:"一种美好的心情,比十服良药更能解除生理上的疲惫和痛楚。"拥有好心情,才能享受美好的人生。人生苦短,每个人都应该高高兴兴地生活,快快乐乐地度过生命中的每一天。人非圣贤,每个人都会被情绪所左右,喜怒哀乐乃人之常情,想让自己生活中不出现一点烦心事是不可能的,关键是如何有效地调整控制自己的情绪,做生活的主人,做情绪的主人。① 因此,人生中要经得起悲哀、痛苦、挫折、不幸,同时心中要永远乐观,永远阳光明媚,相信严冬过后就是春光明媚。《幸福的活法》一书的作者一峰认为:人生需要"海纳百川,有容乃大"的包容胸怀;需要"淡泊以明志,宁静以致远"的淡定心境;需要"当提起时提起,该放下时放下"的取舍之道;需要"采菊东篱下,悠然见南山"的洒脱自在;需要"缘聚则成,缘灭则散"的随遇而安。掌握这些看似简单却深藏智慧的活法,便能打开一个全新的心灵世界和现实世界。②

从中国人的健康状况看,据 2006 年第二次全国残疾人人口普查数据推算,全国各类残疾人总数为 8296 万人,残疾人占全国总人口的比例为 6.34%。③ 根据 2016 中国人健康大数据分析报告,中国高血压人口 1.6—1.7 亿,高血脂 1 亿多人,糖尿病患者 9240 万人,超重或肥胖 7000 万至 2 亿人,血脂异常 1.6 亿人,脂肪肝患者 1.2 亿人。④

现代安全观包括人身安全、财产安全、信息安全等多方面的安全。据统计,2010、2012、2014、2016 年我国发生交通事故分别为 219521 起、204196 起、196812 起、212846 起,死亡人数分别为 65225 人、59997 人、58523 人、63093 人,受伤人数分别为 254075 人、224327 人、211882 人、226430 人,直接财产损失分别为 92633.5 万元、117490 万元、107542.9 万元、120759.9 万元。⑤ 由此可见,安全事故会造成生命财产巨大损失。多年来,公安机关立案的抢劫、盗窃刑事案件都占到刑事案件立案总数的 70% 以上,近几年达 400 万件以上。由此可见,人们要十分注意人身安全和财产安全。

---

① 田鹏编著:《人生大哲学 生活小哲理》,朝华出版社,2010 年版第 46、47、53 页。
② 一峰:《幸福的活法》,商务印书馆,2012 年版前言第 1—2 页。
③ 国家统计局.《中国统计年鉴》[M].北京:中国统计出版社,2009.
④ 《2016 中国人健康大数据分析报告》,百度文库,https://wenku.baidu.com/view/c11833f89f3143323968011ca300a6c30c22f126.html(访问时间:2016 年 9 月 28 日)。
⑤ 国家统计局:《中国统计年鉴》,中国统计出版社,2011、2013、2015、2017。

(二) 亲身经历和人生感悟

过去几十年中,对我学业事业和前途命运有重要影响的疾患有四次。

第一次是1950年夏的眼疾,使我虽然学习成绩名列前茅,却被留级一年,不仅耽误了我一年宝贵时间,而且使我失去了就读东台中学的机会,改变了我的整个前途命运。

第二次是1961年冬的伤寒病,不仅损害了我的健康,而且导致了我1962年因健康状况申请精简下放,也改变了我的整个前途命运。

第三次是1964年的眼疾,主要是1963—1964年因看书、写稿过于紧张,休息过少,用眼过度,导致近视、眼胀、眼痛、眼红等一系列症状,致使《生命的代数学》起草工作未能顺利完成而匆匆结束,并因此从1964年开始配戴眼镜(200度)。

第四次是1973—1975年的眼疾,主要是1971—1973年因在电瓷厂文字工作繁重、读马列著作时间过长,用眼过度,导致眼胀、眼痛、眼糊、虹视等一系列疑似青光眼的症状,曾到南京、上海、广州、杭州等地,均未能确诊,也未见疗效,致使《社会解剖学》起草工作未能顺利完成,直至1979年才写出一个初稿。

在人身安全方面,我经历过几次危险,有几次差一点出车祸。事实证明,人身安全问题是每个人都要特别注意的,宁可一生平安,不可一秒大意。每个人都要牢牢树立安全第一的意识。

经验证明,要有一个健康的人生、幸福的人生、有价值的人生,必须特别重视以下几个方面:

第一,必须牢牢树立安全第一观念。头脑中时时刻刻注意人身安全、财产安全。人的生命既坚强,又脆弱。天有不测风云,人有旦夕祸福。旦夕之福罕见,旦夕之祸常有。无论怎样健壮的人,只要有分秒的疏忽大意,就会被汽车轮、火车轮压得粉身碎骨。因此宁可一生无事故,不可分秒有疏忽。

第二,必须牢牢树立健康第一观念。无病要防病,有病要治病。要以科学态度对待疾病,尽可能早发现、早治疗。人的衣食住行日常生活都要讲究卫生、讲究科学。人要养成健康的生活方式,控制危害健康的烟酒嗜好,改变不良的生活习惯。除了极少情况,没有什么事情值得付出健康的代价。

第三,必须保持心理健康。心理平衡、心理健康对每个人的健康长寿都十分重要。老子主张"见素抱朴,少思寡欲"。郑板桥主张"难得糊涂"、"吃亏是福"。人总是"比上不足,比下有余"。"人比人,气死人"。人要安贫乐道、淡泊宁静;"能忍自安,知足常乐。"心理平衡就是要在不平衡中寻求平衡、保持平衡。人的生命力就是要在挫折、冤屈、矛盾、失衡面前具有承受力、平衡力。

第四,必须提高独立生活能力和社会适应能力。每个人都要尽可能地自立自强、自力更生,依靠任何人都不如依靠自己,因而必须提高独立生活能力。社会是极其复杂、充满矛盾的。人必须要求自己适应社会,而不能要求社会适应自己。物竞天择,适者生存,弱者死亡。一切生存的生物都必须适应环境。人类的生存发展也同样如此。世界不会满足人,人必须学会适应世界、改造世界、创造世界;首先是要适应世界,然后才谈得上改造世界、创造世界。

第五,必须生得有意义,活得有价值。人生在世,必须坚持安全第一,健康第一;不仅要健康长寿,而且要有所作为,有所成就,要生得有意义,活得有价值。但是人生百年,终有一别。时间转瞬即逝,一去不复返。百岁光阴如梦蝶。因此,时间是人生最宝贵、最稀缺的资源。每个人都要十分珍惜时间,充分利用时间。浪费时间就是浪费生命。泰戈尔说:"人生虽只有几十个春秋,但它决不是梦一般的幻灭,而是有着无穷可歌可颂的深长意义的;附和真理,生命便会得到永生。"贺拉斯说:"每天都想象这是你最后的一天,你不盼望的明天将越显得可欢恋。"[①]我们对每一天都要像人生的最后一天加以珍惜和利用。我们要在有生之年有所作为,做出贡献,绝不虚度此生,浪费此生。

第六,必须正确对待死亡,死得有价值。生老病死是自然规律,谁也无法抗拒,要能坦然面对。人要科学对待生老病死,要善待老弱病残。对待长辈要厚养薄葬。在可能条件下,要让死人为活人服务,不要让活人为死人服务。"人固有一死,或重于泰山,或轻于鸿毛。""生当作人杰,死亦为鬼雄。""生当作人杰"谈何容易,但"死亦为鬼雄"则是可以做到的。这就是正确对待死亡,死后捐献遗体,拯救患者生命,为人间做出最后一次贡献。人生自古谁无死,留取器官救病患。这样就死得其所,死得有价值,死得重于泰山,堪称为"鬼雄"。

1983年3月14日,是马克思逝世100周年。为了纪念马克思,我写了一封身后捐献遗体的信,全文如下:

[①] 田鹏编著:《人生大哲学 生活小哲理》,朝华出版社,2010年版第36页。

铁道医学院：

今天，1983年3月14日，是国际无产阶级的伟大导师马克思逝世一百周年纪念日。值此纪念伟大导师之际，我，作为马克思的一名不肖门生，对于自己"无才可去续马列，枉入红尘若许年"深感内疚。出于这种内疚心理，出于"我以我心求真理，我以我血荐轩辕"的一贯心愿，我谨向贵院请求：在我去见马克思之后，将我的遗体奉献给贵院。这是因为，我一贯认为，人生在世，给予人者应该尽可能多于取于人者；人死之后，应该尽可能叫死人为活人服务，而不要叫活人为死人服务。对照我自己，生前取于人者甚多，而给予人者甚少；唯死后捐献遗体，方能于心稍安。这也是因为，我曾为北京铁道科技学院学生，铁道科技学院及其主办单位铁道部科学研究院对我不仅有培育之恩，而且有知遇之恩、再造之恩；而北京铁道医学院附属医院是我第一次住院治疗的地方。故此请求，敬希考虑。

    此致

敬礼！

朱妙宽敬上
1983年3月14日

我将此信寄上海铁道医学院。后收到上海铁道医学院"上海红十字会志愿捐献遗体铁道医学院登记接受站"回信。回信全文如下：

朱妙宽同志：

来信收到。你在信中字字句句都充满着崇高的思想境界；你愿为铁路医学教学事业作出贡献——捐献自己的遗体，这对树立社会主义新风尚，发展我国医学科学，提高防治疾病工作水平，具有十分重要的意义。为此向你表示崇高的敬意！根据接受"遗体登记"就近的原则，请你接信后即与南京铁道医学院联系并办理手续。如有困难可来信联系。

    此致

敬礼！

上海市红十字会志愿捐献遗体铁道医学院登记接受站(章)
1983.9.19.

收到此信后,当年10月我将身后捐献遗体信件寄南京铁道医学院。南京铁道医学院回信如下:

朱妙宽同志:
　　来信敬悉,您志愿在逝世后将遗体捐献给祖国医学科学事业,这种高尚精神,令人尊敬。我们衷心祝您健康长寿。请将申请登记表填好(一式二份),送(寄)来我站。

　　此致
敬礼!

南京铁道医学院红十字会志愿捐献遗体登记接受站(章)
1984年10月18日

后面附有该接受站"编号A1"的《生前志愿捐献自身遗体申请登记表》。
此信是在我1983年去信后一年多才回复的(可能当时该院尚未建立接受站,我的信或许推动了他们开展这一工作),他们回信时,我正在石家庄河北省委党校参加"全国党校系统《资本论》研究班"学习。回来后,因为家属不同意此事,未将此信告诉我。直到1985年10月搬家时,我才发现此信。登记表中需有家属代表意见,并需有家属代表和执行人签章,因家属不同意此事,故未能办理手续。
鉴于这一亲身经历,我想到建立我国器官捐献制度的问题,后于1999年12月写出《启动器官捐献慈善工程　解决器官移植供求矛盾》一文,投寄《中华器官移植杂志》。2000年1月中华器官移植杂志编辑部来信说:"您给我刊的来稿,经我刊总编辑裘法祖院士亲自审阅后,认为:内容、文笔都好。我们已按总编辑意见,将大作及您个人来信一并转《科学时报》编辑部。"后经一番周折,发表于《中国新医学》2009年第7期。可以预期,随着器官捐献制度的建立,每年能拯救数百万患者,造福数百万个家庭。

附 录

一个甲子的思想火花

中华民族历史悠久,有过五千年的文明史,也有过近二百年的积贫积弱、多灾多难的历史。邓小平说:"过去我们多灾多难,经过许多波折"。①茅以升说:"人生一征途耳,其长百年,我已走过十之七八,回首前尘,历历在目。崎岖多于平坦。忽深谷,忽洪涛,幸赖桥梁以渡。桥何名欤?曰奋斗。"②茅盾说:"我们这一辈人本来谁也不曾走过平坦的路,不过,摸索而碰壁,跌倒了又爬起,这却各人有各人的经验。"③我作为他们的晚辈,却也不曾走过平坦的路。我们的民族多灾多难,我的家庭也是多灾多难,我自己的人生同样是多灾多难。诚如古人所言,殷忧启圣,多难兴邦。我谈不上圣贤思想,但是长期多灾多难,历尽艰难险阻,饱受屈辱痛苦,十分自然地会使我发愤图强、独立思考、上下求索,使我立志从事理论学习和探索。但由于我的特殊经历和艰难处境,我的理论学习只能从退学开始,我的理论研究只能从退休开始,也正是在这条不平坦的人生道路上产生了自己与人不同的思想火花和心路历程。

我不写日记,只是从1961年20周岁在北京写出《二十年的曲折道路》起,每隔5年至10年都写一份阶段性小结。本附录主要是我77年人生中的9份阶段性小结的摘要,最后是一份77年坎坷人生的小结。每份小结都分为三个部分,分别概述自己坎坷曲折的人生经历、自强不息的人生道路、上下求索的思想火花。经验证明,任何人,对过去都应该做定期不定期的总结,对未来都应该有长期或短期的规划,都应该有自己的人生理想和奋斗目标,都应该度过一种自主自觉、有所作为的人生。下面只对第三部分做摘录。主要是自己在各个阶段形成的新思想、新观点

---

① 《邓小平文选》第3卷,人民出版社,1993年版第235页。
② 茅以升的名言,https://wenku.baidu.com/view/328084cf650e52ea54189894.html(访问时间:2016年5月24日)。
③ 《教师,教育名人对你说》,载《宁夏教育》1997年第4期。

的如实反映,基本上是按原稿摘录。因为这些思想是在1956年至2018年60多年中形成的,所以标题是"一个甲子的思想火花"。

一、二十年的曲折道路(1941–1961)

(一)数学方面(略)

(二)政治方面

人类社会是随着生产力的发展而发展的,随着生产力的发展,人类社会将经过原始社会、阶级社会、共产主义社会三个阶段。(当时曾想用螺旋式的模型形象化地表示人类历史,并朴素地认识到事物的发展以及认识的发展是螺旋式上升的。)

1956、1957年,经过独立思考,初步形成了自己的一些政治见解,其中有:高级国家工作人员经常深入基层,进行全面的视察和访问,了解一般的具体的情况。让一些领导干部常驻于基层。基层干部要进行整顿、轮训。树立群众的主人翁态度和政治责任感,让他们经常地向领导部门提供自己对各项工作、各种问题的意见和建议。视察农村工作,奖励农业生产。

(三)教育方面

1. 重视教育质量。

2. 改进教学方法。学校和教师不仅要注意一般学生和学生的一般发展,还要注意特殊学生和学生的专长发展。教师要深入学生生活的各个方面,加强个别指导和思想教育,重视班主任工作。

3. 改革学制。"把现行的中小学阶段四、二、三、三的十二年的学制改为三、二、三、二的十年的学制,这是国家和学生都需要的,也是可能的。"[①]

4. 改革教材。课程设置、课本内容和讲授内容都应该结合实际。

(四)《解放创造力》一文(略)

(五)其他方面

1. 器具方面。构思过后望镜、软璃镜、风力船、日光表等器具。

---

① 这是1957年写的一张大字报,题目是《小小建议献给教育部》。

2. 铁路方面。考虑过双层车辆、多机车牵引、尾随列车运行制、紧急制动等问题。

3. 语言方面。考虑过统一世界语的问题。①

4. 科学幻想。设想过脑波的产生、发送与接收问题。

5. 人的分类学。除阶级分析外,再从各种规定性、各种角度上对人进行分类和关系分析。*②

6. 动性和理性。人生活在世界上,要活动,并要按真理活动。按此标准,人分三种:积极有为,消极无为,胡作非为。自在和自为。热力和活力。*

7. 人生目的和追求。一求生存,二求幸福。*

二、艰难曲折又五年(1961 – 1966)

(一)思想方面

1. 解剖麻雀。在社会主义社会里,私有制消灭了,剥削存在着。为了消灭剥削,首先要了解形形色色的剥削现象,要调查研究,要做系统周密的调查。要解剖麻雀,解剖统一体中的对立面,对于各阶级、各阶层、各部门人员的经济状况要有精密的数量分析,不要满足于总数、平均数、大约数。

2. 对立面试点的工作方法。一切新生事物都必须通过实践、通过试验来认识、来检验。在不同的条件下,可用相同的方法做试验;在相同的条件下,可用不同的方法做试验。

3. 阶级本质和剩余价值量。人的本质,并不是各个人所固有的抽象物,而是人的全部社会关系的总和,而人与人的关系通常又要从物与物的关系中、从生产劳动和生活消费中、从生产价值量和剩余价值量中表现出来。可以说,剩余价值量是人的本质的数量表现,是社会科学上的"原子量"。

4. 剩余价值学说光芒万丈(后来写成《生命的代数学》一文)。③

---

① 当时我曾跟一位俄语老师谈到这一想法,他告诉我,已有一位波兰人创立过世界语,但推广起来很困难。

② 这个想法早在1956年就产生,这里是补遗。下面有*号者均为补遗或新增内容。

③ 其序言、目录、摘要见《马克思两大发现新探》第521 – 536页。

(二)教育方面

1. 中学的大校小班体制和机动学制。

2. 外语教学专门化问题。教与学都要专门化,要用者多学,不用者不学。其他学科也是这样。总之,在学校教育中要减少无效劳动,加强劳动准备。

3. 板书杂感。

三、面向实际的五年(1966 – 1971)

(一)理论探索

1. 社会科学与数学。社会科学能否数学化?能否应用数学这个辩证的辅助工具和表现方式?

2. 实事求最,做事力求做到最好最优最大化。实事求是是认识规律、认识世界。实事求最是价值追求,追求结果最好、效益最大。实事求是是手段,实事求最是目的,是结果,是更重要的追求。*

(二)各种评论(略)

四、回到书斋的五年(1971 – 1976)

(一)理论方面

这一时期主要是酝酿和起草《社会解剖学》。本文尝试运用唯物史观分析社会现实。①

(二)其他方面(略)

五、四十而不惑(1976 – 1981)

(一)哲学方面

1. 哲学体系刍议。哲学体系似应包括一个总论、四个分论:

---

① 其序言、目录、摘要见《马克思两大发现新探》第 537 – 572 页。

总　　论	哲　　学	辩证唯物论	唯物辩证法
分论之一	自然哲学	自然唯物论	自然辩证法
分论之二	社会哲学	历史唯物论	历史辩证法
分论之三	人生哲学	人生唯物论	人生辩证法
分论之四	思维哲学	认识唯物论	认识辩证法

2. 开展人生哲学的研究。

3. 开展现状学的研究，构成一个历史学、现状学、未来学的完整体系。

4. 开展时间学的研究。时间观念和会议流弊，会议要少而精。时间观念和上下班制度，上班时间可少而精。改变某些职工上班闲、下班忙的状况。人浮于事，可以增加班次，缩短各个人上班时间，有些单位可搞机动上班时间，既有统一在班时间，又有自行安排的在班时间，有些单位要延长工作时间，改革作息制度。当然时间学的研究对象比这要广泛得多。

5. 几个基本概念。

经济基础似应包括生产力和生产关系两项，光说后一项似为不妥。

社会基本矛盾不是一对，也不是两对，应该是三对。这三对矛盾又处在不同层次上。最基本的矛盾是生产与需要的矛盾，其次是生产关系与生产力的矛盾，再次是上层建筑与经济基础的矛盾。

6. 辩证法有分有合。有对立，有统一；有矛盾，有结合；有斗争，有和解；有量变，有质变；有渐变，有突变；有肯定，有否定；有革命，有改良；有革有保；有动有静；有正有反。一切以时间、地点、条件为转移。不能死板僵化。一分为二与合二而一也是对立统一。辩证法的分与合，也不只是一分为二，合二而一。分不只是两分法，还有三分法，四分法，多分法。一即多，多即一。

7. 外调材料和人事档案上的唯物论、辩证法和认识论问题。有些外调材料一入人事档案，既不要受实践检验，也不要与本人见面，既不能更改，也不能销毁，简直成了绝对真理。有些捕风捉影、一知半解、以讹传讹、似是而非的材料，竟决定和影响着有关人的整个前途和命运，真是大谬不然，害人不浅，有档案不如无档案，偏见比无知离真理更远。

(二) 经济方面

1. 关于我国现阶段的经济特征问题。我认为是双重经济或多元经济。拙作

《社会解剖学》第一篇第一章第三节[双重经济]对此曾做初步阐述。

2. 关于所有制问题。公有制要循名责实。要实现在生产资料公有和按劳分配原则面前人人平等。如全民所有制财产应归全民所有,而现在事实上只有占全民百分之几的"全民人员"占有它,而占全民90%以上的集体农民、集体职工、个体劳动者和待业者、无业者并不占有它。所以说"全民所有制"这个名称并不确切,应叫国家所有制。

3. 关于所有制和人事制度问题。为了真正实现生产资料公有,必须大大改革招工制度、劳动就业制度、人事制度、干部制度。要量才录用,按才分配。要尊重劳动者的志愿和企事业的需求。

4. 关于公有制和消灭剥削问题。私有经济未必剥削别人,如个体劳动者;公有经济中未必没有剥削者,如特权剥削者和寄生剥削者。即使私有制消灭了,剥削还会存在。三大差别、三种所有制、三种价格体系、双重经济和多元经济、不等价交换、不按劳分配,这都是产生剥削的根源。实现公有制与消灭剥削是互相关联的两回事,而不是一回事。

5. 广义的生产劳动概念、价值概念和价值规律。

6. 价值规律的作用。价值规律要求我们处理好三个关系:(1)价值与使用价值的对比关系(时间经济规律):缩短社会必要劳动时间,提高劳动生产率;(2)使用价值之间的比例关系(比例规律和供求规律):在每一种产品上只使用社会必要劳动时间,并与其他产品保持适当比例;(3)商品交换之间的比例关系(狭义的价值规律):实行等价交换。搞三种价格体系(计划价格、协议价格、贸易价格)或双重价格、多重价格,搞变相货币(粮票布票等购物票证)、双重货币,在理论上是违反价值规律的,在实践上是极其有害的,是引起特权、贿赂、剥削、投机、混乱和破坏的一个重要经济根源。

7. 广义的剩余价值概念和剩余价值规律。有人认为,社会主义社会全部是必要劳动,不存在剩余劳动。对社会来说,姑且可以说是这样,但对个人来说,显然不是这样,依然还存在一个剩余不剩余的问题。有人承认社会主义社会存在剩余产品,也承认产品具有价值、劳动创造价值,唯独不承认剩余劳动、剩余产品具有剩余价值,这在逻辑上是讲不通的。有人用马恩关于剩余价值的论述和社会主义的论述来否定社会主义社会存在剩余价值。其实,马恩并没有否定过资本主义以外的社会存在剩余劳动和剩余价值,也没有经历和论述过我国目前的这种社会主义社会。马克思的两大发现,即唯物史观和剩余价值学说,可以而且应该随着时代的发展而发展,可以而且应该实现"现代化"和"中国化"。

8. 关于按劳分配。要推行联产计酬制、计件工资制、浮动工资制、岗位工资制。要有职有权有责有酬有赏有罚。

9. 开展消费经济学的研究。生产、交换、分配都有规律,都列入经济学,消费是不是也有规律,也应列入经济学? 消费是生产、交换、分配的结果和继续,有时是一种再生产、再分配。某些消费过程中的劳动服务也是生产性劳动。某些家务劳动可以社会化,某些社会劳动又可以家庭化。要处理好生产、交换、分配、消费之间的关系。要处理好消费中国家、集体、个人之间的关系。如住房费用、教育费用、医药费用在国家、集体、个人之间应如何分摊,都值得研究。如住房费用似应以自费为主,不能有的人自费,有的人公费(公房租金过低,基本上等于公费),否则就影响按劳分配。如医药费用应以公费为主,不能有的全部公费,有的全部自费。教育费用也应以公费为主,要逐步实现免费教育。

10. 谈谈住房问题。目前住房矛盾突出,一是寡,二是不均,要尽快解决。要利用各方面经济力量解决"寡"的问题。要利用各种经济手段和行政手段解决"不均"的问题。

(三)科学社会主义方面

1. 什么是社会主义?

总公式　　社会主义 = 四项基本原则 + 四个现代化

其中　社会主义道路 = 生产资料公有 + 各尽所能 + 按劳分配 + 等价交换

社会主义有其从空想到科学的发展过程,也有其从科学到现实的发展过程,有其实践、认识、再实践、再认识的过程,有其长期的复杂的曲折的发展过程。由于这一过程在整个人类历史过程中为时还很短,因而科学社会主义理论体系还很不成熟、很不完备,还有很多问题需要探索。

2. 什么是中国式社会主义?

中国式社会主义就是从中国国情出发的、带有中国特点、适合中国需要的社会主义。它必须遵循科学社会主义的一切基本原则,又必须带有中国的特点。中国式社会主义,是一种马恩列斯都没有预见过、没有经历过、没有研究过的社会主义,只能由我们中国人自己来实践、认识、再实践、再认识。我国当前的社会刚处于社会主义社会的最初阶段,社会主义的生产资料公有、各尽所能、按劳分配、等价交换还刚刚开始,远未充分实现。我国的社会现实,对科学社会主义理论提出了许多新问题,我们必须加以研究。我们是在一个地大物博、人口众多、一穷二白、历史悠久的国家里建设社会主义的。穷,可以搞社会主义,但要根据穷的特点来搞。我们要充分利用中国的人力资源和自然资源,充分利用外国的先进技术和正反经验。

3. 什么是阶级?

按马克思说的"一切社会关系的总和"、按马恩说的"由各种不同的社会地位构成的多级阶梯"、按列宁说的"四个不同"和"一部分人占有另一部分人的劳动"的原则划分阶级。在个人对生产资料关系基本相同的情况下,则要侧重于按照四个"不同"中的后两个"不同"来划分阶级。目前我国十亿人口经济地位差距很大,等级森严,阶梯分明,四个"不同"明显存在,怎么能说已经没有阶级了呢?又怎么能说只有工农两个劳动阶级呢?按我国目前的生产力发展水平来说,难道已经能消灭阶级了吗?难道这个问题是由上层建筑所决定、而不是由经济基础、特别是生产力的发展状况所决定的吗?

4. 试论我国当前的阶级和阶级斗争。要重视打击特权剥削者和寄生剥削者,这是我国目前的两大祸害。对这两种剥削者要有法可治,依法惩治。要挖掘和铲除产生这两种剥削者的经济根源和社会条件,使之不能存在也不能再产生。要惩治贪官污吏,惩办贪官与爱护干部是相反相成的。贪官问题与党风问题是既有密切联系又有质的区别的。解决好这两个问题,是关系到我们党和国家生死存亡的问题。

5. 在1980年中央发给全党讨论的党章修改草案中,在总纲部分有一处说:"由于历史的遗留因素和国际环境的影响,阶级斗争还在一定范围内存在"。对此,我写了《关于党章修改草案的一点修改意见》,建议修改为"由于历史的遗留因素、现存的经济状况和国际环境的影响,阶级斗争还在一定范围内存在",也就是增加"现存的经济状况"七个字,并从十个方面做了论证。后在1981年十一届六中全会通过的决议和1982年党的十二大通过的党章中已修改为"由于国内的因素和国际的影响,阶级斗争还将在一定范围内长期存在"。

(四)教育方面

1. 再谈大校小班体制和机动学制。但要有条件地搞,不要强求一律。

2. 有教无类和因材施教。有教无类新解。中小学一般不要搞重点学校、重点班级、师资设备安排不要因校而异、因班而异。不要使学生有优越感或自卑感。要注意因材施教,注意发现和培养各种各样的人才苗子。

3. 关于教育方针的贯彻问题,德智体要全面发展,不可偏废。

4. 谈谈自学问题。要自学,靠自己学。即使在校学生也主要是靠自己学,离开学校更要靠自己学。人一辈子都要学习,主要是自学,毕业是新的起点而不是终点。人们学历不同,入学机会不同,只是起点不同而已。从不同起点可以通过不同道路到达同一目标,殊途同归。古今中外自学成才者大有人在。但从总人口来说,毕竟自学者少、不学者多,成功者少、失败者多。现在要开展对自学的科学研究,总结正反经验,研究自学特点,要针对自学的自发性、分散性、盲目性、艰巨性,加强宣传、组织、辅导、考试等项工作。要把大部分可以学习的人组织起来自学。在自学的方向、内容、方法上要给予辅导。要做好传道、授业、解惑、检查、督促、考试、发证、录用等各项工作。要建立自学的辅导机关,要安排适当的人力、物力、财力。

5. 开拓人才学研究的新领域。目前的人才学,似乎主要是研究科技人才和尖端人才的,姑且把它叫作尖端人才学或狭义人才学。我认为,人才是多种多样的,对人才应作广义的理解,对人才应作广泛的研究,从而把狭义人才学发展为广义人才学,使之不仅成为科学学的组成部分,而且成为科学社会主义学说的组成部分,因为它是研究人尽其才、各尽所能问题的。人才学不仅要研究尖端人才,还要研究中低级人才乃至一般人的才能。因为高级人才毕竟很少,而中低级人才却很多,为了实现人尽其才、各尽所能,这里大有文章可做,大有潜力可挖。不仅要研究成功的人才,还要研究失败的人才,研究被压抑、被摧残、被埋没的人才。不仅要研究人才成功的经验,而且要研究人才夭折的教训。人皆可以为尧舜,人皆可以为人才,可是为什么高级人才很少,大多数人不能成才呢?这也很值得研究。过去一段时期,被压抑、摧残、埋没、浪费的人才很多很多,要认真研究人才的发现、培养、使用和保护问题。必要时还要有人才法,人才要受法律保护。摧残和浪费人才是极大的犯罪,要有法可治,依法惩办。有些人才要有施展才能的权利、机会、场所和条件,在选择工作和安排时间上要有一定的自由和自主权。

(五)器具方面

1. 对电灯、电筒、电话、广播喇叭进行改进的设想。要能像收音机那样调节亮度、响度。研制一种高能电池和电池灯。

2. 对雨伞、雨衣进行改进的设想。要研制一种雨帽或晴雨两用帽,从而把手从伞柄上解放出来。雨衣要增加一些出水孔和出水口,克服其闷气和淋水的缺点。

3. 小便器。人们乘车、乘船、旅游、会客、开会、学习、上课、考试时,需要小便往往有所不便。因此,最好研制出各种不同类型的小便器,分日用、夜用、男用、女用、大人用、小孩用、病人用、旅行用等等,取代尿壶、尿布等等。材料可用塑料加布,需质软而轻。这看来是小玩艺,但用处可不小。

4. 特种洗澡手巾和洗澡手套。要能代替擦背工人、起到擦背作用、做到手到污除、又快又干净又节省。

5. 研制翻译工具,突破语言障碍。包括笔译工具和口译工具。物物交换常常不便,但通过第三者即货币来交换就方便了。两种语言交流往往不方便,但通过第三种语言就方便了。这第三种语言可以是世界语,也可以是单词的数字编码或其他什么。要努力统一世界语,推行国际标准语。要力求外语教学专门化和翻译工作专业化,尽可能节省许多人学外语的时间精力。

六、柳暗花明又七年(1981-1988)

(一)哲学方面

1. 关于唯物辩证法。

(1)唯物辩证法浅解。唯物就是唯实,物质是标志客观实在的哲学范畴。辩证就是要辩要证,要有不同意见争论,要让人讲话,允许讲错话,允许讲反对的话,要看到正反两方面,防止片面性。

(2)要用唯物辩证法看待马克思主义。要承认马恩是人不是神,是西欧人不是中国人,是十九世纪人不是二十世纪人,不能要求马恩预见二十世纪的一切,预见中国的一切。对马克思主义,特别是唯物史观和剩余价值学说一要坚持,二要发展。

2. 关于社会基本矛盾和主要矛盾(略)。

(二)经济方面

1. 关于生产资料公有制。

(1) 传统公有制的弊端。

(2) 公有制和劳动就业制度。公有制首先要体现在生产条件的分配上,体现在劳动就业制度上。应该实行在生产资料公有制面前人人平等,在按劳分配面前人人平等,即列宁所说的劳动平等,工资平等。要实行机会均等,公平竞争。要建立和健全社会保障制度。

2. 关于有计划的商品经济和价值规律。

(1) 要把我国当前的经济特征与社会主义经济特征区别开来。我国当前的经济特征是双重经济、多元经济。多元经济、多种经济形式之间既统一,又对立,有不少矛盾、弊端和问题。计划经济与商品经济并无矛盾,全民经济与集体经济、计划经济与非计划经济、客观要求的计划与人为制定的计划、客观形成的价值与人为制定的价格之间有矛盾。双重经济、双轨制是个矛盾。

(2) 计划经济与商品经济统一于彻底的价值规律。要承认彻底的价值规律,彻底地承认价值规律。承认彻底的价值规律,就是承认马克思所说的进一步发展了的价值规律,承认两种含义的社会必要劳动时间共同决定价值。它包含着价值决定规律、等价交换规律、时间节约规律、按比例发展规律、供求规律。彻底地承认价值规律,就是要以价值为基础制定价格,实行等价交换,坚持在等价交换面前人人平等。就是要改革价格体系,取消双重经济、双轨制、一物多价、批条子供应等违反价值规律的现象。

3. 关于各尽所能。

(1) 理顺各尽所能与按劳分配的关系。各尽所能是比按劳分配更为重要的问题,是有待于专门研究的问题。各尽所能并不是按劳分配的前提,做不到各尽所能,照样可以而且必须按劳分配。相反,按劳分配倒是各尽所能的前提,不按劳分配就会影响大多数人的积极性,就不可能各尽所能。从这个意义上应该说:按劳分配,各尽所能。由于分配不公和其他种种社会不公,大多数人积极性没有充分发挥,潜力还很大。要加强对人的研究,加强对各尽所能的研究。

(2) 各尽所能有主观方面和客观方面。客观方面又影响到主观方面。要从客观上为各尽所能提供机会和创造条件。在工作分配上要机会均等,公平竞争,使各人工作安排与本人能力、本人志愿相适应。在收入分配上要按劳分配,多劳多得,使酬与劳相一致,个人目标与组织目标相一致。总之要在个人的微观层次上贯彻生产关系适应生产力的规律。

(3)借鉴西方管理理论,改革劳动人事工作、思想政治工作和职工服务工作。把服从组织与服从职工结合起来、务虚与务实结合起来、管理与服务结合起来,更多地注意后者。借鉴管理方格理论,既关心生产,又关心职工,既有强有力的生产指挥系统,又有强有力的职工后勤服务系统。借鉴经济人、社会人、决策人理论和X、Y、Z理论,尊重人、关心人、了解人、研究人,了解和研究人的德、智、体、恋爱、婚姻、家庭、衣、食、住、行、兴趣、爱好、特长、心理、志愿、需要、追求、忧愁、烦恼等等各个方面。要从各方面加强与职工的思想沟通和感情联络工作,增添职工生活乐趣,解除职工后顾之忧,想职工所想,急职工所急。要在个人的微观层次上实行专业化分工和协作;减少专业人员的家务劳动和后顾之忧,以别人的简单劳动换取他们的复杂劳动,让他们集中精力,充分发挥专业特长。

4.关于按劳分配。

(1)现在分配上存在的问题是酬劳脱节,分配不公,捧铁饭碗,吃大锅饭。只有按劳分配,才能各尽所能,才能治穷治懒,才能消灭剥削,才能有真正的公有制。实现按劳分配,关键在于要有严格的计算和监督。计时工资、计件工资,关键都在于计算。没有科学计算就没有按劳分配。为此,又必须要有科学的考核指标、考核手段和计算办法。

(2)按劳分配不是个人消费品的分配,而是个人消费基金的分配,再生产过程不是四个环节而是五个环节[包括生产、交换(销售)、分配、交换(购买)、消费五个环节]。

(3)潜在劳动也是实在劳动,是智能化、人格化劳动,它不仅包括生产劳动力所耗费的生活资料和教育费用,还要包括劳动者在学习和成长过程中所耗费的脑力劳动和体力劳动,这两者都参与复杂劳动的复合过程。计算劳动力价值应该包括这两者,而不能只算前者,不算后者。因此,学龄,特别是超过平均学历的学龄应该是按劳分配的一个因素。

(4)按劳分配的"劳",在其本来意义上应该是社会平均劳动时间而不是社会必要劳动时间,不是产品价值,不是劳动成果,不是经济效益。因为社会必要劳动时间是在社会正常的(即平均的)生产条件下确定的;在社会主义公有制下,生产条件是公有的,是由社会(经政府)分配给个人的,而且彼此优劣不等、悬殊很大,由此引起的产品价值的差别、劳动成果的差别、经济效益的差别,是不能要个人负责的。按劳动成果分配必须以同等生产条件为前提,舍此不行。经济效益与生产条件、供销价格、领导决策、他人劳动等多种因素有关。不实行等价交换、不排除客观因素、不调节级差收入,个人工资收入就不能与经济效益挂钩。因此,一般职工付出等量劳动应该取得等量报酬,而不应该与效益挂钩。在这里,按劳分配与等价交换又有联系又有区别。

5. 关于住房问题。

(1)问题之所在:一是寡,缺房者多;二是不均,大小优劣不均;三是双轨制,住公房租金太低,住私房负担太重,导致不正之风盛行;四是科学性差。

(2)矛盾的地位。在温饱问题基本解决以后,住房就上升为主要矛盾。在衣食住问题基本解决以后,行(小汽车等)就将提上议事日程,上升为主要矛盾。衣食住行圆满解决就是富裕。

(3)矛盾的解决。一是实现商品化;二是实现科学化;三是发展建材业、建筑业和房地产业。

(三)政治方面

1. 关于人民代表大会制度和人民民主制度。

(1)提高人民代表的素质,搞好人民代表的选举。人民代表在德、才、学、识等各方面要有代表人民讲话、办事、掌权的能力。

(2)充分发挥人大代表人民的作用。人大要密切联系群众,充分发扬民主。群众中有不少关心国家大事、富有聪明才智的仁人志士。许多人经常议论国家、地方和集体的大事,其中有不少真知灼见。人大要鼓励群众参政议政、献计献策,如设立"群言堂"、群众参政议政接待室,实行人民群众提案制,开展有奖建议、有奖批评、有奖举报活动。一个建议有时能胜过一次会议,要重奖鼓励,高价购买。

(3)充分发挥人大权力机关的作用。

2. 关于干部制度。

(1)关于干部标准。"四化"标准是对的,但要具体化。

(2)关于干部选拔。要实行公开选举、选拔和招聘。要经过本人报名、考试考核、群众评议、组织审查和必要的体检。要有差额、有竞争,有的要有施政纲领。要实行试用制、任期制、合同制。

(3)关于干部职权。要实行干部的职、权、责、能、利五统一。对领导干部职权范围要有具体规定,行使权力要受到法律制度的制约和上下左右的制约。在目前对领导干部要限制权力,加重责任,使权力与责任对等。要实行纵向分权和横向分权。许多权力要下放到底、到基层、到群众。

(4)关于"精兵简政"。干部队伍过于庞大,要大规模精简机构,精简干部,减少数量,提高素质。

3.关于不正之风。

不正之风的根源在哪里?在于社会基本矛盾,在于双重经济之间的矛盾,在于权力的社会性与掌权的私人性之间的矛盾,在于经济体制和政治体制上的弊端。不正之风的大小与经济、政治体制弊端的大小成正比,与经济、政治体制改革成果的大小成反比。不正之风是在经济必然性基础上多种因素交互作用的结果。纠正不正之风与改革同步,也与改革一样,是一项庞大的系统工程。不可能一蹴而就,不可能在五年之内(1982-1987年)根本好转。实践证明,随着改革的进展,一些原有的不正之风,如升学、招干走后门,已经得到纠正。不正之风不是改革带来的,是旧体制带来的。

(四)教育方面(略)

(五)生活方面

1.衣食住行文教卫生"八字方针"。

建设有中国特色的社会主义应该以经济建设为中心,经济建设应该以人民富裕为目的,人民富裕应该以衣食住行文教卫生为尺度。因此,衣食住行文教卫生可以作为两个文明建设的"八字方针"。围绕"八字方针"建设两个文明,也是一种建设模式。

2.围绕"八字方针"建设两个文明的若干设想和思考。(略)

七、自强不息的十年(1988-1998)

这一时期所写的论文和材料主要有:

1.1989年4月,写了《关于教育改革的若干建议》。当年6月省教委回信称,建议中提出了不少有价值的想法。

2.在《南京企业管理》1990年第6期发表《再生产过程应该包括五个环节》一文。

3. 在《求是内部文稿》1995年第2期发表《谈谈我国公款消费问题》一文,被列为封面要目文章。

4. 在中央组织部《党建研究》1998年第4期发表《深入开展反腐败斗争的几点建议》一文。

5. 在《江苏社会科学》(1998年理论研究综合版)发表《用系统工程方法解决城镇就业问题》一文,其中提出"要充分利用现有教育资源,大力发展高等教育。只要解放思想,打破常规,挖掘潜力,每年招生数就可增加20%—40%。"1999年我国高校扩招,证明了这一观点的正确。

八、笔耕不辍的十年(1998－2008)

从1998年起,党校教学工作逐步减少,有时间把工作重点逐步转移到科研工作上来。2001年办理退休手续,继续担任一部分教学工作,但重点是从事科研工作。这一时期在省级以上刊物发表论文44篇,参加国际、全国、全省学术会议12次,获省政府社科成果奖3项,获市厅级社科成果奖13项,出版46万字著作《马克思两大发现新探》1部。

九、锲而不舍的十年(2008——2018)

这一时期继续从事科研工作,锲而不舍,在省级以上刊物发表论文57篇,参加国际、全国、全省学术会议14次,完成江苏省社会科学应用研究项目2项,获省政府社科成果奖3项,获市厅级社科成果奖7项。

除了已经发表的论文和本书中已经表达的思想外,这一时期形成的主要思想有:

1. 唯物主义是否可称为唯实主义。列宁对物质概念的定义是:"物质是标志客观实在的哲学范畴"。党的思想路线是,一切从实际出发,理论联系实际,实事求是,在实践中检验和发展真理。每句话都离不开一个"实"字。所以唯物主义同时可称为唯实主义。强调唯实主义,就是强调实际、实践、实用、实在,强调真实、求实、务实、唯实,尊重事实,强调不唯上,不唯书,只唯实,强调求实精神、创新精神,反对假大空,反对形式主义。

2. 深化对唯物史观的研究。生产力是社会发展中最活跃最革命的因素,是社会发展的最终决定力量。科学技术是第一生产力,科学发现、技术发明主要靠脑力劳动、创造性劳动。是否可以说,脑力劳动、创造性劳动、科学技术劳动是社会发展的根本动力和最终决定力量。顺理成章,尊重劳动,尊重知识,尊重人才,尊重创造,应该得到进一步重视和落实。现在每个人都要更多地用脑生活,要善于借助外脑,集思广益。事实证明,即使平民百姓也能对国家大事提出有价值的意见和建议。要尊重群众首创精神,虚心倾听群众意见,不要以人立言,以人废言。

3. 历史研究要厚今薄古,加强中国当代史的研究

国家投入大量人力财力实施夏商周断代工程,研究 3000 年前的历史;实施清史纂修工程,研究清朝 268 年的历史。而对 1949 年以来的中国当代史,对许多重大历史事件至今未予充分研究。客观、全面、深入地研究中国当代史,比实施夏商周断代工程、清史纂修工程的意义重要十倍、百倍。

4. 创立海派马克思主义的初步构想

程恩富教授倡导创立海派经济学。我考虑可以把海派经济学发展为海派马克思主义,在区域范围上,把以上海为主的"海派"发展为五湖四海的"海派";在研究范围上,把研究经济学为主的学派发展为研究整个马克思主义的学派。这个学派应该努力从哲学、经济学、社会主义各方面发展创新马克思主义,形成 21 世纪中国马克思主义的新学说。

5. 创立人生几何学的构想

斯宾诺莎曾经用几何学方法写他的伦理学,同样,我们可以用几何学方法分析人生。这种分析可以从各种不同角度进行,一是从人生的点线面体上构建人生几何学。这里的"人生几何",是说人生是一个动态过程,从横向上看,人生是由多个侧面构成的多面体;从纵向上看,人生过程是一条不可逆转的曲线,人生的每个侧面、每个方面都是动态发展的过程,都有各自发展的曲线;在每条曲线上都有若干转折点、关节点,某些重要关节点会影响到人的一生。从而说明,人生也有它的点线面体,完全可以用几何学方法研究人生的主要过程和主要方面。在人生道路上,每一个转折点、关节点,都必须清醒认识,正确选择和决策。一步走错全盘错,一失足成千古恨,就是这一方面的沉痛教训。二是从人生的长度宽度高度上构建人生几何学。人生总有自己的长度、宽度、高度。就人生的长度来说,人的寿命有长度,人的学习时间、劳动时间、休息时间、娱乐时间等等时间都有长度。即使人生百年也只有 36500 天,也是百岁光阴如梦蝶,在历史上也只是一个短暂的过程。由于生理、心理、社会发展和个人发展的规律,人生必然经历不同的发展阶段。人在不同

的发展阶段,有不同的特点和任务。在人生过程中,有生理上的生长、成熟和衰老;有心理上的形成、发展和丰富;有事业上的选择、奋斗和成就。就人生的宽度来说,有的人能"读万卷书、行万里路",有的人几乎一生都只是生活在家庭和家乡的狭小范围内;有的人有十分广泛的活动范围和接触面。就人生的高度来说,有的人有崇高的理想、远大的志向、高尚的品德,有的人在知识上、技术上、能力上达到了很高的水平,有的人以自己创造性劳动或者日常平凡的劳动,对社会、对他人做出了巨大贡献,有的人创造的价值和剩余价值达到或者接近最大化的高度。而有的人精神境界不高,创造的价值和剩余价值不多,甚至是负数。由此可见,不同的人生,会有极不相同的长度、宽度、高度。这都是人生中客观存在的,是可以而且应该进行定量和定性研究的。通过这种研究,可以创立一门人生几何学。人生几何学与人生代数学一起,可以建立起一门人生数学。这对人学和人生哲学的研究将会有极大的推动作用,可以使之更趋精确化科学化。如果不能应用数学,人学和人生哲学的研究都只能是空洞的议论,很难达到科学的高度和完善的地步。地上本没有路,走的人多了,也就成了路。世上本没有人生几何学、人生代数学,研究的人多了,也就创立了人生几何学、人生代数学。

6. 关于退休年龄和几个年龄杠子问题

现在国家根据人口老龄化的现实,正在考虑推迟干部职工退休年龄,男由60岁逐步推迟至65岁,女由50岁、55岁逐步推迟至60岁或65岁。这有一定道理,但考虑到各行各业、不同岗位、不同人员由于健康状况和各种具体情况不同,在保持统一性的同时,还要保持灵活性。如高放教授年届90,还在带博士生,还在写文章。所以不宜一刀切。实行干部年轻化,许多干部45岁以上就不能提拔,45岁至55岁正是年富力强、富有经验的黄金时期,何必因为年龄就限制其发展和使用?现在许多领导干部到57岁(男)、52岁(女)就要退居二线(实际上就不再工作"养起来"),这既浪费了干部时间精力,也浪费了国家资财;而职工退休前却没有人能退居二线"养起来",这也是一种领导干部特权和不公平。再说,高考年龄原来有30周岁以下的规定,后来取消年龄限制,曾有50多岁、60多岁的人报考大学,这又走向了另一个极端,坚持30岁或35岁的规定还是必要的。此外,可以考虑建立半退休制度。许多人的精力和健康状况的下降有一个渐进过程,因此,可以考虑建立一种半工作半退休的制度,其具体执行方法可以在实践中探索和完善。

十、上下求索的坎坷人生(1941——2018)

转眼间,我已年逾古稀,虚度七十七年。回顾自己的一生,是坎坷的人生,不幸的人生,同时也是自强不息的人生,上下求索的人生。大体说来,我的人生过程是:十有五而志于学,三十而立,四十而不惑,五十学而不厌、诲人不倦,六十退而不休、笔耕不辍,七十矢志不移、探索不止。现将本人70多年来的学习和工作初步总结如下:

(一)学习和工作简历

本人学习和工作简历大体可分为四个阶段:

第一阶段,1941年8月至1961年8月,是认真学习、曲折前行的20年学生时代。

1948年开始上学。从小学到大学始终保持了名列前茅的学习成绩。

1953年,读初一时仍然学算术,我感到进度太慢,开始探索一些简单的代数公式。

1954年,第一届全国人民代表大会第一次会议召开前夕,中央将《中华人民共和国宪法草案》和《第一个五年计划草案》印发全国讨论,我们初中生也人手一册。宪法106条规定,第一个五年计划156项工程、766亿4千万元投资,振奋人心,让我至今记忆犹新。第一个五年计划顺利实施,全国掀起社会主义建设高潮,农村中开始有了中学、医院、工厂、轮船、电灯。经济建设欣欣向荣,政治民主新风扑面,使我感到政治好,一切都会好,政治很重要。从此开始关心国家大事,认真学习时事政治。有一学期政治课学期成绩是100分。

1956年,初中毕业前夕,购买和阅读了华岗编著的《辩证唯物论大纲》和《中国历史上的科技人物》两本书,可以说是"十有五而志于学"。

1957年,出于"天下兴亡,匹夫有责"的责任心,给刘少奇委员长写了两封信,建议视察农村工作,奖励农业生产。历史证明,这些建议十分正确而重要。

1958年,写了《解放创造力》的论文。历史证明,这个课题十分重要。

1960年,在北京铁道科技学院全院论文报告会上做论文报告,受到院长、老师和同学的好评。

1961年,学校停办,转学受挫,学校本着对我们负责到底的精神,通过铁道部将我们分配到齐齐哈尔铁路局工作。在我感激老师厚爱的同时,也深感政策不好,一要都糟糕。1961 年 10 月离京前夕,我将带在身边三年多的《解放创造力》一文焚毁于宿舍楼下,当时心情犹如"黛玉焚稿",万念俱灰。

我的学生时代,有两个重要特点:一是经历了种种坎坷曲折;二是由于感到学习进度慢,开始独立思考,探索科学问题和社会问题,形成自己一些独特的思想观点。这一时期的经验教训主要是:在思想上,要有开阔的头脑,革命的气魄,科学的态度,负责的精神;在生活上,要能充分利用时间,积极适应空间,严格要求自己,广泛团结别人;在学习上,要有的放矢,联系实际,抓住重点,攻克难点,边看边想,多疑多问,耐心细心,有条有理。

第二阶段,1961 年 9 月至 1983 年 6 月,是自强不息、上下求索的 22 年艰辛岁月。

这 22 年是人生中最可宝贵的年华,也是我一生中最艰难困苦的时期。正是艰难困苦的磨炼,促使我攻读马列著作,写作《人生代数学》和《社会解剖学》,并形成了坚定志向:我以我心求真理,我以我血荐轩辕。

1961 年至 1963 年的生活磨难胜过许多书本,使我领悟到人生在世的两条根本道理:第一,人生在世,最起码的就是两件大事,一是吃,一是做;人首先要吃喝住穿,然后才能从事一切;同时,人又只有劳动生产,才能有吃有穿;两者互为条件,相辅相成。由此感到,马克思的唯物史观极其简单而又极其伟大。第二,每个人的劳动和吃饭、生产和消费、贡献和索取,都是两个不同的量;每个人都有自己的生产价值量、消费价值量和剩余价值量;有的人剩余价值是正值,有的人剩余价值是负值。由此想到,私有制消灭了,剥削存在着,剩余价值存在着,人的剩余价值量是人的本质的数量表现,是评价人的重要尺度,马克思的剩余价值学说光芒万丈。经过对三年困难和亲身经历的反思,我开始如饥似渴地学习马列著作。列宁说过:赫尔岑懂得,辩证法是"革命的代数学"。① 我认为,剩余价值学说是"生命的代数学"。斯宾诺莎曾经用几何学方法写他的伦理学;我尝试用代数学方法写人生哲学,用剩余价值学说探讨人生价值问题。于是在 1964 年起草了约 10 万字的《生命的代数学》(后删改为约 6 万字的《人生代数学——从剩余价值学说看人的一生》)。在全国较早研究社会主义社会剩余价值问题,应用广义剩余价值学说研究阶级分析问题、

---

① 《列宁选集》第 2 卷,人民出版社,1995 年版第 284 页。

人的本质问题和人生价值问题。① 可算是"三十而立"。

1966年开始的"文化大革命"中,唯心主义盛行,形而上学猖獗,许多干部群众和知识分子蒙受不白之冤,甚至家破人亡。作为对"文化大革命"反思的结果,我从1974年至1979年起草了约17万字的《社会解剖学——从唯物史观看社会现实》。该稿用唯物史观批判唯心史观,研究社会现实,用广义剩余价值学说进行阶级分析,提出了认真研究双重经济问题、专门研究各尽所能问题、等价交换问题、按劳分配问题和十大民生问题。② 历史证明,其中对许多问题的探索具有十分重大的理论和现实意义。可算是"四十而不惑"。

第三阶段,1983年7月至2001年8月,是学而不厌、诲人不倦的18年教学生涯。

1983年至2001年,在中共兴化市委党校工作,承担了从哲学社会科学到数学自然科学多学科的教学工作,受到学员和听众好评。可算是"五十学而不厌、诲人不倦"。同时坚持在理论上勇于求实创新,在实践上敢于进言献策。

1989年,向国家教委和江苏省教委提出"关于教育改革的若干建议"。其中提出"教育要面向社会"、"调整教育结构,发展多层次的职业技术教育"、"改革外语教学"、"要特别注意保护(学生)视力,防止近视"等等建议。其中关于"高考时间可由七月上旬提前一个月"的建议,比"六月高考首议人"、全国政协委员王翔提出同一建议整整早10年。

1994年,向中央纪委提出《我国公款消费中的存在问题和对策建议》。1995年,《求是·内部文稿》第2期以《谈谈我国公款消费问题》为题作为封面要目文章摘要发表。其中提出的公车改革意见,比"车改第一人"、全国人大代表叶青提出公车改革整整早10年。

1998年,在《江苏社会科学》发表《用系统工程方法解决城镇就业问题》一文,提出高校每年招生数可增加20%—40%。1999年国家高考扩招,印证了自己观点的正确性。

1999年,在《青海社会科学》第1期发表《把劳动价值论研究引向深入》一文。2000年中央提出"深化对劳动价值论的研究和认识"的要求,印证了自己观点的正

---

① 其摘要参看《马克思两大发现新探》附录,黑龙江人民出版社,2006年版第521-536页。
② 其摘要参看《马克思两大发现新探》附录,黑龙江人民出版社,2006年版第537-572页。

确性。

第四阶段,2001年9月至今,是退而不休、笔耕不辍的17年潜心科研时期。

从2001年退休10多年来,退而不休,笔耕不辍,发表论文90多篇。以入选论文参加中央党校、中国社会科学院、清华、北大、复旦、南大、南开、北航、武汉大学、东南大学等院校国际、全国和全省学术会议20多次。获江苏省人民政府哲学社会科学成果奖6项,厅级社科成果奖20项。其间,2006年,经黑龙江人民出版社出版46万字著作《马克思两大发现新探》一部,主持完成江苏省社会科学应用研究课题2项。可算是"六十退而不休、笔耕不辍;七十矢志不移、探索不止"。

60年来的历史证明,自己探索中提出的许多意见、建议、理论、观点是经得起历史和实践检验的,在理论上是正确的,在实践上是有益的。"自信人生七十年,会当立说十万言。"这是我整理出版本书的强大动力和理论自信所在。尽管本书提出的十二个理论目前还只是初步探讨,但是由于它来自于社会底层,植根于生活实践之中,产生于坎坷人生的上下求索之中,相信经过深入研究和发展完善,会有广阔的发展空间和应用前景;相信本书的理论应用于实践,会让社会更加自由、更加平等、更加文明、更加和谐,让人生更有尊严、更有价值、更加幸福、更加精彩。

(二) 教学和科研工作总结

本人到党校30多年来的教学科研工作可以初步总结如下:

1. 教学工作

1959年高考受挫后,一度担任中学代课教师。或许是一种缘分,年方18就对教学工作颇感兴趣,觉得工作中得心应手,挥洒自如;学校师生也不吝好评。1963年春,一位只比我小一岁、当时已经是高中三好生的学生曾给我来信说:"你是我三年前的先生,现在仍然是我的先生,将来必定还是我的先生。"诸如此类的赞誉一直鞭策着我奋发图强、自强不息,否则将愧对各位信任我的老师、同学和学生。

1983年被分配到兴化市委党校工作,至2001年退休,从事教学工作18年,基本情况如下:

(1) 参加了多种班次、几十门课程的教学工作。许多课程边教边学,教学相长,受益匪浅。

(2) 教学工作中注重研究性、创造性、科学性、艺术性、趣味性。

(3) 教学工作受到多方好评。1987届脱产中专班学员林俊和毕业后来信说:

"两年间,你的辛勤劳动赢得了全班同学的敬佩,课堂上风趣幽默的讲课、理论的功底使人信服;你的板书我老是学着写,就是学不上;您的辅导引经据典,十分丰富,不少已进入了我的小卡片。"1989届脱产中专班学员李玉东说:"听朱老师的科技课是一种享受。"2001年,获江苏省党校系统优秀教学奖。

2. 科研工作

念平生所爱,马列著作;倾毕生心血,上下求索。主要工作如下:

(1)1995年以来,在省级以上刊物发表论文100多篇。出版学术著作2部。

(2)科研工作中注重实践性、创造性、科学性、应用性、前瞻性。

(3)科研成果受到多方好评,获省级和市厅级社科成果奖26项。

(三)科研成果及其相关评价概览

1. 获省级和市厅级哲学社会科学优秀成果奖一览表

序号	发奖单位	奖项名称	获奖成果名称	获奖等级	获奖时间
1	江苏省人民政府	第8届哲学社会科学成果奖	劳动价值论的几个公式及其应用	3	2003.12
2	江苏省人民政府	第9届哲学社会科学成果奖	新政治经济学的价值理论刍议	3	2005.12
3	江苏省人民政府	第10届哲学社会科学成果奖	马克思两大发现新探	3	2007.12
4	江苏省人民政府	第11届哲学社会科学成果奖	发展创新社会主义分配理论	3	2011.2
5	江苏省人民政府	第12届哲学社会科学成果奖	从国有经济入手加快调整国民收入分配结构	3	2012.10
6	江苏省人民政府	第15届哲学社会科学成果奖	列宁的阶级观国家观社会主义观及其当代价值	3	2018.12

续表

序号	发奖单位	奖项名称	获奖成果名称	获奖等级	获奖时间
7	江苏省委党校	第4届全省党校系统科研成果奖	把劳动价值论研究引向深入、试论不同层次的价值决定、论新的历史条件下深化认识马克思的价值构成理论	2	2002.7
8	江苏省委党校	第5届全省党校系统科研成果奖	新政治经济学的价值理论刍议	3	2005.10
9	江苏省委党校	第6届全省党校系统科研成果奖	社会主义分配理论中的几个关系辨析	2	2008.12
10	江苏省社科联	第2届社科应用研究精品工程奖	理顺分配关系若干问题的探讨	2	2006.12
11	江苏省教育厅	"我为纲要建言献策"征文奖	一份教育改革建议	3	2009.9
12	江苏省教育厅	"我为纲要建言献策"征文奖	确保教育战略地位	3	2009.9
13	泰州市人民政府	第1届哲学社会科学成果奖	谈谈我国公款消费问题	2	1998.2
14	泰州市人民政府	第2届哲学社会科学成果奖	深入开展反腐败斗争的几点建议	3	2000.1
15	泰州市人民政府	第3届哲学社会科学成果奖	把劳动价值论研究引向深入	2	2002.3
16	泰州市人民政府	第8届哲学社会科学成果奖	从国有经济入手加快调整国民收入分配结构	1	2012.12.
17	泰州市人民政府	第11届社会科学优秀成果奖	列宁的阶级观国家观社会主义观及其当代价值	特别奖	2018.12

续表

序号	发奖单位	奖项名称	获奖成果名称	获奖等级	获奖时间
18	江苏省社科联	省第5届学术大会论文奖	践行列宁关于全民计算和监督的重要思想	2	2011.11
19	江苏省社科联	省第5届学术大会论文奖	马克思主义经济学亟待发展创新	3	2011.11
20	江苏省社科联	省思想道德建设论坛成果奖	创立科学人生价值论的必要性和可能性	3	2012.10
21	江苏省社科联	省第6届学术大会论文奖	造福人民是贯彻落实十八大精神根本要求	1	2012.12
22	江苏省社科联	省第7届学术大会论文奖	切实加强社会主义核心价值体系建设	1	2013.11
23	江苏省社科联	省第7届学术大会论文奖	从马克思主义诞生看马克思主义发展	2	2013.11
24	江苏省社科联	省第8届学术大会论文奖	建设好运用好人民群众这个最大的智库	2	2015.11
25	中央组织部老干部局	"与党同呼吸共命运心连心"征文奖	命运与共七十年	3	2011.7
26	江苏省社会科学院等	"加强社会主义核心价值观建设"征文奖	抓紧抓好社会主义核心价值观建设	优秀	2014.10

2. 入选省级以上学术会议部分论文一览表

序号	会议时间	会议地点	主办单位	会议名称	入选论文	级别
1	2001.10	南开大学	中国社科院经济所、南开大学	全国劳动价值论研讨会	试论不同层次的价值决定	全国
2	2001.12	江苏省委党校	中国经济规律研究会、江苏省委党校	全国劳动价值论和资本理论研讨会	深化认识马克思的价值构成理论	全国
3	2003.7	浙江绍兴	毛泽东邓小平理论研究编辑部、浙江社会科学编辑部等	全面建设小康社会理论研讨会	保护企业主合法收入	全国
4	2003.10	复旦大学	复旦大学新政治经济学研究中心	走向新的政治经济学高级研讨会	新政治经济学的价值理论刍议	全国
5	2006.6	南京钟山宾馆	省委宣传部等七部门	党的十六大以来理论创新研讨会	理顺分配关系、构建和谐社会,入选省委宣传部出版《新思想新观点 新论断》	全省
6	2007.11	上海市委党校	中国社科院马研院、上海财经大学、上海市委党校	纪念《资本论》发表140周年国际学术研讨会	劳动价值论的几个公式及其应用	国际
7	2007.11	南京财经大学	中国经济规律研究会、南京财经大学	中国经济规律研究会第17届年会	加强对垄断行业过高收入的宏观调控	全国
8	2007.11	南京双门楼宾馆	省委宣传部等七部门	省社会科学大会社会学专场	我国公款消费中的问题和对策	全省
9	2008.5	北京航空航天大学	中国社科院马克思主义研究院、北京航空航天大学	马克思诞辰190周年暨共产党宣言发表160周年研讨会	从唯物史观看马克思主义的诞生和发展	全国

续表

序号	会议时间	会议地点	主办单位	会议名称	入选论文	级别
10	2008.11	南通大学	省委宣传部等七部门	省第2届社会科学大会文史专场	改革开放三十年的历史回眸与前瞻	全省
11	2008.12	江苏省委党校	省委党校	全省党校纪念改革开放30周年研讨会	改革开放是决定当代中国命运的关键抉择	全省
12	2008.12	南京双门楼宾馆	省委、省政府、省委宣传部、省社科联等	全省纪念改革开放30周年大会暨理论研讨会	改革开放是决定当代中国命运的关键抉择，入选省委宣传部出版《中国特色社会主义在江苏的成功实践》	全省
13	2009.12	中央党校	中国马克思主义研究基金会	首届中国马克思主义论坛	在新的历史起点上推进马克思主义中国化	全国
14	2010.10	武汉大学	教育部经济学教学指导委员会	全国第5届经济学教育年会暨院长联席会议	我国经济学教学与研究中存在问题的深层思考	全国
15	2011.11	南京财经大学	教育部经济学教学指导委员会	全国第6届经济学教育年会暨院长联席会议	试论经济学教育的"三个结合"	全国
16	2011.11	东南大学	省委宣传部、省社科联	省第5届社会科学大会马克思主义专场	践行列宁关于全民计算和监督的重要思想	全省
17	2012.8	清华大学	中国社会科学院、清华大学	马克思主义经济学发展与创新国际学术论坛	实现价值理论、分配理论和分配制度的"三统一"	国际

续表

序号	会议时间	会议地点	主办单位	会议名称	入选论文	级别
18	2012.10	南京金汇酒店	省委宣传部、省社科联	省思想道德建设论坛	创立科学人生价值论的必要性和可能性	全省
19	2012.11	江苏省委党校	省委党校	全省党校第7届科研工作会议	落实五位一体总体布局 提高国民幸福指数	全省
20	2013.12	江苏省农行培训中心	省委宣传部、省社科联	省第7届社会科学大会学会专场	切实加强社会主义核心价值体系建设	全省
21	2014.10	南京大学	省委宣传部、省社科联	省第8届社会科学大会马克思主义专场	学习和践行习近平同志关于造福人民的论述	全省
22	2016.5	中国社会科学院	中国社科院马克思主义研究院、中国政法大学	首届马克思主义基本原理学术研讨会	互联网+时代马克思主义基本原理的发展思路	全国
23	2016.11	南京财经大学	海派经济学南京研究所	海派经济学理论研讨会	坚持共享发展 增进人民福祉	省际
24	2017.9	复旦大学	全国综合大学《资本论》研究会、复旦大学经济学院	全国第11届马克思主义经济学发展与创新论坛	坚持共享发展 增进人民福祉	全国
25	2017.9	北京大学	中国列宁思想研究会、北大马克思主义学院	国际列宁学论坛:十月革命百年新论	社会主义道路的百年探索	国际
26	2017.11	南京师范大学	省委宣传部、省社科联	省第11届社会科学大会马克思主义专场	五大民生问题探讨系列论文	全省

另有更多论文入选国际国内学术会议,主要由于经费困难未能参加。

3. 在省级以上刊物发表部分论文一览表

序号	发表刊物	论文题目	年份	期数	字数	备注
1	经济评论	试论不同层次的价值决定	2001	5	14000	人大转载 省党校奖
2	毛泽东邓小平理论研究	论新的历史条件下深化认识马克思的价值构成理论	2001	9	12000	人大转载 省党校奖
3	经济评论	劳动价值论的几个公式及其应用	2002	5	25000	人大转载 省政府奖
4	华东经济管理	社会主义分配理论的几个关系辨析	2006	5	12000	人大转载 省党校奖
5	海派经济学	从国有经济入手加快调整国民收入分配结构	2010	9	11000	人大转载 省政府奖
6	党政研究	列宁的阶级观国家观社会主义观及其当代价值	2017	4	15000	人大转载 省政府奖
7	海派经济学	新政治经济学的价值理论刍议	2004	2	22000	省政府奖 省党校奖
8	海派经济学	发展创新社会主义分配理论	2009	8	14000	省政府奖
9	经济评论	马克思的剩余价值理论新探	2004	5	17000	人大经济学文摘卡摘要转载
10	南京企业管理	再生产过程应该包括五个环节	1990	6	3000	
11	求是内部文稿	谈谈我国公款消费问题	1995	2	5500	市政府奖 人大索引
12	党建研究	深入开展反腐败斗争的几点建议	1998	4	3500	市政府奖 人大索引
13	江苏劳动	从时间和空间上拓宽就业渠道	1998	9	3500	

续表

序号	发表刊物	论文题目	年份	期数	字数	备注
14	唯实	贯彻落实反腐败斗争的治本之策	1998	11	4500	人大索引
15	青海社会科学	把劳动价值论研究引向深入	1999	1	6000	市政府奖 人大索引
16	团结出版社	坚持和发展邓小平的社会主义理论	1999	12	2000	赵曜主编：中国社会主义精神文明建设宝典
17	中国第三产业	灵活安排假日时间 大力发展旅游产业	2000	10	3500	
18	唯实	按生产要素分配理论依据再探讨	2003	3	11000	人大索引
19	吉首大学学报	深化对社会主义资本属性的认识	2003	2	11000	人大索引
20	山东科技大学学报	破解活劳动减少而价值量增加之谜	2003	2	12000	人大索引
21	江阴职院学报	邓小平的领导核心思想浅探	2003	2	6000	
22	经济评论	劳动价值论的基本范畴和发展思路	2003	5	20000	人大索引
23	北京科技大学学报	深化对社会主义剩余价值的认识	2003	4	8000	人大索引
24	温州大学学报	尊重投资者创业劳动 保护企业主合法收入	2003	4	12000	
25	佛山科技学院学报	广义劳动价值论和七次产业划分法	2004	1	10000	人大索引
26	唯实	论价值实体、价值载体和价值本质	2004	3	10000	人大索引

续表

序号	发表刊物	论文题目	年份	期数	字数	备注
27	广西经干院学报	也谈劳动价值论的新课题	2004	2	5000	
28	山东财政学院学报	全面认识创造价值的劳动	2004	4	12000	人大索引
29	宁夏党校学报	试析劳动价值论面临的难题	2004	5	10000	人大索引
30	重庆社会主义学院学报	关于完善民主决策机制的一点建议	2004	3	8000	
31	中国矿大学报	辩证地理解商品二因素和劳动二重性	2004	4	8000	人大索引
32	中国矿大学报	科学认识和发展马克思主义	2005	3	12000	人大索引
33	陇东学院学报	创立社会价值论的思考	2006	2	12000	
34	湖南经干院学报	全面认识居民收入差距问题	2006	7	8000	人大索引
35	内蒙古师范大学学报	教育部门创造价值的经济学分析	2006	7	14000	人大索引
36	鸡西大学学报	浅析腐败现象的成因和治理	2006	5	8000	
37	武汉科技大学学报	人生价值的定性分析	2006	6	11000	
38	中央文献出版社	新思想新观点新论断：理顺分配关系 构建和谐社会	2006	8	5500	江苏省委宣传部编
39	广西经干院学报	合理确定中等收入标准	2007	1	3000	
40	唯实	加强对垄断行业过高收入的宏观调控	2007	8	12000	人大索引
41	改革内参	公款消费如何"解套"	2007	28	3000	

续表

序号	发表刊物	论文题目	年份	期数	字数	备注
42	郑州市委党校学报	把马克思主义从各方面推向前进	2008	1	6000	人大索引
43	哈尔滨市委党校学报	我国公款消费的问题和对策	2008	1	8000	人大索引
44	当代经济研究	深化国有企业分配制度改革	2008	5	8000	人大索引
45	云南省委党校学报	改革开放是决定当代中国命运的关键抉择	2008	3	6000	人大索引
46	重庆社会科学	深化分配制度改革的必要性和着力点	2008	8	6000	人大索引
47	海派经济学	切实巩固和发展公有制经济	2008	3	2000	
48	广西社会主义学院学报	坚持发展中国特色社会主义理论	2008	4	7000	人大索引
49	海派经济学	从完善分配制度入手完善基本经济制度	2008	9	15000	人大索引
50	云南省委党校学报	新中国六十年的回眸与前瞻	2009	4	10000	人大索引
51	青岛市委党校学报	新中国六十年建设的主要成就和基本经验	2009	7	10000	人大索引
52	广西社会主义学院学报	对马克思主义的几点认识	2009	4	6000	人大索引
53	宁波职业技术学院学报	社会主义本质理论的定量研究刍议	2009	4	10000	人大索引
54	江汉大学学报	在新的历史条件下继续推进马克思主义中国化	2009	5	8000	人大索引
55	重庆交大学报	命运与共六十年	2009	5	8000	

续表

序号	发表刊物	论文题目	年份	期数	字数	备注
56	教育参考（沪）	重建外语教学——一份中国外语教学制度的设计方案	2009	4	3000	
57	教育参考（沪）	五十年前的高考之痛	2009	5	4000	
58	中国新医学	启动器官捐献慈善工程 解决器官移植供求矛盾	2009	7	5000	
59	学习时报	做好科研工作要做到"六个落实"	2009	10.12	2000	
60	江苏省社会主义学院学报	用科学发展观指导地域文化建设	2010	2	6000	人大索引
61	国防大学出版社	时刻牢记新中国六十年的历史经验	2010	5	5000	新中国六十年
62	北华大学学报	我国收入分配的结构调整及政策研究	2011	1	9000	人大索引
63	唯实	加快调整分配结构重在落实	2011	2	8000	人大索引
64	甘肃行政学院学报	加快调整国民收入分配结构的思考	2011	2	22000	人大索引
65	社会科学文献出版社	从唯物史观和中国现实看生态经济建设	2012	3	7000	生态经济和生态文明
66	基础教育研究	刍议树立"五个面向"的教育思想	2012	6	6000	
67	燕山大学学报	人生价值的定量分析	2012	3	13000	人大索引
68	改革内参	完善廉政制度 控制灰色收入	2012	37	3000	
	唯实	吏治腐败亟待标本兼治	2012	10	7000	人大索引
69	学习时报（参考文摘）	"政治家族网络"现象需专项治理	2013	1.14	2000	多家网站转载

续表

序号	发表刊物	论文题目	年份	期数	字数	备注
70	改革内参	从"情况通报"看腐败治理的成效与不足	2013	6	2500	
71	江汉学术	马克思主义大众化视域下的"生活化"研究	2013	1	13000	人大索引
72	大连干部学刊	坚持人民主体地位 完善基层民主制度	2013	2	8000	人大索引
73	哈尔滨市委党校学报	马克思主义经济学亟待发展创新	2013	2	11000	人大索引
74	东方论坛	实现价值理论、分配理论和分配制度的"三统一"	2013	2	15000	人大索引
75	宁夏党校学报	切实加强社会主义核心价值体系建设	2013	3	7000	人大索引
76	红旗出版社:中国智库	十类腐败触目惊心 三大机制亟待强化	2013	4	15000	人大索引
77	山东科技大学学报	试论经济学教育的"三个结合"	2013	2	9000	
78	银川市委党校学报	牢记党的根本宗旨 殚精竭虑造福人民	2013	3	8000	
79	四川省委省级机关党校学报	居高放眼观世界 呕心沥血创新论	2013	4	21000	人大索引
80	连云港师范专科学校学报	切实推进马克思主义中国化时代化大众化	2013	4	7000	人大索引
81	教育参考(沪)	从应试教育邪路走向素质教育正轨	2013	10	10000	
82	广西青年干部学院学报	创立马克思主义人生价值论的思考	2014	2	9000	人大索引

续表

序号	发表刊物	论文题目	年份	期数	字数	备注
83	无锡商业职业技术学院学报	深化分配制度改革几个问题的探讨	2014	2	6000	人大索引
84	邓小平理论研究	坚持和发展社会主义本质理论	2014	2	8000	
85	中国延安干部学院学报	研究马克思主义诞生的六个创新点和闪光点	2014	4	3000	人大索引
86	四川警察学院学报	贪污贿赂罪定罪量刑的经济学分析	2014	4	6000	人大索引
87	大连干部学刊	培育和弘扬社会主义核心价值观的几点思考	2014	10	8000	人大索引
88	基础教育研究	社会主义核心价值观融入基础教育全过程的思考	2014	4	4000	
89	连云港师范专科学校学报	标本兼治减轻学生课业负担	2014	4	6000	人大索引
90	东方论坛	应该重视社会科学成果的转化和应用	2015	4	14000	人大索引
91	中国延安干部学院学报	试论马克思主义三个组成部分的发展创新思路	2015	5	21000	人大索引
92	广西师大出版社	坚持共同富裕方向 深化分配制度改革	2015	12	7000	邓小平改革开放思想与全面深化改革
93	经济科学出版社	建立收入分配新常态 增强人民群众获得感	2016	5	6000	中国经济规律研究报告
94	南方论刊	从"八大忧患"看"四个全面"战略布局	2016	2	9000	人大索引
95	云南省委党校学报	全面推进马克思主义中国化时代化大众化	2016	3	18000	人大索引

续表

序号	发表刊物	论文题目	年份	期数	字数	备注
96	邓小平理论研究	从邓小平经济思想看深化分配制度改革	2016	3	8000	
97	云南省委党校学报	论发展创新马克思主义的条件和途径	2017	4	18000	
98	大连干部学刊	增强忧患意识 加强八大建设	2017	8	10000	人大索引
99	中国延安干部学院学报	社会主义道路的百年探索	2017	4	9000	人大索引
100	大连干部学刊	试论社会主义发展的三大规律	2017	10	9000	人大索引
101	中国延安干部学院学报	为中国人民谋幸福 为中华民族谋复兴	2018	1	11000	人大索引
102	大连干部学刊	牢记中国共产党的初心和使命	2018	4	10000	人大索引
103	云南省委党校学报	全面贯彻落实习近平改善民生的思想	2018	6	12000	

注：备注中"人大转载"指中国人民大学复印报刊资料全文转载，"人大索引"指中国人民大学复印报刊资料列入索引。

4. 专家学者对《马克思两大发现新探》一书的评论

姓名及其身份	评论摘要	评论出处
刘方棫，北京大学教授，中国经济规律研究会原会长，中国消费经济学和生产力经济学主要创始人之一	在当前对马克思主义研究偏冷、缺少新的著述的情况下，我们欣慰地看到由江苏省兴化市委党校朱妙宽撰著的《马克思两大发现新探》一书，该书对劳动价值论和剩余价值论进行了一定的创新性研究。	《对劳动价值论和剩余价值论的新阐释——＜马克思两大发现新探＞主要内容评介》，载《理论前沿》2007年第17期。
吴易风，中国人民大学经济学院一级教授、中国社科院马克思主义研究院特聘研究员	《新探》一书是一部以马克思主义为指导，以重大现实问题研究为主攻方向的著作，是一部具有认识世界、传承文明、创新理论、咨政育人、服务社会的重大作用的著作。	《研究马克思两大发现的新成果——＜马克思两大发现新探＞评介》，载《江汉论坛》2008年第9期。

续表

姓名及其身份	评论摘要	评论出处
毛立言,中国社科院马克思主义研究院研究员	这是一部求真务实、锐意创新的理论力作,具有以下主要特点:其一,论题重大,贴近实际、贴近生活、贴近群众。其二,论点新颖,与时俱进,独立思考,锐意创新。其三,论据充分,求真务实,辩证分析,客观全面。	《<马克思两大发现新探>简评》,载《唯实》2007年第3期。
黄灼明,中共广东省委党校教授	作者坚持不懈进行马克思主义基础理论的创新研究精神,深深地感动了我。该书是作者坚持四十年潜心钻研的理论成果,书中有不少观点值得理论工作者借鉴和参考。	《四十年潜心钻研的理论成果——读朱妙宽<马克思两大发现新探>》,载《岭南学刊》2007年第5期。
陈新汉,上海大学教授	本书捍卫了社会主义核心价值体系的灵魂和主题,为社会主义核心价值体系的建设提供了比较坚实的理论基础。	《简评<马克思两大发现新探>》,载2007年6月14日《社会科学报》。
刘炳瑛,中央党校原培训部主任、经济学教研部主任	《马克思两大发现新探》是一部可贵的科研成果,从广度到深度上确实是新探。从唯物史观看社会现实,研究深入,分析深刻,针对性很强地提出了一系列新见解。对剩余价值学说新探,加深和拓宽了剩余价值的研究,为正视剩余价值在社会主义商品经济及其运行的市场经济中依然存在,奠定了坚实基础。	2006年5月12日来信
张宇燕,中国社科院学部委员、世界经济与政治研究所所长	原来我更关注的是剩余价值理论,而今,深感历史唯物主义更有价值,尤其是对今天的中国而言。我看到你一直关注这些问题,并提出了很好的想法,敬佩。	2006年5月6日来信
许有伦,西安财经学院教授	这本书是几十年时间、精力、心血的结晶,提出了不少切合实际的新观点,我表示赞赏。	2006年5月25日来信

5. 专家学者和报刊对部分论文的评论

评论者	评论的论文	评论摘要	评论出处
中国青年报经济生活部	我国的就业、工资和住房问题管见	稿子提出的问题是很实际的,而且写得也不错,论点基本正确,引证材料丰富翔实,论述也比较清楚。可见您是下了一定功夫的。	1982年10月6日来信
袁金华,江苏省教委普教局副局长	关于教育改革的若干建议	您给杨副省长的来信,杨泳沂同志非常重视,已批转我局,并嘱我代他回复和致谢。您在"建议"中围绕当前教育改革中的突出问题,提出了不少有价值的想法。	1989年6月19日来信
裘法祖,中国科学院院士,中华器官移植杂志总编辑	启动器官捐献慈善工程解决器官移植供求矛盾	您给我刊的来稿,经我刊总编辑裘法祖院士亲自审阅后,认为:内容、文笔都好。我们已按总编辑意见,将大作及您个人来信一并转《科学时报》编辑部。	2000年1月中华器官移植杂志编辑部来信
周明生,中共江苏省委党校副校长	关于劳动价值论的系列论文	朱妙宽同志的系列论文,发表档次较高、学术影响较大。《把劳动价值论研究引向深入》一文是在中央提出"深化对劳动价值论的研究和认识"之前写出的。	2002年7月10日在省党校系统科研工作会议上工作报告
崔义成,湖北十堰职业技术学院教授	论新的历史条件下深化认识马克思的价值构成理论	我们认为朱妙宽同志的研究成果具有很重要的启迪意义。笔者阐述的市场价值构成公式是在吸取朱妙宽同志的新价值构成公式精华的基础上构建的。	劳动价值理论深化认识的一把钥匙,载《十堰职业技术学院学报》2003年第2期
王志国,江西省政府发展研究中心研究员	马克思主义经济学研究系列论文	很早就拜读过您在马克思主义经济学研究方面的大作,深为您的学术创见和成就所敬佩,并深受启发。	2007年9月20日来信

续表

评论者	评论的论文	评论摘要	评论出处
丁晓钦,上海财经大学马克思主义学院教授、博导,哈佛大学亚洲中心研究员	马克思主义经济学研究系列论文	您长期以来坚持对马克思主义经济学进行深入研究,取得了丰硕的研究成果,是我们年轻一辈需要学习的榜样。对于马克思价值理论的研究虽然很多,但从您的研究计划来看,很多研究内容视角独特,对解释现实问题也具有重要的指导作用。经与几位同事商量,我们打算将您的这一研究深入下去。	2008年2月17日发来的电子邮件
杨进明,宁夏区委党校教授	劳动价值论研究系列论文	我在写作这本书的过程中参阅了您的文章,我感到您对劳动价值论研究得很深入。	2009年8月9日来信
甘肃行政学院学报编辑部	加快调整国民收入分配结构的思考	老人这种对国家的热爱、对民生的关怀,与拙刊对于学问之道、文章之理和期刊责任的理解是一致的,其间的基本精神和学术诉求是契合的和相通的。在这里也允许我们作为后学编者表达对一位老人由衷的敬意,向老人学习!	甘肃行政学院学报2011年第2期发表拙文时所加的编者按。

后 记

我是一个 1941 年出生的古稀老人。我的人生经历了一个"十有五而志于学，三十而立，四十而不惑，五十学而不厌、诲人不倦，六十退而不休、笔耕不辍、七十矢志不移、探索不止"的历史过程。这部著作经历了一个从 1966 年的《人生代数学——从剩余价值学说看人的一生》到 1979 年的《社会解剖学——从唯物史观看社会现实》，再到 2006 年的《马克思两大发现新探》，直到本书的形成过程。

本书能够有幸面世，除了自己的坚韧努力外，与各位良师益友和至爱亲朋的支持帮助是分不开的。

在此我要特别感谢对本书的撰写和出版给予大力支持和帮助的良师益友和专家学者，他们之中有：

为本书作序并大力支持本书出版的国务院参事、国家教育咨询委员会委员、第九、十届全国政协常委任玉岭，中共江苏省委党校特岗教授、中央财经大学博士生导师李炳炎。

为本书作点评的中国社会科学院学部委员程恩富教授，中国人民大学荣誉一级教授高放，苏州大学马克思主义研究院院长朱炳元教授。

为本书前期成果《马克思两大发现新探》发表书评的北京大学资深教授刘方棫，中国人民大学一级教授吴易风，中国社会科学院研究员毛立言，中共广东省委党校教授黄灼明，上海大学教授陈新汉。

对本人科研工作给予大力支持和帮助的上海社会科学院蒋照义研究员，中共中央党校经济学教研部原主任刘炳瑛教授，中共江苏省委党校原副校长周明生教授等专家学者。

大力支持本书出版的黑龙江人民出版社编审魏杰恒，江苏省兴化中学校长顾晓斌，兴化市委党校常务副校长周德宏，泰州市委党校副校长景云祥，江苏省作家协会一级作家、《雨花》杂志主编、鲁迅文学奖获得者朱辉，原扬州日报社长、泰州市委宣传部部长、泰州职业技术学院党委书记施亚康等同志。

借此机会我还要特别感谢长期以来从各方面给予指导、帮助、支持和配合的良师益友和至爱亲朋,他们之中有:

对我有知遇之恩、培育之恩、再造之恩的铁道科学研究院和原铁道科技学院茅以升、岳志坚、高文、舒蓉等老师。

在困境中给予大力支持和帮助的刘永年、赵鹏秋、王庆富、胡时等同学。

最后,我还要特别感谢在极端困难条件下含辛茹苦把我和弟妹抚养成人的慈父慈母;特别感谢在极端困难条件下与我患难与共、对我悉心照料的糟糠之妻高庆华;特别感谢支持我科研工作的曹克明、赵荣霞、赵飞等亲戚。

写到这里,这本书总算是写完了,但是,书不尽言,言不尽意,现在还有许多事情要做。可惜,人生苦短,去日匆匆。但愿有年富力强的同志能在本书基础上,深入研究,互相切磋,继续推进马克思主义中国化时代化大众化,推进马克思主义新学说和新学派的创立。

书有自己的命运。无论本书的命运如何,我将一如既往,我以我心求真理,我以我血荐轩辕;春蚕到死丝方尽,蜡炬成灰泪始干。

2019 年 3 月 5 日